SÉBASTIEN CASTELLION

SA VIE ET SON ŒUVRE

(1515 — 1563)

ÉTUDE

SUR LES ORIGINES DU PROTESTANTISME LIBÉRAL FRANÇAIS

PAR

FERDINAND BUISSON

> Un pauvre prote d'imprimerie, Sébastien Chateillon, posa pour tout l'avenir la grande loi de la tolérance.
>
> (MICHELET, *Renaissance*.)

TOME PREMIER

PARIS
LIBRAIRIE HACHETTE ET Cie
79, BOULEVARD SAINT-GERMAIN, 79

1892

Droits de traduction et de reproduction réservés.

SÉBASTIEN CASTELLION

COULOMMIERS. — IMPRIMERIE PAUL BRODARD.

PRÉFACE

L'idée d'écrire une *Vie de Sébastien Castellion* comme thèse de doctorat ès lettres avait été soumise à M. Victor Leclerc : c'est assez dire à quelle date lointaine remonte ce travail. L'aimable et savant doyen, qu'aucune question d'histoire littéraire ne prenait jamais au dépourvu, accueillit immédiatement ce sujet avec faveur, pourquoi ne pas le dire, avec joie : « Beau sujet, répétait-il, peut-être trop beau, car il est double; Castalion a une place à part sur les confins de deux domaines qui ne se sont jamais confondus, justement parce qu'ils se touchent : la Renaissance et la Réforme ». Puis, dans une de ces causeries qui étaient de vraies leçons avec l'abandon et la grâce en plus, sans consulter d'autre livre que sa mémoire, il se mit à tracer les grandes divisions de l'étude à faire, indiquant les points où il faudrait insister. « Seulement », ajouta-t-il, en allant chercher dans sa bibliothèque un volume du Dictionnaire de Bayle, « si vous voulez ajouter quelque chose à cet excellent article, qui est jusqu'ici ce que nous avons de meilleur sur Castalion, il faut recourir aux sources. Il y en a de merveilleuses pour votre sujet dans les bibliothèques et les archives de Genève, de Bâle et de Zurich. Commencez par là, faites-y une fouille à fond, vous reviendrez les mains pleines, et nous en recauserons. Vous y perdrez beaucoup de temps qui ne sera pas du temps perdu. » Et son dernier mot fut, sur un ton de douce insistance et avec un sourire que je vois encore : « Surtout, jeune homme, surtout ne vous pressez pas! »

Si le bon doyen avait pu savoir à quel point son conseil serait suivi!

Quelques mois de travail dans ces bibliothèques si sûrement indiquées eurent un premier effet qu'il avait peut-être prévu tout bas, connaissant bien les jeunes gens et ayant une si grande expérience de leur inexpérience. Jeté en pleine mine, au milieu de tant de richesses, comment se borner, comment choisir? O les longues et délicieuses journées passées, grâce à l'hospitalité patriarcale des archivistes, dans la chambre haute du vieil Antistitium de Bâle ou au fond du dépôt des archives à Zurich, en tête à tête avec ces manuscrits jaunis, effacés, parfois illisibles, mais si vivants! Il faudrait n'avoir jamais eu cette sensation du contact direct avec le passé que donnent les documents originaux pour ignorer qu'il n'y a rien de si neuf que les vieux livres et que, sous leur air d'antiquité, ils cachent des trésors de fraîcheur et de poésie. Mais c'est là même qu'est la tentation pour les jeunes travailleurs que ne guide pas une discipline vigilante : plus on trouve, plus on veut trouver, les matériaux s'amassent, le sujet s'étend et le travail avance d'autant moins que ses bornes reculent. En attendant, la vie marche avec ses obligations réelles, le temps passe, et l'on s'aperçoit un jour que l'âge des études est fini longtemps avant que la thèse le soit. Qui n'arrive pas trop jeune au doctorat est presque sûr d'y arriver trop vieux. Ce livre en est une nouvelle preuve.

Il faut quelque courage pour avouer comment il a fini par voir le jour. Dix fois interrompu et chaque fois par un long intervalle, il ne fut jamais abandonné tout à fait, même alors que l'auteur devait plus que personne désespérer d'en voir le terme. Mais l'œuvre de jeunesse menacée d'une venue trop prompte¹ s'était changée en un fruit tardif de l'âge mûr. Il a fallu l'écrire page à page et, comme on disait au xvıe siècle, *succisivis horis*, en thésaurisant les quarts d'heure perdus, en s'obstinant pendant des années à ajouter soir et matin quelques moments studieux à des journées qui n'étaient pas celles d'un oisif. On voudrait pouvoir se dire que ce sont là des confidences superflues et que

... le temps ne fait rien à l'affaire.

Mais le lecteur en jugera sans doute autrement, il n'aura pas de peine à découvrir les défauts et les raccords d'une trame tant de fois et si laborieusement renouée. Et c'est pourquoi on plaide ici les circonstances atténuantes. Si un livre n'est jamais trop mûrement pensé, il peut être trop lentement écrit, et ce n'est pas impunément qu'un auteur vit vingt ans avec son héros même par intermittence.

Et pourtant j'ai confiance que Castellion arrive chez nous à son heure, qu'à tout prendre ce pieux et libre penseur, cet apôtre de la tolérance a plus de chances aujourd'hui qu'il n'en aurait eu il y a vingt ou vingt-cinq ans, de trouver en France les sympathies qu'il mérite.

Il semble que la tolérance soit une idée bien vieille déjà,

---

1. On peut lire dans une note, p. 13 de la *Notice sur le collège de Rive*, par M. E. Bétant, Genève, 1866, in-8, avec une mention du travail de M. Mæhly de Bâle : « La France aura prochainement une monographie du même genre due à M. Ferdinand Buisson ».

presque banale et à laquelle nous ne saurions plus prendre un bien vif intérêt. — Une expérience récente a fourni aux moralistes l'occasion très imprévue d'observer le contraire. Un généreux anonyme avait ouvert un concours sur ce sujet : *la liberté de conscience*, et ce que le concours a surtout mis à lumière, c'est qu'il reste encore singulièrement à faire pour que cette notion pénètre au fond des esprits et dans la masse même de la société cultivée, pour qu'elle soit aussi claire et aussi ferme, aussi réfléchie et aussi profonde que nous nous en flattions. Comme le prouve avec tant de force et de pénétration le *Rapport*[1] qui a été certainement le plus beau fruit du concours, à l'inverse du temps passé, nos institutions sont à cet égard en avant de nos mœurs; nous ne brûlons plus personne, mais nous haïssons encore, presque à notre insu, l'opinion adverse; nous savons supporter la croyance d'autrui, mais savons-nous l'aimer, la respecter à l'égal de la nôtre, tout simplement parce que c'est une croyance?

Au fond, il y a sous l'idée de tolérance tout autre chose qu'une question de douceur et de mansuétude, il y a toute une philosophie, il y a toute une théologie impliquée par ce seul mot, et c'est ce qui fait de ce sujet tout autre chose aussi qu'un lieu commun. Si rien n'est plus banal que la tolérance née du scepticisme, de l'indifférence ou de la lassitude, rien n'est plus neuf au contraire ni plus difficile, qu'une théorie raisonnée de la tolérance prise dans son ampleur.

La raison dernière et la seule solide de la liberté religieuse, c'est la conviction qu'il existe deux domaines distincts, celui de la science et celui de la conscience; qu'il y a deux méthodes et deux certitudes correspondant à deux

---

[1]. *La liberté de conscience*, par Léon Marillier, rapport présenté au nom du jury du concours. Paris, A. Colin, 1890.

ordres de choses, l'ordre des faits scientifiques, l'ordre des faits moraux; que dans l'un il faut tendre à l'unité, qui est la marque du vrai, dans l'autre à la diversité, condition nécessaire de la sincérité; que les mathématiques se démontrent et que la religion se sent; que la foi ne vaut que si elle est l'acte propre de l'âme et que l'âme ne vit que si elle est libre; que dès lors toute atteinte à la liberté de la pensée religieuse et du sentiment religieux est une entreprise criminelle autant qu'absurde, également déshonorante pour qui l'impose et pour qui l'accepte.

Au moment même où notre pays mettait la liberté de conscience au premier rang des droits de l'homme, Kant en donnait le fondement métaphysique, il en faisait la théorie, il démontrait la légitimité du principe et la fécondité de ses conséquences en séparant hardiment la critique de la raison pure de celle de la raison pratique. Certains esprits ont pu feindre de s'y méprendre, lui reprocher d'aboutir logiquement au scepticisme et d'en sortir pratiquement par une contradiction. Mais en dehors de l'école, traduite en langue vulgaire sa doctrine a été si bien comprise qu'elle est devenue la base de toutes les philosophies du siècle : à côté du monde de l'intelligence, elle découvrait le monde de la volonté et elle affirmait que les lois de celui-ci ne sont pas celles de celui-là : l'un est mû par des forces aveugles, l'autre par une force libre; à l'un président les lois de la nature, à l'autre la loi morale. Ce n'est pas une contradiction, c'est la constatation de deux réalités distinctes dont il nous faut respecter l'essentielle distinction.

Or, c'est dans le monde moral que se place tout le problème religieux et non pas ailleurs. Du coup, les diverses solutions de ce problème, se mouvant toutes dans une autre sphère que celle de la science proprement dite, peuvent et doivent déposer cette prétention à l'absolu, qui est la racine de toutes les intolérances, de tous les fanatismes. Ainsi est enfin résolu le problème de concilier les droits de la conscience avec les droits de la vérité.

C'est le sens profond du mot fameux sur les deux majestés que Kant salue dans un passage qui est une immortelle prière : le ciel étoilé au-dessus de nos têtes, la loi du devoir au fond de notre âme. Par l'une et par l'autre voie, le divin nous apparaît : par la science avec les caractères de la science, certitude rigoureuse, inflexible, invariable, impersonnelle; par la conscience avec les caractères de la conscience, certitude morale, œuvre de la volonté et du sentiment, se traduisant en une conviction personnelle aussi impérative qu'indémontrable.

Cette révolution décisive dans la direction de la pensée humaine, s'il était réservé au génie de Kant de la fonder sur une incomparable analyse de l'esprit humain, l'obscur professeur de l'Université de Bâle en avait eu du moins la claire et certaine intuition, et il l'avait exprimée dans tous ses écrits. C'est l'honneur du protestantisme d'avoir été dans le monde moderne la première école de philosophie, alors même qu'il s'en défendait. Sans doute, quelques-uns de ses représentants les plus illustres et Calvin à leur tête, entendaient bien fonder une religion d'autorité, opposer à l'église catholique une église plus catholique, à l'orthodoxie romaine l'orthodoxie chrétienne, à l'infaillibilité du pape celle de la Bible. Mais à côté d'eux, d'autres fils non moins légitimes de la Réforme, guidés par l'instinct religieux qui qui leur faisait chercher Dieu dans la foi et non dans la croyance, dans la vie et non dans le catéchisme, inauguraient résolument, avant même de pouvoir la définir et la justifier, une tout autre méthode dont notre siècle seulement a trouvé la formule.

De tous les hétérodoxes protestants du xvie siècle aucun

n'a été à cet égard aussi simple, aussi clair, aussi profond que celui dont nous essayons de faire revivre le nom.

Et la preuve que son entreprise ne fut pas vaine, que son œuvre a été grande et durable, c'est qu'aujourd'hui encore, il suffirait de traduire son latin en français pour faire de ses *Dialogues* par exemple ou de ses *Traités* le programme et le manifeste de l'une des deux écoles théologiques entre lesquelles oscille toujours le protestantisme. Ou plutôt — car il faut lui rendre une justice plus entière, — Castellion semble avoir devancé les temps, et franchissant trois siècles, avoir écrit précisément en vue de l'état d'esprit final auquel le protestantisme devait tôt ou tard parvenir. C'est ce qui explique qu'on trouve aujourd'hui une saveur particulière à des ouvrages que le xviie ni le xviiie siècle n'ont pu comprendre, les jugeant à la fois trop avancés et trop pieux, d'une pensée trop hardie et d'un accent trop mystique. Aujourd'hui en effet le protestantisme français — nous ne voulons parler que de celui-là — achève une évolution qui mériterait d'intéresser le grand public si le grand public pouvait s'intéresser à ce qui se passe dans un monde si petit et si fermé. La vieille querelle du rationalisme et de l'orthodoxie est épuisée, nous avons vu le combat finir faute de combattants. Il n'y a plus d'orthodoxes, disent les uns; il n'y a plus de rationalistes, disent les autres. Et tous deux ont raison. Il reste des protestants qui arrivent enfin à se rendre compte que, si le catholicisme rêve à tort ou à raison une absolue et parfaite unité dans l'immobilité du dogme, la raison d'être du protestantisme est d'offrir au contraire une variété de degrés, une souplesse de formes et une richesse de nuances qui ne sera jamais trop grande pour satisfaire aux exigences d'une pensée sans cesse en progrès, aux anxiétés d'une conscience morale de plus en plus délicate. Après tant de luttes stériles entre tant de sectes, il n'y a qu'un vaincu, c'est « l'intellectualisme » : de toutes parts — et le phénomène éclate bien au delà des limites du protestantisme — on a senti la sécheresse et sondé l'inanité des doctrines qui ne s'adressent qu'à l'intelligence et qui n'engagent qu'elle. On ne peut plus se nourrir de dogmes ni d'antidogmes : l'âme humaine demande à retourner aux sources vives, elle a soif de vie, elle s'aperçoit que de toutes les réalités les plus réelles sont celles qui se définissent le moins, elle veut rapprendre à aimer et à prier, à pleurer et à espérer, non pas suivant les règles d'un dogmatisme ou d'un positivisme quelconque, mais par cet élan du cœur et par ce sens du divin qui n'est que l'épanouissement du sens moral ; elle se remet à la recherche du Dieu inconnu sentant trop ce qui manque au Dieu connu de chaque système ; elle replace enfin au cœur de la religion le sentiment religieux qui en est l'essence. C'est précisément là toute la philosophie et toute la théologie de notre Castellion, elle n'est pas encore passée à l'état de lieu commun, et c'est pourquoi il n'est pas encore trop tard pour lui faire sa place dans nos annales.

Par la plus fortuite des coïncidences, le même jour et à la même heure où la Sorbonne voulait bien accueillir avec sympathie l'obscur antagoniste de Calvin, il était ailleurs bien plus présent encore. Une autre soutenance de thèse avait lieu devant la Faculté de théologie protestante de Paris et là ce n'était pas le nom de Castellion, c'était le plus pur de sa doctrine et de son esprit qui s'exprimait avec une rare puissance.

Plusieurs pages et les pages de doctrine capitales du travail original de M. le pasteur Léopold Monod sur *le Problème de l'autorité* rééditent avec une ressemblance d'autant plus saisissante qu'elle s'ignore quelques-unes des thèses vingt fois énoncées par Castellion sur la véritable *autorité*, sur la véritable *inspiration*, sur la véritable *foi*. Et l'on ne s'étonne plus qu'à trois siècles de distance ces deux protestants se rencontrent jusque dans les mots, quand on a remarqué l'identité de leur principe fondamental : « la foi n'est pas la croyance », dit le moderne; *fides non intellectûs sed voluntatis est*, disait son devancier du XVIe siècle; l'un définit la foi une « énergie de l'âme », l'autre dit : « *fides, christiana virtus* ». Tous deux écrivent mot pour mot que « l'*inspiration* peut se trouver sans l'*infaillibilité* », tous deux affirment que « l'autorité de la Bible réside dans celle de l'esprit de Dieu, c'est-à-dire dans une autorité vivante qui opère sur les esprits, comme une puissance active, éducative qui discipline, corrige, forme à la justice de vrais hommes, des hommes de Dieu », tous deux enfin entendent « que croire en Jésus-Christ c'est non le répéter, mais le suivre; que son disciple est non pas celui qui sait rendre correctement ses idées, mais celui qui reproduit sa vie sur la terre ».

Et la même Faculté de théologie qui terminait l'année scolaire sur ces définitions dont la hardiesse vient de la profondeur même du sentiment religieux, rouvrait ses cours quelques semaines après par un exposé plus magistral et non moins hardi de la même doctrine. Le doyen, en signalant la thèse de M. Monod comme un signe des temps, « saluait l'aube qui blanchit au ciel de notre jeune théologie et dont la vue remplit d'allégresse les vieux combattants », et après lui le nouveau professeur de critique et d'exégèse du Nouveau Testament, dans une leçon d'ouverture dont le retentissement sera long, consacrait tous les grands principes qui caractérisent « la Réforme dans la Réforme », et les plaçait sous les auspices du véritable inspirateur du protestantisme moderne, Alexandre Vinet[1].

Nous n'avons garde de contredire à cette filiation, que tout justifie; nous demandons simplement le droit de la prolonger dans le passé et de rappeler à cette « jeune théologie » un ancêtre oublié que nous serions tentés d'appeler, si ces rapprochements n'étaient toujours défectueux, le Vinet du xvi° siècle.

Il me reste un devoir doux à remplir : c'est d'exprimer publiquement ma gratitude à ceux dont le bienveillant concours m'a rendu possible l'achèvement de ce travail. Je dois à un grand nombre de Bibliothèques des villes et des Universités d'Allemagne les éléments d'une bibliographie des ouvrages de Castellion, incomplète encore, mais la plus étendue qui ait été publiée jusqu'à ce jour. M. Dziadzko, d'abord à Breslau puis à Gœttingue, m'a particulièrement aidé avec la plus grande obligeance. De Hollande plusieurs bibliothèques, depuis celles des églises de Remontrants jusqu'à celles de l'Université et de l'État, m'ont confié, avec cette libéralité que les travailleurs ne se lassent pas de donner en exemple à d'autres pays, des livres rarissimes comme ceux de David Joris et des manuscrits de Castellion. En Belgique j'ai eu le bonheur d'intéresser à mon travail M. Ferdinand Vander Haeghen, dont tous les amants du xvi° siècle ont éprouvé à la fois l'inépuisable

---

1. Si c'était le lieu d'y insister, on signalerait parmi les publications toutes récentes comme symptômes irrécusables de la même tendance et de son rapide développement au sein du protestantisme : les deux admirables études de M. le professeur Sabatier, l'une lue à la Faculté, *la Vie des dogmes*, l'autre qui va paraître sous ce titre : « *Le Nouveau Testament contient-il des dogmes?* »; l'article de M. Roger Hullard, *la Théologie de la peur et la théologie de la foi*; enfin les *thèses* de Chexbres, puisqu'on a nommé ainsi, à la façon du xvi° siècle, les propositions de M. le professeur Astié, de Lausanne, qui débutent par cette phrase significative : « L'intellectualisme, père de toutes les orthodoxies, a décidément fait son temps ».

érudition et l'inépuisable bonté. En Suisse, je pourrais presque nommer comme des collaborateurs de cet ouvrage, tant je leur dois de notes que je me suis fait honneur de reproduire textuellement : M. Théophile Dufour, directeur de la Bibliothèque de la ville de Genève et ancien directeur des archives, qui a bien voulu revoir tous les textes empruntés aux registres du Conseil, aux documents de la chancellerie; M. le pasteur Bernus, qui, à travers les plus accablantes occupations, a su trouver quelques moments pour me guider dans mainte partie obscure de l'histoire ecclésiastique de Bâle; M. le D^r Blœsch, directeur de la Bibliothèque de Berne, et enfin un homme dont je ne puis écrire le nom sans un serrement de cœur, l'excellent Louis Sieber, cet incomparable bibliothécaire que vient de perdre l'Université de Bâle. Je l'ai mis pendant des années à contribution, sans jamais lasser son obligeance ou déconcerter son savoir; sa seule vengeance était de m'écrire dans sa dernière lettre : « Prenez garde; vous avez doublé la mesure d'Horace, qui était la plus longue jusqu'ici connue : *nonum prematur in annum* ».

Est-il besoin de dire ce que je dois aux Bibliothèques de Paris? Mon humble héros avait fini par y être légendaire : à la Nationale M. Olgar Thierry Poux, cette providence des chercheurs d'aujourd'hui et des ignorés d'autrefois; à la Mazarine M. Franklin et spécialement parmi ses collaborateurs M. d'Artois; enfin à la Bibliothèque de la Société d'histoire du protestantisme, M. le pasteur N. Weiss, l'homme de France qui a creusé le plus avant et le plus heureusement dans les origines du protestantisme français, tous, ayant égard aux conditions invraisemblables où je devais travailler, m'ont aidé par leurs prêts de livres et par leurs obligeantes indications à terminer cette interminable œuvre de marqueterie. Je dois une mention spéciale à

M. le pasteur Douen, le savant auteur de l'étude sur *Marot et le psautier Huguenot*, qui a entrepris à mon intention une étude approfondie sur la Bible française, Castellion, reproduite en partie dans l'appendice du premier volume de cet ouvrage.

Castellion a eu une autre bonne fortune. Il n'existe de lui qu'un portrait de la fin du xviie siècle qui se trouve en tête de sa Bible latine. A cette froide et sèche gravure, M. Jean Paul Laurens a su donner la vie en lui laissant sa sévérité. Je sais trop le prix d'une telle faveur pour oser me l'attribuer tout entière : elle s'explique surtout par la sympathie que le grand artiste a conçue, à la lecture de quelques chapitres, pour l'humble héros de ce livre.

Enfin je manquerais à une dernière dette de reconnaissance, si je ne disais que l'exécution matérielle de cet ouvrage m'a été rendue possible par l'extraordinaire patience et des éditeurs et de l'imprimeur. Par des circonstances dont je n'étais pas le maître, il m'a fallu autant de temps pour imprimer ces deux volumes qu'il en faudrait raisonnablement pour les écrire. Un auteur disposant de si peu d'heures à répartir sur des années n'aurait jamais pu aborder la presse, s'il n'avait trouvé des secours ingénieux et un appui exceptionnel dans la vieille amitié des Hachette.

Paris, 20 décembre 1891.

PRINCIPAUX OUVRAGES CONSULTÉS

1° OUVRAGES SPÉCIAUX SUR CASTELLION.

Outre l'article CASTALION dans le *Dictionnaire* de Bayle, dans les Dictionnaires, Lexiques et Encyclopédies de Moreri, d'Iselin, de Jöcher, de Leu, de Hagenbach, de Herzog, d'Ersch et Gruber, et surtout dans la *France protestante* et dans l'*Encyclopédie des sciences religieuses* (article de M. Lutteroth), la biographie de Castellion a été depuis le xviiie siècle l'objet de plusieurs publications spéciales.

Le meilleur travail et le plus complet au siècle dernier est celui de Jean Conrad Fuessli, l'éditeur du grand *Thesaurus historiæ helveticæ*, qui publia en 1770 à Leipzig « Sebastian Castellio, Lebensgeschichte » (in-8, 104 p.) et en 1775 à Amsterdam un résumé en latin sous le titre « *Vita Sebastiani Castellionis* » dans la *Bibliotheca hagana* (class. III, fasc. I). Un autre recueil allemand, le *Hannoverisches Magazin*, avait déjà publié en mars 1763 (p. 290-317) *Nachlese zu Sebastian Castellions, professor der griechischen Sprache zu Basel, Leben und Schriften*, biographie partielle non signée, datée de 1760. Une autre courte biographie en français parut en 1792 dans un recueil de *Portraits d'hommes illustres de la Suisse* [1]. Une source plus ancienne, plus abondante et plus sûre, mais qui est restée à l'état de manuscrit, se trouve à Bâle : c'est le grand ouvrage de Rudin, *Vitæ professorum*.

C'est en 1863 qu'un successeur de Castellion à l'Université de Bâle, M. Jacques Mæhly, connu par plusieurs autres travaux d'érudition, fit paraître son excellente et substantielle étude : *Sebastian Castellio, ein biographischer Versuch nach der Quellen* (Bâle, Detloff, 1862, in-8). Quelques années plus tard un érudit français dont l'érudition se fait oublier tant elle est aimable, M. Jules Bonnet, publiait dans le *Bulletin de la Société d'histoire du protestantisme français* (2e série, t. III), et ensuite dans ses *Nou-*

---

[1]. *Portraits des hommes illustres de la Suisse, par Henri Pfenniger, peintre*, accompagnés d'un abrégé historique de la vie de chacun d'eux, traduit de l'allemand de M. le professeur Meister, 1792, in-8, 316 p. — La biographie de Castellion occupe les pages 293-297, avec son portrait par Pfenniger, inspiré de celui du frontispice de la *Bible latine*.

veaux récits du xvie *siècle* (Paris, Fischbacher, 1870, in-18), une étude attachante, écrite avec son élégance et son charme ordinaires sur « *Sébastien Castalion ou la tolérance au* xvie *siècle* »[1]. On peut encore citer parmi les thèses de théologie de Strasbourg celle de M. Broussoux, janvier 1867, *Sébastien Castellion, sa vie, ses œuvres et sa théologie*, et parmi les publications d'intérêt local, les chapitres consacrés à Castalion dans la *Notice historique sur le protestantisme dans le département de l'Ain*, par M. Edmond Chevrier (Paris, Fischbacher, 1883, in-8)[2].

2° OUVRAGES GÉNÉRAUX.

Comme sources manuscrites, nous devons citer principalement :

A Bâle, les collections de lettres conservées à la Bibliothèque de l'Université de Bâle, notamment deux volumes, l'un G², I, 23 (qui contient sous le n° 69, *Variorum ad Sebastianum Castalionem epistolæ autographæ*, 35 lettres autographes reproduites *in extenso* ou par extraits dans notre Appendice), l'autre provenant des Archives ecclésiastiques (K.-A., c'est-à-dire Kirchen-Archiv), C. I. 2 (dont le tome II contient 24 pièces de la correspondance de Castellion avec Zerchintes et 27 lettres autographes *Variorum epistolæ ad Sebastianum Castellionem*); ainsi que le volume K.-A., C. IV, 7, *Varia ecclesiastica basiliensia*, où se trouve un fragment autographe du *Contra libellum Calvini* dont nous donnons un fac-similé[3] et l'*Apologia... pro Serveto correcta manu C. S. Curionis*[4]; enfin, quelques pièces des volumes IX et XIX de la collection de lettres du Frey-Gryneisch Institut, à Bâle;

A Genève, les Registres du Petit Conseil et les Registres du Consistoire;

A Zurich, la correspondance manuscrite de Bullinger et la collection Simler;

A Saint-Gall, la volumineuse correspondance de la famille Blaarer et nombre de pièces de celle de Vadian;

A Rotterdam, à la Bibliothèque de l'Église des Remontrants, les manuscrits 505 et 506 contenant plusieurs copies de lettres de Castellion, de la main de son fils Nathanael, et tout le manuscrit de son traité *de Prædestinatione*, du *De arte dubitandi*, etc.;

A Paris, un seul manuscrit de Castellion à la Bibliothèque Nationale, fonds latin, 8588 (dont nous donnons le fac-similé, t. II, p. 488-489).

Mais les documents d'importance vraiment capitale pour cette histoire sont épars dans les quelques grands recueils récemment publiés ou en cours de publication, que l'on trouvera cités presque à toutes les pages de ce travail :

HERMINJARD, *Correspondance des Réformateurs*, VII volumes qui, par l'abondance des textes inédits et par la richesse des notes de la plus profonde érudition, constituent un incomparable trésor pour l'histoire des origines

---

1. Signalons aussi la large part faite à Castellion dans l'*Essai sur l'avenir de la Tolérance*, par Ad. Schæffer (Paris, Cherbuliez, 1859, in-18) et dans le beau travail de M. Henri Lutteroth, *la Réformation en France pendant sa première période* (Paris, Meyrueis, 1859, in-8).
2. Ces chapitres ont donné lieu à une analyse et à une étude excellemment faite dans le *Progrès religieux* de Strasbourg (3 et 10 mai 1884), par M. Rodolphe Reuss.
3. Dans notre tome II, p. 486-491. — Voir aussi t. II, p. 32.
4. Voir t. II, p. 9.

de la Réforme en France et en Suisse : ce serait un malheur en même temps qu'un acte d'ingratitude publique si cette inappréciable collection ne se poursuivait pas ;

Baum, Cunitz et Reuss, *Opera Calvini*, dans l'admirable édition de Brunswick, volumes XI-XXII, contenant le *Thesaurus epistolicus Calvinianus*, avec des notes de la plus haute valeur ;

Les frères Haag, *la France protestante*, surtout dans les volumes déjà parus de la nouvelle édition si considérablement enrichie par M. Bordier et par ses courageux continuateurs ;

Amédée Roget, *Histoire du peuple de Genève*, qui sur les points spéciaux à Genève complète utilement le grand ouvrage de Ruchat, *Histoire de la Réformation en Suisse* ;

Pour Bâle, deux ouvrages spéciaux qui ajoutent beaucoup aux indications précieuses d'Herzog dans ses *Athenæ rauricæ* : R. Thommen, *Geschichte der Universität Basel* (Bâle, Detloff, 1889, in-8), et Th. Burckhardt-Biedermann, *Geschichte des Gymnasiums zu Basel* (Bâle, Birkhæuser, 1889, in-8) ;

Les premiers chapitres de la remarquable *Histoire littéraire de la Suisse française*, par Philippe Godet (Paris, Fischbacher, 1889, in-8), et presque tout le premier volume de l'*Histoire littéraire de la Suisse romande*, par Virgile Rossel (Genève, Georg, 1889, in-8) ;

Enfin, surtout pour ce qui touche la France, la précieuse collection du *Bulletin de la Société d'histoire du protestantisme français*, 40 volumes (Paris, Fischbacher, in-8), recueil dont on saura vraiment le prix quand il sera complété par des tables alphabétiques et chronologiques dignes de ce monument.

SÉBASTIEN CASTELLION

CHAPITRE I

ENFANCE ET ADOLESCENCE. LE BUGEY

(1515-1535)

Le village natal. — Les serfs de Saint-Martin, les bourgeois et le couvent de Nantua. — L'hérésie dans les montagnes du Bugey au moyen âge. — Situation politique et religieuse du Bugey, de la Bresse et de la Savoie au xv° et au début du xvi° siècle. — Conquête de la Bresse par François Ier et du pays de Gex par les Bernois (1536).

Le village de Saint-Martin-du-Fresne est situé dans la partie nord du Bugey, à une lieue au sud-ouest de Nantua.

Dominé par les monts d'Ain, qui le séparent de la vallée et du lac de Nantua, il est bâti au pied même du massif, sur le penchant du dernier contrefort, la colline ou « montagne » de Chamoise, à l'entrée d'une des rares plaines du pays, la petite plaine de Brion, qu'arrose l'Oignin. Il est traversé par la grande route de Lyon à Saint-Claude, de laquelle une autre route se détache aux premières maisons du village : c'est celle du haut Bugey, qui pénètre à travers le Jura jusqu'à Saint-Rambert par la vallée de l'Albarine, jusqu'à Culoz par celle du Séran.

Cette commune, qui ne compte plus que 800 habitants et qui en avait encore plus de mille au commencement du siècle, a gardé le nom de « bourg », souvenir de son ancienne importance. Il y reste un tertre et quelques vestiges marquant l'emplacement d'une vieille tour célèbre dans l'histoire du pays : elle avait été construite au xiii⁰ siècle par un sire de Thoire-Villars pour contenir les abbés de Nantua ; elle fut détruite en 1601 par les troupes de Biron, dans l'expédition qui enleva définitivement le Bugey à la Savoie pour l'annexer à la France.

C'est au pied de la tour de Saint-Martin-du-Fresne [1] que naquit, en 1515 [2], Sébastien Chatillon. La famille Chatillon, ou, suivant la prononciation ancienne, Chateillon, était une des plus nombreuses du pays. Elle n'est pas encore éteinte aujourd'hui et comptait, il y a quelques années, plusieurs représentants à Saint-Martin même et dans les environs [3].

---

1. C'est M. Bétant qui a, le premier, donné en 1854 l'indication exacte du lieu de naissance de Castellion. Jusque-là les biographes et les lexicographes n'avaient pour les guider que deux textes du xvi⁰ siècle : l'un de Scaliger, qui se borne à ces mots : « Sébastien Castillon Allobrox » (dans les *Scaligerana*, p. 84) ; l'autre de Scévole de Sainte-Marthe que voici : « Sebastianus Castalio, qui, ex asperis et salebrosis Allobrogum montibus humili ortus fortuna, sed ingenio bonis literis excultissimo.... » (Lib. II, p. 126.)

C'est sur cette qualification si vague d'*Allobroge* que chaque auteur était réduit à construire une hypothèse.

Quelques-uns, du moins parmi ceux qui écrivent en latin, se bornent à reproduire la phrase de Sainte-Marthe avec des variantes légères (Colomiès, Saxius dans son *Onomasticon*, Lizel, Rudin, Pope Blount, *Censura celebriorum authorum*, Herzog, *Athenæ rauricæ*).

D'autres cherchant à préciser se prononcent, non sans témérité, les uns pour la Savoie (Jœcher, La Croix du Maine, Schellhorn) ; les autres, pour le Dauphiné : Guy Allard : « Sébastien de Chastillon, des montagnes du Dauphiné comme dit Sainte Marthe dans l'éloge qu'elle (sic) en a fait.... » (*Bibliothèque du Dauphiné*, 1680, p. 68) ; — Moreri, t. II, p. 612 ; — la *Nouvelle Biographie universelle* ; — Feller, dans son *Dictionnaire historique* ; — Tabaraud, art. *Castalion* dans la *Biographie universelle*. — Dupin (*Bibliothèque des auteurs séparés de l'Eglise*) dit qu'il « s'appelait Chatillon du nom du village où il avait pris naissance en 1514 ».

Bayle rapporte les diverses opinions et explique qu'il a dû « s'en tenir à l'expression générale « pays des Allobroges », parce qu'il n'a pu découvrir rien de plus particulier ».

Les écrivains genevois sont plus près de la vérité : ils font naître Castellion à Châtillon en Bresse, par où il faudrait entendre Chatillon-de-Michaille (Spon, *Histoire de Genève*, II, 40 ; — Leti, *Istoria genevrina*, III, 79). Leu, *Dictionnaire historique de la Suisse*, adopte la même version. Les frères Haag les ont suivis dans la 1ʳᵉ édition de la *France protestante*. M. Schweizer, *Centraldogmen*, I, 310, résumant les débats, concluait à l'un des « Chatillon » de la Bresse.

Enfin M. Bétant, dans la 1ʳᵉ édition de sa *Notice sur le collège de Rive*, 1854, fixait l'origine de Castellion d'après les registres du Petit Conseil de Genève. On lit en effet dans ces registres : « Mercredi 5 avril 1542. — Suivant l'admission du régent de nos escoles, maystre « Bastian de Chastillion, de St Martin du Fresne..., etc. »

Seul avant M. Bétant un autre historien genevois paraît avoir eu ce texte sous les yeux. C'est Jean-Antoine Gautier qui, dans son *Histoire de Genève* (t. IV, p. 29), parle de « Sébastien Chastillon natif de près de Nantua en Bugey ». Mais cette monumentale *Histoire de Genève* (21 vol. in-folio pour la période de 1538 à 1608) étant restée manuscrite, le passage de Gautier n'avait pas été plus remarqué que le texte même des registres.

Les registres d'immatriculation de l'université de Bâle, année 1554, nomment bien Castellion « Sabaudus, diœcesis Burgiensis ». Mais ce document ne paraît pas avoir été connu des anciens biographes, même de Rudin. M. Mæhli est le premier qui le cite (p. 115).

2. La même année que Ramus, la même année aussi qu'Arnoul Le Ferron, le grand jurisconsulte toulousain, qui mourut la même année que notre héros (1563).

3. En 1867, lorsque je commençai mes recherches, je m'étais rendu au village de Saint-Martin : je demandai s'il existait une famille Chatillon. Le curé m'assura que le nom n'avait jamais disparu du pays. Il me conduisit dans une famille Chatillon, qui possédait encore des papiers remontant au xvii⁰ siècle. Un des fils de cette famille était au séminaire, il est depuis entré dans les ordres.

Nous ne savons presque rien de l'enfance de Sébastien. Son père Claude Chatillon [1] était un paysan peu lettré, mais laborieux et honnête, auquel il eut plus tard l'occasion de rendre ce témoignage :

« Mon père, dit-il, eut cela de bon, quoique dans une grande ignorance de la religion [2], qu'il avait par-dessus tout l'horreur de deux choses : le vol et le mensonge, et qu'il nous l'inspirait. Aussi avions-nous à la bouche dans mon enfance ce proverbe de notre langue maternelle :

> Ou pendre,
> Ou rendre,
> Ou les peines d'enfer attendre.

« De là vient que, dès mes premières années, j'ai toujours eu en horreur ces deux vices, et j'en prends à témoin tous ceux qui m'ont jamais connu à Genève ou ailleurs [3]. »

Cette allusion à un souvenir d'enfance est le seul renseignement direct que nous ayons trouvé sur les parents de notre héros [4]. Il avait plusieurs frères et sœurs, dont quatre ou cinq plus âgés que lui. Nous en retrouverons quelques-uns dans le cours de cette étude.

Si nous connaissons mal sa famille elle-même, nous pouvons un peu mieux nous représenter son village et les conditions dans lesquelles il grandit.

Le Bugey, au commencement du xvıe siècle, était un de ces petits pays, protégés par leur isolement, qui avaient gardé plus longtemps que d'autres un reste d'indépendance. Ce nid de montagnards perdu dans le Jura, trop maigre proie pour des appétits de rois ou d'empereurs, semble être jusqu'à la fin du moyen âge presque également ignoré de la

---

1. C'est probablement par erreur que les registres du Conseil de Genève portent « Bastian de Chastillion ». — Quant au prénom de *Claude*, il est établi par les registres des Bourgeois, 1ᵉʳ juin 1553.
2. Ce mot permet de conjecturer avec quelque vraisemblance que le père de Castellion n'embrassa pas la Réforme, ce qui est d'ailleurs presque certain, puisqu'il ne paraît pas avoir quitté son village.
3. *Sebastiani Castellionis Defensio*, dans le chapitre De Criminibus, § de Furto. — Ed. de Gouda, 1613, p. 351.
4. Deux autres détails que donne Clarmund viennent évidemment d'une confusion avec Oporin, comme M. Mæhli l'a expliqué (*Sebastian Castellio*, in-8, Bâle, 1862, p. 7).

France et oublié de l'Allemagne. Depuis que l'empereur Henri IV, en route pour Canossa, avait été obligé de céder la « seigneurerie de Bugey » avec la Bresse à son beau-frère Amé de Maurienne, comte de Savoie, pour acheter le passage des Alpes, ces deux petites provinces, que l'histoire confond autant que la géographie les oppose, continuent à vivre sous la suzeraineté longtemps nominale de la Savoie, comme elles avaient vécu sous celle du royaume de Bourgogne, de leur vie propre, toute faite de querelles, de guerres et de violences. — Le Bugey surtout, territoire annexé plutôt qu'incorporé, restait profondément divisé : il semble que telle ait été sa destinée depuis la conquête romaine. Au temps de César, il était partagé entre trois races gauloises; il l'est encore, quatorze siècles plus tard, entre trois maisons féodales. « Cette province toute petite, dit un de ses historiens, malgré ses limites naturelles, compte autant de maîtres à elle seule que toutes les autres provinces du royaume démembré [1]. »

De son histoire un seul grand fait se dégage à travers les siècles : c'est l'interminable lutte de deux puissances rivales qui, en se disputant le pays, écrasent le paysan : les couvents d'une part, les seigneurs de l'autre, — les couvents, c'est-à-dire les anciens maîtres, en possession d'état séculaire, dont les droits n'ont d'autres limites que celles de leur avidité; les seigneurs, fils ou petits-fils de brigands heureux, tirant leurs titres de la force, doublement acceptés par le pauvre peuple, d'abord parce qu'ils sont forts, ensuite parce que leur intérêt sera tôt ou tard de réprimer les exigences des moines. Telle est en raccourci l'histoire du Bugey; la longue suite de guerres locales qui en forme la trame continue, et par endroits inextricable, ne varie que par les alternatives de succès et de revers qui ne sont jamais définitifs.

Dans cette mêlée, le bourg de Saint-Martin-du-Fresne reparaît souvent, jouant un rôle actif depuis le xiie siècle jusqu'au xvie. Les manants de Saint-Martin étaient les plus proches voisins de la puissante abbaye de Nantua, ancien couvent

---

[1]. Guillemot, *Monographie historique de Bugey*, p. 75.

souverain doté par Pépin le Bref, pillé et détruit par les Hongrois, puis restauré par les Bénédictins de Cluny, dont il était devenu une des plus riches maisons [1].

Les serfs de Saint-Martin-du-Fresne avaient été les premiers à se placer sous la main des moines, ils furent les premiers plus tard à en connaître le poids. Aussi ne s'étonne-t-on pas de les voir prendre parti pour de nouveaux protecteurs, les sires de Thoire. Protecteurs assurément aussi peu désintéressés que les anciens, peut-être plus rudes, plus violents; mais l'instinct populaire se trompait-il en attendant d'un maître séculier, si dur qu'il fût, un moins grand art et une moins parfaite continuité de tyrannie?

Les sires de Thoire, peu à peu enrichis par conquête et par mariage, maîtres d'une grande partie de l'ancienne sirerie de Coligny, puis de celle de Villars, s'arrogeant des prérogatives souveraines jusqu'au droit de battre monnaie, fiers de leurs donjons, fiers de leur capitale, Poncin, qui faillit devenir celle du pays tout entier, ne tardent pas à se heurter au prieuré. Les domaines se touchent de si près qu'ils s'enchevêtrent, et quatre siècles se passent à tenter et à repousser de part et d'autre des empiétements. Souvent on en vint aux mains. Le couvent résista, il soutint des sièges, signa des traités et des trêves, assura des franchises aux bourgeois de Nantua pour s'en faire des défenseurs. Entre plusieurs, un épisode est resté célèbre dans les traditions locales.

En 1250, les paysans de Saint-Martin avaient décidé des destinées du couvent : ils avaient délivré leur jeune seigneur Humbert, enlevé par les moines et les bourgeois de Nantua; et de concert avec les seigneurs ils avaient réduit à merci la ville et son prieuré; il y eut une Jacquerie conduite par des hobereaux. Enfin s'éleva à Saint-Martin même, presque à la porte du couvent, le château fort, menace perpétuelle pour les moines. Eux aussi sentirent qu'il fallait se donner un protecteur, et ils se mirent sous la dépendance étroite de la maison de Savoie, qui saisit quelque incident des guerres de

---

1. Charles Jarrin, *la Bresse et le Bugey, leur place dans l'histoire*, Bourg, 1883, in-8, p. 213.

Bourgogne et d'Armagnac pour se faire livrer avec tant d'autres les terres et les châteaux de la maison de Thoire-Villars.

A l'époque où cette biographie commence, le couvent avait perdu quelque chose de son prestige, très peu de ses revenus. Le beau temps n'était plus sans doute où le prieur percevait de plein droit dans toute l'étendue de sa juridiction, au lieu du sixième ou du cinquième, dont se contentaient les seigneurs laïques, le tiers du prix de tous les actes de vente et de location [1].

Mais le couvent était riche encore. « C'était, dit M. Debombourg dans son *Histoire de l'abbaye de Nantua* [2], un immeuble qu'on tâchait d'obtenir et de pressurer sans s'inquiéter du service de Dieu et de l'exemple à donner aux populations. »

Il était alors sous l'autorité du dernier des prieurs qui ait connu les longs jours paisibles, Jean de la Forest, 39e prieur (1502-1536). Encore les dernières années de son administration sont-elles troublées par l'approche d'une double invasion, celle des Bernois qui venaient de conquérir le pays de Vaud et le pays de Gex sur le duc de Savoie, puis celle de François Ier qui arrêta la première, mais soumit pour vingt ans la Bresse et le Bugey à sa domination. A la mort de Jean de la Forest (1537), le parti savoisien, auquel les religieux étaient acquis, lui donna pour successeur François de Breul, qui exerça les fonctions de prieur, c'est-à-dire en toucha les revenus jusqu'à sa mort en 1548, en dépit de l'abbé de Cluny, au mépris de l'autorité du roi de France et malgré la concurrence du prieur imposé par le roi, installé à main armée.

L'antagonisme séculaire entre les couvents et leurs anciens serfs peut contribuer, avec la nature alors sauvage du pays, à expliquer pourquoi les montagnes du Bugey furent pendant tout le moyen âge un des principaux asiles des hérétiques proscrits ou fugitifs, en particulier des Vaudois chassés de Lyon. Pierre Valdo, peut-être originaire lui-même du Bugey [3],

---

1. Guillemot, *Monogr. hist.*, p. 186.
2. *Annales historiques du Bugey*, Nantua, 1856, t. I; publié à part, Bourg et Lyon, in-8, 1858, p. 161.
3. De Vaux, petit village du Bugey. — Jarrin, *la Bresse et le Bugey*, p. 258.

et quelques débris de ses partisans les *Ensabotés*, avaient sans doute retrouvé dans les montagnes du Bugey, comme le fait est établi pour celles du Dauphiné [1], quelques fugitifs albigeois accueillis par les châtelains montagnards en guerre avec les moines.

L'abbé Fleury constate dans son *Histoire ecclésiastique* que « les Vaudois étaient très nombreux au Bugey, qu'ils y formaient des groupes de colons ou d'artisans industrieux de mœurs paisibles et que les nobles les protégeaient contre l'Inquisition ».

Nous en avons précisément un exemple qui se rapporte au bourg même de Saint-Martin : un document authentique nous apprend qu'en 1297 le prieur de Nantua, Guy de Coligny, est informé par son frère, inquisiteur de l'archevêque diocésain, qu'on vient de découvrir des hérétiques à Saint-Martin-du-Fresne. « On les conduisait en prison quand la population, prenant parti pour eux, les fit évader. Le prieur confisque les biens des rebelles. L'inquisiteur les excommunie. Pour réponse, ils courent aux armes. Le prieur marche sur Saint-Martin, mais, le trouvant en bon état de défense, il croit devoir se retirer [2]. »

L'historien de la Bresse, M. Jarrin, en racontant cet épisode, se demande si l'hérésie vaudoise n'avait pas couvé là, transmise sourdement d'une génération à l'autre ; et, remarquant que dans ce même village devait naître l'un des premiers apôtres de la tolérance, celui-là même qui est l'objet de cette étude : « il y a, dit-il, des germes qui ne meurent pas ». On sera surtout frappé de ce trait particulier de l'histoire du Bugey, si du nom de Chatillon l'on rapproche, comme le fait avec raison M. Chevrier, ceux de trois autres personnages du même temps, originaires de ce même petit pays et qui, dans des destinées très diverses, ont eu ce commun caractère d'étonner leurs contemporains par leur esprit de largeur et d'humanité : Berthelier, l'un des héros de l'indépendance de Genève ; Bonivard, le prisonnier de Chillon, et l'amiral Coligny.

---

1. Jarrin, *ibid.*, p. 278.
2. *Ibid.*, p. 276-277.

Sans exagérer la portée de ces rapprochements, sans prétendre donner de toute chose une raison et à tout incident une conséquence, il sera permis de remarquer que la situation politique de ces petits pays de Bresse et Bugey, au commencement du xvie siècle, n'était pas défavorable au développement de ces idées de mansuétude et même de certaines velléités d'indépendance à l'égard de l'Église.

Il ne faut pas oublier l'impression qu'avait dû laisser depuis cinquante ans dans l'imagination du peuple, en Bresse surtout, la figure assurément originale du premier duc de Savoie, Amédée, ou, comme on disait plus couramment, Amé VIII. Ce prince était né à Bourg, il y avait longtemps résidé; enfant, on l'avait plaint de grandir au milieu de tant d'événements tragiques, dont le moindre était la mort mystérieuse de son père; à peine jeune homme, on l'avait admiré, tour à tour soldat heureux, habile diplomate et souverain magnifique; puis, après trente années d'un gouvernement qu'on peut appeler glorieux, après qu'il eut étendu ses États par conquête, par traités, par mariage, des deux côtés des Alpes, affermi son pouvoir, donné à ses sujets reconnaissants un des premiers codes de lois de l'Europe moderne, le *Statut de Savoie*, imposé au clergé un véritable concordat, confirmé et défendu contre l'Église elle-même les vieilles libertés municipales, assuré aide et protection aux faibles par cette institution peut-être unique alors, l'*advocatus pauperum* [1], mérité enfin l'honneur d'être à la fois recherché comme allié par le roi de France et investi par l'Empereur de la couronne ducale, on l'avait vu se retirer, las du règne, dans une sorte de monastère laïque, retraite d'un sage plutôt que d'un moine, faite pour lui au plus riant endroit des bords du lac de Genève; puis inopinément, après cinq ans de retraite, en sortir pour accepter la tiare que lui offrait le concile de Bâle. Pape, il s'était conduit en pape, et il avait conservé la souveraineté pontificale près de dix ans, non seulement sans scandale, mais avec assez d'autorité pour pouvoir la déposer comme il avait déposé sa couronne de duc, par amour de la

---

1. Hudry-Menos, *la Maison de Savoie et sa politique*. (*Rev. des Deux Mondes*, 15 août 1866, p. 369.)

paix, gardant pour lui les insignes de la papauté sauf l'anneau, pour ses adhérents la reconnaissance officielle de leurs titres, pour ses tentatives de réforme au moins un semblant de confirmation, et rentrant à Genève légat de Rome, le second personnage de l'Église, si ce n'est le premier en fait, de ce côté des Alpes.

Si épaisses que fussent les ténèbres au xv° siècle, de tels exemples vus de si près devaient jeter quelque lueur dans les esprits : cette popularité légendaire d'un antipape, d'une sorte de pape national, jointe à la popularité du concile lui-même « où de hauts prélats, enfants de la Bresse, avaient tenu le premier rang [1] », c'était plus qu'il ne fallait sans doute pour préparer les esprits à prévoir, mieux qu'ailleurs, la possibilité de bien des changements dans le régime ecclésiastique.

La politique de la maison de Savoie, du moins au début du siècle, était loin de décourager les espérances, surtout dans cette petite province. C'était le moment où la ville de Bourg devenait presque une capitale et possédait une cour brillante. Le jeune duc Philibert le Beau s'y était établi en 1502 avec sa femme, la célèbre Marguerite d'Autriche, un des esprits les plus vifs et les plus solides du siècle.

Il est difficile de dire quel tour eussent pris les événements sans l'accident qui enleva prématurément Philibert, en 1504, et qui changea brusquement les destinées de la Savoie et de ses dépendances. Bien que la Bresse formât le douaire de la jeune veuve, Marguerite quitta presque immédiatement Bourg pour aller administrer les Pays-Bas, où son père Maximilien l'envoyait, ne pouvant, dit un historien, faire choix d'un gouverneur ni plus actif ni plus habile.

Mais, à Malines comme à Bourg, elle fit preuve en plus d'une circonstance de dispositions non équivoques à encourager les idées de réforme dans l'Église. L'évêché de Bourg, un nouvel évêché indépendant de la France et qui ne devait durer que quelques années [2], avait été confié par elle à Jean de Gorrevod (1506-1516), ecclésiastique connu comme par-

---

1. Brossard, *la Grande Transaction entre les bourgeois de Bourg et leur curé*. Bourg, in-8, 1874.
2. Une bulle de Paul III le supprima le 15 janvier 1534.

tisan des réformes; le synode de Bourg en 1515 s'y montra expressément favorable.

Dans la suite de son gouvernement des Pays-Bas, « sa conduite à l'égard des religionnaires fut aussi sage et modérée qu'on pouvait l'espérer à une époque où l'irritation était si grande contre les sectaires; elle réprima un zèle indiscret de la part des orthodoxes et n'édicta contre les hérétiques, même après 1529, que des dispositions pénales qui certes n'avaient rien de sanguinaire [1] ». On sait qu'elle sauva la vie à Tyndale, le premier traducteur de la Bible en anglais, qu'elle modéra plus d'une fois la rigueur des persécutions contre les Vaudois. Un document plus précis encore établit qu'elle « pensa à créer une Église nationale belge pour l'opposer à l'Église romaine [2] ».

N'est-ce pas cet état d'esprit, ce reste de soumission sincère que traverse un premier élan de liberté, n'est-ce pas ce trouble précurseur de la Réforme, mélange indécis de respect, de doute et d'espérance, qui trouvait à cette heure même son expression dans un monument unique comme l'instant fugitif qu'il semble fixer? L'église de Brou s'élevait (1511-1536) précisément pendant que grandissait tout près de là Sébastien Chatillon, et le fils du paysan de Saint-Martin put emporter du pays natal l'éblouissante vision de cette merveille à peine éclose.

Il faut lire l'admirable page dans laquelle un autre enfant du pays, à trois siècles de distance, fait revivre le sens de cette poétique création. Edgar Quinet a raison de lire la fin d'un monde et l'annonce des temps nouveaux dans cet exquis et frêle chef-d'œuvre, « le dernier né de l'art gothique, où la pierre même défaille, où l'ogive fléchit et s'arrondit en arceaux », dans ce monument de piété conjugale où un sentiment humain déjà tout moderne s'exprime jusque dans le sanctuaire, où « l'âme d'une femme plie les anciennes formes rigides de la cathédrale à toutes les inventions de sa douleur », où le libre génie de la Renaissance semble déjà

---

1. Leglay, *Maximilien I*er *et Marguerite d'Autriche,* in-8. Paris, 1839, p. 64.
2. Chevrier, *Notice historique sur le protestantisme dans le département de l'Ain,* in-8, Paris, 1883, p. 9.

percer de toutes parts la vieille enveloppe gothique, précisément à la même heure où commencent à poindre, sous le pieux respect des traditions, les premières audaces de la pensée moderne.

Mais la construction de l'église de Brou fut bientôt le seul lien qui rattachât Marguerite à la Bresse. Et à mesure que se prolongeait son absence, d'autres influences prévalurent.

On sait ce que fut le long règne de son beau-frère Charles III, un demi-siècle de tergiversations et de désastres. Il allait montrer au monde comment la plus belle fortune peut échapper à un pays faute d'un homme pour la saisir.

Au moment où la Réforme s'établissait à ses portes et allait lui prendre Genève, il n'a manqué à la Savoie, pour jouer un grand rôle, que d'avoir encore un Amé VIII ou déjà un Philibert-Emmanuel. Ce groupe de petits pays entre Alpes et Jura, analogue par plus d'un trait au groupe des cantons suisses, était mûr pour une demi-émancipation ecclésiastique, qui eût peut-être aidé à naître ce fameux « royaume des Alpes » ou « royaume allobroge », chimère aimée des ducs, de leurs ministres et du sénat de Savoie. De bons esprits et les meilleurs patriotes de la Savoie, Bonivard à leur tête, « quant à la religion, ne souhaitaient rien tant que soit preschée en icelles provinces la vraie catholique réformée, fondée sur la Sainte Ecriture et non les nouvelletés de Luther, Calvin, Farel et autres [1] ». Ce projet reparut encore trente ans plus tard, alors que les événements en avaient décidé autrement, que de part et d'autre les positions étaient prises et ne laissaient plus de place aux nouveaux venus : il dut paraître alors une extravagance, il n'était qu'un anachronisme. On peut, sans mettre trop de roman dans l'histoire, se représenter ce qu'eût pu entreprendre, au temps et à la place de Charles III, un prince qui, ayant quelque hauteur de vue, aurait su se déclarer à temps le patron du parti évangélique, l'allié, l'arbitre et le modérateur de la Réforme dans cette sorte de territoire neutre que la nature et l'art lui avaient taillé entre l'Allemagne, la France et l'Italie.

---

1. Hudry-Menos, article cité, p. 385.

Charles III rêva peut-être, par instants, quelque chose de semblable, mais il eut peur de son rêve, et il ne parvint pas plus à se décider entre Rome et Luther qu'entre François Ier et Charles-Quint. Les progrès, d'abord tout pacifiques, du protestantisme naissant ne lui laissèrent pas le temps de prendre un parti : l'étonnante rapidité du mouvement religieux non seulement à Genève, mais dans le Bugey, dans le Chablais, dans le Piémont, dans tous les replis de la Savoie, confondit l'esprit du faible duc. Pour tout remède, il se jeta dans les bras de l'Église ou s'y laissa tomber. Fut-il réellement alarmé par ce grand nombre de fugitifs, italiens et français surtout, qui venaient chercher dans ses États un asile contre l'Inquisition, et le clergé parvint-il à lui faire croire que la Savoie était perdue si elle méritait de s'appeler le rendez-vous des proscrits? Crut-il acheter par des marques de zèle catholique l'appui de l'Église contre les villes déjà impatientes du joug, comme Genève, contre les Ligues suisses qui le menaçaient de l'autre côté du Léman, contre le roi de France, secret allié des unes et des autres? Céda-t-il seulement à l'influence austro-espagnole en épousant la querelle de Charles-Quint contre les luthériens?

Quoi qu'il en soit, il paraît difficile de se dissimuler le changement de conduite qui survient vers 1528 et qui s'accentue dans les années suivantes. Un édit des États de Savoie (1528) décrète, renouvelle ou aggrave toute la série de peines contre les hérétiques. L'Inquisition se ranime dans les diverses parties du territoire. On reprend une fois de plus la croisade contre les malheureux Vaudois. Les *processions blanches* s'organisent, les moines de tous ordres tonnent contre l'hérésie et dénoncent les luthériens. Dans la seule ville de Bourg l'officialité ecclésiastique dresse une liste de 35 bourgeois suspects [1].

Mais le duc de Savoie n'eut pas longtemps la responsabilité de ces exécutions : l'un après l'autre, tous ses domaines lui échappent. Genève avait déjà pour toujours conquis son indépendance. Les Bernois s'étaient emparés de tout le pays

---

1. Chevrier, *Notice*, etc., p. 15.

de Vaud. Au mois de février 1536, les troupes suisses confédérées prenaient le fort de l'Écluse, Gex se rendait aux Genevois, tout le pays de Gex recevait les garnisons bernoises; et dans le même mois François Ier, désespérant de fixer l'irrésolution de Charles III, faisait sommer « les villes, bourgades et châteaux de Bresse et Bugey de le reconnaître pour souverain sous peine de destruction par le fer et le feu. Partout on s'empressa de substituer aux armes de Savoie celles du roi de France [1]. » Et, tandis que d'un côté du Jura le mot de ralliement des troupes suisses sera :

> Qui a le cœur à la croix blanche [2]
> Ne mérite que la potence [3],

sur l'autre versant on va dresser les bûchers, et le premier qui y montera est un laboureur du pays de Bresse, Jean Cormon, coupable d'avoir colporté la Bible (1536) [4].

Même contraste dans le reste de la Savoie : chaque lambeau arraché suit la religion du vainqueur et en change s'il change de main. Quant au duc, « le plus malheureux des princes qui aient occupé le trône », de ville en ville il va reculer jusqu'à Nice, sa dernière et précaire possession.

C'est ainsi que, né sur les terres de la maison de Savoie, le jeune Bugéen dont nous racontons la vie se trouve à partir de 1536, comme il l'écrira lui-même [5], sujet du roi de France. Il le sera jusqu'au traité de Cateau-Cambrésis.

Peu de temps après la conquête, il eût pu voir, à Nantua même, le roi François Ier, qui, en traversant la nouvelle province, passa une nuit au couvent (20 sept. 1536) [6]. Mais à cette époque Sébastien Chatillon avait déjà quitté le pays natal : il était allé étudier à Lyon.

---

1. Brossard, *Histoire du pays de Gex*, in-8, p. 283.
2. Armes de la maison de Savoie.
3. Brossard, *ibid.*, p. 285.
4. En 1543, le Parlement de Chambéry donna licence à un dominicain de Bourg d'exercer l'inquisition en Bresse.
5. Voir la préface de sa Bible française à Henri II : « son sujet Séb. Chateillon ».
6. Debombourg, *Histoire de l'abbaye et de la ville de Nantua*.

CHAPITRE II

PREMIÈRES ANNÉES DE JEUNESSE. LYON
(1535-1540)

Lyon sous François Ier. — Le collège de la Trinité : le principal et les professeurs. — Jean Raynier, Barthélemy Aneau.— Sébastien Chatillon (*Castellio*) au collège de la Trinité : comment il devient *Castalio*. — Groupe d'étudiants et d'humanistes auquel il appartient : Gilbert Ducher, Jean Voulté, Nicolas Bourbon. — Ses premiers vers latins et grecs. — Ses amis : les frères Argentier, Fl. Wilson. — Pas de relations avec Étienne Dolet.

Lyon, dans les belles années de François Ier, ce n'était pas seulement la seconde capitale du royaume, ce fut par moments la capitale. Les guerres d'Italie, qui ruinaient d'autres parties de la France, lui valurent au contraire un surcroît de vie. Depuis Marignan, à peine s'était-il passé deux ou trois années sans que Lyon vît les splendeurs d'une visite royale, tantôt dans un appareil militaire, tantôt avec ce brillant cortège de princes et de seigneurs, de dames, d'artistes, de poètes sans lequel l'histoire ne se représente pas François Ier.

Ville libre et ville riche dès longtemps, Lyon ne ressemblait alors à aucune autre ville de France ni peut-être d'Europe. C'était bien cette cité qui, selon Paradin, « se peut vanter que Dieu et les astres se sont tant inclinez en sa faveur, car il n'est possible d'avoir deux plus riches, plus fécondes et plus plantereuses nourrices » ; celle qu'un étranger, bon observateur et juge impartial, appelait, dès le commencement du siècle, « le second œil de France,

> ... le chef de la Gaule celtique
> Reflorissant comme un autre Ilion [1] ;

c'était bien déjà la ville dont le géographe protestant Antoine du Pinet fait quelques années après un portrait si animé, dont il célèbre « l'opulence, les trafiques indicibles qui par le moyen de ses quatre foires s'y pratiquent et démeinent par diverses nations, l'incroyable multitude des artisans, la commodité merveilleuse pour répandre ses marchandises par toute la terre, l'ordre politique tant curieusement maintenu, la gravité, la pieuse et heureuse administration des sénateurs »; à laquelle enfin il ne reproche qu'un abus, c'est qu'il « a veu que les tailleurs y estoyent princes et comme petits roys, tant estoyent grandes et superflues les façons des habillements [2] ».

Le géographe a raison d'insister sur cet ordre politique et cette administration locale si particulière. Lyon s'était peu à peu émancipé du joug de son archevêque et ne subissait encore que modérément celui du roi de France. Les antiques franchises de la Ville, ses institutions consulaires, l'étendue de son commerce, les privilèges de ces quatre grandes foires internationales qui la mettaient chaque année en relation libre avec l'Europe entière, lui avaient fait une sorte d'indépendance dont elle était aussi fière que de sa prospérité. En donnant asile depuis plus d'un demi-siècle aux Pazzi, aux Capponi, aux Strozzi, aux Gondi, à toutes les grandes familles proscrites de Florence et de Lucques ou émigrées à leur suite, Lyon attirait les industries, puis les arts de l'Italie. On y voyait grandir plus rapidement qu'ailleurs une de ces solides aristocraties bourgeoises dont le luxe même est un hommage au travail.

Une source nouvelle de fortune venait de s'ouvrir (1536) avec la première manufacture de soies. Mais nul n'en pouvait prévoir alors la future extension, et la grande richesse

---

1. Lemaire de Belges, cité par M. Fr. Thibaut, p. 142 de son livre sur *Marguerite d'Autriche et Jehan Lemaire de Belges*. Paris, 1888, in-8, Leroux.
2. *Plan, pourtraict et description de la ville de Lyon au XVI⁰ siècle*, par Antoine du Pinet, de nouveau mis en lumière par P.-B. Gonon. Lyon, 1844, in-8, p. 6 et 18.

de Lyon, à ce moment, c'était l'imprimerie. Dès le xv⁰ siècle l'imprimerie lyonnaise avait dépassé celle de Paris; au xvi⁰, plus de cent imprimeurs y exerçaient « l'art divin »; sous leurs ordres, l'industrie du livre occupait une élite de typographes, venus d'Italie, d'Allemagne et de France.

Si l'on ne pouvait plus citer parmi les vivants d'aussi illustres exemples que celui de Jean Lascaris corrigeant les premières éditions de Trechsel, on pouvait voir chez Sébastien Gryphe, alors le prince des imprimeurs lyonnais, des « courriers » (correcteurs) qui s'appelaient Hubert Sussanneau, Étienne Dolet, François Rabelais.

Avec Gryphe rivalisaient les Jean de Tournes, les Roville, les Frellon, les Rigaud, et, pour l'impression en langue vulgaire, les François Juste et les Nourry. C'est des presses lyonnaises que sortirent par milliers, en un petit format commode jusqu'alors inconnu, ces bonnes éditions classiques qui mettaient enfin les textes à la portée des étudiants.

Une ville où l'imprimerie occupait une si grande place ne pouvait manquer d'être le rendez-vous des lettrés; il y régnait une activité intellectuelle que le reste de la France ne connaissait pas encore. Paris même n'avait pas autant de sève littéraire : surveillé de trop près par la Sorbonne, il offrait beaucoup moins de sûreté à tout ce peuple de jeunes disciples de la Renaissance que Lyon sollicitait par tant d'attraits :

> Urbs quæ lautitiis, jocis, poetis,
> Urbs quæ mercibus omnibus redundat,
> Multos et tulit et tenet peritos;...
> Urbs quæ semper alit disertiorum
> Linguas mirifice favetque musis [1].

Ainsi parle Voulté de la ville aimable « qui sert les Muses et que les Muses servent en retour ».

C'est à Lyon que nous allons retrouver Sébastien Chatillon à l'âge de vingt ans. Quand et comment il y vint, nous l'ignorons, mais nous n'avons qu'à refaire pour lui cette histoire si

---

1. Voulté, *Epigr.*, IV, p. 216.

simple et alors si commune, l'histoire des Ramus et des Amyot, des Cujas et des Paradin : un enfant de la campagne, pauvre et isolé, qui a la passion innée de l'étude, qui s'instruit tout seul au prix des plus touchants efforts; un jour la protection de quelque bienfaiteur, d'un prêtre, d'un parent plus aisé, le fait envoyer au collège, et les lettres ont gagné un fervent de plus. Telle est la légende véritable qui sert de préface aux plus belles vies du xvi⁰ siècle et à celle sans nul doute de notre modeste héros.

Il ne l'a pas racontée, il n'a pas songé que cela méritât d'être écrit. Il y a deux races d'hommes à l'époque de la Renaissance, et elles n'ont jamais été plus tranchées : les uns tout occupés d'eux-mêmes, les autres de leurs doctrines; ceux qui rêvent sans cesse à la postérité, et ceux qui n'y ont jamais pensé. Les premiers nous accablent de confidences naïves autant que frivoles, les autres n'ont pas un mot d'autobiographie. Chatillon fut de ceux qui tenaient leurs idées pour affaire capitale, leur personne pour néant. Ces grands lutteurs ne soupçonnaient pas que leur vie même était le meilleur de leurs enseignements, et qu'un temps viendrait où, sans être sceptique, on donnerait de grand cœur beaucoup de leurs in-folio théologiques pour le moindre recueil de leurs lettres familières.

Ce qui attirait particulièrement à Lyon, vers 1530, la jeunesse des provinces voisines, c'était un établissement municipal de récente création et déjà en plein succès, le collège de la Trinité.

Ce petit collège n'avait été longtemps qu'une modeste école établie dans les « granges »[1] du couvent, au milieu des vignes et des prairies[2], par les soins et aux frais d'une sorte de confrérie laïque de bourgeois lyonnais. La prospérité même de leur entreprise les avait amenés à la remettre aux mains de la ville en 1527. Le clergé, il est vrai, avait fait des difficultés, réclamé, menacé au nom des droits de l'Église

---

1. Maison de ferme et dépendances.
2. Rabanis, *Notice historique sur le collège de Lyon*.

toujours méconnus [1], mais les échevins avaient tenu bon. L'un d'eux était un homme considérable, aussi célèbre alors qu'oublié depuis, Symphorien Champier, auteur de plus de cinquante ouvrages et, ce qui vaut mieux, fondateur de plusieurs établissements utiles, notamment de l'école de médecine ; ce fut lui qui, « regrettant de voir mourir l'exercice des bonnes lettres en cette ville et s'efforçant l'y ramener [2] », prit une part décisive à la fondation du collège : il obtint l'assentiment de l'archevêque François de Rohan, moyennant que le choix du recteur fût soumis à l'approbation épiscopale. Le consulat de son côté donna tous ses soins au collège naissant, agrandit les locaux, institua quatre classes, établit une rétribution scolaire (2 sols 4 den.) et appela des professeurs, dont quelques-uns avaient déjà ou eurent bientôt de la renommée.

Le collège avait eu pour premier principal un Lyonnais, Guillaume Durand : une poésie de Gilbert Ducher donne à entendre que c'était un homme de mérite que la pauvreté avait étouffé [3]. C'était, tout au moins, un estimable professeur, un de ces maîtres qui créaient tout naturellement à Lyon la méthode nationale, celle de l'enseignement simultané du français et du latin, détruite quelques années après par les Jésuites. Le seul opuscule que nous connaissions de Guillaume Durand est une édition toute scolaire du *Libellus de moribus in mensa servandis* de Jean Sulpicius Verulanus, *cum familiarissima et rudi juventuti aptissima elucidatione gallico-latina Gulielmi Durandi*. La préface, datée du 1ᵉʳ août 1542, est vive, brève, d'un latin élégamment aisé. Elle est adressée à Étienne Dolet, pour qui Durand marque une admiration courageuse : le livre parut au moment même de l'emprisonnement du malheureux imprimeur, et toutes les rééditions publiées dans les années suivantes [4], même après que Dolet eut été brûlé et son nom livré à la réprobation publique, reproduisent cette préface hardie.

---

1. Voir quelques détails intéressants dans l'*Étude historique sur la Réforme à Lyon*, par M. Moutarde, in-8, 1882, p. 41.
2. *Histoire de l'Université de Lyon*, par Lazare Meyssonnier.
3. Gilb. Ducher, *Epigrammata*, p. 11.
4. Voir *Répertoire des ouvrages pédagogiques du XVIᵉ siècle*, au mot *Sulpicius*, et le beau volume de M. Christie (trad. Stryienski), *Étienne Dolet*, p. 518.

Les jeunes seigneurs pour qui le bon moine de Véroli avait écrit ce *carmen juvenile* avaient évidemment tout à apprendre et beaucoup à désapprendre pour arriver aux rudiments du savoir-vivre ou plus crûment de la propreté : Guillaume Durand n'a pas jugé inutile de rendre le même service à la jeunesse de ses petites classes, *rudiori meæ juventuti*; il paraphrase patiemment distique après distique, et il les traduit en français, ce qui ajoute sensiblement, de son aveu, à la sûreté de l'enseignement, et, du nôtre, à l'intérêt de la lecture. Quelques fines remarques sur la latinité décèlent l'humaniste de la Renaissance, le disciple de Budé. Il ajoute aux deux livres de Sulpicius un petit supplément, *apex*, de Josse Bade, qui à ces mêmes préceptes de civilité extérieure en avait joint quelques autres d'ordre plus relevé, et notamment celui-ci, qui pourrait être la devise de la Renaissance française :

> Tandem, ubi doctus eris, reliquum est bene vivere cures,
> Ignarisque tibi cognita præcipias;

que Durand traduit ainsi : « Et après que tu seras suffisamment instruict aux lettres, il reste que tu tasches de bien et honnestement passer le cours de ta vie sans aucun vice et avec toute vertu. Il faut aussi que tu faces participans de ton sçavoir et érudition ceulx qui sont ignorans. »

Outre ce travail, nous ne connaissons de Guillaume Durand que deux petites pièces de vers latins qui méritent d'être mentionnées : l'une, en tête du *Cato christianus* (1538) d'Étienne Dolet, le trop fameux livret hérétique, dont le hardi pédagogue ose dire :

> Hoc discite libro christiane vivere;

l'autre, en tête de l'histoire de François Ier, en vers latins, du même Dolet (1539).

A Guillaume Durand avait succédé Jehan Canappe; le futur « lecteur des chirurgiens de Lyon » ne fit que passer au collège; il quitta ce poste pour se vouer à l'œuvre qui devait préserver son nom de l'oubli : l'enseignement de la chirurgie en français et la publication des premières traductions qui aient été faites dans notre langue des classiques de la médecine.

Puis vint (vers 1531) Eloy ou Loys du Verger (ou Vergier) [1], encore un de ces obscurs pédagogues de la Renaissance française dont il ne resterait aucune trace si par hasard une bibliothèque n'avait gardé quelque opuscule scolaire signé de leur nom. Nous en connaissons trois d'Eloy du Verger [2], dont une *Grammatica latina pro pueris methodica ratione digesta*, qui était très vraisemblablement le livre de classe des jeunes Lyonnais lors du séjour de Chatillon.

Du Verger fut dans la suite directeur du collège de Mâcon, et nous savons — par les lettres d'un de ses anciens élèves, qui fut l'ami de Chatillon, le médecin Benoît Tissier (Textor) — que, s'il ne s'est pas prononcé pour la Réforme [3], il y était tout au moins très enclin, ne cachait pas son admiration pour Calvin [4] et entretenait des relations avec les « évangéliques ».

A Eloy du Verger succéda un maître plus renommé, Jean Raynier [5].

Jean Raynier (Rainerius, Rænerius), d'Angers, était aussi, comme ses deux prédécesseurs, avant tout un homme d'enseignement ; il avait déjà publié ou il publia dans la suite, à défaut d'ouvrages scolaires originaux, plusieurs éditions de livres alors scolaires. C'est ainsi que Thibaud Payen faisait paraître, en 1538, en un petit volume presque élégant, les *Auctores octo morales*, ce fameux livre de chevet des écoliers

---

1. Serait-ce un membre de la même famille que Mme du Verger, que nous trouverons chez Calvin, à Strasbourg (Voir chap. iv) ou que le Du Vergier gouverneur de Bourgogne ?
2. Voir *Répertoire des ouvrages pédagogiques du XVIe siècle*, p. 658.
3. Une épigramme de Bourbon, qui lui est adressée (*Nug.*, VII, Carmen CXX) semble louer sa prudente réserve.
4. « Tibi ni fallor amicus et tuorum operum admirator pie curiosus », écrit B. Textor à Calvin à la fin de 1544 (*Opp. Calv.*, XI, p. 821). — B. Textor écrivant à Calvin de Mâcon (19 décembre 1542), lui communique un ouvrage de Du Verger, « consutum ex aliis, præsertim Erasmo, sed nonnulla continentem quæ mihi a vero dissident, quæ ægyptiam superstitionem resipiunt ». Il prie Calvin de le lire, de lui marquer à part les points erronés, mais de faire cette critique avec douceur et courtoisie, « omni convicio procul remoto ». Les savants éditeurs de Calvin se demandent en note et de quel homme et de quel livre il s'agit.
La seconde lettre de B. Textor (XI, p. 821) raconte en détail à Calvin les propos qu'a tenus à Du Verger un pasteur du pays de Neuchâtel, Robert Le Louvat, l'ancien chanoine natif de Sézanne, au sujet des prétendues exigences qu'aurait eues Calvin à l'égard de l'imprimeur Jean Michel pour un Nouveau Testament de Claude Boysset.
5. M. Charvet, qui donne la liste des principaux du collège (dans sa biographie d'Étienne Martellange, Lyon, 1874, in-8), écrit « Jean Renyer ».

du XVᵉ siècle, qu'il intitulait avec raison *emaculatiores quam antehac prodierint unquam, Joannis Rænerii opera*. Plus tard, c'était Sébastien Gryphe, qui publiait une édition (in-8, 1554) des *Élégances* de Laurent Valla, qu'il recommandait au public pour le soin qu'avait pris Raynier de rétablir nombre de textes défigurés jusque-là.

Bon professeur, il inspira à ses élèves des sentiments qui ont fait son principal titre à la notoriété : Gilbert Ducher, Nicolas Bourbon, Jean Voulté, n'hésitent pas à lui soumettre leurs œuvres, se rendent à ses critiques, sont fiers de ses éloges et les impriment comme la meilleure des recommandations en tête de leurs poésies [1].

Nicolas Bourbon, dans un moment d'épanchement mélancolique, s'adresse à lui comme à un sage qui, avec Gilbert Ducher, se plaît à l'écart et sait goûter dans le culte des Muses des joies inconnues à ceux qui courent les fêtes et les festins [2]. Voulté lui dédie, comme à un homme de cœur capable de répondre à son enthousiasme, sa belle oraison funèbre du premier président Jacques de Minut (1537) [3]. Étienne Dolet ne fait pas moins de cas de ses suffrages et les insère en tête de son histoire en vers de François Iᵉʳ (1539) [4]. Dès 1532, Raynier avait à Lyon une assez grande réputation d'éloquence, puisque ce fut lui qui fut chargé cette année-là du grand discours d'apparat qu'une fois par an, à la Saint-Thomas, le consulat devait faire prononcer devant le peuple par un orateur éminent [5].

Comme tout bon latiniste de son temps, Raynier devait faire des vers. Nous ne connaîtrions son talent poétique que par les quelques petits compliments versifiés que nous venons de rappeler, si précisément notre jeune étudiant n'avait partagé l'admiration commune pour ce maître. En quittant Lyon, Sébastien Chatillon emporta une longue pièce de vers de Jean Raynier qui, sans nul doute, avait passé

---

1. Voir la 10ᵉ épigramme en tête des *Nugarum libri octo* de N. Bourbon; les deux dédicaces en vers en tête des deux livres des *Epigrammata* de Gilbert Ducher.
2. *Nug.*, VI, Carmen XC.
3. Christie, *Ét. Dolet*, p. 307.
4. Christie, *ib.*, p. 355.
5. J. Rainerii *Oratio de recta civitatis institutione deque reipublicæ tranquillitate et gloria servanda et de Lugdunensis civitatis origine*. 1532, in-8. Lugduni, Trechsel.

de main en main et réjoui les étudiants; il la fit imprimer quelques années après, par Oporin, à Bâle, dans un recueil de *Bucolicorum auctores* : l'élève n'a pas rendu par là grand service au maître, et il faut même qu'il ait été quelque peu aveuglé par l'indulgence des souvenirs de jeunesse pour s'être décidé à publier ces *Mopsi et Nisæ metamorphoses*, récit en quatre cents vers trop faciles d'une assez grossière anecdote empruntée à la chronique scandaleuse de Lyon.

Mais sous ces divers principalats, même sous Jean Raynier et à plus forte raison sous ses obscurs et éphémères successeurs [1], l'homme qui en réalité tenait la première place dans le collège de la Trinité était un simple professeur, Barthélemy Aneau [2], plus connu sous son nom latin d'*Anulus*, qui enseignait la rhétorique depuis 1529 et qui ne devint principal qu'en 1540 pour peu de temps et définitivement en 1553. Natif de Bourges, il avait étudié sous le luthérien Melchior Wolmar et avait été sans doute condisciple d'Amyot, de Calvin, de Th. de Bèze [3].

En dépit, si ce n'est à cause de cette origine suspecte, Aneau se montrait exclusivement voué au culte des lettres. Il partageait ses loisirs entre la muse latine et la muse française. Il trouve un jour chez son ami l'imprimeur Mathias Bonhomme une suite de petites gravures destinées à illustrer des *emblèmes* perdus : il en devine le sens et en refait le texte en distiques latins, parfois aussi crus que les images elles-mêmes : c'est la *Picta poesis* [4]. Ses essais poétiques en langue vulgaire ont ce mérite et ce réel intérêt d'être un effort, en somme très intelligent et à coup sûr très nouveau, pour assouplir la langue populaire et faire passer dans l'usage commun la fleur de l'antiquité. C'est ainsi qu'il achevait la traduction en vers français des *Métamorphoses*

---

1. Jacques Vassuel, Jacques Bobynet, Claude de Cublize.
2. On dit aussi Laneau, Laigneau, Lagneau.
3. *France protestante*, art. *Aneau.*
4. On en citerait quelques-uns assez intéressants. Il est à remarquer qu'Aneau est de la même école pédagogique que les Baduel et les Cordier, c'est d'ailleurs celle de Rabelais : il montre dans un de ses emblèmes les odieux effets de la brutalité des maîtres (p. 32), *Cholastica generosorum corruptela*; elle change des enfants en ours et en sauvages :

Picta *Magistrorum* tali est eicone *tyrannis*
Cum puerum naturam efferat ingenuam.

d'Ovide et ne craignait pas, à la suite des trois premiers livres, qui sont de Marot, d'en publier un quatrième, qui est de lui [1]. C'est ainsi qu'il traduisait, également en vers, les *Emblèmes* ou *Entregectz* d'Alciat, en s'appliquant, ce qui était si rare alors, à conserver « la briefve tranche des sentences qui poingt l'esprit », à disposer, comme il le dit, « les petites pièces de marqueterie » dont se compose « cet ouvrage bigarré », sous divers titres généraux, « en leur ordre et assiette, jouxte l'ordre naturel de l'usage commun », afin que chacun y pût trouver, « comme en ung cabinet très bien garni tout ce qu'il voudra inscripre ou pindre aux murailles de la maison, aux verrières, aux tapis, couvertures, tableaux, vêtements, tables, lits et armes [2] ». Il publiait des noëls [3], mettait en vers la chronique locale [4], traduisait des contes grecs et latins [5], s'amusait même à faire représenter des mystères avec chœurs et musique [6], et des satyres françaises [7] que Gryphe ne dédaignait pas d'imprimer.

M. Demogeot, dans sa piquante notice sur le collège de la Trinité, a fait d'Aneau un petit portrait qui mérite d'être conservé : « A une connaissance profonde des lettres grecques et latines, il joignait une élocution facile, un abord gracieux. Il faisait des vers latins *durs d'accord*, mais ingénieux, des vers français où l'esprit manquait moins que le naturel. Arrivait-il en ville un accident, Aneau le racontait ; un prince, Aneau le haranguait ; une sottise, Aneau s'en moquait ; une fête, il en réglait les préparatifs. Il élevait dans son collège un théâtre où les mères venaient pleurer de tendresse aux vers du principal récités par leurs enfants, où les Lyonnais venaient applaudir au jugement de Dame Vérité qui, dans la comparaison de Paris, Rohan, Lyon, Orléans, donnait naturellement la palme à *Lyon marchant*. »

1. Lyon, 1549. Roville, préface, p. 7 et 8. Le volume est illustré d'une suite continue de gravures de Gentil Bernard.
2. Lyon, 1539, rééd. 1559.
3. *Epigrammes sur aulcunes choses mémorables advenues à Lyon audit an 1541.*
4. *Alector, histoire fabuleuse traduite en français d'un fragment divers trouvé non entier mais interrompu et sans forme de principe*, Lyon, P. Fradin, 1560, in-8 (très rare). « Mauvais roman, dit Bernard de la Monnaie, où de bonnes gens croient voir un sens mystique merveilleux quoiqu'il n'y en ait pas plus que dans les fanfreluches de Rabelais. »
5. *Mystère de la Nativité*, imprimé en 1537, Lyon. Sébast. Gryphe.
6. *Lyon marchant*, joué en 1541, imp. en 1542.
7. Dans le volume *Lyon ancien et moderne*, p. 413 et suiv.

Et pourtant il paraît, s'il faut croire le témoignage trop souvent suspect d'un contemporain, que cet inoffensif lettré « sentoit mal de la foy, que c'estoyt luy qui avoit semé l'hérésie à Lyon, qu'il avoit corrompu et gasté plusieurs jeunes hommes de bonnes maisons de Lyon, qui furent les chefs de la révolte de cette ville et avoient tous esté ses disciples, et les avoit dévoyés de la religion de leurs pères »[1].

Cet homme, qui semblait avoir pris à tâche de n'inquiéter personne et qui avait passé pendant trente ans pour un esprit « orné, mais léger[2] », devait périr d'une façon tragique : il fut massacré en 1561 dans une émeute où la populace — indignée, paraît-il, d'un sacrilège commis par un ouvrier exalté contre le Saint-Sacrement — se dirigea ou fut dirigée sur le collège, qu'à tort ou à raison on signalait comme le foyer de la réforme : les Jésuites se préparaient à y faire rentrer la saine doctrine. « On fit quelques arrestations, mais on relâcha bientôt les prisonniers; et, tandis qu'on réunissait contre un seul homme la hache, le gibet et le bûcher pour châtier un acte de démence, le meurtre d'un innocent, d'un vieillard, de l'instituteur de deux générations demeura impuni[3]. »

On ne pouvait rien prévoir de semblable à l'époque où Sébastien Chatillon fréquenta le collège de la Trinité. C'est pourtant de là qu'il sortira converti à la Réforme, puisqu'il ne quittera Lyon que pour aller demeurer dans la maison même de Calvin.

Essayons de découvrir ce qui s'est passé en lui et autour de lui pendant ces années de première jeunesse, et, maintenant que nous connaissons ses maîtres, recherchons, à l'aide des rares indices épars dans ses écrits ou dans les documents lyonnais, quelles relations il a pu nouer, quelles ont dû être ses études, ses lectures, ses amitiés.

Plusieurs témoignages s'accordent à nous représenter le jeune homme travaillant seul à Lyon, subissant toutes les privations et endurant bravement la misère, jusqu'au moment

---

1. Rubys, *Histoire véritable de Lyon.*
2. Rabanis.
3. Demogeot, dans *Lyon ancien et moderne*, 418.

où il trouva une ressource en s'attachant comme répétiteur à des jeunes gens de famille riche. Rudin, dans les *Vies des Professeurs de Bâle*, faisant allusion à ces rudes débuts, le loue d'avoir tant aimé l'étude et d'avoir su conquérir les moyens de s'y livrer *privata prorsus industria* [1]. Ce renseignement est précisé par un autre biographe dont nous constaterons souvent l'exactitude scrupuleuse, quoiqu'il écrive en vers. Il s'appelait Paul Cherler, et il s'est fait une notoriété comme auteur d'*Epitaphes* (latines) qui sont des biographies parfois très riches. Il dit dans l'épitaphe de notre Chatillon, dont il avait été l'élève affectueux et reconnaissant :

> Lugduni docuit primum; linguamque pelasgam
> Ista nobilibus legit in urbe tribus.

Enfin nous trouvons dans une page écrite par Chatillon, vingt ans plus tard, une allusion transparente à ce moment critique de sa laborieuse carrière.

Un personnage de son dialogue *de Fide*, voulant faire entendre ce que c'est que la foi naïve, la foi de l'enfance et de la jeunesse, en donne cet exemple :

Je me rappelle qu'il m'est arrivé quelque chose de semblable dans ma première jeunesse (*mihi adolescentulo*) : je vivais dans la condition la plus pauvre quand je fus appelé dans une famille noble et riche.
Je me souviens comme à cet appel je me sentis changer. J'étais donc délivré : plus de souci, plus de ces inquiétudes qui m'avaient tourmenté jusqu'alors! Aussi, comme mes parents devaient m'envoyer une petite somme d'argent, je me hâtai de leur écrire de n'en rien faire, qu'en effet je ne manquerais plus d'argent désormais. D'avance je me représentais la demeure, les lieux, les personnes chez qui j'allais habiter, quoique je ne les eusse jamais vus [2].

Guidé par ces premières indications, nous avons cherché, sans grand espoir, si nous ne saisirions pas quelque autre trace du séjour de l'étudiant à Lyon. Le collège de la Trinité n'était pas une académie organisée : impossible de recourir

---

[1] « Gratia tamen Dei concessit ut in summa paupertate animum non abjecerit, quin potius eo alacrius ad bonarum literarum studia erexerit et primum quidem privata prorsus industria. Qua tantum profecit ut ipse adolescens trigæ nobilium adolescentium erudiendæ Lugduni adhiberetur. » — Rudin, *Vitæ professorum*, manuscrit à la bibliothèque de Bâle.
[2] *De Fide*, p. 202; voir aussi 204.

aux registres d'immatriculation des élèves, surtout pour y chercher des répétiteurs qui pouvaient les accompagner et profiter, par surcroît, des cours pour eux-mêmes [1]. D'ailleurs, un mot de Cherler insiste sur le regret qu'eut toujours Chatillon de n'avoir pu faire dans sa jeunesse des études régulières dans une université [2]. Mais le même passage des *Épitaphes* indique assez clairement, à travers les hyperboles mythologiques, que, dès sa première jeunesse, il s'était distingué par le goût de la poésie latine et grecque.

Ce n'est point là une conjecture : un des textes les plus importants pour la biographie de notre auteur nous donne à cet égard des explications qui méritent d'être reproduites *in extenso*. Notre jeune précepteur, à l'âge où nous le trouvons à Lyon, est, comme il le dira plus tard, possédé du démon des vers. Voici ce que, à vingt ans de là, il répondra à Calvin qui, entre autres crimes, l'accusait d'orgueil :

> Oui, j'ai eu de la vanité, je l'avoue, je le déplore et j'en ai honte aujourd'hui. J'avais une sotte et juvénile confiance dans mon savoir : il arrive trop souvent à ceux qui étudient les lettres et les langues anciennes, d'y attacher plus d'importance qu'à l'esprit (aux choses religieuses). Et pour te montrer combien je suis loin de vouloir excuser mes fautes, je te découvrirai à toi et au monde pour ma punition et à ma honte publique, un trait de vanité que tu as sans doute ignoré (sans cela, l'aurais-tu passé sous silence?). Mais je veux, en le détestant moi-même, le faire détester de tous :
>
> Comme je vivais à Lyon, tout jeune, avant d'aller te trouver à Strasbourg, il arriva un jour que quelqu'un au lieu de m'appeler de mon nom accoutumé *Castellion*, me nomma *Castalion* [3]. Ce nom rappelant la fontaine des Muses, me plut aussitôt, je me l'appropriai, et abandonnant le nom paternel de Castellion, je m'appelai désormais Castalion. Bien plus, je consignai ce nom en acrostiche dans les premiers vers de mon petit poème (grec), *le Précurseur* : c'était mettre en évidence jusque devant la

---

[1]. Sur cet usage, très fréquent notamment en Savoie, voir *Une famille au XVI⁰ siècle, les Du Laurans*, par Ch. de Ribbe, 1867, in-12.

[2]. Ingenuas artes tenero studiosus ab ævo
  Imbibit, et clariis ora rigavit aquis;
 Atque, ipsum juvenem quamvis Academia nulla
  Viderit, optato condideritque sinu....

[3]. S'il avait voulu plaider les circonstances atténuantes, il pouvait dire que, dans la société qu'il fréquentait à Lyon, les jeux de mots sur les noms propres étaient non seulement un passe-temps à la mode, mais une des mines inépuisables de la poésie latine des humanistes. Ceux de Lyon en particulier, depuis Rousselet jusqu'à Dolet lui-même, se complaisent à ces jeux d'esprit avec une persévérance d'enfantillage tout à fait caractéristique. Ces esprits

postérité mon sot orgueil! J'étais en effet, sauf le bon plaisir de la Muse, un poète, un μουσοπαταγος d'une légèreté toute grecque (græcæ plane levitatis).

Je confesse ces choses, dont j'ai déjà rougi bien des fois à part moi, en y réfléchissant, depuis que j'ai mieux connu la vérité, accusé par ma conscience plus forte que mille témoins. Aussi, renonçant désormais à cette gloriole grecque, puisque je trouve aujourd'hui l'occasion que j'ai

plus que jeunes avaient une facilité et une joie de collégiens à rapprocher tant bien que mal de quelque souvenir classique les noms qui semblaient s'y prêter le moins. Ils jouaient sur le nom de leurs professeurs :

> *Ravisius Textor* textores vicit ad unum
> Et telas textor texuit eximias.
> (Voulté, *Epigr.*, p. 36.)

> Doctrinæ encyclopædiam quod unus
> Perfectam efficias et absolutam
> Non injuria es *Anulus* vocatus.
> (Gilb. Ducher, *Epigr.*, p. 133.)

Sur le nom de leurs maîtresses :

> Lucida lucidulis lucet mea *Lucia* membris
> Nullaque lucidulo pectora menda sedet.
> (Cl. Rousselet.)

Sur le nom de leurs protecteurs et des personnages les plus graves : la mort du théologien Duchesne inspire à Rousselet une élégie *ad porcos de amissâ quercu* (p. 69), il dit à Hugues Dupuy, son *patronus singularis* :

> Tunc promis puteum te accito forte cliente
> Ad puteal, præstans cum puteo puteal.
> (P. 117.)

Pour célébrer le président Du Vair, il se torture à trouver des allusions au printemps. Voulté défend vivement Rabelais de l'étymologie qu'un zoïle avait forgée (*rabie læsus*) (p. 61) et retourne à l'honneur des deux Sève un compliment fâcheux tiré de leur nom :

> Nec tu *sævus* homo es, re vere et nomine *Scæva*;
> Sævus et ipse tibi, blandus et ipse aliis.

Que de fois Marot n'a-t-il pas dû être impatienté du rapprochement de son nom avec celui de Virgile (*Maro*)? C'est par centaines que se comptent dans la littérature contemporaine les variantes de ce distique de Nic. Bourbon :

> Carmina quæ scribit gallo sermone *Marotus*
> Vivent, dum vivent et tua, magne *Maro*.
> (*Nugar.* lib. V, 65.)

L'abus n'était pas moindre en vers français. Ronsard lui-même n'écrit-il pas « à son précepteur » :

> Je ferais grande injure à mes vers et à moy
> Si en parlant de l'or, je ne parlais de toy
> Qui as le nom doré, mon Dorat? car cet hymne
> De qui les vers sont d'or, d'un autre homme n'est digne
> Que de toy dont le nom, la muse et le parler
> Semblent d'or que ton fleuve Oronte fait couler.
> (*Œuvres de Pierre Ronsard*, éd. in-f° de 1623, II, 1125.

Ce jeu de mots même que se reproche tant Castellion, il avait été fait avant lui. Les *Epigrammata* posthumes de Claude Rousselet (1537) contiennent une petite pièce adressée à un docteur en théologie qui s'était fait appeler non pas *Castalio*, mais *Castalius* :

> Castalio Aonidum Phœbique vocaris ab amne,
> Nec sine re tibi sunt nomina Castalii :
> Castalius liquidas rivus diffundit ut undas
> Fontis et irrorat sicca labella liquor,
> Sic tua mellituum diffundens vena liquorem
> Barbariem, grato mixta labore, fugat.
> (Cl. Rousselet, *Epigrammata*, p. 26.)

souvent cherchée, je désire qu'on m'appelle de mon nom de famille *Castellion*. Je n'ignore pas que quelques-uns pourront s'emparer de cet aveu de ma faute pour me la reprocher. Qu'importe? Cette humiliation même est profitable, à moi d'abord dont l'esprit a besoin d'être abaissé autant qu'il avait voulu s'élever, et aux autres qui, instruits par mon exemple, apprendront à ne plus s'exposer en s'élevant ainsi à tomber de plus haut. Je sais en effet combien c'est là une maladie commune, surtout chez les gens de lettres, et combien peu s'en aperçoivent. Puisse cette leçon pénétrer bien avant dans leurs cœurs [1].

De cette naïve et noble confession, sur laquelle nous aurons à revenir, nous ne voulons tirer pour le moment qu'un complément d'information biographique.

C'est sous le nom de « Castalion », c'est parmi les lettrés qui entourent le collège et surtout parmi les amis des lettres grecques, plus rares que les latinistes, qu'il faut chercher notre jeune héros à Lyon entre 1535 et 1540.

Est-il besoin de dire que nous ne le chercherons dans aucun des cercles brillants du monde lyonnais, ni chez le cardinal de Tournon, ni dans les salons du gouverneur Pompone de Trivulce, ou du lieutenant général Jean de Peyrat, ni dans ceux d'Antoine de Gondi qu'un ami de Castalion, plus sensible aux vanités mondaines, Eustorg de Beaulieu, nous décrira plus tard comme le rendez-vous de toutes les illustrations?

Il ne se trouvera pas non plus dans l'entourage immédiat d'aucun des princes des lettres que Lyon possédait. Le grand hébraïsant Sanctes Pagnini était mort en 1536. Symphorien Champier, le grand échevin, le fondateur du collège de médecine, l'inépuisable et universel écrivain, transition vivante du moyen âge à la Renaissance, achevait obscurément une existence qui avait eu des moments de gloire (1539). Rabelais, Marot, Bonaventure des Périers [2] que notre étudiant a pu rencontrer, ne fût-ce que chez l'imprimeur Gryphe, ne l'ont certainement pas remarqué! Il n'a pu voir ni Jean Second, puisque le poète des *Baisers* venait de mourir (1536), ni celle qui allait bientôt s'appeler la *Belle Cordière*, puisque Louise Labé était encore une enfant, ni Pernette du Guillet plus jeune encore.

---

[1]. *Defensio*, p. 355-57.
[2]. Réfugié à Lyon en 1538 pendant que la Sorbonne condamnait l'imprimeur du *Cymbalum mundi*. (Voir la note, p. 46.)

C'est dans une société plus humble qu'il faut pénétrer, et nous avons précisément pour nous y introduire quelques guides précieux : ils le seront d'autant plus pour nous qu'ils ne se meuvent que dans les seconds plans. Ce sont quatre ou cinq recueils de poésies — latines pour la plupart, — imprimés à Lyon dans les années 1535 à 1540, c'est-à-dire au moment précis qui nous intéresse, et qui est bien, pour le dire en passant, un des plus attachants de l'histoire littéraire de cette ville. On les intitulait alors *Epigrammata*, ce qui ne désignait nullement des épigrammes, pas même de celles « qui ont des dents de lait », mais simplement des pièces de circonstance, billets en vers, morceaux applaudis la veille en petit comité. N'eût été l'ingénue vanité de ces premiers amants de la Renaissance française, rien de tout cela n'aurait survécu, méritant si peu de survivre. Pourtant, avec un peu de patience, on tirerait de ces quelques volumes un tableau presque complet de la société cultivée de Lyon. De ce tableau nous n'avons le droit d'esquisser qu'un coin à peine, celui où se cache notre étudiant.

Sébastien Gryphe imprimait en 1538 les deux livres d'*Épigrammes* latines de Gilbert Ducher.

On connaît peu aujourd'hui Ducher, *Ducherium Vultonem Aquapersanum*, c'est-à-dire né à Aigueperse, dans la même petite ville et presque à la même époque que Michel de l'Hôpital. C'était alors un poète en honneur, surtout aux alentours de Lyon. Il avait donné ses soins, à Paris, à des éditions de César et de Martial; il avait des admirateurs, dont quelques-uns le mettaient sans hésiter au premier rang des poètes latins de l'époque. En publiant ses deux livres d'*Épigrammes*, il proteste qu'il ne fait que céder aux instances de ceux qui les ont lues et suivre l'avis formel d'un maître à qui il ne peut rien refuser et dont le nom sert de passeport au livre : c'est le principal du collège dont nous avons déjà parlé, Jean Raynier.

Malgré le prix d'un tel patronage, Gilbert Ducher ne néglige pas d'y joindre d'autres témoignages propres à disposer favorablement le lecteur. Soucieux de sa renommée et suivant en cela d'ailleurs l'usage de tous les contemporains, il insère à la fin de son petit volume une vingtaine de jugements sur le poète et sur l'ouvrage. Il réunit les vers de ses amis sous un titre également flatteur pour eux et pour lui : *Multorum eorumque vere poetarum de Gilberto Ducherio Vultone judicium*. De ces pièces, une des premières est une épigramme en grec et en latin, dont voici le texte [1] :

SEBASTYANACTIS CASTALIONIS SABAUDI AD DUCHERIUM VULTONEM

Σὺ μὲν ὀλίγα γράφεις ἔπε', αὐτὰρ Φοῖβος Ἀπόλλων
Οὐκ ἀπρεπῶς γαρύειν τοῖα λέγοιτο μέλη.
Ἡμᾶς δ'ἄρ κύκνου μελιειδέϊ γχίρομεν ὠδῆ,
Ἡμῖν δ'αὖ κίττης δυσχερές ἐστιν ἔπος.
Οὐδὲ φρονεῖ σκόλυμον προτιμῶν γλυκεροῖο ῥόδοιο
Ἐν κήπῳ, τὸν μὲν μείζονι, τοῦ δὲ μικρῷ.
Ἀλλ' ἄγε, πολλὰ πάνυ πάνυ [2] νικῆσον ὀλίγοις.
Παύρων γὰρ καλῶν χείρονα πολλὰ κακά.
Ἢν δὲ τιν' ἤ μίλος [3] εὐφραίνει μᾶλλον ἷοιο,
Νωλεμὲς ἤνωγα τόνδε συφορβὸν ἔμεν.

EJUSDEM AD EUMDEM EADEM SENTENTIA

Pauca quidem, Vulto, depromis carmina : verum
  Qualia mellifluus dictat Apollo suis.
Et nos, rara licet, nivei modulamina cycni
  Demulcent : et nos garrula pica necat.
Nec sapit ingenti cui carduus asper in horto
  Quam rosa in exili gratior esse potest.
Perge modo paucis, ut pergis, vincere multa :
  Multa reor paucis cedere prava bonis.
Putida quod si quem taxi lanugo moratur,
  Porcorum merito præstituatur haris.

Les voilà donc, ces péchés de jeunesse, ces produits de la « légèreté grecque ».

Pour des vers de jeune homme et de jeune homme qui s'est instruit lui-même, ils valent bien le reste du volume. On y a remarqué ce purisme d'helléniste néophyte qui s'accorde

---

1. Ces deux pièces n'avaient pas encore été signalées, à notre connaissance, par aucun des biographes de Castellion.
2. Il paraît manquer un mot, peut-être omis par l'imprimeur. — On voit qu'à deux reprises il fait longue la seconde syllabe de ὀλίγος. Est-ce une simple faute de quantité? Ou bien s'est-il cru autorisé par des exemples que nous ne connaissons pas?
3. Il avait probablement écrit d'abord σμῖλαξ.

si bien avec les aveux que nous venons de lire, l'horreur de la forme hybride *Sebastianus* remplacée par ce mot laborieusement ingénieux *Sebastyanax*; inutile de dire qu'il y renonça vite et qu'aucun de ses ouvrages ne l'a reproduit.

A vingt-deux ans, Sébastien Chatillon faisait donc partie de ce groupe littéraire dont le centre nous semble être tour à tour Gilbert Ducher, Nicolas Bourbon, ou Jean Voulté, suivant que nous lisons Ducher, Bourbon ou Voulté. En réalité, il y eut là, pendant quelques années, une réunion brillante de jeunes humanistes, venus de toutes les provinces voisines, tous poètes, tous rivaux et tous amis, parce qu'ils étaient tous jeunes. Les circonstances les distribuaient par petits groupes, suivant leur genre d'études, suivant leurs goûts et plus souvent suivant la région dont ils étaient originaires. Celui de ces petits cénacles où nous trouvons Chatillon, devenu « Castalion », se compose en majeure partie de compatriotes de Ducher et de jeunes gens de la Savoie et de la Bresse, *Sabaudos et Allobroges* [1]. Ce n'est pas un pur hasard qui les réunit autour du poète. En 1537, Gilbert Ducher était à Belley, dans la maison de François Lombard, l'intendant du roi pour le Bugey; il y passa dix-huit mois, peut-être en qualité de précepteur [2], peut-être comme secrétaire et homme de lettres à son service, car François Lombard travaillait à un grand ouvrage, une histoire du Portugal, en latin, que le poète n'hésite pas à proclamer un chef-d'œuvre : Salluste même n'a pas fait mieux [3].

---

1. Citons seulement : Jean Rousset « Allobrox », dont Gilbert Ducher ne dédaigne pas de recueillir un « scazon » à son éloge (p. 157), c'était peut-être un parent de Pierre Rousset, le « poeta laureatus » mort prématurément en 1537, laissant une *Christiade* inachevée et dont Hubert Sussanneau recommande si chaleureusement à François Ier les deux poèmes latins, *Christus* et *Paulus* (1534 et 1537); — un autre « Allobroge », auteur aussi d'une pièce en faveur de Ducher (p. 158), Vitalis Sæpianus, dont nous ne savons rien de plus; — deux amis ou deux élèves de Jean Raynier : l'un est de Trévoux (*Tricoltinus*), il s'appelle *Claudius Rufus* (Roux, Le Roux, Ruffi?), dans tous les cas il ne s'agit pas de Claude Rousselet (mort en 1532); l'autre, Claude Bigotier, que Ducher appelle Segusianus, mais qui, d'après Guichenon, est aussi un Bressan; il l'était si bien que son nom a survécu à cause d'un poème en l'honneur de la Bresse, le poème des Raves, *Rapina seu Raporum encomium*. Ducher les unit dans un même éloge :

    Eximie doctos, eximieque bonos,

sans parler de leurs vers dignes d'Apollon :

    Tam tersi, tam sunt perlipide lepidi !

2. « Apud quem in tua Beugesianorum propraetura sesquiannum vixerim et familiariter admodum et stipendiis haudquaquam pœnitendis. »

3. Ducher, *Epigr.*, p. 100.

C'est à Belley que Ducher avait composé en grande partie ses deux livres d'*Épigrammes* : il les compléta l'année suivante en arrivant à Lyon [1], où nous le retrouvons, probablement professeur au collège [2] grâce à la protection de Duprat. Il avait été un des poètes et des panégyristes résolus du chancelier Duprat, son compatriote, et c'est à ses deux fils, Guillaume Duprat, évêque de Clermont, et Antoine, seigneur de Nantouillet, qu'il dédie ses deux livres, non sans déclarer en vers plats qu'il leur doit tout [3].

Dans cette petite société de lettrés, tour à tour ou tout ensemble étudiants et professeurs, il faut bien que notre jeune helléniste ait fait quelque figure, pour que Ducher lui ait donné dans sa liste de répondants devant le public un rang si honorable : il ne fait passer avant lui que Nicolas Bourbon, son maître Jean Raynier et Maurice Sève, le chantre de *Délie*, c'est-à-dire trois célébrités de premier ordre. Il le place avant Aneau, avant Charles Fontaine, avant Jean des Gouttes, avant Sainte-Marthe et Antoine du Moulin.

Dans le volume même, nous trouvons deux pièces de Ducher qui ont échappé à l'attention des biographes de Castellion et qui méritent d'être citées. Voici la première :

DE SEBASTIANACTE CASTALIONE SABAUDO

Ite alio, ite alio, rupes et saxa Sabaudis
    Qui tantum amentes dicitis esse meis,
Postquam Castalio sese natum asserit illis,
    Idem Castalii gloria prima chori.
Ætate Astyanax, doctrina est Nestor, et illa
    Certe quæ reddit liberiorem hominem :
Felix inde magis quam si anni tempore toto
    Pinguia centenis jugera bobus aret.

Nous n'avons pas la date de cette épigramme, et « l'âge d'Astyanax » n'est pas une indication suffisante pour la fixer. Toujours est-il qu'au moment de la publication du volume notre étudiant n'avait pas vingt-trois ans.

---

1. « Contra quam Bellicio abs te proficiscens institueram, coactus sum Lugduni epigrammatibus tum recentibus scribendis, tum antiquis expoliendis integrum plus minus mensem insumere. » (Préf. du livre II des *Epigr.*)
2. Charvet, *Et. Martillange.*
3. « Omnia me fateor vobis debere duobus. »

Si nous ne nous laissons abuser par nos prédilections, il y a dans ces quelques lignes un accent de sincérité et un témoignage significatif. On y insiste sur son genre d'études, celles qui donnent à l'esprit la fierté, au caractère l'indépendance, *liberiorem hominem*. On y sent l'estime qu'inspire un jeune homme aux mœurs pures, à la vie austère, voué aux lettres, mais dans les lettres mêmes préférant dès lors, contrairement à la plupart de ses brillants camarades de Lyon, le fond à la forme et l'idée au mot, aussi soucieux de bien penser qu'ils le sont de bien dire.

La seconde pièce, en confirmant ce portrait, y ajoute un renseignement important pour notre biographie :

AD EUMDEM CASTALIONEM
DE BARTOLOMŒO ET JOANNE ARGENTERIIS MEDICIS

Tantum Argenterios medica laudarat ab arte
Calliope, et tantum crediderat medicos.
At vero tandem, postquam communia tecum
Esse illis scivit, Castalio, studia :
Illos esse suos pleno nunc asserit ore,
Contenditque suis adnumerare choris.

Qui étaient ces deux frères du nom latinisé d'*Argenterius*, tous deux médecins ou plutôt à cette époque étudiants en médecine, que Ducher loue ainsi d'avoir partagé les études littéraires de Castalion ?

L'un d'eux, Jean Argentier, Largentier ou Argentré, probablement le plus jeune, était, à un an près, du même âge que Castellion. C'était un Piémontais né à Castelnuovo. Il devint un médecin célèbre, exerça d'abord à Lyon, à Anvers, puis « enseigna avec applaudissement », dit Moreri, dans plusieurs villes d'Italie. Il finit par s'établir à Turin, où il épousa la sœur de l'archevêque. On a de lui trois volumes in-folio sur la médecine.

Barthélemy Argentré est moins connu ; cependant toutes les monographies lyonnaises le mentionnent parmi les médecins de distinction [1].

---

1. Pernetti (I, 250) le cite comme auteur d'un *Traité sur la poudre cordiale*.

Il nous intéresse plus particulièrement parce que, comme nous le verrons plus loin, il est resté pendant plusieurs années en relation avec son ancien compagnon d'études. Nous retrouverons le nom d'Argentier en tête de trois ouvrages de Castellion, et la dédicace de l'un d'eux, le *Moses latinus* (1546), donne clairement à entendre que c'est à Barthélemy, sans doute arrivé promptement à la fortune, que le pauvre et pieux humaniste a dû de pouvoir se livrer à ce travail.

La même dédicace permet de croire que Barthélemy, non plus que son frère, ne s'était pas déclaré pour la Réforme : c'est à quoi sans doute fait allusion son ami, dont la reconnaissance n'altère pas la franchise, en terminant sa lettre par le vœu qu'il ne s'expose pas au reproche d'avoir préféré le bien-être de l'Égypte à la pureté de la foi. La même année Castellion offrira un opuscule gréco-latin, *Mosis politia* (4 janvier 1546), au « petit George Argentier, fils du médecin Barthélemy », que son père, lui dit-il, veut faire instruire aussi bien dans la religion et la piété que dans les lettres grecques et latines. Nous retrouverons plus tard le petit Georges devenu étudiant à l'université de Bâle et pensionnaire de Castellion [1].

Outre les éclaircissements sur les deux Argentier, qui sont ses plus intimes amis alors, les *Épigrammes* de Ducher nous signalent quelques autres relations de jeunesse de Sébastien Chatillon. Par exemple, immédiatement avant la petite pièce qui lui est consacrée, nous en trouvons une autre *ad Philibertum Girinetum, amicum non vulgarem*. Ducher loue surtout Girinet de ce qu'il sait apprécier les hommes de valeur :

> Rœnerium imprimis, quo præceptore per annos
> Usus non paucos, doctus et ipse quidem est.

Ce n'est probablement pas par hasard que Ducher, qui groupe et classe volontiers ses personnages, met Girinet tout à côté de Castellion. Quelques années après, dans le même

---

[1]. Serait-ce ce même Georges qui devint plus tard prêtre de Saint-Nizier à Lyon et qui publia une traduction française du traité de saint Basile sur la *Vie solitaire*? Cela semble peu probable.

recueil de *Bucolicorum auctores XXXVIII* dont nous avons déjà parlé, paraît une pièce curieuse de Girinet qui était inédite et qui le serait restée jusqu'à nos jours [1], si Castellion ne l'avait signalée à son patron et ami Oporin comme un morceau digne de représenter dans ce recueil international, avec Jean Raynier et Gilbert Ducher, la muse lyonnaise. C'est une gaie et vive description d'une fête lyonnaise en l'honneur du roi de la basoche ou plutôt du roi des ouvriers (*De Petri Gauterii in pragmaticorum lugdunensium principem electione*). Il y a des détails amusants, de l'entrain, de la verve. On y voit Maurice Sève, âme de la fête comme toujours et comme partout :

> Cunctorum lepidis implet Mauritius aures
> Dictis Scæva potens blando sermone sacerque
> Vates....

Un écho de la bruyante gaieté populaire perce même à travers les lourds hexamètres. Pas plus que les Argentier, ce Philibert Girinet ne suivit son compagnon d'études dans la Réforme : nous le retrouvons plus tard trésorier de l'église Saint-Étienne à Lyon. Son principal titre de notoriété est d'avoir été l'oncle et le bienfaiteur de l'historien Papire Masson.

Un autre latiniste, que Castellion a rencontré d'abord dans le cercle de Gilbert Ducher, ensuite au collège de la Trinité, c'est l'Écossais Florent Wilson (Florentius Volusanus ou Volusenus). C'est un de ces hommes pour qui notre jeune précepteur devait se prendre d'une sympathie toute particulière; aussi ne serons-nous pas surpris de le voir, bien des années après, publier une poésie latine de Florent Wilson avec les siennes propres [2]. Esprit sérieux et doux, grave et tendre dans sa piété, avec quelque chose d'original dans le

---

1. Le Père Colonia « ayant heureusement déterré » le manuscrit qui lui paraît « unique » de ce petit ouvrage, en donna des fragments qu'il croyait inédits dans son *Histoire littéraire de la ville de Lyon*, in-4, 1730, p. 576. — M. Breghot du Lut à son tour a publié la pièce *in extenso* en l'accompagnant d'une traduction française et de notes, d'abord dans les notes du tome III des *Lettres* de saint Jérôme (trad. Grégoire et Collombet), ensuite en brochure (Lyon, Périsse, 1838, in-8, 28 pages). C'est la reproduction exacte du texte déjà imprimé par Oporin, qui avait échappé à ces deux érudits.

2. Ode *de Tranquillitate animi*, réimprimée dans les *Pii graves atque elegantes poetæ antiquitatis*. Basileæ, Oporin, in-8.

tour de la pensée et du sentiment, Florent Wilson, malgré sa vie retirée, malgré son peu d'empressement à se faire un nom dans les lettres, a laissé une trace dans l'esprit des contemporains. Les deux petites pièces que lui adresse Gilbert Ducher [1] trahissent un sentiment qui n'est pas banal et lui parlent de religion en termes presque émus. Conrad Gesner, qui le vit à Lyon en 1540 (il y était depuis deux ou trois ans, au moins), en parle avec une estime très sentie et comme d'un jeune professeur du plus grand avenir [2].

Quelques années plus tard, Aneau, dédiant sa traduction française des *Emblèmes* d'Alciat au comte d'Aran en Écosse, invoque le patronage de « M. Florent Volusen, homme oultre la bonté des mœurs et vertus et la cognoissance des ars et sciences et choses bonnes et civiles, ayant aussi intelligence et faculté des régulières langues grecque et latine et des vulgaires écossoise sienne, françoise, italienne et espaignolle à luy acquises par fréquentation des nations [3] ».

Il avait publié, en 1539, chez Sébastien Gryphe, une *Commentatio quædam theologica sive precatio tanquam in aphorismos dissecta* [4], petit livre mystique qui fait deviner l'homme et qui le fait aimer : c'est une sorte d'*Imitation*, écrite par un humaniste de la Renaissance qui a suivi les leçons d'Érasme, qui a beaucoup lu, beaucoup vu et qui n'en éprouve que plus profondément le besoin de se retremper dans le silence de la prière et de s'y ressaisir lui-même. Il paraît qu'il professa au collège de Navarre ; quoi qu'il en soit, en 1551 il était à Lyon, et on le fit sortir de sa chère retraite pour prononcer la fameuse oraison doctorale de la Saint-Thomas. Il mourut à Lyon en 1557, d'après l'épitaphe touchante que lui consacra le prince des poètes de son pays, Buchanan.

Telles sont, dans le cercle même de Gilbert Ducher, les premières et les plus étroites relations que notre jeune professeur ait entretenues pendant son séjour à Lyon et conservées plus tard, du moins les seules sur lesquelles nous ayons

---

1. P. 43 et 50.
2. Conrad Gesner, *Bibliotheca*, éd. de 1545, p. 215.
3. *Emblèmes d'Alciat, de nouveau translatez en françois, vers pour vers, jouxte les latins*, p. 3. — Lyon, Guillaume Roville et Macé Bonhomme, in-8, 1549.
4. Réimprimée à Bâle chez Jérôme Curion, 1544.

des témoignages directs. Il en eut certainement d'autres. Car ce n'étaient pas des cercles fermés que ces différentes petites sociétés littéraires qui donnaient alors à Lyon tant de vie, de mouvement et d'éclat.

On a fait justice depuis quelques années de la légende de l'académie de Fourvières [1] ; mais cette légende, comme d'autres, était plus vraie que l'histoire : elle renaît à travers toutes les pages de Dolet, de Voulté, de Bourbon : s'il n'y avait pas là une « académie » au sens du XVIIe siècle, il y en avait dix au sens du XVIe, bien vivantes et bien libres, pleines de jeunesse, de fraîcheur, d'enthousiasme.

Ce beau *sodalitium amicorum lugdunensium* [2] que Voulté célèbre avec tant d'abandon, auquel Nicolas Bourbon, quoique plus froid, fait aussi de fréquentes allusions [3], c'est une suite de petites réunions où se rencontrent tous les amis de toutes les choses de l'intelligence, lettrés, savants, érudits, poètes, où l'élite de la jeunesse studieuse se groupe autour des hommes qu'elle considère déjà comme ses maîtres et comme l'honneur du pays. Dans une de ses préfaces [4], véritable causerie à cœur ouvert avec le bon évêque de Rieux, Jean de Pins, Voulté passe en revue quelques-uns de ceux qu'il y voit le plus souvent, avec son grand ami Étienne Dolet. L'énumération seule dit ce qu'étaient ces fêtes de l'esprit et de la jeunesse. Il s'y trouve des hommes d'âge comme Jérôme Fondolo [5], *Fundulus*, le grand chercheur de manuscrits grecs de François Ier, « celui — dit-il à Jean de Pins sans craindre de le compromettre par ce souvenir — que vous aviez vu jadis avec Longueil et Simon de Villeneuve, ces deux lumières de notre France, quand vous étiez ambassadeur en Italie »; il y a aussi Guillaume Duchoul, *Caulius*, « ce savant et sagace investigateur des antiquités romaines », dont la maison a été, en France, un des premiers musées d'antiques; il y a l'avocat Benoît Court, qui venait de donner dans son merveilleux commentaire latin des *Arrests*

---

1. Sainte-Beuve y croyait encore. Voir son article sur Louise Labé.
2. Voulté, *Epigr.*, p. 260.
3. Voir son ode *de Amicis lugdunensibus*.
4. Voulté, *Epigr.*, préface en prose du livre III.
5. Qui mourut à Paris le 12 mars 1540.

d'amour l'indéfinissable modèle d'un genre où l'ironie et la science s'allient si finement que les gens de lettres n'y ont vu qu'une délicieuse satire, les hommes de loi qu'un parfait manuel de jurisprudence ; il y a « les Fournier », Claude surtout, d'une famille déjà illustrée par son dévouement héréditaire aux lettres et à la médecine ; il y a Jean Desgouttes, *Janus Guttanus*, qui vient de traduire Lucien en français et qui va traduire l'Ariote ; il y a enfin les deux brillants cousins, Maurice et Guillaume Sève, et à côté d'eux les deux sœurs Jeanne et Claudine Sève, dont François de Billon dira quelques années plus tard : « Ces deux vertueuses sœurs les compositions desquelles si bien estoient recueillies, moins n'auroient elles décoré leur païs, l'une pour la science de poésie et l'autre pour ses trets de nayve charité et assidue contemplation ès choses divines, qu'a fait celluy qui, portant le nom de Maurice et pareil surnom qu'elles deux, semble estre leur frère et de qui les œuvres bien commentez pourront un jour avoir l'heur de Pétrarque [1] ».

Tous ces noms, et bien d'autres qu'on pourrait recueillir dans les poésies de Voulté et de ses amis [2], n'appartiennent pas exclusivement à telle ou telle de ces petites sociétés lyonnaises, ils passent indifféremment de l'une à l'autre, et il n'y a nulle témérité à nous représenter notre précepteur dans ce groupe de jeunes gens que Voulté nous montre suspendus aux lèvres de tous les érudits aimables et de tous les philosophes hardis ; car, à cet heureux moment où les genres n'étaient pas encore définis, ni les opinions arrêtées, on était audacieux à force de naïveté, on ne se défiait encore ni des autres ni de soi ni de la nature, et rien ne semblait plus simple que de retrouver le secret de la grâce antique avec celui de l'antique sagesse.

Il avait aussi sans nul doute rencontré chez Ducher, chez

---

1. *Le fort inexpugnable de l'honneur du sexe féminin, construit par François de Billon, secrétaire*. Paris, Jan d'Allyer, 1555, in-4, p. 35.
2. Voir encore la charmante pièce dans le livre IV des *Hendécasyllabes* (Paris, 1538) où Voulté raconte une soirée (à Paris?) chez Mellin de Saint-Gelais, où Guillaume Sève l'a amené au dessert et où il a rencontré entre autres le jurisconsulte Émile Perrot, Ranconet de Bordeaux, « le premier érudit de France après Budé », Jean Dufresne, auteur d'une histoire d'Écosse, le savant Rhodius et son jeune élève, le fils de Robertet, le ministre de François 1er.

les Sève, au collège, partout, Nicolas Bourbon, dont la réputation était déjà vieille : enfant prodige, le poète de Vandœuvre avait commencé à publier des vers latins avant l'âge de quinze ans. Il était depuis peu revenu de son séjour de quelques mois en Angleterre où, grâce à la protection d'Anne de Boleyn, il avait été précepteur de jeunes gens de haute noblesse ; et il remplissait tour à tour les mêmes fonctions auprès de jeunes seigneurs français, dans les familles de Rohan, de Lautrec, préludant ainsi à l'éducation princière dont il allait bientôt être chargé par Marguerite de Navarre, celle de sa fille Jeanne d'Albret.

Nicolas Bourbon habitait Lyon en 1538, il avait alors trente-cinq ans ; il achevait chez Gryphe l'impression des huit livres de ses poésies, *Nugarum libri octo*, où se trouvaient réunies toutes ses précédentes publications, y compris son παιδαγωγεῖον [1], en un volume orné de son portrait par Hans Holbein ; il méditait, assure-t-il, une œuvre plus grande, une sorte de galerie épique des grands hommes contemporains, à commencer par François Ier, naturellement, en vers héroïques. Le poème devait commencer par cette phrase, d'où la modestie semblera peut-être absente :

> Ille ego qui lusi juvenilia carmina quondam
> Plurima, et æternum *Nugis* sum nomen adeptus....

En attendant, il se promenait tous les jours le long de la Saône et produisait presque sans y penser des vers faciles que cependant il se gardait de laisser perdre ; il se hâtait de les envoyer tantôt à l'un, tantôt à l'autre de ses nombreux « patrons »[2], quelquefois à plusieurs en même temps[3].

Nous aurions encore à signaler, dans l'entourage de nos poètes, trois autres noms qui mériteraient une mention plus

---

1. Déjà publié à part en 1536, chez Gryphe, in-4, 45 p., sous le titre *Opusculum puerile sive* παιδαγωγεῖον.
2. Lettre intercalée à la fin des *Nugarum libri octo*, p. 495-98. Elle est adressée au jeune Lautrec, Lyon, 1er oct. 1538.
3. Nous n'avons pas trouvé le nom de Castellion dans les poésies de Bourbon, mais l'évolution qu'accomplissait Bourbon à cette époque même suffirait à expliquer le peu d'affinités entre lui et le jeune Chatillon (voir le chapitre suivant).

étendue. Ce sont Charles de Sainte-Marthe, Jean Ribit, André Zébédée. Mais tous trois devant, comme Castellion, passer au protestantisme, nous les retrouverons à plusieurs reprises au cours de cette biographie.

Sans épuiser cette revue des relations de jeunesse dont il serait possible de recueillir la trace, nous ne dissimulerons pas notre embarras sur une question intéressante qui se pose ici tout naturellement : Castellion n'a-t-il pas connu à cette époque Étienne Dolet?

Dolet était établi à Lyon depuis la fin de 1534; il y avait trouvé aussitôt aide et protection, il était en relations d'amitié, d'étude ou de travail avec la plupart des lettrés, des professeurs, des imprimeurs, dont nous venons de parler. Dès 1535, c'est lui qui avait été chargé de composer au nom de la corporation l'inscription latine du « mai des imprimeurs » offert à Pompone de Trivulce. Son virulent écrit en réponse au *Cicéronien* d'Érasme avait attiré sur lui bien des colères. Mais il avait fini par obtenir l'autorisation d'imprimer son grand ouvrage, les *Commentaires de la langue latine*, et pendant deux années, les plus calmes de sa vie, il s'y était plongé avec le sombre et violent acharnement qui altérait son humeur et lui donnait, au dire de plus d'un contemporain, un air hagard. On lui pardonna longtemps ces emportements, ces inégalités de caractère, cette rudesse de propos, cette arrogance où entrait encore plus de mépris pour les autres que de confiance en lui-même. Mais il ne faut pas perdre de vue qu'à l'époque où nous reporte le recueil de Ducher (1538), tout était changé. Le malheureux Dolet avait réussi à s'aliéner plusieurs de ses premiers et de ses meilleurs amis.

A la suite d'une rixe ou, suivant lui, d'un guet-apens, où il avait eu le malheur de tuer le peintre Compaing, il avait dû aller implorer sa grâce à Paris; il l'obtint, mais, de retour à Lyon, il n'en fut pas moins emprisonné. A peine libre, il se brouille pour de futiles motifs avec Voulté, son enthousiaste admirateur, qui lui avait donné les preuves du plus fraternel dévouement, puis avec Hubert Sussanneau, avec Nicolas Bourbon, avec d'autres encore, en attendant qu'il force Rabelais lui-même à l'attaquer sans merci dans une cruelle préface [1].

Enfin, et c'est pour notre question particulière le point important, il rompt de même avec Gilbert Ducher et son groupe d'amis. Le petit recueil de Ducher ne compte pas moins de cinq mordantes épigrammes qui le désignent clairement sous le nom de *Durus* (par allusion à sa devise). On y retrouve l'écho des divers bruits injurieux qui avaient cours contre lui : l'une le traite comme le plus effronté des plagiaires [2], une autre comme le dernier des ignorants [3]; une troisième, à double sens, insinue que sa vie n'est pas moins que ses vers, hors la loi [4]; les deux autres prennent Guillaume Sève à témoin que ses amis même le tiennent pour fou [5], fou d'orgueil avant tout [6], lui sur qui on avait fondé tant d'espérances [7].

Il n'est donc pas douteux que dans le milieu relativement grave, sage et chrétien où vivait notre jeune précepteur, le nom d'Étienne Dolet, à ce moment du moins, était en horreur. Castellion n'a entendu parler de lui qu'avec les marques de la dernière réprobation.

Cette extrême sévérité, nous ne la comprenons plus aujourd'hui, nous ne parvenons même pas à l'expliquer. Par

---

1. Voir Christie, *Ét. Dolet*, chap. xix.
2. P. 12 :
```
            ... Ut vero folium Sibyllæ
Narrem, docti animam arbitrantur illum
Nostri Villanovani habere, cujus
Defuncti sibi scripta vindicavit,
Fur nequam plagiariusque summus.
```
3. P. 38 :
```
        Miror doctrinæ micam ut habere queas.
```
4. P. 96 :
```
Exleges nimium feris iambos,
Scabra incude nimis, nimis libenter.
Cave... tua vita ne sit exlex.
```
5.
```
        Et deplorata es dementia et ista virorum
            Tuis gregis sententia est.
```
6.
```
        Thrasonica autem gloria.
```
7. P. 104 et 105 :
```
    Humanitatem maximam
    Inesse cui speraveram
    Humanitatem omnem exuit,
    Et nunc aculeos graves
    Se parturire jamdiu
    Minatur in nomen meum.
```

une sorte d'étrange fatalité, dans un temps propice à toutes les libertés, dans une société lettrée, indulgente à tous les écarts de la parole et de la pensée, prompte à excuser Marot, Rabelais, Despériers et tant d'autres, Étienne Dolet seul a eu contre lui, sa vie durant, comme une conspiration d'antipathies préconçues. Avant qu'il parle, on l'a déjà condamné. Il semble prédestiné à la calomnie : si absurde soit-elle, elle a toujours prise sur lui. Qu'on l'accuse d'avoir volé les manuscrits de son maître Simon de Villeneuve, ou bien de vivre sans foi ni loi, qu'on lui reproche des barbarismes ou le meurtre d'un homme, qu'on l'appelle impie, épicurien, athée, il y a sur tous ces griefs comme une opinion préétablie qui lui donne tort. Dès qu'il s'agit de lui, les esprits les plus réservés d'habitude manquent de réserve ; les plus disposés à se défier des mauvais bruits les accueillent sans contrôle, les plus généreux hésitent à le défendre, et cela non pas seulement après sa mort, quand son nom sera devenu un épouvantail, mais de son vivant et dès sa jeunesse. Il y a là un phénomène historique que les biographes n'ont pas expliqué, et qui mérite peut-être l'attention des moralistes.

Est-ce la persistance d'une de ces premières impressions dont l'opinion publique, une fois frappée, ne se défait plus? Faut-il croire qu'il était entré dans la vie avec trop de fracas par ces deux fameuses harangues de Toulouse où tout ensemble il protestait avec toute la fougue de ses vingt-quatre ans contre le supplice du luthérien Jean de Caturce, flagellait la « barbarie » des « furies de Toulouse », raillait sans ménagement les superstitions catholiques « dignes des Turcs », traitait aussi dédaigneusement les nouveautés luthériennes, et se présentait lui-même ouvertement comme le disciple de la Renaissance italienne, fidèle à l'esprit de l'université de Padoue, c'est-à-dire en somme au pur paganisme?

Faudrait-il attribuer cette méfiance qui l'accompagne ou plutôt qui le précède partout à un mot d'ordre donné d'avance, à une propagande habilement organisée d'une main sûre par la plus implacable des inimitiés?

Quoi qu'il en soit, un homme qui débutait sous le coup de préventions si graves, n'en aurait pu triompher qu'à force de tact et de mesure, par le charme du caractère, à l'aide de sympathies conquises et gardées, par le témoignage de garants et d'amis prêts, au besoin, à se porter forts pour lui. Dolet ne sut ou ne voulut se concilier aucun de ces appuis. Hautain, tranchant, il n'a d'égards pour personne, de mesure en rien ; il ne connaît pas plus la modération que la modestie ; il outrera souvent sa pensée, il ne la contiendra jamais ; « toujours attaquant, toujours attaqué », les ruptures, les vides qui se font autour de lui l'aigrissent, l'exaspèrent et ne l'assagissent point.

Étienne Pasquier dit de lui sèchement, comme si cela suffisait à tout expliquer :

Cui nullus placuit, nulli placuisse necesse est.

N'oublions pas d'ailleurs l'attitude qu'il avait prise, et qui d'avance lui ôtait tout appui. A une heure où la lutte s'engageait nettement entre les deux esprits, entre l'Église et la Réforme, il fallait, si l'on voulait prendre part à la mêlée, appartenir à l'un des deux camps. Dolet s'y refuse, et il n'en prétend pas moins intervenir. Il prend parti pour les anciens, c'est-à-dire contre les catholiques et contre les protestants. Il vient cinquante ans trop tard ou deux siècles trop tôt : il parle la langue franchement païenne qu'on parlait à Rome impunément sous Léon X et qu'on reparlera en France au temps de Voltaire. Qu'il ait blessé au vif l'un et l'autre parti, c'est l'évidence même, quoique ses attaques contre eux soient beaucoup moins nombreuses et moins violentes que ne le ferait supposer la violence de leur haine contre lui. Ce que les catholiques pensaient de lui, l'événement l'a trop prouvé. Mais les protestants — et c'est leur opinion que reflétera plus tard celle de Castellion — ne lui sont pas moins hostiles, ils ont même contre lui, à certains égards, des griefs plus profonds : ils voient en Dolet non seulement un impie, mais le porte-parole de l'impiété, non pas un athée, mais le champion de l'athéisme. Cette opinion, nous la trouvons à Lyon déjà accréditée dans le monde que fréquente Castellion. Dès 1535, Gilbert Cousin, le secrétaire d'Érasme, reçoit d'un correspondant italien qui venait de passer quelque temps à Lyon (un certain Joannes Angelus Odonus), une lettre (publiée depuis dans la correspondance de Gilbert Cousin), et qui étonne par la vivacité des jugements, par le pittoresque de la description et par la sûreté de cette prophétie sinistre : « Il est difficile qu'il ne finisse pas par la peine capitale. » Et cet Odonus n'est pas un fanatique : « Je souffre, dit-il, de voir un homme si versé dans les lettres montrer tant de brutalité et d'impiété ».

Et ce que dit un admirateur d'Érasme, les luthériens le répéteront en l'aggravant : ils ne pardonneront pas à Dolet d'avoir rejeté tout soupçon de pacte avec Luther dans ses harangues de Toulouse, de les avoir durement, presque grossièrement, écartés comme une tourbe de théologiens indiscrets, en les nommant depuis Luther jusqu'à Farel, depuis Melanchthon jusqu'à Lambert, dans son *Dialogue contre Érasme*. Ils ne lui pardonneront pas d'avoir assisté aux supplices qui ont suivi l'incident des placards de 1534 et de n'avoir vu dans leurs martyrs que des illuminés, des enragés, des fanatiques, auxquels il ne refuse pas sa pitié, mais dont l'entêtement inexplicable lui paraît tout simplement, il ose l'écrire, « ridicule » [1].

Calvin, est-il besoin de le dire, ne verra jamais en Dolet, même après sa mort, qu'un païen dangereux, et il lui suffira d'apprendre que Robert Étienne a fréquenté à Lyon *Doletos et alios ejusdem farinæ*, pour l'accueillir avec la plus grande suspicion.

Notre jeune professeur quittera Lyon sans avoir connu Dolet autrement que par cette déplorable réputation, et il en gardera toute sa vie une impression que nous ne lui reprocherons pas de n'avoir pu, dans la suite et à distance, ni modifier ni contrôler.

Plusieurs années après qu'Étienne Dolet aura payé de sa vie sur le bûcher de la place Maubert ses courageux efforts pour répandre la Bible en français, pour seconder la propagande évangélique, les Évangéliques eux-mêmes continue-

---

1. Lettre d'Ét. Dolet à Guillaume Sève, 9 nov. 1534. (Christie, p. 198.)

ront à croire qu'il a été brûlé comme blasphémateur et comme athée [1]. Ils ignoreront les derniers écrits de Dolet dont la virile sincérité les eût sans doute désabusés [2]; ils ignoreront surtout, et l'on ignorera presque jusqu'à nos jours cet admirable *Cantique d'Étienne Dolet prisonnier en la conciergerie*, vraie confession de foi d'un stoïcien qui croit en Dieu plus que n'y croient ses juges. Théodore de Bèze seul avait cédé à un premier mouvement dont la justesse égale la générosité : il insérait dans ses *Poemata* de 1548 une ode courageuse encore qu'étrangement mythologique où il montre le philosophe martyr,

Ardentem medio rogo Doletum,

appelé au ciel par Dieu lui-même (*Divorum pater*). Quelques années après, Théodore de Bèze fera amende honorable et supprimera cette pièce de toutes les nouvelles éditions de ses *Juvenilia*.

Et notre Castellion lui-même — tant il est impossible de réagir contre la calomnie, quand elle se fait légende — écrira un jour cette phrase pour défendre Michel Servet : « Ils ont fini par faire croire au vulgaire que Servet était quelqu'un de semblable à *Rabelais*, à *Dolet* ou à *Villanovanus*, quelqu'un pour qui il n'y avait ni Dieu ni Christ [3] ».

Ce passage présente un intérêt particulier. On pourrait être tenté d'abord de n'y voir qu'un moyen de défense, un artifice

---

[1]. M. Douen a soutenu, dans une brochure pleine d'intérêt et où se retrouve son érudition ordinaire, qu'Étienne Dolet dans ses dernières années avait renoncé à son attitude de païen également hostile aux deux religions et s'était consacré à la cause de l'Évangile. (*Étienne Dolet, ses opinions religieuses*, extr. du *Bull. de la Soc. d'hist. du protest*, Paris, 1881, in-8.) M. Christie combat cette opinion, qu'il juge purement conjecturale. La question ne nous semble pas complètement élucidée; mais ce qui est hors de toute contestation, d'après les termes mêmes de l'arrêt, c'est que le grief le plus sérieux, le seul même sérieux contre lui, est la vente de livres prohibés et damnés, c'est-à-dire de la Bible et des écrits luthériens.

[2]. Notamment son *Second Enfer*, où il explique si bien la vraie raison des poursuites :

    C'est que je vends et imprime sans craincte
    Livres plusieurs de l'Escripture saincte....
    Voilà pourquoy je leur suys odieux,
    Voilà pourquoi ont juré leurs grands dieux
    Que j'en mourrai....

[3]. « Hanc interpretationem in vulgus ita invidiose exagitarunt ut putent homines Servetum aliquem fuisse Rabelasii, aut Doleti, aut Villanovani similem, qui nullum Deum aut Christum haberet. » Ce passage, cité dans le *Bull. de la Soc. d'hist. du protest.* (2ᵉ série, II, p. 335) comme emprunté à un manuscrit de Castellion à Bâle, se trouve en effet dans le fragment manuscrit du *Contra libellum Calvini* que possède la bibliothèque de Bâle; il est d'ailleurs imprimé dans le *Contra libellum Calvini*, art. 147, *in fine*.

pour atténuer les torts de Servet par la comparaison avec d'autres. Mais non. A mesure que nous connaîtrons mieux Castellion, nous verrons qu'il parlait, là comme toujours, avec cette sincérité toute simple et toute droite dont il n'a jamais su se départir.

Il suffirait, d'ailleurs, pour s'en convaincre, de remarquer ce qu'a d'étrange le rapprochement des trois noms de notoriété inégale qui viennent se placer sous sa plume. Que Rabelais eût à Genève et à Bâle le renom de prince des moqueurs et de grand maître des « libertins », rien de plus naturel. Que Dolet mort ait continué d'être cité, sur la foi de sa réputation trop confirmée par sa fin tragique, comme une sorte de Pomponace français et que, faute d'en pouvoir juger, l'opinion ait été longtemps dupe de l'odieuse puérilité qui avait permis de l'incriminer d'athéisme pour la traduction parfaitement innocente d'un passage de l'*Axiochus*, c'est encore un fait facile à établir, sinon à justifier.

Mais pourquoi cette mention de Villanovanus? Il s'agit, il ne peut s'agir que du maître de Dolet auquel nous avons déjà fait allusion, Simon de Villeneuve, le professeur de l'Université de Padoue, celui-là même dont on avait tant parlé dans les cercles lyonnais où nous avons suivi Castalion. De ce Simon Villanovanus, le nom seul a survécu, et grâce surtout à Dolet, son fervent disciple. Par l'épitaphe ou par les odes vraiment émues que Dolet lui a consacrées, par le rôle qu'il lui donne dans son *Dialogue contre Érasme* où il en fait l'interlocuteur de Thomas Morus; par quelques mots aussi de Pierre Bunel, de Macrin et de Voulté, nous savons qu'il avait été pendant quelques années un de ces maîtres comme la Renaissance en produisit en Italie, qui, entourés d'une jeunesse non pas studieuse seulement, mais ivre d'étude, lui versaient à plein cœur l'adoration pour l'antiquité classique et indirectement le dédain de tout le reste. Il avait succédé à Longueil mort à trente-deux ans (1522), et il était mort lui-même à trente-cinq ans (1530), n'ayant, comme son maître, laissé aucun écrit. Il est donc étrange que, si longtemps après, son nom soit cité, en quelque sorte proverbialement par Castellion comme par Calvin [1], entre ceux de Rabelais, de Dolet, de Despériers [2].

Cette mention ne peut s'expliquer que par les souvenirs de Lyon, par le bruit qu'on y avait fait et qu'avait fait Dolet lui-même de Villanovanus comme de son grand inspirateur. Chose curieuse, c'est l'opprobre du disciple qui rejaillit sur le maître, car celui-ci n'est guère connu que par celui-là. N'est-ce pas là un frappant exemple du peu qu'il faut à l'opinion, une fois qu'elle est fortement prévenue, pour juger sans preuve, pour prononcer sans appel et pour condamner sans pitié? Et quel excès d'aversion faut-il que ce malheureux Dolet ait soulevé autour de lui pour que, de confiance et sans aucun document, des esprits libres, jeunes et généreux comme l'était Castellion, n'aient pas pu s'empêcher de faire de son maître, uniquement parce qu'il fut son maître, une sorte de personnification légendaire de l'athéisme moderne!

1. Castellion ne fait d'ailleurs que répéter Calvin sur Villanovanus. (Voir la note ci-après.) Ni l'un ni l'autre n'ont pu le connaître que par ouï-dire.
2. Voir sur Bonav. Despériers le beau travail de M. Adolphe Chennevières, *Bonaventure Despériers, sa vie, ses poèmes*, Paris, 1886, in-8; et l'étude de M. Félix Frank en tête de l'édition du *Cymbalum* publié chez Lemerre (1873).

La société que fréquentait Castellion était certainement aussi sévère pour Bonaventure que pour Dolet. N'est-ce pas Étienne Pasquier qui, parlant du *Cymbalum*, écrivait longtemps après à son ami Tabourot : « C'est un *lucianisme* qui mérite d'estre jeté au feu avec l'auteur, s'il estoit vivant »?

Ce que pensaient d'ailleurs de ce groupe extrême d'indépendants et d'émancipés soit les catholiques, soit les protestants de toute nuance, Calvin l'a très bien exprimé dans une phrase de son traité *de Scandalis* : « *Agrippam, Villanovanum, Doletum* et similes vulgo notum est tanquam cyclopas quospiam, Evangelium semper fastuose sprevisse. Tandem eo prolapsi sunt amentiæ et furoris ut non modo in filium Dei execrabiles blasphemias evomerent sed quantum ad animæ vitam attinet, nihil a canibus ac porcis putarent se differre. Alii, ut *Rabelaysus, Desperius* et *Goveanus* (!), gustato Evangelio, eadem cæcitate sunt percussi. Cur istud nisi quia sacrum illud vitæ æternæ pignus sacrilega ludendi aut ridendi audacia ante profanarant? » (*De Scandalis*, édit. de 1550, Genève, Crespin, in-4°, p. 54-55.)

CHAPITRE III

DE L'HUMANISME A LA RÉFORME

I. État des esprits dans la petite société des lettrés lyonnais et du collège de la Trinité que fréquente Castellion : ils ne distinguent pas encore entre la Renaissance et la Réforme, appellent de tous leurs vœux une réforme religieuse, modérée, sans schisme. — Exemples tirés de Nicolas Bourbon, Voulté, etc. — Sympathies générales dans la société éclairée et surtout dans le clergé pour ce plan de réformes et pour les idées de tolérance. — II. Revirement décisif de la part de l'Église : triomphe des idées de Caraffa, établissement de l'inquisition, adoption de la politique de répression à outrance, les Jésuites, l'*Index*, etc. — III. Revirement analogue en France, longtemps retardé ou remis en question par la résistance personnelle de François Ier : trois périodes successives aboutissant à sa soumission définitive (1538). — Triomphe du parti de Montmorency et des cardinaux de Tournon et de Lorraine. — IV. Contre-coup de ces événements sur l'attitude des humanistes, à Lyon en particulier ; l'humanisme scindé en deux tronçons : ceux qui se soumettent (abjuration de Marot, palinodie de Bourbon, réserve de Ducher, etc.), et ceux qui se révoltent (exemples des martyrs, leur influence décisive sur les caractères fermes, surtout alors qu'il n'y a pas encore de confession de foi protestante et que la mort est le prix d'un simple acte d'honnêteté, le refus de participer à des pratiques que l'on juge abusives). — V. Castellion passe à la Réforme, à la suite d'exemples semblables vus à Lyon (1540).

Avec quelle puissance une société comme celle que nous venons d'entrevoir, si aimable, si intelligente, si large de cœur et si riche d'esprit, ne devait-elle pas agir sur un jeune homme épris des lettres? A vingt ans, comment résister à tant et de si douces influences?

Et pourtant Castalion va quitter tout jeune, pour n'y plus rentrer, ce monde charmant des lettrés lyonnais et même des lettrés français. C'est un motif religieux qui a décidé de cette séparation et de tout son avenir : il a embrassé la Réforme.

Quelles causes ont pu de l'humaniste faire un « luthérien » ou, comme on dira beaucoup plus tard, un « protestant »? Comment s'est fait un tel changement?

Les historiens du XVIe siècle, qui ont à chaque instant de pareilles conversions à relater, les relatent, mais ne les expliquent pas. La correspondance contemporaine elle-même, le plus souvent, ne nous apprend rien : « un tel est gagné à l'Évangile », dit l'un; « il s'est laissé séduire par les doctrines de Luther », dit l'autre. Mais comment, mais pourquoi? C'est ce qu'on néglige de nous faire savoir, et c'est pourtant ce qui nous intéresserait le plus, surtout quand il s'agit de laïques et de lettrés. On voudrait revivre ce moment unique dans leur vie comme dans l'histoire, se remettre à leur place, sentir et comprendre tout ce qui s'est alors passé en eux.

Nous l'avons essayé à propos du modeste personnage objet de cette étude. Malheureusement les documents biographiques proprement dits font défaut. Pour nous éclairer sur la conduite du jeune Castalion, il nous faudra la rapprocher de celle de ses camarades d'études. Mais la difficulté ne sera que reculée : la manière dont ceux-ci vont agir serait inexplicable si on l'isolait. Ce qui leur arrive n'est pas autre chose que ce qui arrive à toute la France : ils ne font qu'obéir à des influences beaucoup plus générales, qui s'exercent sur toute la société contemporaine. Et ainsi nous voilà condamnés à sortir de notre cadre. Nous permettra-t-on, au risque d'encourir le reproche de hors-d'œuvre, cette double échappée, d'abord sur l'histoire de l'humanisme, et puis sur celle des débuts de la Réforme en France?

Le hors-d'œuvre est flagrant, nous ne tenterons pas de le pallier, mais nous n'avons pas vu d'autre moyen d'arriver, au moins indirectement, à reconstituer avec une suffisante vraisemblance, pour cette période de notre biographie, sinon l'histoire des faits, du moins celle des idées.

I

Quel était, au vrai, l'état des esprits dans cette classe des lettrés alors si nombreuse et si brillante à Lyon? Que pensaient-ils, que croyaient-ils, que voulaient-ils en matière religieuse?

Pour nous éloigner le moins possible de notre sujet, nous n'avons voulu chercher la réponse que dans les écrits et dans la vie des hommes qui, touchant de tout près à notre héros, nous fournissent à son sujet des inductions légitimes. Nous avons particulièrement fouillé ces recueils de poésies latines sortis des presses de Sébastien Gryphe avant 1540; on a déjà vu plus haut le genre spécial d'intérêt qu'ils peuvent offrir précisément par leur caractère privé, sincère, sinon profond, par la richesse des notes et des préfaces et, pourquoi ne pas le dire? par leur médiocrité même : moins il y a d'originalité personnelle, plus on a de chances de saisir l'opinion régnante du groupe et en quelque sorte la moyenne de ses idées.

De cette lecture il s'est dégagé pour nous une impression inattendue. C'est avec un véritable étonnement qu'en abordant de près ces humanistes des premières années de François Ier, on les trouve tout autres que l'opinion commune ne se les représente, à la fois plus sérieux et plus émancipés. La vérité est qu'ils sont tout près de la Réforme, tout pénétrés des idées qu'on appelait déjà « évangéliques ». On est stupéfait de les voir si à l'aise pour parler de religion à toutes les pages, et avec quelle liberté, quelle abondance, quelle simplicité! Leur religion, en vérité, ce n'est guère plus qu'un christianisme philosophique et moral. — « Simple effet du cicéronianisme », a-t-on dit quelquefois : « ils s'en tiennent aux généralités de la morale religieuse, de peur de gâter leur latin en y mêlant le latin de l'Église. » — C'était l'excuse de Bembo, mais ne la prenons pas trop à la lettre. Plus d'un, même parmi ces puristes de la Renaissance italienne, savait bien ce qu'il faisait sous prétexte de répudier un barbarisme. Et quant à nos humanistes français, lyonnais surtout, ils nous dispensent de conjectures : ils ont la parole nette et le silence parfois plus expressif encore.

Pour apprécier équitablement leur attitude, pour éviter à la fois d'en amoindrir et d'en exagérer l'originalité, il faut réagir contre une illusion dont le lecteur moderne a peine à se défendre. On a beau être prévenu du contraire, on se laisse toujours aller à se représenter, quand on parle de cette époque, le catholicisme et le protestantisme comme déjà constitués en France. Rien n'est plus faux ; il n'y avait pas chez nous, dans la première moitié du règne de François Ier, deux Églises en présence, deux religions chrétiennes définies et rivales. Il n'y avait même pas alors dans les esprits une nécessité évidente de prendre parti entre Rome et Wittemberg. Et c'est ce qui explique chez nos lettrés, nos érudits et nos poètes du premier âge de la Renaissance française, tant d'audace à la fois et tant de candeur, une foule de propositions hérétiques avec un si grand air d'innocence.

Quelle est la pensée qui éclate dans tous ces petits recueils lyonnais, aussi bien d'ailleurs que dans toute la littérature franco-latine de ces dix ou quinze années? C'est que le monde arrive à l'aurore des temps meilleurs, que la Renaissance a donné le signal du réveil de l'esprit humain, qu'il est libre désormais et que rien ne doit plus l'arrêter dans son joyeux essor [1].

Et qu'entendent-ils par la Renaissance? — Le retour au vrai latin et aux vrais classiques? Oui, sans doute, mais quelque chose de plus. Ce ne sont pas seulement les lettres qui refleurissent, c'est la pensée humaine; ce n'est pas de l'imagination seule, c'est du fond de l'âme que jaillit ce flot de jeunesse et d'espérance qui va tout renouveler; c'est l'homme tout entier qui secoue la poussière du moyen âge. La religion n'est pas exclue de cette loi de rajeunissement. Les lettres chrétiennes ont leur renaissance en même temps que les

---

[1] « Maintenant c'est chose estrange que ceulx qui ont le moyen d'entretenir les bonnes letres et *de soy baigner es sciences douces et humaines* ne s'amusent qu'à choses legières et de nulle conséquence. » (P. 7, verso, des *Devis de la langue française à Jehanne d'Albret par Abel Mathieu, natif de Chartres*, in-8, 1559, caractères de civilité.)

lettres profanes. Et du même cœur, avec la même joie qu'on retourne à l'antiquité classique, on remonte au christianisme primitif. Comme Homère et Virgile, Cicéron et Démosthènes resplendissent dans leur beauté dégagée de tout l'appareil scolastique; ainsi réapparaît le Christ des Évangiles, tel que ses premiers disciples l'avaient montré au monde, dans la simplicité de sa divine figure.

L'Église va revenir à lui, comme l'école revient aux maîtres vénérés. Qui peut voir la vérité sans l'aimer, la divinité sans l'adorer? Elle était voilée, obscurcie, trahie par des images qui la défiguraient; de là ces longs siècles d'ignorance, de violences, que les humanistes appellent, d'un mot qui revient sans cesse sous leur plume : la « barbarie ». Grâce à Dieu, le Christ nous est rendu, nous sommes délivrés de la « barbarie »! Et c'est de bonne foi que nos humanistes célèbrent le double triomphe de la piété et de la science, des classiques et de l'Évangile : *Christum ex fontibus prædicare*, c'est le mot que répète sans cesse Érasme à ses disciples sans la moindre arrière-pensée d'hérésie.

Ainsi s'explique cette hardiesse de ton, cet accent évangélique, cette aisance de langage religieux qui, à première vue, ferait prendre les Bourbon, les Voulté, les Habert, les Ducher, les Vallembert, aussi bien que Dolet et Marot eux-mêmes dans cette première période, pour des luthériens inconscients. Ne fît-on qu'ouvrir leurs petits volumes, il est impossible de ne pas remarquer l'insistance avec laquelle reparaît, dans leurs vers et dans leur prose, un mot dont ils ne soupçonnent pas encore le caractère séditieux, celui-là même qui va coûter la vie aux pauvres « luthériens de Meaux » et à tant d'autres *Christaudins*. C'est le mot CHRISTUS : à chaque page, dans les prières, dans les sentences morales, dans les simples formules de politesse, CHRISTUS seul et toujours seul, sans rien qui rappelle la Vierge, les saints, ni les dogmes, ni les sacrements, ni la messe. Et chaque fois qu'il revient, Sébastien Gryphe l'imprime comme une sorte de mot magique en capitales romaines qui tranchent sur l'italique de tout le volume.

Ce n'est pas dans la pensée de nos humanistes un signal

de guerre, le mot de ralliement d'une secte; c'était bien mieux, pensaient-ils, — bien pis, pensera l'Église : c'était le résumé de toutes les réformes, c'était toute la Réforme. Mais, encore une fois, ils l'emploient sans hésiter, parce qu'ils n'y voient qu'un hommage au christianisme éternel et universel. Qu'on les eût étonnés en les accusant d'être les ennemis de l'Église, des fauteurs du schisme, des complices de l'hérésie! Ils se sentent plus chrétiens que jamais, meilleurs catholiques que qui ce soit, par cela même qu'ils sont philosophes. Leur philosophie est un christianisme, et, à leur sens, le plus pur de tous. Ils agissent à la fois comme disciples de l'Évangile et comme disciples de la tradition classique en instituant ce commerce familier avec tous les grands esprits de tous les temps. Ils n'excommunient personne. Ce n'est pas par une sotte confusion des styles qu'ils rapprochent Platon et Virgile des patriarches, des apôtres et des Pères de l'Église. Ce n'est pas même une habileté littéraire. Il y a là un mouvement sincère, un élan spontané de libéralisme intellectuel et religieux.

En raison même de cette largeur d'esprit, ils ont peu d'inclination pour Luther. L'immense soulèvement qu'il vient de provoquer avec un fracas brutal n'est pas sans leur causer quelque anxiété. Mais ils ne croient pas avoir rien de commun avec ce moine en révolte, sauf ce qu'il a de commun lui-même avec tous les bons esprits désireux depuis tant de siècles de voir l'Église « s'amender ».

Tous ces fervents disciples de la Renaissance ne sont ni des révolutionnaires, ni des novateurs, mais, comme ils se qualifient eux-mêmes, de pieux restaurateurs. Et d'où viendrait le besoin de nouveautés? L'humanité a retrouvé l'*Évangile* comme elle a retrouvé l'*Iliade*. Que lui faut-il de plus, sinon le temps de s'en pénétrer? Et quelle plus noble ambition peut-on concevoir que de répandre à profusion les livres saints et les classiques? Les hommes de la Renaissance n'ont pas, ne veulent pas avoir une théologie, une philosophie à eux, pas plus qu'une rhétorique ou une poétique. Ils ne prétendent qu'à l'honneur de transmettre fidèlement le double dépôt sacré qu'ils ont reçu de l'antiquité. Aussi quelle ardeur à le communiquer au monde! quelle touchante impatience de convier au banquet divin tous les hommes de tous les pays!

C'est même par ce caractère que la Renaissance française se distingue vite de la Renaissance italienne. Celle-ci n'était pas éloignée de se résigner à voir la société humaine partagée en deux sociétés : celle des ignorants, à qui suffisent les directions de l'antique et populaire tradition; celle des lettrés, qui peut sans danger pénétrer plus avant dans tous les mystères de la pensée. Les humanistes français, au contraire — et c'est un trait à leur honneur qu'on n'a peut-être pas assez remarqué, — aussitôt éclairés, veulent éclairer le monde : ils écrivent, traduisent, chantent, dogmatisent, prêchent et enseignent pour tous. Tel est du moins leur premier mouvement. Et de là cette sympathie qu'ils témoignent à ceux des leurs, et ils sont nombreux, qui se vouent à l'enseignement public; de là, leur admiration et leur reconnaissance envers les princes pour la fondation des écoles et des collèges; de là, toute cette littérature spéciale, à l'adresse de la jeunesse studieuse, où la pure vérité chrétienne aspire à s'exprimer dans la pure langue classique.

Dans cette tentative, tous nos humanistes se croient de cœur avec l'Église et au sein de l'Église : ils n'ont pas rêvé qu'il y eût place ailleurs pour des esprits bien faits, nourris aux lettres et surtout aux saintes lettres. Seulement ils voient à l'heure présente, dans l'immortelle Église chrétienne, deux partis en lutte : celui qui veut les réformes et celui qui n'en veut point. Ils n'hésitent pas : ils sont du parti des réformes, qui est, depuis des siècles, celui des papes, des évêques, des conciles, et qui aujourd'hui trouve des alliés et des renforts inespérés dans cette grande armée des Lettres, déjà victorieuse de la barbarie sur tous les points de l'Europe [1].

Veut-on nous permettre de fixer les idées qui précèdent par quelques textes pris strictement dans le cercle si restreint où nous avons promis de nous enfermer?

Nicolas Bourbon écrit dans son recueil de 1533 cette belle

---

[1]. Voir Ét. Dolet, *Commentarii linguæ latinæ*, lib. I, col. 1255, et la préface du *Répertoire des ouvrages pédagogiques du XVIᵉ siècle*.

ode *In laudem Dei optimi maximi*, où il trouve des accents sinon poétiques, du moins enthousiastes, pour célébrer l'aube des temps nouveaux :

> Christus, humani generis misertus,
> Perditum tandem reparavit orbem
> Et sua nostras veniens fugavit
> Luce tenebras.

Ces « ténèbres », ce sont celles du moyen âge. Et en quelques traits, il fait le tableau de l'ignorance des peuples, de la fausse science des écoles :

> Nil tenebamus nisi syllogismos
> Arte contortos variosque nodos,
> Frigidas nugas, mera verba, fumos.

Il rappelle la sottise des docteurs qui n'avait d'égale que leur barbare intolérance. Il n'hésite pas à désigner la source du mal :

> Hoc mali invexit *Lupa purpurata*
> Lerna malorum,

que, pour plus de clarté, il appelle un peu plus loin :

> ...Triplici refulgens
> Hydra tiara.

C'est elle qui a soumis à sa tyrannie et qui a enivré de sa coupe (réminiscence de l'Apocalypse) tous les rois de la terre. C'est de là qu'est venu l'oubli de la vraie religion :

> Literæ sacræ, quasi consepultæ,
> Obticuerunt;
>
> Impii passim populum necabant
> Vinculis legum, decimis, tributis,
> Gens rapax, vecors et amica ventris,
> Perdita luxu.

Puis viennent des détails plus précis et qu'il était malaisé de mettre en vers latins : le culte des saints, le célibat des prêtres, l'abus des jours fériés, l'obligation de faire maigre :

> Saxeis stabant simulacra templis,
> Sacra dis falsis et item deabus,
> Unde diversis variisque festis
> Cuncta fremebant.
>
> In statis poni pietas diebus,
> In cibis certis preculisque cœpta est;
> Nuptiis mire vetitis, libido
> Fœda revixit.

Enfin tout cela va disparaître. C'en est fait de la superstition comme de l'ignorance : de toutes parts, jeunes et vieux brûlent de l'amour des études; on étudie les langues, les lettres refleurissent, et la Parole de Dieu traverse le monde avec la rapidité de la flèche. Non, jamais siècle n'aura vu de plus grandes choses :

> Sæculum nunquam celebretur ullum
> Faustius tali meliusque nostro.

En vain se liguent contre la vérité tous ceux qui ont peur d'elle : nous n'en sommes plus au temps de ces rois qui les protégeaient. François règne, et avec lui

> ...Sensim rediere terris
> Omnia læta.
>
> Publice doctos alit allicitque
> Et *Scholam* primus statuit *Trilinguem*,
> Quo nihil certe, nihil, instituto
> Pulchrius exstat.

Et l'ode se termine par une ardente prière pour le roi fondateur du Collège de France.

L'ode n'est pas datée, mais elle se place entre 1530, fondation du Collège de France, et 1533, date de la publication du volume [1].

L'année suivante, Voulté écrivait à Lyon une pièce analogue [2] à l'occasion de l'avènement de Paul III. Même joie, même enthousiasme pour le triomphe du pur Évangile et la disparition définitive des superstitions, des erreurs, des inventions humaines, des hypocrisies :

---

1. *Nugæ*, 1533, in-8, non paginé. Cette pièce occupe le dernier feuillet de la signature L.
2. Joannis Vulteii Remensis *Epigrammaton libri III*, Lugduni, 1537, in-8 (p. 78-79).

Jam valeant commenta hominum, jam somnia, nugæ!
  Paulus olympiaca missus ab arce redit.
O jam præfulgens depulso turbine verum!
  O jam libertas libera Christicolum!
Jam nova, jam Christi rediit doctrina! sepulta est
  Vafrities. Colitur solus in orbe Deus.
Paulus adest, triplicem dignus gestare coronam,
  Christi Evangelium pectore et ore ferens.

Une autre pièce résume la même impression en ce vers :

Et Christum, Paulo præside, Roma colit.

A peu de temps de là (1535), un autre poète, valet de chambre du roi, François Habert d'Issoudun, écrit en français avec une hardiesse qui serait incompréhensible s'il en avait mesuré la portée, car le pauvre Habert n'était pas un héros, et pourtant, à qui adresse-t-il ses vers? au fils de ce terrible chancelier Duprat qui n'a jamais été suspect de tendresse pour l'hérésie.

Nous avons sous les yeux, non pas l'édition primitive s'il en eut une, mais l'exemplaire imprimé dix ans plus tard, à Lyon, par Jean de Tournes (1545, in-8, 53 f). C'est la *Déploration poétique de feu M. Antoine du Prat en son vivant chancelier de légation de France (adressée à son fils peu de temps après sa mort)*. La préface nous prévient qu'il faut y chercher

　　　　　　Soubs couleur poétique
　　Secret moral, sainct et évangélique.

Car le poète ne veut plus, dit-il, écrire des fables,

　　　Comme j'ai faict en ma jeunesse tendre,
　　　Où je soulois aux mols écrits prétendre.
　　　Il n'est plus temps de chasser vérité
　　　Pour s'endormir auprès d'obscurité.
　　　Il n'est plus temps de nous prescher le faulx,
　　　Qu'on doit raser comme herbes d'une faulx.
　　　Chacun veoit clair, chacun entend son rolle
　　　De la très pure et chrestienne Parolle,
　　　Sinon ceux-là qui de thrésors terriens
　　　Ont faict leur Dieu comme épicuriens
　　　Et aultres maints qui n'ont loy ne droiture
　　　D'ainsi blasmer notre saincte Escripture;

> Car il n'y a ha loy, prière, oraison,
> Plus approchant de l'humaine raison,
> Que l'Evangile et Parole laissée
> Pour estre à tous et toutes annoncée.
> Elle n'a point en elle de rigueur,
> Mais elle est loy d'immortelle vigueur.
> Nous apprenons par elle à nous aismer....

Et le développement continue d'un seul jet. C'est un pur manifeste du protestantisme, et pourtant Habert n'est, ni ne veut être un luthérien. Et il se croit irréprochable en continuant son éloge de la Bible,

> Livre de vie et résurrection,
> De vrai salut et de rédemption,
> Livre plus beau qu'un Romant de la rose... [1].

De ces exemples qu'il serait facile de multiplier, ne serait-on pas tenté de conclure que jamais société ne fut plus mûre pour une renaissance simultanée de la science et de la piété? Et cette modération même, cette répugnance aux partis violents, cette défiance à l'endroit des théologiens, cette prépondérance donnée à la morale sur le dogme, cette prédilection avouée pour la sagesse antique à cause de son bon sens et de sa belle sérénité, toutes ces qualités si françaises qui caractérisent alors le mouvement de l'opinion française, ne semblaient-elles pas assurer quelque avenir à un plan de réforme sans schisme dont tout le monde en France était complice à quelque degré?

Combien plus serions-nous frappés de ces dispositions de la société française d'alors, si au lieu de nous restreindre à l'objet propre de cette monographie, nous pouvions de Lyon nous transporter à Paris, du petit cénacle de ces humanistes de second ordre à l'auditoire de Budé [2], de Danès ou de Vatable [3], aux leçons savantes du Collège royal, aux « presches » du Louvre [4] ou à la cour intime de Marguerite d'An-

---

1. Des déclarations beaucoup plus significatives encore se trouvent dans le petit poème *la Misère et la Calamité de l'homme naissant en ce monde*, imprimé à la suite de *l'Institution de la libéralité chrétienne* (1551).
2. *Vie de Guillaume Budé, fondateur du Collège de France*, par Eugène de Budé, Paris, Perrin, 1884, in-12. (Voir notamment p. 207 et suiv.)
3. Voir la belle et savante étude de M. Abel Lefranc : *les Origines du Collège de France*, dans la *Revue internationale de l'enseignement*, 15 mai 1890, p. 470 et suiv.
4. Que fréquentent tous ces humanistes (même article, p. 477).

goulême! Que serait-ce encore si à ce tableau du monde des lettrés, pénétré jusqu'aux moelles des idées de réforme, nous joignions celui du clergé parisien [1], de l'épiscopat français, de la magistrature et du parlement [2], où nous retrouverions en tant et de si beaux exemplaires le même esprit gallican qui était bien à ce moment l'esprit public!

Comment donc un mouvement si régulier et si général, si spontané à la fois et si réfléchi, a-t-il avorté? Comment le souvenir en a-t-il si vite disparu que l'on semble aujourd'hui glisser dans le paradoxe ou dans la fantaisie quand on retrace telle qu'elle fut la France des premières années de François Ier, toute prête à suivre non la réforme allemande, mais une réforme *sui generis* inspirée par l'élite du clergé et de la nation?

Le mouvement échoua par sa facilité même, par sa modération, par sa sagesse.

Oui, ces humanistes et ces lettrés, ces curés et ces évêques, ces magistrats, ces bourgeois et ces seigneurs, tous sont à quelque degré partisans des réformes, mais ils le sont précisément parce que tout le monde l'est, et comme tout le monde. Ils le sont avec les plus grands noms de l'Église et de la noblesse, ils le sont avec la cour, avec le roi.

Ce premier élan auquel ils ont obéi, tout l'encourage autour d'eux, tout l'approuve, tout le seconde. Quoi de plus naturel en effet que cette joie du réveil, cette délicieuse surprise de l'esprit à se sentir vivre et respirer librement! Ce que nous appelons *Renaissance* au XVIe siècle, ce qu'on appellera le *Progrès* au XVIIIe, c'est le ressort même de la vie dans l'homme et dans l'humanité. Seulement il s'y ajoute, au XVIe siècle, ce charme indéfinissable du premier enivrement de l'adolescence : une éclosion, un épanouissement, un printemps de l'esprit. Que rien n'entrave cette floraison naissante, et elle va se déployer dans toute sa fraîcheur, riche, magnifique, luxuriante. Mais si l'orage éclate,

---

[1]. Un des plus caractéristiques épisodes de l'histoire du clergé de Paris à cette époque a été raconté par M. N. Weiss : *Maître François Landry, curé de Sainte-Croix en la Cité (1540-1557)*, dans le *Bulletin de la Soc. d'Hist. du prot. fr.*, mai 1888.

[2]. Sur ce que le Parlement contenait encore vingt ans plus tard de partisans de la tolérance, voir l'étude de M. Lelièvre sur *Anne du Bourg*, dans le *Bull. de la Soc. d'Hist. du prot. fr.*, 15 mars 1887.

il n'est pas besoin que tous les éléments s'unissent pour la briser : elle ne résistera pas au premier choc. Telle devait être la destinée de la Renaissance religieuse en France. Elle avait des fleurs partout, des racines nulle part.

Deux appuis l'ont soutenue pendant les premières années de François Ier : la sympathie du clergé et la protection du roi. Si l'un et l'autre, si l'un des deux seulement avait duré, nul ne peut dire où se serait arrêtée la Réforme française.

Mais après quelques années de tâtonnement, nous allons voir l'illusion pour les uns, le malentendu pour les autres, prendre fin : il ne sera plus permis de compter ni sur les aspirations du clergé national ni sur une secrète connivence du pouvoir royal. C'est alors qu'il faudra voir ce que deviendront tant de velléités réformatrices. C'est à ce moment critique que nous attendrons en particulier nos lettrés et que nous les jugerons à l'œuvre.

Mais pour comprendre la crise qu'ils vont traverser, il faut commencer par bien établir ce double revirement qui se fait au-dessus d'eux, ce brusque retour en arrière et de la part de l'Église et de la part du roi. Nous n'allons pas tarder à en constater le contre-coup dans cette petite société lettrée que nous essayons d'explorer. Assurément envisager ainsi un des plus grands faits de l'histoire générale sous prétexte d'élucider un point de biographie, c'est manquer au respect des proportions; renouvelons-en l'aveu, trop heureux si l'on voulait bien nous accorder les circonstances atténuantes en se souvenant qu'à certaines pages, l'histoire seule peut éclairer la biographie : l'une fait lire en gros caractères ce que l'autre laisse à peine déchiffrer en traits ténus et imperceptibles.

II

C'est à l'Église qu'il appartenait de donner le signal. Avant d'imposer un plan de résistance au monde catholique, elle avait dû se l'imposer à elle-même.

Pendant les douze ou quinze années qui suivirent le schisme de Luther, ni les papes, ni le sacré collège, ni les princes de l'Église n'avaient opposé aux aspirations de la Réforme un *non possumus* absolu. Soit tactique, soit désir sincère d'amélioration, on continuait de parlementer avec les rebelles, de discuter avec les hésitants, de négocier avec l'opinion publique sur la base du fameux concile universel. Et d'ailleurs qu'eût-on pu faire d'autre au milieu de la crise effroyable que venait de traverser le Saint-Siège? Dans ces années tragiques, Rome avait touché de si près à sa perte que le monde entier avait un moment désespéré d'elle. Elle avait subi toutes les horreurs du sac de 1527, dernier épisode de l'invasion des Barbares. Elle avait subi pis encore, toutes les turpitudes, tous les crimes, tous les vils trafics, assez d'infamies pour déshonorer à jamais une cour, un gouvernement, une dynastie. Elle n'avait plus ni grand pape, ni grand politique, ni saints, ni héros. Et c'est du fond de cet abîme, après le triste pontificat de Clément VII, que la papauté va se relever triomphante. Par quel miracle?

Comme toutes les institutions en péril, l'institution catholique à ce moment se replie en quelque sorte sur elle-même, se retrempe aux sources et retourne à ses plus purs principes. Un instinct de conservation qu'on pourrait prendre pour du génie l'avertit que le salut n'est pas dans les concessions à l'esprit nouveau, dans les demi-mesures et les demi-réformes, dans les discussions et les débats publics. Le catholicisme est un gouvernement, le plus vaste, le plus grand, le plus redouté des gouvernements : il doit se défendre contre l'hérésie, comme un roi contre la rébellion. Il doit sévir et non argumenter. Ce qu'on attaque, c'est son autorité : c'est son autorité qu'il faut prouver par ses actes mêmes. En d'autres termes, et si l'on nous permet d'appliquer au xvie siècle la langue du nôtre, à la révolution déjà triomphante il faut opposer la contre-révolution, ferme, nette, implacable. *La contre-révolution religieuse au XVIe siècle*, tel est le titre très expressif d'un beau livre récent [1] qui met admirablement en lumière ce moment où l'Église s'est ressaisie et sauvée elle-même, par la seule force de son orga-

---

1. De M. Martin Philippson, professeur à l'Université de Bruxelles (1884, in-8).

-nisation. On n'a pas accumulé pendant plus de dix siècles l'expérience du commandement absolu, l'exercice d'un sacerdoce qui est bien plus qu'un empire, la connaissance des hommes et des nations, la science suprême de la direction des affaires humaines, pour se laisser désarmer par l'insurrection de quelques prêtres, la fantaisie de quelques lettrés et l'avidité de quelques princes. Les défections du premier moment sont dues à la surprise, à la soudaineté de l'attaque, à l'irrésolution de la défense. Prévenue maintenant, l'Église n'a qu'à s'affirmer pour s'affermir. Elle a pour elle la force : qu'elle en use ; le bras séculier : qu'elle y recoure ; les lois : qu'elle les fasse appliquer.

Avant tout, il faut frapper l'imagination du peuple. C'est déjà admettre le premier venin de l'hérésie que de condescendre à donner ses preuves la Bible à la main. Si par faiblesse on laisse impunément traiter des matières religieuses ces lettrés, ces érudits, ces « païens », tous ces novateurs déguisés ; si, par respect pour les livres saints, on n'ose pas en interdire purement et simplement la lecture et la propagation en langue vulgaire, le résultat final sera, dans le reste de l'Europe, le même qu'en Allemagne, où l'on a tout perdu pour n'avoir pas su tout refuser à temps.

C'était le génie même de l'Église qui par la bouche du légat Campège avait dicté, dès 1530, la vraie, la seule solution, l'emploi énergique du triple moyen de défense : ligue armée de tous les princes catholiques, — destruction des hérétiques par le fer et le feu, — établissement d'une inquisition étendue et perfectionnée [1]. C'est d'avance tout le programme de la contre-révolution, sauf un article capital, mais qu'on ne peut reprocher à Campège de n'avoir pas deviné : la création de la compagnie de Jésus.

Il était réservé à un homme d'une farouche énergie de reprendre ce programme et d'en tirer le triomphe de l'Église. Quel tour eussent pris les affaires de Rome sous Paul III, après ce début de pontificat que nous venons de voir accueilli par tant d'espérances de réforme, si derrière ce pape encore

---

1. Michelet, *Hist. de France*, t. III, p. 302. — Nisard, *Études sur la Renaissance*, II, 275.

accessible à la conciliation ne s'était dressée la grande figure de Caraffa? C'est à Caraffa que revient le sinistre honneur d'avoir fermé l'ère des tâtonnements et de la mansuétude [1].

A force de logique et d'inflexible ténacité, il amena le même pape qui avait nommé Bembo cardinal à relever en Italie l'Inquisition espagnole! Il donna à la papauté, malgré elle, pour palladium le Saint-Office, et pour gardes du corps les jésuites. Ce qu'aucun pape n'eût osé peut-être, il le fit à lui seul, en qualité de grand inquisiteur : il inaugura la politique décisive des réactions sanglantes, qui avait le double effet de terrifier les peuples et d'engager à jamais l'Église.

Quelques années plus tard, Caraffa deviendra pape à son tour sous le nom de Paul IV, et, sans perdre un jour, il doublera les privilèges du Tribunal de la foi, il en présidera lui-même les séances, il stimulera le zèle du dernier de ses agents, punira la pitié comme un crime ; il ordonnera d'appliquer la torture à tous les accusés, même en matière théologique; il fera comparaître devant l'Inquisition ou languir de longs mois dans ses cachots des archevêques et des cardinaux, suspects non d'hérésie, mais de modération. Il essayera de faire de la fête de saint Dominique une des grandes fêtes de l'Église et d'acclimater l'Inquisition dans tous les pays catholiques. Il fera dresser — autre acte d'audace que le succès devait couronner — le premier *Index* romain, et il n'hésitera pas à y faire inscrire comme livres prohibés les rapports mêmes qu'il avait signés jadis dans le temps où l'on parlait encore de réformes et de concessions à l'esprit nouveau. Bref, il poussera si loin, dans toutes les voies, ce parti pris de défi à la raison, à la liberté et à tout reste de sentiment humain, que le jour de sa mort, avant même qu'il eût expiré, le peuple de Rome tout entier courra mettre le feu au palais de l'Inquisition, délivrer les prisonniers, et jeter au Tibre la statue du pape qui avait ressuscité le moyen âge en plein XVIe siècle. Mais ce sera un éphémère épisode que cette prise de la Bastille romaine. En vain les cardinaux, heureux de respirer, donnent à Paul IV un successeur animé d'un

---

1. Voir Benrath et Philippson.

tout autre esprit : en quelques années, la logique des choses l'emportera. Pie IV lui-même sera bientôt l'instrument des jésuites déjà tout-puissants et de l'Inquisition définitivement restaurée : le plus doux des papes devra assister en personne au spectacle d'abominables autodafés, sanctionner la boucherie sans nom des Vaudois de la Calabre. Et pour qu'enfin il n'y ait plus de doute sur la marche générale des affaires de l'Église, Pie IV aura pour successeur l'ancien et terrible lieutenant de Caraffa, celui que le peuple nommait en tremblant « Frère Michel de l'Inquisition », celui qui avait mérité de devenir l'inquisiteur général de la chrétienté, qui devait, sous le nom de Pie V, sceller dans le sang d'Aonio Paleario, de Carnesecchi et d'innombrables victimes le pacte indissoluble de la papauté avec le Saint-Office, et que l'Église a bien fait de canoniser si le nom de saint est dû à l'homme dont la vie austère et l'indomptable volonté ont consommé, dans le monde catholique, le triomphe de l'autorité absolue sur les derniers vestiges de la liberté religieuse.

Ce mouvement intérieur du catholicisme devait avoir son contre-coup immédiat et en quelque sorte ses premiers effets en France, c'est-à-dire dans le pays de l'Europe qu'à cette heure il importait le plus à l'Église d'arrêter sur la pente où il pouvait suivre l'Allemagne.

Dans l'Église de France, le parti de la répression à tout prix, loin d'être la majorité, n'était pas même constitué. C'est un anachronisme que de se représenter, par exemple à l'avènement de Paul III, ou même dans les années qui suivirent, tout notre clergé comme l'intraitable ennemi des réformes et des réformateurs.

« A cette époque le clergé français représentait la classe la plus cultivée de la nation, la plus habile en politique et en affaires, la plus tolérante en religion, très indépendante du siège de Rome, très patriotique et très populaire [1]. » Nous trouverions, sans sortir de notre cadre, une preuve de la justesse de ce jugement, dans la confiance avec laquelle

---

1. Mme Coignet, *François I*er*, introduction, p. xxxviii. Paris, 1885, in-8.

se placent alors sous le patronage des évêques tant d'écrits
que, dès le règne suivant, on ne songerait plus à leur dédier [1].

Briçonnet, évêque de Meaux, Gérard Roussel, évêque
d'Oloron, Michel d'Arande, évêque de Saint-Paul-Trois-
Châteaux, Jean de Pins, évêque de Rieux, sont presque des
« évangéliques »; on les désigne ouvertement comme les
chefs avoués de cette Église catholique réformée, telle que la
rêve Marguerite de Navarre. Leurs noms et l'éloge de leurs
vertus reviennent à chaque page dans nos poètes lyonnais.
Mais à côté d'eux, avec un peu moins de décision ou de netteté, nombre d'évêques français continuent ouvertement la
tradition gallicane et semblent, pour le moment du moins,
aussi loin du fanatisme romain que de l'hérésie luthérienne.
Sadolet à Carpentras, Montluc à Valence, Marillac à Vienne,
Saint-Gelais à Uzès, Pellicier à Montpellier, Georges de
Selves à Lavaur, Jean de Langeac à Limoges, Lenoncourt à
Châlons, Jean du Bellay à Paris, son frère René au Mans, et
bien d'autres, sont de sincères amis des lettres, qui vont par
sagesse et par piété au-devant de toutes les réformes pacifiques. Ce n'est pas de leur part une habile diplomatie. En
approuvant la formule séculaire des conciles, « amender
l'Église dans son chef et dans ses membres », ils ne font que
répondre au vœu public. En remettant la décision du conflit
aux « grandes assises du concile universel », ils témoignent
une confiance que l'événement devait singulièrement tromper,
mais que la France entière partageait encore de très bonne foi.

Seulement, en France comme en Italie, les apparences trompent. Tandis que la scène est occupée par cet imposant cortège d'honnêtes gens et de sages, par tant de prêtres exempts
de superstition, par tant d'évêques ennemis du sang, derrière
eux se forme une minorité qui tôt ou tard vaincra, car à
défaut du nombre elle a pour elle la logique. A la date où
nous sommes, on ne connaît encore dans les hauts rangs du
clergé français que trois noms à citer avec certitude comme
partisans résolus de la persécution : le vieux cardinal Duprat,
l'*ord chancelier*, haï et méprisé autant que redouté; — le car-

---

[1]. A commencer par ceux d'Étienne Dolet.

dinal de Lorraine, Jean de Guise, associé aux dernières années de l'administration de Duprat ; — et le futur cardinal de Tournon, qui achevait de conquérir dans les négociations diplomatiques l'empire qu'il allait exercer sur l'esprit du roi.

Au-dessous d'eux ou plutôt dans leurs mains sont deux forces qu'ils déchaîneront quand ils voudront : l'une est la Sorbonne avec sa phalange de docteurs et de pédants, débris d'un autre âge, dont nos humanistes cesseront bientôt de rire ; l'autre est la milice des couvents, des ordres mendiants surtout, toujours prêts à raviver dans le bas peuple les fureurs du plus sombre fanatisme.

Ce parti, dont les Guises devaient prendre la tête, aurait-il raison en France de la majorité pacifique modérée, comme l'avait fait celui de Caraffa en Italie? L'Inquisition triompherait-elle à Paris comme à Rome? A Rome, il avait fallu subjuguer le pape ; à Paris, il faudrait gagner le roi.

III

Gagner le roi, en France, c'était avoir tout gagné, puisque ce pays, à la différence de l'Allemagne et de l'Italie, n'offrait pas la complication d'un pouvoir morcelé entre une foule de princes souverains et de villes libres, puisque d'autre part il n'y aurait pour ainsi dire rien à craindre des corps constitués. Pas d'États généraux, et pour cause. Le Parlement (mi-parti laïque et ecclésiastique) ne savait que changer de servilité suivant que tour à tour il cédait plus au clergé ou au roi. Ainsi tout dépendait d'un homme seul, et de quel homme ! le plus facile à prendre, le moins prémuni contre son entourage et contre lui-même, le plus accessible à toutes les influences que l'Église a toujours su manier avec une science incomparable : proie si facile que c'était un jeu de s'en emparer. Par quels moyens? par tous. Qu'importe? le plus futile est parfois le meilleur. Ce sera tour à tour l'intérêt, l'orgueil, la vanité, l'impatience, la lassitude, une intrigue, une fable, un mot de sa mère, un sourire de sa maîtresse, un sarcasme de Charles-Quint, un juron de Montmorency, tantôt un souvenir de piété naïve qui lui rappelle son enfance, tantôt un point d'honneur de scepticisme qui l'irrite contre ces fanatiques prêts à mourir pour leurs billevesées, quelquefois aussi le courroux du monarque entêté de sa propre omnipotence et confondu de la voir braver.

Duel inégal entre la plus puissante, la mieux organisée, la plus sagace, la plus infaillible des associations qui aient jamais existé sur la terre, et le plus faible des hommes disposant d'un pouvoir peu s'en faut illimité. L'issue pouvait-elle faire doute? Ce qui étonne, ce que nous ne pouvons encore après trois siècles nous empêcher d'admirer, ce qui nous explique l'indulgence involontaire avec laquelle les protestants du xvie siècle ont parlé de François Ier, c'est qu'entre l'Église et lui il y ait eu lutte, qu'il ait essayé de résister, qu'il y ait parfois réussi et qu'on ait pu, qu'il ait pu lui-même se faire illusion sur le résultat final pendant près de la moitié de son règne.

Le moment précis que nous considérons (1538) est celui de sa dernière défaite. Il en avait déjà subi deux autres, mais il s'était relevé; celle-ci sera la troisième : elle devait être irréparable.

Ici nous heurtons peut-être l'opinion commune qui ne voit dans tout le règne de François Ier, en ce qui touche la question religieuse, qu'une suite de contradictions et d'oscillations capricieuses. Mais il nous semble que les contemporains n'en ont pas jugé ainsi : ils ont parfaitement démêlé les assauts successifs qu'eut à soutenir le roi. Et aujourd'hui encore, il suffirait de suivre scrupuleusement l'ordre des faits pour voir l'histoire de cette longue déchéance se dérouler en trois périodes distinctes, dont chacune commence par une victoire et finit par une défaite de la volonté royale. Marquons-en seulement les dates.

Première période (1515-1528). — Ce que nous appellerions la première période va jusqu'au retour de Madrid.

Jusque-là, François Ier, tout en ayant débuté par un acte qui l'enchaîne à l'Église, ne sent pas encore ses chaînes : il ne voit dans le concordat que les avantages pécuniaires qui l'ont décidé à sacrifier au pape quelques-unes des vieilles franchises gallicanes. Le mouvement luthérien éclate, et l'inquiète peu : c'est surtout un gros embarras pour son rival Charles-Quint. Il va un peu plus loin, quand la guerre et les plaisirs lui laissent le temps d'y penser : il prête l'oreille aux douces exhortations de sa sœur Marguerite, qui lui apprend que des choses touchantes se passent à Paris et à Meaux. A Paris, le vieux Lefèvre d'Étaples émeut la jeunesse en commentant les Évangiles, dont il publie la première traduction française. A Meaux, l'évêque Briçonnet, un homme considérable, un des négociateurs du concordat, a interdit la chaire à des moines ignorants, qu'il a remplacés par des élèves de Lefèvre d'Étaples, et le diocèse est en pleine effervescence : prêtres et paysans rivalisent d'enthousiasme pour l'Évangile; c'est une vraie renaissance religieuse en pleine campagne. Elle-même, insinuante prédicatrice, essaye de lire quelques pages du livre merveilleux à son frère et à sa mère; et il reste quelques traces des émotions fugitives qu'elle sut éveiller [1].

Survient comme un coup de foudre le désastre de Pavie. A l'instant tout change. Le peuple affolé court aux églises et aux couvents. La « horde noire des confréries » fait retentir tout Paris de ses prédications forcenées; la calamité publique donne un premier triomphe au parti de Duprat et de Montmorency. Louise de Savoie, en même temps qu'elle négocie secrètement avec le Turc, cède à la Sorbonne et à la majorité du Parlement. Dès le 15 mars (1525), en pleine panique nationale, Duprat fait instituer une commission mixte, sorte d'Inquisition provisoire pour la répression de l'hérésie; il tourne par une procédure ingénieuse les difficultés de juridiction, et il en fait la première application à des ecclésiastiques de Meaux, que Briçonnet est impuissant à sauver. Il lui reste à raffermir son empire sur le clergé, sur le

---

1. Elle écrit à Briçonnet : « Le roi et Madame sont plus que jamais affectionnés à la réformation de l'Eglise,... délibérés à donner à connoistre que la vérité de Dieu n'est point hérésie (déc. 1521). » (Michelet, III, 216, 219.) — Louise de Savoie elle-même se laisse aller à écrire dans son *Journal* (déc. 1522) : « Mon fils et moi par la grâce du Saint-Esprit commençasmes à cognoistre les hypocrites blancs, noirs, gris, enfumés et de toutes les couleurs... ». — Michel d'Arande prêche à la cour et y lit l'Évangile en français.

peuple, sur le roi. Le clergé est rappelé au devoir par le grand synode dit de Sens, que préside à Paris Duprat lui-même en qualité d'archevêque de Sens, véritable préface du concile de Trente, où se resserrent les liens de la discipline, beaucoup plus que ceux de la foi, et d'où le clergé sort avec une consigne sévère. Le peuple, on l'émeut sans peine par un sacrilège arrivé tout à point pour motiver une grande cérémonie expiatoire, la première de ces immenses processions, instrument redoutable entre les mains d'une puissance qui soulève à son gré les flots populaires. Le roi enfin, en figurant solennellement dans cette procession, a donné un gage qu'il ne peut plus retirer : dès le lendemain, il faut qu'il livre son ami et l'ami d'Érasme, cet homme qu'il avait jusqu'alors disputé à la haine de la Sorbonne, l'illustre et malheureux Louis de Berquin. Il faut qu'il laisse exécuter la sentence, un des plus odieux attentats à la justice, à la majesté royale que l'histoire ait enregistrés.

Deuxième période (1529-1535). — Mais l'excès même de cette audace a failli tout compromettre : le Parlement, se hâtant de brûler Berquin deux heures après la sentence pour empêcher la grâce royale d'arriver à temps, la Sorbonne s'attaquant effrontément à Marguerite de Navarre, ont passé la mesure. François Ier redevient le roi de la Renaissance ; et sa revanche, c'est la création du Collège de France, la première école laïque du royaume. Les savants, les lettrés, les hommes de la Renaissance et de toutes les renaissances reprennent courage. C'est dans les années qui suivent (1530-1533) que François Ier semble être et est en effet tout prêt à se tourner contre Rome. Sa mère vient de mourir (1533) ; Marguerite a repris tout son empire. La Sorbonne a été sévèrement avertie, son syndic Beda expie au Mont-Saint-Michel ses intempérances de parole. Les circonstances politiques font un instant de François Ier l'arbitre de l'Europe : les princes allemands à Smalkalde, Henri VIII en Angleterre, sollicitent son alliance, et s'il se jette de ce côté, le pape n'a plus pour lui que Charles-Quint. Il est avéré que François Ier a senti la gravité exceptionnelle du moment : le sort de l'Église dépendait d'un mot de lui. On sait ce qui arriva :

la question fut tranchée par une intrigue de cour, et le fut au profit du pape. Le plus téméraire des chevaliers recula devant une fortune trop grande, il en eut peur. Il était de ceux à qui il est plus facile de s'emporter contre l'Église jusqu'à la violence, que de s'en séparer de sang-froid. Le connaissant bien, ce fut par le piège le plus grossier que la plus fine des diplomaties résolut de le prendre et le prit; elle le détourna de la grande ambition par la petite : le pape lui promit le Milanais, et il n'en fallut pas davantage pour qu'il oubliât tout le reste. Ce rêve de jeunesse, qui lui était devenu douloureux et par là même plus cher, devait l'emporter dans une nature si passionnée sur les intérêts généraux. La suite est connue. François Ier, sans s'en apercevoir, avait, pour gagner le pape, tout perdu au dehors et tout livré au dedans. La France n'eut pas même le Milanais, elle eut Catherine de Médicis.

Au dehors, François Ier ne pouvait plus que rompre avec l'Angleterre immédiatement, avec les protestants d'Allemagne graduellement; à peine lui restait-il l'appui des Turcs; et quel appui! Au dedans, allié du pape, il est le prisonnier du parti papal : il ne peut faire moins que de rivaliser de zèle catholique avec Charles-Quint. Le parti dont Duprat est l'instrument se hâte de se saisir de la victoire, mais non de la faire éclater, faute commise précédemment et qu'il sait éviter cette fois : on ne heurte pas de front les projets inoffensifs de conciliation que caresse encore le roi. Peu importe qu'il écrive à Melanchton, pourvu qu'en attendant il agisse ou laisse agir énergiquement contre les luthériens de Meaux, de Paris, de Grenoble, de Normandie [1]. C'est peu à peu qu'on l'amène à un rôle qui, trop vite imposé, l'eût peut-être rejeté encore une fois dans le parti contraire, car il y revenait chaque fois qu'on l'abandonnait à lui-même. On commence par lui faire

---

1. Dans la très intéressante étude de M. N. Weiss sur Étienne Lecourt, curé de Condé-sur-Sarthe, un des protégés de Marguerite d'Alençon, convaincu de plusieurs hérésies semi-luthériennes et brûlé à Rouen le 11 déc. 1533 (*Bulletin de la Société d'histoire du protestantisme*, juin 1887, p. 299-315), on trouve des détails très précis sur les difficultés que rencontrait le parti de l'Inquisition à faire poursuivre, même par les ecclésiastiques séculiers ou réguliers, un hérétique assez modéré ou assez prudent pour ne pas donner prise à l'accusation de blasphème. Il a fallu près de deux ans pour mener à bonne fin, c'est-à-dire jusqu'à la sentence capitale, la procédure contre Lecourt.

écrire des lettres de plus en plus froides, puis décourageantes, puis dures aux Allemands, aux Bernois, à tous ceux qui interviennent pour réclamer sa clémence en faveur des hérétiques [1]. Enfin un moment propice arrive : l'affaire des « placards » (18 oct. 1534). C'est le moment de faire un pas de plus, et on le fait : les supplices commencent, et ils durent tout l'hiver. Le roi, qui était à Blois, revient tout exprès à Paris pour assister à une nouvelle et imposante procession expiatoire (29 janvier 1535). Mais cette fois l'expiation est plus effective qu'en 1528 : tandis que le roi va, le cierge en main, d'église en église, sur un signal que lui-même doit donner six bûchers sont allumés dans Paris : ce sont les reposoirs de la procession. Fidèle à son plan d'intimidation, « la justice guidée par la piété » inaugure des supplices nouveaux : c'est la première fois qu'on brûle tout vifs les hérétiques et qu'on leur applique pour prolonger leurs souffrances l'atroce invention des chaînes de fer qui les suspendent au-dessus du feu, les relevant et les plongeant tour à tour dans les flammes.

Il y a là dans la vie de François Ier une semaine terrible, c'est celle où on lui voit faire ces trois choses sous une même inspiration : présider à cette solennité sacrilège dont les bûchers font partie; publier un édit d'extermination de l'hérésie (29 janvier), et signer, sous la pression de la Sorbonne, le fameux édit qui devait supprimer l'imprimerie. C'est à ce moment, détail significatif, que le cardinal de Lorraine et Anne de Montmorency sont associés au cardinal Duprat pour la direction des affaires publiques.

Après une telle chute, il semble que tout soit fini et qu'il n'y ait plus rien à espérer de celui qui fut François Ier. On ne se relève plus, tombé si bas. Et pourtant François Ier s'est relevé; il l'a du moins tenté par un dernier effort, et cela dans l'année même.

Troisième période (1535-1538). — Duprat vient de mourir (9 juillet 1535). Par quel hasard un honnête homme, un homme de l'autre parti prend-il sa place? « C'est le Roy, dit le *Bourgeois de Paris*, qui de son propre motif, sans estre

---

[1]. Herminjard, III, 96.

de nul requis, donna l'office de chancelier à Messire Antoine du Bourg [1]. » Le premier acte d'Antoine du Bourg, le jour même de son installation — et l'on admettra bien que ce ne sont point là des coïncidences fortuites, — est un acte d'amnistie : l'édit de Coucy (16 juillet 1535) rapporte les dispositions terribles de l'édit de janvier et, sous prétexte que l'hérésie s'éteint d'elle-même, ordonne la mise en liberté des prisonniers, rouvre le royaume aux fugitifs en leur donnant six mois « pour se désister de leurs erreurs ».

Alors commence la dernière éclaircie du règne de François Ier. Guillaume du Bellay de Langeai, le frère de l'évêque de Paris qui venait d'être fait cardinal, reprend sérieusement les négociations avec Melanchthon ; il n'attendait que la signature de l'édit de Coucy, qu'il aurait voulu beaucoup plus large [2], pour aller trouver les princes à Smalkalde et leur donner l'assurance que le roi de France est loin d'épouser toutes les querelles des théologiens [3].

A ce moment, Montmorency perd sensiblement de son crédit, il est presque en disgrâce [4]. A Paris, le bruit court, et il s'accrédite aisément, que le pape lui-même a écrit au roi pour désapprouver « l'horrible justice qu'il faisoit des luthériens en son royaume [5] ». A Lyon, François Ier dans ses divers séjours comble de faveurs les amis des lettres, même ceux qui sont suspects : c'est lui-même qui accorde à Étienne Dolet l'autorisation longtemps refusée d'imprimer ses *Commentaires de la langue latine* (21 mars 1536).

Les nouvelles de Lyon sont si encourageantes pour les « Évangéliques » que le bouillant Farel — un des anciens prédicateurs de Meaux, devenu le chef de la Réforme à Genève — veut tout quitter pour aller prêcher l'Évangile à Lyon et n'en est détourné que par le sage Simon Grynée [6]. C'est encore à Lyon que, peu après, François Ier publie un nouvel édit de

---

1. *Journal d'un Bourgeois de Paris*, p. 461.
2. Il avait voulu « que le Roy accordât que ceux qui sont bannpnis retornent touz, *tant sacramentayres que aultres, sans aucune abjuration et qu'y n'y aye point de réserve* ». (Herminjard, III, 322.)
3. Herminjard, VI, 119, 120, n. 7.
4. Decrue, p. 417.
5. Voir *Journal d'un Bourgeois de Paris* (juin 1535).
6. Herminjard, III, 386-387.

grâce pour les hérétiques, toujours sous la promesse un peu illusoire d'abjuration dans les six mois (31 mai 1536) [1].

La reprise des hostilités avec Charles-Quint et avec le duc de Savoie ramène François Ier à ses alliés naturels, les protestants d'Allemagne et de Suisse. A ce moment, un rude et vaillant capitaine avait pris pied dans la confiance du roi et fut sur le point de balancer l'influence de Montmorency. C'était un comte de l'Empire, Guillaume de Furstemberg, général en chef des Allemands à la solde du roi. A la suite d'une nouvelle exécution sanglante à Grenoble faite au mépris de la quasi-amnistie, Furstemberg obtient enfin audience pour les ambassadeurs de Strasbourg et des villes suisses, qui viennent implorer la clémence de François Ier en faveur de ses sujets. Le roi leur fait une de ces promesses « foy de gentilhomme » qu'il était si difficile de transformer ensuite en un ordre écrit. Mais, à cette date, la majorité dans l'entourage du roi penchait encore pour la tolérance et y comptait [2].

Et c'est au moment même où les partisans de la modération attendaient d'un jour à l'autre « l'édit de plus ample grâce » que François Ier allait leur échapper sans retour. Bien que de tels événements ne se consomment pas en un jour, celui qui a décidé de l'avenir religieux de la France a pour ainsi dire une date fixe. C'est celle des entrevues de Nice et d'Aigues-Mortes au milieu de 1538. Avant, il n'y avait rien de fait; après, il n'y a plus rien à faire qu'à laisser agir le temps.

Michelet a fait revivre en quelques traits puissants ce triomphe de la grande conspiration catholico-espagnole qui cette fois s'empare définitivement du roi, en attendant que la maladie achève de le lui livrer sans résistance. Gagné par le découragement, inquiet de l'épuisement de ses ressources, las de lutter contre le prestige de Montmorency, contre les instances des cardinaux de Lorraine et de Tournon, contre la cour où le parti espagnol grossissait autour de la reine, autour du Dauphin et de Diane de Poitiers, humilié de son isolement, quelque peu honteux de n'avoir plus d'allié

---

1. Herminjard, VI, p. 121, n. 11.
2. Capiton écrit à Farel en parlant de la cour : « Sunt multa pia pectora, sunt et imprimis studiosi multi publicæ fratrum tranquillitatis ». (Sept. 1536.) — Herminjard, IV, 85.

que le Turc, comment n'eût-il pas accueilli la médiation du Saint-Père venant en personne le réconcilier avec l'Empereur? Et, les négociations entamées, comment résister à l'offre enfin sérieuse du Milanais pour son fils en retour d'un simple changement de politique? C'est une sorte de triple alliance qui va être scellée, si le roi le veut, entre lui, l'Empereur et le Pape. Il y entre donc, et, du coup, le parti qui triomphait à Rome avec Caraffa, triomphe à Paris avec Montmorency et les Guise. Au sortir d'Aigues-Mortes, « François Ier, dit Michelet, n'est plus qu'une ombre; ce n'est plus lui, c'est la réaction qui règne ». Le dernier défenseur des hérétiques, Furstemberg, avant même d'avoir quitté Aigues-Mortes où il accompagnait le roi, essuyait les affronts du nouveau connétable et lui laissait le champ libre [1].

Par malheur, quelques mois après, Antoine du Bourg vient à mourir (fin nov. 1538); il est remplacé par un homme dévoué au parti nouveau, Guillaume Poyet. Dès le 10 décembre (1538), un édit contre les hérétiques [2] rapporte les mesures de clémence des édits de Coucy et de Lyon. A partir de ce moment, ce ne sont plus comme auparavant des explosions locales de fanatisme populaire ou des excès de zèle ecclésiastique, c'est une législation qui se fonde, une discipline et une police qui s'organise. En quelques mois, on peut mesurer les résultats obtenus : des lettres patentes adressées aux cours souveraines, le 24 juin 1539, attestent qu'en ce peu de temps il a été fait une véritable réorganisation de la justice en matière de poursuite « contre les séminateurs de cette infection »; tout est réglé : plus d'entrave sous prétexte d'appel, plus d'hésitation sur la procédure, sur les conditions et le degré des tortures, ni sur le montant des frais (auxquels les prélats doivent contribuer « encore que les procez se fassent en cour séculière »), ni sur la légalité des confiscations, le quart des biens des hérétiques devant être dévolu « aux révélateurs d'iceux [1] ». L'édit général contre les luthériens, du 24 juin 1539, va être enregistré par tous les parlements;

---

1. Herminjard, VI, 126.
2. Id., VI, 60.

celui de Paris n'aura qu'à le compléter pour en faire l'acte organique définitif : l'édit de Fontainebleau du 1er juin 1540.

Ces mesures prises, il fallait marquer aux yeux de tous qu'il s'agissait d'une œuvre d'ensemble et saisir, comme il convenait, l'opinion. Le moyen, celui qui séduit toujours en pareil cas, c'était de faire un grand exemple; et on en avait la matière, au sein même de cette Provence où se concluait le double pacte d'abaissement du Roi devant l'Empereur et de la France devant Rome. Il y avait là, depuis de longues années, une sorte de croisade sourdement engagée, à la fois sur les terres de France et sur celles de Savoie, contre les Vaudois des Alpes, innocente population que l'Église dénonçait depuis des siècles sans émouvoir le zèle du bras séculier. Le roi de France et le duc de Savoie venaient encore une fois, séparément, de faire cesser les persécutions. Quelques semaines avant l'édit de Coucy, François 1er avait fait poursuivre un misérable, l'inquisiteur Jean de Roma, qui avait commis tous les excès, imaginé des supplices nouveaux ; il trouva un asile dans les États du Pape [2]. Depuis lors, les Vaudois avaient eu presque trois ans de répit. Si la « conversion » de François 1er était sincère, et son alliance avec l'Église définitive, il fallait le prouver en cessant enfin de protéger ce nid d'hérétiques.

Le roi avait-il promis ce gage de soumission ? On ne sait. Mais l'instinct ou la logique le fit croire aux contemporains. Dès l'automne de 1538, les Vaudois se sentent en un danger pressant : ils écrivent des lettres suppliantes au Conseil de Genève pour qu'il fasse intervenir en leur faveur les puissants seigneurs de Berne [3]. Leur ancien pasteur Saunier fait les plus grands efforts pour intéresser à leur cause Calvin, qui leur rédige une apologie, Farel, qui leur cherche des ministres, le landgrave de Hesse, les magistrats de Strasbourg [4]. Que leurs craintes fussent fondées, l'événement ne le prouva que trop. Mais il fallut plus d'effort que Rome elle-même ne

---

1. Herminjard, V, 372.
2. *Id.*, III, 330.
3. *Id.*, V, 149.
4. *Id.*, V, 170 et 237.

l'avait supposé. Son plan rencontra des résistances inattendues. D'abord le clergé français ne s'y prêtait pas. Une lettre de Sadolet, l'évêque de Carpentras, nous apprend dès le 28 septembre 1538 que le souverain pontife lui a recommandé de redoubler de vigilance pour faire rentrer dans la vraie religion les populations provençales où le luthéranisme faisait des ravages. Sadolet pour y réussir compte exclusivement sur la persuasion, sur le crédit dont il jouit auprès des parlements d'Aix et de Grenoble. La cour de Rome n'estime pas ces moyens suffisants; un bref papal lui donne « le droit d'inquisition et de répression » à l'égard des luthériens; il remercie de ce témoignage de confiance, mais il écrit au cardinal Farnèse qu'il n'en usera qu'en cas de nécessité, et qu'il fera en sorte que cette nécessité ne se produise pas; « car, ajoute-t-il, les armes dont j'use de préférence contre eux peuvent paraître plus douces, mais elles sont plus fortes : ce n'est pas la terreur ou le supplice, c'est la vérité même, c'est la mansuétude extrême qui leur fait avouer leurs erreurs non de bouche seulement, mais de cœur [1] ». Et par une diversion qu'on pourrait croire habile si elle n'était un simple mouvement d'honnête sincérité, il se demande comment le pape exige qu'on poursuive avec tant de rigueur les luthériens quand lui-même à Avignon est plein de condescendance pour les juifs. Et il termine en s'appliquant le mot de l'Évangile : « Je suis le pasteur de ces peuples et non le mercenaire. Autant que personne je suis ému d'indignation contre les méchants, mais je le suis plus encore de compassion pour les malheureux ». (28 juillet 1539).

Un dernier et court triomphe de Furstemberg sur Montmorency sauvera encore pour quelques mois les vallées vaudoises. Mais le connétable ne va pas tarder à mettre le fier Allemand dans la nécessité de donner sa démission, et avant la fin de 1539 éclatera la grande persécution. L'édit de mai 1540 en accroîtra les rigueurs, et si le parlement d'Aix n'obtient pas l'exécution de toutes ses sentences, c'est que Guillaume du

---

1. Herminjard, V, 118; 362 et 363. Voir aussi la très belle étude de M. Jules Bonnet, *la Tolérance du cardinal Sadolet*, dans le *Bull. de la Soc. d'hist. du prot. fr.* (de novembre 1886 à mars 1887).

Bellay arrachera encore une fois au roi des lettres de grâce (8 février 1541). Mais depuis lors c'est l'idée fixe du parti et le point d'honneur de ses chefs de faire consommer le grand exemple de répression. Las d'attendre, le cardinal de Tournon finira par saisir un de ces moments où le roi épuisé signe tout; il suppléera par une suite de coups d'audace à toutes les formes de la légalité : le baron d'Oppède pourra enfin se baigner dans le sang d'une population sans défense et accomplir froidement au grand jour, sous le nom du roi, la plus inexcusable des atrocités (avril 1545).

L'année suivante, le bûcher d'Étienne Dolet dressé sur la place Maubert apprendra au monde qu'il n'y a plus rien à espérer désormais, aussi bien pour la Renaissance que pour la Réforme. Ce ne sera plus que sur son lit de mort, comme la torche qui jette une dernière lueur, que François Ier retrouvera un reste de souffle et de volonté pour ordonner à son fils de punir les auteurs du massacre des Vaudois.

IV

Sans doute, la déchéance qui devait se terminer par cet anéantissement de François Ier, n'était pas consommée à l'époque où nous sommes arrêtés, c'est-à-dire en 1538. Ni en France ni même en Italie, on ne soupçonnait encore la portée de la contre-réformation qui venait seulement d'arrêter ses plans et qui allait si vite les mener à bonne fin. Et pourtant telle est la force des idées simples et des situations nettes qu'il suffira de quelques années, on pourrait dire de quelques mois, pour faire sentir aux contemporains qu'il s'est produit un grand fait nouveau, que le parti de la réaction l'emporte et qu'une autre orientation commence pour la France en particulier.

Nous allons pouvoir en juger par la société des lettrés lyonnais, où nous avons hâte de revenir pour y suivre en petit le contre-coup des grands mouvements de la politique.

Dès la fin de 1538, plus de doute et d'illusion pour nos lettrés : l'Église a parlé, le roi s'est prononcé. Cette grande nouvelle se répand, et l'effet en est immédiat. Autant l'hésitation du sacerdoce et du pouvoir royal en France avait profité aux novateurs, autant la ferme et froide résolution de l'Église, dès qu'elle est connue, va les arrêter net. Du moment qu'elle a repris possession d'elle-même, l'Église est sauvée. C'est un drapeau qu'elle va lever; il faudra sur-le-champ ou s'y rallier ou s'en déclarer l'ennemi. Le plus humble, le plus hésitant, le plus timide n'a que le choix, ou de répondre à l'appel en dépit de sa conscience, ou d'y résister au péril de sa vie. En prenant une attitude décidée, l'Église obligeait chacun à la prendre du même coup, pour ou contre elle.

Devant cette soudaine mise en demeure, que vont faire nos humanistes? Sans doute il leur plairait mieux de s'en tenir à la Renaissance, de s'enfermer dans ces belles et douces formules qui concilient heureusement la piété et la raison, les lettres profanes et les saintes lettres, le culte de la beauté classique et celui de la vérité évangélique. Mais non. C'est trop de vague ou trop d'habileté. Il faut se ranger à droite ou à gauche. Dure extrémité, épreuve insupportable à des esprits déjà trop éclairés pour n'avoir pas vu la double face des choses, plus prêts à philosopher qu'à dogmatiser, partant mal à l'aise dans un article de foi. Que faire pourtant? Il n'y a plus de milieu. La voie du milieu, cette voie des sages, l'Église a pris soin de la fermer, sentant que tout lui échappait par là.

Humanistes et lettrés, grammairiens et poètes, devront donc comme les autres se résoudre à l'un des extrêmes : céder ou lutter. Malgré beaucoup d'apparences contraires, il fallait prévoir que la plupart céderaient, et l'Église y compta, parce que l'Église connaît à fond l'homme et le gouverne comme elle le connaît. Le catholicisme a cet avantage incomparable de se présenter comme une institution divine, qui ne souffre pas que l'examen l'effleure, et en même temps de ne pas être une conception tout d'une pièce. C'est la plus absolue des religions, et elle n'est pas faite d'absolu. Elle se fonde non sur la raison pure, mais sur la nature humaine prise dans toute sa complexité. L'homme, tel que l'Église le voit à l'œuvre depuis tant de siècles, dans tant de races, sous tant de climats, elle le sait avant tout faible : faible par ce qu'il a de mauvais, et faible par ce qu'il a de meilleur ; elle le sait essentiellement docile, prompt à s'émouvoir, prompt à oublier, facile à séduire, mais plus facile à ramener : être indiscipliné en apparence, il a au fond, comme lest de sa nature, un grand besoin d'être dirigé, d'être instruit, rassuré, consolé, qui tôt ou tard lui fait reprendre l'équilibre ; capable de s'élever au-dessus de lui-même, incapable de s'y soutenir, il est plus vite las d'indépendance que d'obéissance, plus enclin à douter de lui-même que de l'autorité, quelle qu'elle soit ; bref, sauf certaines exceptions, véritables phénomènes que l'Église a quelquefois observés avec stupeur, c'est toujours le troupeau dont parlait Homère avant l'Évangile, le bon et paisible troupeau que d'un signe le berger gouverne.

Cette vue sur la nature humaine, qui s'est toujours trouvée juste, n'avait pas cessé de l'être depuis que Luther avait parlé ; elle l'était autrement, mais elle ne l'était pas moins pour les lettrés du xvie siècle que pour les masses ignorantes du moyen âge, et l'Église augurait bien de ces hommes de la Renaissance en prévoyant que, le moment venu d'opposer leurs idées individuelles à l'antique et universelle doctrine de l'Église, leurs visées de réforme à sa tradition séculaire, leur isolement à son organisation, leur ondoyante diversité à sa puissante unité, ils hésiteraient, ils reculeraient, ils s'évanouiraient. Elle eut raison de penser qu'elle trouverait pour secrets auxiliaires, au sein de la société et dans chacun de ces lettrés en particulier, non seulement les intérêts, les passions, la peur, les défaillances de caractères, mais quelque chose de plus noble, tous les scrupules, toutes les craintes d'un esprit qui ne se sent pas infaillible. Ne faut-il pas à un homme la plus étrange audace pour se lever tout seul du milieu de la foule et se dresser en face d'une institution qui a pour elle la majesté des siècles, la vénération des peuples, le consentement universel du genre humain ? On a beau être libre de préjugés : plus on l'est, plus on doit sentir la folie d'une telle démarche. Qui pourra s'y résoudre, à moins d'être poussé comme par une force surhumaine ? Et, même parmi ceux qui auront fait un premier pas, beaucoup ne s'arrêteront-ils pas troublés, confus, inquiets d'eux-mêmes, vaincus par les menaces des uns, par les prières des autres, par les remontrances de leurs amis, par le blâme discret des esprits modérés, par les alarmes de leur famille et, bien plus encore, par la conscience de leurs propres doutes?

Ce que l'Église avait prévu, nous allons le voir s'accomplir à Lyon, sous le gouvernement du cardinal de Tournon.

Cet habile administrateur,

> Parfaict ouvrier à manier grand œuvre [1],

n'avait pas attendu la réaction décisive de 1538 pour rappeler les gens de lettres à l'obéissance.

Il avait commencé par le poète favori du roi, celui à qui l'on avait jusque-là tout passé, tout pardonné. Malgré les lettres « de bonté merveilleuses » que François Ier lui écrivait pour lui rouvrir la France, Clément Marot n'avait pu rentrer à Lyon qu'à la condition de se soumettre à l'humiliante formalité d'une abjuration solennelle devant le cardinal et le clergé de Lyon [2].

A ce premier et grand exemple, on en peut ajouter un autre moins connu et qui est pris dans le cercle même où nous avons laissé notre Castellion.

On n'a pas oublié en quels termes enthousiastes Nicolas Bourbon célébrait en 1533 sinon la réforme de Luther, du moins la réforme religieuse. (Voir plus haut, p. 55.) A la fin de 1538, le même poète publie une édition complète de ses poésies disposées en huit livres. Et à la place de l'ode *In laudem Dei optimi maximi*, nous trouvons à la même page [3], sans que rien nous avertisse d'un changement quelconque, une pièce dans le même rythme, en strophes saphiques :

> AD D. MARIAM VIRGINEM DEIPARAM
> O Dei nutrix eademque mater,
> O Viri conjux eademque virgo,
> Quæ, velut cœli decus, alta supra
>   Sidera fulges!

---

1. Cl. Chappuis, cité par Guiffrey, *Œuvres de Clément Marot*, III, p. 549.
2. Le fait, auquel Marot lui-même a fait allusion (*Adieux à la ville de Lyon*) et que Sagon n'a pas manqué de relater, avait été contesté par quelques auteurs protestants, notamment par M. Douen, *Clément Marot et le psautier huguenot*. M. Guiffrey a publié une lettre du cardinal de Tournon lui-même, datée du 14 décembre 1536, qui ne laisse aucun doute. (Guiffrey, *Œuvres de Cl. Marot*, III, p. 554.)
3. Liber III, Carmen XCVII, p. 183.

> Tot sacerdotes tibi, tot poetæ,
> Tot chori sacros modulantur hymnos,
> Nec tamen quisquam reperitur, inter
>   Millia centum,
>
> Qui tuas laudes memorare digne
> Quiverit, non si foret alter Orpheus,
> Ergo quid possit mea, vel quid ausit
>   Hiscere Musa?
>
> Si meum carmen tibi, Diva, sordet
> Rusticum, durum, puerile carmen,
> At preces audi, tibi quas ab imo
>   Pectore fundo.
>
> Filius summi tuus ad Parentis
> Dexteram Christus sedet, et gubernat
> Machinam mundi : tibi quid petenti
>   Ille negaret [1]?

A lire cette poésie, on comprend la sévérité dédaigneuse de Calvin et de Farel pour Nicolas Bourbon [2].

Comment le poète de Vandœuvre en est-il venu à cette plate rétractation glissée dans une réédition de ses vers? Bourbon, si prodigue de détails sur d'autres points, est sur celui-ci très réservé. Mais à travers le vague où il s'enferme intentionnellement, un fait apparaît clair et précis : c'est qu'il a été mis en prison, et en prison pour la foi. Il s'était compromis, nous dit-il, *renascentium amore literarum*, c'est-à-dire probablement par la pièce même que nous avons lue plus haut. Quelques jeunes gens, ses anciens élèves, l'avaient soutenu ; le savant Louis Carinus, de Bâle, qu'il avait connu à Paris chez Vascosan, intervint aussi, lui fit tenir trois écus soleil [3]. Il fallut d'autres puissantes interventions pour le tirer de danger. Très probablement Marguerite de Navarre, qui peu de temps après l'attacha à sa cour [4], intercéda pour lui auprès de son frère. Lui-même adressa au roi plus d'une supplique en vers. Le roi, paraît-il, donna l'ordre de le relâcher, mais l'exécution de cet ordre se fit

---

1. Cette trop significative substitution paraît avoir échappé à M. Carré dans sa thèse latine pourtant si complète, *De vita et scriptis N. Borbonii*, 1881.
2. Herminjard, VI, 205, lettre du 16 avril 1540.
3. *Nugarum libri octo*, VII, p. 85 et 107.
4. *Ibid.*, p. 84, où il raconte sa réception par Marguerite elle-même.

attendre, et le poète finit par demander l'appui du cardinal Jean de Lorraine [1].

En prison, il prie Dieu de lui accorder ou la mort, ou la force de résister. Une de ces courtes prières, sans rien dire, dit tout :

AD DEUM PATREM

Quis Deus, nisi tu, mihi
   Invocandus?
Hostis hic tibi, non mihi
   Malevult.
Veritas tua talibus
  Me tuum implicuit malis.
Tu pater, mihi testis es
  Caussa quod tuaque et tui
  Filii, mea caussa est [2].

Au bout d'un temps que nous ne pouvons guère évaluer à travers ses explications poétiques (*longo carcere fractus*), il est mis en liberté à la demande du roi d'Angleterre et de la reine Anne (de Boleyn), qu'il remercie avec effusion [3]. Mais à quelle condition est-il sorti? Il ne le dit pas. Une petite pièce, qui se trouve précisément à côté de celles que nous venons de citer, permet de le deviner sans grand effort de conjecture. C'est un Θρῆνος *ad Petrum Bunellum*; il y a un accent de naturel et de vérité rare chez Bourbon :

Doleo, et doloris hujus caussam nescio :
  Adeo est reconditus dolor,
Adeo stat penitus infixus præcordiis
  Fibrisque adhæret intimis.
Doleo quod doleam. Aut sic alitur in pectore, aut
  Dolor dolore pellitur.
Restat nihil, nisi ut dicam ter et quater :
  Ego sum miser, miser, miser [4].

---

1. *Nugarum libri octo*, p. 101.
2. *Ibid.*, p. 108. Voir aussi p. 96, où il croit entendre le Christ lui-même l'exhorter au courage : « et fidem semper retine! »
3. *Ibid.*, p. 113 et 119.
4. *Ibid.*, p. 117. Je laisse à dessein cette page telle qu'elle était écrite et même imprimée quand j'ai eu connaissance d'un document qui m'eût dispensé de toutes ces conjectures. Il m'avait échappé comme à M. Carré, parce qu'il se trouve perdu dans les *Additions et corrections*, d'ailleurs précieuses, qui terminent le tome V de la 2ᵉ édition de la *France protestante*; col. 1129 et suiv. C'est un extrait des registres du Parlement du 19 mai 1534 constatant que le roi a « commandé mettre hors des prisons *Borbonius* », détenu pour « certains mectres par luy composez ». On le relâche après lui avoir fait signer une « déclaration » dont on ne dit pas la teneur et en « l'admonestant de doresenavant se contenir de plus faire tels mectres et de bien vivre en l'union de l'Église ».

C'est bien là le cri d'un homme qui a été lâche devant le péril, mais qui ne l'est pas assez pour n'en point rougir.

Ce serait faire tort aux lettrés de Lyon, aux maîtres du collège de la Trinité, que de les juger tous d'après Nicolas Bourbon. Mais si la plupart ne s'exécutèrent pas aussi docilement que le versificateur besogneux, il faut pourtant convenir que, serrés de près, ils durent faire leur soumission. Seulement — et c'est là un des merveilleux secrets de la puissance de l'Église — cette soumission a plus ou moins d'éclat. On ne leur fait pas à tous l'honneur de leur imposer comme à Marot l'abjuration en règle ou comme à Bourbon une palinodie en vers[1]. Il y a plus : on ne tient pas à pénétrer bien avant dans leur for intérieur. A ces inoffensifs amants des lettres il fallait des ménagements, que l'Église ne leur refuse pas. Mère indulgente, pourvu qu'un acte d'adhésion publique l'ait rassurée, elle ferme les yeux sur le reste, elle ne poursuit pas le vieil homme dans le converti. Est-ce bonté, est-ce dédain? elle a de tels égards pour ceux qui se sont soumis, elle leur laisse prendre tout bas tant de libertés, qu'à peine sentent-ils leurs chaînes. Elle ne réclame que le strict nécessaire de l'obéissance, mais cela, elle l'exige à tout prix. Nul n'a jamais su mieux qu'elle — et nos lettrés n'ont pas manqué d'en faire la remarque —

Parcere subjectis et debellare superbos.

Aussi, que va-t-il se passer à Lyon de 1538 à 1540? Exactement ce qu'on avait déjà vu lors de la précédente crise, dans un tout autre milieu, à Toulouse : Dolet, Voulté, Gribaldi et un certain nombre de Toulousains réfugiés à Lyon n'en avaient pas perdu le souvenir[2].

A Toulouse, en 1532, deux hommes avaient attiré sur eux l'attention publique et les poursuites de l'Église en donnant le signal d'un mouvement de réforme que l'Université avait accueilli avec enthousiasme : c'étaient deux de ses

---

1. Citons un autre exemple tout analogue que vient de mettre en lumière M. N. Weiss, l'heureux et infatigable explorateur de cette période : l'arrêt du Parlement de Paris condamnant le poète Germain Colin à la rétractation publique à Angers (19 juillet 1540). *Bull. de la Soc. d'hist. du prot. fr.*, janvier 1891, p. 74.
2. Voir Voulté, dans ses diverses préfaces et dans nombre de pièces.

professeurs de droit les plus aimés, les plus éminents, un prêtre, Jean Cadurque, et un noble toulousain, Jean de Boyssonné. A tous deux le Parlement fit leur procès, avec une évidente intention de les épargner. Après de longs débats, on offrit à Cadurque sa grâce moyennant amende honorable. L'ardent et noble jeune prêtre refusa. Son crime était d'avoir proposé, dans un banquet du jour des Rois, de substituer au refrain banal : *le Roi boit,* cette devise non équivoque : *Christ règne en nos cœurs.* On insista, on réduisit la rétractation à trois points, et l'on convint de se contenter d'une déclaration qu'il en ferait aux étudiants dans son cours. Il hésita, réfléchit, et décida qu'il préférait la mort. Il la subit devant toute une jeunesse indignée, mais terrifiée.

L'autre, Boyssonné, membre d'une riche famille, ébranlé, consentit à l'abjuration. La cérémonie eut lieu en grande solennité devant les magistrats et devant tout le peuple assemblé, avec l'appareil le plus imposant.

De ces deux moyens de frapper l'imagination publique, on peut se demander lequel était le plus puissant. L'Église les emploie tous les deux et de tous deux tire des merveilles. Nous allons les voir réussir à Lyon comme à Toulouse.

Grâce à la vigilance du cardinal de Tournon, le petit groupe des humanistes va se séparer en deux tronçons inégaux : l'un qui rentre plus ou moins humblement dans l'Église; l'autre qui en sort pour jamais et qui ne trouvera d'autre asile que la Réforme.

Les deux principaux chefs du groupe, Barthélemy Aneau et Gilbert Ducher, se tirent d'affaire en professant une sorte d'indifférence correcte en matière religieuse : ils prétendent être tout occupés d'autre chose, d'enseignement, de droit, de grammaire; ils ne nous cachent pas trop d'ailleurs le secret de leur sagesse. Aneau dit tout crûment :

> Sic, quum multorum numero sententia vincit,
> Cedatur, solum nec juvet esse sophon...
> Annon hoc satius quam male malle mori?

Ducher dit de même :

> Satius flecti quam frangi,

et il développe cette maxime, qui pourrait être sa devise, avec une clarté toute prosaïque :

> Cedere nonnumquam magnatibus utile multum est :
> Cedere difficiles damnave morsve manent [1].

Ces vers s'entendent surtout si on les rapproche de la petite pièce qu'il adresse à Guillaume Sève à propos de ce qui est arrivé à Boyssonné [2]; on y devine une profonde et respectueuse sympathie pour le persécuté, avec le souci de ne rien dire de trop à l'égard des persécuteurs :

> Pene Boyssonem quo uno nil sanctius, atra
> Absorpsit variis fluctibus Impietas.
> Afflicto Pietas prope tardius adfuit, imo
> Seminecem diris eripuit manibus.

Mêmes formules pleines de réserve dans ses félicitations à Mélanchthon, à Jean de Pins, à Gérard Roussel nommé évêque d'Oloron, qu'il loue de son zèle à écarter les faux pasteurs, sans dire qui ils sont [3]. Pour Rabelais seul il trouve des accents presque hardis, à travers les formules mythologiques [4]. Si comme les autres humanistes il laisse encore voir qu'il ramène la religion à « Christ » [5], il a toujours soin de s'arrêter juste au point où commencerait l'imprudence.

Il y a pour nos lettrés, à Lyon, comme dans le reste de la France, bien des manières de faire leur soumission. Quelques-uns prennent tout en riant : ils ne comprennent pas beaucoup plus les gens qui meurent que les gens qui tuent pour un dogme ; ils détestent la stupide brutalité des bourreaux et déplorent le candide entêtement des martyrs. C'est bien ainsi que pensaient, à des degrés divers et en se l'avouant à demi, Érasme, Rabelais, Dolet, Despériers. Mais combien d'autres au-dessous d'eux, sans avoir l'excuse d'un génie trop en avant du siècle, avaient trouvé dans ce parti

---

1. *Epigrammata*, p. 105.
2. *Ibid.*, p. 113. — Boyssonné était alors poursuivi de nouveau : malgré l'abjuration plus haut rapportée, il resta toujours suspect de tendresse pour les mêmes idées. Venu à Lyon en 1536 pour plaider sa cause auprès de François Ier, il la gagna grâce à l'appui de Marguerite de Navarre auprès du roi et de Guy de Breslay dans le conseil. Christie, p. 285-287.
3. *Ibid.*, p. 56, 81 et 148.
4. *Ibid.*, p. 54.
5. Voir sa paraphrase en trois distiques du *Sum via, verum et vita*, p. 50.

pris de raillerie une manière de se disculper à leurs propres yeux et aux yeux d'autrui, un badinage qui les dispensait d'aller à la messe sans les obliger d'aller en prison!

D'autres enfin, et cette dernière variété n'est pas la moins intéressante, se réfugient dans une sorte de mysticisme complaisant : c'est par là que finiront les Briçonnet, les Gérard Roussel et tout le clergé de Marguerite de Navarre, et Marguerite elle-même. Ils se consolent entre eux de la grossièreté des doctrines qu'ils n'osent répudier et des pratiques auxquelles ils s'associent, par un langage plein d'allégories qui leur permet de tout accepter en tout spiritualisant. Ils ont même trouvé des arguments spécieux pour se démontrer qu'ils ne doivent pas faire schisme, qu'il faut rester dans l'Église, sauf à interpréter tout bas.

Tandis que, par ces diverses voies, tant d'esprits distingués trouvaient moyen de ménager leurs opinions secrètes et leur sécurité, de vivre en paix avec l'Église et avec leur conscience, il y avait en France, dans le peuple des villes, dans la bourgeoisie, dans les écoles, dans le bas clergé, des hommes qui n'entendaient rien à ces raffinements de sagesse et qui, ne connaissant pas de moyens d'éviter la prison, l'exil ou le feu, y allaient sans hésiter. Partout, à côté des Boyssonné, l'histoire nous montre les Cadurque. Mais, si le spectacle de l'homme qui meurt pour sa foi est toujours digne d'admiration, il étonne particulièrement en France au moment précis du XVIe siècle qui nous occupe ici, c'est-à-dire dans les années qui ont suivi Luther et précédé Calvin.

Pourquoi meurt Cadurque à Toulouse? pourquoi Jean Leclerc à Paris, pourquoi Pavannes, et tous ces héroïques « luthériens de Meaux » qui n'étaient pas des luthériens? Pourquoi tant de pauvres femmes, femmes d'artisans, de bourgeois ou de seigneurs, qui donnent l'exemple à leurs maris et à leurs fils d'un courage que n'ébranlent ni le cachot, ni la torture? Leur doctrine n'a pas même de nom; ils l'appellent l'Évangile, et elle n'est que l'Évangile même. Ils meurent parce qu'ils ont découvert que Jésus-Christ est à lui seul le sauveur des hommes, et qu'il n'y a nul autre intermédiaire à invoquer. « Nous souffrons, disait une de ces femmes, pour ce que nous ne voulons rien croire que la parole de Dieu [1]. »

D'ordinaire c'est une foi commune, c'est une grande solidarité religieuse ou patriotique qui fait des martyrs. Ici c'est la seule force de la conscience individuelle livrée à elle-même, sans une formule, sans un symbole, sans un mot de ralliement. C'est pour ne pas mentir, c'est pour ne pas se mentir à soi-même, que chacun donne sa vie. Le mobile de l'héroïsme est aussi pur ici que l'héroïsme lui-même. Ce n'est pas par attachement à un credo quelconque, c'est par probité d'esprit et de conscience qu'ils font ce sacrifice. Ils meurent autant pour ce qu'ils nient que pour ce qu'ils affirment. Le protestantisme français à ce premier moment offre cet exemple peut-être unique de plusieurs centaines d'hommes de tout rang qui ont su mourir avant de savoir dire pourquoi. Cette Église naissante a des martyrs avant d'avoir des théologiens, elle scelle de son sang une vérité qui n'est pas encore réduite en dogmes, et tout ce que peuvent déclarer ses inébranlables confesseurs, c'est que leur conscience leur interdit de s'associer plus longtemps à des formes qui dépravent la religion, à des pratiques qui la matérialisent. Si c'est un acte sublime que de mourir pour une idée claire et pour une foi précise, qu'est-ce donc que mourir pour cette conviction, en quelque sorte négative, qu'il y a des abus et qu'il faut une réforme!

V

Voilà donc, nettement tranchés, les deux partis entre lesquels notre jeune humaniste, comme les autres, devra tout à l'heure opter : ou la soumission, qui revêt tant de formes, ou la résistance, qui n'en a qu'une, toujours périlleuse.

Que va-t-il faire?

C'est une question de caractère, et à ce moment ce n'est rien d'autre que le caractère qui décide si tel se compromettra avec les « Évangéliques » ou se réservera prudemment. Cer-

---

1. Crespin, *Hist. des Martyrs*, éd. de Toulouse, II, 415.

tains hommes — et notre Castellion est de ceux-là — ont dans l'esprit un besoin de netteté et dans l'âme un instinct de droiture qui ne leur laisse pas même entrevoir la possibilité de transiger. Leur intraitable simplicité est faite de beaucoup de générosité et d'un peu d'étroitesse nécessaire : tel est en France le type du calviniste avant Calvin.

A un caractère de cette trempe, que fallait-il pour le jeter dans le mouvement? Une occasion, un incident, la rencontre d'une procession devant laquelle il refusait de s'agenouiller, la vue d'un luthérien conduit au supplice, la lecture d'une page de la Bible d'où un mot sort et s'enfonce dans sa conscience comme un fer aigu, le chant d'un de ces psaumes qui furent en France le premier signal de la Réforme, chansons d'abord, hymnes ensuite, puis chants de guerre, et chants de mort.

A Lyon abondaient, plus qu'ailleurs, pour un humaniste surtout, ces circonstances propres à hâter le dénouement de la crise. La société des lettrés tenait de très près à celle des imprimeurs, et si l'une était gagnée à la Renaissance, l'autre l'était à la Réforme. C'était presque une corporation savante, et elle occupait un grand nombre d'ouvriers venus d'Allemagne. Un des principaux fondateurs de l'imprimerie à Lyon au xve siècle avait été un Allemand, Trechsel, dont les fils et le gendre Josse Bade continuaient d'employer des compatriotes. Les typographes allemands n'étaient pas moins nombreux chez Sébastien Gryphe, lui-même originaire de Souabe. Par cette voie, et par les grandes foires, que fréquentaient régulièrement les libraires de Leipzig, de Francfort, de Strasbourg, de Bâle, il s'établissait une importation continuelle de luthéranisme, qui avait lieu au grand jour et avec un rapide succès. Dès 1524 un arrêt royal bien significatif atteste que « depuis cinq ans en ça la secte luthérienne pullule dans la ville et diocèse de Lyon »; que le nombre y est grand « des gens desvoyés de l'obédience de la sainte Église »; que de « faulses doctrines y ont été semées... par certains livres réprouvés compillés par ceux de la dite secte ». (Arrêt de Chantilly, 4 septembre 1524 [1].)

---

1. Moutarde, *Étude historique sur la Réforme à Lyon*, p. 20-31.

La correspondance des réformateurs nous montre en effet à cette date même Farel occupé avec des négociants suisses de faire pénétrer à Lyon une traduction française du Nouveau Testament, « que seroyt un grand bien pour le païs de France, Bourgogne et Savoye [1] ».

En même temps que la propagande par le livre, il s'en était fait une autre non moins hardie — c'est le même arrêt de Chantilly qui l'atteste — « par de pernicieuses prédications mal sentant de la foy catholique ». Ce mouvement de prédications atteignit toute sa force quand la sœur du roi, Marguerite, vint avec son frère s'établir à Lyon au cloître de Saint-Just. De là elle envoya son aumônier Michel d'Arande « prescher purement l'Évangile » dans tout le diocèse. Un tel exemple donné par l'aumônier de la cour délia la langue à plus d'un prédicateur. Un dominicain célèbre, Amédée Meigret, eut le courage de prêcher à Lyon et à Grenoble des sermons qui lui valurent la prison, puis la censure de la Sorbonne, et qu'il eût payés plus cher sans l'intervention de son frère Jean Meigret, président au Parlement de Paris, d'Érasme et de Marguerite [2]. Un autre, le cordelier Pierre de Sébiville, prêcha dans le même sens à Grenoble, et, malgré sa très grande popularité, malgré l'appui du conseil de ville, fut jeté en prison et n'en sortit que par l'abjuration (16 nov. 1524) [3].

Après la défaite de Pavie, l'influence de Marguerite devait aller s'effaçant, et il ne resta bientôt de ces premiers appels qu'elle avait fait entendre qu'un écho sympathique, mais bien vague. Cependant, malgré le concile provincial de 1528, la propagande luthérienne subsistait, et elle grandit dans les années suivantes, au mépris des lettres patentes du 4 septembre 1529 contre « les hérétiques qui ont pullulé à Lyon ». Les événements de Genève lui donnèrent bientôt un redoublement d'activité. L'évêque-prince de Genève venait de quitter son palais pour n'y plus rentrer (14 juillet 1533), et

---

1. Herminjard, I, 280.
2. Il parvint à s'enfuir à Strasbourg, où il mourut en 1528. (Herminjard, II, 4.) — Voir, sur Aimé Meigret, les heureuses trouvailles de M. N. Weiss dans le *Bull. de la Soc. d'hist. du prot. fr.*, 1890, p. 245 et suiv.
3. *Simples notes sur P. de Sébiville*, par A. Prudhomme, archiviste de l'Isère. Bourgoin, 1884, 48 p. in-8.

avant la fin de l'année Guillaume Farel allait déclarer du haut de la chaire de Saint-Pierre, aux applaudissements du peuple, que « Christ et non le pape est le chef de la chrétienté ».

Cette longue et dramatique lutte, d'où Genève devait par sa seule force sortir libre, républicaine et protestante, se passait trop près de Lyon pour n'y pas provoquer la plus vive attention : il faut bien que les patriotes confédérés de Genève aient singulièrement frappé l'imagination du peuple, puisqu'à force de répéter leur nom en le dénaturant il en a forgé le nom qui est resté celui de tous les protestants, les « huguenots ».

Un incident aujourd'hui bien connu [1], le procès du Genevois Baudichon de la Maisonneuve, jette une vive lumière sur la situation politique et religieuse de Lyon à cette époque : on y voit en même temps l'étendue et la fragilité de ces fameuses *franchises* dont y jouissaient les étrangers. Sur les instances des seigneurs de Berne, Baudichon et son compagnon, après plusieurs mois de captivité, furent relâchés par ordre de l'archevêque : c'était encore François de Rohan. Son successeur le cardinal de Lorraine n'eût peut-être pas cédé si aisément. Il est vrai qu'à défaut du Genevois, on saisit un moine français. C'était un jacobin, Alexandre Canus, en religion Laurent de la Croix. Depuis quelques mois il semait sa doctrine dans la Bresse et le Mâconnais. Un jour il était allé consoler Baudichon dans sa prison. Enfin le jour de Pâques, comme Amédée Meigret dix ans avant, il ne put s'empêcher de se déclarer en chaire pour la Réforme. Son procès fut vite fait ; il crut gagner du temps par un appel : on le transféra à Paris et, au bout de quelques semaines de prison, après avoir épuisé toutes les formes de tortures, on le brûla vif sur la place Maubert. Quelques mois après, un de ses disciples, un paysan des environs de Mâcon, Jean Cormon, « simple laboureur et sans lettres, souffrit la mort avec une admirable constance ». D'autres supplices eurent lieu dans les années suivantes. Signalons seulement en 1536 celui d'un ministre des vallées vaudoises, Martin Gonin, qui, saisi à Grenoble au retour d'un voyage à Genève, « fut noyé le

---

1. Les pièces du procès ont été publiées en 1873.

26 d'avril (1536) secrètement et de nuict à la persuasion de l'Inquisiteur, après avoir tellement résisté aux adversaires de vérité qu'ils ne l'osèrent exécuter de jour »; en janvier 1537, d'autres à Besançon et à Dôle; en octobre 1537, deux évangéliques brûlés vifs à Nîmes; en avril 1538, le martyre du libraire Jean de Lagarde et d'un étudiant toulousain à Paris. A partir de la fin de 1538, la persécution, nous l'avons dit, prend le caractère d'une mesure générale : tout autour de Lyon, en Bourgogne, en Dauphiné, en Savoie, les exécutions se multiplient [1].

Sans doute, en se multipliant, ces supplices répandaient la terreur dans la foule, mais ils éveillaient aussi les consciences; ils remuaient, dans les âmes capables de s'émouvoir, des scrupules qui eussent pu rester à l'état flottant, des remords qui finissaient par une irrésistible explosion; ils posaient la question en termes si poignants que désormais il fallait la résoudre Il était malaisé de rentrer chez soi calme et indifférent après avoir vu brûler un homme pour des idées qu'on partageait soi-même. Comment ne pas le revoir jour et nuit en appelant à Dieu et aux hommes, vous prenant à témoin, vous montrant comme on meurt pour ne pas se déshonorer?

C'est une crise de ce genre qui décida la « conversion » de notre jeune humaniste. Ce dont il avait seulement ouï parler, il eut occasion de le voir.

La ville de Lyon n'avait guère eu jusqu'alors que des processions expiatoires et comminatoires. Le cardinal de Tournon lui donna mieux. Trois luthériens furent brûlés vifs en janvier 1540 [2]. Un quatrième, marchand à Annonay, qui se rendait à la foire de Lyon, subit le même supplice « pour ne s'estre voulu agenouiller devant une image [3] ».

Nous n'avons pas de détails sur leur mort, mais y a-t-il la moindre témérité à leur appliquer ce que nous raconte d'un autre supplice tout à fait contemporain (février 1540) un ardent et fougueux catholique : « J'ai souvent ouy faire le

---

1. *Histoire ecclésiastique des Églises réformées au royaume de France*, édition Baum et Cunitz, 1883, I, p. 38, 39.
2. Sur tous ces premiers martyrs français de 1530 à 1540, voir un très beau résumé de M. Lelièvre dans le *Bulletin de la Soc. d'hist. du protest.*, 15 mai 1888.
3. *Ibidem*, p. 41.

récit à un bon père que j'avais, bon s'il en fut jamais et homme fort catholique et craignant Dieu, qui ayant veu brusler en sa jeunesse un régent sur le bord de la rivière d'Agen (nommé Vindocin), et luy et plusieurs autres restèrent tout esperdus d'un tel spectacle non jamais veu en cette ville là ; ne pouvant croire que celuy qui, mourant, ne parlait que de Jésus-Christ, n'invoquait que Jésus-Christ, ne fust condamné à tort [1]. »

Combien plus vive dut être l'impression chez un jeune homme déjà si préparé à la recevoir! Il lui arriva comme à plus d'un parmi ses aînés : il n'eut plus de repos qu'il n'eût fait acte d'honnête homme, dirions-nous, de chrétien sincère, disait-il, en sacrifiant tous les devoirs à ce devoir suprême, de rendre témoignage au pur Évangile. L'exemple de ces pauvres gens, ouvriers, laboureurs, artisans, maîtres d'école, qui au prix de leur sang essayent de régénérer l'Église, l'arrache violemment aux doux soucis des lettres. Homère lui-même, son Homère qui « était pour lui comme un Dieu », il ne se sent plus le droit de s'y absorber délicieusement; quelque chose de nouveau est apparu dans sa vie comme dans le monde. Tout à coup il s'aperçoit — c'est lui-même qui nous l'apprendra plus tard — de ce qui manque à ces esprits déliés et délicats qu'il admirait naguère sans réserve; il trouve le mot qui les peint : la vanité. Pleins de leur science, ils n'ont que mépris pour la multitude : « A peine, dit-il, traitent-ils comme des hommes les ignorants [2] ». On aime à entendre ainsi parler ce fils de paysan qui reparaît sous l'helléniste. Il semble qu'il se réveille et se rappelle soudain les hommes, son village, la vie réelle et ses véritables obligations. L'Évangile à prêcher, l'avènement du règne de

---

1. Florimond de Rémond, p. 866. — On peut lire le récit détaillé d'une de ces scènes dont Félix Plater fut témoin à Montpellier. C'est un « tondeur de drap » qui d'abord avait faibli, et que l'exemple du martyre d'un de ses compagnons pousse à venir réclamer lui-même le supplice, tandis qu'un autre, personnage de qualité, se rétracte et s'agenouille devant la madone. (*Mémoires* de Félix Plater, p. 56-69.) — Un trait tout semblable est raconté dans l'*Hist. des martyrs* à cette même année 1540 : un laboureur, Étienne Brun, relâché une première fois après avoir abjuré, ne pardonne pas à « sa chair » d'avoir faibli : « elle n'en eschappera pas, dit-il, si derechef je suis prins, ains paiera l'interest de son perjure ». Il se tint parole, résista cette fois à tout, même à la vue de sa femme et de ses cinq enfants, et expira après d'atroces souffrances.

2. *Seb. Castellionis defensio*, p. 362. Voir aussi p. 409 et la préface de sa traduction d'Homère.

Dieu sur la terre, voilà ce qui est autrement sérieux que le culte des Muses. Comme beaucoup de ses contemporains, surtout dans cette première période, c'est une crise au fond toute morale qui le mène à la Réforme. Il devint protestant dès que la préoccupation morale l'emporta chez lui sur toute autre. C'est le passage non d'une Église à une autre, mais de l'indifférence à une conviction religieuse, de la vie mondaine, pour parler sa langue, à la vie spirituelle.

Pour expliquer une telle conversion, peut-être faudrait-il, dans un autre siècle que le xvie, admettre une prédisposition particulière à l'exaltation mystique. Mais, prenons-y garde, au temps qui nous occupe, ce grand souci des choses de la religion n'a rien d'exceptionnel. Dans la première moitié du xvie siècle, l'exception ce n'est pas la ferveur, c'est l'indifférence. Nous faisons tort à ce temps et à notre pays quand nous nous représentons la Renaissance française comme aussi insouciante, aussi incroyante que la Renaissance italienne. Il y a chez nous alors un fond de gravité et d'austérité, un respect, une profondeur de piété intime et vraie qui atteste encore la puissance de l'éducation des siècles précédents. Cet arrière-fond d'infini que le moyen âge a mis à toutes choses humaines n'est pas dissipé, il n'est pas même entamé : l'homme a grandi dans une atmosphère imprégnée de surnaturel, et il ne songe nullement à en sortir. Les débats que fait éclater la Réforme, bien loin d'affaiblir, affermissent cette disposition générale. Il y a alors une crise religieuse dans toutes les consciences. Les seuls hommes qui y échappent ne comptent pas, précisément parce qu'ils y échappent : ce sont ou des faibles ou des habiles, deux variétés de la même impuissance.

Et, dès qu'on y réfléchit, on s'aperçoit qu'il ne pouvait en être autrement. Un lettré français vers 1540 vient trop tard ou trop tôt d'un siècle pour pouvoir jouir du repos du sage et habiter les *templa serena* de l'indifférence. Il ne peut plus, comme aux premières lueurs de la Renaissance, oubliant tout et oublié de tous, enfermé avec ses divins manuscrits, s'absorber dans l'ivresse de sa découverte; à cette heure l'antiquité est sortie presque entière du linceul, elle vit, elle parle, elle est connue, l'imprimerie l'a mise dans toutes les mains. D'autre part il ne peut pas encore posséder cet équilibre d'esprit, cette mesure dans les affections et cette maturité dans les jugements qui sera presque une qualité ordinaire un siècle plus tard, après que des luttes religieuses et civiles un ordre régulier sera sorti, après que tous, assagis par la fatigue, seront devenus tout ensemble un peu sceptiques et très prudents. C'est alors qu'on se réfugiera dans les lettres comme en un lieu de paix, retraite aimable et sûre où de bons esprits se trouveront à l'aise, assurant que rien n'y manque à leur bonheur. C'est alors que, pour les en arracher, il faudra une sorte de phénomène religieux, le coup de foudre de Pascal, un effet de méditation comme chez les solitaires de Port-Royal, une douleur comme celle de Rancé.

Tout autre est la situation des esprits au commencement et encore au milieu du xvie siècle. Croyances, habitudes, traditions et sentiments, tout fait encore de la religion la grande affaire de la vie, la préoccupation première et dernière. La religion partout est à fleur d'âme, ses formules sont sur les lèvres, la mémoire en est nourrie, la langue en est pleine et, en même temps, le cœur y est vraiment attaché, l'esprit vraiment soumis. Les plus hardis sont encore des croyants ; l'esprit critique n'est pas né ; il y a des gens qui blasphèment, qui profanent les choses saintes, qui ont l'audace du sacrilège, mais ils n'ont pas l'idée de la négation scientifique ou du doute philosophique. Ils ne sont pas sortis du moule où le moyen âge les a façonnés. Essayent-ils de se débattre, de se dégager ? C'est une révolte, ce n'est pas une émancipation. Quelques-uns s'insurgent contre l'Église, contre ses saints, ses prêtres, ses miracles. Et ils nient tout, à peu près avec le même accent que certains athées insultant Dieu, tant ils y croient ! Mais en dehors de ceux-là, qui sont un très petit nombre, toute la société, même la plus lettrée et la plus laïque, met encore les intérêts religieux au premier rang ; c'est ce qu'il faut bien reconnaître pour s'expliquer les événements de chaque vie et ceux du siècle : avec les premières clartés de l'esprit moderne, les hommes d'alors ont encore le caractère du moyen âge. Sur toute autre chose ils admettent la discussion, le doute même, mais il reste un *inconcussum quid*. Le point fixe, c'est la religion. Telle ou telle de leurs croyances pourra être ébranlée; il leur arrivera de reconnaître avec stupeur qu'elle était erronée; ils se hâteront de la corriger, car il ne faut pas qu'il y ait rien de faux dans ce trésor de vérités sacrées; mais la réforme faite, ils n'en tiendront que plus à leur religion. Ils y tiendront jusqu'à la mort : c'est le point d'honneur que le moyen âge a su inscrire dans toutes les âmes, il est encore tout-puissant au xvie siècle. Si le moyen âge a fait de la chevalerie une sorte de religion des nobles, il faut bien convenir qu'il a produit une autre merveille : il a su faire de la religion une sorte de chevalerie du peuple; manants ou lettrés, jeunes et vieux, femmes et enfants, tous sont égaux par le baptême et par le catéchisme, et tous savent qu'un chrétien meurt pour sa foi. Si c'est là un préjugé, il est de noble origine. L'humaniste de la Renaissance n'en est pas affranchi : peut-être reculera-t-il devant la torture ou le bûcher, mais, à moins d'être un cynique bouffon, il ne s'en glorifiera pas. Et s'il est jeune, s'il a du cœur, il n'y a pas besoin qu'il soit plus religieux qu'un autre, il suffit qu'il le soit autant que tout le monde et comme tout son siècle, pour qu'il fasse ce que va faire Castellion.

Il n'y aurait eu qu'un moyen d'échapper à ce devoir : il faudrait savoir « distinguer », comme on le saura plus tard, faire plusieurs parts de soi-même, celle du savant et du lettré, celle du citoyen, celle du chrétien, chacun de ces rôles distincts ayant ses droits et ses devoirs propres, qui se concilient comme ils peuvent. Mais au xvie siècle on n'avait pas encore songé à cet habile dédoublement de soi-même : dans l'homme il n'y avait encore qu'un homme, et il se jetait tout entier dans la mêlée. A ce début du monde moderne, il se posait non pas des questions, mais une question qui embrassait tout l'homme et toute la société, sous ce seul nom de *religion*, comme au début de la philosophie il n'y a pas des problèmes, mais un problème unique, περὶ παντὸς.

CHAPITRE IV

STRASBOURG. CHEZ CALVIN

(1540-1541)

Influence de l'*Institution chrétienne* (1536) et de la personne de Calvin. — Calvin à Strasbourg. — État religieux, politique et scolaire de Strasbourg, 1540. — La maison de Calvin, premier séminaire protestant. — Castellion y est reçu. — Ses compagnons d'études : Michel Mulot, Gaspar Carmel, Jacques Sorel, Nicolas Parent, Eynard Pichon, Claude Feray. — Arrivée de Mme du Verger. — Calvin à la conférence de Ratisbonne. — La peste de Strasbourg. — Mort de Claude Feray. — Dévouement de Castellion. — Gratitude et inquiétude de Calvin.

Il n'est pas difficile de découvrir comment s'acheva dans l'esprit du jeune humaniste la révolution commencée dans sa conscience. Ce que les martyrs sur le bûcher ont dit à son cœur, l'*Institution chrétienne* va le graver dans son intelligence.

Nous avons peine à mesurer à distance l'effet que produisit à son apparition (mars 1536) cet opuscule de cinq cents pages. Écrit en latin, « à ce qu'il peust servir à toutes gens d'estude de quelque nation qu'ils feussent [1] », il s'adressait en effet principalement à cette classe instruite où la Réforme avait tant de partisans : c'était à la fois une apologie, un manifeste et une confession de foi. L'immense service que rendait

[1]. Préface de l'édition française de 1541.

l'*Institution chrétienne* aux « Évangéliques », c'était de donner un corps à leurs idées, une expression à leur foi. Ils protestaient contre des superstitions, contre des interprétations matérialistes du dogme et du culte. Ils aspiraient à une religion en esprit, fondée sur la Bible, alimentée par l'étude et par la prière. Protestations vagues, vagues aspirations qui n'eussent peut-être rien créé ni dans l'Église ni en dehors d'elle. Il fallait de ce tourbillon d'idées dégager un principe et tirer des conséquences.

Il le fallait, d'abord pour que chacun pût se rendre compte de sa foi et en rendre témoignage; il le fallait surtout pour organiser la Réforme, pour la défendre contre sa propre dispersion. C'est ce que Calvin comprit dès la première heure et ce qu'il voulut jusqu'à la dernière. En publiant l'*Institution chrétienne*, il levait drapeau contre drapeau.

L'Église comptait sur la majesté de ses traditions quinze fois séculaires. Qu'était-ce, pour ébranler une telle puissance, que le sarcasme des vieux fabliaux, le scrupule littéraire des humanistes, la dissidence des théologiens sur des points de dogme, la défiance même de quelques cœurs droits et de quelques esprits justes, révoltés par le fanatisme? Calvin sentit ce qui faisait la force de l'Église, et il s'en servit contre elle. Ce qu'il appela à son aide contre l'Église corrompue, ce fut l'Église dans sa pureté primitive; contre l'Évangile tronqué, l'Évangile intact; contre la plus haute autorité qui fût sur la terre, l'autorité même d'où elle prétend dériver. Par une de « ces décisions hardies » que Bossuet admire en les lui reprochant, à l'unité il oppose plus d'unité encore, à l'ordre un ordre plus rigoureux. Il ne faut pas se figurer Calvin proclamant une émancipation quelconque : le contraire serait plutôt vrai. Il n'est, ainsi que l'a très bien expliqué Mignet, ni un révolutionnaire de génie comme Luther, ni un missionnaire comme Farel : logicien et juriste, il apporte au protestantisme l'esprit de logique dans le dogme, l'esprit d'autorité dans la discipline.

Que certaines violences de langage à l'adresse de l'Église, que la rude et altière familiarité de ses railleries contre « les moineries » et « les messotiers » ne nous induisent pas en erreur; l'auteur de l'*Institution* n'est pas une recrue nouvelle pour les hommes du siècle : c'est au contraire un jeune homme qui sur le point de devenir prêtre s'en est abstenu par conscience [1]. Polémiste intraitable, satirique sans pitié, il le sera s'il le faut, mais ce n'est pas là son vrai rôle. Il ne vient pas détruire, mais fonder. Il ne prêche pas la rupture, mais la réforme dans l'Église et par l'Église. Il s'appuie sur ce qu'il y a de divin en elle pour extirper ce qui ne l'est pas.

On disait que les novateurs n'avaient pas de doctrines. Le voilà, leur corps de doctrines, aussi fortement lié, aussi vénérable, aussi sacré que celui de l'Église, car c'est celui-là même dont elle vit depuis des siècles. Seulement, à ce dépôt des vérités éternelles, Rome a successivement ajouté des erreurs volontaires et involontaires. Ce sont ces plantes parasites où Calvin porte la hache, sans blesser l'arbre vivant qu'elles étouffaient et qu'il dégage.

L'*Institution chrétienne* paraît tout exprès pour faire ce départ entre le christianisme authentique et les superfétations qui l'ont altéré. Comment y voir une œuvre anti-ecclésiastique? C'est plutôt l'effort suprême de l'esprit ecclésiastique pour reconquérir tout son empire en se débarrassant de tous ses abus. Un tel livre est également loin du pamphlet d'Ulrich de Hutten, de la satire d'Érasme, du sermon populaire, mystique et violent de Luther; c'est une œuvre de théologien au sens le plus docte du mot, œuvre religieuse, sans doute, traversée d'un souffle moral qui l'élève par moments jusqu'au pathétique, mais avant tout œuvre d'organisation et de concentration, code doctrinal pour les ministres, arsenal des arguments pour les simples fidèles : c'est la *Somme* du christianisme réformé. L'auteur tient bien plus à faire ressortir la force logique et la vertu morale de sa doctrine qu'à s'appesantir sur les points faibles de la doctrine adverse. Ce qui l'occupe, ce n'est pas le passé, c'est l'avenir, c'est l'Église à reconstituer.

Présenter ainsi la défense des « Évangéliques », ce pouvait

---

[1]. Sur ces débuts du réformateur, consulter le savant travail de M. Abel Lefranc, *la Jeunesse de Calvin*. Paris, Fischbacher, in-8, 1888.

être une savante tactique, et la plus dangereuse manière d'attaquer l'ennemi. Ce calcul eût été juste, mais il n'existe pas chez Calvin; il parle ainsi non par habileté, mais par conviction, et de là son incomparable puissance. Son *Institution* répond très sincèrement à la mise en demeure de l'Église par une mise en demeure contraire. Lui aussi répudie les tièdes; lui aussi demande, commande à chacun de prendre parti, d'être avec Dieu ou contre Dieu, de se ranger sous l'une ou sous l'autre bannière. Il ne se paye pas de mots. Il n'a de goût ni pour les promesses de conciliation équivoque, ni pour les essais de transaction savante.

Il n'est pas *luthérien*, car il n'épouse pas aveuglément les opinions de Luther, mais entre Luther et le pape il n'hésite pas, et il ne ménage pas les amis de la Réforme qui voudraient rester les amis du pape. Il y a dans cette prise de position quelque chose de généreux sous l'apparence même de la sécheresse théologique, quelque chose de viril et de franc qui prêche la droiture et qui devait prendre les âmes fortes.

Représentons-nous maintenant un de nos jeunes humanistes de Lyon lisant pour la première fois cet austère et véhément appel. Représentons-nous Castellion dévorant ces pages qui viennent d'arriver de Strasbourg[1] et s'y retrouvant lui-même, mais lui-même agrandi et fortifié. Ce sont bien là toutes ses pensées, mais mises au clair et par ordre, tous ses sentiments, analysés et fixés, toutes ses velléités religieuses devenues de fermes volontés. Que faire, après que le voile est ainsi déchiré? Maintenant qu'il n'y a plus ni malentendu ni sous-entendu possible, il ne lui reste qu'à se prononcer par oui ou par non. La conscience parlait déjà, mais obscurément et faiblement : Calvin lui a donné un langage aussi net qu'impérieux. Il faut avancer ou il faut reculer, avoir le courage de rompre avec Rome ou celui de capituler avec sa conscience. C'est un des grands caractères de l'*Institution chrétienne*, qui nous échappe un peu aujourd'hui : ce livre

---

1. La 2ᵉ édition parut *in-folio* en 1539, chez Rihel, à Strasbourg.

posait une sorte de question d'honneur là où nous ne voyons plus qu'une question théologique. Mais rouvrons la correspondance du temps, celle de Calvin par exemple, et nous voyons reparaître à chaque page, sous la forme de « cas de conscience » vraiment tragiques, la perplexité morale qui faisait le fond du drame pour les contemporains [1].

En vain le lecteur lettré, car c'est à lui surtout que l'on s'adresse, essayera-t-il de trouver contre ces anxiétés un refuge dans l'étude : l'étude elle-même est comme traversée par un remords, du moment qu'elle devient un moyen de se soustraire au devoir. Dès qu'il y réfléchira, il ne comprendra plus l'étude comme but de la vie. *Vitæ, non scholæ discitur*.

Ce n'est pas à Castellion, mais c'est à un jeune ecclésiastique qui traversait une crise tout analogue, que Calvin écrivait à cette même époque : « Tu n'as pas le droit d'étudier pour étudier : amasser des trésors d'érudition, ce n'est pas plus remplir sa vie que si on la passait à regarder des tableaux. Le critérium des bonnes études, le voici : il faut que d'abord elles te rendent meilleur, ensuite qu'elles te mettent en état d'être utile aux autres [2]. »

L'*Institution chrétienne* devait être pour Castellion et ses semblables un *sursum corda* décisif. A la puissance du livre faut-il joindre l'action personnelle de Calvin? Est-il vrai qu'il soit venu à Lyon vers cette époque, un peu avant ou aussitôt après l'apparition de l'*Institution chrétienne*? Un texte assez

---

1. Quoi de plus touchant que ce mémoire qu'écrit Calvin, de Strasbourg (12 septembre 1540, Herm., VI, 297-305), à ses amis français, évangéliques de cœur, mais obligés de rester en France : Que doit faire un chrétien fidèle vivant au milieu des papistes? Peut-il sans mensonge et sans hypocrisie prendre part aux cérémonies du culte catholique? Doit-il s'en séparer radicalement? Calvin, ce grand esprit simple et d'ordinaire si tranchant, ici se trouble, hésite, tâtonne, et rien n'est plus noble que cet embarras. Il ne faut sous aucun prétexte s'associer à des pratiques superstitieuses sacrilèges, « se prosterner devant les images, adorer les reliques des saints, porter chandelles devant les idoles, achepter des messes ou indulgences », etc. (p. 303), mais « quand ce vient au dimanche que le peuple s'assemble (p. 301), le fidèle ne peut-il, ne doit-il pas venir à l'assemblée, assister à la messe paroichialle et aux oraisons du dimanche qui la plupart sont meilleures et plus sainctes que des autres jours, pour protester qu'il se veut entretenir en la communion de l'Eglise »? « Je ne scay qu'en dire », avoue Calvin. « Et néantmoins je ne suis pas d'une si extrême sévérité de condamner tous chrétiens qui n'abandonnent leur païs quand ils sont detenuz en ceste servitude comme si totalement je desesperoye de leur salut. »

2. Lettre de Calvin à un ancien compagnon d'études, 1539 (Herminjard, IV, 8).

précis de Papire Masson [1] l'affirme formellement sur la foi de témoignages recueillis à Angoulême. Calvin y aurait emmené avec lui son élève Louis du Tillet et deux autres jeunes gens, Pierre et Bertrand Delaplace. S'appuyant sur cette donnée, quelques écrivains ont considéré comme vraisemblable un séjour de Calvin à Lyon, à son retour de Ferrare, chez le libraire Jean Frellon, et peut-être un commencement de propagande religieuse de sa part dans la société lyonnaise [2].

Quoi qu'il en soit, et en écartant même toute intervention personnelle de Calvin, son nom dut attirer à Lyon de 1536 à 1540 une attention croissante. Depuis l'apparition du petit livre qui, bien qu'anonyme, avait du premier coup révélé un Luther français, les événements l'avaient malgré lui mis en lumière : en vain le jeune et austère théologien avait-il fui la cour de Renée de France, en vain s'était-il dérobé à la renommée et même à l'action, tant il se croyait fait pour une vie de savant et de professeur. Un hasard l'avait obligé à passer par Genève, et il y avait rencontré un homme qui lui parla comme lui-même parlait aux autres, d'autorité et sans réplique, au nom de Dieu et de par sa conscience. Farel lui avait enjoint de rester, et il était resté. Le professeur s'était fait apôtre.

Et depuis deux ans on le voyait fondateur d'une Église, chef spirituel d'une cité qui, seule au monde, écrasée entre de puissants royaumes, sans armée, sans territoire, sans frontière, avait réussi à se faire libre et travaillait maintenant à réaliser une sorte de République de Platon, dont la charte était l'*Institution chrétienne*. Puis soudain, au moment où ce rêve semblait prendre corps, survient une discorde toute théologique entre les patriotes genevois et le jeune prédicateur français : le parti national refuse de se soumettre à ce dictateur d'un nouveau genre, et Calvin est banni de Genève.

---

1. Ou plus exactement de son frère Jean-Baptiste. *Vita Joannis Calvini auctore Papirio Massono*, Lutetiæ, 1620, in-4, V, p. 33, additio ad caput IV. « Cum vero Calvinus postea lutheranæ sectæ in privatis colloquiis suspicionem dedisset, abeundum cogitavit, et *Ludovicum* ut discipulum alliciens, eum secum abduxit Lugdunum ad Rhodanum indeque Genevam, et cum eo *Petrum* et *Bertrandum Plateanum* fratres, quos prava opinione sua aliquantulum infecit. Qui brevi, eo relicto, in patriam rediere. »

2. Péricaud, *Notes et documents*, ann. 1536. Voir aussi la thèse de baccalauréat théologique de M. Eug. Moutarde, *Étude historique sur la Réforme à Lyon*, Genève, 1881, in-8, p. 43-44, travail consciencieux, mais qui se borne sur ce point à des allégations un peu hasardées.

Comment une telle destinée et un tel caractère n'eussent-ils pas saisi l'imagination des contemporains? Calvin, c'était la jeunesse à la fois et la sagesse, c'était la puissance dans la mesure, le calme éclat de la lumière du grand jour. C'était la Renaissance elle-même se faisant Réforme, avec l'esprit des nouvelles générations et la foi des anciennes; c'était l'image de la France lettrée et chrétienne affirmant son indépendance non par des révoltes, mais par des créations. La Réforme française savait enfin exactement où commencer et où finir; elle apparaissait, avec son jeune législateur, maîtresse d'elle-même, sûre de son origine et de son but, de son droit et de son devoir.

Faut-il s'étonner que de toutes parts, dès qu'on sut que Calvin se retirait à Strasbourg, le premier mouvement de tant de jeunes gens qui le suivaient de loin avec une secrète admiration ait été de l'y rejoindre et de se rassembler autour de sa chaire ? Sturm atteste que nombre d'étudiants et même de lettrés qui n'étaient plus des étudiants arrivèrent de France à Strasbourg *propter Calvinum*. Mais cette démarche n'était pas sans danger ou plutôt, à l'époque où l'on était arrivé, elle équivalait à une déclaration d'hérésie et par suite à un exil indéfini. Calvin à Strasbourg en 1540 continue l'œuvre de Lefèvre d'Étaples à Paris en 1520, avec cette différence qu'on savait désormais à quoi s'en tenir et qu'y adhérer c'était sortir de l'Église et sortir de France pour n'y plus rentrer.

Aussi quels sont ceux qui se groupent autour de Calvin ? Ceux-là seulement qui sont prêts à tous les sacrifices, ceux qui aspirent à le suivre dans l'apostolat par la parole, par la plume, par la prédication ou par l'enseignement. Ainsi se recrute autour de lui une première phalange de déterminés missionnaires.

Castellion fut de ceux-là. Dès le printemps de 1540, il arrivait à Strasbourg et il était reçu dans la maison même de Calvin. Il ne faut pas s'étonner que, du jour où il est devenu « évangélique », il soit devenu candidat au saint ministère. Un jeune professeur chez qui le sentiment religieux est assez prononcé pour lui faire accomplir une telle évolution ne pouvait plus avoir d'autre pensée, d'autre ambition. Il se sentait tenu d'agir, c'est-à-dire de prêcher :

> Propaganda etenim rerum doctrina bonarum.

L'Évangile a besoin d'apôtres, les ouvriers sont rares dans le champ du Seigneur; il faut se hâter de répondre à l'appel.

Comment et par qui avait-il été introduit auprès du réformateur? Nous avons le choix entre diverses conjectures.

Peut-être l'intermédiaire fut-il un de ces nombreux libraires et imprimeurs de Bâle et de Lyon qui, gagnés à la Réforme, entretenaient un commerce constant avec Calvin, et dont l'un ou l'autre, un Frellon, un Gérard, un Oporin par exemple, a pu connaître et distinguer dès lors notre jeune et déjà brillant helléniste.

Peut-être aussi avait-il été mis en relation avec Calvin par Guillaume Farel, qui de Neuchâtel suivait très attentivement la propagande religieuse dans toutes les contrées voisines et à Lyon en particulier. Farel, comme Viret à Lausanne, comme Pierre Toussaint à Montbéliard, comme tous les réformateurs, était à la recherche de jeunes humanistes décidés pour l'Évangile et capables de prendre la direction des écoles; et une simple recommandation d'un ami commun suffisait à ouvrir les négociations.

L'hypothèse la plus vraisemblable est que le jeune homme fut introduit par un de ses compatriotes, dont nous avons déjà parlé[1], le médecin Tissier (*Benedictus Textor*), qui était natif de Pont-de-Vaux, et avait dû habiter Lyon avant de s'établir à Mâcon, où nous le trouvons en 1542. Tissier était dès lors en correspondance régulière avec Calvin, et dans une de ses lettres à Calvin (19 déc. 1542) il le charge de ses amitiés « pour Sébastien Castalion », qu'il place entre Bernardino Ochino et le ministre Champereau.

Quoi qu'il en soit, Castellion arriva chez Calvin comme pensionnaire au mois de mai 1540[2].

---
1. Voir p. 20.
2. Ce qui permet de fixer cette date, c'est que Castellion nous apprend qu'il n'y est resté

Calvin était sur le point de se marier, il allait épouser Idelette de Bure, la jeune veuve d'un anabaptiste qu'il avait converti; Farel et Bucer s'occupaient déjà de la bénédiction nuptiale, qui ne leur fut donnée qu'au mois d'août suivant[1]. Il demeurait alors avec son frère Antoine et quelques pensionnaires[2], qui probablement contribuaient à établir l'équilibre de ce budget plus que modeste. C'était un intérieur sévère où la pauvreté s'était fait sentir plus d'une fois, au début surtout[3]. Mais ce n'en était pas moins une insigne faveur d'être admis dans l'humble demeure dont il faisait déjà ce qu'il fit plus tard de Genève, la pépinière des ministres et des martyrs.

Le moment où Castellion y arrive est un des plus heureux de la vie de Calvin, un des plus beaux de l'histoire de Strasbourg au XVIe siècle.

Calvin se croit rendu pour longtemps à ce qui lui paraissait sa véritable vocation : il étudie et il enseigne. Là du moins il croit faire œuvre utile. Le bonheur qu'il savoure, ce n'est pas l'orgueil de sa renommée grandissante, il ne connut jamais cette vanité, c'est la joie d'avoir échappé aux batailles stériles de Genève, d'employer ses forces au service de la bonne cause au lieu de les épuiser dans une lutte de tous les instants contre des intérêts politiques, contre des intrigues de parti, contre la lâcheté des uns, la grossièreté des autres. Deux années durant il avait soulevé ce fardeau, par un effort incessant, se raidissant, se faisant violence. Enfin il est délivré du cauchemar, et il respire librement.

La vieille ville libre impériale lui offre l'asile à la fois le plus sûr, le plus calme, le plus noble qui soit alors au monde. Ce qu'avait été Lyon pour la France jusqu'au triomphe du parti violent, Strasbourg l'était, et bien mieux encore, pour l'Allemagne. Ce n'était pas seulement la tolérance, c'était la

---

que huit jours et a dû céder sa chambre à l'arrivée de Mme du Verger. Or, par lettre du 13 août 1541, Calvin recommandant cette dame à Viret lui dit : « Hæc matrona *circiter quindecim menses* apud nos fuit ».

1. Lettre de Farel à Calvin, 16 avril 1540.
2. C'est probablement le départ de l'un d'eux, Jacques Sorel (de Sézanne), envoyé comme pasteur à Valangin, près de Neuchâtel, à la fin de mai 1540, qui permit à Castellion de prendre sa place chez Calvin. (Voir plus loin p. 112 et 113.)
3. « Ea enim mea conditio est ut assem a me numerare nequeam. » (Calvin à Farel.) A diverses reprises, il avait dû vendre ses livres pour vivre.

liberté qu'on y trouvait. Politiquement l'Empereur la ménageait, respectant ses antiques franchises, tout autrement que le roi de France ne faisait celles de Lyon. Elle avait alors pour *Stettmeister* [1] l'illustre Jacques Sturm de Sturmeck [2].

Au point de vue religieux, catholiques et protestants, évêque et « Magistrat », avaient déjà pris le parti de vivre côte à côte en bonne harmonie. A l'évêque Guillaume de Hohenstein allait succéder dans quelques mois le doux et sage Erasme de Limbourg, celui qui, custode du grand chapitre, n'en avait pas moins recommandé aux magistrats protestants le grand pédagogue luthérien Jean Sturm et accepté la dédicace du drame joué pour l'inauguration du Gymnase protestant [3].

Strasbourg, en 1540, c'était « le point de rencontre des idées et des influences de l'Allemagne, de la Suisse, de la France et de l'Italie, l'asile ouvert à toutes les pensées, le milieu savant, large, profond, sympathique où s'élaborait la conciliation des systèmes [4] ».

Dans cette ville, le parti luthérien se distinguait dans un esprit de largeur que le reste du monde ne connaissait pas et qui ne devait pas durer. Il semble que, du premier coup, la Réforme ait trouvé là sa conception la plus compréhensive et la plus profonde. C'est alors que « reluisaient comme perles en l'Église de Dieu » les Mathieu Zell, les Capiton, les Bucer, les Hédion, cette génération de théologiens qui voyaient plus loin que leur temps et que leur école. C'étaient des esprits de la même famille que celui de Melanchthon : poursuivant, comme lui, une politique d'apaisement, ils devaient être, comme lui, souvent méconnus de tous les partis [5].

A cette époque, dit un écrivain dont la compétence égale

---

1. La ville avec ses dépendances était gouvernée et administrée par un *magistrat* composé de trois chambres, d'un grand et d'un petit conseil. Les *Stettmeister* présidaient les assemblées du *magistrat*, c'est-à-dire les chambres des conseils réunis; ils détenaient le grand sceau de la ville et signaient les actes.
2. « Urbis consultor, dignus dominari orbi. » (Joannis Sturmii consolatio ad senatum argentinensem de morte Jacobi Sturmii, 1553.)
3. Schmidt, *Vie de Jean Sturm*, in-8, 1855, p. 38.
4. A. Viguié, *Calvin à Strasbourg*, 1880, Paris, Fischbacher, broch. in-8, p. 9 et 10.
5. Es waren Männer von gebildetem Geschmack, rein menschlichem Sinn und tiefer Einsicht in das Wesen der Religion; bei Allen war Liebe zum Frieden vorherrschend, und so schritten sie unabhängig voran in der Umschaffung der Lehre, blos geleitet durch ihren freien Geist, durch ihr edles Herz und durch die Bibel. (W. Rœhrich, *Geschichte der Reformation in Elsass*, 1ter Theil, p. 294.)

l'impartialité, « Strasbourg conservait encore, dans la majorité de ses représentants au moins, l'attitude sage et vraiment chrétienne prise par ses théologiens et ses gouvernants dès les débuts de la Réforme. Penchant d'abord vers les doctrines de Zwingle, Strasbourg s'était vue forcée plus tard de se rattacher aux luthériens d'Allemagne, dont sa situation géographique lui rendait l'alliance indispensable. Elle avait donc adhéré presque à contre-cœur à la Confession d'Augsbourg, afin de pouvoir entrer dans la ligue de Smalkalde, mais sans abandonner au fond ses opinions antérieures sur la doctrine sacramentaire. Le rêve de ses hommes d'État et surtout de son grand Stettmeister, Jacques Sturm de Sturmeck, était de réunir dans un même faisceau toutes les forces du protestantisme contre l'ennemi commun. D'accord avec les théologiens alsaciens de la première génération, il avait essayé jadis de réconcilier Zwingle et Luther en personne; il s'efforçait encore de maintenir l'entente entre la Réforme allemande et la Réforme française que commençaient à diriger Calvin, Farel et Viret [1]. »

On ne saurait donc s'étonner que les Sturm et les Bucer aient tenu à honneur non pas seulement d'accueillir, mais d'appeler à Strasbourg, dès qu'ils surent son exil, le jeune réformateur de Genève. Ils ne redoutèrent ni l'éclat de son talent, ni la hardiesse de sa parole, ni la nouveauté de ses doctrines. Pour eux, Calvin à Strasbourg, ce n'était pas seulement un fugitif de plus recueilli dans ce vaste « réceptacle des bannis de la France [2] », c'était dans leur pensée le pasteur de ce troupeau de proscrits, l'homme désigné pour faire de cette foule une Église. A cette époque, l'idée d'une Église welche n'inquiétait encore ni le sentiment allemand ni l'orthodoxie luthérienne. Rien ne présageait l'étroitesse jalouse qui vingt ans plus tard devait triompher avec le théologien Marbach et dicter des mesures d'oppression, presque de persécution à l'égard des protestants non luthériens.

Aussi « l'Église gallicane » de Strasbourg commença-t-elle en toute liberté sous les plus heureux auspices. « Elle avait

---

1. R. Reuss, *Pierre Brully*, p. 28.
2. Florimond de Rémond, p. 837.

pour lieu de culte le chœur de l'église des dominicains, ce chœur qui renfermait de nos jours les Bibliothèques publiques de Strasbourg et que nous avons vu s'abîmer dans les flammes pendant la nuit néfaste du 24 août 1870 [1]. »

On a publié récemment quelques lettres d'un étudiant wallon qui peint avec des détails touchants la vie de cette petite communauté dans ses premières années, telle que le souffle de Calvin l'avait un instant animée. L'enseignement, la prédication, le catéchisme, les rites sévères du culte, tout a été l'œuvre de Calvin, le chant surtout qui est à ce moment l'objet de son attention : il publie lui-même en 1539 un recueil de psaumes et de cantiques à l'usage de l'Église, et le naïf témoignage de notre étudiant nous en montre le succès :

> Jamais créature ne saurait croire, dit-il, la joie que on a quant on chante les louenges et merveilles de Dieu en la langue maternelle. Je fus bien au commencement cinq ou six jours quand je voioie ceste petite assemblée laquelle estoit expulsée de tout païs pour avoir maintenu l'honneur de Dieu et l'Évangile, je commencoie à pleurer non par tristesse, mais de joye en les oians chanter de si bon cœur comme ils chantent. Vous n'y oyeriez point une voix desborder l'autre ; chascun a ung libvre de musique en sa main, tant homme que femme, chascun loue le Seigneur. Il y en a icy de tels qui ont bien laissé sept ou huit mille florins de rente et s'en sont venus icy atout rien et rendant grâce au Seigneur qu'il lui a plu les amener en place où son nom est honoré.... Et sy est-on a repos de conscience quand on est où est la parolle de Dieu purement anoncée et les sacrements purement distribués [2].

A la charge pastorale, Calvin joignait les fonctions de professeur. « Il lisait en théologie, avec grande admiration d'un chacun » (Bèze) [3]. Strasbourg n'avait pas encore d'Université, mais depuis 1537 elle possédait une institution sans pareille jusqu'alors et qui devait être pendant un demi-siècle le modèle incontesté des collèges : Jean Sturm venait de fonder le Gymnase. Ce grand organisateur avait su réunir tous les éléments d'instruction épars jusque-là, s'inspirer de ce qu'il

---

1. R. Reuss, *Pierre Brully*, p. 25.
2. Alfr. Erichson, *l'Église française de Strasbourg au XVIe siècle*. Paris, Fischbacher, 1886, in-8, p. 15 et 22. Voir aussi une étude très complète, tenant compte de presque tous les documents récents : *Johannes Calvinus als erster Pfarrer der reformirten Gemeinde zu Strassburg*, par Ed. Stricker, 1890, in-8°.
3. « Nuper ad publicam professionem invitus a Capitone protractus sum. Ita quotidie aut lego aut concionor. » (Herminjard, V, 230.)

avait vu chez les Frères de la vie commune à Liège, tracer d'une main ferme un programme d'études complet, y intéresser passionnément le Stettmeister et les autorités de Strasbourg, enfin pour l'exécution de ce vaste plan d'éducation grouper des maîtres qui, faute de méthode, s'épuisaient en cours isolés ou végétaient dans des écoles rivales [1]. A l'énergie de ces efforts, à la promptitude et à l'éclat du succès, il était facile de prévoir que Strasbourg allait devenir, comme dit Bossuet, « une des villes savantes de la Réforme ».

Dans cette ville, dès le lendemain de la Réforme, trait significatif, un des rouages importants du gouvernement local est la commission des « Scolarques [2] », véritable comité d'instruction publique qui dote Strasbourg de tout un réseau d'institutions scolaires, en avance de deux siècles sur la plupart des villes d'Europe. Le gymnase naissant et déjà prospère n'est pas le moindre attrait de Strasbourg à cette époque [3]. Le jeune réfugié d'Anvers dont nous parlions tout à l'heure, qui était inscrit dans la 2ᵉ classe, ne tarit pas en éloges sur la « grand paine que prend le maistre à instruyre les enfans tant fidelement et amiablement. Je vous advise », dit-il après avoir essayé de donner une idée de l'emploi de son temps, « que depuis 4 heures au matin jusques à dix au soir les jours ne me sont point trop longs, mais trop cours [4]. » Castellion lui-même, selon toute apparence, avait trouvé comme à Lyon, soit dans le Gymnase, soit auprès du Gym-

---

1. Ch. Schmidt, *Vie de Jean Sturm*, p. 24-39. — Voir aussi sur l'état des études avant le Gymnase et sur les débuts de cet établissement un excellent chapitre de Rœhrich, *Geschichte der Reformation in Elsass*, II, p. 30-66. — Sur ce que doit Sturm à ses maîtres flamands, consulter la thèse de M. Bonet-Maury : *de Opera Scholastica Fratrum vitæ communis*, qui donne en appendice le *Consilium J. Sturmii* (février 1538).

2. Sur l'origine de l'institution des Scolarques, qui date de 1528, consulter la très intéressante étude de M. C. Engel, *les Commencements de l'instruction primaire à Strasbourg*, dans le *Progrès religieux* de Strasbourg (1889), publiée à part dans les *Mémoires et documents scolaires du Musée pédagogique*, fasc. 87. Cette commission permanente de l'instruction publique, dit M. Engel, se composait de trois membres : d'un *Stettmeister*, d'un ancien *Ammeister* et d'un membre du collège des XIII. Jacques Sturm, Nicolas Kniebs et Jacques Meyer furent chargés de ces fonctions et les remplirent pendant de longues années. Hédion et le savant Jacques Bédrot furent jusqu'à leur mort inspecteurs généraux (*visitatores*) des écoles. On a trouvé récemment à Strasbourg les procès-verbaux des Scolarques à partir de 1535.

3. Le gymnase de Strasbourg avait dès 1539 organisé la représentation de *la Résurrection de Lazare*, drame en latin par le professeur Johannes Sapidus (Witz). Voir sur cette coutume et son histoire la belle monographie du regretté Aug. Jundt, *Die dramatischen Aufführungen in Gymnasium zu Strasburg*, dans la brochure annuelle des programmes du gymnase protestant de Strasbourg, 1881, in-4.

4. Erichson, *l'Église franç. de Strasb. au XVIᵉ s.*, p. 20.

nase, quelque modeste emploi scolaire qui, en rémunérant une partie de son temps, devait lui permettre de consacrer l'autre aux études théologiques.

Essayons maintenant de pénétrer, avec notre héros, dans ce petit cénacle de la maison de Calvin et de passer rapidement en revue les jeunes gens qui forment alors l'entourage du Réformateur. Presque tous sont pauvres, si pauvres que c'est merveille qu'ils arrivent à s'instruire : il y faut des prodiges d'économie et une obstination que Calvin lui-même admire par moments. Il a pour cette jeunesse une sollicitude qui est mieux que de la tendresse : on dirait qu'il les aime non pas pour eux, non pas pour lui, mais pour les services qu'ils rendront à la sainte cause. Il écrit à Théodore de Bèze (30 mai 1540) :

Si nous voulons bien pourvoir aux profits de l'Église, il nous faut appeler à l'office de pasteurs tels gens qu'ils puissent quelque jour soutenir la charge après nous. Combien que je soye jeune, toutesfois quand je voy ma débilité et indisposition de mon corps, j'ay soin de ceux qui seront après nous, comme si j'estoye déjà vieil.

Un vieillard, le mot est juste, bien qu'étrange à l'âge qu'avait Calvin. Il les suit avec l'inquiétude d'un homme à qui la vie va échapper et qui dépositaire d'un trésor, n'ayant pas le droit de le laisser disparaître avec lui, cherche en hâte à qui le transmettre. De là, le ton de ses lettres quand il parle d'eux ou quand il leur écrit pendant ses séjours aux diètes d'Allemagne : c'est une affection rigide et grave qui ne s'abandonne ni ne s'attendrit.

Calvin n'a d'épanchements, ne trouve d'accents émus que pour leur montrer l'œuvre qui les attend. Il se reprocherait les paroles et les minutes perdues : son cœur ne bat que par les idées ou plutôt par une seule, l'idée de Dieu. Aussi bien, qu'est-ce que l'homme pris en lui-même ? Vaudrait-il qu'on y prît garde s'il n'avait pour raison d'être de servir d'instrument à Dieu ? Dans chacun de ces disciples, ce qu'il voit et ce qu'il estime, ce n'est pas l'homme, c'est le serviteur de Dieu. Le reste il l'oublie en eux, comme il l'oublie en lui, n'ayant découvert comme fin de toute vie et comme fond de tout être, que Dieu. Est-ce froideur, sécheresse et dureté d'âme? Non, mais plutôt le puissant effet d'une pensée et d'une volonté qui supprime tout l'accessoire pour se donner entière, pure, ardente, à la vérité éternelle, à la parfaite sainteté. Et communier d'âme à âme dans ce sentiment même du détachement absolu, se reconnaître frères par une affection devenue en quelque sorte impersonnelle, tant elle est désintéressée, n'aimer plus dans l'homme que ce qui est de Dieu et ne se rencontrer que dans la prière aujourd'hui, dans le martyre demain; ce n'est pas de l'insensibilité, c'est une forme stoïque du sentiment : peu d'hommes en ont éprouvé comme Calvin les austères délices.

Au moment où Castellion arrivait, le séminaire improvisé chez Calvin venait de fournir une première promotion de jeunes pasteurs ou professeurs formés sous ses yeux. La plupart étaient des Français proscrits de Genève avec lui.

Le premier en date est un jeune maître français, Michel Mulot, que Pierre Toussaint, le réformateur du pays de Montbéliard, avait emmené de Genève et attaché dès 1537 au collège de Montbéliard : on sait que ce petit comté, gouverné par le comte Georges de Wurtemberg, avait proclamé la Réforme peu de temps après Genève. Et l'une des toutes premières œuvres de la Réforme fut de convertir *in usum scholæ* les « rentes des confréries » abolies. Le succès de l'école fut prompt et, au bout de quelques semaines, Toussaint n'hésitait pas à dire : « Le collège fera plus pour l'Évangile que tous nos sermons. L'avenir est là, ajoute-t-il, *in pueritia recte instituta aut instituenda* [1]. » Mais dès qu'il sut Calvin à Strasbourg, rien ne put retenir le jeune professeur à Montbéliard. Calvin essaye en vain de le dissuader. Sa passion pour l'étude lui fait braver la misère. Calvin, en le voyant de près, s'intéresse de plus en plus à lui : il le dépeint comme un brave jeune homme, d'un jugement qui n'est peut-être pas très per-

---

1. Lettres de P. Toussaint, 27 déc. 1537 et 18 février 1538. Michel Mulot ne réussit pas complètement; il lui manquait d'être calligraphe, qualité alors indispensable pour un instituteur.

spicace, mais si affectueux, si honnête, si droit qu'on peut se fier à lui. Farel dans toutes ses lettres pressait Calvin. Il lui tardait de voir arriver des collaborateurs, et, s'il n'eût tenu qu'à lui, ces jeunes gens eussent abrégé ce long noviciat : *quos optarem festinare ad opus Domini*, redit-il sans cesse (27 déc. 1538). Calvin, qui mesure mieux la responsabilité, tremble toujours de les lui livrer trop tôt : *Nihil hic leviter tentare audeo, ne rudes et imparatos ingeramus* (29 déc. 1538). Mulot est le premier et cette année-là (1539) le seul que Calvin consente à laisser entrer dans la carrière : il allait débuter comme pasteur à Saint-Blaise près de Neuchâtel.

Pour tous les autres, parmi lesquels deux ou trois pauvres et courageux étudiants neuchâtelois [1] que Farel attendait avec impatience, Calvin demande quelque délai (janv. 1539). Enfin, au commencement de 1540, il laisse partir à regret pour Lausanne et Zurich un Breton, Jean Curie, qui aurait eu grand besoin, dit-il, de rester une année encore [2]; puis quelques mois après, un jeune Dauphinois, neveu de Farel, Gaspar Carmel, un de ses fidèles collaborateurs de la première heure à Genève. Gaspar Carmel figurait déjà en janvier 1535 sur la liste des suspects cités au Parlement sous peine d'être condamnés au feu par contumace [3]. Il était parvenu à gagner Genève et il y avait rempli les fonctions de « bachelier » ou sous-maître du collège de Rive pendant le premier ministère de Calvin, puis il avait partagé l'exil du principal Antoine Saunier (sept. 1538) [4]. Calvin avait d'abord jugé que Gaspar avait besoin de compléter ses études [5], il eut ensuite bien de la peine à l'en arracher : on le pressait d'aller prendre un poste de pasteur en Savoie [6] ou

---

1. Les lettres de Farel (14 oct. et 27 déc. 1538) et de Calvin (21 oct.) parlent d'un *Humbert* et d'un *Henri*, compagnons de logis de Michel Mulot et de Gaspar Carmel, dont Calvin tâche de faire payer la pension (cinq batz par semaine) au moyen d'une collecte, ne pouvant rien demander au trésor public pour des étudiants étrangers :« Mali habet quod sic a patre destituuntur.... ».
2. Herminjard, VI, 117, note 41.
3. *Bull. de la Soc. d'hist. du Prot. fr.*, t. XI, 253.
4. Herminjard, VI, 115.
5. « Gaspar quoque et solidiorem doctrinam et majorem peritiam comparare sibi necesse habet. » (Lettres de Farel, 29 déc. 1538.)
6. « Ne ipse quidem si coram adesses cum avelleres ante hiemem.... Hujus vero temporis jacturam compensabit quod instructior aliquanto ad vos veniet. » (Lettre à Fabri, pasteur de Thonon, fin sept. 1539.)

chez les Vaudois du Piémont[1]. Le pauvre étudiant vendit tout, emprunta, jeûna pour prolonger de quelques semaines ses études[2]. Enfin en avril 1540 il alla diriger le collège de Montbéliard, position réputée presque brillante[3].

Pierre Toussaint, comme Farel, demandait bien d'autres collaborateurs : il avait plusieurs églises naissantes, qu'il fallait pourvoir, et les ministres manquaient. Calvin laissa partir encore deux jeunes Français qu'il estimait, Jacques Sorel et Robert Louvat. Tous deux venaient de la Brie, de ce pays qui, grâce à l'évêque Briçonnet, avait été le berceau de la Réforme en France. Tous deux étaient nés à Sézanne, bourg dont plusieurs habitants étaient à cette heure même détenus à Paris pour crime d'hérésie et quelques-uns déjà brûlés[4].

Robert Louvat fut désigné pour aller dans le comté de Montbéliard, son compagnon dans celui de Neuchâtel. Sorel arriva à bon port à Valangin près de Neuchâtel. Mais Robert, parti quelques semaines plus tard, prit en passant un autre ministre envoyé aussi dans le comté, Thomas Cucuel. Tous deux, venant de Neuchâtel, n'étaient plus qu'à six lieues de Montbéliard, à Saint-Hippolyte, quand ils furent arrêtés, sans doute d'après les instructions générales du cardinal Granvelle, qui redoublait alors de sévérité. On les trouva porteurs de lettres de Farel et on les mit « en estroite et dure prison » à Vesoul. Le conseil de Berne se hâta d'intervenir en leur faveur auprès des « officiers et bourgeois de Saint-Hippolyte et de Vesoul, leur remontrant de non ainsy persequter ceulx qui sont de la religion de Jésus-Christ », et réclamant « aussi le droit commun, d'après lequel chacung homme de bien peult hanter par tous pays seurement et sans molestement[5] ». Les prisonniers étaient d'autant plus en péril qu'à ce moment Granvelle était ou feignait d'être inquiet pour la sécurité de Besançon menacée, disait-on, par Berne et Neuchâtel : il y avait deux ans qu'on avait exécuté, sous ce prétexte, le

---

1. Lettre de Farel à Calvin, 5 fév. 1539.
2. « Nunc nummum nullum habet quo se ad duos tantum menses sustinere queat, nam il tempus sibi statuerat. Si posset alicunde tantum pecuniæ illi conflari, consultum bene illi esset. » (Lettre à Farel, 31 déc. 1539.)
3. Lettres de Farel à Calvin, 16 avril 1540; de Calvin à Farel, 13 mai 1540.
4. Lettres de Farel à Calvin, 16 avril 1540. (Herminjard, VI, 207, notes 11-12.)
5. 27 août 1540. (Herminjard, VI, 277.)

secrétaire de la ville, le malheureux Lambelin, coupable surtout de favoriser le mouvement luthérien [1]. Farel craignit que les deux jeunes pasteurs ne fussent poursuivis comme espions ou émissaires, et impliqués dans quelque procès plus politique que religieux : il supplia Calvin de faire intervenir les autorités de Strasbourg au moins en faveur de Robert Louvat, qui avait fait ses études à Strasbourg [2]. Ces actives démarches le sauvèrent en effet; nous le retrouvons quelques années plus tard ministre à Orbe.

C'était la place de Jacques Sorel que venait occuper chez Calvin le nouvel arrivant de Lyon, à la fin de mai 1540. Il allait s'y trouver avec trois autres Français [3], entrés chez Calvin peu de temps avant lui et pour le même objet : Eynard Pichon, Claude Feray et Nicolas Parent.

Eynard Pichon était, comme son compatriote Gaspar Carmel, un ancien bachelier du collège de Genève exilé avec Saunier à cause de Calvin. Il n'était arrivé à Strasbourg qu'en septembre 1539 : la « classe » (clergé protestant) de Thonon l'avait retenu pour l'attacher à une paroisse de montagne. Sentant ce qui lui manquait encore, il avait tenu bon, voulant, lui aussi, achever de s'instruire. Calvin approuva ses scrupules [4], le reçut chez lui, le prit en estime et en affection.

Nicolas Parent venait aussi de Suisse : il s'était attaché au vieux ministre aveugle de Genève, Élie Corauld, banni avec Farel et Calvin et mort à Orbe quelques mois après (4 oct. 1538). Il avait hérité des livres du vieux pasteur. Après avoir passé quelque temps auprès de Farel, l'enthousiasme pour Calvin et le désir d'étudier à Strasbourg l'avaient décidé à partir (février 1540) [5]. Calvin, qui le connaissait déjà, l'ac-

---

1. Voir la savante et curieuse étude publiée par M. Castan, *Granvelle et le petit empereur de Besançon*, dans la *Revue historique*, I, p. 78.
2. 6 sept. 1540, lettre de Farel à Calvin.
3. Deux jeunes gens avec qui Calvin était très lié, dont l'aîné surtout était pour lui, depuis leurs études à Bourges, un ami intime, les frères de la Fontaine, qui avaient passé quelque temps à Francfort en 1539 dans son intimité et dans celle de Melanchthon, paraissent avoir vécu chez lui à Strasbourg. « Valde familiariter et amice vixerunt mecum, major etiam conjunctissime. » (Lettre à Viret, Herminjard, VI, 203.) Ils étaient partis au printemps de 1540.
4. « Ubi melius formatus ad ministerium accesserit, spero ejus operam ut magis seram ita magis frugi ecclesiæ fore. » (Lettre à Fabri, 25 sept. 1539.)
5. « Nicolaus tui amantissimus, miro desiderio discendi captus, idque ex te ac aliis qui istic agunt, voluit istuc descendere, cui non potui reluctari. » (Farel à Calvin, 6 févr. 1540.)

cueillit et l'aida de son mieux. La passion du travail le soutint : *Nicolaus et Henricus strenue student; Nicolaus præsertim totus ardet*, écrivait Calvin à la Pentecôte ; mais quelques jours après, il ajoute que les deux jeunes gens meurent de faim, *valde esuriunt* [1], et Nicolas dans ses lettres en fait presque l'aveu [2]. Mais il employa si bien son temps qu'avant la fin de cette année, pressé par les événements, Calvin se décidait à le consacrer au ministère.

Les Genevois réclamaient avec supplications le retour de celui qu'ils avaient banni trois ans avant. Calvin, d'abord épouvanté de ce retour aux galères, s'y était résigné « à la parfin, par le regard de son devoir ». Avant de régler la question de son retour à Genève, il avait à suivre les longues et difficiles négociations de la conférence de Worms. Au moment de s'y rendre, Bucer et Calvin imposèrent les mains à Nicolas Parent dans l'église de Strasbourg (26 oct. 1540) et le chargèrent d'une sorte de suppléance provisoire. Rien de plus touchant ni de plus noble que la lettre où le jeune ministre fait part à Farel de cette nouvelle imprévue. Au dernier voyage de Farel à Strasbourg, le jeune homme lui avait ouvert son cœur : il songeait à son village, à son pays, à ses parents qu'il avait quittés pour l'Évangile, et il rêvait de retourner à eux non comme ministre, puisqu'en France c'était impossible, mais comme maître d'école, office plus humble qui le préparerait à l'autre et qui lui permettrait au moins de faire briller dans des campagnes vouées aux ténèbres les premières lueurs de l'Évangile. Au lieu de cela, débuter dans le saint ministère dans l'église même de Calvin, quelle mission! quel péril! *Instrue me, rogo, ut veteranus et bellandi peritus tironem et adhuc militiæ rudem* [3].

Le troisième et le plus instruit des trois, Claude Feray, était, comme notre Sébastien, un jeune helléniste. Il avait connu Calvin à Bâle en 1538 [4] et l'avait suivi presque aussitôt à Strasbourg. Dès la fin de cette année, Calvin, passant en revue ses futures recrues pour le ministère, songeait à

---

1. Herminjard, VI, 240. Calvin à Farel, 21 juin 1540.
2. *Id.*, VI, 372.
3. *Id.*, VI, 371. Lettre de N. Parent à Farel, 16 nov. 1540.
4. Lettre de Calvin à Viret, 1er mars 1541.

Claude et, tout en ne le jugeant pas encore mûr [1], augurait bien de son avenir. Dès 1539, il était assez avancé pour que plus d'une fois on ait pu lui confier le soin de remplacer dans quelques cours le savant Jacques Bedrot, pour expliquer Sophocle au Gymnase. Quelque temps après, une famille noble ayant demandé à Calvin un précepteur pour ses enfants, Calvin désigna Claude et trouva moyen de loger dans sa maison les élèves avec le jeune maître. Les élèves étaient trois aimables adolescents, deux frères [2], Louis et Charles de Richebourg [3], et un de leurs jeunes parents ou amis du nom de Malherbe. Calvin dans ses lettres les appelle *discipulos Claudii* [4]. Claude Feray était déjà pour Calvin un auxiliaire et un ami; il paraît avoir rempli les fonctions de diacre dans la petite Église. Calvin lui témoigne une confiance particulière : il le consulte, il l'emmène avec lui à la diète de Haguenau. Ses lettres en font mention comme d'un homme de valeur.

Telle est la maison de Calvin [5] à la veille de son mariage et au moment de l'arrivée du jeune Castellion. Ajoutons à tous ces noms d'obscurs jeunes gens un nom qui allait deve-

---

1. « Etiamsi non plane sit sine doctrina, nondum tamen ministris videtur satis instructus. » (Herminjard, VI, 453.)
2. Calvin lui-même a peint les deux frères dont il s'était plu à observer le caractère : « Ingenii celeritate præstabat Ludovicus, Carolus solida rerum intelligentia et judicio longe antecedebat. Promptior iste ad proferendum quod legerat vel audierat, hic tardior et vere candior. Paratior ille et expeditior, tum ad capessendas artes, tum ad omnes vitæ actiones, hic consideratior et constantior. Atque id etiam ferebat corporis constitutio. Siquidem Ludovicus, ut erat sanguineus, plus habebat hilaritatis et alacritatis, Carolus qui in melancholiâ non nihil communicat, tanta facilitate se non exserit. Modestiæ et comitatis hic semper plus habuit quæ in eo etiam mirifice eluxit quod potuit sua tolerantia fratris ferociam domare.... » (*Calvini Opp.*, XI, 193.)
3. C'étaient les fils d'un « gentilhomme français, d'ailleurs inconnu » (note des *Calvini Opp.*, XI, 188). « Seigneur de Richebourg près Rouen, d'après Herminjard (VII, 66). Notons qu'au procès de Pierre Brully à Tournay (1544-45) figure le nom de sire *Jean de Richebourg*, dénoncé par un des accusés comme « ayant souvent conversé de la sainte escripture », et qui échappa au bûcher par la fuite (Rod. Reuss, *Pierre Brully*). Si ce n'était pas le père des deux jeunes élèves de Claude Feray, c'était certainement un membre de la même famille. Nous retrouvons lors de la révocation de l'Édit de Nantes un Claude-Philippe de Richebourg qui accompagne comme pasteur une colonie de réfugiés en Virginie. (Weiss, *Hist. des réfugiés*, I, 379-430.)
4. Calvin à Farel, oct. 1539. Herminjard, VI, 295, 296.
5. A la liste des hôtes de cette maison si remplie pendant une partie de l'année 1540, il y a peut-être encore un nom à ajouter. C'est celui d'un compatriote de Castellion nommé Philippe Buissonnier de Bresse (Herminjard, VI, 398). Farel, priant Calvin de le saluer de sa part, semble bien le mettre au nombre des personnes de la maison (6 sept. 1540); c'est peut-être de lui que parle Calvin dans sa lettre à Nicolas Parent (16 déc. 1540) : « De Philippo, mihi sane dolet quod tam diutino morbo afflictetur; juvenis est pius, modestus : integer, prudens, ut mihi videtur; itaque si dominus cum nobis servet, optimam spem de ipsius inge-

nir illustre, celui de Sleidan. Le futur historien de la Réforme, celui que l'Allemagne protestante devait appeler son Tite-Live, se préparait déjà à son grand ouvrage : il était déjà officiellement historiographe de la Ligue de Smalkalde. Ami intime de Calvin et de Jean Sturm, il fit près d'eux plusieurs séjours à cette époque : il accompagnait en qualité d'interprète le nouvel ambassadeur de François Ier en Allemagne, luthérien amnistié par grâce spéciale du roi, Morellet du Museau, qui allait se rendre comme Calvin à la diète de Ratisbonne. Castellion a-t-il rencontré Sleidan à Strasbourg? Il est d'autant plus permis de le supposer que nous le verrons plus tard en bons rapports avec Morellet du Museau.

Le nouveau venu eut à peine le temps de jouir de cette intimité tant désirée. Il n'y avait pas plus de huit jours qu'il était installé parmi les pensionnaires et commensaux de Calvin, quand une vieille dame noble française et évidemment fugitive pour cause de religion, Mme du Verger[1], vint supplier Calvin de la recevoir chez lui, avec son fils et un domestique. La place manquait pour loger ce domestique. Calvin demanda au dernier arrivé de vouloir bien céder sa chambre et en prendre une dans le voisinage[2]. Castellion, après avoir payé la petite somme qu'il devait, alla demeurer chez un Allemand. Peu de temps après, à l'approche du mariage de Calvin, il fallut faire place à Idelette de Bure et à ses enfants[3] : Eynard Pichon et Nicolas Parent durent prendre gîte ailleurs.

---

nio concepi. Salutabis eum diligenter meo nomine. » Enfin ce serait à lui que se rapporterait une lettre de recommandation de Calvin à l'avoyer Nægeli : « Monseigneur, pour ce que le présent porteur m'a apporté si bon tesmoignage de Lyon, et aussi de ma part je l'ay congneu de bon scavoir et de bon zèle, tellement que je ne doubte pas qu'il ne soit propre à servir en l'Église de Dieu, cela me contrainct de le vous recommander » (12 janvier 1547). Voir aussi *France protestante*, 2ᵉ édition, V, col. 1143.

1. Voir *supra*, p. 20.

2. Nous avons quelques détails sur le séjour de Mme du Verger dans la famille de Calvin. Dans une lettre de la fin de septembre 1540, quelques semaines seulement après son mariage, Calvin, dans un de ses rares moments d'épanchement, raconte à Farel une petite scène domestique. Cette dame, qui souvent parle trop et trop librement, a dit un mot blessant pour le frère de Calvin. Celui-ci, au lieu de le relever bruyamment, s'en alla et déclara qu'il ne rentrerait pas si cette dame restait. Mme du Verger, voyant Calvin très affecté du départ de son frère, se transporta ailleurs, mais son fils resta chez Calvin, et Calvin raconte même que, le lendemain de ces incidents pénibles, il a fait effort, bien que malade, pour paraître à table le lendemain, de peur que son absence ne fût interprétée par le fils de Mme du Verger comme une invitation à se retirer aussi; cet effort ne fit qu'aggraver sa maladie, qui dura plusieurs jours.

3. Enfants de son premier mariage.

Nicolas alla habiter avec Castellion, dont il ne se sépara plus jusqu'à son départ pour Montbéliard l'année suivante [1].

Bien que logés au dehors, ces jeunes gens conservent les plus étroites relations avec Calvin et avec sa famille. Ces relations allaient encore être resserrées par les circonstances. Calvin dut quitter plusieurs fois Strasbourg pour assister, soit à des réunions des théologiens protestants, soit à des « journées impériales ».

En juillet 1540, un domestique de Calvin resté à Strasbourg, pendant que son maître était à la diète d'Haguenau, tomba gravement malade. Ce domestique s'appelait Jean Chevant, il se trouvait être du même pays que Castellion [2], qui en sa qualité de compatriote s'établit au chevet du malade et ne le quitta plus jusqu'à sa mort, arrivée au bout de huit jours.

Le dévouement du jeune homme allait être mis à une plus rude épreuve. L'année 1540 avait été une année de chaleur et de sécheresse exceptionnelles [3]; une épidémie éclata à Strasbourg, à l'automne, et, après quelques mois d'accalmie, reprit dans toute sa force aux premiers jours du printemps. Calvin était parti le 22 février pour Ratisbonne, laissant à Claude Feray ses recommandations. Claude les transmettait le 8 mars à Farel, avec une lettre que Calvin avait eu le temps de lui écrire en arrivant à Ulm. Il s'agissait de la grande question du retour à Genève : Calvin n'avait pas encore tout à fait triomphé de sa répugnance. A l'heure même de son départ de Strasbourg, on lui avait remis une lettre de Farel, lettre d'instances véhémentes, qu'il avait lue tout haut avec émotion devant son frère Antoine et devant Claude. Et, ébranlé enfin, il avait chargé Claude de répondre, cette fois par une promesse. Claude écrivant à Farel (le 8 mars) ne peut s'empêcher de le féliciter du succès de son éloquence :

Jusque-là Calvin, bien que n'osant pas refuser ouvertement, était très partagé; il penchait tout bas pour le refus. Votre lettre l'a emporté, elle l'a décidé dans le sens que nous souhaitions tous pour le bien de la

---

1. Lettre de Toussaint à Calvin (20 juillet 1541).
2. Nous trouvons, dans la correspondance de famille de Castellion, mention d'un cousin Chevant ou Chavant.
3. « L'an des vins rôtis. » (Herminjard.)

république chrétienne. Et je ne m'en étonne pas : en l'entendant lire, je croyais entendre les foudres de Périclès [1].

Au moment où Farel reçut ces lignes pleines d'ardeur et de joie, celui qui les avait écrites n'existait plus. La peste était entrée dans la maison de Calvin, et Claude Feray, atteint le premier, y avait succombé (vers le 15 mars).

Aussitôt les médecins ordonnent d'évacuer la maison. Antoine Calvin court chez Castellion; Nicolas Parent venait de partir pour Montbéliard, il y avait de la place chez le logeur. Antoine demande l'hospitalité pour lui et pour les jeunes élèves de Claude. Ce logeur était un Allemand aguerri au spectacle des épidémies si fréquentes alors et qui ne craignait, disait-il, peste ni fièvre. Il consentit à recevoir les fugitifs, c'est-à-dire Antoine et les trois jeunes gens. La femme de Calvin s'était réfugiée avec ses enfants chez un frère qui demeurait à la campagne.

Trois jours ne s'étaient pas écoulés que deux de ces jeunes gens étaient atteints du même mal : Louis de Richebourg y succomba en quelques heures; Malherbe, le plus jeune des trois, fut en péril de mort. Castellion lui céda son lit [2] et le soigna assidûment, se relayant avec plusieurs autres jeunes gens de la petite colonie française. On fit partir Antoine Calvin et Charles de Richebourg, qui allèrent chercher refuge dans un village voisin.

C'est en recevant ces nouvelles à Ratisbonne que Calvin écrivit à Farel et à Viret ces lettres pleines de sanglots où se traduisent tour à tour, en accents si vrais, la profondeur de l'émotion et l'énergie de la volonté qui en triomphe. Il résume à Farel ce qu'il vient d'apprendre et il y joint d'amères réflexions :

Ainsi à la douleur des pertes consommées s'ajoute l'anxiété la plus vive pour ceux qui survivent. Jour et nuit j'ai devant les yeux ma femme privée d'appui. Je souffre cruellement pour Charles, qui, en quatre jours, perd son frère et un maître qui était pour lui comme un second père; et

---

1. Traduit de la lettre latine de Feray à Farel, 8 mars 1540. (*Calvini Opp.*, XI, 171.)

2. « Ipsemet ex lecto meo cessi, ut locus esset commodior ægrotis. Nam ibi ægrotavit peste Malherbius, Ludovicus vero mortuus est, convictores tui, quibus ego ægrotantibus perpetuo inservivi ut potui. » (*Seb. Cast. def.*, p. 361.)

je sais qu'il a le cœur extrêmement sensible. Et quant au jeune Malherbe, je ne puis y penser sans songer en même temps à ces excellents jeunes gens qui le soignent!

Puis il insiste avec douleur sur ce qu'il perd pour son œuvre en perdant Claude, « ce guide sûr et ce conseiller intime » dont il avait tant besoin!

Mais je ne voulais que vous dire en passant mon malheur, je m'y étends outre mesure; je me laisse entraîner par la mémoire de cet homme de bien (puisse-t-elle m'être un jour aussi douce qu'elle me sera toujours sacrée) et aussi par une pieuse inquiétude pour les autres!

Il rend compte ensuite à Farel de toutes les négociations de la conférence de Ratisbonne, cette dernière tentative d'entente pacifique entre Rome et les Évangéliques; puis recevant, précisément au moment de clore, des lettres de Farel et de Viret, il ajoute un post-scriptum, où il donne à Farel les plus sages conseils au sujet des débats théologiques, et il termine ainsi :

Vous me pardonnerez de vous écrire avec cette familiarité. Vous pouvez vous figurer ma douleur au moment où je perds un tel ami et où je vois en danger de mort, ma femme, mon frère, Charles, qui m'est presque un second frère, et toute ma famille et ceux qui sont accourus à notre secours. Que n'êtes-vous ici pour une heure! Je connais votre cœur : vous ne pourriez me regarder sans tristesse. Je suis jour et nuit dans la désolation et je ne puis pleurer. Mais à quoi bon vous faire porter le poids de mes douleurs? Je n'en serais pas plus soulagé que si je les dévorais en silence comme de coutume [1]!

En même temps qu'il s'épanchait dans le cœur de ses amis, Calvin recueillait toutes ses forces pour écrire au malheureux père. Cette lettre est admirable de sincérité : il est impossible de n'être pas touché de cet effort pour pénétrer au cœur même du douloureux problème. Point de consolations banales, point de vague résignation : la question est posée sans détour et sans ménagement, et il n'y trouve, tout examen fait, qu'une réponse possible : « Il faut faire à Dieu cest honneur de croire qu'il est plus sage que ne peut porter la petitesse de nostre entendement ». Et cette stoïque sou-

---

1. Lettre de Calvin à Farel (29 mars 1541). Mêmes expressions dans la lettre à Viret du 2 avril 1541. On verra plus loin (par les derniers chapitres de cette biographie) pourquoi nous avons tenu à reproduire le récit détaillé de cet épisode dont Calvin aurait dû toujours se souvenir, et notamment les passages si formels de cette lettre, qui, à plusieurs reprises, mentionne la belle conduite de ces jeunes gens, à la tête desquels était Sébastien Castellion.

mission, qui n'est pas une soumission aveugle, n'étouffe pas les sanglots, n'arrête pas le flot des souvenirs, des détails familiers et touchants : le cœur se laisse aller et fond en larmes, après que la conscience, se maîtrisant, a fait son devoir et rendu gloire à Dieu.

Pendant le reste du printemps et pendant l'été suivant, l'épidémie continue. Lorsque Calvin rentra à Strasbourg, au mois de juillet, elle avait fait de nouveaux ravages, particulièrement dans les rangs de la jeunesse studieuse. Le fils de Zwingle fut au nombre des victimes. La peste s'étendit jusqu'à Bâle, où mourut l'illustre Simon Grynée (août 1540). Quelques mois plus tard, Bucer perdait sa femme et ses enfants, Capiton sa fille. Enfin le professeur Bedrot [1] et Capiton lui-même sont enlevés à la fin de l'année [2].

Le successeur de Calvin dans la charge de pasteur de l'Église française ne fut aucun de ces jeunes gens dont nous venons de le voir entouré. Ce fut un dernier venu, un jeune ex-dominicain de Metz, Pierre Brully, qui, après une première tentative de réforme à Metz, arriva à Strasbourg quelques semaines avant le départ de Calvin pour Genève, fut reçu chez lui (juillet 1541) et lui inspira une si grande confiance qu'à son départ (septembre) ce fut lui qu'il désigna pour ministre de la petite Église. On sait que Brully fit honneur à ce choix : appelé à aller prêcher l'Évangile dans son pays, il ne put résister à l'appel, parcourut la Flandre au péril de sa vie, puis, dénoncé par un faux frère à Tournay, il fut mis en prison et condamné après une procédure inique, malgré l'intervention des autorités strasbourgeoises. Le 18 février 1545, il écrivait à sa femme un mot d'adieu sublime, et le 19 il fut brûlé vif [3].

Au retour de Calvin à Strasbourg (juillet 1541), Castellion n'y était plus : il l'avait précédé à Genève.

---

1. Il écrivait le 24 août 1541 à Myconius : « Pestis hactenus satis clemens nobis fuit. Mense enim toto non sunt mortui ultra 160 homines. Verum jam atrocius sævire incipit. »
2. « Pour la seule année 1541 le nombre des victimes s'éleva, d'après un relevé officiel fait par l'ammeister Mathias Geiger, à 3 208 personnes. » Engel, *les Commencements de l'enseignement primaire à Strasbourg*, p. 26.
3. Nous avons plusieurs fois cité sa biographie pleine d'intérêt écrite par M. Rod. Reuss (*Pierre Brully, ancien dominicain de Metz, ministre de l'Église française de Strasbourg (1539-1545), étude biographique*. Strasbourg, 1878, in-8°). Voir aussi Ch. Paillard, *le Procès de Pierre Brully* (1544-45), d'après les papiers inédits des archives du royaume de Belgique. 1 vol. in-8, 1887.

CHAPITRE V

LE COLLÈGE DE GENÈVE

(1541-1544)

Établissement des écoles à Genève : le collège de Rive remplace le collège Versonnex. — I. Antoine Saunier et Mathurin Cordier pendant le premier ministère de Calvin. — II. Recherche d'un directeur pour le nouveau collège (1541) : Charles de Sainte-Marthe; Claude Budin; Mathurin Cordier. — Nomination provisoire, puis définitive de Sébastien Castellion. — III. Le collège sous le principalat de Castellion : esprit de la maison; méthodes nouvelles, rapports et différences avec celles de Sturm.

A Genève comme à Strasbourg, l'établissement des écoles avait suivi de près celui de la Réforme. Mais Genève était loin d'égaler Strasbourg. La petite cité du Léman avait eu, depuis le commencement du siècle, des destinées trop orageuses pour que les études y pussent fleurir. A ce moment même, rien de plus instable que sa situation politique : on luttait encore pour l'existence, au dehors et au dedans. D'ailleurs Genève avait toujours été une ville de commerce, plutôt qu'un centre universitaire. Placée au point de croisement entre la France, l'Allemagne et l'Italie, lieu de transit et de trafic, « c'est comme une place députée tant à l'apport des marchandises que pour les assemblées des marchans »[1]. C'est surtout une « bonne hôtellerie », comme l'appelait irrespectueusement une princesse de Savoie.

---

1. *La description de la ville de Genève*, à la suite de l'*Ordre et manière d'enseigner*, de 1538. — Voir Bétant, *Notice sur le collège de Rive de 1538*, Genève, in-8, 1866.

Il serait cependant injuste d'oublier le collège Versonnex, qui allait disparaître (1534), après avoir pendant plus d'un siècle fait grand honneur à la ville. C'était un modeste établissement, fondé en 1429 par un généreux citoyen, négociant de famille noble, François de Versonnex. La charte de fondation [1] est à plusieurs égards remarquable : l'école était destinée, dans la pensée du fondateur, à embrasser un cours d'études complet, *ad scolasticam disciplinam perpetue per rectores scolarum grammaticæ, logicæ et cæterarum liberalium artium exercendam*; l'enseignement y devait être gratuit, non pour les pauvres seulement, mais pour tous de la manière la plus expresse [2]. C'est du collège Versonnex qu'était sortie la vaillante génération qui avait affranchi Genève.

Mais à l'époque de la Réforme, le « vieux collège », situé en dehors des remparts, fut démoli avec tous les faubourgs qui gênaient la défense de la ville, « nonobstant toute la résistance que les non favorisans à ce sceussent fayre [3] ». Il fut décidé que l'école serait transférée à l'ancien couvent des Cordeliers à Rive. Il fallait d'abord la reconstituer, car, pendant les troubles de 1534 et 1535, maîtres et élèves s'étaient dispersés. Cette réorganisation du collège fut un des premiers articles du programme des réformateurs. Le 19 mai 1536, Farel et ses collègues décident de « donner ordre aux escolles »; ils en réfèrent au Petit Conseil et au Conseil des Deux-Cents. Et ce fut la même assemblée solennelle du Conseil général (c'est-à-dire de l'ensemble des citoyens) qui, le dimanche 21 mai 1536, proclama la Réforme et jura d'établir l'instruction publique :

.... Est esté assemblé le [Conseil] général, au son de la clouche et à la trompete, ainsy que est de coustume, et par la voye de Monsr Claude Savoye, premier sindicque, est proposé l'arrest du Conseil ordinaire et de Deux Centz... Et, après ce, [à] aulte voix est esté demandé s'il y avoit aulcungs que sceusse et volsisse dire quelque chose contre la parolle et la doctrine que nous est en ceste cité precchée, que il[s] le dyent....

---

1. 30 janvier 1429. Voir Jules Vuy, *Notes historiques sur le collège de Versonnex et documents inédits relatifs à l'instruction publique à Genève avant 1535*. Genève, 1867, in-4, 48 p. (Extrait du tome XII des *Mémoires de l'Institut genevois*.)

2. *Ibid.*, p. 34 et 36. Voir aussi un mémoire de M. Heyer dans le tome IX des *Mémoires de la Société d'histoire et d'archéologie de Genève*.

3. Ant. Froment, *les Actes et gestes de la cité de Genève*, édit. Revilliod, 1854, p. 239.

Sur quoy, sans point d'aultre voix que une mesme, est esté généralement arresté et, par élévation des mains en l'air, conclud et à Dieu promys et juré que très tous unanimement, à l'ayde de Dieu, volons vivre en ceste saincte loi évangellicque et parolle de Dieu...... veuillans délaisser toutes messes et aultres sérémonies et abusions papales, ymaiges et ydoles et...... vivre en union et obéissance de justice. Icy est aussy esté proposé l'article des escolles, et sur icelluy, par une mesme voix, est résolu que l'on taiche à avoir homme à cela faire sçavant et que l'on le sallarie, tellement que il puysse nurrir et enseigner les paovres sans leur rien demander de sallaire; et aussy que chascung soit tenu envoyer ses enfans à l'escholle et les faire apprendre; et tous escolliers et aussi pédadoges soyent tenus aller faire la résidence à la grande escolle, où sera le recteur et ses bachelliers [1].

Le directeur du collège reconstitué fut un des ministres, Antoine Saunier, qui reçut pour cet office un traitement de cent écus d'or, à charge par lui d'entretenir deux bacheliers (sous-maîtres), de donner l'instruction gratuitement aux enfants pauvres, et de n'exiger des autres que trois sols par trimestre.

I

Calvin, qui arriva quelques mois après (sept. 1536), conçut le collège sur un plus vaste plan. Il jugea sans doute qu'à la tâche, telle qu'il l'entendait, Saunier ne saurait suffire. Et il

---

1. *Registres du Petit Conseil de Genève* (mss). — Ce chapitre et les suivants contiendront un assez grand nombre de citations de ces registres conservés aux archives de Genève. Depuis l'époque où j'avais pris copie de ces documents alors inédits (1866-1868), une grande partie en a été imprimée, soit par fragments abrégés dans l'*Histoire du peuple de Genève* de M. Amédée Roget, soit *in extenso*, pour les parties concernant Calvin, dans le tome XXI des *Opp. Calvini*. Je demanderai néanmoins la permission de donner le texte d'après ma copie, qui présente de légères variantes avec celle de MM. Reuss, Baum et Cunitz. Ma principale raison pour y tenir est que je l'avais soumise, sur les points difficiles, à un homme dont la sagacité et la patience comme déchiffreur de ces vieux manuscrits égalaient la bienveillance pour les jeunes gens, feu M. Théoph. Heyer, en ce temps-là directeur des archives de l'Etat. — Pour l'orthographe, nous reproduisons fidèlement le manuscrit, mais il a paru nécessaire, pour la facilité de la lecture, de suppléer quelquefois entre crochets les lettres indispensables à la clarté du texte, d'y ajouter les signes de ponctuation et d'accentuation, ainsi que les majuscules, qui font entièrement défaut dans l'original.

N. B. — Cette note était déjà écrite et j'avais pris la liberté de communiquer mes épreuves à M. Théophile Dufour, neveu de M. Heyer et qui a été son successeur aux Archives de Genève, avant de prendre la direction de la Bibliothèque. Au lieu de se borner aux quelques renseignements de détail que je sollicitais, M. Dufour a voulu prendre la peine de relire lui-même et de corriger scrupuleusement dans ce chapitre et dans les suivants les textes empruntés à ses « chers registres ». Tous ceux qui savent le prix et l'autorité des travaux d'érudition de M. Th. Dufour, c'est-à-dire tous ceux qui se sont occupés de l'histoire protestante au XVIe siècle, comprendront ma gratitude et la partageront. J'ai dit ailleurs (voir la préface et l'appendice n° 1) ce que doit au même savant ma bibliographie des ouvrages de Castellion.

n'eut pas de peine à découvrir l'homme qu'il fallait en charger : il n'avait qu'à se rappeler son ancien professeur du collège de la Marche, Mathurin Cordier. C'était alors en France le chef, inconscient peut-être par modestie, mais incontesté, de la réforme des études.

Cette réforme, il est vrai, n'en était qu'à ses premiers tâtonnements ; la France n'avait encore (en 1536) aucun établissement qui fût pour elle ce qu'était depuis un siècle pour les Pays-Bas le gymnase de Saint-Jérôme à Liège, depuis quinze ans pour l'Allemagne l'université de Wittemberg avec Mélanchthon. Le moment n'était pas loin où, sous cette double inspiration, Jean Sturm allait fonder à Strasbourg le Gymnase protestant (1537) dont nous venons de parler, et Claude Baduel à Nîmes le collège des Arts (1539). Mais rien n'annonçait encore ces fondations, et le plus remarquable ou plutôt le seul essai de réorganisation scolaire, d'après les principes de la Renaissance, qu'eût encore vu notre pays était celui d'André de Gouvéa. Ce savant portugais, « sans comparaison le plus grand principal de France », comme l'appelle son élève Montaigne, venait d'aller avec une petite colonie de professeurs, pris surtout à Sainte-Barbe, restaurer le collège de Guyenne à Bordeaux (1534), ébauché plutôt que créé quelques mois auparavant par Jean de Tartas.

C'était là que se trouvait, en compagnie de quelques maîtres d'élite, Mathurin Cordier. Fidèle à ses principes, Cordier se consacrait à la partie la plus humble, mais la plus négligée de l'œuvre pédagogique, à l'enseignement des premiers éléments. Son curieux petit livre, le *de Corrupti sermonis emendatione*, publié naguère (1530) par son ami Robert Estienne, avait été la première et significative protestation humaniste contre les vieux errements, le manifeste de la nouvelle école : il annonçait la ferme résolution d'extirper des petites classes le latin de cuisine et des autres le latin de la scolastique. Depuis lors, Cordier, tenant à honneur de n'être rien d'autre que « maître de grammaire », s'appliquait à créer cet enseignement simple et solide de la grammaire, qu'il nous semble aujourd'hui impossible de ne pas mettre à la base de tous les autres, mais qu'alors maîtres et élèves dédaignaient avec une égale folie[1]. Chacun des petits livres qu'il publia depuis, fruit de l'expérience, écrit pour la classe et éprouvé en classe, faisait faire un pas de plus à la pédagogie nouvelle; il ne lui en coûtait pas de descendre à ces infiniment petits et de s'y enfermer : *puerorum utilitati sic me prorsus addixi ut, eorum gratia, me ad infima quæque demittere nihil omnino verear*[2]. Cet effort, qui, en d'autres temps, eût pu passer inaperçu, fut remarqué et admiré. La popularité qu'avait acquise en quelques années ce hardi novateur dans un domaine si obscur peut nous étonner, mais le fait est impossible à nier, n'en eût-on d'autre preuve que celle que cite Quicherat, cette phrase qui sert d'exemple à une règle sur la construction des adverbes dans un livre de classe de 1534 : *ubicumque docebit Maturinus Corderius, florebunt bonæ literæ*[3].

Peu de figures de ce temps sont à la fois aussi effacées et aussi originales que celle de Mathurin Cordier. On l'a appelé le Rollin et le Lhomond de son siècle. Il y a quelque chose de juste dans ces rapprochements, parce qu'il y a quelque chose de commun entre tous les hommes qui ont consacré leur vie à l'enfance : cette vocation d'éducateur est, dans tous les temps, une de celles qui mettant l'homme un peu à l'écart du monde, lui donnent un air à part. On peut ajouter que Cordier est, comme Rollin, un humaniste épris de la pure antiquité, qu'il est, comme Lhomond, un grammairien de bon sens; comme tous deux et comme tous les vrais maîtres de la jeunesse, il a ce fonds de bonté qui permet d'aimer l'enfance et d'en être aimé; il a d'ailleurs assez de désintéressement pour se complaire dans son humble tâche, assez de noblesse d'âme pour la rendre respectable. Mais là s'arrêtent les analogies. Nous oublions trop, à distance, les autres traits caractéristiques de cette

---

1. « Autores diversos audierunt, instituti sunt in dialecticis ac rhetoricis præceptis, grammaticæ vero aut omnino sunt ignari, aut rudes, ut non modo scribere emendate nesciant, sed ne loqui quidem latine atque expedite queant. » (Mich. Toxites, *Consultatio de emendandis litterarum ludis*. Tubingue, 1557, in-4.)
2. Préface (février 1534) du *Disticha de moribus cum latina et gallica interpretatione Maturini Corderii* (nombreuses éditions à Paris et à Lyon de 1538 à 1598. V. le *Répert. des ouv. péd. du XVIe s.*).
3. Quicherat, *Hist. de Sainte-Barbe*, I, 151. L'ouvrage cité est le *De octo orationis partium constructione*, de Junius Rabirius. Paris, 1534, in-8.

belle physionomie. En dépit de sa mansuétude, Mathurin Cordier est un homme du xvi⁰ siècle; il en a le tempérament avec son mélange d'audace et de naïveté. Il est né et il a grandi dans les ténèbres du moyen âge, il a l'étonnant mérite de les avoir dissipées en lui et autour de lui par la seule force de la réflexion. C'est un des plus beaux exemples d'émancipation raisonnée, et qui suppose un esprit de forte trempe. Le caractère n'avait pas moins d'énergie, avec des formes douces et une sorte de lenteur qui était surtout la possession de soi-même. Il ne faut pas perdre de vue que, dès janvier 1535, Mathurin Cordier est inscrit sur la liste des suspects de « luthérerie » sommés d'avoir à comparaître sous la menace de peine capitale [1]; il n'avait échappé aux poursuites qu'en s'éloignant de Paris, où il ne devait plus rentrer [2]. Il était de ces penseurs qui avaient commencé avec Lefèvre d'Étaples, mais qui ne s'étaient pas arrêtés avec lui : lisant mieux dans leur propre pensée, ils s'appelaient toujours des *évangéliques*, mais on les appelait *luthériens*, et ils ne s'en défendaient plus.

A Bordeaux comme à Paris, plus librement et plus hardiment qu'à Paris, Mathurin Cordier a sans cesse dans la bouche le mot suspect à la Sorbonne : Christ tout seul [3]. Ses élèves ne s'y trompent pas, et une touchante poésie de l'un d'eux nous a conservé leur impression sous une forme qui semble reproduire la simplicité pénétrante du maître [4].

A Bordeaux comme à Paris, Cordier n'est pas un pur

---

1. *Chronique du roy Françoys, premier de ce nom*, publ. par G. Guiffrey, 1860, p. 131.
2. « Lutetia profugus propter Evangelicæ doctrinæ professionem. » (Préface des *Colloques*.) Voir sur son séjour à Nevers, la *Revue pédagogique*, mai 1891.
3. La Faculté inscrit par exemple comme un des motifs de la condamnation prononcée contre Pierre Caroli (7 sept. 1525) « la coustume qu'il avoit de dire CHRIST sans y adjouter le nom de JÉSUS ».
4. *J. Vulteii Epigrammatum lib. IIII*, 1537, p. 50, ad Corderium :

> Te docuit Christus verumque fidemque docere,
>   Te docuit Christus spernere divitias,
> Te docuit Christus teneram formare juventam,
>   Te docuit Christus moribus esse bonis,
> Te docuit Christus, nulla mercede parata,
>   Viva literulas voce docere bonas,
> Te docuit Christus cœlum vitamque beatam
>   A se immortali, *non aliunde*, dari, etc.

On remarquera chez Voulté cette dernière allusion, non équivoque et très sympathique, aux sentiments « évangéliques » de Cordier.

lettré, un parfait professeur de langue, c'est par surcroît et de toute son âme un maître de morale. Il se rapproche plus de Mélanchthon que d'Erasme. Il étonne ces jeunes gens, habitués jusque-là à ne voir dans le régent qu'un habile manieur de mots et de formules, en s'intéressant plus à eux-mêmes qu'à leur savoir : il leur parle de la vie et de ses devoirs, de leur conduite, de leurs fautes ; langage nouveau et nouvelle éducation :

> Cordatus linguæ, morum vitæque magister,
> Corderius censor crimina cuncta notat [1].

C'était bien là le professeur et l'éducateur que devait désirer Calvin pour son collège naissant ; mais comment l'y attirer ? Comment le détacher de Bordeaux ? Plus d'un lien l'attachait au collège des jurats : l'amitié d'abord. Il y avait pour collègues son vieux camarade Claude Budin, des hommes de goût, qui étaient en même temps des hommes de cœur, comme Robert Britannus, comme André Zébédée, comme Charles de Sainte-Marthe, comme Nicolas Grouchy, comme Voulté lui-même, encore étudiant, déjà poète et déjà professeur, comme cet excellent maître des commençants, qu'il avait en grande estime, Jean Collassus ; il devait d'ailleurs trop de gratitude à Gouvéa pour l'abandonner ; enfin il était surtout attaché à l'œuvre par l'œuvre elle-même : à côté de l'enseignement, il se faisait au collège, sans bruit, mais d'autant plus sûrement, un profond travail religieux ; la plupart des professeurs répandaient autour d'eux les doctrines nouvelles en hommes graves et instruits, sincèrement convaincus, mais pleins de mesure et de respect pour toutes les traditions respectables. Jean Collassus lui-même, au milieu de ses deux cents petits élèves, faisait lire l'Evangile en français et par eux l'introduisait dans les familles. Les magistrats étaient dans les mêmes dispositions : le fondateur du collège, Jehan de Ciret, clerc secrétaire de la ville, le sous-maire Charles de Candelay, favorisaient décidément la réforme. Le collège de Guyenne était l'un des deux foyers de la propagande qui

---

1. Voulté, *Epigr.*, p. 49.

s'étendait rapidement dans tout le Sud-Ouest ; l'autre était la cour de Nérac.

Le vieux maître céda pourtant, et il fallait s'y attendre. Comment répondre par un refus à l'auteur de l'*Institution chrétienne*, à ce jeune homme dont il avait deviné le génie et qui l'appelait à lui au moment de constituer cette première république évangélique placée comme un avant-poste sur le flanc même de la France ? Peut-être aussi le perspicace professeur avait-il déjà vu que la semence ne lèverait pas à Bordeaux ou qu'elle y levait trop vite pour prendre pied et braver les prochains orages. Peut-être reconnaissait-il dès lors ce qui deux ou trois ans plus tard allait éclater à tous les yeux, l'impossibilité de rien fonder de franc et de sérieux sans sortir des vieux cadres et sans rompre avec l'Église.

Quoi qu'il en soit, il partit, et nous le trouvons à Genève dès 1537, non pas à la tête du collège, mais comme à Bordeaux, en second ; c'était sa place de prédilection. Vieux professeur (il avait cinquante-huit ans), il voulait rester homme d'école et homme d'étude, tout entier à la recherche des meilleures méthodes pédagogiques. On ne fit pas violence à sa modestie ; seulement, dans le prospectus du collège qui parut en janvier 1538, on ne manqua pas de constater sa présence et de citer son nom, sans épithète ni commentaire, en signalant un des exercices scolaires dont il avait la direction.

Le collège de Rive eut un heureux début, mais ce fut tout. Dès la fin de 1537, les relations entre Calvin et le gouvernement de Genève ne permettaient plus d'espérer un accord ; ni l'un ni l'autre ne céda, l'un défendant ce qu'il croyait son droit et son devoir de pasteur, l'autre refusant de sacrifier les libertés si chèrement conquises à une nouvelle forme de théocratie. Les élections de février donnèrent la majorité aux *articulants* ; Calvin et Farel ne quittent pas leur poste, ils attendent d'être bannis, et ils le sont (23 avril 1538).

Leurs fidèles adhérents ne les suivent pas sur-le-champ. Eux aussi attendent d'être mis en demeure. Ce n'est qu'à la fin de l'année qu'on les oblige à opter : ils adopteront le rite bernois pour la cène ou quitteront la ville. Ils n'hésitent pas.

En janvier 1539, Saunier va rejoindre Viret sur les terres de Berne et fonder le collège de Lausanne; Mathurin Cordier, appelé par Farel, prend la direction du collège de Neuchâtel, qui va être, grâce à lui, pendant plusieurs années, le premier des collèges protestants de langue française.

Celui de Genève, Cordier parti, ne put que végéter; il n'eut que des maîtres de rencontre. Le dernier fut un certain « maître Agnet[1] Bussier », que nous voyons, dès la fin de 1540, se plaindre de « son petit gage » et supplier qu'on lui trouve un successeur, « causant sa maladie ». Il ne put même pas attendre qu'on l'eût remplacé et l'école resta plusieurs mois confiée aux sous-maîtres.

II

C'est dans cet état de décadence ou plutôt de ruine que Calvin, rappelé à Genève après le revirement de 1540, allait trouver le collège, objet de tant d'espérances. Pour lui épargner ce spectacle, des amis de Farel et de Viret, en attendant son retour, firent les plus actives démarches en vue de reprendre l'œuvre interrompue depuis trois ans.

Pendant les quelques mois qui précèdent la rentrée de Calvin (janvier-septembre 1541) les registres du Conseil nous montrent ministres et magistrats redoublant d'efforts. Les ministres viennent presque chaque semaine répéter qu'il faut prendre à cœur la restauration des écoles, les magistrats s'y appliquent avec le zèle le plus louable : en même temps qu'ils s'occupent de l'installation matérielle[2], du remboursement des sommes dues à Saunier et qu'il réclamait en vain depuis cinq ans, ils font bonne garde sur les petites écoles privées et sur les maîtres, refusant à l'un l'autorisation d'enseigner,

---

1. Maître Agnet ou Annet Bussier avait été, en 1538 et 1539, pasteur à Prangins, près de Nyon, puis mis à la disposition du Conseil de Genève, « pour servir en maistre d'escoles » (déc. 1539), par une décision gracieuse du Conseil de Berne. (Herminjard, VI, 152.)
2. On décide de transférer l'école « de laz mayson de laz Chantrerie devant Saint-Pierre », dont on signale les inconvénients, à l'ancien collège, réparé et mieux aménagé. (Registres, 17 mai, 1ᵉʳ août et 21 septembre 1541.)

« pour ce qu'il est suspicioné de tenyr la loy des anabaptistes[1] », mettant l'autre en prison, « pour ce qu'il est suspicioné de tenyr toujours de la papisterie[2] ». Mais l'extrême difficulté était de trouver un personnel enseignant. Après avoir essayé deux ou trois maîtres de hasard et de passage[3], on reconnaît qu'il faut s'adresser plus haut, et les noms que les ministres apportent au Conseil suffisent à prouver le rôle important que l'on entend encore assigner au collège : on cherche parmi les humanistes français du plus grand renom.

Le premier sur qui l'on crut pouvoir compter fut Charles de Sainte-Marthe, ce jeune poète que nous avons déjà trouvé à Lyon dans la société de Gilbert Ducher[4]; il commençait l'illustration de cette famille qui devait être pendant deux siècles une des plus brillantes dynasties littéraires de ce pays. C'était le second des douze enfants de Gaucher de Sainte-Marthe, médecin du roi. Tout jeune encore, il avait été appelé au collège de Guyenne et chargé d'une classe de latin sous le court principalat de Tartas (déc. 1533). Dès le printemps suivant, il avait quitté l'établissement avant l'arrivée de Gouvéa, avait passé un an à Bazas, puis quelques mois à Marmande, à Fontevrault dans sa famille, enfin à Poitiers, où il voulait prendre le bonnet de docteur et où il est mentionné en 1537, *sacrarum literarum in Pictaviensi achade-*

---

1. 4 avril 1541. « Jaques Méraulx, demorant à Rive..... avecque ce. ne luy estoyt donné charge synon de apprendre àz escripre les enfans et il tyen eschole ; sur quoy résoluz que il luy soyt deffendus. » Toutefois, le 26 décembre suivant, « jusquez l'on soyt mieulx proviheuz d'ung sçavant maystre d'escripture, ordonné que ledictz Méraulx puysse toutjours apprendre àz escripre les petit enfans et chiffrer ».
2. « Domp Pierre Bochy » (8 avril 1541). Huit jours après, il lui est « donné licence de tenyr l'eschole d'escripture *pour les grans et non pas pour les petis enfans, car il n'en sçayt guère* » (15 avril).
3. L'un admis « pour ung peult de temps » (5 avril 1541), un second présenté par Viret « pour àz présent, » comme « asses sufûsant pour lyre laz grammayre » (17 mai); sans compter, en outre, « ung magister pour instruyre les enfans de l'hospital » (5 avril 1541).
4. G. Ducher lui adresse plusieurs pièces, notamment celle sur la conclusion de la paix entre la France et l'Espagne :

    Exhauriamus Cœcuba cantharis,
    Smartane, vastis, etc.   (P. 116.)

Et il insère une petite pièce (*phaleucium*) de Sainte-Marthe parmi celles des amis qui le recommandent au public (p. 160).

Au moment où ces pièces paraissaient, Ch. de Sainte-Marthe était dans les prisons de Grenoble.

mia regius professor[1]. C'est sous ce titre qu'un jour, sans être connu de Calvin, il lui écrit en se recommandant de leur ami commun, Laurent de Normandie. Il lui témoigne son admiration, lui fait part de ses efforts et l'informe à la fois des progrès de l'Évangile au sein de l'académie[2] et des violentes colères que suscite son enseignement. Il est résolu, dit-il, à y tenir tête. Cependant, quelques mois après, il est obligé de fuir. On ne sait par quel hasard il est arrêté à Grenoble. Jeté dans un cachot, il y subit une détention de deux ans et demi (1538-1540) et y endure une suite de traitements inhumains; enfin il n'échappa au bûcher, nous dit-il lui-même, qu'en simulant la folie. Encore y fallut-il l'intervention d'amis tout-puissants. C'est au sortir de cette prison qu'il publie à Lyon son volume de *Poésie françoise* (1540).

A Lyon, Ch. de Sainte-Marthe ne paraît pas être inquiété; il n'hésite pas à se montrer l'ami, l'admirateur d'Étienne Dolet[3], ce qui l'exposait aussi bien à des jugements fâcheux de la part des réformateurs[4] qu'à des périls plus graves du côté du clergé catholique.

Rien ne l'obligeait cependant à quitter Lyon, où il paraît même avoir été un moment attaché au collège de la Trinité. Mais, quand on a tant souffert pour sa cause, on y est attaché pour la vie. Le nom de Calvin grandissait, et son exil de Genève lui donnait un prestige nouveau. Quand le bruit se répandit que Genève repentante avait rappelé l'austère réformateur, Sainte-Marthe ne résista pas à un mouvement d'en-

---

1. Herminjard, IV, 221.
2. « Quod achademia nostra libera sit, plena viris piis, iisdemque doctis. »
3. En 1540, il lui consacre, dans sa *Poésie françoise*, une ode où il le célèbre comme l'héritier et l'émule d'Érasme, Bembo et Sadolet; un dizain de lui, à la fin du petit volume de Dolet sur *la manière de traduire*, le signale « au lecteur françois » comme auteur d'une méthode

« Si bonne en tout qu'il n'y a que redire ».

Notons que comme beaucoup de nos humanistes il insiste sur l'usage de la langue maternelle :

Pourquoy es-tu d'aultruy admirateur
Vilipendant le tien propre langage?
Est-ce, Françoys, que tu n'as instructeur
Qui d'iceluy te remonstre l'usage?

4. « L'an 1537, un jeune homme, nommé Saincte Martre,.... commencea de faire des lectures en théologie, mais pour ce qu'il n'avoit point de fond et qu'à la vérité il y avoit en luy plus de légèreté que de vray zèle, il y eut en son faict plus de fumée que de feu. » (Th. de Bèze, *Histoire ecclésiastique*, I, 63.)

thousiasme : il partit pour Genève, décidé à offrir ses services, à prendre sa part du bon combat. Viret, encore seul à Genève en attendant le retour de Calvin, accueillit avec empressement le brillant humaniste. Il lui parla de ses projets pour le collège et crut fermement l'avoir décidé à en accepter la direction, ainsi qu'il l'écrit à Calvin [1] et le dit au Conseil [2]. Calvin s'applaudit de cette bonne nouvelle et envoie à Viret, de Ratisbonne, son approbation à ce choix [3]. Hélas ! au moment où Calvin écrivait, Sainte-Marthe, qui était rentré en France pour mettre ordre à ses affaires et pour aller chercher sa fiancée, était de nouveau jeté en prison. Il faut lire la lettre émue de Viret aux pasteurs de Zurich [4] : à travers ses protestations de résignation pieuse, on sent la douleur de l'homme qui a entrepris de grandes choses et à qui rien ne manque, pour les accomplir, que des hommes : « Tout allait bien, l'heure était propice, les dispositions favorables, plus de séditions, plus de partis adverses, le peuple et le magistrat décidés à tout faire pour les écoles, pour les hôpitaux, pour les asiles d'étrangers; c'était le moment précis de faire toutes les réformes. *Sed desunt viri* [5]... »

Le nouvel emprisonnement de Sainte-Marthe [6] paraît avoir été connu à Genève dans le courant de mars, car à la fin de ce mois le Conseil accepte sans hésitation des propositions nouvelles et qu'il croit définitives.

---

1. Lettre de Viret à Calvin, 6 février 1541 : « *Sammartanus*, vir doctissimus, quem tibi de nomine opinor esse notissimum, cum intellexit me hic esse et te propediem adventurum, confestim huc se recepit : cui speramus nos facile persuasuros ut hic pedem figat, ubi rebus suis prospexerit nonnihil, præsertim sponsæ, cui non ita dudum fidem dedit. »

2. Registres du Petit Conseil : « Les prédicants proposent pour régent Martanus (14 février). « Pour ce que maystre *Martanus* doybt venyr régenter les escholes, ordonné que maystre Agnet serve jusquez à saz venue » (28 février 1541).

3. Lettre de Calvin à Viret : « De Samarthano placet quod senatus ei bonam spem fecit ». (Ratisbonne, 2 avril 1541.)

4. « Nemo est, quamvis omnes nobis sint charissimi, cujus vincula majorem animis nostris mœrorem injecerit quam *Sammartani*, viri multa eruditione ac pietate, cujus opera sperabamus collegium Genevense collapsum ac tam misere disjectum, fœlicissime erigendum, bonas literas, quæ post ejectos fratres contemptorum et squalidorum in situ et pulvere jacuerant, pristino restituendas nitore : ... at secus visum est Domino. » (Lettre de Viret aux pasteurs de Zurich, 27 avril 1541.)

5. « Pergebant res Genevensium felicissime..... Omnia nunc nobis sunt in manu. Nunc ipsissimus est temporis articulus et peropportuna occasio instaurandi omnia quæ collapsa fuerant. Sed desunt viri doctrina et pietate commendabiles, qui hoc præstare queant. »

6. Cet emprisonnement ne paraît pas avoir été de longue durée. La carrière de Charles de Sainte-Marthe, semée jusque-là d'incidents dramatiques, s'acheva d'une façon plus tranquille, grâce à la protection de Marguerite de Valois, qui lui fit donner l'emploi de lieutenant criminel à Alençon.

LE COLLÈGE DE GENÈVE.

Elles venaient du bon Mathurin Cordier, qui, dans sa joie du rappel de Calvin, prenait l'initiative d'une démarche respectueuse auprès du Conseil :

> En pensant à vostre collège, lequel vous avez si grand désir de relever à l'honneur de Dieu, il m'est venu en mémoire d'ung bon frère et honneste personnage, nommé Claude Budin, lequel est de présent à Bourdeaulx en Gascongne, demourant au collège de ladite ville, et là il travaille à instruyre la jeunesse, en telle sorte que, depuis quatre ou cinq ans qu'il y est, il a faict courir ung merveilleux bruyt touchant ledit collège [1].

---

1. Claude Budin, « licencié ès lois et maistre ès arts », s'était fait surtout une légitime réputation comme professeur. Cordier, dans son *de Corrupti sermonis emendatione*, lui emprunte la traduction latine du proverbe français :

> Cil qui d'aultruy parler vouldra,
> Regarde à soy : il se taira,

que Claude Budin, — vir amœnissimi ingenii, ajoute Cordier, — traduit ainsi :

> Qui me lædere dente vis canino,
> Te circumspice : protinus tacebis.

Voilà à ma connaissance, dit M. Massebieau (*Schola aquitanica*, p. 57), tout ce qui subsiste de Claude Budin. Mais M. Herminjard (VII, 505) a déjà rappelé que l'on connaît deux opuscules de Budin. Nous en pouvons signaler trois, qui se trouvent à la Bibliothèque Mazarine :

1° *Claudii Budini Carnutensis epistola ad clarissimum poetam regium Faustum Anderlinum, præceptorem suum quam optime meritum.* Cette longue pièce (intitulée *de Laudibus Faustinis*, et abréviativement *Faustina*) est un éloge enthousiaste du maître, avec toutes les hyperboles d'usage :

> Si pereas, moritur linguæ veneranda latinæ
> Majestas, reliquis anteferenda bonis...
> Ille est qui primus cis Alpes carmina vexit,
> Quo duce jam Francos nulla Camœna latet.

Tout le morceau, en dépit de ses froides allégories, éveille bien l'impression d'un grand mouvement scolaire et littéraire, dont le vieil humaniste italien a donné le signal par sa parole chaude, abondante, communicative :

> Reddidit hic doctam magno sudore juventam,...
> Gymnasium Faustus Parrhisiense colit...
> Malo etenim verbum quod vivo auditur ab ore
> Quam mihi plena ingens Bibliotheca foret, etc.

(Réimprimé dans les *Poemata aliquot illustrium poetarum recentiorum*, Bâle, Winter, in-8, 1541.)

2° Une autre pièce en vers, *Epistola Claudii Budini Vultonis, Carnutensis, ad P. Faustum Andrelinum hac vita functum.* Imprimebat Badius, idibus nov. MDXX (in-4). Elle est précédée d'une dédicace « Francisco Prateo, parisiensi patricio, discipulo suo charissimo », remplie aussi des expressions les plus vives de l'affection, du dévouement, du zèle ardent d'un maître qui se sent autant maître de morale que maître de langue : « Deosculare, amplectare, fove in premio virtutem, mi puer, qua nihil amabilius. » Chez lui, comme chez Cordier, nous retrouvons les détails touchants par leur naïveté, les menus conseils d'un père qui ne dédaigne pas de recommander à un garçon, probablement assez rétif aux règles de la bienséance, « ut mundus semper vivat neque unquam se negligat ». Il envoie d'ailleurs à cet élève, François Duprat, son élégie sur Faustus Andrelinus, qu'il a en portefeuille depuis un an, et il y joint les compliments de Stéphanion (voir ci-après). Cette dédicace est datée : « Ex conclavi nostro Marchiano, VI Cal. Aug. MDXX ». — L'élégie en elle-même est plus longue qu'intéressante; c'est le remplissage ordinaire de l'époque et de l'école. — A la suite

Cordier ajoute que, déjà en 1538, lorsque lui-même avait été appelé à Genève, « pour ayder à instruyre les enfans en votre collège », Claude Budin aurait bien voulu avoir une occasion semblable de s'en venir au « pays de l'Évangile », et « de faict, il luy faisoit grand mal de me veoir ainsi départir, ... car, dès nostre jeune eage, luy et moy avons tousjours esté si bons amys et si familiers ensemble que nous avions, selon nostre povreté, et argent et livres et aultres choses tout en commun ».

Cordier insiste ensuite sur les mérites de son ami :

.... Je ne sache homme de lettres plus convenable pour ayder à relever vostre dict collège. Vray est que vous trouverez assez de gens de grand savoir et d'une grosse apparence, mais croyez que, pour le présent, il est bien difficile d'en trouver ung tel quant à la traditive, ne qui ayt si grand industrie et diligence pour donner bon ordre à toute vostre escole, et pour y planter et introduyre une telle discipline qu'il en sera parlé, aydant le Seigneur, non seulement ès pays de l'Evangile, mais aussi ès autres contrées, comme France et Italie. Et mesmes longtemps y a que ledict frère a composé ung *Ordre et manière d'enseigner les enfans*, lequel il avoit grand désir que fust introduict en vostre cité; car il espéroit par ce moyen là que voz enfans prouffiteroient plus en ung an que le temps passé on ne faisoit en deux ou troys, et par ainsi que les autres escoles prendroient exemple sur la vostre... Touchant la manière de le retirer de là où il est, je ne doubte point de luy qu'il ne vienne voluntiers, s'il luy est possible. Mais je crains fort une chose, c'est qu'on luy face empeschement de par la ville à cause qu'il est fort aymé et en grosse réputation par delà. Mais toutesfoys, si vous concluez ensemble de l'envoyer quérir, vous estes assez discretz pour adviser les moyens de le faire venir.

se trouve une épigramme, aussi en vers latins, de Josse Bade persuadant à Budin et à son élève que Fauste leur sourit de sa dernière demeure.

3° Une pièce, peut-être un peu plus ancienne, imprimée chez Josse Bade, belle plaquette in-4° qui a l'aspect des incunables — *Claudii Budini Vultonis ad Stephanionem Ligneria- num suum de metrorum contextura libellus*, — contient en distiques parfois à peine intelli- gibles une foule de règles de prosodie, interrompues çà et là par une causerie affectueuse avec l'enfant. Les exemples se mêlent aux règles et y suppléent :

    Ut mihi consilium est, exempla hic multa reponam :
      Namque erit in scriptis regula rara meis.

Budin termine par l'éloge de la poésie, de ses avantages pratiques et aussi de son charme intime, que font entrevoir deux ou trois distiques assez heureux :

    Ast, ubi doctus eris, vel ibi qua transit Apollo
      Musa dabit sedem, quæ tibi grata comes.
    Nunquam, crede mihi, solus versabere sylvis :
      Ad tua deducet rura Diana choros,
    Teque sibi dicet socium, sibi dicet amicum,
      Atque tui carmen corticis esse volet!

(Ce bizarre petit traité de versification a été réimprimé, d'après La Croix du Maine, à Poitiers, chez les Marnef, en 1544, in-8.)

Cordier ajoute qu'il en a « traicté et conféré » avec Farel, qui, comme lui, est d'avis que les magistrats genevois « n'espargnent rien, pour avoir ung tel homme ».

Cette lettre touchante est du 12 mars 1541[1]. Les registres du Conseil nous apprennent comment elle fut accueillie :

> Mardy 29 marcii 1541. — *Lettre de Neufchatel pour havoyer ung régent d'eschole.* — Maystre Corderius az rescript une missive contenant en icelle, entre les aultres choses, qu'il désire grandement l'honneur et l'avancement de laz gloyre de Dieu et de laz rée publicque, et, pour ce qu'il ast entendus les escholes estre destitués de régent, qu'il sçayt home propice pour cella exercer, nommé Claude Budin, de Bourdeaulx en Gasquognye, et que, si l'on le veult retiré, il s'en ayderaz de son povoyer.
> — Résoluz que maystre Pierre Vyret, prédicant, et les Srs Pertemps et Lambert ayent toute puyssance de conféry ensemble et trove[r] tous les moyens qu'il seraz possible pour havoyer ledictz régent; et az esté fayct mandement aut tressorier de deslyvre[r] pour l'aller querre 39 florins.

On voit que l'intention de Viret et du Conseil est toujours de mettre à la tête de l'école un homme de grande valeur.

Pourquoi Budin ne vint-il pas à Genève? Nous l'ignorons. L'empressement qu'avait marqué le Conseil à accueillir les propositions de Cordier ne permet pas de croire qu'on eût renoncé à l'appeler. D'autre part, ce que nous savons de Budin, par l'*Histoire du collège de Guyenne* de M. Gaullieur, nous le montre, à l'époque dont il s'agit, très attaché à Bordeaux, dans une heureuse situation de fortune, et de plus, semble-t-il, disposé à une grande prudence en matière religieuse, puisque, quatre ans après, effrayé par le supplice de plusieurs de ses collègues dans l'enseignement, il dicte un testament, en apparence au moins, parfaitement catholique.

Quoi qu'il en soit, dès le mois de mai 1541, on avait renoncé, à Genève, à l'espoir de faire venir Claude Budin et tout naturellement on en était revenu à une idée qui avait dû se présenter, la première, à l'esprit de tous et particulièrement de Viret : rappeler Mathurin Cordier lui-même. La réponse du digne principal était facile à prévoir : il ne pouvait quitter son poste sans l'agrément des magistrats de Neuchâtel, et ceux-ci, au premier mot de la requête, lui avaient « coppé

---

1. Herminjard, VII, 51.

la broche si très court et si très soubdain qu'il n'y a plus fallu retourner ». Cette réponse et celle des autorités neuchâteloises [1] parvinrent à Genève le 13 juin [2]. Et quatre jours après les registres portent la mention suivante :

Vendredy 17 jugnii 1541. — *Régent de nous escholes*. — Pource qu'il n'y az nul régent suffisant èsdictes escholes, ordonné qu'il soyt mys ung régent, lequelt maystre Guillaume Farel az envoyé.

Le lundi suivant, le nouveau régent entrait en fonctions et prêtait serment. Le registre l'appelle « maystre Sébastian Chatillion ». On lui donnait pour aide et on installait en titre avec lui un des anciens sous-maîtres d'Agnet, Étienne Rouph (Rufus, Ruffi, Roux). C'était à un débutant de vingt-six ans qu'allait échoir le redoutable honneur de remplir un office destiné d'abord à des hommes tels que Sainte-Marthe, Claude Budin et Mathurin Cordier.

Comment le jeune maître arrivait-il à Genève? comment était-il « envoyé par Farel » et qui d'abord l'avait recommandé pour cet emploi à Farel? Était-ce Calvin lui-même? Le registre en eût sans doute fait mention.

Farel connaissait Sébastien Castellion : il était allé plusieurs fois à Strasbourg [3] et l'y avait vu soit chez Calvin, soit avec Nicolas Parent et Eynard Pichon, devenus tous deux ministres dans le comté de Neuchâtel. Il n'est donc pas étonnant que Farel, en quête d'un candidat, ait songé à Castellion, soit spontanément, soit sur l'indication d'un des compagnons d'études du jeune homme à Strasbourg.

Nous avons d'ailleurs, sur les circonstances de cet appel, le témoignage de Castellion lui-même. Il nous apprend qu'il hésitait beaucoup à accepter de si lourdes fonctions, qu'il s'y refusa d'abord et ne céda qu'aux instances de Calvin lui-

---

1. Le texte de l'une et de l'autre, dont l'original existe aux archives de Genève, a été publié pour la première fois par M. E.-A. Berthault : *Mathurin Cordier et l'enseignement chez les premiers calvinistes*, p. 32-34; il se trouve aussi dans l'ouvrage de MM. Turrettini et Grivel, *les Archives de Genève*, p. 296-298, dans la *France prot.*, 2e éd., IV, 684-585, et dans la *Corresp. des Réformateurs* de M. Herminjard, VII, 153.

2. « Recyeuz ce 13 jugnii 1541; »; note manuscrite du secrétaire d'Etat Ruffi au dos de la lettre de Cordier datée du 9.

3. Le fait résulte de la correspondance (Herminjard, VII).

même et de ses deux amis Farel et Viret [1]. C'est encore lui qui nous donne un détail de sa première entrevue avec Calvin, quand celui-ci, revenant de Ratisbonne, le trouva installé à Genève. Il ne l'avait pas revu depuis les douloureux événements que nous avons racontés. Le premier mot de Calvin fut pour le remercier du dévouement dont il avait fait preuve alors : ce dévouement l'avait d'autant plus touché que Sébastien s'était conduit envers la maison de Calvin comme s'il en avait toujours fait partie, et cette remarque amena tout naturellement une allusion à l'incident de l'arrivée de Mme du Verger et au regret qu'il en avait eu [2].

Mais cette entrevue avec Calvin ne paraît pas avoir affermi le jeune principal ; on pourrait presque croire le contraire, comme nous l'allons voir.

Calvin était arrivé le 10 septembre : il y avait juste un an qu'on l'attendait. Dès le 13 il se présente au Conseil et demande, avant tout, qu'une commission soit nommée pour arrêter, de concert avec les ministres, des « Ordonnances sur l'Église et [le] consistoire ». Et immédiatement, au lendemain même de son retour, Calvin commence son œuvre.

Le retour de Calvin à Genève, ce n'était pas le triomphe d'un homme, c'était la victoire d'une idée, et cette idée s'annonce, s'affirme, s'impose sans détour dès le premier moment, comme si Calvin avait tenu à honneur de mettre immédiatement à l'épreuve, par sa propre sincérité, celle des hommes qui le rappelaient. Étaient-ils aussi décidés à obéir qu'il l'était lui-même à commander? Voilà ce qu'il fallait savoir avant tout. Aussi semble-t-il, à lire les registres du Conseil et les lettres intimes du réformateur, qui en sont le lumineux commentaire, qu'il ait eu hâte de poser la question et qu'il se soit fait un devoir de la poser entière, nette, avec ses angles et ses arêtes vives, dans toute l'aspérité d'une logique qui ne veut rien dissimuler. C'est bien la réforme de la vie publique et privée dont il fait le premier

---

1. « ....Me postea istic ludo literario præfeceritis et multum recusantem pertraxeritis, tu et una duo tui summi amici et summæ in Sabaudia authoritatis viri concionatores. » (*Seb. Castellionis Defensio*, p. 353-54.)
2. « Et tu mihi postea, Ratispona reversus, de illo officio gratias egisti teque pœnitere obscure significasti quod me propter illam fœminam domo tua emisisses » (p. 361).

mot de son programme et la condition *sine qua non* de sa rentrée. Dans le projet d'ordonnances qu'il élabore en vingt jours avec le concours d'une commission, on trouve, déjà franchement indiquées d'un trait ferme et bref, toutes les exigences qui plus tard soulèveront tant de protestations.

Nous n'avons à relever dans ce document que les parties relatives à l'instruction publique, qui forme le second des « quatre ordres d'offices » prévus [1]. Calvin paraît avoir conçu dès lors le vaste plan qu'il ne put mettre à exécution que plusieurs années après.

Il faut à Genève une école de théologie, et la « lecture de théologie » sera « le degré plus prochain au ministère et plus conjoinct au gouvernement de l'Esglise ». Mais, « pour ce qu'on ne peult proufiter en telles leçons que premièrement on ne soit instruict aux langues et sciences humaines,… il fauldra dresser collège pour instruyre les enfans ». Ce collège sera non seulement sous l'autorité, mais sous l'administration directe du clergé. Le texte même des ordonnances disait nettement : « que touz ceulx qui seront là soient subjectz à la discipline ecclésiastique comme les ministres [2] ». Calvin aurait même désiré que la nomination du personnel enseignant appartînt absolument aux ministres, mais c'était trop rappeler aux vieux Genevois les prétentions de leurs évêques [3] : les ministres durent se contenter du droit de présentation au Conseil après examen des candidats, et encore à la condition que cet examen se fît en présence de deux des membres du Conseil.

Il est à noter que, dans la pensée de Calvin, dès ce premier moment, c'est bien d'un collège complet qu'il s'agit : « fauldra…. avoir homme docte et expert,… qu'il aye soubz sa charge lecteurs tant aux langues comme en dialectique, s'il se peult faire ; item des bacheliers pour apprendre les petiz

---

1. 1°« Les pasteurs » ; 2° « les docteurs, » ou, pour user d'un mot plus intelligible, « l'ordre des escolles » ; 3° « les anciens » ; 4° « les diacres ».

2. *Opp. Calvini*, X, pars 1, 22.

3. *Ibid.* — Au texte primitif proposé par Calvin : « que nul ne soit receu *s'il n'est apprové par les ministres*,…. de peur des inconvéniens », le Conseil apporta un amendement significatif : « que nul ne soit receu *s'il n'est apprové par les ministres, l'ayant premièrement faict sçavoir à la Seigneurie, et alors derechef qu'il soit présenté au Conseil, avec leur tesmoignage*, de peur des inconvéniens. Toutesfois l'examen debvra estre faict présent deux des seigneurs du Petit Conseil. »

enfans; et de ce », ajoutait le projet, « espérons pourvoystre en briefz à l'ayde du Seygneur [1] ».

Ainsi Calvin, là aussi, faisait ses conditions : il n'acceptait pas le collège imparfait tel qu'il l'avait connu du temps de Saunier, à l'époque où le prospectus officiel disait : « Nous espérons que le temps viendra, aydant le Seigneur Dieu, que nous enseignerons en rhétorique et dialectique [2] »; on voit qu'il se souvient du gymnase de Strasbourg et que son idéal est de réaliser en son entier le programme de Jean Sturm.

Pour l'établissement qu'il rêvait, le jeune principal du collège actuel était-il un directeur assez éminent? Son nom suffirait-il à assurer le succès de l'institution? Il est naturel que Calvin en ait douté; Castellion du moins n'hésita pas. Dès qu'il connut les projets du Réformateur, il ne songea qu'à s'effacer. Les registres du Conseil en font foi :

Lungdy 26 septembris 1541. *Maystre Bastian, régent en nous escholes.* — Lequelt az exposé comment il l'ast servye aux escholes par troys mois passé sans havoyer nul gage [3]; et *pour ce qu'il desyre ce retirer*, az prier luy fere quelque récompense. Sur quoy résoluz que ses despens soyent poyés az maystre Pierre Vyret, lequelt l'az sodier [4], et oultre ce luy soyt donné cinq escus soley.

Cette intention de résigner ses fonctions, outre les motifs de convenance personnelle que pouvait avoir Castellion, lui était en quelque sorte dictée par les dispositions que prenait Calvin et dont notre jeune professeur ne pouvait s'offusquer. Il savait que Calvin, guidé à la fois par un sentiment bien naturel de gratitude pour son vieux maître Mathurin Cordier et par la haute estime où il le tenait, ne pouvait renoncer à l'idée de lui confier la direction du collège. Calvin n'avait certainement pas fait mystère de ce projet; il s'en était entretenu avec Cordier lui-même et avec Farel en passant à Neuchâtel au mois de septembre. Si la négociation n'avait pas

---

1. Cette dernière partie de la phrase fut supprimée par le Conseil, qui la remplaça par la formule : « Ce que nous voulons et ordonnons estre faict ».
2. *L'ordre et manière d'enseigner en la ville de Genève*, 1538, réimprimé par M. Bétant à la suite de sa *Notice sur le collège de Rive*, 1866.
3. Déjà le 29 août, les registres portent qu'il « n'ast encore esté accordé de son gage, et de cella fere az esté donné charge aut Srs Jehan Chaultemps et Porralis, lequelt feront relation de ce qu'il auront advisé. »
4. Payé, avancé.

été alors officiellement engagée, c'était que, d'une part, à Neuchâtel, les démêlés de Farel avec l'autorité civile avaient créé une situation très grave, qu'il importait de ne pas compliquer[1], et que de l'autre, à Genève, les *Ordonnances ecclésiastiques*, après plusieurs semaines de délibération, n'étaient pas encore votées. Enfin, grâce à des concessions réciproques, le texte va être soumis au Conseil des Deux-Cents, avec les modifications que le clergé accepte. On allait donc pouvoir songer à l'exécution, et, de toutes les questions à régler, la première, dans la pensée de tous, était celle des écoles.

Calvin ne perd pas un jour. Dès la veille du jour fixé pour la délibération aux Deux-Cents, il entretient le Petit Conseil des intérêts du collège et fait une proposition qui est aussitôt accueillie : pourquoi ne pas essayer de nouveau et malgré l'échec subi six mois auparavant, de rappeler, pour le mettre à la tête du collège, le proscrit de 1538, Mathurin Cordier? Peut-être les autorités de Neuchâtel se décideraient-elles aujourd'hui à le laisser partir. Calvin ajouta qu'il en avait déjà conféré avec Farel et Cordier, que le respectable pédagogue lui avait envoyé, en homme du métier, avec sa grande expérience et sa parfaite candeur, tout un plan idéal du collège tel qu'il le concevait, que ce plan, assurément trop beau, pourrait du moins se réaliser en partie sous une si habile direction et que, pour se l'assurer, il ne fallait reculer devant aucun sacrifice. Il n'y a pas du reste péril en la demeure : l'école peut très bien rester provisoirement aux mains de Castellion[2].

Pour épargner au gouvernement le désagrément d'un échec, on décide de n'envoyer une députation officielle à Neuchâtel que quand on sera sûr de l'acquiescement de Cordier et de l'agrément des autorités neuchâteloises. Quelques

---

1. Lettre de Mathurin Cordier à Calvin : « De me nihildum placuit fratribus statuere, donec scilicet expeditum videant hoc tantæ molis negotium. » (16 septembre 1541.)
2. De ces communications le secrétaire du Conseil n'inscrit ce jour-là que ce sec résumé. « Mardy 8 novembris 1541. *Maystre Bastian*. — Ordonné qu'il soyt retenus pour régenter aux escoles ; et que, s'il est possible, que l'on aye maystre Corderius. » Mais une lettre de Calvin à Farel, trois jours après (11 nov. 1541, en réponse à une lettre du 8), fait allusion à la négociation engagée avec Cordier et lui cherche déjà un remplaçant à Neuchâtel ; à la fin du même mois, Calvin écrit de nouveau à Farel pour le presser d'arracher le consentement de Cordier (29 nov.) : « Le plan idéal qu'il a tracé nous conviendrait à merveille, mais nous serions trop heureux d'en pouvoir réaliser la dixième partie! »

jours après, on profite du départ des délégués que l'on envoie à Berne : on leur adjoint Calvin et l'on ordonne qu'ils aillent « par Neufzchâtel pour havoyer maystre Corderius¹ ».

Malgré tant d'efforts, ils ne « l'eurent » pas. Neuchâtel tenait trop à le garder, et lui peut-être ne tenait pas assez à partir. Calvin rentre à Genève, et il n'est plus question de Cordier pour le collège : il quittera pourtant bientôt Neuchâtel, mais, chose singulière! pour aller à Lausanne. Et ce ne sera que dix-huit ans plus tard qu'il viendra occuper enfin, dans le nouveau collège que fondera Calvin, en 1559, sous le nom d'Académie, la chaire de cinquième².

Quand il fut avéré que Mathurin Cordier ne viendrait pas, Calvin et le Conseil se décidèrent à garder Castellion, mais cette fois en lui confiant la direction véritable dans les conditions mêmes que l'on venait d'arrêter en prévision de la venue de Cordier. Jusque-là, chaque fois qu'il est fait mention de son nom, le registre ajoutait : « Maystre Bastian, lequelt az présent, jusquez à laz venue de maystre Cordier, governe les enfans des escoles³ ». Son traitement était provisoire comme sa situation⁴. L'autorité du directeur sur ses deux « bacheliers », Rouph et Pierre Mussard, n'était pas bien définie. Les travaux d'aménagement étaient toujours ajournés. Au printemps, on décide de mettre fin à ce régime d'attente⁵ : on offre à Castellion les fonctions de directeur effectif. Le « régent et maistre d'escolle », porte la délibération du 23 mars, recevra 400 ou 450 florins, à condition de payer lui-même ses bacheliers, mais, outre son office scolaire, il devra aller prêcher dans la paroisse rurale de Vandœuvres⁶.

---

1. Registres, 7 décembre 1541. Vers le 4, Calvin avait écrit de nouveau à Farel pour presser Cordier, qui maintenant hésitait, reculait : « A-t-il donc été découragé par nos dernières lettres? » se demande Calvin. « Conjurez-le de faire ce sacrifice au Seigneur : on attend son arrivée pour réorganiser le collège. »

2. L'histoire du collège de Genève, depuis le xvᵉ siècle jusqu'à la fondation de l'Académie par Calvin, a été très nettement et très exactement résumée, d'après les documents originaux et surtout d'après les registres du Conseil, par M. Amédée Roget, dans les nᵒˢ 5, 7, 9, 14 et 17 de l'*Éducateur*, 1883, sous le titre d'*Annales scolaires genevoises*.

3. 14 novembre 1541, 25 novembre 1541, 2 décembre 1541.

4. Il recevait « quartemps pour quartemps » (par trimestre) 25 florins, et chacun des deux bacheliers, Étienne Rouph et Pierre Mussard, était aussi payé directement.

5. On fait remarquer au Conseil (9 mars 1542) que les sous-maîtres reçoivent chacun « sept florins pour moys, qu'est somme bien grande, voyant la qualité des personnes »; en outre il importe que ces bacheliers soient sous l'autorité effective d'un « régent », qui les choisira et les payera et qui sera seul responsable devant le Conseil.

6. Registres, 7 avril 1542.

Castellion accepta le poste dans ces conditions, toujours en faisant cette réserve, soit par un sentiment naturel de modestie, soit par quelque autre scrupule, qu'il ne s'en chargeait qu'en attendant « un plus suffizant [1] ». Mais, malgré cette réserve, la situation nouvelle parut au Conseil et à Calvin assez définitive pour donner lieu à une sorte de nouvelle consécration. Le Petit Conseil décide, le 2 avril, de soumettre l'affaire au Conseil des Deux-Cents, dont le procès-verbal porte la mention suivante :

Lungdy 3 aprilis 1542, aux Deux Cens. — Arresté et reconfirmé le maystre d'eschole, nommé maystre Bastian, en régentant les escoles, tenant deux bachelliers, et non recovrant les gages des enfans, mes la ville; aussy qu'il doybje allé presché à Vendovre, soub le gage de 450 florins, à poyé quartemps pour quartemps.

Le surlendemain, le Petit Conseil reçoit son serment :

Mecredy 5 aprilis 1542. — *Seyrement du maystre des escoles.* — Suyvant l'admission du régent de noz escoles, maystre Bastian de Chastillion, de Sainct Martin du Fresne, jouxte le gage à luy establyr, a promys et juré de régenter noz escoles jouxte les édyct et arrest avecque luy fayct.

Le traitement est réglé ensuite et le premier trimestre payé [2] aux conditions que nous connaissons déjà :

Vendredy 7 aprilis 1542. — *Maystre Bastian, régent en noz escoles.* — Lequelt jouxte la résolucion et responce à luy faicte s'ed offert de régenter aux escoles et tenyr deux bachelliers et allé presché quant il pourraz à Vendovre, pour le prys de 450 florins, commençant son terme aut premier d'apvril, et que la Seygneurie recovre les gages des enfans [3]: et s'ed (c'est) jusquez à ce qu'il [y] aye plus suffizant; et havoyer esgard de ce qu'il a servye dempuys novembre passé, résoluz que il luy soyt donné six coppes de froment [4].

1. En même temps (14 février et 29 mars 1542) on décide de « rabillier le collège » et de faire d'importants travaux de démolition et d'agrandissement.
2. 112 florins 6 solz, « pour son gage que luy a esté avancé du quartemps de printemps présent, combien qu'il commence tant seulement son terme et temps sus le premier de ce moys ». (Registres, 4 avril 1542.)
3. Il avait été décidé, le 22 nov. 1541, « que les enfans de bonne mayson poyent ung solz pour moys et les povres ne poye[nt] rien ». Mais le recouvrement de ces écolages donnait lieu pour le directeur à de graves embarras. Castellion avait demandé, on l'a vu, que la Seigneurie encaissât ces fonds.
4. Ces dons en nature représentaient un supplément de traitement, que le gouvernement allouait d'habitude, en reconnaissance de bons services, à ses divers fonctionnaires, notamment aux ministres.

III

Il est assez difficile de tracer le tableau du collège de Genève sous le principalat de Sébastien Castellion.

Au fond, l'établissement restait sous le régime provisoire qui durait depuis des années et qui, contre toute attente, devait se prolonger jusqu'en 1559. Nous avons, sur son organisation dans cette période, très peu de renseignements précis, aucun document complet. Ce que nous en savons suffit cependant à nous faire entrevoir que ce moment peu connu de l'histoire du collège n'en est pas le moins intéressant. Cet état provisoire permit de tenter ou de laisser passer inaperçue plus d'une innovation qu'un règlement officiel n'eût peut-être pas consacrée, comme on le vit plus tard. Un peu abandonné à lui-même, le collège se développa d'une façon presque spontanée : les maîtres s'inspirèrent plus librement de leurs idées propres et du vœu des familles. De quel côté les porta ce double courant, c'est ce qu'il n'est pas indifférent de constater.

Le collège de Genève, en 1542, c'est le gymnase de Sturm avec des variantes notables. Il a les deux grands caractères du plan d'études de la *schola sturmiana* : d'une part, une organisation graduée, reposant sur le principe alors nouveau de la division du travail et de la superposition de classes correspondant chacune à un âge et à un degré de savoir définis; d'autre part, un but précis, celui que résume la fameuse et très exacte formule, *pietas literata*, c'est-à-dire l'étude des langues comme instrument essentiel de la culture morale, intellectuelle et religieuse.

Ces deux grands traits caractérisent l'œuvre de Sturm ou plutôt les tendances générales de la Renaissance chrétienne, dont Sturm a été l'admirable interprète. C'était bien là le double travail préparatoire qui devait occuper la première moitié du xvi° siècle : substituer un ordre, un plan, une marche progressive au pêle-mêle des écoles, juste image du chaos des enseignements qui s'y débitaient; et substituer une langue à un jargon, une littérature à une scolastique, c'est-à-dire l'expression naturelle de la pensée humaine au stupide mécanisme des formules qui dispensaient de penser.

C'est par ce double et salutaire effort que se ressemblent, d'un bout à l'autre de l'Europe, toutes les écoles inspirées de Sturm, comme il l'était lui-même de ses maîtres, les Frères de la vie commune. Mais Sturm ne pouvait s'en tenir à ces indications générales et en quelque sorte philosophiques. Il fallait traduire ces principes en système, en règlement scolaire, en plan d'études, en programmes et en manuels d'enseignement : c'est là naturellement que devaient apparaître les lacunes et les exagérations. Humaniste et, pourquoi ne pas le dire? cicéronien fervent, Sturm ne voit dans l'éducation que les lettres, dans les lettres que l'éloquence et dans l'éloquence que Cicéron. Il en résultera que son programme pédagogique, si large, si neuf, si vivant, quand nous le comparons à celui du moyen âge, est cependant artificiel et tronqué, si nous le comparons à la nature humaine. Il ne répond ni à la diversité des facultés, ni à la complexité des choses.

C'est ce que, d'instinct et par une sorte de premier mouvement du bon sens populaire, on semble avoir compris à Genève dans ces premières années du nouveau collège.

On y adopte le double principe de Sturm, mais avec des tempéraments au point de vue de l'organisation pédagogique; on classe bien les élèves par groupes gradués comme il le conseille, mais sans calquer, comme il le fait, — comme on le fera plus tard à Genève même, — la division des classes sur une prétendue division des qualités du discours [1].

Castellion, comme Saunier, se contente de répartir les élèves en trois ou quatre classes suivant leur nombre. D'ailleurs, chose aussi rare qu'elle semble naturelle, il s'attache à assurer de bons commencements. C'est sur les éléments que le programme insiste, comme si l'on en attendait la prospérité du collège : l'établissement grandira avec les élèves. En attendant, il n'a longtemps qu'une section élémentaire, avec un plan d'études dont les familles apprécient

[1]. Schmidt, *Vie de Sturm*, 285.

immédiatement les bienfaits. Aux commençants, « on monstre à part non seulement à lire *tant en latin qu'en françoys*, mais aussi à décliner les noms et verbes, et le tout en gardant les accens, lesquelles choses sont les vrays fondemens de la langue latine ». On leur apprend aussi à écrire : « A certaine heure du jour, on baille des exemples d'escripture à cest ordre-là des petis, afin que tout bellement ilz soyent instruictz non seulement à bien former leurs lettres, mais aussi à escrire correctement [1] ».

« Les lectures commencent à cinq heures du matin et ne cessent point jusques à dix, qui nous est communément l'heure de disner. »

Pendant ce temps, « on exerce ordinairement les plus avancez à parler et composer en latin selon la coustume des meilleurs collèges ». Les auteurs que l'on considère « pour les principaulx et, par manière de dire, capitaines », sont Térence, Virgile et Cicéron, « lesquelz en lisant continuellement, on peut apprendre à parler ung vray latin et élégant ». Mais là encore, on n'imite pas aveuglément.

Sturm, par un dédain de latiniste, omet et néglige la langue maternelle, ce que feront longtemps encore après lui la plupart de ses continuateurs. A Genève au contraire, pendant cette période d'organisation spontanée, il est intéressant de voir le français apparaître, bien qu'à un rang modeste, dans le plan d'études. C'est une déclaration significative que celle par où commence le document déjà cité plus haut : *L'ordre et manière d'enseigner en la ville de Genève*, et il nous semble que les historiens de la pédagogie n'y ont pas attaché l'importance qu'elle mérite à cette date (1538) :

On instruist ordinairement (à Genève) les enfans ès troys langues les plus excellentes, c'est à sçavoir en grec, en ebrieu et latin, encore sans compter la langue françoyse, *laquelle toutesfoys (selon le jugement des gens sçavans) n'est pas du tout à mespriser....*

Quant à instruire et enseigner, nous tenons communément ceste

---

[1]. *L'ordre et manière d'enseigner*, 1538. Cet enseignement était confié d'habitude à un maître spécial; nous en trouvons deux du temps de Castellion : Jacques Méraulx, qui avait déjà exercé sous Antoine Saunier, et dom Pierre Bochi, « feuz prestre papiste », dit le registre, auquel on veut bien donner un bonnet et la permission d'enseigner, mais à condition qu'il se borne à l'écriture et qu'il donne ses leçons au collège même. (Registres du Conseil, 1ᵉʳ et 19 mai 1542.)

mode, assavoir de ne lire rien à ceulx qui ne sont pas encore fondez [1]
que n'exposions *ou en latin, ou en françoys, ou en toutes les deux manières,
s'il se peut bonnement faire.*

Sur la lecture, quand le lieu le requiert, on a de coustume de recueillir,
de nommer et bailler à escrire des notables bien brefz et des observations les plus exquises [2] oultre plus de petits exemples et manières de
parler, *tant en latin qu'en françoys, afin que les enfans comprennent la
chose plus facilement.*

Ce passage du prospectus de 1538, sans contester la supré-
matie du latin, fait plus large que nul autre document scolaire
contemporain à notre connaissance la part de la langue maternelle [3]. Est-ce à l'influence de Mathurin Cordier qu'est due cette
concession? Il ne nous paraît pas possible de le contester,
malgré les doutes qu'ont émis à cet égard quelques-uns des
juges les plus compétents et les plus favorables à Cordier [4].
C'est fort peu sans doute à nos yeux, mais c'était beaucoup,
c'était trop aux yeux des humanistes contemporains, de mêler
l'idiome maternel aux études, de l'employer non plus seulement en passant pour traduire un mot d'usage, mais constamment, régulièrement, de l'écrire dans les cahiers, de l'imprimer à côté du latin dans les livres de classe, et c'est ce que
Genève a osé, avant Paris, avant Bordeaux, avant Strasbourg,
au moment même où Sturm écrivait *De amissa discendi
ratione* (1538), pour démontrer qu'il ne suffit pas d'écrire le
latin, qu'il faut arriver à le parler éloquemment. Cette introduction du français, nous allons voir Castellion, après Cordier,
la continuer et l'étendre. Mais, à vrai dire, ce n'est ni au
vieux maître, ni à son jeune successeur que revient à cet
égard la principale part de mérite, c'est à la situation même
de Genève. Les *Colloques* de Cordier nous laissent entrevoir
en plus d'un endroit le bourgeois de Genève, peu enthousiaste
du latin, impatient de voir son fils passer à des études plus

---

1. « Ut rudibus nihil interpretemur » : texte du placard latin imprimé en 1538. — Herminjard, IV, 456.
2. « Brevissimæ annotationes et maxime notandæ observationes seligi ac dictari solent. »
(*Ibidem.*)
3. On retrouvera trente ans plus tard la même idée dans le plan d'étude de Ramus.
(Voir en particulier le curieux opuscule de Henri Schor, *Specimen et forma legitime tradendi
sermonis*, etc., pour l'école de Saverne, et, à la suite, la lettre du même Schor (1568) *de
linguarum usu et utilitate*, avec l'éloge de la langue française. (Londini, 1585, in-8. — Bibl.
Mazarine.)
4. Massebieau, *Colloques scolaires*, 222, 232, et *Schola aquitanica*, p. 60.

pratiques, à celle du français et de l'allemand, à celle de l'arithmétique usuelle. Le programme de Saunier ne dédaigne pas, comme ceux de Gouvéa, de Baduel, de Sturm, de promettre aux parents qui lui confieront leurs enfants comme « portionnistes » (pensionnaires) de leur enseigner « les premiers fondemens d'arismétique, c'est asçavoir la manière de nombrer, chiffrer, getter ou calculer ».

La correspondance des réformateurs donne un grand nombre d'exemples de l'usage, en vigueur dès cette époque, d'envoyer des jeunes gens de la Suisse allemande en pension dans la Suisse française et réciproquement. Souvent les familles, alors comme aujourd'hui, font, pour une année ou deux, échange de leurs enfants. Cette ingénieuse coutume était née de la force des choses [1].

Ajoutez-y l'esprit pratique de ces petites démocraties, le souci de l'utile, plus vif qu'ailleurs et plus avide de résultats immédiats, un besoin continuel de relations avec l'étranger, autant d'influences qu'eût pu contre-balancer soit un clergé, soit un corps enseignant voué au latin et à la scolastique. Mais il n'y avait plus à Genève ni l'un ni l'autre : une des grandes passions du moment était précisément de proscrire le latin comme langue de l'Église. On dénonça longtemps ceux qui s'obstinaient à dire les prières en latin. C'était le premier signe distinctif du Genevois fidèle, du vrai chrétien, de substituer radicalement le français au latin dans tous les exercices religieux. Mathurin Cordier lui-même, dans un de ses plus charmants dialogues, demande à son petit élève, à « son mignon Stéphanion, s'il a faict sa prière ce matin, et en quelle langue. — Françoise, répond l'enfant. — Oh que c'est bien faict [2] ! » dit le maître en l'embrassant.

Si, par tous ces motifs, le culte du latin est à Genève moins exclusif qu'ailleurs, la méthode d'enseignement y est aussi moins exclusivement cicéronienne. L'art oratoire n'y est pas, comme à Strasbourg, le fond même des études, et ici la justesse d'esprit de Cordier se rencontre avec le bon sens genevois

---

1. Rien de plus touchant que les détails où entrent constamment à ce sujet les lettres de Calvin et de Viret à Bullinger, à Rod, Gualther, etc.
2. *Colloques*, I, 2.

pour faire passer la grammaire avant la rhétorique; on vient de voir qu'il fait lire, traduire, expliquer, analyser, qu'il fait ensuite extraire de chaque lecture « des notables bien brefz », qu'il « baille à escrire de petis exemples et manières de parler tant en latin qu'en françoys ».

Programme bien simple, si simple qu'on n'y prend pas garde. Mais tant de simplicité était une grande nouveauté en 1540.

L'explication familière du texte mise à la place des subtilités scolastiques, la simple étude grammaticale au lieu des « exercices d'imitation oratoire », la lecture courante de textes classiques faciles remplaçant la rhétorique d'Hermogènes et les *chries*; c'était beaucoup de hardiesse. Mais il y avait pis : ce petit collège s'émancipait jusqu'à réduire ou dénaturer l'exercice longtemps unique des vieilles universités, la *dispute*, cet exercice semi-barbare, semi-sophistique, dont les humanistes ont fait le procès avec tant de véhémence depuis Rabelais jusqu'à Vivès et d'Érasme à Ramus [1]. Le programme de 1538 dit qu'il n'y aura que deux demi-heures par jour « pour faire *questions* selon la manière des escoles ». Et encore faut-il y regarder de plus près. Le même document nous donne le tableau d'un de ces exercices entre les « portionnistes ou commensaulx », et il ne faut pas beaucoup creuser le texte pour s'apercevoir de la transformation que subit entre des mains habiles la vieille argumentation gothique :

Après qu'on a desservy et dict grâces,.... (les élèves) prennent, ung chacun selon ce qu'il est desjà fondé en aucune langue, des livres de la saincte escripture, mais toutesfoys en divers langages, c'est asçavoir ou en grec ou en latin ou en françoys, ou aussi en ebrieu, s'il est question du vieil testament. Adonc, afin que l'entendement d'ung chacun se récrée joyeusement en chose saincte et honneste, l'ung des régens, comme délaissant ceste gravité ordinaire de maistre, expose courammment de latin en françoys quelque propos de ladicte escripture saincte, mais en ce faisant il construist le texte de mot à mot, à la mode commune d'enseigner grossement en toutes escoles. Puis après il propose et présente familièrement aux enfans le latin, selon la manière et ordre qu'il l'a déclairé, et iceulx le tournent en françoys, comme chacun en a peu retenir et mettre en sa mémoire; or en cela ung chacun d'eulx respond en son tour jusques à la fin d'une clause ou d'une sentence, et ce pendant les autres franchement le reprennent d'ung cueur gaillard et délibéré, à

---

1. Voir Thurot, *Organisation de l'Enseignement dans l'Université de Paris au moyen âge*, p. 89 et passim.

qui en aura. En ce faisant, on confère la diversité des langues et des livres, et mesme les enfans, sans estudier ne travailler, proufitent beaucoup en la saincte escripture.

On le voit par tous ces indices, l'obscur petit collège innovait sans bruit et sans éclat, mais sous l'inspiration du bon sens.

Au moment où Castellion en prit la direction, on peut tenir pour certain que le plan d'études de Saunier et de Cordier resta à peu près la règle de la maison.

Une seule innovation importante s'était faite depuis le retour de Calvin, et elle donna sans doute au collège de Castellion une vie que n'avait pas eue le collège de Saunier. C'est l'introduction du chant des psaumes. Calvin, qui en avait reconnu la merveilleuse influence à Strasbourg au gymnase et dans sa petite Église, accueille avec empressement les ouvertures de Guillaume Franc [1], et c'est lui, suivant toute apparence, qui l'avait engagé à se charger « d'enseygner les enfans à chanter les psaulmes de David » (2 mai et 6 juin 1542), afin de les préparer à l'exécution des chants qui accompagnaient le culte public. Il offrait d'ailleurs le concours « des ministres et du magister de l'eschole » pour donner eux-mêmes au collège cet enseignement (16 juin 1542) [2], qui, l'année suivante, reprit une organisation régulière :

Saulmes de David. — Ordonné, pour aultant que l'on parachève les psalmes de David et qu'il est fort necessaire de composer ung champ gracieulx sur icyeulx que maystre Guillaume le chantre est bien propre pour recordé les enfans,.... et que de son gage, que l'on en parle az Monsr. Calvin et que il soyt arresté avecque luy à 40 ou 50 florins pour an (16 avril 1543).

La négociation eut lieu (23 et 24 avril), et enfin nous lisons au registre :

Lungdy 7 maii 1543. — *Gayges de maystre Guillaume, filz de Pierre Franc, de Roan, maystre de cham.* — Lequelt a esté député maystre des escoles pour apprendre la note et à chante[r] les enfans, qu'il doybve chante[r] les psalmes de David à l'église, et luy a esté donné de gage cent florins annuel à lui poye[r] quartemps pour quartemps, et a promys et juré.

---

1. Qui avait obtenu, dès le 17 juin 1541, avant le retour de Calvin, « licence de tenyr eschole de musique ».
2. A cette date Calvin expose au Conseil que « Domp Servandi n'est propice à instruyre les enfans à chanter les psalmes de David, avecque ce que les enfans ne l'ont aggréable ». Pendant quelque temps il y eut donc à la fois Franc et Servandi. Ce dernier paraît avoir été un ancien prêtre catholique.

Ces textes confirment ce qu'on sait aujourd'hui, grâce aux beaux travaux de M. Félix Bovet et de M. Douen, sur la part qu'a prise Calvin à la formation du Psautier protestant. C'est sous Castellion que le collège commença à réaliser le plan tracé par Calvin dès 1537 : la meilleure manière d'introduire dans le culte public l'usage des psaumes lui avait semblé être, disait-il, « si aulcungs enfans, auxquels on ayt auparavant recordé ung chant modeste et ecclésiastique, chantent à aulte voyx et distincte, le peuple escoutant en toute attention et suyvant de cueur,…. jusque à ce que petit à petit ung chascun se accoustumera à chanter communément [1] ». Il préfère hautement « ce chant simple et pur des louanges divines en langage vulgaire » à l'emploi « des orgues et autres amusements de cette sorte », où il voit un reste « d'imitation papale [2] ».

Dès son retour, il reprit l'idée qui avait reçu à Strasbourg, nous l'avons vu [3], un commencement d'exécution.

C'est pendant son séjour à Strasbourg qu'avait paru par ses soins la première édition du Psautier réformé, *Aulcuns Pseaulmes et Cantiques mys en chant, à Strasburg*, 1539, ce recueil où se trouvaient douze psaumes de Marot, adoptés ainsi par l'Église réformée deux ans avant que Marot lui-même réussît à les faire imprimer en France. Au moment même où Calvin quittait Strasbourg pour revenir à Genève, deux éditions nouvelles et plus complètes paraissaient : l'une à Anvers, *Psalmes de David, translatez de plusieurs autheurs et principallement de Cle. Marot* (1541) ; l'autre, si l'on en croit l'éditeur, « imprimée à Rome, par le commandement du pape », lisez : à Strasbourg, sous les auspices de Calvin (février 1542) ; toutes deux préparées et surveillées, à défaut de Calvin lui-même, par un de ses dévoués auxiliaires, « Pierre Alexandre, concionateur ordinaire de la royne de Hongrie [4] ». Un des premiers soins de Calvin, à son retour définitif à Genève, fut de procéder à une édition nouvelle des psaumes. Elle parut

---

1. 66ᵉ Homélie sur Sam. XXVIII
2. Herminjard, IV, 163.
3. Voir ci-dessus, p. 107.
4. Douen, I, 315, 333.

en 1542 chez Jean Girard, sous ce titre : *La forme des prières et chantz ecclésiastiques*, précédée de la célèbre préface de Calvin sur le rôle et les effets de la musique sacrée. C'est évidemment au collège que fut fait l'essai des mélodies nouvelles de Guillaume Franc; c'est dans les murs du vieux couvent de Rive que Calvin, Franc et Castellion s'appliquèrent à préparer cette jeunesse qui devait, « au lieu de chansons en partie vaines et frivolles, en partie sottes et lourdes, en partie salles et vilaines,... dont elle a usé par cy devant, s'accoustumer cy après à chanter ces divins et célestes cantiques avec le bon roy David, et à avoir chansons non seulement honnestes, mais aussi sainctes, lesquelles nous soyent comme esguillons pour nous inciter à prier et louer Dieu [1] ».

Telle est la maison que dirige Castellion : elle tient de l'école, de la famille et de l'église. L'enseignement y est celui de la Renaissance, mais l'éducation est celle de la Réforme. La scolastique y est réduite plus qu'en aucun autre gymnase contemporain; le latin s'y apprend comme la langue classique, mais non comme la seule digne d'études; le grec, ignoré dans tant d'écoles, y sera en honneur, grâce à la prédilection qu'il inspire au principal; les langues vivantes et les connaissances usuelles ne seront point dédaignées; le chant, et un chant entraînant pour l'époque, animait la vie du collège. Enfin, au fond de tout, la Bible. Les mots subordonnés aux pensées et les pensées à la foi, telle pourrait être la devise du collège de Rive.

Nous allons voir ce que pour sa part le nouveau principal tentera en vue de réaliser ce programme. Il n'eut que le temps de commencer. Mais il commença par les *Dialogues sacrés*, c'est-à-dire par un des plus grands succès du siècle.

---

1. *Opp. Calvini*, VI, 170, 171. — Sur les développements ultérieurs que donna en particulier Guillaume Franc à l'enseignement musical ainsi commencé, voir l'article de M. Eitner dans les *Monatshefte für Musikgeschichte*, herausg. von der Gesellschaft für Musikforschung, Berlin, 1869, in-8, p. 155 et suiv. On sait que Guill. Franc, devenu « chantre en l'église de Lausanne », publia en 1565 *les Pseaumes mis en rime françoise par Clément Marot et Théod. de Bèze avec le chant de l'église de Lausanne*, petit in-8. — Consulter encore dans le même recueil les articles de MM. Georges Becker, *Chronologische Reihenfolge der ältesten bekannten Psalmenausgaben* (1870, p. 140), et C.-J. Riggenbach, *Die französischen Psalmmelodien* (1871, p. 171).

CHAPITRE VI

LES « DIALOGUES SACRÉS »

(1542-1562)

Première forme de ce petit livre scolaire et ses transformations successives. — I. Il se rattache à la littérature des *Colloques scolaires* mise en honneur par la Réforme. — II. But de l'auteur d'après sa préface. — III. Exemples de sa méthode et de son style. — IV. Valeur du livre pour l'enseignement du latin. — V. Son caractère original et son influence comme livre d'éducation protestante. — VI. Les *Dialogues sacrés* restent pendant plus de deux siècles le premier livre de latinité de tous les pays allemands : indication des principales éditions jusqu'en 1780.

Quelques mois après l'entrée en fonction du nouveau régent, le registre du Conseil porte la mention suivante :

Lungdy 23 octobris 1542. — *Jo. Girard, imprimeur*, — Autquelt az esté donné licence de imprymer les *Dyalogues* composés par maystre Bastian, régent de nous escoles.

L'opuscule scolaire ainsi annoncé parut en effet à la fin de 1542, avec le millésime antidaté de 1543 [1]. C'est un très mince volume in-8 minuscule non paginé, ayant pour titre :

DIALOGI | SACRI LATINO-GAL- | LICI, AD LINGUAS |
MORESQUE PUERORUM | FORMANDOS | LIBER PRIMUS |
AVTHORE SEBASTIANO CASTALIONE |

Au-dessous se trouve l'une des marques bien connues de Jean Girard, celle de l'enfant au palmier, avec l'exergue

---

1. En effet dans la préface de 1543 (*Dialogorum sacr. liber sec. et tertius*) Castellion dit : Publicavi *superiore anno* libellum ».

Pressa valentior, et la date MDLIII, au lieu de MDXLIII, ce qui est une simple faute d'impression [1].

Nous ne connaissons qu'un seul exemplaire de cet opuscule; il appartient à la bibliothèque de l'Université de Breslau, qui a bien voulu nous le communiquer. Ce petit volume a passé de main en main, gardant quelque trace des diverses générations d'élèves qui se le sont transmis. Sur une des pages blanches de la fin se trouve une prière latine écrite par une main du xvi° siècle. Qui sait si ce n'est pas une des prières en usage au collège du temps de Castellion? Elle pourrait avoir été dictée ou inspirée par lui, tant elle a l'allure de sa pensée, la marque de son style et le cachet de sa piété [2].

Quelques mois après, paraissait la suite, en latin seulement, chez le même Jean Girard, sous ce titre : *Dialogorum sacrorum liber secundus et tertius, per Sebastianum Castalionem* (1543) [3]. Avec le troisième livre s'arrêtaient les récits de l'Ancien Testament [4]. Un quatrième livre, contenant ceux du Nouveau, paraîtra deux ans plus tard, quand l'auteur aura quitté Genève. A la même époque, on en fera même un *Excerpta* composé de vingt dialogues [5].

Cet ouvrage, publié ainsi par fragments successifs,

---

1. « C'est, me dit M. Théoph. Dufour, la seule faute d'impression portant sur la date d'un livre qui ait été relevée dans une impression genevoise. » Mais il faut convenir que les erreurs typographiques ne sont pas rares dans les impressions courantes de J. Girard, même dans cet opuscule. — Sur cet imprimeur (Jean Girard ou Gérard), consulter la savante *Notice bibliographique sur les livres imprimés à Genève*, par Th. Dufour, p. 78 à 86 (Genève, Fick, 1878, in-8).

2. En voici le texte, que nous croyons inédit :

« *Precatio*. — O misericors Deus, esto propitius pusillo gregi tuo. Errores et seductores quotidie crescunt, caritas christiana passim obscuratur : canes gregis Domini magis magisque obmutescunt, præter eos qui in lupos transformantur; sapientes et potentes vociferantur : Nolite stillare et arguere. Vulgus veritatem prorsus non curat. Ira Dei magis ac magis exardescit. Hinc Turcus miseram Christianitatem consumit nec est quod doleat super contritione Joseph. At tu, o Fili Dei, cui omnis potestas in cœlo et in terra data est, adsis tu et defende tuos valide, reprime Satanam ac omnia ejus organa. Et, ne subito sicut Gomorrha et Sodoma fiamus, serva nobis sanctum semen christianorum doctorum ac doctrinæ tuæ. Oret et dicat omnis pius toto pectore christiannaque fide : Amen. »

3. Pour la désignation plus complète des diverses éditions, voir à la fin du présent volume la Bibliographie, section 1re : *Bibliographie des Dialogues sacrés*.

4. Dans l'édition définitive, le livre Ier contient 33 dialogues, le dernier est intitulé *Samson*; le livre II en contient 39 allant jusqu'à *Sedecias*; le IIIe, qui commence par *Tobie*, n'en a que 18, dont le dernier, intitulé *Veritas*, contient l'histoire de l'eunuque de Darius (Qu'y a-t-il de plus fort au monde? le vin, les femmes, le roi? Zorobabel dit : la Vérité). Le livre IV (47 dialogues) va depuis l'Annonciation jusqu'à Paul et Festus devant Agrippa (*Actes des apôtres*, XXV et XXVI), et conclut par une courte scène du jugement dernier, sous le titre *Judex* (*Math*., XXV, 31-46).

5. Basileae, per Erasmum Xylotectum, 1545; voir à la fin du présent volume la Bibliographie, et aussi le chapitre viii.

n'atteindra sa forme définitive que quelques années plus tard dans les belles éditions d'Oporin (1547 et années suivantes); et ce sera seulement en 1562 que l'auteur le complétera par l'adjonction de sommaires et de notes d'une grande importance pédagogique.

Nous ne négligerons pas d'expliquer ces transformations. Mais qu'il nous soit permis de devancer un peu l'ordre des temps et d'envisager dès à présent l'ouvrage dans son ensemble : cet inconvénient est moindre que ne serait celui de revenir à plusieurs reprises sur le même sujet, qui pendant vingt ans formera, dans la vie de l'auteur, une sorte d'occupation intermittente, fréquemment reprise, mais toujours secondaire et assez distincte du reste de ses travaux pour que l'on doive l'étudier à part.

I

Pour apprécier ce petit livre de classe, il faut essayer, avant tout, de nous replacer à l'époque où il parut et de nous représenter les ouvrages scolaires dont disposait alors un élève à son entrée au collège.

Le vieux fonds, qui datait du moyen âge, se composait d'un bien petit nombre d'ouvrages, qui nous semblent aujourd'hui singulièrement ardus pour des livres de commençants. Il n'y a pourtant pas de doute possible : aussitôt après l'alphabet, les enfants abordaient le petit Donat, *Donatus minor*, c'est-à-dire un résumé de la grammaire latine écrite par le précepteur de saint Jérôme, *De octo partibus orationis*[1]. Puis venait le rudiment, par questions et réponses, familièrement désigné par les mots de la première question *Dominus quæ pars*[2] (le plus usité alors était celui de Despautère), puis les *Disticha moralia* du grammairien Caton, suivis des *Dicta septem sapien-*

---

1. Sur les éditions de cet ouvrage et des autres traités de Donat réduits, annotés, modifiés pour les besoins des écoles, voir le *Répertoire des ouvrages pédagogiques du XVIe siècle*, au mot *Donat* et aussi pp. 704 et 716.
2. C'est-à-dire : « de laquelle des huit parties du discours est *Dominus* ? » Voir le *Répertoire* précité au mot *Despautère* et aussi p. 694.

tum, puis les fameux *Auctores octo morales* [1], la grammaire et surtout le *De moribus in mensa servandis* de Sulpitius Verulanus [2], enfin le *Doctrinale* d'Alexandre de Villedieu, au moins l'*Opus minus* [3].

Il est juste d'ajouter que la Renaissance, sans écarter d'emblée toute cette littérature scolastique, y avait déjà introduit de notables améliorations. Les maîtres lyonnais dont nous avons parlé ailleurs, depuis Josse Bade jusqu'à Barthélemy Aneau, ceux du collège de Guyenne sous la conduite de Gouvéa, ceux de Strasbourg à la suite de Jean Sturm, et généralement tous ceux qui s'étaient plus ou moins profondément imprégnés de l'esprit d'Érasme, travaillaient, depuis un quart de siècle, à débarrasser de la rouille du moyen âge tout ce vieil outillage : d'année en année les éditions s'amendaient, la glose diminuait, les subtilités puériles disparaissaient, le bon latin simple et courant prenait plus de place. Et surtout, signe caractéristique de notre pédagogie française, on joignait la traduction française aux *Distiques* de Caton, aux *Dits des Sept Sages*, aux *Emblèmes d'Alciat*, aux rudiments latins eux-mêmes. Les Estienne et Mathurin Cordier avaient, à cet égard, donné une impulsion décisive. De 1533 à 1543, on peut signaler de nombreux opuscules, livres d'écolier, guides du maître, ou simples plaquettes, dont plusieurs de Robert Estienne, destinés à faciliter l'enseignement du latin par celui du français et vice versa. Tous ces intéressants essais tendaient, comme le dit avec tant de bonhomie Robert Estienne, à chercher « le moyen comment les enfants pourroyent amoureusement et facilement parvenir à la cognoissance de la langue latine [4] ». Tout le programme de la Renaissance est dans ces quelques mots.

Mais un pas de plus avait été fait dans les pays acquis à la Réforme. On avait d'abord ajouté et bientôt presque substitué à tous les traités surannés un procédé d'enseignement abso-

---

1. *Répertoire des ouvrages pédagogiques du XVIe siècle*, p. 666 et suivantes.
2. *Ibid.*, p. 614 et suivantes.
3. *Ibid.*, p. 37 et 712.
4. *La manière d'exercer les enfants à décliner les noms et les verbes*, par Robert Estienne, Paris, 1543, in-8. Cf. Massebieau, *Schola Aquitanica, programmes d'études du Collège de Guyenne au XVIe siècle* (fascic. 7 des *Mémoires et documents scolaires du Musée pédagogique*).

lument nouveau, l'usage de *Colloques scolaires*, dont Mosellanus avait donné le premier modèle en 1517.

Ces ouvrages, comme l'a si bien expliqué M. Massebieau [1], correspondent merveilleusement à ce premier et court moment où, par une touchante illusion, l'on crut dans toute l'Europe que le latin, le beau latin classique tout nouvellement remis en honneur, allait devenir en quelque sorte la langue universelle des pays civilisés. Ce n'était plus une langue morte, c'était la langue vivante entre toutes, celle des écoles et des savants de tous les pays, celle qui seule avait le privilège d'être lue, écrite, parlée couramment d'un bout du monde à l'autre par tout ce qui représentait l'intelligence et l'autorité dans tous les domaines. De là cet effort auquel nous ne savons plus rendre justice pour habituer la jeunesse lettrée à écrire et spécialement à parler latin [2].

Volontiers nous croirions aujourd'hui le problème beaucoup plus simple qu'il n'était alors. La seule difficulté n'était pas de forcer les élèves à renoncer à leur langue maternelle; il y avait aussi à réagir contre le latin en usage dans les universités, celui des professeurs et celui des étudiants, deux jargons diversement mais également absurdes et sans contredit plus barbares que le pire des patois; nous ne pourrions nous faire une idée de cette langue étrange, si Bebel, Crocus et Mathurin Cordier ne nous en avaient conservé de nombreux et incroyables spécimens; et faute de ce point de comparaison, nous n'apprécierions pas le service que rendit la Renaissance en réintroduisant dans les écoles la langue de Térence et de Cicéron.

Les *colloques scolaires*, c'est-à-dire des dialogues d'écoliers en bon latin, furent l'arme décisive dans ce combat contre la

---

1. Il faut consulter sur ce genre spécial de littérature scolaire son volume plein d'érudition et qui n'en est pas moins d'une lecture attachante, *les Colloques scolaires du XVIe siècle (1480-1570)*, par L. Massebieau, Paris, 1878, in-8.
2. Alfr. Franklin, *Recherches historiques sur le collège des Quatre-Nations*, p. 70, cite un essai en plein xviie siècle pour apprendre le latin aux enfants par la conversation. « Les statuts de 1598, ajoute M. Franklin, interdisaient encore dans les collèges l'usage de la langue française : « Nemo scholasticorum in collegio lingua vernacula loquatur, sed latinus sermo eis « sit usitatus et familiaris (art. XVI). » Au xviiie siècle même, Maupertuis avait imaginé une ville où tout le monde devait parler latin et dans laquelle un séjour de deux ans épargnerait à la jeunesse les ennuis de la scolarité. — On réimprimait naguère et peut-être réimprime-t-on encore un élégant petit *Guide de la Conversation latine*, par un Père de la Cie de Jésus, Paris, Albanel, in-12, dont le fond est principalement tiré des dialogues du P. Pontanus.

barbarie scolastique. La *Pédologie*[1] de Mosellanus avait remplacé en quelques années dans toute l'Allemagne le *Manuale scolarium* de 1480, qui appartenait encore autant par la latinité que par la pensée au moyen âge. Cette suite de dialogues vraiment animés nous fait voir et entendre les étudiants d'alors, nous mêle à leur vie, à leurs études, à leurs jeux, à leurs querelles. Plusieurs imitateurs, non sans distinction, avaient achevé de populariser ces exercices de langue d'un nouveau genre[2]. Louis Vivès venait d'aller plus loin : il avait publié en 1539, à Paris, un élégant volume de dialogues où il met en scène non plus des étudiants en théologie, mais des enfants, et ceux qu'il connaissait le mieux, des fils de grands seigneurs.

II

C'est à ce moment que Castellion eut l'idée d'appliquer cette forme dialoguée à un autre ordre de sujets.

Dans les écoles protestantes, la Bible était, à vrai dire, le but de tout enseignement et, dès le premier âge, le fonds même des études. L'histoire sainte par conséquent devait occuper une grande place, surtout dans les premières classes. Castellion eut l'idée de découper par scènes et de mettre en dialogues les principaux récits bibliques. Le choix du sujet était heureux : il convenait assurément mieux à l'enfance que tous ceux des dialogues alors en vogue : ceux de Mosellanus et de Barland, écrits pour des étudiants, n'eussent pas été intelligibles aux jeunes élèves du collège de Rive, ceux de Vivès ne mettaient en relief que des enfants de grande famille, avec plus de souci d'amuser le lecteur que d'instruire l'élève.

L'histoire sainte est d'une richesse inépuisable, et parle avec puissance à l'imagination ; elle offre précisément tout ce qui a prise sur l'enfant : la simplicité, la gravité et le mer-

---

1. Massebieau, *les Colloques*, etc., p. 81.
2. Parmi les moyens de perfectionner la conversation latine, M. Massebieau signale (d'après Schmidt, *Hist. littér. de l'Alsace*, II, 179) la traduction des *Dialogues de Lucien* par Luscinius (1515). La préface de ce petit livre en appelle à Erasme pour attester l'utilité de ce genre de dialogues pour les collèges.

veilleux; ces grandes scènes d'Orient, indiquées d'un trait sommaire mais saisissant, prennent un relief et ont un éclat de couleur qui les font vivre devant les yeux; les héros de la Bible, hommes des âges primitifs, patriarches, nomades, guerriers, prêtres et juges, vainqueurs et vaincus, sont des personnages à la fois assez naturels et assez extraordinaires, assez vrais et assez étranges, pour se graver dans l'esprit de l'enfant comme autant d'images familières et ineffaçables. Et au travers de cette histoire qui se meut si agitée et si orageuse dans un théâtre étroit, par-dessus ces obscures peuplades sémitiques sollicitées par les plus grossières superstitions, par-dessus ces rois, ces prêtres, ces prophètes, vrais tribuns d'Israël, plane la grande idée, l'idée qui a fait le Peuple, comme elle a fait le Livre, l'idée qui nulle part, ni dans Rome, ni dans Athènes, n'a trouvé une aussi haute expression ni atteint un degré pareil d'intensité, l'idée du Dieu un, du Dieu créateur.

A toutes les époques du christianisme, ces annales du peuple de Dieu ont été la légende populaire par excellence, et le plus riche trésor d'impressions poétiques. Combien plus les réformés de Genève, à l'époque où nous les considérons, durent-ils y voir un instrument essentiel d'enseignement et d'éducation?

Le directeur du collège naissant a deux choses à cœur pour ses élèves : leur faire faire de bonnes études modernes, et leur faire aimer la Bible dès leur plus jeune âge. Il atteindra l'un et l'autre objet en leur donnant pour premier livre de classe un ouvrage qui sera tout à la fois un modèle de latinité et une illustration de la Bible à leur usage.

L'intention de l'auteur est très clairement et franchement exposée dans la préface qu'il met en tête de l'opuscule sous la forme d'une lettre à Mathurin Cordier. « Il nous est souvent arrivé [1], lui dit-il — vous vous en souvenez peut-être, —

---

1. « Solebamus uterque, si memoria tenes, ludimagistrorum discipulorumque conditionem conqueri, quod », etc. Où et quand ont pu avoir lieu ces entretiens fréquents de notre jeune maître avec le vieux Cordier? Nous ne le voyons pas bien. Il ne paraît pas qu'ils se soient vus ni à Lyon, ni à Strasbourg. Castellion passa-t-il par Neuchâtel en venant à Genève en 1541? Nous n'en savons rien, mais il est sûr du moins que Cordier a fait à Genève un séjour pendant lequel il a pu conférer longuement avec Castellion : c'est celui auquel fait allusion la lettre de Calvin à Farel, 28 juillet 1542.

de déplorer ensemble qu'il n'existât point, pour nos maîtres et pour leurs élèves, un bon livre de début, un premier guide de latinité qui pût mener les commençants tout doucement, à leur insu, avec moins de peine pour eux et pour le professeur, jusqu'à la lecture des ouvrages plus difficiles. Et surtout nous nous affligions qu'il n'y eût pas moyen d'avancer dans l'étude de cette langue si nécessaire sans pratiquer assidûment des livres qui, loin de seconder l'éducation religieuse, ne peuvent, hélas! que la compromettre. » Et Castellion développe ce double grief. Cicéron, selon lui, est trop difficile et peu fait pour des enfants. Térence, plus accessible, ne l'est pas encore assez, excepté quand il l'est trop. N'est-il pas lamentable d'en être réduit à familiariser des enfants de cet âge avec des scènes d'immoralité, avec une suite de personnages comme ceux des comédies de Térence, des débauchés, des courtisanes, des entremetteurs? Il est impossible qu'un âge si tendre ne garde pas quelque souillure d'un pareil commerce. En vain répondra-t-on qu'on les exhorte à fuir le vice. Le vice, dit-il par un souvenir de quelque dicton populaire, est comme la poix : dès qu'on y touche, que ce soit pour la prendre ou pour la rejeter, elle s'attache aux doigts. Notre auteur oppose son expérience personnelle à la coutume régnante : il tient l'usage de Térence et de Plaute pour dangereux; ces deux comiques font acheter trop cher le bon latin qu'ils apprennent aux enfants; ils forment l'oreille, mais déforment l'âme.

Il paraît que Castellion avait soumis à Mathurin Cordier ses premiers essais de dialogues bibliques « familiers et intéressants [1] »; le vieux pédagogue, dont l'approbation emportait celle de tout l'humanisme français, l'avait fort encouragé à y donner suite [2]. Castellion, dans sa préface, lui explique son plan, qui est très simple. Nous allons le voir à l'œuvre. Quelques exemples suffiront.

---

1. « Familiaria quædam et jucunda colloquia de sacris Hebræorum libris excerpseram. »
2. « Quod quidem nostrum institutum quum et ego utile esse comperissem et tu (cujus unius hac in re judicium instar mihi universitatis doctorum est) te approbare dixisses, sumpsi animum. »

III

Dans le premier livre, destiné aux plus jeunes élèves, Castellion, fidèle à la méthode de Cordier — qui était aussi, nous l'avons vu, celle des maîtres de Lyon [1], — s'attache à mettre la traduction française à côté du latin. Et comme le latin lui-même doit être d'une extrême facilité, il y emploie le moins possible de tours s'éloignant de la construction française. Et il s'en explique presque littéralement dans les mêmes termes que fera plus tard Lhomond dans la préface de son *Epitome* [2]. Il sait bien qu'on lui reprochera le peu d'élégance de cette latinité; mais, dit-il, avant de parler élégamment, il faut parler.

Voici le premier de ces dialogues. Inutile de faire remarquer que c'était de beaucoup le sujet le plus difficile à traiter, et pour le fond et pour la forme :

ADAMUS

Argumentum.

Serpens Evam, et Eva porro Adamum impellit ad vescendum fructu vetito. Deus vero ipsos tres ad totidem pœnas damnat.

ADAM

Genèse, chap. III.

SERPENS, EVA, ADAMUS, JOVA

Cur vetuit vos Deus vesci omnibus [a] arboribus pomarii?

Eva. — Licet nobis vesci fructibus arborum pomarii : tantum Deus nobis interdixit ea arbore, quæ est in medio pomario, ne vesceremur fructu ejus, neve etiam attingeremus, nisi vellemus mori.

Serpens [b]. — Nequaquam moriemini propterea : sed scit Deus, si comederitis de eo, tum oculos vobis apertum iri, atque ita vos fore tanquam deos, scientes boni atque mali.

Eva. — Ita plane videtur, et

LE SERPENT, EVE, ADAM, JOVE

Pourquoy vous a défendu Dieu de ne manger de tous les arbres du vergier?

Eve. — Nous pouvons bien manger des fruictz des autres arbres du vergier : tant seulement Dieu nous a défendu l'arbre qui est au milieu du vergier, que nous ne mangeons de son fruict, ou mesme tastons, si nous ne voulons mourir.

Le serpent. — Vous n'en mourrez ja pourtant. Mais Dieu sait bien que si vous en mangez, vous aurez les yeux ouvers, et que par ainsi vous serez comme dieux, et saurez bien et mal.

Eve. — Il semble bien ainsi, et

---

1. Voir ci-dessus, p. 8.
2. *Avertissement*, 2° et 3°.
a. Arborum fructibus.
b. Calumniarum origo, Diabolus mendacii pater, Deum calumniatur, quasi aliud sentientem quam dixerit.

fructus ipse est ᶜ pulcher sane visu : nescio an sit ita dulcis gustatu? verumtamen experiar. Vah ! quam dulcis est ᵈ! Impertiendum est etiam marito. Mi vir, si scires quam sapidus sit hic fructus, jam dudum comedisses. Accipe.

ADAMUS. — Quando ita vis, faciam. Ah, flagitium fecimus.

EVA. — Quid est? Video, et me pudet ᵉ : sed quid nobis faciendum est?

ADAMUS. — Texamus nobis subligacula ex foliis, quibus tegamus verenda.

EVA. — Bene mones : et est hic ficus foliis magnis, et aptis huic rei.

ADAMUS. — Sed, o nos infelices : videor mihi audire vocem.

EVA. — Jova est. Miseram me; vereor ne deprehendat nos nudos, abdamus nos in hoc densum nemus.

JOVA. — Heus, heus, Adame, ubi es?

ADAMUS. — Audita voce tua in pomario ᶠ, territus sum : et quia nudus eram, abscondi me.

JOVA. — Unde didicisti esse te nudum? Num nam comedisti de arbore de qua præceperam tibi ne comederes?

ADAMUS. — Comedi quidem : sed ᵍ præbuit mulier, quam tu adjunxisti mihi.

JOVA. — Quidnam fecisti, mulier?

EVA. — Decepta a serpente comedi.

JOVA ʰ. — Quoniam istud fecisti,

le fruict est bien beau à voir, je ne say pas s'il est si bon à manger, mais si l'essaieraye-je. O qu'il est doux! il en faut aussi donner à mon mary. Mon mary, si tu savais que ce fruit est savoureux, tu en eusses pieça mangé; prend.

ADAM. — Puisque tu le veux, je le feray : combien que je say bien qu'il y a du danger en cette chose.

EVE. — Qu'est-ce?

ADAM. — Ne vois-tu pas, povre femme, que nous sommes tout nudz?

EVE. — Je le voy bien, et en ay honte : mais que nous faut-il donc faire ?

ADAM. — Faisons-nous des brayes de feuilles pour couvrir notre vergoigne.

EVE. — Tu dis bien, et y a icy un figuier, qui a les feuilles grandes et toute propres pour cecy.

ADAM. — Mais ô malheureux il me semble que j'oy un cry.

EVE. — C'est Dieu. Misérable que je suis, je me doute qu'il ne nous trouve tout nudz, fourrons-nous en ce bocage espes.

JOVE. — Hau, hau, Adam : où es-tu?

ADAM. — Quand j'ai ouy ta voix au vergier, j'ay eu peur, et pour ce que j'estoye nud je me suis caché.

JOVE. — D'où as-tu apprins que tu es nud? Aurais-tu point mangé de l'arbre, que je t'avoye commandé de n'en manger point?

ADAM. — J'en ay mangé voirement, mais la femme que tu m'as adjointe, me l'a baillé.

JOVE. — Femme, qu'as-tu fait?

EVE. — Le Serpent par sa finesse m'a attiré à en manger.

JOVE. — Pour ce que tu as fait

---

c. Oculi sunt fenestra cupiditatis.
d. Qui peccarunt, ii alios quoque ad peccandum invitare solent.
e. Peccati conscientia mater est pudoris ; pudet autem videri, cum debeat pudere peccati.
f. Sontes voce Dei terrentur.
g. Peccatum suum excusare, doctrina est veteris Adami.
h. Deus sontes damnat, citra disputationem.

serpens, tu eris detestabilissima omnium bestiarum, omniumque animalium terrestrium, et incedes in pectus, et vorabis pulverem quamdiu vives. Quin etiam conciliabo tantas inimicitias inter te et mulierem, interque semen tuum et ejus, ut id conterat tibi caput, tu autem ei calcem. Te quoque, fœmina, afficiam plurimis doloribus et ærumnis, ut cum dolore parias, et tota pendeas ex imperio viri tui. Et tu, Adame, quoniam morem gerens uxori tuæ, comedisti de arbore cujus esu interdixeram tibi, habebis terram infœcundam tua culpa, et ex ea quæres victum laboriose dum vives, cum interim ipsa procreabit tibi carduos et sentes. Tu vesceris herbis terra nascentibus et cum sudore vultus parabis victum, donec redeas in terram, ex qua ortus es. Nam pulvis es, et in pulverem redibis.	cela, serpent, tu seras la plus détestable de toutes les bestes que la terre porte, et iras sur ton ventre, et rongeras la terre tant que vivras, et si mettray si grande inimitié entre toy et la femme et entre ta semence et la sienne qu'elle te brisera la teste, et tu lui useras le talon. Et toy, femme, je te feray avoir beaucoup de peines et travaux. Tu enfanteras tes enfants avec douleur, et seras du tout subjete au gouvernement de ton mary. Et toy, Adam, pourtant que pour complaire à ta femme tu as mangé de l'arbre de laquelle je t'avoye défendu d'en manger tu auras la terre moins fertile par ta faute, et gaigneras ta vie d'elle à grand travail toute ta vie, et cependant elle te produira chardons et épines; tu vivras des herbes qui croissent par la terre, et avec sueur de ton visage tu mangeras ton pain jusque à tant que tu retournes en terre, de laquelle tu as été prins. Car tu es poudre et retourneras en poudre.

On jugerait mal du livre d'après ce premier morceau : l'auteur y était trop lié par le texte biblique et trop empêché par le respect de la majesté divine. Il donne mieux sa mesure dans les scènes vraiment « familières » comme il les appelle justement et où, sans trahir le texte sacré, il peut faire entrer des détails pittoresques, qui prêtent à l'emploi de mots et de tours usuels, c'est-à-dire à d'excellentes leçons de vocabulaire et de syntaxe. Quoi de plus approprié à cet usage pédagogique que cette petite scène d'hospitalité patriarcale (dialogue III [1]) :

ABRAHAM. — Je voy trois hommes contre moy. Il n'y a point de faute qu'ilz sont las de cheminer, mesmement à si grand chaut qui fait [2]. Parquoy je leur courray en devant, pour les retenir chez moy. — Sire [3],

---

1. Nous n'en donnons que le texte français, qui, étant d'une langue beaucoup moins correcte et moins sûre que le latin, est d'autant plus intéressant.
2. Presertim hoc tanto æstu.
3. Domine.

si tu me veux faire grand plaisir, ne va point loger autre part, que chez moy. Vous vous laverez les piedz à tout [1] un peu d'eau qu'on prendra, puis vous reposerez souz l'arbre, et cependant je vous feray apprester du pain, afin que vous recréés vos espritz, et puis tirez avant [2]. Cette cause est vaillante [3] pour vous faire venir loger chez moy.

Les Anges. — Nous le ferons.

Abraham. — Je m'en vay maintenant vistement en la maison. — Sara [4], prend moy vistement trois sacs de farine de fin froment, que tu pestriras, et en feras des gasteaux. Car il nous arrive des hostes, que je veux bien traiter, dont je m'en vay maintenant vers l'estable aux bœufs, car je veux tuer un veau, pour leur faire grand chère. Toy cependant donne toy garde que rien ne leur faille, de ce qui fait besoing à hostes.

Sara. — Et bien dépêche toy, Hagar : allume le feu, eschauffe de l'eau pour pestrir, tandis que je mettray hors la farine. Sus donc, cependant que l'eau s'eschauffe, appreste la may [5], empaste depeschons, tout ce que monsieur a commandé.

Abraham. — Tue-le vistement [6], garçon. Hau Sara.

Sara. — Que veux-tu, mon mary?

Abraham. — Fay que nous ayons bon feu.

Sara. — Il est jà allumé.

Abraham. — Met le chauderon dessus [7]. Je veux penser mes hostes bien diligemment, et courtoisement. Ce veau n'est-il encore escorché, garçon?

Le Garçon. — Mais est ja coppé.

Abraham. — Jettons ces pièces en la chaudière, met y plus de bois toy, afin qu'elles soyent plustost cuites, escume le bruet [8]. Hagar, appareille la table, met la dehors soubz la loge [9] dessouz l'arbre. Rien n'est que face plus volontiers, que de faire bien aux passants, et certes de n'en tenir conte, c'est fait mal courtoisement. — Hostes, tout est prest, mettez-vous à table, et mangez joyeusement. Vous avez icy du beurre, vous avez aussi du laict. Prenez en gré ce que nous avons, et ce que Dieu nous donne pour le présent. Garçon, met-leur devant la chair de veau.

On trouverait nombre de traits semblables, et la même charmante peinture de ce que Fénelon appelle « l'aimable simplicité du monde naissant », dans les pages qui mettent en scène le sacrifice d'Isaac, la rencontre d'Eliézer et de Rebecca, l'idylle de Ruth et Booz et surtout l'histoire de Joseph. De celle-ci du moins on nous permettra de transcrire un épisode qui vaut d'être lu dans le texte français :

---

1. Expression populaire pour *avec* ou *au moyen de*. Castellion est resté fidèle à cette locution du dialecte bressan. (Voir plus loin le chapitre sur la Bible française.)
2. Deinde pergatis.
3. Idonea.
4. Tria sata farinæ siligineæ, ex qua depsita facies panes subcinericios.
5. Para mactram, subige farinam.
6. (Le veau).
7. Impone ahenum.
8. Despuma jus, instrue mensam.
9. In umbraculo.

JOSEPH VENDU

(Genèse, chap. xxxvii.)

SIMÉON, LÉVI, RUBEN, JOSEPH, JUDAS, LES MARCHANS.

SIMÉON. — Voilà ce songeart : çà, mettons-le à mort, et jettons son corps en quelque caverne.

LÉVI. — Mais que rapporterons-nous à nostre père de luy?

SIMÉON. — Que quelque beste sauvage l'a mangé, nous verrons que voudront dire ses songes.

RUBEN. — Ce serait meschamment fait de souiller ses mains du sang d'un enfant! Mes frères, changez de vouloir. Vous ne sauriez faire plus grand dommage à nous, ou à nostre père.

SIMÉON. — D'où t'est venue cette nouvelle conscience? Veux-tu donc que nous laissons vivre celuy, qui par ses songes signifie que nous tous, voire nostre père et mère, le supplierons? N'est-il pas bien digne d'aller songer en enfer?

RUBEN. — Mon frère, s'il doit ainsi advenir, comment s'en garderait-on? si non, de quoy as-tu peur? te semble-t-il un si grand mal, si un enfant qui ne sait rien a songé? Quel mal peut avoir en songes! Finalement, si vous êtes tant obstinés, que vous ne pouvez laisser vostre entreprinse, voicy un puits sans eau : à tout le moins ne le tuez point, dévallez-le dans le puits, le péché ne sera pas du tout si grand.

SIMÉON. — Ruben, touchant toy, nous nous en rapportons à toy; de nous, nous avons délibéré de nous en déffaire.

JOSEPH. — Dieu vous gard, mes chers frères.

SIMÉON. — Et vrayement nous te baillerons un bon dieu vous gard, qui songes que tes frères t'adorent, lesquelz tu salues maintenant si gracieusement. Çà, descirons ceste robbe de livrée, de laquelle son père l'a accoustré, le gorrier mignon [1].

JOSEPH. — Hélas Dieu, que me voulez-vous faire?

LÉVI. — Nous te tuerons.

JOSEPH. — Ha non ferez.

SIMÉON. — Ce est tout arresté.

JOSEPH. — O mes bons frères, pour l'amour du Dieu souverain, et pour l'amour de votre père, et le mien, qui mourra de douleur, je vous prie et supplie. Qu'ay-je fait, quelle est mon offense, et quelle folie et mauvais courage vous meine?

SIMÉON. — Tu as beau prier.

JOSEPH. — Vostre frère?

SIMÉON. — Ce est tout conclud.

JOSEPH. — Ha, je suis vostre, je suis vostre frère.

SIMÉON. — Tu pers ton temps. Dévalez-le.

RUBEN. — Je me retire d'icy, je ne pourraye voir une chose si piteuse.

JOSEPH. — Las misérable que je suis, où me fourre-on? vers les mortz? O père, père, que tu recevras une piteuse nouvelle de ton fils, que tu

---

1. Vestem hanc versicolorem qua pater cum ornavit delicatulum puellum.

languiras en grand deuil. Juda, je me recommande à toy, aye pitié de moy, aye pitié de nostre père et mère.

Lévi. — Assions-nous icy pour gouster.

Juda. — Je voy venir quelques marchans. Mes frères, me voulez-vous croire? que nous profitera le sanglant meurtre de nostre frère? Vendons-le plustost aux Ismaelites, que vous voyez venir. Ne faisons point à nostre frère comme ennemis, gardons-nous de faire meurtre. Car certes il est nostre frère, engendré d'une mesme semence. Sus, accordez-moi cela.

Lévi. — Il dit bien.

Siméon. — Mais, que d'aventure....

Juda. — Mon frère, n'aye peur. Aussi bien t'en despecheras-tu de le vendre, que de le tuer.

Lévi. — Il est vray. Il y a aussi le gaing, lequel gaing nous perdrons, si nous le mettons à mort.

Siméon. — Je laisse faire et bien [1].

Juda. — Hau, marchans, voudriez-vous point acheter un joly enfant?

Marchans. — Par adventure. Fay-le nous voir.

Juda. — Tirez-le du puits, ils l'achèteront.

Joseph. — Maintenant il me faut mourir, je le voy bien, on me tire hors pour me meurtrir.

Juda. — N'aye pas si grand peur, tu ne seras point tué, mais vendu. Vous, voicy l'enfant, qui a bien un beau coursage [2].

Marchans. — Vrayement il est joly et gentil. Combien le voulez-vous vendre?

Juda. — Trente pièces d'argent.

Marchans. — Nous le retenons, tenez l'argent.

Enfin, pour ne pas sortir du livre premier, le seul qui soit accompagné de cette curieuse traduction en français populaire du temps, était-il possible de rien écrire de plus ravissant pour des écoliers que ce dernier petit tableau :

MOISE ABANDONNÉ

(Exode, chap. II.)

JOCABED LA MÈRE, LA SŒUR DE MOISE, LA FILLE DE PHARAON, LA CHAMBRIÈRE.

Jocabed. — Nous sommes eschapées jusqu'icy secretement et sommes jà arrivées vers la rivière. Maintenant il faut mettre à l'adventure ce petit enfant, que Pharaon ne sache que nous l'avons gardé contre son mandement et vouloir. Car ce que nous l'avons gardé jà trois mois, nous l'avons fait à grand danger. Mais il valait mieux se mettre en

---

1. Pour : « Eh bien ! je laisse faire ». (Sino, fiat.)
2. Lepida forma.

danger voire de perdre la vie, que de laisser tuer un si bel enfant. O le cruel Roy, d'avoir commandé qu'on tuast les enfants nez masles! Que maintz ont esté mis à mort par son commandement, à l'entrée de la vie! Ouyt-on jamais parler de une si grande cruauté? estrangler les enfants à la porte et entrée de la vie? O mon enfanton, moy mère misérable, suis contrainte de te mettre à l'abandon icy au papier [1], toy que j'ay caché trois mois, et encore cacheroye si je povoye. O que c'est une chose amère, faut-il que je soye séparée de toy, sans espérance de jamais te voir! Que deviendray-je, et toy mon filz que je délaisse icy? Mais puisque nous ne pouvons ce que nous voulons, voulons ce que nous pouvons. J'ay fait mon devoir de te tenir secret; maintenant je te met en la clemence et providence de Dieu. A Dieu tout mon plaisir, à Dieu mon petit filz.

La sœur. — Ma mère, je demoureray icy cachée, s'il te plaist, pour voir qu'il en sera.

Jocabed. — J'en suis contente et m'en retourne à la maison.

La fille de Pharaon. — Voicy la rivière où nous venons pour nous bagner. Vous, damoiselles, vous vous pourmenerez icy auprès de la rivière, et je m'en iray avec la servante en ceste reculée plaisante et secrette. Mais que voy-je au papier? Chambrière, va voir que c'est : il me semble que c'est une arche.

La chambrière. — Aussi est-ce, maîtresse; et si est embituminée et empoignée [2].

La fille de Pharaon. — Apporte la çà : ouvrons la. — A pouvret : c'est un enfant qui brait : il m'en fait mal : c'est des enfants des Hebrieux.

La sœur. — Je vien à avoir grande espérance de sauver l'enfant; je m'approcheray. Dieu gard madame!

La fille de Pharaon. — Que dis-tu.

La sœur. — Veux-tu que je t'aille querir une nourrice des Hebrieuses, qui te nourrira l'enfant?

La fille de Pharaon. — Tu dis bien : va la querir.

La sœur. — Elle sera tout maintenant icy.

La fille de Pharaon. — A la bonne heure suis-je icy descendue. J'ay un enfant que je feray nourrir comme mien. Il ne me pouvait rien advenir que plus j'aymasse, et si n'ay point peur de faire desplaisir à mon père : mesmement en une chose tant humaine et pitoyable. Ah, c'est meschamment fait d'estrangler les enfants nouveaux. Mais qu'il est joly, qu'il a belle venue! N'est-ce pas vilainement fait, de tuer telz enfants?

La sœur. — Je t'ameine icy une nourrice, madame.

La fille de Pharaon. — Femme, tu me nourriras cest enfant, je te payeray ton salaire.

Jocabed. — C'est bien.

Ces extraits suffiront à faire comprendre un jugement que l'on nous permettra de transcrire ici. Charles Nodier pos-

---

1. L'auteur met lui-même en marge une note explicative un peu brève, il est vrai, mais que le maître devait compléter oralement : « C'est une sorte de petit arbre » (*papirus*).
2. Oblita bitumo et pice.

sédait un bel exemplaire des *Dialogues sacrés*, il avait inscrit sur la garde la note que voici : « Joli abrégé de l'Écriture sainte, composé sous une forme dramatique assez singulière et qu'on appellerait romantique aujourd'hui. C'est un *Royaumont* latin, mais présenté avec une sorte d'élégance romanesque, dont le P. Berruyer paraît s'être inspiré dans son *Histoire du Peuple de Dieu*. Le bon Castalion était sous plus d'un rapport le Fénelon des protestants [1]. »

De ce premier livre aux trois autres, la différence de rédaction est sensible.

L'auteur explique lui-même dans la préface des 2ᵉ et 3ᵉ livres pourquoi et comment il a gradué les difficultés [2], supprimé la traduction française parallèle [3] et employé un latin plus relevé.

Examinons maintenant l'ouvrage tel qu'il fut après ses divers remaniements, et essayons de voir comment Castellion a rempli son programme.

Que valaient ces quatre livres de *Dialogues sacrés* comme livre d'enseignement?

Que valent-ils comme livre d'éducation?

Ce sont deux questions distinctes et d'inégal intérêt.

IV

Comme livre de classe, destiné à l'enseignement élémentaire du latin, nous venons de voir déjà que ce petit recueil

---

1. Catalogue n° 126 de la librairie Durel (juin 1887), article *Castellion* n° 1705.
2. Nous donnons ci-dessous le texte de cette préface de 1543 en raison de la rareté du petit volume dont on ne connaît d'autre exemplaire complet que celui de la Bibliothèque impériale de Vienne : « *Sebastianus Castalio Ludimagistris christianis S.* Publicavi superiore anno libellum dialogorum sacrorum, linguis moribusque puerorum formandis destinatum. Nunc alterum vobis emitto, fratres et socii, ex eodem illum quidem fonte manantem, sed ratione dissimili. Nam illic ruditati me puerorum infantium, quibus laborabam, accommodans et ordinem verborum eis maxime familiarem, eoque minus elegantem, tenui : et gallice omnia, idque verbum de verbo, expressi. Hic, quia paulo jam provectioribus scribebam, elegantiæ magis servii, neque vernaculam interpretationem adjunxi. »
3. Dans l'édition abrégée publiée à Bâle 1545, l'imprimeur (d'ailleurs très peu connu, puisqu'on ne cite de lui qu'une autre impression, *Form der sacramenten Bruch*, in-8, 1545), Erasmus Xylotectus, explique, par une préface de quelques lignes en latin, qu'il a supprimé le texte français en regard d'abord comme inutile à des enfants qui parlent allemand, et ensuite par la raison suivante, qui mérite d'être citée : « non video magnum fructum et utilitatem juventuti ferre vulgarem linguam latinæ apponere, *ut quidam solent*. Efficit enim non solum discipulos desidiosos, sed etiam fastum illis adhibet qui eos eo evehit quod putent jam se scire omnia quum nihil adhuc firmi et certi imbiberint. »

dans sa première partie était pour le xvɪᵉ siècle, avec beaucoup plus de grâce et de piquant, ce qu'a été pour le nôtre l'*Epitome historiæ sacræ* de Lhomond. Le reste du volume vaut le latin du *De viris* et du *Selectæ*, avec l'inconvénient d'une plus grande monotonie de sujet, d'une plume toujours la même et de la gêne constante des hébraïsmes à traduire ou à éluder.

En dépit de ces causes d'infériorité, le livre tel quel soutient la comparaison avec nos meilleurs recueils modernes pour l'enseignement du latin dans les classes élémentaires. Quant aux livres scolaires de son temps, il s'en distingue si profondément que c'est presque une révolution pédagogique. L'absence totale de pédanterie grammaticale ou autre, la disparition de tout le vieil appareil scolastique, ce style d'une parfaite simplicité, ce vocabulaire et cette syntaxe sans ombre de prétention ni de bizarrerie, ce sont autant de qualités que nous remarquons à peine, tant elles nous semblent aujourd'hui naturelles et nécessaires dans cette littérature spéciale. En 1543, c'était une extrême hardiesse. On se représente les maîtres des collèges de Paris haussant les épaules à la vue de ces petits livres faits pour le peuple, de cet enseignement du latin au rabais, véritable profanation de l'antique majesté des études.

Il y a là visiblement l'esprit des novateurs de Wittemberg, l'esprit de Camerarius, qui venait de tracer dans la belle préface de ses *Elementa rhetorices* (1541) le programme de ce nouvel enseignement : il faut commencer par apprendre à écrire, parce que savoir écrire, c'est savoir penser, parce que la parole est elle-même toute une philosophie, parce que l'éloquence enfin ne vient pas de la bouche, mais du cœur. « Nous ne voulons plus, ajoutait-il, de cette éloquence qui n'est qu'une science des mots et qu'un vain talent de la langue : nous en voulons une autre qui vise plus à la culture de l'esprit qu'à celle du langage [1]. *Eloquentia* ne vient pas de *loqui*, mais de *eloqui*, mot qui suppose le choix des termes, leur appropriation précise à l'idée, par conséquent

---

1. *Proœmium*, p. 4 et 5.

tout un travail de réflexion qui tient bien plus de la philosophie que de la rhétorique [1]. Les Grecs l'ont bien compris quand ils ont appelé λόγος tout à la fois la raison et la parole. » Et c'est en partant de cette théorie que Camerarius passait en revue tous les exercices des classes depuis la récitation des fables d'Ésope jusqu'aux vers latins, aux déclamations, aux dissertations, pour en chasser la scolastique et y faire entrer le bon sens.

Ce que disait Camerarius à Wittemberg, un peu plus tard, Ramus le redira plus vivement à Paris; Érasme les avait précédés tous deux dans les charmantes et fines remarques dont il avait semé ses traités, notamment le *De pueris statim ac liberaliter instituendis*. C'est encore le même esprit qui inspire à Rabelais ses imprécations moitié plaisantes, moitié émues contre « les geôles et geôliers de la pauvre jeunesse ». Mais ces idées générales, si dignement représentées par Melanchthon et sa phalange de pédagogues novateurs, ces boutades de Gargantua ou ces railleries érasmiennes, on est heureux de les trouver quelque part appliquées, traduites en un livre de classe, sortant de la forme négative et critique pour s'adapter à l'enseignement. A cet égard, le mérite des *Dialogues sacrés* a été de tout temps reconnu. En 1830 Noël et Laplace donnaient encore dans leurs *Leçons latines modernes* comme un des modèles du genre le dialogue *Nauclerus, Nautæ, Jonas* [2] à côté de dialogues empruntés à Érasme, à Vivès et à Pétrarque.

Cette valeur indiscutée de la latinité est le premier intérêt que présentent les *Dialogues sacrés*. Mais ce n'est pas le seul, ni le principal.

V

Dans l'intention de l'auteur, les *Dialogues sacrés* sont bien moins un manuel de latin qu'un livre d'éducation protestante : c'en est le véritable trait caractéristique.

---

1. *Proœmium*, p. 8.
2. 2ᵉ édition, Paris, in-8, p. 335-338.

On l'a souvent remarqué, il y avait plus d'une raison de secrète affinité entre la Genève de Calvin et l'Israël biblique. Ce n'est pas l'effet d'une fortuite rencontre si l'Ancien Testament s'est trouvé partout et à Genève plus qu'ailleurs le livre, le code, la charte des premiers huguenots. Qu'on se représente leur situation matérielle aux portes de la France, à la merci du premier coup de main, ou leur situation morale, à l'extrême avant-garde des sacramentaires, c'est-à-dire des enfants perdus du parti luthérien : on comprend aussitôt le besoin qu'ils avaient de se retremper dans le plus ardent et le plus jaloux monothéisme pour y puiser une sorte de foi aveugle, leur seule arme, leur seule force et leur seul espoir. Pour faire de tels hommes, ce n'est pas trop de commencer dès l'enfance à leur inculquer l'horreur des idoles, à leur faire craindre le Dieu qui n'admet nul partage de son autorité, nulle restriction de son pouvoir, nul tempérament à ses lois. La Bible seule était capable de les préparer à leur destinée ; et mettre la Bible au cœur même des études profanes, c'était rendre un grand service à la cause.

Nous avons vu notre jeune pédagogue tout occupé, semble-t-il, à mettre les récits bibliques en bon latin, à la portée des jeunes esprits et, souci plus rare à cette époque, des jeunes imaginations : ce n'est là que la surface. Nous allons le voir reprendre son travail et d'année en année accentuer le caractère moral et religieux qui en fait le fond.

Au texte des *Dialogues*, si frais, si alerte, si jeune d'allure et souvent si naïf, les éditions postérieures vont ajouter un commentaire qui fixe en quelque sorte les explications orales du maître : d'abord, à la fin de chaque dialogue, comme la moralité à la fin d'une fable, viennent sous le titre de *Sententiæ* les maximes qui résument l'enseignement moral à tirer du récit ; en outre, l'auteur inscrit par des renvois en marge un certain nombre de remarques ou observations provoquées incidemment par le texte : ces *marginales adnotationes* ne sont presque jamais des notes philologiques ; ce sont des réflexions d'ordre moral, des applications signalées à l'élève souvent avec un vif accent personnel. *Sententiæ* et *adnotationes* ne sont très vraisemblablement que les notes mêmes du professeur, son cahier de classe imprimé longtemps après. Renseignement précieux qui nous fait en quelque sorte assister à ses leçons, avec cette différence sans doute qu'elles étaient en 1543 moins amères et moins assombries que ne le sont ces notes imprimées vingt ans plus tard, à une époque où de toutes les espérances qui avaient salué la première heure de la Réforme les plus belles s'étaient évanouies.

Tels que nous arrivent les quatre livres de *Dialogues sacrés* avec tout leur appareil de sommaires et de notes, une impression générale s'en dégage, celle qui devait le plus profondément pénétrer à leur insu les élèves soumis à cette discipline éducative. Les hommes de bien, les partisans de la vérité, les « enfants de Dieu », les justes sont une minorité ; être du côté du petit nombre, n'avoir pas pour soi l'appui de la foule ni celui des grands et des riches, ni celui des savants, c'est presque le signe qu'on a raison. L'histoire sainte fournissait de nombreux exemples propres à faire entrer les enfants dans ce sentiment : l'auteur ne se lasse pas d'en user ; c'est en quelque sorte le paradoxe initial auquel il veut plier et l'esprit et l'imagination et le cœur. Il écrit évidemment pour des enfants qui pourront se trouver isolés et méconnus, protestants au sein d'une population catholique, hétérodoxes au milieu de calvinistes ou de luthériens intraitables ; il a souci de les aguerrir avant tout contre une première impression d'étonnement ou d'effroi. L'histoire sainte à la main, il exerce la conscience à se raidir en quelque sorte spontanément contre l'exemple du nombre, contre l'autorité du chef, contre la majesté de la tradition, contre l'entraînement des passions régnantes. Il les fait vivre de bonne heure dans un monde où Dieu est toujours du côté du faible et du vaincu. Plusieurs *sententiæ* finales n'ont pas d'autre objet que de le leur faire remarquer : « La plupart des hommes pensent qu'il faut suivre la multitude ; les amis de la vérité obéissent à la vérité et non à la multitude »[1].

Parfois le sentiment, au lieu de s'enfermer en un bref

---

1. Liv. II, Dial. *Micheas*.

adage, éclate comme un cri du cœur. Ainsi à la fin du dialogue où l'on a vu Élie aux prises avec les prêtres de Baal :

> Les hommes injustes accusent les justes des maux dont eux-mêmes sont les auteurs.... Le monde est plein d'impies, et bien petit est le nombre des hommes pieux. Il faut souvent croire davantage à un seul homme qu'à mille, car la sagesse appartient à un petit nombre.
> O aveugle humanité, quand donc verrez-vous cette vérité? Quelle lumière pénétrera enfin vos yeux? Ne deviendriez-vous jamais sages que trop tard? Ah! puisse venir un autre Élie qui par l'ardeur de l'esprit et de la parole fasse descendre du ciel sur la terre le feu de la charité pour enflammer le sacrifice de nos prières et faire que Dieu seul désormais soit exalté [1]!

Ce parti pris de mépriser le nombre et la tradition, cette confiance inébranlable dans le sens intime, n'est-ce pas la première nécessité de l'éducation protestante? De là à un incorrigible orgueil, la pente serait glissante, mais notre moraliste n'y glissera pas. Comment s'en défend-il? C'est le secret de la fameuse doctrine qui de saint Paul à saint Augustin et de Calvin à Jansénius a su porter au plus haut degré l'énergie de la volonté chez l'homme tout en lui déniant jusqu'à la moindre parcelle de liberté. Dieu, toujours Dieu, rien que Dieu, sa volonté, sa puissance, sa justice, la sienne et non la nôtre, son droit absolu et le nôtre réduit à néant, la négation pure et simple de toute limite apportée aux prérogatives divines : tel est le dernier fond de cette morale qui semblerait devoir briser tout ressort dans l'homme. Au contraire : elle lui donne une force invincible. Elle permet, elle ordonne à un seul individu de tenir tête à toute une société. Elle se fonde, pour lui en inspirer la force, non pas sur la dignité humaine, mais sur quelque chose d'infiniment plus grand, la souveraineté divine. Ce n'est pas le droit de l'homme, c'est le droit de Dieu qui sert de point d'appui à l'opprimé. Si cette tête refuse de se courber sous le joug de l'autorité, ce n'est pas au nom de sa raison, de sa conscience, c'est au nom de Dieu, seul maître, seul juge, seul souverain.

Ce saisissant paradoxe, que les théologiens et les philosophes expliquent, dont l'histoire constate avec admiration les prodigieux effets, nulle part on ne le trouvera plus clairement

---

1. Liv. II, Dial. *Elias.*

qu'ici appliqué à la pédagogie. Les *Dialogues sacrés* sont le véritable manuel d'instruction morale et civique d'une petite république protestante à l'âge héroïque. On n'a jamais mieux soufflé au cœur des jeunes générations la haine des tyrans, la méfiance à l'endroit des courtisans, des grands de ce monde, des juges prévaricateurs, des prêtres persécuteurs : à chaque page, les notes marginales burinent ces sentiments en adages sévères [1].

Le droit de résistance à la tyrannie n'y est pas enseigné, mieux que cela, il y est présupposé à toutes les pages non pas comme un droit mais comme le premier des devoirs. Mais à y regarder de plus près, l'impression qui ressort de ces réflexions semées au cours de la lecture ne s'arrête pas là. Elle est plus générale et plus pessimiste. Ce ne sont pas seulement quelques méchants qui abusent du pouvoir, c'est le pouvoir lui-même qui corrompt. L'auteur est évidemment pénétré jusqu'au fond de l'âme de certaines paroles de l'Évangile : « Il est difficile à un riche d'entrer dans le royaume des cieux », et de quelques autres déclarations semblables qu'il prend à la lettre. Les *sententiæ* finales les commentent avec complaisance, les exagèrent même : « Les savants de ce monde ont coutume de porter envie à la vérité et de la combattre [2]. — Les maîtres de ce monde tiennent la vérité pour impie; et, vaincus par ceux qui leur montrent la vérité, ils les écrasent par la force [3]. — Il n'y a rien qui résiste plus obstinément à la vérité que les grands de ce monde [4]. — Les meilleures choses sont celles que repoussent le plus les puissants, les gouverneurs des peuples [5]. » Quelquefois la même pensée s'exprime par un élan de confiance et d'amour pour les petits de ce monde; ainsi à propos de la veuve de Sarepta : « Les pauvres gens qui meurent de faim, voilà ceux que Dieu regarde ! Les pauvres gens

---

1. Voir par exemple celles des dialogues ci-après : liv. II, *Doeg, Elias*, « (Tyranni ex conjecturis, crimine non comperto sæpe insontes damnare solent) ». *Roboam, Abisæus*, etc.; liv. III, *Balthazar* : « (Mirum est Danielem Baltazari non ante omnes divinos venisse in mentem præsertim ab ipsius patre sic honoratum, sed sic est : falsi vates aulas sic occupare solent ut verorum aut nulla aut certe sera fiat mentio) »; liv. IV, *Lepidantes, Primates*, etc.
2. Liv. IV, *Claudus*.
3. *Ib.*, *Stephanus*.
4. *Ib.*, *Gamaliel*.
5. *Ib.*, *Vinitores*.

qui meurent de faim croient en Dieu plus aisément que les puissants et les rassasiés.... Celui qui a Dieu a toujours assez, si peu qu'il ait [1]. »

Ce sentiment de confiance filiale en Dieu, cet esprit d'union intime avec lui par la foi comme par les actes remplit tout le livre et en est la plus profonde inspiration. C'est évidemment la secrète et délicieuse pensée où l'on se retrempe pour tous les combats de la vie. Les enfants n'ont pu en faire l'expérience par eux-mêmes, mais rien qu'à apprendre ces brèves formules où se condense une conviction si puissante ils en recevront pour toute la vie une marque ineffaçable, celle de la foi huguenote. Ils sont familiarisés avec l'idée de ce paradoxe ou de ce miracle perpétuel : le triomphe des faibles et des méprisés ; rien d'impossible à la foi, parce qu'il n'y a rien d'impossible à Dieu : « Les prisons, les chaînes ne peuvent rien contre ceux que Dieu protège [2].... Quand la sagesse humaine, à bout de ressources, tremble et désespère, c'est alors qu'éclate la puissance divine [3].... Il faut croire à Dieu et à ses promesses, fussent-elles contraires à la nature : il n'est pas soumis à la nature, celui qui en est l'auteur [4]. » A cette inspiration générale s'ajoute parfois un mot plus précis et comme une allusion d'autant plus touchante qu'elle est plus sobre. Un maître qui avait devant lui tant d'enfants de réfugiés français et italiens, avait-il besoin d'insister pour commenter avec chaleur la maxime qu'il avait à expliquer et à faire apprendre comme conclusion de l'histoire de *Ruth* : « Heureux ceux qui préfèrent Dieu et le peuple de Dieu à leurs parents et à leur patrie : Dieu les en récompensera [5] »?

Il y aurait à relever encore quelques traits plus particuliers et plus personnels, où l'on retrouverait déjà la préoccupation des idées qui plus tard feront l'originalité de Castellion, avant tout les protestations contre l'emploi de la force en matière de conscience [6], l'assertion répétée que les guerres

---

1. Liv. II, *Sarephtana*.
2. Liv. IV, *Rhode*.
3. Liv. III, *Baltazar*.
4. Liv. IV, *Maria*.
5. Liv. I, *Ruth*.
6. Ainsi au sujet de la réponse de Jésus : Mon règne n'est pas de ce monde, une note marginale dit : « Qu'ils pèsent cette parole ceux qui veulent défendre le Christ par des armes

de l'esprit doivent se faire avec les seules armes de l'esprit [1]. Et puis divers indices d'une doctrine religieuse que nous verrons se développer chez Castellion et qui tend à faire de la charité le suprême ou le seul critérium de la vraie piété [2]; la croyance à une sorte de progrès dans la conscience religieuse, à une émancipation progressive de la lettre qui tue par l'esprit qui vivifie [3], enfin à une croissance graduelle des chrétiens jusqu'à l'obéissance parfaite [4] et jusqu'à la pleine connaissance du bien [5]. Mais ce n'est pas le lieu d'y insister : nous verrons tous ces germes se développer.

VI

Le double mérite des *Dialogues sacrés* comme manuel d'enseignement classique et comme livre d'éducation religieuse, fut, on peut le dire, immédiatement reconnu dans les pays protestants.

Parmi les nombreux témoignages qui le prouveraient, nous choisissons à dessein un des plus modestes, précisément parce qu'émanant d'un simple pédagogue, il nous fait bien voir l'usage pratique des *Dialogues sacrés*. C'est un intéressant opuscule intitulé *Specimen et forma legitima tradendi sermonis* [6] et composé par un fervent disciple de Ramus pour servir de programme au collège de Saverne. Dans ce petit plan d'études, l'auteur, Henri Schor [7], veut que dès la seconde année d'études (*altera rudimentorum classis*) on fasse lire et expliquer couramment en classe une prose facile, se

---

terrestres », et dans d'autres passages : « Les hommes pieux laissent la vengeance à Dieu », ou à propos de David persécuté par Saül, cette réflexion réitérée qui vise d'autres persécuteurs et d'autres persécutés : « C'est une honte de voir des hommes si haut placés s'acharner contre les plus petits ». (Liv. II, *David latitans, Abisæus*, etc.)

1. Liv. II, *Goliath*.
2. Liv. II, *Elias*; liv. IV, *Petrus*; *Cornelius*; *Philosophi*.
3. Liv. II, *Achimelech*; liv. IV, *Nathanael*.
4. Liv. II, *Sortilegium*; *Obedientia*.
5. Liv. IV, *Saducæi*.
6. *Specimen et forma legitima tradendi sermonis et rationis disciplinas, ex Petri Rami scriptis collecta et Tabernensi scholæ accomodata.* — Argentorati, Jos. Rihelius, 1572, in-8 (biblioth. de M. Ch. Schmidt à Strasbourg). La bibliothèque Mazarine possède une édition de Londres, 1585.
7. Personnage intéressant à un autre titre et que nous retrouvons dans les derniers chapitres de cette biographie.

prêtant aux exercices oraux : il recommande en tout premier lieu les *Dialogues sacrés* dont il copie le titre d'après l'édition de Winter de 1545 [1], et il donne tout le détail de la leçon : analyse grammaticale, étude de la construction, enfin traduction soignée dans la langue maternelle. Il insiste sur ce dernier exercice, qui est une nouveauté hardie; il la justifie en affirmant que nos langues vulgaires ont aussi leur génie, leurs règles, leurs beautés, et qu'il faut que nos élèves sachent manier aussi bien la langue du peuple que celle des savants [2].

VII

Il est difficile de nous rendre compte aujourd'hui du succès d'un livre scolaire de ce genre. La France et la Suisse française lui ayant été fermées, il n'est pas étonnant que les *Dialogues sacrés* soient peu représentés dans nos bibliothèques et n'aient presque pas laissé de trace dans l'histoire de nos collèges. Mais il n'en a pas été de même dans la Suisse allemande et dans tous les pays allemands. Une enquête non pas complète mais pourtant approfondie nous a permis de donner la preuve irrécusable du long emploi et de l'influence continue de ce livre de classe en Allemagne jusqu'à la fin du xviiie siècle.

On trouvera dans un appendice à la fin du présent volume [3] le relevé des éditions dont il a été possible de retrouver des exemplaires dans les bibliothèques publiques d'Allemagne, d'Autriche, de Hongrie, d'Angleterre, de Hollande, etc. En voici les résultats sommairement récapitulés :

Du vivant de Castellion, il avait paru à Bâle au moins six éditions distinctes chez Oporin, et peut-être autant chez

---

1. Voir notre *Bibliographie* dans l'appendice à la fin de ce volume.
2. « Ego vernaculæ linguæ usum in scholis una cum latino sermone diligentissime tradendum puto, imitatione Ciceronis qui ad suam utilitatem semper cum græcis (id est cum docta lingua) latina (id est sibi popularem et vernaculam linguam) se conjunxisse dicit » (p. 23). Notons pour rendre justice à notre tour à l'obscur professeur de Saverne qu'il saisit l'occasion pour glisser entre parenthèses un conseil qu'on aime toujours à relire à cette époque, celui de rompre avec la brutalité des anciens collèges : le rôle du maître, dit-il, c'est d'exciter et non de comprimer ; il doit attiser et non éteindre les étincelles que la nature a mises dans l'enfant, etc.
3. Voir, au début de cet appendice : I. *Bibliographie des Dialogues sacrés*.

divers autres imprimeurs; une dernière, qui peut passer pour définitive et qui servit de point de départ à un très grand nombre de reproductions successives, fut publiée par Oporin en 1565, un an après la mort de l'auteur.

En même temps deux autres centres de publication faisaient concurrence à Bâle. En France, il avait paru au moins deux éditions des *Dialogues* à Lyon, l'une chez Guillaume Roville (1549), l'autre chez Thibaut Payen (1550); d'autres étaient en préparation autant qu'on en peut juger par quelques fragments de la correspondance de Castellion[1]. Nous constatons encore une réédition chez Antoine Gryphe en 1581. Il faut même qu'il y en ait eu d'autres dans la circulation, puisque l'*index librorum prohibitorum* de Sixte-Quint (1590) et celui de Clément VIII (1596) portent : « *Dialogi sacri sine nomine auctoris, qui tamen sunt Seb. Castalionis hæretici*[2] ».

En Allemagne, la production est dès le début régulière et continue. Cologne en est le principal foyer : Pierre Horst et trois autres imprimeurs publient du vivant de Castellion plusieurs éditions dont sept au moins attestées par des exemplaires qui ont survécu au temps.

Nous constatons pendant la même période d'autres éditions faites à Anvers en 1552, à Médina (Espagne) en 1551, à Leipzig en 1562.

Dans les vingt-cinq années qui suivent la mort de l'auteur les réimpressions allemandes se multiplient; nous signalons des exemplaires représentant sept éditions à Cologne, quatre à Augsbourg, douze autres qui attestent la concurrence active de divers éditeurs de Leipzig, deux à Bautzen, une à Smalcalde, deux à Magdebourg, quatre ou cinq à Prague, chez des imprimeurs différents, enfin deux à Londres.

Les réimpressions se continuent, bien que plus rares, à travers tout le xviie siècle, notamment à Leyde, à Brême, à Wittemberg, à Lubeck, à Londres. Mais c'est au commencement du xviiie siècle que les *Dialogues sacrés* prennent dans la littérature scolaire de toute l'Allemagne protestante une

---

1. Nous n'essayons pas de démontrer ces conjectures, qui nous entraîneraient à des citations trop minutieuses.
2. Reusch, *Ind. libr. proh.*, p. 476 et 548. Voir aussi 401 (index espagnol, 1583). Placcius croit à des éditions publiées, par précaution, sans nom d'auteur.

place prépondérante et pour ainsi dire officielle. Non seulement les libraires de Leipzig, de Francfort, et de plusieurs petites universités multiplient les tirages au point que le nombre en soit à peu près impossible à fixer, mais un fait nouveau se produit.

En 1720, un professeur de l'Université de Bâle qui s'était fait un nom dans les lettres latines et dans la théologie, qui venait de remplir les fonctions de recteur, Jacques-Christophe Iselin, publie chez l'éditeur J.-L. Brandmüller, par ordre de l'Université, une nouvelle édition des *Dialogues sacrés*, précédée d'une longue étude critique sur les variations de la latinité de l'auteur. Dès cette époque les exemplaires des éditions primitives étaient rares : les livres de classe disparaissent si vite! Iselin compara ceux qu'il put réunir et s'aperçut ainsi du soin avec lequel Castellion avait lui-même, de 1554 à 1562, revu et châtié sa langue. Le bon Iselin le prouve avec insistance par de nombreux exemples dans sa préface et par une série de variantes qu'il a patiemment enregistrées en notes au bas des pages d'après un exemplaire de l'édition espagnole de 1551 [1]. Il montre en particulier avec beaucoup de justesse que Castellion avait été le premier à se défaire de certaines exagérations cicéroniennes et s'était peu à peu rapproché [2] du vocabulaire consacré : ce qui n'empêche pas, fait remarquer Iselin, que bien des gens le jugent encore sommairement sur la foi de l'opinion reçue qui lui attribue mille excentricités. Ils croient avoir tout dit quand ils vous ont répété : « Castellion, c'est « celui qui remplaçait *Angelos* par *Genios* ».

En Allemagne, un travail analogue se fait : d'abord à

---

1. Ainsi la disparition de *gratitudo* et *ingratitudo*, *salvare* remplacé par *servare*, certaines constructions rendues plus correctes, etc.

2. Comme exemple de ces transformations, voici le texte de l'Oraison dominicale tel qu'il le mettait en appendice à la fin de son petit livret de 1543, et tel qu'il le rédigea définitivement dans sa traduction de la Bible.

« Precatio dominica. — Pater noster qui es in cœlis, *sacrosanctum habeatur* nomen tuum. Veniat regnum tuum. Fiat voluntas tua in terra *juxta ac* in cœlo. Victum nostrum quotidianum da nobis hodie. Et remitte nobis debita nostra, ut *nos quoque* remittimus debitoribus nostris. Neve nos *ad peccandum pellici siveris*, sed a *malitioso illo tutare*. Amen. (*Dialogi sacri latino-gallici*, 1543.)

« Pater noster qui es in cœlis, sancte colatur nomen tuum. Veniat regnum tuum. Fiat voluntas tua ut in cœlo sic et in terra. Victum nostum alimentarium da nobis hodie. Et remitte nobis debita nostra ut et nos remittimus debitoribus nostris. Neve nos in tentationem inducito, sed a malo tuere. » (*Bible latine* de 1551 et éditions suivantes.)

Tubingue sous les auspices de l'Université et à Leipzig par les soins de Valentin Alberti; puis en 1738, un autre grand érudit, aussi jaloux que le professeur bâlois de la parfaite correction philologique, J.-L. Bünemann, publie à Leipsig une revision savante des *Dialogues sacrés* avec le même appareil de notes et de variantes en y ajoutant un index de la latinité de Castellion : ce n'était d'ailleurs qu'un appendice à sa grande et belle édition de la *Bible latine* de notre auteur, dont nous parlerons ailleurs.

Un travail analogue paraît deux ans après à Francfort, grâce au zèle d'un autre commentateur, J. Martin Spiess de Hanau, et à son tour il a plusieurs éditions corrigées et accrues. Cet humble recueil est traité, on le voit, comme un des classiques de l'enfance.

La Grande-Bretagne imite l'Allemagne : nous y trouvons la trace de dix-huit éditions au moins, sans compter des traductions et des accommodations en anglais dont quelques-unes intéressantes [1].

Enfin la Hongrie, peut-être à cause de la sympathie des Unitaires pour un précurseur de leurs doctrines, publie jusqu'en 1792 de nombreuses éditions *ad usum scholarum*.

Il y a peu de livres scolaires qui aient eu dans le monde moderne une aussi longue et aussi belle fortune. C'est la simplicité de ce petit livre qui l'a fait vivre aussi longtemps qu'a vécu la vieille méthode d'éducation, celle qui faisait du latin écrit et parlé le fonds des études. Mais n'est-il pas piquant de découvrir que, deux siècles durant, celui qui a appris le latin à toute l'Europe protestante, et qui a été le *Præceptor Germaniæ* des petites classes, c'était un Français inconnu en France?

---

1. Notamment celle du Dr Bellamy (1743). — Voir notre *Bibliographie*.

CHAPITRE VII

PREMIÈRES DIFFICULTÉS. LA PESTE DE GENÈVE
RUPTURE AVEC CALVIN. LIAISON AVEC OCHINO

(1544)

I. Castellion marie sa sœur et se marie. Premiers froissements avec Calvin. — II. La peste à Genève (1542). Dévouement du ministre Pierre Blanchet. Hésitation des autres ministres à faire leur devoir : Castellion s'offre à les remplacer. Le Conseil insiste pour que les ministres remplissent leur office. Transformation des faits, dans la suite, en une légende à l'honneur de Calvin et à la honte de Castellion. — III. Famine de 1543-1544. Castellion ne peut vivre de son traitement, demande à se retirer. Le Conseil veut l'appeler au ministère. Calvin s'y oppose, en raison d'une dissidence d'opinion théologique. Certificat délivré par tout le corps pastoral expliquant cette dissidence. — IV. Ribit et Viret intercèdent pour Castellion auprès de Calvin. L'autorité de Calvin devient de plus en plus absolue. — V. Dernier incident : sortie virulente de Castellion contre les pasteurs de Genève. Plainte portée au Conseil par les pasteurs, qui étaient eux-mêmes poursuivis pour propos irrévérencieux. Décision du Conseil, plus tard présentée comme une sentence d'expulsion. — VI. Relations de Castellion avec Bernardino Ochino.

Directeur du collège de Genève, honoré du patronage et de l'amitié de Calvin, Sébastien Castellion semblait entrer dans une période d'activité calme et laborieuse toute conforme à ses goûts. Humaniste, il était appelé à faire œuvre d'humaniste sous les auspices de l'Évangile. Rien ne l'empêchait d'entreprendre en ce pays de langue française la réforme pédagogique que Melanchthon avait accomplie à Wittenberg, que Sturm introduisait à Strasbourg, Claude Baduel à Nîmes, et qu'il avait vue à Lyon même, timidement ébauchée par les Aneau et les Raynier.

Nous allons voir combien vite ces beaux plans de travail et de paix furent déconcertés.

I

Peu de jours après avoir été « reconfirmé », il marie sa sœur Etiennette (avril 1542) avec un de ses « bacheliers », Pierre Mossard (ou Moussard). C'était un jeune Français, qui avait été forcé, lui aussi, par la persécution de quitter son pays : la Charité-sur-Loire. Ce mariage nous est connu précisément grâce à cette circonstance que Pierre Mossard et Etiennette Châtillon étaient étrangers à Genève [1]. A mesure qu'augmentait le nombre des réfugiés, l'autorité genevoise exigeait davantage pour la justification de leur état civil [2].

Nous n'avons pas trouvé de trace analogue du mariage de Castellion lui-même. Nous ignorons s'il précéda ou s'il suivit celui de sa sœur [3]. Toujours est-il qu'il eut lieu pendant les deux années qu'il passa à Genève. Des lettres très posté-

---

1. « Lungdy 17 aprilis 1542. — *La seur de maystre Bastian, régent de nous eschole* [s]. — Icy a esté proposé comment il y az esté contrayct mariage entre maystre Pierre, bachellier des dictes escoles, et la seur de maystre Bastian, lesqueulx hont desliberé de se fere espo[u]ser en la congrégation des fidelles : toutesfoys, pource que il sont tous deux estrangiers, l'ont fayssoyt quelque scropule de signé les annonces. Résoluz que cella soyt mys aut consistoyre. »

Les registres du Consistoire portent, à la date du « jeudi 20 aprilis 1542 », à la suite d'une affaire de mariage « à annoncer en la papisterie », c'est-à-dire en pays catholique, les lignes ci-dessous qui sans doute parurent superflues, car elles ont été barrées : « Touchant de l'aultre, qu'est le magister qu'a fiancé la fillie [*lisez* : la sœur] de maystre Bastien, qu'on le puisse annuncer, car il y a bon testimognage et qu'on n'y trompe pointz ».

Les registres du Conseil portent à la date du lendemain : « Vendredy 21 aprilis 1542. — *Maystre Pierre, bachellier, et la seur de maystre Bastiant, régent [de] nos escoles.* — Sus le mariage contracté entre eulx, ayans hieuz notiffication et relation d'ycieux suffizante, ordonné que leur dictz mariage doybje sortyr az son effect. »

2. La bibliothèque Mazarine possède (sous le n° 23 213) un exemplaire des *Pandectæ scripturarum*, Othone Brunfelsio autore (Basileæ, 1543, in-8) à la fin duquel se trouve une page blanche qui a servi de registre d'état civil à la famille Mossard. On y trouve les prénoms de ses huit enfants, leur jour de naissance et de baptême, le nom du parrain, ainsi que la date du décès. En voici seulement le premier article :

« *Anna*. — Le premier jour de may 1543, entre huyt et neuf devant midy, naysqui notre « premyère fille Anne, et fut portée baptyser par notre frère maistre Bastien Chastillon à « l'église de Saint-Pierre à Genève. »

Pierre Mossard (après avoir exercé à Genève comme instituteur et ensuite à Ville-la-Grand et à Morges) mourut entre 1560, date de la dernière mention inscrite par lui sur cette page, et 1563 : le registre des décès de Genève constate, à la date du 22 février 1563, la mort de « Hanne Mossard », la filleule de Castellion, « morte asthmatique, âgée de dix-neuf ans, fille de f[e]u Pierre Moussar, bourgeois de Genève en son vivant ». Il avait été reçu, en effet, bourgeois le 8 juin 1553, ainsi que son frère Guillaume, aussi natif de la Charité-sur-Loire, cordonnier (28 juillet de la même année). Ce dernier paraît avoir recueilli au moins un de ses neveux orphelins, le petit Gabriel, mort chez lui à Longemale, à l'âge de dix ans (Reg. des décès, 5 mai 1565). Guillaume vécut jusqu'en 1598, il mourut âgé de quatre-vingt-dix ans.

3. Les registres de mariages conservés à Genève ne commencent qu'en 1550.

rieures nous apprennent que sa femme appartenait à une famille d'origine française, qu'elle se nommait Huguine Paquelon [1] et qu'elle eut en dot une somme peu importante, que probablement son mari ne toucha jamais. Huit ou dix ans après la mort de sa femme, il ne l'avait pas encore reçue [2].

De ces deux mariages, l'un au moins paraît avoir été suivi de près par des questions d'intérêt. Il ne vaudrait pas la peine de les relever, si une lettre de Calvin à Viret ne peignait la situation d'une façon presque dramatique (19 août 1542) :

> Aussitôt après votre départ [3], il s'est élevé entre Sébastien et ses beaux-frères [4] des querelles extraordinaires, qui m'ont à plusieurs reprises beaucoup tourmenté : j'aurais voulu les apaiser par une sentence à l'amiable. Et je prenais ce rôle pour prévenir un procès dont l'éclat jetterait le discrédit sur le collège. Encore n'ai-je pu, malgré tous mes efforts et tous mes soins, les empêcher de s'attaquer l'un l'autre et de devenir ainsi la fable de plusieurs. Une fois cette affaire arrangée et le paiement de la dot réglé, sont venues de nouvelles difficultés entre Sébastien et Pierre [?...] [5], partie sur la gestion du patrimoine, partie sur l'habitation. Je n'ai jamais rien vu de si embrouillé. Enfin, après s'être beaucoup disputés, ils ont fait une transaction quelconque, mais qui, à son tour, a bientôt engendré une nouvelle controverse. C'est ainsi qu'ils se sont aigris l'un contre l'autre au point que j'espère à

---

1. D'après les renseignements que M. Théoph. Heyer avait eu l'obligeance de rechercher et que M. Th. Dufour a complétés, Huguine était la fille aînée de Ami Paquelon, « cousturier » de Jarcieu en Dauphiné, reçu bourgeois de Genève dès 1521 : elle avait un frère nommé Pierre, « marchand ou cousturier », et une sœur, Clauda, qui épousa (1553) un réfugié de Dijon, Yves Hottin (« marchand drapier » reçu bourgeois depuis 1551), et en secondes noces Claude de Miville (1558). Le père, Ami Paquelon, se remaria aussi et eut trois enfants de sa seconde femme Jeanne Socquier ; c'est l'un d'eux nommé Jacques, qui écrit à Castellion pour lui expliquer que « s'il veut être satisfait, car la raison le veut, d'avoyr tant attendu », il faut qu'il réclame le « mariage » [dot] de sa feue femme sur l'héritage de Pierre, le frère aîné, mort lui-même l'année précédente ; « car de nous autres enfans, nous n'eûmes jamais rien de nostre père, excepté le cours [corps] dont nous en remercyons Dyeu ». (Lettre du 9 décembre [? 1559]. Du même jour, une lettre de Chatillon, neveu de Sébastien, confirme ces renseignements ; il lui apprend que le notaire qui avait reçu le contrat « trespassa i a desja 13 ou 14 ans ». Il ajoute : « Mandes-moi combien le mariage monte » et prévient que les enfants du second lit lui ont dit qu'il ne doit plus rester à la sœur (Clauda) que 50 florins « qu'un sien oncle lui avoyt donnés ». Ces deux lettres sont à Bâle, manuscrits G², I, 23.

2. « Le père de vostre feue femme m'a autrefois dict qu'il désiroit de sçavoir de vos nouvelles. Il sebai (s'ébahit) que ne lui avez escrit depuis vostre département, je m'oublioy vous le dire quand je fus dernièrement vers vous. » (Lettre de Jehan du Bois à Castellion, d'Yverdon, 14 nov. 1558.) Bibl. de Bâle, manuscr. G², I, 23. A cette date Ami Paquelon était mort depuis huit mois (24 mars 1558).

3. Viret était parti de Genève vers le milieu de juillet.

4. Nous ne lui connaissons d'autres beaux-frères que Pierre Mossard, mari de sa sœur Etiennette, et Pierre Paquelon, frère de sa femme Huguine, et l'on ne comprend pas comment ils avaient pu avoir des affaires d'intérêt qui leur fussent communes.

5. Ses deux beaux-frères s'appelant Pierre, il nous est difficile de décider s'il s'agit de Pierre Mossard (que Viret pouvait connaître comme maître au collège, ce qui expliquerait que Calvin le lui désigne abréviativement par ce mot *Petrum*), ou de Pierre Paquelon (ce qui paraîtrait plus probable d'après les notes 1 et 2 ci-dessus).

peine qu'il puisse exister entre eux une solide amitié comme elle devrait exister entre frères. Pour le moment, les débats ont cessé, mais je crains bien qu'ils ne renaissent prochainement à la moindre occasion.

En outre, Sébastien est venu se plaindre à moi de l'insuffisance de son traitement, et il est à peu près impossible d'obtenir de nos magistrats qu'ils l'augmentent; moi du moins, j'en désespère tellement que je n'oserai pas même essayer. Voilà l'état de notre collège : vous voyez que vous n'avez pas à en être jaloux [1]....

Quelques jours après (11 septembre 1542), Calvin donne à Viret des détails sur un autre incident, et il laisse percer plus visiblement encore un mouvement d'humeur et d'impatience à l'égard du jeune maître. Comme tous les humanistes protestants, qui partageaient leur zèle entre les lettres anciennes et la foi nouvelle, Castellion a entrepris — illusion de jeunesse — une traduction en français du Nouveau Testament. Il y consacre tous ses loisirs, il en a entretenu Calvin. Peut-être celui-ci ne voyait-il pas bien la nécessité d'une traduction de plus [2]; peut-être ne pouvait-il se défendre d'une certaine sévérité pour le sans-façon avec lequel ce jeune homme abordait d'égal à égal le premier docteur de la Réforme et lui demandait plutôt des conseils qu'une approbation. C'est du moins l'impression que nous laisse cette lettre de Calvin à Viret [3] :

Apprenez maintenant les fantaisies de notre Sébastien : il y a de quoi vous faire rire et vous mettre en colère. Il y a trois jours il vint à moi. Il me demanda s'il ne me conviendrait pas de laisser publier sa traduction du Nouveau Testament. Je répondis qu'elle avait besoin de nombreuses corrections. Il demanda pourquoi. Je le lui montrai d'après les quelques chapitres qu'il m'avait précédemment donnés comme spécimens. Il répliqua que dans les suivants il avait apporté plus de soin, et me redemanda ce que je décidais. Je répondis que je ne voulais pas en empêcher l'impression, mais que cependant j'étais disposé à tenir la parole que j'avais donnée à Jean Girard, c'est-à-dire d'examiner et de corriger ce qui demanderait correction. Il repoussa cette condition. Il s'offrit pourtant à venir me lire son manuscrit, si je voulais lui fixer une heure. Je l'avertis que jamais, quand il me donnerait cent couronnes, je ne consentirais à me lier à des rendez-vous à heures fixes, et ensuite à disputer parfois pendant deux heures sur un seul mot.

C'est là-dessus qu'il est parti, visiblement peiné. Et pourtant, pour

---

1. Traduction du texte latin publié dans *Opp. Calv.*, XI, 427, 428.
2. Voir ci-après notre chapitre sur la *Bible latine* de Castellion.
3. Traduction du texte latin publié dans *Opp. Calv.*, XI, 439; reproduit dans la *Vie de Calvin*, par Bèze et Colladon (1565).

vous faire juger comme il est fidèle traducteur, avec ce désir de faire neuf qui le mène à faire mal la plupart du temps, je ne vous citerai que ce passage, où il est dit : « l'esperit de Dieu qui habite en nous », il a changé pour mettre « *hante* en nous »; or *hanter*, en français, ne veut pas dire *habiter*, mais *fréquenter*. Cette faute d'écolier suffirait à elle seule à discréditer tout le livre. Voilà pourtant les inepties qu'il faut que je dévore en silence [1].

Dans ce détail et dans quelques autres [2], que Calvin n'a pas su s'abstenir de remarquer, il n'y aurait eu rien de grave, s'il n'y avait là un premier indice de ce double malaise qui va de plus en plus grandir entre les deux hommes et les séparer : l'un s'étonne qu'on ne lui témoigne pas une plus respectueuse déférence; l'autre s'étonne qu'on la réclame sous le règne de l'Evangile.

II

L'année 1542 ne devait pas se terminer sans amener de bien plus graves préoccupations. La peste venait d'éclater à Genève. Dès le 25 septembre, le conseil avait pris soin de l'hôpital spécial établi à Plainpalais pour les pestiférés [3]; il y avait installé un directeur et un chirurgien; le même jour il avait décidé d'inviter les « S[rs] prédicans à provoystre (pourvoir) l'hospital pestilencial d'un ministre pour consoler les malades ».

---

1. Viret lui répond le 19 : « De Sébastien, je ne sais que vous écrire, sinon ce que je vous ai déjà dit. Je regrette que vous ayez tant d'ennuis. » (*Ibid.*, XI, 445.)

2. En voici un autre exemple. Peu de temps auparavant (28 juillet 1542), il s'excusait auprès de Farel de n'avoir pas écrit plus tôt : il avait compté d'abord sur Mathurin Cordier, qui devait lui-même servir de lettre vivante, et puis sur plusieurs amis qui avaient annoncé le projet d'aller à Neuchâtel, mais, ajoute-t-il, ils ont un tort :

« C'est généralement quand ils sont déjà prêts et accoutrés pour le voyage qu'ils viennent m'en faire part et me demander si j'ai quelques commissions pour vous. C'est ce qu'a fait Sébastien qui dernièrement avait projeté un voyage à Neuchâtel (lequel ne s'est pas réalisé) : il vient me trouver le soir et me dit qu'il partira le lendemain de grand matin. Or je ne pouvais pas écrire ce même jour sans inconvénient pour ma santé, et je ne me lève pas assez tôt pour qu'il fût possible de le gagner de vitesse le lendemain matin. Ajoutez que j'avais un sermon à faire. » (*Opp. Calv.*, XI, 417.)

3. Dès le début de l'épidémie, les registres en font foi, Castellion seconde activement Calvin dans toutes les mesures de salubrité à prendre ou à proposer. C'est par exemple « à la requête de maystre Calvin prédicant et de maystre Bastian régent aux escholes » que le 29 septembre on décide d'enterrer les pestiférés non plus au cimetière commun, mais dans les terrains attenant à l'hospital pestilenciel : « Vendredy 29 septembre 1542. *Enterrement des corps.* Ordonne que à la requeste de maystre Calvin et de maystre Bastian, regent aux escoles, que les corps tant mors de peste que aultrement soyent enterrés à l'hospital pestilencial », c'est-à-dire sans doute les corps des malades décédés à l'hôpital pestilentiel.

Un mois s'écoule : on a trouvé chirurgien, portier, serviteurs et servantes, enterreurs, nettoyeurs ou « cureurs des maisons infectes » ; restait à trouver le ministre.

Le lundi 23 octobre 1542, « maistre Pierre Blanchet, ministre évangélicque », s'est offert « d'ung grand cueur » ; le registre mentionne qu'outre son gage, on lui donnera « ung bossot de vin », le pain et le bois.

Deux ou trois jours après, Calvin écrit à Viret [1] :

> Ici aussi la peste commence à sévir davantage, et de ceux qu'elle atteint, peu en réchappent. Il nous a fallu désigner un de nos collègues pour assister les malades. Pierre Blanchet s'étant offert, tous ont aisément consenti à le laisser aller. S'il lui arrivait malheur, je crains bien qu'après lui ce ne soit à moi de m'exposer au danger, car, comme vous le dites, si nous sommes débiteurs de chaque membre de l'Eglise en particulier, nous ne pouvons pas faire défaut à ceux qui entre tous réclament notre ministère. Et pourtant je ne suis pas d'avis qu'en voulant rendre service à une partie de l'Eglise, nous abandonnions l'Eglise tout entière. Mais, aussi longtemps que nous sommes dans cette charge, je ne vois pas ce que nous pourrions prétexter si, par peur du danger, nous abandonnions ceux qui ont le plus besoin de notre secours.

Belles et fermes paroles, dont la calme gravité, sans la moindre nuance d'emphase, nous fait lire jusqu'au fond de ces âmes partagées entre le sentiment d'un double devoir. Calvin conclut, pour lui-même comme pour Viret, qui était à Lausanne dans la même douloureuse situation : « Il n'y aura pas à reculer ; s'il ne se trouve personne, c'est à nous de remplir notre devoir » ; mais il veut que la décision soit prise sérieusement, presque solennellement, « en réunion générale des frères », c'est-à-dire des pasteurs [2].

Le 25 octobre, Pierre Blanchet était allé s'installer à l'hôpital « de sa spontanée volonté ». Il vaqua sans défaillance à tous les devoirs de sa charge.

L'hiver calme la peste, et Pierre Blanchet peut quitter son poste en décembre. Mais l'épidémie recommence au prin-

---

1. Trad. du texte latin. *Opp. Calv.*, XI, 457.
2. Viret, quelques mois après, lui écrivait (29 mai 1543) : « Je me trouve en face de cette épidémie dans la même difficulté que l'année précédente. Si le fléau continue à sévir, j'ai décidé d'aller visiter les malades, à moins qu'il ne soit possible d'y pourvoir autrement. J'aime mieux cela que de faire venir quelqu'un d'ailleurs ou de forcer un autre à accepter cet office à contrecœur. Notre diacre, si je ne me trompe, ne s'y refuserait pas, mais je crains fort pour sa vie ; il est très gravement malade en ce moment.... » (*Ibid.*, XI, 563.)

temps (20 avril 1543). Le Conseil prend de nouveau une série de mesures de précaution, fait rouvrir l'hôpital pestilentiel et enfin, le 30, rappelant le règlement adopté au mois de décembre dernier, ordonne qu'il y soit envoyé un ministre « pour soulager et consoler les pauvres infects ».

Le clergé de la ville se composait alors, outre Calvin, de six pasteurs, tous français, qui étaient : Mathieu de Geneston, Philippe Osias, dit de Ecclesia, né en Provence; Louis Treppereaux [1], Abel Poupin; Aimé Champereaux [2] et Pierre Blanchet. Ce dernier, qui avait inquiété Calvin [3], peut-être par trop d'indépendance, était pourtant celui qui lui inspirait le plus de confiance.

Tel était le corps pastoral au sein duquel il s'agissait de trouver un aumônier pour les pestiférés. Quel n'est pas notre étonnement de lire au registre, dès le lendemain, 1er mai [4] :

Prédicant à l'hospital pestilencial. — Monsieur Calvin a resferus comment maystre Bastian Chastillion est tout prest pour allé en l'hospital pestilencial. Sur quoy résoluz que demaien, appres le sermon, l'on advisera sus tel affere.

Prédicans. — Et pour aultant que ill y a des prédicans quil hont dict que plustout que allé à l'hospital il vouldryen estre aux dyables, résoluz de les demander demaien et que il leur soyt fayct bonnes remonstrances.

Ainsi les ministres refusent de remplir leur devoir, et le régent s'offre à les remplacer. On comprend que le Conseil ait exigé des explications. Le lendemain en effet l'affaire est reprise :

Mecredy 2 maii 1543. — *Prédicans.* Pource que ill y a des prédicans qui hont dict que, plustout que d'alle[r] à l'hospital pestilencial, il iryent (iraient) plustout aut dyable et l'altre [5] en Champel, ordonné de ce informe se l'est ainsy, et, se ce conste, qu'il[s] soyent démys de leur ministère.

1. Précédemment pasteur à Satigny, qui avait, en mai précédent (1542), permuté avec Jacques Bernard. Calvin ne l'eut jamais en grande estime.
2. Lettre de Calvin à Viret, 19 août 1542. (*Opp. Calv.*, XI, 429.)
3. C'est de lui que Calvin disait naguère : « Plus levitatis et incontinentiæ habet in verbis et actione quam ministerium nostrum deceat. Sed tempore, ut spero, vitium hoc corrigetur, modo non desint aliqua magis necessaria. » (Même lettre.)
4. C'est ce jour-là même que Castellion « portait baptiser » à l'église Saint-Pierre à Genève, sa petite nièce Anne Mossard. (Voir la note, p. 181 ci-dessus.)
5. C'est à Champel que se faisaient les exécutions capitales. M. Théophile Dufour lit non pas « l'altre » (l'autre), mais « l'allié » (l'aller), et il ajoute : Il faut sans doute supposer un mot omis, tel que *quérir, chercher* : ils iraient *l'aller quérir* en Champel.

Immédiatement après cette décision, le Conseil revient à l'examen de la proposition qui lui avait été faite la veille :

Ministre à l'hospital pestilencial. — Ha esté ordonné qu'il soyt envoyé ung ministre à l'hospital pestilencial, et ha esté député maystre Bastian Chastillion, régent de nous escholes. Toute foys résoluz que il soyt supercedyé (sursis) par ung pculi, et cependant Bernard Tallian, quil est dejà à l'hospital, les pourra consoler iceulx que seront neccessiteulx.

Quel était le sens, quel avait pu être le motif de cette désignation, aussitôt suivie d'ajournement?

Évidemment il y a eu quelque hésitation dans le Conseil à accueillir cette proposition. Le régent s'est offert : il est « tout prêt » à suivre le noble exemple de Pierre Blanchet. Mais outre l'inconvénient qu'il y aurait à fermer le collège si l'on acceptait cette offre, ce régent n'est pas ministre [1], il n'est que candidat au saint ministère; et, s'il va prêcher parfois le dimanche dans un des villages des environs, c'est plutôt une conférence religieuse qu'un acte de culte, puisqu'il n'a pas reçu la consécration. Ce n'est pas un instituteur, ce serait un prêtre en pays catholique, c'est un véritable ministre en pays protestant que réclame la plus sacrée des fonctions pastorales, celle qui s'exerce au chevet des mourants.

D'ailleurs pourquoi a-t-on songé à lui? Parce qu'il s'est offert. Mais il s'est offert parce que les ministres titulaires se sont dérobés à l'appel; plusieurs d'entre eux du moins sont accusés d'avoir tenu un propos qui n'a rien, hélas! que d'humain. C'est sous l'impression de ce rapprochement que le Conseil pour ne pas laisser l'hôpital sans aumônier, a émis le vote que l'on vient de lire. A travers le laconisme du procès-verbal, il est facile de deviner que quelqu'un a fait la remarque qu'il faudrait d'abord s'assurer si les ministres renonçaient décidément à remplir leur office. Qui sait si Calvin lui-même, se rappelant le dévouement de Castellion à Strasbourg, ne s'est pas fait scrupule de l'accepter une seconde fois? Et comment ne serait-il pas venu à l'esprit de tous que, six mois auparavant, Pierre Blanchet avait impunément bravé la contagion, que peut-être il n'hésiterait pas à l'af-

---

[1]. « Quoiqu'on ne le soit pas encore, on peut néanmoins s'offrir à consoler les pestiférés. » (Bayle.)

fronter une seconde fois? Il était naturel de le revoir, lui et ses collègues, avant de statuer définitivement.

C'est en effet ce qui a lieu dans le cours de la semaine, et le registre nous apprend l'issue des pourparlers :

Vendredy 11 maii 1543. — *Prédicant à l'hospital pestilencial.* — Ordonné que, pour alle[r] console[r] les povres infects de peste, que maystre Pierre Blanchet, ministre, doybge entre[r] et demore[r] en l'hospital pestilencial pour rendre son debvoyer et luy soyt porvheu de choses neccessaires [1].

Lungdy 14 maii. — *Prédicant à l'hospital pestilencial.* — Ordonné que maystre Pierre Blanchet, prédicant, soyt envoyé encore autjourduy à l'hospital, et, oultre ses gages ordinayres, qu'il soyt allimenté ès despens de la ville, et, pour arreste[r] de tout avecque luy, ordonné les Srs Girardin, de la Rive, conscindicque, et Claude du Pan, conseillier.

Mardy 15 maii. — *Prédicant à l'hospital pestilencial.* — Sur ce que maystre Pierre Blanchet, ministre, estoyt ordonné d'alle[r] à l'hospital pestilential pour consoler les povres, luy a esté ordonné, oultre son gage ordinayre de douze florins annuel, assavoyer dix florins pour moy[s] et lui ministr[er] pain et vin cependant qu'il résidera audictz hospital.

En même temps qu'un ministre, on attache à l'hôpital un médecin de renom : maître Jehan Pernet, *alias* Rojon, de Dôle, qu'on a décidé à venir de Neuchâtel et qu'on est impatient d'installer : à son arrivée, on lui fait subir un examen en présence de tout le corps médical de Genève, qui le juge « suffisant »; le 18, il prête serment, on l'admet gratuitement à la bourgeoisie, et il entre en fonction le 21.

Le 1er juin, le ministre Pierre Blanchet était mort [2], et le 2, maître Jehan Rojon succombait à son tour.

Aussitôt après la mort de Pierre Blanchet, le 1er juin, le Conseil, comme un général qui se fait un point d'honneur stoïque de ne pas laisser vide un instant le poste avancé, décide sur-le-champ, avec une sorte d'impassibilité, qu'il y a lieu « de pourvoystre d'ung aultre pour aller consoler les povres infects de peste. Et pour cella fere, que les ministres se doybgent assembler pour adviser entre eulx le plus propre, affin le présenter en Conseyl pour luy commander

---

1. Le Conseil, procédant par ce système de répétitions et d'additions partielles à la décision primitive, dont les registres donnent d'incessants exemples, reproduit et complète sa décision dans les séances des jours suivants.

2. Le Conseil prit, dans les semaines qui suivirent, diverses mesures pour venir en aide à la veuve de Pierre Blanchet « pour ce que son mary est mort au service de la ville ». Même traitement est accordé à la veuve du chirurgien.

d'aller audict hospital. » Mais le protocole ajoute aussitôt : « Et quant à l'ellection pour aller audict hospital, d'icelle en soyt forcluz (exclu) ledict Monsʳ Calvin, pour ce que l'on en a faulte pour l'église ». Dans la séance de l'après-midi, à 3 heures, les ministres mandés au Conseil comparaissent; et là, dit le registre, « leur a esté fayct commandement de eslyre entre eulx ung prédicant pour aller à l'hospital pestilencial consoler les povres infects de peste, et que ils le nous ayent à présenter demaien apprès le sermon, affin de l'envoyer au dict hospital ».

Le lendemain, samedi, 2 juin, le Conseil tient encore deux séances et reçoit deux fois les ministres :

Sambedy 2 jugnii 1543 (séance du matin). *Les prédicans.* — Lesquieulx ce sont présentés et apprès plussieurs remonstrances, etc., Monsʳ Calvin a diest qu'il havient trové homme propre pour alle[r] à l'hospital pestilencial, Duquelt en vollyen[t] respondre, non pourtant ne l'on[t] nommé jusquez il l'ayent mieulx interrogue, et hont estés remys à le présenter en Conseyl à troys heures apprès midy.

Ledictz jour 2 jugnii (séance du soir). *Les prédicans.* — Ce sont présentés Monsʳ Calvin et Monsʳ de Genesto, docteurs, maystre Philippe de Eglesia, maystre Abel et maystre Loys Treppereaulx, ministres et prédicans de Genève, lesquieulx hont exposé comment pour ce que entre eulx il hont advisé que, pour allé à l'hospital pestilencial, il fault qu'il soyt ferme et non poient craentiffz, et qu'il hont trové ung, lequelt est de France, fidèle; parquoy, si la Seygʳⁱᵉ le trouve aggréable, il[s] le présente[nt]. Remys à lungdy pour il advisé.

On n'avisa que le mardi, et ici encore il faut reproduire *in extenso* le procès-verbal, qui donne avec moins de laconisme que d'ordinaire la physionomie de la séance; elle ne manque pas de grandeur dans sa rude naïveté :

Mardy 5 jugnii 1543. *Les prédicans.* — *Prédicant à l'hospital pestilencial.* — Messʳˢ les ministres, assavoyer Monsʳ Johan Calvin et Monsʳ de Genesto, docteurs, Aymé Champereaulx, Philippe de Eglesia, Abel Popin et Loys Treppereaulx, prédicans en Genève, hont comparus en Conseyl et a [esté] proposé comment *nul d'eulx n'on[t] la constance d'ale[r] à l'hospital pestilencial,* combien que leur office porte de servyr à Dieu et à son Eglise, tan en prospérité que en neccessité jusquez à la mort; et daventage est neccessaire de en eslyre et constitue[r] ung aultre aut lieu de maystre Pierre Blanchet, lequelt est allé à Dieu au dictz hospital; et que si playct à la Seygneurie de accepter ung qu'il[s] cognoysse[nt], lequelt est bien propre, il seroy chose consolative aux povres infect de peste, *combien qu'il[s] confesse[nt] que en ce endroyct ne font leur debvoyer.*

Sur quoy résoluz de les aoyr pour entendre d'ycieulx lequelt aura volloyer pour fere son office et alle[r] secory et console[r] lesdictz povres infect, affin sur cella advisé. Toutesfoys Monsr Calvin n'est compryns avecque les aultres, pource qu'il besognye à servyr en l'église et respondre à tous passans, avecque ce pour havoyer conseyl de lui.

Et estant reentrer lesdictz prédicans, assavoyer lesdictz Champereaulx, de Ecclesia, Abel, et Treppereaulx, apprès les remonstrances *que cella estoyt de leur office, non seullement en temps de prospérité, mes en temps de guerre et de peste et aultres neccessités, de servyr l'Eglise cristienne, hont confessé qu'ill est vrayet qu'il est de leur office, mes Dieu encore ne leur a donné la grâce de havoyer la force et constance pour alle[r] audictz hospital, priant les tenyr pour excuser.*

Monsr de Geneston c'est offert d'y alle[r], moyennant que l'ellection ce fasse selon Dieu ; et, si le sors tombe sur luy, qu'il est prest d'y alle[r].

Et icyeulx ayans aoys, *résoluz de prier Dieu de leur donner mellieur constance pour l'advenyr*, cart, dès icy en là, fault qu'ils serve[nt] l'Eglise en toutes choses selon leur office ; mes, pour à présent, qu'il soyt accepter celluy qu'ils hont présenter, moyennant qu'il soyt souffizant à tel office et qu'ilz l'aye à examiné, affin d'en fere la relation demaien en Conseyl [1].

Ce fut cet étranger (de Tours), nommé Simon Moreau, qui fut attaché, comme ministre de circonstance, à l'hôpital des pestiférés ; il y resta près de cinq mois [2], jusqu'à la fin de l'épidémie ; les pasteurs lui devaient trop de reconnaissance pour ne pas lui accorder une cure de campagne [3]. Mais sa moralité n'était pas, paraît-il, à la hauteur de son courage ; il fallut l'exclure pour inconduite au bout de quelque temps.

Après lui, à la nouvelle reprise de l'épidémie, ce fut le pasteur Mathieu de Geneston qui se dévoua, comme il en avait, on vient de le voir, annoncé l'intention. Il fut lui aussi emporté plus tard en quelques jours par l'épidémie (14 août 1545).

Nous n'aurions pas reproduit dans tout leur détail les textes authentiques qui précèdent, si cette page de l'histoire de

---

1. C'est nous qui soulignons les passages contenant à la fois cet aveu naïf de leur terreur et les reproches qu'ils s'en font eux-mêmes publiquement.

2. Entré le 6 juin 1543, sorti le 26 octobre.

3. Quand ce jeune homme qu'on avait jugé « suffisant » pour être pasteur des pestiférés, demande un emploi à la ville (11 décembre), le conseil prend l'avis des ministres (17 déc.) ; il faut lire leur réponse dans le protocole : « 14 janvier 1544. *Maystre Symon, jadys prédicant de l'hospital pestilencial.* — Ayans aoys la relacion des prédicans, lesqueulx hont refferus qu'il nest encore propre aut ministerre, toutesfoys qu'il a bon volloyer, priant le allymenter à l'hospital pour ung temps, durant lequelt pourra apprendre et sera mys en quelque village pour prescher ; sur ce, ordonné qu'il soyt allymenté à l'hospital pour troys moys prochains et cependant pourra étudier. »

Genève et de la vie de Castellion n'avait été dans la suite étrangement dénaturée.

Douze ans après la mort de Castellion, parut pour la première fois un récit tout nouveau des événements de 1543. C'était Théodore de Bèze qui l'introduisait dans le remaniement de sa *Vie de Calvin*. Il n'en avait parlé ni dans sa première rédaction latine de 1564, ni dans l'édition française de 1565, où parlant de Castellion, il veut « qu'un chascun entende quel homme ou plutôt quel monstre il estoit » ni, ce qui est plus remarquable encore, dans aucun des divers écrits où — nous ne le verrons que trop — il n'avait pas négligé un seul des griefs vrais ou faux, légers ou graves qu'il fût possible de relever contre Castellion [1]. L'édition de 1575 est la première où il raconte qu'en présence du péril la plupart des pasteurs ayant reculé, trois s'offrirent : Calvin, Castellion et Pierre Blanchet; il ajoute qu'ils tirèrent au sort qui des trois irait à l'hôpital, que le sort tomba sur Castellion, qui refusa impudemment de tenir sa promesse. Calvin ayant été, malgré ses instances, exclu du sort par ordre du magistrat, Blanchet se dévoua [2].

Il est juste de dire que Théodore de Bèze, ne sachant rien par lui-même de ce qui s'était passé à Genève en 1543, a pu très sincèrement accepter cette version sans contrôle et croire même qu'il la tenait de bonne source. En effet elle avait été consignée [3] dans un grand ouvrage manuscrit rédigé par Michel Roset, sous le nom de *Chroniques de Genève*. Michel Roset était depuis 1556 membre du Conseil, il avait rédigé ces *Chroniques* pour les lui offrir, et le Conseil en avait reçu l'hommage le 2 juin 1562. Le témoignage de

---

1. Il n'en est pas même question dans la satire du *Pape malade*.
2. « Inter quos partitione facta, quum Castellio, cui sors obtigerat, mutata nihilominus sententia, subire hoc onus impudenter detrectaret. Calvinum invitum senatus ipseque adeo Blanchetus, hoc onus in se recipiens, amplius sortiri prohibuerunt. » (*Opp. Calv.*, XXI, 134.)
3. En voici le texte : « Or, y avoit ordonnance en la ville que les pestiferez se deussent retirer hors la cité en l'hospital de Plainpalais, pour éviter contagion. Et pour les consoler en leur extrémité, le Conseil avisa d'y envoyer un des ministres, selon qu'ils estoyent tenus de servir aussi en temps de peste. Quelqu'uns d'entr'eux en faisoient refus, ne se sentans asses forts. Calvin et Castalio s'y offroyent. Ainsi estans mis en élection avec un nommé maistre Pierre Blanchet troisième, le nom de Dieu invoqué, le sort tumba sur Castalio, lequel lors fut refusant. Le Conseil empescha que Calvin n'y allast pour les services ordinaires qu'il faisoit tant à l'Eglise que à la République. Et ainsi y demeura ledit Blanchet, lequel depuis y fut empoysonné et y mourut. » *Chroniques de Genève*, par Michel Roset, manuscrit conservé aux Archives de Genève, n° 136 (liv. IV, chap. LX).

Roset n'était pas celui d'un témoin oculaire : il n'avait pas dix ans en 1543 ; il ne pouvait que reproduire la version qui avait cours dans la société calviniste de Genève, à l'époque où il écrivit.

Et cette version elle-même avait pu se répandre sans que personne eût intention ni conscience d'ourdir une calomnie. Elle s'était formée, comme se forment les légendes, uniquement parce qu'elle devait paraître aux calvinistes genevois la plus vraisemblable, la seule vraisemblable.

On saisit ici dans un petit exemple la manière dont les faits se transforment, l'esprit de parti aidant. La passion agit sur l'histoire comme l'art sur la nature : elle simplifie et idéalise. Elle met toujours plus de lumière d'un côté, toujours plus d'ombre de l'autre, jusqu'à ce que la figure du héros et celle de l'adversaire prennent à peu près les valeurs qu'il convient qu'elles aient : l'une s'éclaire à mesure que l'autre s'assombrit. Nous venons de voir l'histoire vraie : Calvin prêt à faire son devoir, mais ne se croyant pas le droit de courir à un dévouement qui peut être fatal à sa cause ; Castellion s'offrant simplement, à défaut de ceux qui devraient s'offrir ; le Conseil ne refusant pas, mais ajournant, parce qu'il veut tenter un dernier effort auprès des ministres.

Tels sont les faits ; mais ils manquent de relief, et l'imagination leur en donnera.

N'est-il pas acquis que Calvin n'est pas allé à l'hôpital, que Castellion s'était offert, mais n'y est pas allé, que Blanchet y est mort ? Avec ces données, quoi de plus naturel que de se représenter Calvin, ce grand homme et ce grand saint, courant au-devant du sacrifice sans hésitation ni réserve, et au contraire Castellion, cet homme à l'esprit faux, ce vaniteux, ce caractère mal fait, reculant au dernier moment devant le péril qu'il avait affronté par orgueil ? Connaissant l'un et l'autre comme il croit les connaître, Théodore de Bèze ne pense pas s'aventurer en affirmant que les choses ont dû se passer ainsi, et, comme il arrive souvent, il finit par ne pas démêler son hypothèse du tissu même de l'histoire [1].

---

1. On peut suivre jusque dans le détail de la rédaction ce travail d'idéalisation involontaire qui va se poursuivant à mesure qu'on s'éloigne des faits. Dans le registre du Conseil, on vient

Inutile d'ajouter qu'après Bèze, les commentateurs de ce premier texte iront renchérissant sur une erreur peut-être involontaire. Et, d'une calomnie que Castellion vivant n'a pas connue, il restera si bien quelque chose que, longtemps après, des écrivains attentifs et impartiaux se demanderont s'il ne subsiste pas sur ce point de sa vie, si clair pourtant et si honorable, une tache ou une ombre [1].

III

L'hiver de 1543 à 1544 est marqué à Genève par un nouveau fléau. A la peste succède la famine. Le prix du blé s'est élevé subitement au double du taux ordinaire. Force est aux magistrats de recourir à des mesures extrêmes pour assurer l'alimentation de la ville, pour ménager ses ressources, pour venir en aide aux indigents [2].

Le collège ne pouvait échapper au contre-coup de la misère commune. Ce n'était pas au milieu de crises redoublées que l'établissement pouvait voir sa prospérité croître et sa clientèle s'étendre. L'administration avait d'ailleurs trop d'autres et de plus graves soucis pour songer à l'amélioration du sort des maîtres, pour entreprendre la réfection des bâtiments, tant de fois déclarée urgente, pour s'intéresser aux réformes projetées dans l'enseignement ou dans la discipline.

---

de le voir, Calvin ne proteste pas contre l'exclusion prononcée en sa faveur par les magistrats tremblants pour sa vie. Bèze, dans sa première édition (1564), se permet d'affirmer que c'est malgré lui qu'on le sauve : « Calvinum *invitum*... senatus sortiri prohibuit ». C'est encore trop peu : dans les éditions postérieures à 1576, on voit Calvin insistant pour se dévouer : il veut absolument aller à l'hôpital. L'épithète *invitum*, jugée trop faible, est remplacée par : *licet ultro se offerentem*.

1. Il est à noter qu'au contraire ni Spon ni Gautier, malgré leur zèle pour Bèze et Calvin, n'ont reproduit cette anecdote apocryphe. Mais Leu (*Allgem. helvet. Lexicon*, t. V, 1751, p. 144) et les compilateurs modernes n'ont pas fait de difficulté de la copier, avec de légères variantes. Le dernier et le plus consciencieux des historiens de Genève, M. Amédée Roget, constate l'erreur de Roset, mais se borne à conclure : « On peut présumer ou que Castalion ne persévéra pas dans sa première résolution ou que le Conseil, pour un motif que nous ignorons, n'agréa pas ses services ». (Roget, *Hist. du peuple gen.*, II. 72.)

2. Roget, II, 80. « La coupe de blé atteignit le prix de 7 florins [au lieu de 3 en 1536]. On dut interdire aux boulangers de cuire du pain blanc et leur enjoindre de ne vendre le pain qu'à la livre. » Le Conseil prit le parti de faire des avances jusqu'à 2 000 écus à quelques citoyens de bonne volonté pour aller faire au loin des achats de blé; le conseiller Desarts se rendit auprès de François 1er à Fontainebleau, etc.

Il n'est pas étonnant que le directeur de l'école et son personnel aient souffert de cette situation. La maladie acheva de décourager notre jeune principal :

> Le lundy 8ᵐᵒ de octobre 1543. — *Le maistre de l'escolle. — Chambre pour ledict magister.* — Sur ce que les prédicant hont faict remonstrance comme mestre Bastian, maistre d'escolle, est tout mallade et que ne peult demeurer plus là, bien qu'i[l] veult bien tenir jusques à ce qui il soyt proveuz d'ungs, et aussi de luy provoistre d'une maison sus hault. Ordonné que ceulx qui hont des enffans rière la papisterie que l'on les doibge retire[r]; et que l'on provoisse d'ung maistre décosle et en parler à Monsʳ Calvin; et quant à la maison, que le procureur général et le conteroleur doibgent luy provoistre.

Cette intention de résigner sa charge, dès qu'il le pourra sans détriment pour l'école, est communiquée au Conseil au commencement d'octobre. Plus de deux mois se passent sans qu'il en soit fait nouvelle mention au registre, mais Calvin s'occupe déjà de chercher un successeur à Castellion. Son choix paraît s'arrêter sur un jeune Français, qu'il nomme abréviativement, à la manière du temps, Philibert, et qui devait être le compagnon d'études ou le précepteur d'un des fils de Harlay [1].

C'est seulement le 17 décembre que le Conseil reprend la question de l'école. On a si bien apprécié les services de Castellion qu'on cherche à les conserver sous une autre forme. Et tout naturellement on songe à le faire passer de sa chaire de professeur à la chaire pastorale : l'Église ne souffrait pas moins que le collège de la pénurie du personnel.

> Lungdy 17 decembris 1543. — *Vendovre. Collogniez.* — Ordonné que expressément soyt mys ung prédicant à Vendovre, lequelt servira tant à Vendovre que Collognyez, et leur fera le katésime (catéchisme).

---

[1]. Viret écrit à Calvin (11 nov. 1543) : « Je pense que Philibert, ce jeune homme instruit qui a été pris avec le noble de Harlay, vous aura fait connaître toute son histoire. Je voudrais bien savoir de vous ce que vous pensez de lui et si vous pensez qu'il faille l'inviter par nos lettres ou au moins le prévenir, afin qu'il ne se juge pas traité avec mépris, dans le cas où un jour il vous paraitrait apte à l'Eglise de Christ, ce que j'espère. »
C'est vraisemblement celui-là même à qui Ant. Fumée (Capnius) donnait vers cette époque une lettre de recommandation pour Calvin : il s'agit d'un « homme studieux, qui m'est recommandé à plusieurs titres », qui a « une grande envie de voir l'académie de Genève », et avec qui Calvin pourra parler de divers sujets en toute confiance. (*Opp. Calv.*, XI, 646.)
Quelques jours après, Calvin écrivait à Viret : « Je fais venir ici *Philibert*. Peut-être pourra-t-il être mis à la tête des écoles, car Sébastien déclare qu'il ne peut pas garder plus longtemps cette charge ». (*Opp. Calv.*, XI, 651.) Et il renvoie au prochain voyage de Farel et de Viret à Genève pour en délibérer entre eux trois. S'agirait-il de Philibert Hamelin ?

Maystre d'eschole. — Les s^rs prédicans de la ville hont refferus comment il sont apprès à trouver ung sçavant homme pour régenter aux escholes, lequelt est de Monpellier [1], et sur ce ordonne que cella demore à leur discrétion de le fere venyr.

Maystre Bastian Chastillion, régent de nous escholes. — Pource qu'il est sçavant homme et *est fort propre pour servyr en l'Eglise*, ordonné que il luy soyt provheu en l'église, et, cependant que l'aultre maystre d'eschole viendra, debvra toutjour exercyr son office.

La séance du 14 janvier 1544 est en grande partie consacrée à l'examen des requêtes que la détresse publique fait naître. On s'occupe d'abord des « pauvres nécessiteux », on organise un service de collectes et de secours à domicile.

Maystre Symon, jadys prédicant de l'hospital pestilencial. — Ayans aoys la relacion des prédicans, lesqueulx hont refferus qu'il nest encore propre aut ministerre, toutesfoys qu'il a bon volloyer, priant le allymenter à l'hospital pour ung temps, durant lequelt pourra apprendre et sera mys en quelque village pour presche[r], et sur ce ordonné qu'il soyt allymenté à l'hospital pour troys moys prochains et cependant pourra étudier.

On passe aux doléances du directeur de l'école et des ministres. Tous se plaignent de l'impossibilité de faire face aux besoins avec leur traitement. Puis Calvin fait son rapport sur le projet, dont il a été fait mention précédemment, d'appeler Castellion au ministère :

Maystre Bastian, régent des escoles. — Sur ce que Monsr Calvin a rappourter que ledictz maystre Bastian est bien sçavant homme, mes qu'il ast quelque opignion dont n'est capable pour le ministerre, et en oultre se lamente de son gage de l'escole. Et sur ce ordonné de luy dire qu'il se aye à contenter des 450 florins pour année de son gage. Et que remonstrances luy soyent faycetes de myeulx vellie[r] sus ses escoliers. Et ce que sera neccessaire de fere à l'escole soyt fayct.

A travers ce résumé, il n'est pas très difficile de se représenter ce qui s'est passé à la séance. Calvin a écarté la candidature de Castellion, avec sa franchise ordinaire : il lui a suffi d'indiquer au Conseil que ce jeune homme, dont il reconnaît le mérite, est en dissentiment avec lui sur une « opinion » théologique. Il est d'ailleurs évident qu'à la suite de cette déclaration, il n'a pas soutenu très chaleureusement

---

1. C'est suivant toute apparence le Philibert dont il vient d'être question.

la requête du régent pour une augmentation d'appointements : le Conseil s'en tient au taux fixé en temps ordinaire, y ajoute une admonition vague et une promesse plus vague encore.

La requête des ministres, sans doute mieux défendue, est accueillie plus favorablement. Ils avaient déjà demandé trois mois auparavant une élévation de traitement, attendu « la chierté du temps ». (24 septembre.) Cette fois ils viennent exposer leur détresse et il leur est accordé (« assavoyer à maystre[s] Champereaulx, de Genesto, Abel, Treppereaulx et de Eglesia) douze escus soley, lesqueulx se parteront entre eulx, — et ce pour ceste foys[1] ».

Huit jours après, le régent démissionnaire comparaît devant le Conseil, il expose une double requête : qu'on accepte sa démission, mais qu'on l'admette à se justifier au sujet de « l'opinion » théologique qui lui est reprochée.

Lungdy 21 januarii 1544. — Maystre Bastian, régent des escoles. — Sur ce qu'il a fayct ses excuses touchant ce qu'il désire laysse[r] les escoles causant la chierté du temps, et de son gage ne peult sodier à luy et à deux bachelliers, a prié le pardonner, non pourtant ne désire délaysse[r] lesdictes escoles jusque soyt provheu, se offrant demorer toujours serviteur de la ville, et sur ce ordonné que il luy soyt fayct sa parcelle accoustumée, et cependant soyt advisé de trove[r] ung aultre régent.

Et quant à ce que les ministres hont quelque dubie sus luy, sus la doctrine évangelique, il est prest d'en respondre, affin qu'il ne demore enchargé, et sur ce ordonné que tel dubie soyt déclayré.

Le protocole de la semaine suivante nous instruit sommairement, mais exactement, de l'objet du débat, ainsi que de son issue, du moins au sein du Conseil :

Lungdy 28 januarii 1544. — Monsr Calvin. Maystre Bastian Chastillion. Sus ce que entre eulx sont en dubie sus l'approbacion du livre de

---

1. Calvin, dont le traitement était plus élevé, reste en dehors de cette gratification. Notons à cette occasion un trait touchant, dont les registres font mention à plusieurs reprises et notamment à la séance du lendemain 15 janvier. Farel était venu en novembre faire une visite à Genève et prêcher ; le Conseil ayant remarqué « qu'il est venuz en pouvre habilliementz » commanda de lui faire une robe « semblable à celle de Monsr Calvin ». Farel remercie le 27 nov., mais dit qu'il n'en a point besoin. Le Conseil persiste et le prie « de prendre les choses à la bonne partz ». Farel part pour Thonon et n'emporte pas la robe ; ordre de la lui faire tenir (4 janvier). Enfin mardi 15 janvier 1544 : « la robbe que luy estoyt faycte forrer « laquelle n'a pas emporté, ordonné que le Sr Johan Chaultemps, lequelt l'a rière luy la doybge « seurement garder jusquez à une aultre foys.

« La robe est chez moi, écrit Calvin à Farel (fin déc. 1543). Vous avez bien fait de la « refuser, mais maintenant vous pouvez honorablement l'accepter ». (*Opp. Calv.*, XI, 658.)

Salomon, lequelt Moss^r Calvin approve sainct, et ledictz Bastian le répudie, disant que, quant il fist le capitre septième, il estoyt en folie et conduyct par mondaiennités et non pas du Saint Esperit. Et sur ce, hont demandé ledict Sr Calvin estre aoys en dispute, et daventage ledictz Sr Bastian a dicst qu'il laysse tel livre pour tel qu'il est. Et quant aut passage du symbole, là où dicst que Jhesus descendit aux enfers, il n'est pas encore fort résoluz, approvant toutesfoys la doctrine estre de Dieu et saincte.

Et sur ce, ordonné que entre eulx secrètement ayen à fere dispute, sans publier telles choses.

Une lettre de Calvin à Viret, écrite quelques jours après, va compléter ces renseignements :

Sébastien part pour Lausanne avec des lettres de nous. Je voudrais bien qu'il sût mieux pourvoir à ses intérêts ou que nous eussions quelque moyen d'y pourvoir sans détriment pour l'Église! Nous lui laissions sa position précédente intacte; il n'a pas voulu la conserver sans une augmentation de traitement, et cette augmentation n'a pu être obtenue du Conseil. Il me semblait préférable pour lui de taire le motif pour lequel il n'était pas admis au ministère, ou d'indiquer sommairement qu'il y avait un empêchement, en écartant tout soupçon fâcheux; de la sorte il n'aurait rien perdu de sa considération. Tous mes conseils ne tendaient qu'à l'épargner. C'est ce que j'aurais fait volontiers (non toutefois sans m'exposer à la critique), s'il y avait consenti.

L'affaire a donc, à sa demande, été traitée au Conseil, mais sans bruit.

Il m'inspire une grande compassion, d'autant plus que je crains qu'il ne trouve pas là-bas ce qu'il désire. Vous, à Lausanne, dans la mesure où vous le pourrez, aidez-le.

Quant au jugement qu'il peut porter sur moi, je ne m'y arrête pas. Du moins [1] Raymond me déchirait naguères pendant mon absence par les calomnies les plus odieuses; mais il n'est pas nécessaire que je vous afflige de ces récits; sachez seulement qu'il n'y a personne ici d'assez effronté pour oser en dire la moitié. Je supporte tout cependant, et je dissimule, si ce n'est que, dans notre congrégation, je me suis plaint de ce qu'il y a des personnes qui pensent et qui parlent tout au moins avec trop peu d'égards. Mais laissons cela. (11 février 1544 [2].)

Le refus du Conseil de prendre parti dans cette discussion de pure théologie laissait aux ministres la responsabilité de la décision à prendre. Elle était facile à prévoir, après que Calvin s'était formellement prononcé. Castellion, de son côté, ne pouvant vivre avec ses appointements à Genève et désirant chercher ailleurs un emploi scolaire, demanda aux minis-

---

1. Le sens est celui-ci : Si Castellion lui-même n'a rien dit, au moins un de ses sous-maitres, Raymond, a parlé avec la dernière violence. Ce Raymond demanda son congé en même temps que Castellion, à la suite des incidents à la congrégation; ce congé lui fut accordé. (Reg., 3 juin 1544.)

2. Traduction du texte latin publié dans *Opp. Calv.*, XI, 673, 674.

tres une attestation explicite, qu'il pût produire au besoin, pour prévenir toute supposition fâcheuse sur les motifs de son départ. On n'hésita pas à lui remettre ce certificat, que, bien des années après, Castellion fut trop heureux de retrouver dans ses papiers [1].

En voici la traduction :

> Sébastien Castalion, qui a dirigé jusqu'à ce jour notre collège, a demandé son congé et l'a obtenu du Conseil. Il avait en effet accepté cette fonction, à la condition expresse qu'il lui serait loisible de la résigner, si, après un certain laps de temps, il la trouvait trop peu avantageuse et trop lourde. Maintenant, ayant le dessein de se transporter ailleurs, il nous a demandé une attestation sur sa vie passée, et nous n'avons pas cru devoir la lui refuser.
>
> Nous attestons donc brièvement que nous l'avions jugé tel qu'à l'unanimité nous le destinions déjà aux fonctions de pasteur, sans un obstacle qui seul s'y est opposé. Comme nous lui demandions, suivant l'usage, s'il était d'accord avec nous sur tous les points de la doctrine, il répondit qu'il y en avait deux sur lesquels il ne pouvait partager notre sentiment : l'un est que nous inscrivons le cantique de Salomon au nombre des livres saints, l'autre que nous acceptons dans le catéchisme la descente du Christ aux enfers, comme signifiant ce frisson de conscience qu'il éprouva en se présentant pour nous devant le tribunal de Dieu pour expier nos péchés par sa mort, en transférant sur lui-même la peine et la malédiction.
>
> En ce qui touche ce second point, il ne niait pas que la doctrine que nous professons ne fût pieuse et sainte; toute la question était de savoir si c'était bien là le sens du passage. Nous avons d'abord entrepris de l'amener par voie de raisonnement à notre opinion; nous avons réfuté, comme nous l'avons pu, les arguments qu'il nous opposait. N'ayant rien gagné par là, nous avons enfin cherché une autre voie : nous lui avons montré que le Symbole des apôtres ne tend pas à autre chose et n'a pas été composé pour une autre fin que de constituer un résumé bref et simple du christianisme, qui, à la fois, contînt une saine doctrine et instruisît le peuple des choses les plus nécessaires au salut; que, par conséquent, il devait lui suffire que, d'une part, notre interprétation n'eût rien de contraire à la saine doctrine, et que, d'autre part, elle se prêtât à l'édification; qu'en effet nous ne blâmions pas les églises qui admettaient une autre interprétation; et que notre seul souci était d'empêcher les inconvénients graves qui naîtraient de la diversité des explications. Il répondit qu'il ne voulait pas promettre ce qu'il ne pourrait tenir que contre sa conscience.
>
> Mais notre principal débat a porté sur le *Cantique* [2].

---

1. Le texte latin en a été plusieurs fois imprimé, d'après le manuscrit qui se trouve à la Bibliothèque de Bâle, notamment dans les appendices de la monographie de M. Mæhly et dans les *Opp. Calv.*, XI, 674-676. Voir *Seb. Castellionis defensio*, p. 354.

2. Cette opinion sur le *Cantique des Cantiques* n'était pas absolument nouvelle. Une lettre de l'austère Antoine Fumée, conseiller au Parlement de Paris, avait dès l'année

Il estime que c'est un poème lascif et obscène, où Salomon a décrit ses amours impudiques. D'abord nous l'avons conjuré de ne pas se permettre à la légère de tenir pour nul le témoignage constant de l'Église universelle ; nous lui avons rappelé qu'il n'y a aucun livre d'authenticité douteuse sur lequel n'ait été soulevée quelque discussion ; que même ceux auxquels nous attachons maintenant une autorité indiscutée n'ont pas été, dès le début, admis sans controverse ; que celui-là est précisément le seul qui n'ait jamais été ouvertement répudié. Nous l'avons aussi exhorté à ne pas se fier plus que de raison à son propre jugement, surtout quand il n'apportait rien que tout le monde n'ait vu avant sa naissance. En ce qui touche ce livre, nous lui avons fait voir que c'est une forme d'épithalame qui ne diffère pas de celle qui est employée dans le Psaume 45, et que la seule différence entre les deux textes est que l'un dit brièvement et d'ensemble ce que l'autre développe et décrit en détail : ce « Psaume de Salomon » célèbre la beauté de l'Épouse et ses ornements, de sorte qu'il y a similitude parfaite quant au fond et que toute la différence est dans la forme du style.

Toutes ces raisons n'ayant eu aucune prise sur lui, nous avons dû délibérer entre nous sur ce qu'il convenait de faire. Notre avis unanime a été qu'il serait dangereux et d'un mauvais exemple de l'admettre au ministère avec cette condition : d'abord les fidèles ne seraient pas peu blessés s'ils apprenaient que nous avions nommé pasteur un homme qui déclare ouvertement rejeter et condamner un livre que toutes les Eglises ont porté au canon des livres sacrés ; ensuite ce serait ouvrir la porte aux adversaires, aux détracteurs qui cherchent l'occasion de calomnier l'Évangile et de déchirer notre Église ; enfin nous nous condamnerions par là pour l'avenir à n'avoir rien à objecter à un autre, s'il s'en présentait un qui voulût répudier de même l'*Ecclésiaste* ou les *Proverbes* ou tout autre livre de la Bible, à moins qu'on ne voulût en venir à discuter si le livre est digne ou n'est pas digne du saint Esprit.

Afin donc que personne ne suppose un autre motif au départ de Sébastien, nous voulons qu'il soit attesté, partout où il ira, qu'il a volontairement résigné ses fonctions de directeur du collège ; ces fonctions, il les avait remplies de telle sorte que nous le jugions digne du saint ministère. S'il n'a pas été admis, ce n'est pas une tache quelconque dans sa vie, ce n'est pas quelque doctrine impie sur un point capital de la foi qui s'y est opposé, c'est uniquement la cause que nous venons d'exposer.

Les Ministres de l'Église de Genève,
    Signé : au nom et par mandat de tous,

JEAN CALVIN.

précédente donné à Calvin d'intéressants détails sur les opinions d'un parti nombreux à Paris. Ce ne sont plus ni des luthériens ni des catholiques, c'est ce que Calvin appellera plus tard les « Libertins spirituels ». Ils rejettent l'inspiration littérale des Ecritures et voient dans Moïse un grand guerrier, un grand législateur. « Ils dénaturent le sens des passages de l'Ancien Testament que nous citons à l'appui de notre doctrine, contestent l'authenticité des textes qui les embarrassent et, quand enfin on leur reproche comme un excès d'impudence de vouloir ainsi réfuter les livres les plus sacrés : « singuliers livres sacrés ! vous répondent-ils, que ceux où « se trouvent tant de termes obscènes et de chants comme il y en a dans le *Cantique des Can-* « *tiques* ». Ils n'acceptent pas du tout l'allégorie par laquelle tout s'explique, Dieu embrassant l'Eglise comme sa bien-aimée. Par les mots *fils de Dieu*, ils entendent un homme *divin* comme on dit le *divin* Platon », etc. (*Opp. Calv.*, XI, 491.)

Il ne faut rien exagérer sans doute, et le document qu'on vient de lire n'a pas marqué dans l'histoire du protestantisme français autre chose qu'un imperceptible épisode. Et pourtant, les contemporains franchissaient là, sans s'en apercevoir sans doute, un passage critique qui ne devait plus se retrouver. C'était dans le développement théologique de la Réforme le point précis où l'Église protestante se décidait entre deux conceptions différentes de la constitution ecclésiastique, celles que dans la langue de nos jours on appellerait la conception « orthodoxe » et la conception « libérale ».

Pour la première fois, Calvin se trouvait dans sa propre église, dans cette petite assemblée de collaborateurs de son choix, en face d'une résistance d'un ordre nouveau. Souvent il avait eu affaire à la négligence, à la mauvaise volonté, à l'envie, à des attaques personnelles et passionnées ; souvent il avait eu à trancher des difficultés relatives à des pratiques, à des usages, à des formes de rite et de culte, à l'éternel débat sur les sacrements, par exemple. Jamais encore il n'avait eu à prendre un parti sur une question aussi délicate que celle qui venait de surgir.

Castellion émet tout ensemble un doute sur la légitimité d'une certaine interprétation du Symbole des apôtres et sur l'inspiration d'un livre de l'Ancien Testament. Quoi donc ! Il met au-dessus de l'opinion de son Église particulière et au-dessus de la tradition de l'Église universelle son sens propre, sa propre raison ou plutôt, disons-le tout de suite, car c'est le fond du débat, sa conscience. C'est sa conscience de chrétien qui ne lui permet pas de déclarer inspiré du Saint-Esprit un poème d'amour. C'est sa conscience de lettré qui ne lui permet pas de jouer sur les mots en donnant de force à un passage du symbole un sens, meilleur peut-être au point de vue de la doctrine, mais qui de bonne foi n'est pas celui du texte. Voilà tout le débat, il n'y a pas là d'autre hérésie, il y a une question de probité. La probité du traducteur veut qu'il laisse à un poème la forme et le ton du poème ; la probité du lecteur lui défend de lire *frisson de conscience* là où il est écrit *descente aux enfers*, quand bien même il convient qu'il vaudrait mieux pouvoir lire *frisson de conscience*.

Ainsi se pose, dès le début de la Réforme française, la question vitale du protestantisme. Jusqu'où vont les droits de la conscience et de la raison individuelle? Jusqu'où doit aller le respect de ces droits non seulement dans la société, mais dans l'Église, mais dans le pastorat? Il faut choisir évidemment entre la liberté — sans laquelle il n'y a pas de sincérité absolue — et l'autorité — sans laquelle il n'y aura bientôt plus unité de doctrine. Peu importe le point sur lequel la question se pose : aujourd'hui, c'est tel dogme; demain, ce sera tel autre que le doute atteindra. Ce doute sera-t-il ou non toléré, sera-t-il tenu pour légitime? Si oui, l'Église sera une association souple et variable, libre et progressive : chacun de ses membres ne s'engagera qu'à obéir à sa conscience et à Dieu parlant par elle, chacun ne jurera de croire que ce que Dieu lui révélera. Sinon, ce sera une Église enchaînée à un ensemble de dogmes, à un certain minimum de croyances obligatoires auxquelles il faut adhérer sous peine, tout au moins, d'exclusion. Dans le premier système, quel chaos! Dans le second, quelle inconséquence!

De ces deux manières de comprendre la Réforme, Castellion ne reconnaît que la première, *periculosam libertatem*; Calvin fit triompher l'autre. Et la pièce que nous venons de transcrire est le premier document officiel de cette séparation des deux courants.

Mais n'y a-t-il pas comme un accent de candeur dans cette importante délibération? Plus tard on ne l'eût abordée ni avec cette mansuétude ni avec ce sérieux. On sent à cette première application du principe orthodoxe non pas de l'hésitation, car Calvin était là, mais comme un besoin de fixer la jurisprudence et de motiver la décision; on y devine un sentiment d'impartialité et de justice qui honore cette première heure de l'orthodoxie protestante; il y a chez les juges, à leur manière, autant de délicatesse que chez celui qu'ils condamnent. Il ne faut pas se le dissimuler : c'est le principe de l'excommunication pour cause de doctrine introduit dans le protestantisme, mais c'est l'excommunication prononcée sans colère, sans outrage, sans violence de pensée ni de langage. C'est un des cas les plus nobles de conflits du devoir. Ceux qui excluent et celui qui est exclu agissent également par conscience.

Des deux fractions du protestantisme de langue française qui se séparent à ce moment, ni l'une ni l'autre n'a lieu de rougir de son origine.

IV

De ce que Calvin n'avait pas hésité à exclure du ministère le candidat qui loyalement déclarait ses doutes sur des points secondaires, il ne faudrait pas conclure qu'il y eût autour de lui une opinion absolument affermie dans le même sens. Tout ce que nous savons par les registres du Conseil et du Consistoire de Genève, par la correspondance des réformateurs, par celle même de Calvin, nous fait voir au contraire plus d'une répugnance à suivre l'inflexible théologien.

Voici ce qu'il écrit quelques jours après cette décision. Il a reçu la visite de l'helléniste Jean Ribit, ancien principal du collège de Vevey [1], successeur de Conrad Gesner dans la chaire de grec à Lausanne, homme fort instruit, très lié avec Viret et qui jouissait, par son caractère comme par son savoir, d'un renom croissant à Berne et à Genève.

C'était le moment où venait enfin de se conclure, après plusieurs années de négociations compliquées, un accord définitif entre Berne et Genève au sujet de questions de frontière et d'anciennes franchises. Calvin avait pesé de toute son autorité sur les Genevois pour faire prévaloir les idées de conciliation.

Jean Ribit félicite Calvin de ce triomphe, lui parle des écrits que Viret prépare, de divers autres points.

> Puis Calvin ajoute, écrivant à Viret : Ribit m'a aussi parlé de Sébastien. Il avait l'air d'insister très vivement sur ce que nous n'aurions pas dû le mettre de côté. Comme il me répétait toujours ce mot : « mais

---

[1]. Voir une lettre de Robert Estienne le priant de continuer à collaborer à son *Thesaurus linguæ græcæ* (6 février 1540), dans *Opp. Calv.*, XI, 18, et dans Herminjard, VI, 179-181.

enfin que voulez-vous qu'il fasse? » je lui répondis avec quelque vivacité que je suis prêt à quitter la place, et volontiers, mais qu'on ne doit pas me faire violence et m'obliger à l'admettre contre ma conscience. Il m'objectait que Sébastien a déjà exercé le ministère. Je répondis que non, et j'ajoutai qu'on l'avait envoyé prêcher sans aucun examen, en mon absence et à mon insu; qu'il n'était donc pas juste de me l'attribuer.

Je n'ai pas bien pu voir si Ribit plaisantait ou non quand nous en sommes venus à parler du *Cantique*; mais il ne me paraissait pas différer beaucoup de sentiment avec Sébastien. Sur la question de la descente de Christ aux enfers, nous n'avons échangé que deux mots, l'entretien ayant été interrompu par l'arrivée de quelqu'un.

Je ne sais pas ce que peut signifier ce propos de Sébastien [1] : que mes amis trouvent étrange et plaisant que je cite le psaume 45 pour la défense du *Cantique* et aussi que, sur l'article de la descente aux enfers, lequel dans le Symbole vient après l'article de la sépulture, j'allègue à l'appui de mon interprétation la parole prononcée sur la croix : *mon Dieu, mon Dieu*, etc. Je supporterai sans peine les railleries et de lui et des autres. Quant à être réfuté par de bonnes raisons, je ne le crains pas.

Je voudrais seulement obtenir de vous autres, que vous ne me tourmentiez pas à propos de Sébastien : c'est un homme qui, autant que j'ai pu en juger par nos entretiens, a sur mon compte des idées telles qu'il est difficile que l'accord se rétablisse jamais entre nous. Ce que je vous dis là, mon cher Viret, c'est pour les autres que je le dis : car quant à vous personnellement, vous ne m'avez jamais tourmenté à ce sujet.

Peu après son retour de Lausanne, j'ai voulu savoir quels étaient ces points dont il importait à moi et à l'Église que je fusse averti. Je ne parvins à lui en arracher que deux : il y avait un certain Bernois à qui j'aurais moi-même enseigné sur le *Cantique* l'opinion que je reproche tant aujourd'hui à Sébastien. J'ai réfuté cette calomnie. L'autre point était que mes collègues me flattent. J'ai répondu comme il convenait. Il n'avait rien d'autre à dire. J'ai pitié de lui. Je souhaiterais bien qu'on pût sans inconvénient trouver à le placer quelque part, et je m'y emploierais bien volontiers. Je rends justice à son talent et à sa science. Je voudrais seulement que l'un fût joint à plus de jugement, et que l'autre fût tempérée par la sagesse, que surtout on pût le guérir de cette confiance illimitée que lui inspire une instruction limitée [2].

Nous n'avons pas la réponse de Viret à Calvin. Mais quelques jours après, une nouvelle lettre de Calvin (26 mars 1544) fait allusion à cette réponse : tout en donnant pleinement raison à Calvin, Viret a essayé de disculper Ribit, et il paraît avoir pour son compte ajouté quelques mots en faveur de Castellion. Calvin répond :

Que Ribit m'ait parlé avec une parfaite sincérité, je n'en doute pas, mais comme il lui arrive assez souvent d'employer par plaisanterie des

---

1. Tenu sans doute à Lausanne et rapporté par Viret.
2. Traduction du texte latin publié dans *Opp. Calv.*, XI, 687, 688.

mots à double sens, je n'ai pu discerner si c'était en riant qu'il disait ce qu'il m'a dit.

Quant à Sébastien, je désire, comme je vous l'ai dit, que nous trouvions un moyen de lui assurer une situation. J'y aiderai de tout mon pouvoir. Croyez-moi, je suis extraordinairement tourmenté par la perspective du sort qui le menace. Episcopus, son successeur [1], sera ici à Pâques [2]. Chez [l'imprimeur] Jean Girard, il ne doit pas attendre un gros salaire, à moins de se tuer de travail. Mais vous, de votre côté, cherchez bien si vous ne pourriez pas trouver un moyen de lui être utile.

Je sais bien qu'il s'est mis dans l'esprit que j'ai le désir de dominer. Est-ce à tort ou à raison qu'il a cette opinion sur moi? Au Seigneur d'en juger. Pour moi du moins, je ne crois pas y avoir donné lieu, tandis que lui m'a obligé à le juger ambitieux et chercheur de difficultés; mais je tiens compte de son savoir et de son caractère, qui, autrement, n'est pas mauvais [3].

La situation de Calvin à Genève au printemps de 1544 se dessinait plus nettement. Il avait organisé l'Église; de plus il avait pris rôle non pas de dictateur ni même de législateur, mais de premier conseiller du gouvernement dans toutes les affaires publiques, temporelles et spirituelles, politiques, militaires, diplomatiques. C'était à son influence qu'était due l'heureuse solution du conflit pendant avec Berne depuis tant d'années. Les débris du parti des articulants obtenaient une amnistie qui prouvait qu'ils n'étaient plus à craindre. La ville, au milieu des guerres entre l'Empereur et le roi François Ier, cherchait à tirer avantage de la position, à se mettre à l'abri de toute surprise. Aucune de ces négociations ne s'engage sans l'avis de Calvin.

Mais cette extension même de son influence devait provoquer les susceptibilités des vieux Genevois. Le seul fait de cette toute-puissance morale conférée à un étranger, qui, sans fonction civile, inspirait presque tout dans l'État, eût suffi à justifier plus d'un propos malséant, plus d'un mouvement d'humeur ou d'envie.

Le caractère de l'homme y devait encore ajouter. Ce théologien de trente-quatre ans domine de toute la hauteur de son génie et de toute l'énergie d'une volonté inflexible ceux

---

1. Qui était ce personnage? Sans doute un nommé Lévêque, qui du reste nous est inconnu.
2. Pâques tombait cette année le 13 avril.
3. Traduction du texte latin publié dans *Opp. Calv.*, XI, 691.

qu'il veut bien appeler ses collègues et ses frères, mais que personne ne tient pour ses égaux. L'autorité dont il jouit, à vrai dire, est sans partage comme sans limite : c'est lui qui est l'âme de l'Église et l'âme des institutions nouvelles qui grandissent à l'ombre de l'Église. Voulût-il s'effacer, rentrer dans le rang, n'être plus qu'un des ministres, il ne le peut plus. Et il ne pourra bientôt plus le vouloir.

L'habitude de la responsabilité lui a fait prendre celle du commandement, et bientôt l'une deviendra aussi impérative que l'autre. Ni sa logique ne s'accommoderait d'une contradiction, ni sa conscience d'une transaction. Le moment n'est pas loin où résister à Calvin sera pour Calvin résister au Saint-Esprit. C'est la fatalité de ces magistratures exceptionnelles qui élèvent un homme si haut au-dessus de son entourage qu'il ne lui est bientôt plus permis de se souvenir qu'il est homme. Est-ce orgueil, vanité, enivrement de gloire et égarement d'ambition ? Non. Personne n'a été dans le fond de l'âme plus véritablement humble que Calvin, plus sincère dans le mépris de toute vanité, dans l'oubli de toute pensée égoïste ; personne ne s'est jugé plus sévèrement, ne s'est moins complu en lui-même, n'a eu plus constamment les yeux fixés sur un idéal avec l'amer et vif sentiment de ne pas l'atteindre. Il avait foi non en lui, mais dans la vérité, c'est-à-dire dans sa doctrine. Mais comme, logicien consommé, il serrait avec une force de raisonnement invincible les anneaux de la chaîne, il lui semblait impossible d'en abandonner un seul sans se croire coupable de trahison.

Tel nous venons de le voir dans le débat sur deux points de foi que lui-même déclare peu importants, tel le retrouverons-nous et de plus en plus intraitable à mesure que l'œuvre avance, que la doctrine se fixe, que l'Église se constitue, que la Réforme enfin devient, malgré Calvin, le calvinisme.

Castellion contribua, croyons-nous, à mettre en lumière pour tous, peut-être pour Calvin lui-même, le caractère absolu de cette autorité qui, fondée sur la logique, allait devenir aussi intolérante que la logique elle-même.

Il nous semble aujourd'hui que ce devait être une étrange

audace de tenir tête au maître, mais cette audace est un trait caractéristique du premier âge du protestantisme et elle est restée la marque même du protestantisme. Ceux qui ont pratiqué les petites communautés protestantes, non seulement dans les pays où elles se sont largement développées, mais même en France, ont connu ce phénomène. Si petit que soit le troupeau, il est rare qu'il ne s'y trouve pas quelque esprit indépendant qui veuille sortir du rang et qui se croie inspiré de Dieu pour prêcher la réforme, pour s'opposer à l'opinion de la majorité ou à l'autorité du clergé [1]. C'est presque une des phases nécessaires par où passe l'esprit des jeunes gens dans ces petits cénacles où l'esprit religieux est surchauffé. Plus ils sont pieux, purs et croyants, plus il leur est facile de devenir la dupe de cette espèce d'appel de la conscience, qui n'est souvent qu'un élan d'imagination mal réprimé, un secret besoin d'agir, de penser, de prêcher surtout.

Dans le catholicisme, dans toute religion d'autorité, la pente mène ailleurs : les âmes tendres, travaillées de besoins religieux, se donnent satisfaction par des exercices de piété ou d'ascétisme, par un redoublement de zèle dans l'obéissance à l'Église. Le protestantisme au contraire encourage la lecture, la méditation, la prière individuelle. Être seul de son avis, c'est une inquiétude pour l'âme catholique, c'est presque une incitation pour le protestant. Non seulement cet isolement ne l'effraie pas *a priori*, mais pour peu que le caractère ne soit pas mûri encore par l'expérience, qu'on ait affaire à un esprit vif et curieux, surtout s'il est dépourvu de conseil ou livré à des influences sectaires, notre jeune homme se fait un devoir de se mettre en avant, de s'exposer à la risée du monde : n'est-ce pas ainsi que la vérité est toujours entrée dans le monde, toujours par des inconnus, toujours par une

---

1. A une autre époque nous retrouvons exactement cette même situation intestine du protestantisme. « La persécution était dans son plein, la tête de Paul Rabaut était mise à prix, les assemblées étaient dispersées par la force, les fidèles étaient envoyés aux galères ou à la mer. Il ne faut pas s'imaginer que, même en ces jours terribles, une union parfaite régnât dans l'Église. Il y avait aussi des querelles, des suspicions, des envies. Paul Rabaut en souffre au delà de toute expression. Il écrit le 26 août 1786 : « Je trouve des entraves aux desseins « les plus utiles. Je ne vous cacherai pas que notre gouvernement presbytérien me déplaît « fort. Le plus petit ancien se croit un homme d'importance, et le moindre pasteur se targue « comme le plus distingué. » (*Journal du protestantisme français*, article de M. Viguié, 30 janvier 1885.)

infime minorité, malgré les grands et les docteurs? Qu'importe si l'on est seul? Dieu se révèle aux plus humbles et par les plus humbles; l'histoire sainte nous a nourris dans ce paradoxe fortifiant et parfois troublant. Un catholique se sent au moins ridicule s'il entreprend d'en remontrer à son curé. Se lever au contraire pour proposer au pasteur une nouvelle étude sous l'inspiration de l'Esprit saint, ce n'est commettre ni une inconvenance ni une impiété, c'est faire œuvre de protestant, c'est l'esprit même de la Réforme : la liberté de conscience et la parfaite sincérité des croyances sont à ce prix.

D'ordinaire, l'expérience de la vie se charge de dissiper ces exubérances. Mais au xvi° siècle, dans le feu de la première effervescence religieuse, l'équilibre ne s'est pas encore établi. Si l'on veut qu'il y ait dans l'homme au besoin un martyr, il faut bien qu'il y ait quelquefois un illuminé. Pour protéger contre les folies du sens propre un de ces protestants du xvi° siècle, inculquez-lui le respect de la tradition, vous en faites un catholique; l'esprit critique, vous en faites un philosophe. Ce n'est ni l'un ni l'autre que formait Genève.

Un régent de collège opposant son opinion à celle de Calvin sans paraître soupçonner l'inégalité de la lutte, c'est un trait de mœurs que l'on ne retrouverait plus à Genève dix ans plus tard. Il n'y faut pas voir un excès d'orgueil. Bèze lui-même rend compte du fait en quelques mots qui ne manquent pas de justesse. Il dit de Castellion : « *Erat quadam* ταπεινοφροσύνης *specie, ineptissime ambitiosus ac plane ex eorum genere quos Græci* ἰδιογνώμονας *appellant*[1]. » Ces deux mots grecs sont bien trouvés pour rendre ce mélange d'humilité sincère et d'étonnante confiance en son idée propre. Tel a toujours été le double aspect sous lequel apparurent au clergé catholique les novateurs luthériens, au clergé luthérien les calvinistes et en ce moment même au clergé calviniste les indépendants du caractère de Castellion.

---

1. Bèze, *Vita Calvini* (1575). — *Opp. Calc.*, XXI.

V

Pour être complètement juste envers les deux hommes, et même pour comprendre ce qui va suivre, il ne faut pas isoler la décision que nous venons d'enregistrer. Au moment où l'on exclut du ministère un candidat comme celui-ci, comparons-le, comme il peut se comparer lui-même, avec ceux que l'on y admettait.

Que valent-ils donc, ces collaborateurs que Calvin agrée tandis qu'il écarte le nouveau venu? Et qui sont-ils pour juger si sévèrement le jeune principal? Ce qu'ils sont et ce qu'ils valent, c'est à Calvin lui-même qu'il faut le demander.

A son retour à Genève, Calvin avait trouvé d'abord deux pasteurs qui lors de son exil en 1538 avaient accepté de prendre sa place et celle de Farel : Jacques Bernard et Henri de la Mare, puis un troisième, « qui s'était glissé à cet emploi, je ne sais comment », dit Calvin; c'est Aimé Champereau [1]. Bernard venait de se retirer (30 décembre 1541). « Il m'en restait donc deux », écrit Calvin, et voici le portrait sommaire qu'il en trace :

> L'un, d'une nature emportée ou plutôt sauvage, n'est pas accessible aux bons conseils; l'autre, fourbe et rusé, tout gonflé de mensonges et d'astuce; tous les deux ignorants autant que vaniteux. Au défaut de savoir s'ajoute le défaut de soin et de sollicitude, car ils n'ont pas songé, même en rêve, à ce que c'est que de diriger une Église [2].

Il explique ensuite qu'à tout prendre il a jugé préférable de les garder auprès de lui, faute de personnel d'abord, et puis pour bien établir ses intentions conciliantes : « Je savais bien ce qu'il m'en coûterait, et qu'il me faudrait acheter la paix au prix de bien des concessions, ce qui n'est pas précisément dans mon naturel, vous le savez. Je me fais

---

1. Quant à *Marcourt* et *Morand*, les deux « traîtres à la cause », ils avaient jugé à propos de s'enfuir sans attendre le retour de Calvin.
2. Herminjard, VII, 410, 411. Un peu plus tard (oct. 1545), les ministres de Genève diront du même Champereau, prédicateur assez populaire (quia bene vocalis erat) : « sæpe monitus fuit in conventu fratrum quum de aliis vitiis, tum de negligentia et dissoluto vitæ genere ». (*Opp. Calv.*, XII, 197.)

pourtant violence; par ma modération, je contiens leur méchanceté et l'empêche d'éclater au dehors [1]. »

En 1544, le corps pastoral de Genève s'était déjà bien relevé; mais les lettres intimes de Calvin à Farel et à Viret ne nous laissent pas d'illusion sur les inquiétudes qu'il continue d'éprouver à l'endroit de ce clergé quelque peu improvisé. Il est vrai que ce dont il se plaint n'est parfois que l'esprit d'indépendance, la résistance à ses volontés, l'indocilité théologique; mais c'est plus souvent autre chose, c'est la conduite ou tout au moins la tenue de ces pasteurs qui le désole, ou leur ignorance, ou leur faiblesse de caractère.

Ici, malgré le peu d'intérêt des faits en eux-mêmes, il nous faut entrer dans quelques détails, sans lesquels un incident décisif de la biographie de Castellion resterait inexplicable. Car c'est uniquement pour avoir trop pensé et parlé comme Calvin qu'il va se compromettre irréparablement.

Une longue lettre de Calvin à Farel [2] (31 mai 1544) nous révèle quelques-uns des troubles fâcheux dont souffrait l'Église à ce moment. Nous en traduisons les passages essentiels :

Je recommence à apprendre ce que c'est que de vivre à Genève! Me voici au milieu des épines. Depuis deux mois déjà il y a eu entre nos collègues de graves querelles, qui en sont venues à ce point que, sur les quatre, il y en a nécessairement deux qui ont fait un faux serment. Les mettre aux prises entre eux eût produit le plus grand scandale.... Faute de témoins et de preuves, j'ai été forcé de remettre ces affaires au jugement de Dieu, et j'ai étouffé la double querelle. Que pouvais-je faire? Les châtier tous les deux, c'eût été faire tort à l'innocent.... Et le déshonneur n'en aurait pas moins rejailli sur tout le corps pastoral.

Là-dessus en voici venir un autre à la traverse [3], qui avait été le camarade de couvent de quelques-uns et qui, à peine arrivé chez eux ici, s'est mis à déchirer leur vie privée et celle d'autres (ministres) en paroles et en écrits d'une telle façon que rien ne pouvait être plus honteux pour nous si cela s'était répandu. J'ai mandé mes collègues. Je leur ai adressé les reproches les plus sévères, les rendant responsables de tout ce qui arrivait là : je savais en effet que ce fou furieux avait été armé par eux-mêmes, quelques efforts qu'ils fissent maintenant comme pour éteindre un incendie commun. Je leur dis en outre que nous étions frappés de la

---

1. Trad. du latin, *Opp. Calv.*, XI, 364 (janvier 1542). Bernard fut élu ensuite à Satigny (mai 1542), De la Mare alla à Jussy en 1543 remplacer Vandel.
2. *Opp. Calv.*, XI, 719-722.
3. Il s'agit d'un obscur personnage, Jean Chapperon.

main du Seigneur, qu'il punissait ainsi les parjures qui demeurent au milieu de nous; quoi d'étonnant si pour tant de crimes et d'abominations la colère de Dieu éclatait contre nous, alors que, pour la faute d'un seul homme, elle s'était autrefois enflammée contre tout le peuple d'Israël. Je déclarai aussi qu'il n'y aurait pas de fin à ces maux jusqu'à ce que notre collège pastoral fût purgé des crimes qui le souillent. Et enfin je les exhortai à descendre chacun en lui-même pour reconnaître qu'ils sont punis justement. Eh bien! loin de m'avoir compris, ils ne pensèrent au premier moment qu'à se venger, quelques-uns du moins, et voici comment.

Ce moine était au service de deux gentilshommes [les frères du Fouz] qui étaient fortement soupçonnés d'avoir eu connnaissance de l'accusation et d'y avoir aidé. Quelques-uns des nôtres se mirent à dénoncer tout bas l'un de ces deux personnages [1] comme ayant fort mal parlé du gouvernement et criblé d'outrages une bonne partie des membres du Conseil. Or vous savez combien notre Conseil est chatouilleux sur ce point. Aussitôt que j'appris ces propos, je les convoquai tous, et je les avertis de ce qui allait arriver. Je les menaçai, s'il survenait quelque chose de plus grave, ne pas attendre d'être mêlé à ces désordres : ils verraient, moi absent, si leurs épaules sont en état de supporter le fardeau. On emprisonne l'un des deux gentilshommes [2]. Pour se défendre, il rejette sur Louis [Treppereaux], notre collègue, une accusation qui ne pouvait guère se terminer que par la mort ou tout au moins l'exil. Il a, en effet, plusieurs témoins que Louis a dit que les syndics de l'an dernier avaient été nommés exprès pour faire couper la tête aux ministres à leur première faute et plusieurs propos du même genre [3].

D'un autre côté, notre Sébastien s'est emporté contre nous dans une sortie aussi violente que possible. Il y avait hier à la congrégation pour l'explication familière de l'Ecriture environ soixante personnes.

On étudiait ce passage : *Nous montrant en toutes choses ministres de Dieu, par une grande patience*, etc. [4].

Il se mit à tisser une antithèse perpétuelle pour établir sur tous les points le contraste entre nous et les ministres de Christ. Voici son jeu d'esprit : « Paul était serviteur de Dieu, nous le sommes de nous-mêmes ; « il était très patient, nous très impatients. Il passait les nuits pour se con-

---

1. Louis du Fouz, gentilhomme du Maine.
2. « Vendredi 30 mai. — Ordre d'informer sur le procès dudit Du Fouz, « et que touchant les parolles qu'il a diest que maystre Loys [Treppereaulx] avoyer diestes contre la Seygn[rie] en soyent prinses informations, et, si ce conste, soyent confrontés. » — 3 juin 1544. — « *Noble Loys du Fouz et Johan Chapperon, détenuz*. — Lesqueulx hont esté detenuz pour aulcunes parolles qu'il avoyent diestes, et ayant entendu le contenuz de leur prossès, ordonné que, aveucque bonnes remonstrances, soyent liberés des prisons, en poyent leu despens. Et ledictz Dufouz a fayct ses excuses, et le Champpereaulx, Treppereaulx e[t] Megret, ministres, hont user de gran propos contre le magistrat, et que quant à luy il veult toute sa vie porter honneur et révérence aut magistrat. »
3. Voici en quels termes le registre du Conseil confirme le récit de Calvin : « Vendredy 30 maii 1544. — *Les s[rs] Coquet, de la Rive, Mollars, Chican, [contre] maystre Loys Treppereaulx, ministre*. — Lesqueulx hont fayct plaintiffz comment il leur est venuz à notice que maystre Loys Champereaulx [*lisez* : Treppereaulx], ministre, les a blasmé, disant qu'il estient reneviers [usuriers] et papistes, et que l'année passé il fure ordonné s[rs] scindicques pour leur coppé les testes, si fayssient quelque offence. Requérant justice. Ordonné que bonnes et légitimes informations en soyent prinses pour sur cella procéder en justice. »
4. II Cor., vi.

« sacrer à l'édification de l'Église, nous passons la nuit au jeu ; il était
« sobre, nous ivrognes ; il était menacé par les séditions, c'est nous qui
« les excitons ; il était chaste, et nous débauchés ; il fut enfermé en prison
« et nous y faisons enfermer quiconque d'un mot nous a blessés. Il a usé
« de la puissance de Dieu, nous de celle d'autrui. Il a souffert de la part
« des autres, nous persécutons des innocents. » Que vous dirai-je encore ?
Bref une attaque sanglante. Je me suis tu pour le moment, afin de ne pas
allumer devant tant d'étrangers une vive discussion. Mais je suis allé
porter plainte aux syndics.

C'est bien de la sorte qu'ont débuté tous les schismatiques.

Pour moi, si j'ai voulu réprimer l'intempérance de cet homme, ce n'est pas seulement parce que l'inconvenance du procédé et la violence du langage m'avaient révolté, c'est qu'il nous avait outragés par les plus fausses calomnies.

Vous voyez quelles passes je traverse. Et pour que rien ne manquât à ma misère ou plutôt à mes misères, les ambassadeurs bernois Nægeli et d'Erlach aîné sont partis d'ici très gravement offensés de ce qu'on n'avait pu aboutir à rien avec nos Genevois pour cette fixation de frontières, ce qui est d'autant plus indigne que le litige porte sur un rien. Et il y a des gens odieux qui m'appellent dans les rues, à ce qu'on m'assure, la *caution* de la paix, tandis que c'est eux-mêmes qui, par leur obstination et leurs prétentions, font tout ce qu'ils peuvent pour rompre la paix.

A la date de ce même jour, les registres du Conseil relatent la déposition de Calvin : il a fait sommairement allusion aux désordres plus ou moins graves qui se sont produits au sein du clergé, mais n'a requis en définitive les rigueurs du Conseil que contre le directeur du collège :

Sambedy ult° maii 1544. — *Monsr Calvin, ministre*. — Lequelt a revellé que par cy devant il a heu plussieurs insolences entre quelques ministres et que il n'a esté ozé le revelle[r] jusques maientenant, pource que cella ne ce apparissoyt suffizamment. Et daventage hier, en la congrégacion, ainsin qu'il havoyt exposé ung tex[te] de St Paul, maystre Bastian respondist aux rebours, disant que les ministres fassient tout aut contrayre de St Paul : disant que St Paul estoyt humble et que les ministres son fier ; St Pault estoyt sobre et eulx n'hont cure que de leur ventre ; St Paul estoyt vigillant sus les fidelles et eulx vellie[nt] à jouer ; St Paul estoyt caste et eulx sont palliars ; St Paul fust imprisoner et les ministres font imprisoner les aultres ; et diest totallement que il estient contrayre à St Paul. Requérant il avoyer advys. Remys à lungdy prochain, et que il soyt appellé Monsr Calvin et Monsr de Geneston.

Le lundi suivant, 2 juin, et pendant toute la semaine, le Conseil eut à s'occuper de ces divers incidents qui lui venaient de la Compagnie des pasteurs. Calvin a déjà si bien dans l'esprit la nécessité du départ immédiat du directeur après cet éclat que son remplacement est le premier sujet dont il entretient le Conseil [1].

On revient aux deux affaires, l'une plus à cœur à Calvin, l'autre au Conseil. Sur la première, le Conseil ne paraît pas tenir à se prononcer. Ce sont querelles de théologiens :

> Mardy 3 jugnii. — *Les ministres et maystre Bastian Chatillion.* — Lesquieulx sont en contencion suz la doctrine, et pour éviter tels trobles, ordonné que ambes parties soyent aoyes jeudy prochain et soyt appellé maystre Pierre Viret.

Sur la seconde, comme l'avait bien prévu Calvin, le Conseil entend moins facilement raillerie : il relâche le gentilhomme français, qui proteste de son respect pour les autorités genevoises et qui persiste dans ses accusations contre Treppereaux et deux de ses collègues.

Les ministres sentent que la situation devient grave et pour leur collègue et pour eux-mêmes. Calvin, malgré la rudesse avec laquelle il leur avait parlé, se met à leur tête pour faire une démarche auprès du Conseil :

> Judy 5 jugnii. — *Les ministres de la ville :* Monsr Calvin, Maystre Champereaulx, Maystre de Ecclesia, Monsr de Geneston, Maystre Abel, Monsr Ferron. — Lesquieulx, tan géneralement que particulièrement, ce sont grandement lamentés des choses sur eulx imposés, tan par ung nommé Chapperon que par ung gentilhomme du Menne, appellé Loys du Fouz, et que, si ce trouve tel que leditz Chapperon a rédigé par escript, qu'il[s] soyent griefvement pugnis, requérant en l'honneur de Dieu ce informer à la vérité du cas. Et si sont innocent[s], que l'on advise que l'honneur de Dieu et du ministère soyt maientenuz, et hont présentés des supplications. Et sur ce ordonné que par tel cas soyt tenuz ung conseyl extraordinayre, autquelt sera appellé maystre Pierre Viret, que doybt venyr en briefz icy, pour mestre ordre à tel cas.
>
> *Maystre Loys Treppereaulx, ministre détenuz.* — Et cependant soyt insté à la formacion du prossès dudictz Treppereaulx, lequelt a blasmé le magistrat, comment l'on diest, pour sçavoyer si est poient culpable des choses predictes.

---

1. « Lungdy 2 jugnii 1544. — *Maystre d'eschole.* — Sur ce que Mons. Calvin a revellé qu'il est venuz ung sçavant homme pour estre maystre d'eschole et que l'on advise à son gage. Ordonne qu'il soyt parlé à Mons. Calvin et luy fere sçavoyer que l'on a advisé que, moyennant qu'il tiengne deux bachelliers, il luy sera donné deux cens florins pour an et pourra exigyé le sallayre des enfans. Et pour arresté l'affere, la charge a esté donné aux Srs de la Rive, Roset, Aubert et Chaultemps. » — Avant de s'occuper du maître d'école, le Conseil de cette même séance du 2 juin avait déjà ordonné de poursuivre l'information contre Treppereaulx.

Le lendemain, le bachelier Reymond déclare se retirer aussi, faisant sans doute cause commune avec son principal. Il ne semble pas que le beau-frère de Castellion, Pierre Mossard, ait quitté son poste.

Maystre Bastian Chatillion. — Sur ce que Monsr Calvin a présenté par escript les propos scandalleux tenuz à la congrégacion par maystre Bastian, ordonné de supercedyr jusques à la venue dudictz maystre Viret pour débastre cella, ainsi qu'il sera de rayson.

En attendant, le Conseil, éclairé par cet incident et commençant à remarquer que les réunions des pasteurs n'étaient pas toujours des séances paisibles, ajoute :

Et cependant, quant l'on tiendra la congrégation des ministres, soyent assistans les Srs Pierre Tissot, conscindicque, Pernet Defosses, consellier, et l'un des secrétayres du Conseyl, lesqueulx debvront fere relacion de ce que sera en ladicte congrégacion exposer.

Le mardi suivant, Viret étant arrivé, on prend jour [1] pour la décision, qui occupe en effet presque toute la séance du lendemain :

Mecredy xi jugnii 1544. — *Les ministres de l'Eglise, Monsr Calvin, Maystre Champereaux, Monsr de Geneston, Maystre de Ecclesia, Monsr Ferron, Maystre Abel, contre Maystre Bastian Chastillon.* — Sus le différent estant entre eulx, pour aulchongs propos tenuz en leur congrégation par maystre Bastian, lesqueulx hont estés rédigés par escript, et sur cella a respondus ledictz Bastian, et ayans entendu les proposites, répliques et responces d'ung costé et d'aultre, remys ambes parties à demaien en Conseyl.

Judy 12 jugnii. — *Les ministres.* — Sus la contencion estant entre eulx pour aulcunes parolles et ayant tout aut long entendu leur différens responces et répliques, ordonné que à ung chascun d'icieulx soyent faycte bonnes remonstrances, et que toutes haynes, rancunes et malvolliences soyent mises bas, et que il ce aye à pardonner les ungs les aultres, et que, dès icy en là, vive en toute bonne amitié et fraternité. Aultrement procéderons plus oultre sur eux.

Et dempuys a esté advisé et ordonné que, d'aultant que maystre Bastian n'ha procéder ainsy qu'il debvoyt, et que, quant remonstrances et correction se font les ungs envers les aultres, l'on doybd procéder aultrement quil n'ha fayct, et qu'il n'ha suffizamment justiffié ses proposites (qu'il doybge confesser [2]), trouvons havoyer mal procéder et mal parler, et soyt démys du ministère (*par trois moys prochains* [3]) jusques à la bonne volenté de la Seygneurie [4].

---

1. « Mardy 10 jugnii. — *Les prédicans de la ville et maystre Bastian.* — Sus le différent estant entre eulx, pour aulcunes parolles diestes en la congrégation par maystre Bastian, ordonné que le Conseyl soyt demaien tout expressément assemblés pour tel cas et que toutes parties soyent demandés. »

2. Ces quatre mots sont biffés au registre et remplacés à la marge par le mot : *trouvons*.

3. Ces quatre mots sont rayés dans le texte et remplacés par ceux qui suivent : « jusques à la bonne volonté de la Seygneurie ».

4. Le sens de ces mots « démys du ministère » s'explique par le fait que Castellion continuait à aller prêcher à Vandœuvres. En conséquence de cette décision, le Conseil invite

Laquelle ordonnance, présent les six ministres [1] et ledictz maystre Bastian, a esté pronuncé. Lequelt maystre Bastian a prier, en l'honneur de Dieu, qu'il puysse estre aoye en ses répliques sur ce que les ministres hont diest. L'on a layssé l'ordonnance comment dessus.

Telle est la sentence que Théodore de Bèze devait présenter dans la *Vie de Calvin* comme une sentence de bannissement : « convaincu de manifeste malice et calomnie, la justice luy ordonna de sortir de la ville après avoir recogneu sa faute [2] ». Calvin lui-même, malgré sa sévérité, n'avait pas songé à demander l'expulsion. C'était trop déjà, beaucoup trop, non seulement pour l'esprit évangélique, mais pour la simple équité, d'avoir insisté, comme il paraît l'avoir fait, pour l'exclusion définitive du ministère, au lieu de la suspension de trois mois que le Conseil avait d'abord adoptée. Cette rigueur choque surtout si on la rapproche de l'indulgence que, quelques jours après, le même clergé obtiendra du Conseil en faveur de Treppereaux [3].

Quant à Castellion, personne n'intercède pour lui, et il est désormais convaincu de l'inimitié de Calvin. Trop fier pour s'abaisser à des supplications, il ne demande qu'à résigner son poste au plus tôt. Dès le lendemain de la sentence, le 13 juin, on s'occupe de lui trouver un succes-

---

quelques jours après (24 juin) les pasteurs de la ville à aller prêcher à Vandœuvres. Ce fut un surcroit de travail que Calvin ne jugea pas possible : il parvint à faire voter le 14 juillet la création d'une paroisse nouvelle ; Philippe de Ecclesia y fut transféré (le 16 juillet).

1. Les six ministres étaient Calvin, Geneston, Abel Poupin, Champereau, Philippe de Ecclesia et Jean Ferron. — Louis Treppereaux était en prison.

2. Vie de Calvin, éd. de 1576. L'édition latine de 1575 dit : « Cognita causa, calumniæ damnatus ex urbe excedere jussus est » (*Opp. Calv.*, XXI, 135).

3. Le 13 juin on rapporte que Treppereau a été confronté avec les témoins ; ce n'est que la semaine suivante qu'il est mis en liberté :

« Mardy dix-sept de juing. *Maistre Loïs Trepperaulx, prisoniers prédicant.* — Sur la detencion de maistre Loïs Trepperaulx, détenuz à cause de certaines parolles proférée par ledict maistre Loïs contenuez en son procèps. Sur quoy arresté que soyt libérer, et luy soyt faictes les remonstre, et qui soyt suspendu de leurs office jusques à la bonne voulunté de M^{eurs}, et ce pour aultant que ilz nous conste avoir joué à jeux défendu, asavoir au cartes et dez, comme az confessé en son prossès. »

Quelques jours après, il insista humblement pour obtenir sa grâce :

« Judy 26 jugnii. — *Maystre Loys Trepperaulx*. Lequelt avecque cueur contrict a prier le retorner en son ministère et si, dès icy en là, il fayct chose qu'il ne doybge fere, qui soyt grandement pugnis. Ordonné que l'on aye conférence avecque Monsr Calvin et qu'il soyt advisé de le pardonner pour ceste foys. »

« Mardy premier de julliet — *Maistre Loys Trepperaulx.* Ayans aoys sa humble requeste verbale requérant lui fere grâce de ce que une foys a joier, dont en a esté detenuz, et le restituyr au ministère, et pour l'advenyr il ce acquitera tellement que Dieu et la Seygr^{ie} ce contentera de luy. Ordonné que grâce luy soyt faycte et soyt restitué à son office et ses gages accoustumés luy soyent poyés. »

seur[1]. Après d'assez longs pourparlers sur la question du traitement, le 10 juillet Calvin présente au Conseil un « régent et maistre de escolle qui a régenté Orléans et Nevers, qui est bien sçavant et capable pour régenter et governer les escolles de cette ville ». Il s'appelle maître Charles Damont (de Nevers). Il prête serment le lendemain 11 juillet, et le même jour Castellion demande à lui remettre le service, étant pressé de partir pour se pourvoir ailleurs[2].

On lui donne son congé le lundi suivant :

Lungdy 14 juilli 1544. — *Maystre Bastian Chatillion feuz regent des escoles.* — Lequelt a pryns conge de la Seyg^{rie} et a prier luy fere sa royson de XV jours quil a servy davantage. Aussy luy satisfayre des loyages des maysons quil a supporte. Et davantage a prier luy ballie le doble de la sentence donne contre luy. Ordonne quil soyt satisfayct de ses gages, et des loyages soyt parle au Sr J. Chaultemps; et quant à la sentence que lon n'est pas en costume den ballier[3].

On voit qu'il ne fut pas un instant question ni de destitution de ses fonctions de directeur ni d'expulsion de la

---

1. Le Conseil, pour cette négociation, juge bon d'adjoindre aux ministres le syndic Tissot et le conseiller Henry Aubert. Le 19, Calvin expose qu'il a trouvé « homme propre pour régenter » et qu'il est d'avis de lui accorder « tel et semblable gage qu'il havoyt maystre Bastian ». Le Conseil, sans se ranger à cette proposition, ordonne que le nouveau maître aura 200 florins seulement, avec l'obligation d'entretenir deux bacheliers, mais qu'en outre les enfants qui le pourront lui paieront trois sols par trimestre. Calvin revient le 24 rapporter que son candidat ne peut accepter ces conditions pécuniaires, manifestement insuffisantes. Le Conseil s'en tient à sa résolution première, bien que Calvin eût « fayct grandes remonstrances »; sinon, ajoute le registre, que l'affaire soit remise « en plus grand Conseyl ». Il n'en est plus question pendant deux semaines, ce qui semble bien indiquer que le candidat s'était retiré. Le 7 juillet, Calvin expose « qu'il est venuz icy ung homme fort propre pour régenter les escholes de la ville et qu'il seroy fort convenable pour le prouffit de la joiennesse »; il demande qu'une décision soit prise « sus la réception d'icelluy et sus son gage ». Évidemment il s'agit d'un personnage plus qualifié que celui dont il avait été question les 19 et 24 juin, car cette fois le Conseil revient à peu près au « gage » de Castellion : « Ordonné que ledictz maystre d'eschole soyt accepté soub le salayre de quatre cens florins pour an, et doybge entretenyr deux bachelliers, et qu'il soyt parlé à luy ».
2. « Vendredy 11 juillii. — *Maystre Bastian Chatillion regent des escoles.* — Lequelt, suyvant le congé que paravant a demandé, a cessé de régenter les escoles, a exposé comment il az servy jusques à present et que voyant quil a entendu que lon en est pourvheu dung aultre a prier y mettre fin pour ce quil desire suyvre a trouver ailleurs partyr. »
3. Le lendemain, le bachelier P. Mossard demande une avance pour suffire aux premiers besoins. « Ordonné de compter avant toutes choses avecques maystre Bastien ancien maystre deschole, et pour ce fere la commission a este donne aux Srs Corne et Chaultemps. »
Il n'est plus question qu'une fois de ce règlement de comptes, c'est à la date du 7 août. Calvin admoneste Messrs de « faire reédifier l'école qui va tout en ruyne pour obvier les clandre qui pourrait survenir ». Une fois de plus, on ordonne les réparations les plus indispensables et notamment la démolition des parties qui menacent ruine. Puis le registre ajoute : « Meubles de l'escolle ès mains de maystre Bastian. — Aussi (Calvin) a exposé que maistre Bastian a aulcuns meubles desquieulx il veut rendre conte, et quil plaise à Mess. de les recepvoir et faire linventeyre. Arresté que ceulx qui en hont la charge doibgent retirer lesdicts meubles et inventoyre dicieulx. »

ville, comme le prétendront les calvinistes zélés, quelques années plus tard [1].

Même réduite à ce qu'elle était, la sentence que Calvin venait d'arracher au Conseil marque un pas de plus dans la voie qu'avait frayée la décision pastorale du mois de janvier précédent, et celui-là était plus décisif encore dans la vie du Réformateur que dans celle de son obscur antagoniste. Si Calvin lui-même n'eut pas le loisir d'y prendre garde, on s'en rendit mieux compte autour de lui : c'est fort peu de chose assurément que cette sentence, mais c'était la première de ce genre. Elle inaugurait le système de l'intervention du pouvoir civil à la requête du clergé en matière religieuse et théologique. Aucune mesure jusque-là n'avait aussi bien fait voir où tendait le nouveau régime et jusqu'où irait l'absolutisme du théologien. Nous avions vu, il est vrai, la Compagnie des pasteurs refuser à Castellion l'entrée dans le ministère pour cause d'hétérodoxie; ici, elle fait plus : elle requiert une répression pour un délit assez mal défini, délit de parole dans une réunion presque intime, délit qui tirait toute sa gravité de la justesse même des critiques, de la facilité à y voir des allusions, de la coïncidence avec des écarts regrettables. Cette répression, le Conseil la lui refuse ou du moins il la borne à un simple enregistrement de la décision pastorale que nous connaissons déjà, éliminant le candidat du ministère. Nous retrouvons ici le Conseil dans les mêmes dispositions que précédemment : il s'était dérobé au rôle de juge que Calvin avait voulu lui faire prendre entre Castellion et lui dans leur débat dogmatique de l'année précédente; il ne se soucie pas davantage de se faire le champion de l'honneur du corps

---

1. Voici le récit de Michel Roset, dans ses *Chroniques* manuscrites (liv. IV, chap. LXIX, *Castalio*) :

« Environ ce temps (1544), Sébastien Chastillon, d'auprès de Nantua en Savoye, maistre d'escolle à Genève, esmeut quelques questions ès prescheurs. Il réprovoit le Cantique de Salomon, comme profane et impudique. Il n'aprouvoit leur interprétation de la descente aux enfers.

« Et ayant esté admonesté, il prit la parolle du dernier de may 1544, en la congrégation publicque, accusant les ministres d'orgueil, impatience, volupté et autres vices bien estranges de l'exemple de sainct Paul. Lesquelz ne pouvant soubtenir, il fut déposé par le conseil le douziesme de juing comme callompniateur.

« Et dempuys se retira à Basle, où il a produict plusieurs autres oppinions contraires à la foy chrestienne, comme de la prédestination, du franc arbitre, impunité des hérétiques et incertitude de toute la parolle de Dieu. »

pastoral; contre tous les usages du temps, il n'exige ni amende honorable ni rétractation de ce que Bèze appelle cavalièrement « des calomnies »; et nous avons, par tout ce qui a suivi, les meilleures raisons de supposer que plus d'un, au sein du Conseil, sans oser défendre Castellion, approuvait tout bas son franc parler : l'impression générale était en somme moins défavorable à l'accusé qu'aux accusateurs.

Quoi qu'il en soit, c'est bien à cette heure que le nouveau régime s'affirme et que la main de fer se fait sentir. C'est alors que se précise ce qu'on appelle par euphémisme la « discipline évangélique ». Calvin n'est plus seulement le docteur et le prédicateur incomparable; il va réclamer sans détour l'aide de la force publique pour obtenir l'assistance aux sermons du dimanche et de la semaine [1]; on publie à son de trompe que nul n'y manque sous peine d'amende; en ville, le guet pénètre dans les maisons et lève des gages sur les délinquants; à la campagne, les châtelains sont tenus d'envoyer des gardes pour assurer la fréquentation du culte; Calvin lui-même se transporte dans certains villages avec un officier recruteur.

En même temps s'organise la surveillance des mœurs et la surveillance des opinions, deux polices que Calvin ne distingue pas plus que le dernier des évêques de son temps. L'instrument par excellence de cette double police, renouvelée de la Genève épiscopale et à certains égards naturellement aggravée, c'est le *consistoire*, cette institution créée dès le retour de Calvin, mais qui prend toute sa force au moment où nous sommes (1545). Calvin va même la mettre plus complètement sous sa main par un système d'épuration annuelle [2] qui en exclut tous les membres tièdes ou modérés. C'est le moment où les exhortations pastorales, changeant rapidement de caractère, se transforment peu à peu en ordonnances de police. Calvin a entrepris non d'exhorter, mais d'obliger à la réforme de la vie privée par les mêmes procédés et sous les mêmes sanctions qui font respecter les lois civiles et criminelles.

Le consistoire, remplissant les fonctions d'une sorte de juge

---

1. Am. Roget, *Histoire du peuple de Genève*, II, 144, 145, 146, 181, 183, 184.
2. *Ibid.*, II, 188, 189.

d'instruction ecclésiastique, défère au Petit Conseil toutes les infractions qu'il juge mériter plus que l'admonestation simple. Ce ne sont pas seulement les actes de débauche, les scènes d'ivrognerie, ce sont les fêtes, les jeux, les danses, les propos légers qui deviennent l'objet de poursuites, et les poursuites se terminent, suivant la gravité des cas, par l'amende, par la prison, par le bannissement. Le Petit Conseil, à la requête de Calvin (juillet 1545), double les peines établies « contre ceux qui commettent paillardise », et il n'hésite pas à en frapper un de ses membres [1].

Calvin, du reste, et c'est son honneur, n'épargne pas ses propres collègues quand leur conduite privée donne lieu à quelque scandale, et il eut malheureusement plus d'une occasion de montrer à cet égard son impartialité, particulièrement pendant ces premières années [2].

Cette conduite est noble autant que ferme : évidemment Calvin confond en toute sincérité les deux ordres d'idées, de personnes et de moyens : il veut faire régner la pure morale et la pure doctrine, l'une comme l'autre, l'une par l'autre; il y attache le même prix, il les impose avec la même énergie, il se sent le même droit à réprimer au nom de Dieu, toute atteinte à l'une ou à l'autre. Mal penser ou mal agir, c'est également se révolter contre Dieu.

De là, cette hauteur et cette fierté d'attitude, avec laquelle Calvin semble se présenter devant l'histoire comme devant ses contemporains. Mais de là aussi le pire des dangers pour la conscience d'un homme, fût-il un homme de génie, pour la valeur morale de son œuvre, fût-elle une œuvre héroïque. Comment échapper au vertige de la toute-puissance? Comment trouver en soi-même une force de contrôle quand on

---

1. Am. Roget, *ibid.*, II, 183.
2. Aimé Mégret, pasteur de Moing, surpris aux étuves avec des femmes suspectes, ainsi que deux autres prédicants; déposé en 1546.
Plus tard Ferron, déposé pour avoir débauché sa servante;
De la Cluse, pasteur à Neydens, « avait décampé » (15 juin) laissant femme et enfants et emportant huit écus de la ville. « Voilà ce que font les cabarets, écrit Calvin à Viret (2 juin 1545, *Opp. Calv.*, XII, p. 88); il est d'ailleurs criblé de dettes, venant de ce qu'il aime trop la bonne chère. Je crains que d'autres ne suivent cet exemple, car nous avons deux collègues qui, en jeûnant pendant deux ans, pourraient à grand'peine régler leurs affaires; ils ne cessent pourtant pas de se glisser à la dérobée dans les cabarets et de consommer en quelques repas l'argent nécessaire à l'entretien de leur famille. » (Am. Roget, *ibid.*, II, 173.)

n'en a plus laissé subsister aucune hors de soi [1]? Où finira cette confiance en sa propre autorité? Comment fera-t-on le départ entre les pouvoirs de Dieu et les pouvoirs de son ministre, après qu'on les aura si étroitement et énergiquement confondus? La dictature trouble les plus forts esprits, et qu'est-ce que la dictature auprès d'une telle souveraineté?

Par le hasard des circonstances, Castellion fut le premier à pousser le cri d'alarme, le premier du moins à le faire avec quelque autorité. Il avait une situation à part au milieu des divers groupes d'adversaires dont Calvin était entouré. Calvin avait contre lui à Genève : d'abord des adversaires politiques, tous les anciens Genevois du parti des articulants, les vaincus de 1540, aujourd'hui réintégrés par grâce, mais d'année en année plus hardis et plus remuants; puis, indépendamment

---

[1]. En ce moment même et sans attendre que l'habitude du pouvoir absolu eût achevé de lui rendre tout conseil inutile et toute résistance insupportable, trois exemples empruntés à une seule année nous permettent de voir combien est dangereuse cette imperturbable confiance en soi, que Castellion osait lui reprocher :

En janvier 1545, affaire de l'anabaptiste Belot (Am. Roget, II, 169; *Opp. Calv.*, XII, 256) : c'est un pauvre diable d'anabaptiste que Calvin entreprend d'abord de confondre, qui s'obstine à soutenir que l'Ancien Testament est aboli; ses invectives contre Calvin font rire l'assemblée; ce qui n'empêche qu'on le met aux fers et au « torment de la grue ».

De janvier à mai 1545, affaire des Boute-peste (Am. Roget, II, 154-164), lugubre tragédie qui nous transporte en plein moyen âge. La panique populaire explique ces horreurs sans les excuser. Un certain nombre de malheureux, parmi lesquels surtout les pauvres gens attachés au service de l'hôpital, hommes et femmes, sont « acculpés de sçavoir faire graisse de peste, et d'avoir faict serment de semer la peste en engressant les ferrons (serrures) des maisons ». Les tortures auxquelles on les soumet sont atroces autant que variées. Calvin vient bien une fois au Conseil demander « qu'on advise de ne tant les faire languir » dans les supplices. Mais il est pénible de le voir dans sa correspondance prêter foi à cette conspiration, à ces pactes avec le Diable et à ces sortilèges (*nescio quibus veneficiis*), ne pas même soupçonner ce que valent les aveux arrachés par l'estrapade et les « bouts de tenailles chauffées au rouge », et encourager, bien loin d'y tenir tête, l'aveuglement et l'inhumanité de la populace affolée. — Est-il besoin d'ajouter que ces aberrations ne sont particulières ni à ce temps ni à cette ville (voir par exemple Petri Toleti *actio judicialis ad senatum lugdunensem in unguentarios pestilentes et nocturnos fures*, 1577. Lugduni, in-8).

Enfin d'octobre à décembre 1545, affaire des sorciers de Peney (Am. Roget, II, 178). Le rôle de Calvin y est encore plus triste : c'est lui-même qui requiert les poursuites contre les *hériges* ou sorciers (19 nov.) et sollicite un redoublement de rigueurs « affin d'extirper telle race ». Le Conseil en est réduit à inventer de nouveaux supplices pour arracher à un infortuné l'aveu qu'il a fait hommage au diable. Après « sept traits de corde et demi », il refuse encore, le Conseil décide « qu'il soit plus oultre torquis », il finit par avouer, mais naturellement le lendemain il se rétracte. On lui applique « le chauffement des pieds », sans parvenir à lui faire renouveler ses aveux, et on finit de guerre lasse par le bannir à perpétuité. — Pour être juste ou simplement pour avoir la note exacte de l'opinion régnante dans la région aussi bien et peut-être plus encore chez les catholiques que chez les réformés, il faut lire le très curieux document publié en 1881, à Genève, sous le titre : *Procès de sorciers à Viry (bailliage de Ternier) de 1534 à 1548*. Ce sont les dossiers complets de six procédures contre des sorciers, recueillis par M. C. Duval, avec introduction de M. E. Duboin, in-8, 219 p. — Cf. un autre ouvrage, intéressant malgré ses longueurs et précieux par le grand nombre de documents inédits qui montrent le clergé protestant aussi arriéré à cet égard que le clergé catholique dans une autre partie de la Suisse française, en plein XVII° siècle : *les Sorcières neuchâteloises*, par Fritz Chabloz. Neuchâtel, 1868, in-8.

des questions de parti, tous ceux que frappaient ces nouveaux et austères règlements, toute une génération qui, se souvenant des « grandes foires et fêtes » du régime savoyard, maudissait le rigorisme de cet homme du Nord; puis encore dans le peuple et même dans la bourgeoisie protestante, ce fond de bon sens, ce reste d'esprit gaulois fait de gaieté et de liberté qui protestait en riant contre cette résurrection en masse des édits somptuaires, des ordonnances ecclésiastiques, et de la police et de la théocratie du moyen âge.

Parmi tous ces mécontents, Castellion se distingue précisément parce qu'il ne fait point cause commune avec eux : ce qui l'inspire, lui, ce n'est ni l'animosité politique des vieux Genevois — il est Français comme Calvin, — ni ce secret penchant au scepticisme, cet amour de la vie joyeuse qu'on reproche aux Bonivard et aux Marot — il est aussi croyant et aussi rigide que Calvin.

De quoi donc se plaint-il? Uniquement de cette reconstitution d'une autorité absolue, nouvelle et presque aussi redoutable forme du catholicisme. Calvin lui-même dans ses lettres le dit et le redit expressément : Castellion lui reproche de tourner au pape.

A ce moment en effet, où Calvin ne fait qu'inaugurer son règne, Castellion ose réclamer non pas, comme il le fera plus tard, un peu de liberté, mais toute la liberté, et non pas seulement dans l'État, mais dans l'Église. A ce moment, il revendique — nous venons de le voir — la liberté d'interprétation et le droit de divergence dans les opinions secondaires au sein même du clergé. Plus tard il s'estimera trop heureux s'il obtient seulement pour le dissident le droit de vivre!

Il paraît bien que le caractère presque impersonnel de ce premier conflit et sa gravité, sous des formes si douces de part et d'autre, avait frappé les contemporains. Plusieurs mois, plusieurs années après, nous y trouvons des allusions fréquentes dans les registres du Conseil [1] et dans ceux du

---

[1]. En janvier 1546, il faut que le Conseil intervienne : le syndic Claude Roset, l'un des hommes les plus considérables de Genève, n'avait pas hésité à dire à Viret lui-même ce qu'il pensait du renvoi de Sébastien et de Champereau, double preuve à ses yeux de l'intolérance et de l'absolutisme de Calvin. Le Conseil parvint à les réconcilier, mais il ne changea rien au fond des sentiments, qui vont au contraire s'accentuant à mesure que s'accentuent les situations elles-mêmes. (Lettre de Calvin à Viret, *Opp. Calv.*, XII, 249.)

consistoire, et plus d'une victime de l'intolérance de Calvin se plaît à dire qu'on le traite comme on a traité « maître Bastien »[1].

Et l'on comprend que plus tard le grave Daneau, écrivant aux Genevois, rappelle ces premiers incidents en leur attribuant plus de portée qu'on ne le supposerait : « c'est cette année-là, dit-il, que Satan a tenté, par la main de Castellion, de vous ébranler d'un coup léger en apparence, mais qui était très dangereux : *levi quidem, ut videbatur, ictu, sed periculossissimo* ».

C'était bien, en effet, l'esprit libéral qui essuyait dans la personne de Castellion une première atteinte, prélude trop certain d'une irrémédiable défaite.

VI

De Genève qu'il allait quitter, Castellion emportait quelques relations que nous allons voir se continuer et se fortifier dans les années suivantes et dont une au moins devait se transformer en une amitié de toute la vie.

Il y avait quelques mois que Castellion dirigeait le collège quand arriva à Genève un homme qui devait avoir sur son esprit et aussi sur sa destinée une grande influence.

Dans toute autre ville que Genève c'eût été un événement que l'arrivée de Bernardino Ochino en octobre 1542. Cet homme de cinquante-six ans, qui venait sans bruit et presque comme un inconnu, se joindre à la petite colonie des fugitifs pour la foi, c'était le grand moine dont la parole depuis cinq ou six ans avait remué l'Italie entière, celui que se disputaient naguère les cathédrales de Venise et de Sienne, de Vérone et de Naples, autour de qui se pressaient avec un pieux enthousiasme des foules comme on n'en avait pas vu depuis Savo-

---

1. Exemples : — 23 novembre 1545. Les prédicants exposent que « Calvin se dicst estre calumpnyé » : des personnes qui tiennent de près à la maison de ville ont dit que « par moien de luy lon a faict tort à maystre Bastian, à Champereau et à Trolliet ». Ce dernier était un jeune Genevois qui prétendait au ministère évangélique et que Calvin s'obstinait à en écarter. Nous le retrouverons plus loin. — 20 octobre 1545 : L'ancien ministre Champereau dit lui-même en plein Conseil et sans être repris « qu'il cognoyssoit bien les affections qui sont estés tant contre maystre Bastian que contre Trolliet », etc.

narole, celui enfin de qui le cardinal Bembo rendait ce témoignage à Vittoria Colonna : « Je lui ai ouvert mon cœur comme à Jésus-Christ lui-même ; je ne crois pas avoir conversé avec un plus saint homme.... Il est certain que je n'ai jamais entendu éloquence aussi pénétrante. Il me parle autrement que les autres et d'une manière bien plus chrétienne, il a je ne sais quoi de plus cordial et de plus aimant.... Il est, à la lettre, adoré. Je crois vraiment que quand il nous quittera, il emportera tous les cœurs avec lui[1]. »

Une première fois (1534), ce moine avait étonné l'Église en abandonnant l'ordre des franciscains, où il était parvenu aux plus hautes dignités, pour entrer comme simple frère dans un ordre tout nouveau, plus rude, plus populaire, plus humble, celui des capucins. Mais là aussi il avait été bientôt porté aux honneurs : son éloquence, son savoir, son autorité, sa réputation de sainteté l'avaient fait nommer depuis trois ans général de l'ordre. Il était dans le plein éclat de son triomphe, quand un jour, à Venise, apprenant l'emprisonnement d'un de ses compagnons d'études religieuses sous l'accusation d'hérésie, il monte en chaire et, cédant à la fois à un élan du cœur et à un cri de la conscience, il prend sa défense dans un magnifique appel au peuple vénitien : « Se peut-il, ô reine des mers, que tu jettes dans les cachots les hérauts de la vérité ? »

Le nonce s'émeut, lui défend de prêcher, puis cédant à la pression du conseil de Venise, se contente de la promesse qu'il s'abstiendra d'attaques contre l'Église. Mais l'éveil était donné : c'était le moment précis où l'emportait enfin dans les conseils du Vatican le parti de la répression. Caraffa travaillait de longue main à faire établir à Rome l'Inquisition. Il venait d'y parvenir, le 22 juin (Bulle *Licet ab initio*). Dès le mois suivant, le grand prédicateur était mandé à Rome « pour affaire importante ». Il part d'abord sans hésiter, mais, chemin faisant, les indices inquiétants, les avertissements se multiplient ; le plus grave de tous lui est donné par le cardinal Contarini, qui revenait de la conférence

---

1. Lettres du cardinal Bembo à Vittoria Colonna (23 février, 15 mars, 4 avril 1539), citées par M. Benrath dans sa belle étude sur Bernardino Ochino, p. 15 et suiv.

de Ratisbonne. Ochino va le voir à Bologne : il le trouve en proie à un mal qu'on attribuait, qu'il attribuait lui-même au poison : ne lui faisait-on pas expier sa trop grande mansuétude à l'égard des novateurs et sa secrète complaisance pour le dogme de la justification par Christ? Au sortir de cette entrevue, soit qu'il ait reçu les dernières confidences du prélat moribond, soit qu'il ait seulement recueilli les impressions de son entourage, Ochino est décidé : il n'ira pas à Rome, et il l'écrit de Florence à Vittoria Colonna, en lui expliquant avec la plus noble simplicité les motifs de sa conduite : il ne veut ni sauver sa vie en se résignant à prêcher l'Évangile sous un masque, à mots couverts, ni aller se livrer à des ennemis qui n'ont d'autre but que de supprimer un champion de la vérité : il fuira.

La nuit même qui suivit sa fuite, les gardes du pape cernaient le couvent où il avait dû venir coucher : il ne s'était donc pas trompé sur le sort qui l'attendait à Rome, et l'on n'avait pas même eu la patience de garder jusqu'à son arrivée à Rome les apparences qui devaient l'y attirer.

Tandis que la disparition et l'apostasie du capucin agitaient toute l'Italie, mettaient en péril l'existence de l'ordre tout entier et précipitaient en somme le mouvement de la Curie romaine dans le sens de la réaction, Ochino entrait obscurément à Zurich, puis à Genève.

Il y a quelque chose de touchant dans la manière dont il entre en relations avec Calvin. Le réformateur n'est pas sans méfiance à l'égard des Italiens en général, des moines en particulier. Cependant en peu de jours il juge Ochino : « Son premier aspect, dit Calvin lui-même, commandait le respect ». Bullinger, qui ne l'avait vu que deux jours à Zurich, avait eu immédiatement la même impression : *Venerandus senex, miram præ se ferens majestatem*[1].

Avec sa haute stature encore droite, ses cheveux gris et sa longue barbe tombant sur la poitrine, son grand front et son beau regard volontiers levé vers le ciel, c'était déjà un vieillard — il en avait la douceur et l'autorité, — mais il

---

1. Lettre à Vadian, 19 décembre 1542.

avait en même temps cette jeunesse d'âme, cet accent de foi, cette puissance d'entraînement qui est le don de l'orateur doublé d'un ascète. En vain avait-il échangé la bure du capucin contre l'habit séculier : toute une vie d'austérités se trahissait dans ses traits amaigris, comme se devinait l'habitude des grandes émotions de la chaire dans sa voix vibrante et chaude, dans son geste, dans le feu de son regard, dans l'ampleur et l'élévation naturelle de sa parole.

Dès la première fois qu'il mentionne sa présence à Genève, Calvin, qui dit tout à Viret, lui dit d'un mot qu'il a pressenti un homme précieux, « si seulement il peut apprendre notre langue [1] ». En attendant, une foule d'Italiens se pressent autour d'Ochino et demandent à l'entendre. Quelle était au juste sa situation d'esprit? Et jusqu'à quel point était définitive sa rupture avec Rome? Calvin ne laisse pas d'en être inquiet. Mais Ochino plus que personne a hâte de se déclarer. Il fait imprimer un volume de ses sermons en italien qui ne laisse aucun doute sur sa décision : il y proclame la justification par la foi. Il a eu d'ailleurs bien peu de chose à ajouter à ses sermons de Venise et de Vérone pour être à l'unisson des Évangéliques.

Calvin n'hésite pas ; il lui fait obtenir l'autorisation de prêcher dans l'ancienne chapelle du cardinal. Là se réunit autour du nouveau prédicateur toute la colonie italienne qui, sans former encore une Église régulièrement constituée [2], s'accroît en quelques semaines d'un nombre de familles suffisant pour justifier un culte en italien.

Bientôt Calvin, écrivant à Bullinger, à Melanchthon, emploie en parlant d'Ochino des termes qui dans sa bouche ne sont pas un éloge ordinaire : *magnum et præclarum virum* [3]. Il écrit tout exprès à Conrad Pellican pour couper court à un sot propos, répandu, paraît-il, à Zurich. On avait des doutes sur la correction des opinions d'Ochino relativement à la Trinité, à la personne du Christ. Calvin s'en porte garant et après mûr examen, car, à première vue, dit-il, je me fie guère

1. *Opp. Calv.*, XI, 426.
2. Elle ne le fut qu'en 1552, après l'arrivée du marquis Galeas Caraccioli, qui fit venir de Bâle le grand prédicateur italien Celso Martinengo.
3. Lettres du 8 nov. 1542 et du 1ᵉʳ mars 1543.

à ces Italiens : *Italicis plerisque ingeniis non multum fido* ; il a donc causé à fond avec le nouveau venu, point par point, *de omnibus fidei capitibus*; et il l'a trouvé parfaitement d'accord avec la saine doctrine. Il a fait cependant une remarque — et c'est un détail qui a son prix — : Ochino a insisté sur l'inutilité des questions trop curieuses, il se refuse à suivre la théologie dans ses subtilités; « et le fait est, avoue Calvin, qu'il a bien raison. Comme la doctrine sobre et modérée des anciens vaut mieux que toutes ces tapageuses querelles des sophistes! » Il conclut par le témoignage le plus formel : « C'est un homme remarquable par l'intelligence, par le savoir, par la sainteté ».

A Genève, Ochino ne demande rien à personne. Le prince Ascanio Colonna a pourvu et veut continuer de pourvoir à ses besoins. Son grand souci (et n'en est-il pas de même pour tous les proscrits?), son unique préoccupation, c'est de communiquer encore avec la patrie. Cet homme qui n'avait jamais écrit ne songe plus qu'à écrire pour parler encore à l'Italie. Il parvient à y faire passer nombre de pièces, manuscrites ou imprimées : d'abord ses *Sermons* (*Prediche*) pleins de flamme et de vie où, par une touchante illusion, il s'imagine encore s'adresser à ses grands auditoires et y faire passer le souffle de l'Évangile; puis ses *Dialogues* qui, par endroits, sont de vrais chefs-d'œuvre de théologie familière et humaine; surtout ses *Lettres* justificatives, son émouvante *Épître aux magistrats de Sienne*, sa patrie; sa réponse à la longue et belle lettre de l'humaniste Claude de Tolomei, qui avec beaucoup de douceur et de dignité lui avait demandé l'explication de sa fuite, de sa conversion; et plusieurs autres réponses à d'autres attaques, celles-là violentes et grossières, venant de moines et d'abbés italiens.

Ochino n'écrivait volontiers qu'en italien. Il aurait eu de la peine à se traduire lui-même en latin[1], il ne le fit que rarement : il avait le tempérament de l'orateur et un peu de l'improvisateur italien. Ses livres, ses traités même ont encore

---

1. *Humanis et divinis literis non mediocriter imbutus*, dit expressément l'annaliste des Capucins, qui ne saurait être suspect de la moindre indulgence, Boverio; mais on peut voir par le billet d'Ochino à Bullinger du 4 août 1546, reproduit dans le livre de Benrath, qu'il écrivait fort incorrectement le latin.

l'allure à demi oratoire, ce n'est pas leur moindre intérêt ; on sent partout l'homme qui n'écrit que faute de pouvoir parler. Mais il a souci de la publicité, il veut atteindre le plus grand nombre possible de lecteurs, et volontiers il se fait traduire, en latin d'abord, puisque c'était la condition d'une circulation universelle ; on ne songe que plus tard à des traductions en français et en allemand. C'est sans doute à cette circonstance que se rattachent ses premières relations avec le jeune directeur du collège, qui lui fut naturellement désigné, soit par Calvin, soit par l'imprimeur Jean Girard, comme le plus apte à lui rendre ce service.

Comment Castellion avait-il appris l'italien, nous l'ignorons. C'était un jeu pour un humaniste comme lui. Genève d'ailleurs, à cette époque, fournissait sans cesse l'occasion non seulement de lire, mais de parler cette langue qui avait été longtemps celle de ses maîtres, qui était encore celle du commerce et dont l'usage, loin de décroître, allait être entretenu par l'arrivée de fugitifs vaudois, piémontais, toscans, napolitains. Quoi qu'il en soit, à partir de son séjour à Genève, Castellion reste toute sa vie et presque constamment en relation étroite avec des Italiens : il est manifeste que leur langue lui était devenue absolument familière.

Nous ne sommes pas en mesure de déterminer la part qu'a prise Castellion à la traduction des premiers écrits d'Ochino parus chez Jean Girard de la fin de 1542 au milieu de 1545. Mais au moins pour l'un de ces écrits et le plus important, il n'y a pas de doute que Castellion n'en soit le traducteur, bien qu'il n'y soit pas nommé.

Ochino avait fait imprimer chez Jean Girard son *Espositione sopra la Epistola di Paolo alli Romani*, sans doute peu de temps avant son départ de Genève (août 1545). La traduction latine parut à la fin de la même année [1] à Augsbourg, où Ochino venait d'arriver et allait remplir les fonctions de pasteur de la communauté italienne. L'éditeur allemand met à la fin du volume une note qui nous intéresse. Il ne veut pas

---

1. *Bernardini Ochini senensis Expositio Epistolæ D. Pauli ad Romanos de italico in latinum translata*, Augustæ Vindelicorum, S. d. Philippus Ulhardus excudebat (un exemplaire à la Bibliothèque de la ville de Zurich).

laisser ignorer au lecteur que ces *expositiones* écrites en italien par Ochino ont été traduites en un très bon, peut-être trop bon latin, « par un homme fort instruit qui, voulant donner à l'Écriture le tour du latin classique, déconcerte parfois les théologiens : il n'a suivi dans le texte de saint Paul ni la vieille version ni celle d'Erasme, mais (*ut bene græcus est*) une traduction à lui ». L'éditeur a d'abord cherché, il l'avoue, à rétablir les citations d'après la version en usage, mais il n'a pas tardé à reconnaître que d'abord il était impossible de démêler le texte de Paul de celui du commentateur[1], et qu'ensuite ces variantes n'avaient pas été adoptées sans intention. Il se persuade finalement que la lecture en sera doublement utile aux étudiants en théologie, et il prie le lecteur de ne pas s'offusquer de cette pureté même du langage.

Nous reconnaissons là le souci de la langue cicéronienne auquel obéissait alors Castellion. Les passages qu'il a traduits à sa manière sont empruntés à la traduction nouvelle qu'il préparait déjà avant son départ de Genève. Ochino lui a vraisemblablement remis son texte italien lors de son passage à Bâle en août 1545, en lui demandant de lui en adresser la traduction latine dans sa nouvelle résidence.

Rien ne fraie plus vite les voies à une profonde intimité que ce travail en commun sur la même pensée, cette pénétration de deux intelligences que suppose une traduction. Quand l'auteur est une âme généreuse qui a des trésors à répandre et qui aime à se donner, le traducteur devient vite un disciple s'il est lui-même jeune, ardent, préoccupé jusqu'à la passion des mêmes problèmes. Et quel charme ne devait pas avoir le commerce d'un homme comme Ochino !

Nous ne pouvons nous dissimuler l'influence qu'il a exercée sur le développement théologique de Castellion.

Dès le début, deux traits du caractère d'Ochino devaient faire sur son esprit une vive impression : d'abord il a quelque chose de populaire et de simple, il conserve ce je ne sais quoi

---

1. On trouve la trace de cet embarras que confesse l'éditeur, dans le procédé typographique très compliqué auquel il a recours pour mettre entre parenthèses, à défaut de guillemets, les membres de phrases empruntés au texte de saint Paul, mais traduits et paraphrasés tout ensemble. Ochino mêle si intimement son commentaire au texte que c'est par endroits un seul et même tissu où les deux pensées, à force de se pénétrer, se confondent.

d'humain qu'avait si bien deviné Bembo : il se méfie à cet égard tout autant de la nouvelle école que de la vieille scolastique; il a le goût des idées nettes, c'est toujours l'ancien capucin qui sait parler au peuple. Et d'autre part, c'est un moraliste mystique : il insiste sur les phénomènes intimes de la vie religieuse, il se réfugie volontiers dans ce domaine où le sentiment seul éclaire tout. La vraie foi, pour lui, n'est pas un acquiescement de l'intelligence, c'est un élan de tendresse et d'espérance, de confiance et de détresse, d'amour et de crainte, une communion de l'âme tout entière avec Dieu, qu'elle sent bien plus qu'elle ne le comprend :

> Quiconque croit par *foy infuse* « a le Saint-Esprit au cœur », comme dit saint Paul…. La foy humaine se change et se varie, elle croit tantost ceci, tantost cela, selon qu'elle est persuadée. Mais la foy infuse fait sentir à l'homme la bonté de Dieu de telle sorte qu'il est forcé de l'aymer et d'œuvrer en sa gloire. La foy humaine fait les hommes superstitieux, au lieu que la divine fait les hommes entiers, simples et purs. La foy humaine est comme une flamme peinte, que ne luist ne illumine ne ard et n'enflamme point. Mais l'infuse est une lumière de feu divin qui, en ardant, illumine. La foy acquise ne fait aucunement changer de vie ne de mœurs comme fait celle qui est infuse, laquelle te fait renaître et devenir filz de Dieu [1] !

Des pages comme celle-ci abondent dans les sermons d'Ochino, et nous en retrouverons le souffle dans les écrits de Castellion.

Quant à leurs entretiens intimes, nous en avons au moins une idée par une lettre en italien qui se trouve dans les papiers de Castellion : c'est une vive attaque contre la théorie de la « foi aveugle » [2]. Tout plein de son sujet, Ochino ne

---

[1]. *Sermons très utiles de Bernardin Occhin, traduits en français*, 1561, in-8, p. 23-24. Nous avons cherché en vain quel pouvait être le traducteur français de ces *Sermons* d'Ochino. (Voir *Bulletin de la Soc. d'histoire du prot. franç.*, 1889, p. 223.)

[2]. On ne jugera peut-être pas sans intérêt de conserver le texte de cette lettre inédite qui se trouve à la Bibliothèque de Bâle (Archives ecclésiastiques, C. I, 2, *Variorum Epistolæ ad Seb. Castellionem*, p. 298).

Sebastiano Castellioni, fratri observandissimo, Basileæ.

Salute, etc. La fede è atto dell' intelletto, e l'intelletto non ha altri atti senon di conoscere. et però la fede è cognitione. L'intelletto è potenza naturale et però di necessità assentisce. dissentisce, o dubita, secondo la evidenza delle cose che gli son presentate. Senza evidenza adunque non assentisce et però ne anchor crede. Per questo Paolo disse : la fede esser argomento, cio è evidenza di cose non apparenti all'occhio del corpo, alla ragione humana, ne nel modo, che a i beati, ma si ben' appariscono alla mente rinovata per ispirito, et illuminata

prend pas même le temps d'écrire en entier les formules de salutation ; il écrit, comme il parle, de l'abondance du cœur. Et un théologien de la Réforme n'est-il pas intarissable quand il parle du grand dogme, du dogme unique : la foi?

dalla parola di Dio. Se la fede fosse cieca, si crederebbe a volontà senza lume et senza ragione, il che non potrebbe esser grato à Dio. Oltro a ciò, e impossibile che si creda a volontà, imperacche si come scrisse Aristotele nel secondo dell' anima « *imaginamur cum volumus, sed non operamur cum volumus* » potreste ben' imaginarvi ch'io sia costi in Basilea, ma non gia crederlo ; se 'l creder fosse in nostro arbitrio et pendesse solamente dalla volontà, potremmo dir' ogni bugia senza mentire, il che è falso. Però si come il sentir è cognitione de' sentimenti, cosi l'assentir e cognitione dell'intelletto. Ma veniamo alle scritture. Sante Paolo dice che la fede è sostanza, ciò è subsistenza delle cose che si sperano. Questo non potrebbe essere, se la fede non fosse un vivo lume [..?..], il quale ci fa tolerare tutte le avversità, et aspettar le cose promesse, se ben non si veggono col lume naturale. Ha detto anchora il medesimo la fede esser per l'udito delle parole ; et la parola è lucerna accesa a i piedi nostri ; et come potrebbe la fede esser efficace et operare per carità, s'elle fosse cieca et non fosse un vivo lume di Dio, atteso che la volontà non puo amare senon cose conosciute? Et come anco sarebbe vero che la fede ci giustificasse, se per mezzo suo non conoscessemo, et con ispirito sentissemo, che siamo giusti per Christo, overo non fosse un vivo lume, il quale include l'osservanza della divina legge? Però Paolo a Tito al p° dice queste parole, secondo la fede degli eletti di Dio et cognitione della verità ch'è secondo la pietà dichiarando che cosa sia fede ciò è cognitione della verità, etc.] Parlando anco a i Corinti della fede, dice che vediamo per uno specchio in oscurità et *in parte*. Al puo uno esser nato di Dio per creder ciò alla cieca et a volontà, senza haver lume che Giesu sia il Messia *p* la parola di Dio o esterna o interna. Quanto al modicum io ve lo concedo.

Iddio sia sempre con voi.

BERNARDINUS OCHINUS TUUS.

CHAPITRE VIII

BALE. ANNÉES DE SOUFFRANCE. CASTELLION CORRECTEUR CHEZ OPORIN

(1545-1552)

I. Castellion cherche en vain un emploi scolaire dans les États de Berne : toutes les places étaient prises à Lausanne. — II. Les relations s'enveniment entre Calvin et lui. Ses visites à Cordier et à Zébédée. — III. Il entre chez l'imprimeur Oporin, il publie quelques ouvrages latins et grecs, il commence sa traduction de la Bible. — IV. Années de misère; travaux manuels. Allusion calomnieuse de Calvin : la gaffe pour repêcher les épaves du Rhin. — V. Ses relations avec François Dryander. — VI. Protection et amitié de Boniface Amerbach. — VII. Fin de la période de misère : Castellion maître ès arts (1553) et bientôt lecteur de grec à l'Université de Bâle.

Castellion avait vingt-neuf ans quand il quitta Genève. C'était son second exil et de beaucoup le plus dur, car le premier, en l'éloignant du sol natal, lui avait fait trouver une patrie d'adoption; celui-ci la lui faisait perdre. Il n'avait plus ni pays de langue française où chercher asile, ni église ni école où offrir ses services; il était désormais vraiment seul et vraiment étranger.

Pauvre d'ailleurs, déjà chargé de famille, impropre à tout autre emploi que ceux mêmes dont on l'excluait; avec cette double gaucherie de l'homme d'étude, qui n'entend rien aux choses de la vie pratique, et de l'homme de foi, qui se reprocherait d'y songer, qu'allait-il devenir?

Il ne perdit pas courage. Heureusement pour lui, l'autorité de Calvin n'était pas encore ce qu'elle fut dix ou quinze ans plus tard. Autour et tout près de Genève s'étendaient les territoires de Berne où les proscrits politiques, à plus forte raison les victimes de l'autocratie ecclésiastique, trouvaient en général assez bon accueil. Castellion, quittant Genève dans des conditions si honorables, pouvait plus que personne compter sur ces dispositions bienveillantes de Berne. L'attitude que prennent à son égard les meilleurs amis de Calvin trahit à la fois de l'estime et de la sympathie pour le proscrit, beaucoup de réserve et un peu d'inquiétude pour Calvin.

Entre les deux républiques, les rapports étaient toujours tendus; les tiraillements, sous d'infimes prétextes, se renouvelaient, s'éternisaient [1]; les nouveautés disciplinaires et dogmatiques de Calvin troublaient la placidité de l'esprit bernois, autant que les menées de la remuante cité portaient ombrage aux Magnifiques Seigneurs. Ces froissements entre Bernois et Genevois ont presque disparu de l'histoire, qui ne fait revivre du passé que les grandes masses et les résultats définitifs. Pour les contemporains, — leur correspondance le prouve —, chacun de ces conflits était une grave affaire; à chaque reprise de la querelle, Calvin recommence à tout craindre, et ses adversaires à tout espérer.

I

La première pensée de Castellion fut naturellement de retrouver un emploi scolaire dans les territoires de Berne, à Lausanne par exemple, et nous avons déjà vu que Calvin l'y adressait au commencement de cette même année 1544.

Lausanne, grâce à l'intelligente et prompte résolution de LL. EE. de Berne, avait été la première ville de langue française dotée d'un véritable établissement d'instruction

---

[1]. Un jésuite presque contemporain y faisait allusion par ce mauvais jeu de mots, qu'il n'avait peut-être pas inventé :

Dissidium est ingens inter *Lernam* atque *Gehennam* :
Sic proprium est urbi nomen utrique suum.

(Andreæ Frusii, *Epigrammata in hæreticos*, Anvers, 1606, in-8, p. 172.)

publique. On avait besoin de maîtres et de ministres. La *schola Lausannensis* fondée dès 1537 avait pour mission essentielle d'en former.

Pour y arriver plus sûrement, le gouvernement bernois avait établi à Lausanne (mandat souverain du 30 octobre 1540), par analogie avec l'*alumnat* du cloître des franciscains de Berne [1], le pensionnat des *Douze Escholiers de Messieurs* [1], c'est-à-dire une fondation de douze bourses destinées à l'entretien d'autant d'étudiants qui suivraient les cours de l'école. La direction de ce pensionnat, provisoirement confiée au Dauphinois Benoît Comte, avait assez longtemps embarrassé les Bernois et Viret : on avait songé successivement à plusieurs des collègues de Castellion, à maître Agnet Bussier, son prédécesseur, à André Zébédée, à Mathurin Cordier, probablement à Castellion lui-même, au moment où Cordier avait dû le remplacer à Genève. Mais, à ce moment, la place était occupée par un homme dont l'arrivée à Lausanne avait été saluée comme une bonne fortune publique.

Le « précepteur » des Douze, depuis la fin de 1542, n'était autre que l'éloquent, le brillant humaniste piémontais Celio Secundo Curione.

Précédé à Lausanne d'une grande réputation, célèbre déjà comme professeur d'éloquence latine, plus célèbre à cause de ses longues souffrances, de ses démêlés avec l'Inquisition et de ses dramatiques aventures, Curione avait été immédiatement accueilli comme une illustration de la cité.

Il cumulait la direction de la maison des Douze avec une chaire des arts créée tout exprès pour lui et où il enseignait en langage cicéronien, la rhétorique et la philosophie. Il venait de faire reparaître à Genève et à Bâle (1544) deux ouvrages qui faisaient quelque bruit, en dépit ou à cause de leurs formes libres et bizarres : l'un était une réédition très augmentée de sa vive satire de l'Église catholique, le fameux

---

1. L'organisation semi-claustrale de cet alumnat destiné à vingt étudiants en théologie est très bien décrite (p. 93-96), dans Fried. Schœrer : *Geschichte der œffentlichen Unterrichtsanstalten des deutschen Theil des Kanton Bern*. Berne, 1829, in-8.

2. Sous ce titre même : *Les douze escholiers de Messieurs*, M. le professeur H. Vuilleumier a donné au *Semeur vaudois* et publié à part, en brochure (Lausanne, 1886, in-16, 24 pages), une charmante et substantielle étude qui éclaire ce point jusqu'ici obscur des origines de l'Académie de Lausanne.

Pasquillus ecstaticus, appelé à une si longue célébrité; l'autre, plus mesuré de ton, était peut-être plus inquiétant : c'est l'*Araneus* ou traité de la Providence, suivi de morceaux très divers, petits traités pédagogiques, oraisons funèbres et autres, dissertations et paradoxes sur l'immortalité de l'âme et traduction de sermons d'Ochino, le tout semé de traits d'une orthodoxie douteuse, heureusement noyés dans des flots de beau latin.

Castellion avait déjà fait la connaissance de Curione, soit lors de son récent voyage à Lausanne (février 1544), soit, comme il est plus probable, un an ou deux auparavant [1]. Il se peut qu'il ait songé à solliciter son appui en quittant Genève : Curione, précisément à ce moment [2], était las de ses pensionnaires, de leurs réclamations pour le vivre et le couvert, de l'exiguïté de la pension de 12 couronnes que payait pour chacun d'eux le gouvernement bernois. Peut-être, si Castellion eût saisi l'instant opportun, aurait-il pu s'entendre avec Curione, comme le fit peu de temps après un autre pédagogue, Jean Minard, pour partager la charge; peut-être eût-il réussi à obtenir quelque emploi à l'école elle-même, qui, sous la conduite d'un obscur principal, Jean Corneille ou Cornier (Cornelius) [3], n'avait qu'un personnel provisoire.

On ne pouvait pas encore prévoir que, peu d'années après, de cette ébauche de collège sortirait « l'académie de Lausanne », c'est-à-dire la première et quelque temps la seule académie réformée de langue française, celle dont Théodore de Bèze devait faire le brillant foyer des études protestantes pour l'élite des réfugiés de France, d'Espagne et d'Italie. C'était déjà cependant, pour un collège naissant, un insigne honneur de posséder un latiniste comme Curione, un helléniste comme Jean Ribit et bientôt un pédagogue comme Mathurin Cordier. Ce même collège avait gardé trois ans un homme trop jeune encore pour qu'on pût prévoir sa

---

1. On voit qu'il était déjà lié avec lui, lors de la publication de son Jonas (septembre 1545) puisqu'il s'excuse de ne le lui avoir pas envoyé aussitôt, ce qu'il eût fait sans la crainte de trop demander à Oporin. (Lettre du 22 mars 1546 dans les *Opera Olympiæ Moralæ*, 1570, p. 318.)
2. Vuilleumier, *les Douze Escholiers*, p. 15.
3. Frère du lettré plus connu Erasme Cornier, plus tard directeur du collège de Genève. (Herminjard, VII, 343.)

renommée, mais que Lausanne est justement fière d'avoir eu parmi ses premiers maîtres, l'illustre botaniste Conrad Gesner, qui venait de partir pour aller compléter ses études à Montpellier (1541).

Il allait recevoir un autre jeune fugitif qui devait se faire un nom : le parisien François Hotman. C'était alors un jeune et courageux proscrit que son père, conseiller au parlement de Paris, punissait d'avoir suivi Calvin et espérait ramener en lui refusant tout secours. Lausanne lui confia la chaire de Curione en 1547.

Que Castellion ait dû être attiré par un tel centre d'études et de relations, comment en douter? Il résista cependant à l'attrait. Il ne retourna pas à Lausanne. Il évita même d'y passer, soit qu'il crût toute démarche inutile, et qu'à défaut d'emploi scolaire il ne vît aucune autre ressource pour lui dans une ville qui n'avait pas encore d'imprimerie [1], soit qu'il doutât désormais des bons sentiments de Viret, ami trop intime de Calvin, pour rester le sien : on comprend qu'il n'ait rien voulu lui demander, après la part que celui-ci avait prise à sa condamnation à Genève.

II

Par deux billets de Viret à Calvin du commencement d'août 1544, nous savons quelque chose des démarches de Castellion et de son état d'esprit. « On vient de me remettre », écrit Viret qui arrive de Berne (4 août), « une lettre de Farel qui fait mention de Sébastien : il a été à Neuchâtel et s'y est beaucoup plaint. Veillez à ce que personne ne machine rien contre vous; mais le Seigneur confondra vos envieux. » Et le 9 août : « Vous êtes renseigné, je pense, sur Sébastien; j'apprends qu'il se réfugie à Bâle chez Oporin. Ce qui m'étonne, c'est que ni en allant, ni en revenant, il

---

1. La première imprimerie fut établie à Lausanne en 1556. Jean Rivery avait été autorisé à imprimer les *Proverbes de Salomon en ryme* (9 avril 1556), mais il transporta bientôt son industrie à Genève, et ce n'est qu'en 1571 qu'une nouvelle imprimerie fut établie à Lausanne par Jean le Preux, fils d'un imprimeur de Paris. (Voir Favey, *Supplément au Dictionnaire historique du canton de Vaud*, article IMPRIMERIE.)

ne soit passé par Lausanne. Il s'est encore beaucoup plaint chez Zébédée, suivant sa coutume. »

Ainsi Castellion est allé de Genève à Bâle par la route de l'Etraz (*via Strata*), c'est-à-dire par Nyon, la Sarraz, Orbe, Yverdon, Neuchâtel et Bienne. Il s'est arrêté tout naturellement, soit à l'aller, soit au retour, chez deux amis : à Neuchâtel chez Mathieu Cordier ; à Orbe, chez Zébédée.

Le premier nous est déjà connu. Mathurin Cordier était le plus modeste et le plus paisible des hommes; sans doute, il avait pour son ancien élève plus que de la déférence, et il ne pouvait lui venir à l'esprit de réformer les jugements de Calvin. Mais quoi? il n'était pas théologien et se plaisait à le dire; il n'était pas tenu à la même rigueur. Aussi n'est-il pas difficile de se le représenter, avec sa droiture et sa fine bonhomie, écoutant ce jeune collègue aigri et malheureux, le plaignant sans trop l'approuver ou l'approuvant tout bas sans le lui dire, s'appliquant à le calmer, lui prêchant la modération et surtout cherchant à lui venir en aide.

Tout autre est l'accueil chez Zébédée, alors pasteur à Orbe.

Comment Castellion connaissait-il André Zébédée? Probablement par les humanistes de Lyon, avec qui nous les avons trouvés l'un et l'autre en relations à la même époque. De nombreux amis communs, Farel, Cordier, Ribit, Eynard Pichon [1], avaient pu les rapprocher. André Zébédée, natif du Brabant et de quelques années plus âgé que Castellion, avait fait ses études à Louvain et à Paris. Dès 1533, il avait été appelé au collège de Guyenne, et le témoignage précis de l'humaniste Robertus Britannus nous apprend l'estime toute particulière qui l'y accueillit, et qui l'y retint même malgré lui[2] jusqu'au moment où, comme les autres jeunes humanistes de sa génération, il lui fallut opter entre son pays et sa foi. Zébédée était de ceux qui devaient se prononcer nettement et vite : si Britannus nous le fait connaître comme un esprit fin, d'autres et de très nombreux témoi-

---

1. Herminjard, VII, 181.
2. « Neque ego solum, sed multo magis mei collegæ quum universi hinc parantem abire atque Hispaniam cogitantem omnibus verbis, omni copiarum et facultatum genere retinendum censuerunt, etc. » (P. 39-60. Roberti Britanni Epistolæ, Tolosæ, 1536, in-8.)

gnages nous le montrent d'un tempérament ardent et d'un caractère entier. L'humaniste amoureux de l'antiquité se retrouve une dernière fois dans une jolie lettre en vers, de Voulté, qui le remercie de l'envoi d'une médaille romaine :

> Exesum ac vetus est, legitur tamen, atque videtur....
> Barbata est facies, signatum denique nomen
> Marci Antonini laurigerumque caput [1].

Mais dès qu'il est arrivé à Genève pour servir l'Évangile, Zébédée le sert en homme qui n'a guère souci de la mesure. Au début, il est plus absolu que Calvin lui-même [2] contre le catholicisme, contre le parti anticalviniste; bientôt c'est Zwingle qu'il admire : il dit de lui dans un poème latin dont Calvin s'offusque : *majorem sperare nefas* [3].

Les Bernois, peu après la conquête du Pays de Vaud, l'avaient nommé pasteur à Orbe, après la mort du vieux ministre aveugle Elie Corauld. Le contraste fut vif : les *Mémoires de Pierrefleur* nous en donnent l'impression d'autant plus intéressante que c'est le journal d'un catholique qui assiste à tout en témoin résigné et plein de bon sens : il nous montre le nouveau prédicant « homme roux et fort fiert » (il répète ailleurs « homme roux et cholère, bien superbe »), installant sans ménagement le nouveau culte à la bernoise [4], puis déployant un zèle iconoclaste dans un pays conquis à frais communs par Berne et Fribourg et où par suite les deux cultes étaient encore en présence : les Fribourgeois, qui protégeaient les catholiques, mettent la main sur le pasteur et l'obligent à faire amende honorable avec une formule qui, paraît-il, prenait à témoin la Vierge et les saints [5] (1542), faiblesse que ses collègues ne lui pardonneront pas. Depuis lors la situation n'avait fait que s'aggraver; tantôt c'était un

---

1. Vulteii Epigrammata, 1537, in-8, p. 74.
2. *Opp. Calv.*, X, 437; XI, 87. Voir aussi Herminjard, V, 315.
3. *Opp. Calv.*, XI, 24.
4. *Mémoires de Pierrefleur*, p. 186. Voir aussi, p. 201, une petite scène très vivement peinte. Le nouveau prédicant avise à la porte de l'église, par un dimanche de carême, « deux petites fillettes qui s'esjouissoyent et passoyent le temps au jeu de pierrettes ». Il sort de sa chaire furieux, chasse les enfants et apostrophe violemment le père; mais c'était un homme considérable du lieu, qui avait été « maître aux arts de Paris et si estoit de bonne famille et renommée » : il traduisit le pasteur devant le bailli bernois, qui obligea Zébédée à se rétracter publiquement.
5. *Mémoires de Pierrefleur*, p. 209-211; — *Opp. Calv.*, XI, p. 437.

manque de tact ou de réserve avec un collègue, avec ses paroissiens, tantôt un propos inconsidéré; une autre fois impatient de revoir sa famille il était parti assez irrégulièrement pour le Brabant; enfin, et c'était dès lors le fond de la querelle, il commençait à supporter impatiemment la haute, mais lourde autorité de Calvin. Le moment n'était pas loin où Zébédée, toujours homme de premier mouvement, à la fois cassant et obstiné, croyant pouvoir compter sur les magistrats bernois, n'hésiterait pas à leur déférer ses querelles sinon avec Calvin du moins avec Viret, officiellement leur subordonné [1].

Tel qu'il était déjà en 1544, le pasteur d'Orbe ne pouvait guère prêcher la sagesse à son ami. Ces deux jeunes hommes avaient à mettre en commun bien des amertumes déjà et pour l'avenir bien des inquiétudes. Viret avait raison de pressentir que l'un et l'autre sortiraient de cet entretien plus irréconciliables avec Calvin.

D'Orbe, Castellion se rend à Bâle, et comme nous venons de le voir par la lettre de Viret, il paraît qu'il y trouve immédiatement un bon accueil et une promesse d'emploi chez l'imprimeur Oporin.

Cependant, il ne s'y établit pas sur-le-champ. Non seulement, comme il ressort encore de la lettre de Viret, il revient à Genève, ce qui était tout naturel, pour y chercher sa famille, mais il y reste plusieurs semaines, plusieurs mois peut-être. En effet, la correspondance de Calvin parle de lui à plusieurs reprises dans des termes qui font supposer sa présence à Genève ou tout près de Genève : il paraît prendre part ou tout au moins prendre un intérêt très vif aux discussions que soulève le choix de son successeur au collège. C'est même à ce moment qu'entre lui et Calvin le ton de part et d'autre s'est envenimé; on peut voir d'une lettre à l'autre les jugements devenir plus durs, les épithètes moins charitables. C'est une scission qui se consomme, une inimitié qui se déclare.

1. Nous serons amenés plus loin à mentionner de nouveau, sans en exposer tout le détail, cette affaire qui s'est déroulée et aggravée dans les années suivantes, 1547-1550. Voir *Opp. Calc.*, XII.

Après sept ou huit mois de désarroi dans le collège, Calvin s'était décidé (24 février 1545) à revenir proposer au conseil une démarche qu'il osait à peine solliciter, tant elle avait déjà subi d'échecs : il s'agit de redemander encore une fois Mathurin Cordier [1].

Cordier ajournait indéfiniment sa venue. Le motif de ce refus lui fait tant d'honneur que le Conseil de Genève lui-même n'insiste pas : les revenus ecclésiastiques sur lesquels était entretenu le collège de Neuchâtel viennent d'être confisqués par le prince. Ce n'est pas le moment de déserter, et le vieux Cordier explique au conseil « que pour son honneur il ne saurait bouger de là, jusques y soit mis ordre » (4 mai 1545). Après quelques mois d'attente, les choses tournent de la façon la plus imprévue. Les difficultés pécuniaires de Neuchâtel se dissipent, il est vrai, et permettent à Cordier de reprendre honorablement sa liberté. Mais dans l'intervalle le recteur du collège de Lausanne, Cornélius, meurt presque subitement. Les pasteurs réunis en synode à Vevey décident de demander Cordier pour lui succéder. La négociation dure plusieurs semaines entre Berne et Neuchâtel, et enfin le 12 octobre 1545 Viret écrivait à Calvin : *Corderius noster est*.

Ainsi, Berne obtenait du premier coup, pour ses sujets de langue française, ce que Genève avait tant de fois sollicité en vain.

Tandis que le collège de Lausanne, grâce à cette bonne fortune, allait pouvoir se développer en paix, celui de Genève était en proie à des querelles qui désolaient Calvin. Deux sous-maîtres s'y partageaient l'autorité ou plutôt se disputaient la faveur des autorités, Charles Damont et François Déothée. Tant que l'on crut à la prochaine arrivée de Cordier, on patienta de part et d'autre, c'est-à-dire que des deux parts on intrigua.

---

1. Farel, sur les instances de Calvin (25 février), fait tout pour que cette fois on n'ait pas un nouveau refus à essuyer (lettre du 4 avril). Le conseil offre, outre la remise à neuf des bâtiments tant de fois décidée, deux conditions nouvelles propres à lever tout obstacle : il alloue à Cordier « un gage de 50 florins de plus qu'à maître Bastien Chatillon » ; il le prendra « non pas pour régent, mais seulement pour être le superintendant et se donner garde desdites escoles ». (20 mars et 13 avril 1545.)

Ici se place (avril 1545) une lettre de Calvin à Farel, très importante pour l'histoire de ses relations avec Castellion. En voici le passage essentiel à ce point de vue :

> Quant au collège, vous savez ce que j'ai écrit à Cordier. Je n'ai en vue que d'assurer le bien des enfants. La condition des maîtres n'y est pas si brillante qu'elle doive être briguée.
> Elle l'est cependant, et avec tant d'ardeur que c'est pour moi un vrai prodige. Le conseil, je l'ai remarqué récemment [1], penche pour Charles, mais comme une fois pour toutes, liberté est laissé à Cordier, les choses en restent là. Si vous saviez ce que ce chien déblatère contre moi, — c'est Sébastien que je veux dire, — vous trouveriez les moines doux et modérés en comparaison. Qu'eût-ce donc été et qu'aurait-il dit, s'il m'avait vu prendre parti pour l'un ou pour l'autre, puisqu'il s'emporte comme un fou sans aucun motif : car, en cette affaire, j'ai tenu à rester absolument neutre. Maintenant, il vomit son venin à pleine bouche. Il dit que c'est par ma tyrannie qu'il a été chassé du ministère pour que je puisse régner seul, que c'est par mon ambition qu'Henri de la Mare a été envoyé ailleurs [2], et que ne dit-il pas encore !

Ici Calvin se rappelle un autre grief tout récent, et il ajoute en marge :

> Naguères il a fallu déposer du ministère celui que nous avions chargé de l'église de Bossey [3] : là-dessus, il nous insulte et crie que c'est la manifeste vengeance de Dieu, parce que son compagnon, Claude Véron, — un saint ange de Dieu, celui-là ! — a été chassé de ce poste par ma fraude.
> Il me menace des choses les plus graves, si la crainte du magistrat n'y mettait obstacle. Car il n'a pas honte de parler ainsi.
> Comme Ferron lui reprochait son ingratitude et lui disait entre autres choses qu'il m'avait quelquefois vu pleurer sur sa chute, il lui répondit : larmes de crocodile ! Enfin, il prétend que nous sommes tous des méchants et des gens de rien [4].

Telles étaient, s'il en faut croire Calvin — et Calvin en général était bien renseigné, — les dispositions dans lesquelles Castellion allait quitter définitivement Genève : il ne se faisait plus d'illusion ; il avait vu naître l'omnipotence de Calvin, il la voyait triompher. Bien des années plus tard, nous retrouverons chez lui la trace de ces impressions, le souvenir amer

---

[1]. On lit en effet dans les Registres : « 4 mai 1545. — Maistre Charles et maistre François, lesqueulx, jusques à ce l'ordre soyt mys en l'eschole, hont régenter. Touteffoys lesdits M⁹ˢ Charles et François ne se peulve accorder et qu'il est nécessère il adviser, et touteffois Mons. Calvin a refferus que ledit Mᵉ François est plus aggréable à Mons. Corderius et a prié qu'il soyt exempt de se mesler de tel affère. Ordᵉ que les ministres doybgent examiner lesdits deux et le plus propre soyt laissé en leschole. »
[2]. Dans la paroisse rurale de Jussy.
[3]. Il s'agit de Simon Moreau, dont nous avons parlé p. 190 et 195.
[4]. Traduit du latin, *Opp. Calv.*, XII, 63.

de ces premiers actes d'autorité de Calvin, et un accent de sympathie pour ces humbles collègues de l'enseignement ou du ministère qu'il ne pardonne pas à Calvin d'avoir écrasés sous sa domination [1].

III

Castellion entra chez Oporin, comme correcteur probablement, au printemps de 1545, et ce fut là pendant plusieurs années son principal moyen d'existence. Le salaire était plus que modique; était-il même régulier? On en peut douter. Le biographe d'Oporin, André Jociscus, cite comme une de ses belles actions le secours qu'il donna au pauvre humaniste : *quem solus diu aluit,* dit-il. Il n'y a lieu en effet de douter ni de son bon cœur ni de ses intentions généreuses, mais nous savons ce qu'était alors, ce que fut presque toute sa vie l'état de fortune d'Oporin.

A ce moment, il achevait à peine de payer, au prix d'efforts très méritoires et avec le concours de quelques amis, les dettes qu'il avait contractées à ses débuts dans l'imprimerie. Car il avait embrassé cette profession sans y être autrement préparé que par sa passion pour les anciens. L'idée lui en était venue

---

[1]. Notons seulement comment se termine l'affaire du collège. Charles Damont, le successeur et l'ami de Castellion, vit bien qu'il ne réussirait pas mieux que lui à tenir tête à Calvin. Il demanda son congé pour se rendre dans le pays de Gex, espérant être admis par les Bernois au pastorat. Calvin écrit à Viret (5 septembre 1545) : « Charles, le maître en faveur de qui Sébastien m'attaquait, a quitté son poste, séduit par je ne sais quelle espérance ».

Calvin voulait le remplacer par François Déothée, mais celui-ci venait d'être engagé par les Bernois pour le collège de Lausanne (même lettre); on demanda officieusement, puis officiellement son congé à Berne; il fut enfin refusé (13 octobre).

Calvin eut un moment de tristesse, sinon de découragement (lettre du 13 octobre, à Viret) : il voit toutes ses espérances s'en aller; sa seule consolation est de penser qu'il n'y a pas eu de sa faute dans toute cette malechance de l'école. Et il continue en racontant les mauvais propos dont il est l'objet de la part de Champereau, de Mégret : décidément, il faudra faire un exemple; jusqu'ici nous avons été trop indulgents, « fuimus hactenus nimis remissi ».

Quelques jours après, Viret lui propose un jeune homme de Vevey (17 octobre.) Calvin préfère attendre : il a l'intention d'en faire venir un de Strasbourg (24 octobre.) Ils songent tous deux à Erasme Cornier qui vient d'être nommé successeur de Cordier à Neuchâtel (3 et 26 novembre). Ce ne fut qu'au commencement de l'année suivante que l'intérim se termina par la nomination d'Erasme Cornier au collège de Genève (lettre de Calvin, 1er février 1546). Il le dirigea jusqu'à sa mort en 1550.

On sait que Mathurin Cordier finit par venir à Genève, lors de l'inauguration de l'Académie (1559). Il avait près de quatre-vingts ans, il y resta à la tête de la classe de cinquième jusqu'à sa mort. « Le vendredi 28 septembre 1564, mourut le bonhomme Corderius, en grand âge, heureusement, et ayant servi jusques à la fin en sa vocation d'enseigner les enfans. » (Registres de la Vén. Comp.)

en donnant ses soins à des éditions des Pères grecs chez Froben. Et puis le grand élan donné par Wittenberg l'avait saisi à son tour : servir la culture classique, c'était servir la cause de l'Évangile.

Comme presque tous les hommes de cette génération, Oporin avait commencé par chercher sa voie à travers mille hasards. Fils d'un peintre médiocre de Bâle, Jean Herbst, il avait traduit son nom en un synonyme grec fourni par un vers de Martial [1], et il s'était voué à l'enseignement. Maître d'école à Lucerne, il y avait fait la connaissance de l'ancien moine Zimmermann (Xylotectus) et s'était avec lui décidé pour la Réforme. Zimmermann étant mort, Oporin à vingt-sept ans avait épousé sa veuve, une sorte de Xantippe, qui mourut au bout de huit ans. Puis Œcolampade lui avait conseillé d'étudier la médecine, et il s'était attaché à Paracelse, le servant comme secrétaire, subissant toutes ses excentricités, s'épuisant à écrire la nuit sous sa dictée et se prenant à se demander si ce n'était pas le diable lui-même qui dictait; il avait fini par le quitter, trop heureux d'avoir obtenu pour tout payement la recette du laudanum.

A son retour à Bâle, Simon Grynée l'avait distingué et lui avait fait donner la direction d'une école, en attendant une chaire à l'Académie. Mais bientôt on réorganisa les écoles [2] : l'Académie exigea de tous les professeurs sans exception le grade de maître ès arts. Plusieurs protestèrent contre l'effet rétroactif du règlement. Oporin avait plus de trente ans, il venait de se remarier. Il préféra se démettre de la chaire.

Entre temps il avait fondé l'imprimerie de l'*Ours noir*, avec trois associés : son beau-frère Robert Winter, principal bailleur de fonds; son ancien sous-maître (*provisor*), cet autodidacte génial qu'Érasme avait découvert dans une boutique de cordier et qu'il avait installé malgré lui comme professeur

---

1. Si daret autumnus mihi nomen, ὀπωρινός essem,
      Horrida si brumæ tempora, χειμερινός.

Ce distique (lib. IX, epigr. 13) fournit aux deux beaux-frères leurs noms lettrés : Winter s'appela *Chimerinus*.

2. Sur cette opération trop compliquée pour être traitée ici, lire le premier chapitre du savant travail de M. Th. Burckhardt-Biedermann, *Geschichte des Gymnasiums zu Basel*, 1889, in-8.

d'hébreu, Thomas Plater; et un ouvrier, Balthasar Rauch (Lasius), aussi habile typographe que grossier compagnon. L'association avait peu duré et beaucoup dépensé; il avait fallu la rompre. Oporin l'avait reprise un moment avec Winter, tout en acceptant de recommencer ses cours [1] à l'Académie. Enfin il avait fallu choisir, et la véritable vocation l'avait emporté : seul depuis deux ans et tout entier à son art, Oporin entamait avec une indomptable énergie cette longue suite de publications grecques et latines qui devait, sinon l'enrichir [2], du moins illustrer son nom [3].

Dès 1536, un bon juge, Étienne Dolet, passant dans une page fameuse de ses *Commentaires* cette grande revue des troupes de la Renaissance qu'il nous montre pays par pays, marchant à l'assaut de la Barbarie, quand il arrive à la phalange sacrée des humanistes allemands groupés autour de Mélanchthon, place avec honneur *Johannem Oporinum* entre le poète Eobanus Hessus, le pédagogue Micyllus et le jurisconsulte Omphalius. Et il ne faisait que répéter les éloges affectueux de Simon Grynée [4]. Dix ans plus tard, Conrad Gesner écrira, par allusion à ces innombrables éditions de classiques : « l'atelier d'Oporin, c'est le cheval de Troie [5] ». Et dès cette époque Gesner désespérait d'énumérer tout ce qui était sorti de ses flancs : ce n'était pourtant que le commencement d'une fécondité qui devait se continuer vingt ans à travers toutes les tourmentes.

A ses autres mérites Oporin en joignait un que les contemporains ne pouvaient pas apprécier, le courage. Il avait ce genre de courage qui naît du respect profond de la science. Au moment où Castellion arrive chez lui, il venait d'en donner deux

---

1. Au nombre de quatre : in græca grammatica, in autore græco, in præceptis rhetorices, in arte conficiendorum carminum. (Thommen, *Geschichte der Universität Basel*, p. 357.)

2. Majori longe publici quam suo commodo. (Herzog, *Ath. Raur.*, p. 352.)

3. Gilbert Cousin (Cognatus), qui se connaissait en lettrés, écrivait à Joachim Perionius en lui recommandant le jeune Nicolas Bischop (Episcopius) qu'il suffisait de lui dire que ce jeune homme était « vehementer ab Oporino laudatus, viro hujus ætatis laudatissimo ».
Les privilèges que lui accorda dans la suite l'empereur Ferdinand, les offres que lui fit faire l'électeur palatin Frédéric, désireux de l'attirer à Heidelberg, attestent le sentiment d'estime générale qu'il inspirait.

4. Voir la charmante lettre-préface de Simon Grynée à Oporin, en tête des Πλουτάρχου παράλληλα, in-f°, 1533.

5. Voir, dans Maittaire, *Annales typographici*, t. III, part. I, p. 215-217, le précieux catalogue méthodique, dressé par Gesner lui-même, des principales publications savantes d'Oporin.

preuves éclatantes : l'une en imprimant à grands frais et avec toute sorte de risques la grande anatomie de Vésale, *De corporis humani fabrica*, 1543, in-f°, le premier livre où l'on ait osé, au mépris de tous les préjugés, livrer au public, par le texte et par la gravure, les résultats de la dissection appliquée aux organes de l'homme par le jeune et hardi professeur que Charles-Quint n'avait pas encore couvert de sa protection. L'autre audace est plus significative encore, quoique non moins innocente : il avait entrepris de publier une traduction du Coran faite par Bibliander, et bien qu'elle fût suivie de toutes les réfutations désirables, il avait suffi de « quelques ânes », comme dit Bullinger, pour faire mettre Oporin en prison ; l'Alcoran eût peut-être été détruit et le malheureux imprimeur ruiné du coup sans l'énergique intervention de Luther [1].

Dans ces premières années, la maison du vaillant imprimeur, *Arx Oporina*, était une ruche en plein bourdonnement : on y travaillait jour et nuit. Une inscription latine prévenait les visiteurs de faire vite, à moins qu'ils ne vinssent pour aider : *perpaucis agas, deinde actutum abeas, nisi, tanquam Hercules defesso Atlanti, veneris suppositurus humeros : semper enim erit quod et tu agas et quotquot huc attulerint pedes.*

Oporin donnait l'exemple : il corrigeait, lisait, revoyait, surveillait tout. Son seul passe-temps était d'écrire quelquefois la préface de classiques qu'il éditait pour la jeunesse ; c'est dans ces préfaces hâtivement écrites, familières, sans art ni apprêt que se trahit la douce joie de l'humaniste, la bonhomie souvent sagace du professeur, la fierté de l'éditeur heureux de publier un texte jusqu'ici inconnu, par-dessus tout ce naïf et respectable enthousiasme de l'homme qui a conscience de travailler à la résurrection des lettres et tout ensemble aux progrès de l'Évangile. C'est par ce sentiment sincère autant

---

[1]. Sur cette affaire de l'Alcoran (1542), voir les très curieux documents qu'a publiés M. le Dr K.-R. Hagenbach, *Luther und der Koran vor dem Rathe zu Basel*, dans le 9° volume (p. 293-326) des *Beiträge zur Vaterländischen Geschichte* de la Société historique de Bâle (1870, in-8). S'étaient prononcés *pour* l'impression : l'*antistes* Oswald Myconius, le pasteur de Saint-Léonhard, Marcus Bersius (Bertschi), le professeur de théologie, Martinus Borrhaus (Cellarius), le diacre Jacob Immels. Avaient émis un avis *contraire* : le pasteur Truckenbrot, le Dr Wolfgang Wyssenburg et, chose extraordinaire, le savant hébraïsant et géographe Sébastien Münster. Boniface Amerbach, étudiant la question au point de vue juridique et au point de vue théologique, conclut à une publicité réservée à l'usage des savants, limitée ou peu s'en faut aux Bibliothèques.

que simple que se trouvaient à l'unisson, d'un bout de l'Europe à l'autre et des plus hauts rangs aux derniers de la société, tant d'hommes qui ne s'étaient jamais vus, érudits et théologiens, imprimeurs et pasteurs, écrivains et magistrats [1]. On est émerveillé de leur promptitude à se reconnaître, de leur facilité à s'ouvrir les uns aux autres, comme autant d'initiés à une haute pensée commune.

Il faut tenir compte de ce grand souffle de confraternité à la fois littéraire et sociale, et, par suite, politique et religieuse, pour comprendre une maison comme celle d'Oporin, et il y en eut de semblables dans presque toutes les villes protestantes. Ce n'est plus seulement la maison de Froben telle qu'Érasme nous la décrit aux premières heures de la Renaissance [2] : il y a quelque chose de plus. On y retrouve bien ce même va-et-vient de messages et de messagers, de marchands et d'étudiants, d'ouvriers en tournée, de poètes en quête d'éditeur, de professeurs à la recherche d'une chaire ; c'est toujours la même vie enfiévrée de ces ateliers qu'Érasme appelle des fournaises, ayant pour tout délassement, le soir, les longs entretiens sur l'antiquité profane et sacrée, sur les questions théologiques et sur les problèmes d'érudition classique. Mais des devoirs nouveaux sont nés de la gravité des temps : il ne s'agit plus de livres seulement, une autre guerre est engagée que « la guerre des Lettres contre la Barbarie ».

Ceux qui arrivent tous les jours chez Oporin, ce sont des fugitifs qui par miracle ont échappé à la persécution, à la prison, au supplice, des pasteurs dont la tête est mise à prix, des moines ou des prêtres devenus luthériens et déjà condamnés par contumace ou brûlés en effigie dans leur pays. Ceux qui partent, ce sont des hommes qu'il ne faut pas compter revoir, car ils vont au péril de leur vie semer la Réforme en France, en Angleterre, aux Pays-Bas.

1. C'est aussi ce qui explique leur correspondance si large, si étendue, si cordiale. Celle d'Oporin (en partie publiée par Streuber, Burmann, Maittaire, etc.) suffirait à montrer ce qu'il y avait encore de relations confiantes, presque intimes entre les esprits élevés des divers partis. Voir, par exemple, à la date qui nous occupe, sa touchante lettre à son ami Jean Morel chez Guillaume du Bellay-Langeai à Turin, sur la mort de Simon Grynée (10 août 1541) : elle est encore inédite, croyons-nous (Bibliothèque Nationale, fonds latin, 8588).

2. Ou celle du vieil imprimeur Jean Amerbach, dont Jean Sapidus fera plus tard à son fils Boniface un tableau si animé, rappelant toute la fièvre de la publication des premiers classiques.

Il y avait là, sans qu'on y fît même allusion, quelque chose de tragique qui forcément rapprochait les cœurs tout autrement que n'eût pu faire même la plus noble communauté d'études.

C'est dans ce milieu, tout enflammé de l'ardeur du travail et de celle du prosélytisme, que Sébastien Castellion venait prendre une très modeste place, je veux dire une place d'ouvrier.

Ils ne sont pas rares alors parmi les lettrés qui ont tout quitté pour la Réforme, ceux qui se font ouvriers et travaillent de leurs mains sans gémir et sans rougir. A ne parler que de ceux que Castellion rencontre, nous nommions tout à l'heure ce Thomas Plater[1], le fondateur d'une famille qui devait être pendant trois siècles une des gloires scientifiques de Bâle : échappé de son village où il gardait les chèvres, il avait été domestique, en même temps qu'étudiant, et il avait appris l'état de cordier chez un jeune savant lucernois[2] à qui Zwingle et Myconius avaient donné le conseil de se faire cordier lui-même. Un autre savant et l'un des principaux coopérateurs de la Réforme en Alsace et en Suisse, le Lorrain Wolfgang Musculus, avait commencé, au moment où il renonçait à sa prébende, par se faire tisserand, puis terrassier, tandis que sa femme se plaçait comme servante[3]. On en citerait bien d'autres exemples parmi ces pionniers de l'Évangile qui, non sans raison, se trouvaient honorés de ce trait de ressemblance avec saint Paul.

Quoi que l'on pense de leurs idées, on ne peut se défendre de sympathie pour des hommes qui entendent ainsi la vie; et, quand on les voit se séparer brusquement de la tourbe des lettrés de cour et d'antichambre qui continuent à ne savoir vivre que de bienfaits payés en monnaie de poète, on comprend mieux ce que la Réforme ajoutait à la Renaissance.

---

1. Sur le rôle important de Thomas Plater dans l'organisation des écoles à Bâle, voir Burckhardt-Biedermann, chap. I, § 2, et le texte de son plan d'études, p. 276-283.
2. Il se nommait Rodolphe Collinus. *Vie de Th. Plater*, p. 61-62.
3. Melchior Adam, *Vitæ Germanorum theologorum*, p. 373.

IV

Malheureusement, ce qui pour d'autres n'avait été qu'une épreuve passagère allait être le sort de Castellion pendant une longue période. Il vivra jusque vers 1553 dans la condition la plus chétive, presque dans la détresse. Nous allons essayer de retracer le peu que nous savons de ces années de souffrance, mais commençons par en révéler le secret : il est à l'honneur du pauvre prote, et à l'excuse de ses contemporains.

Avec son savoir, son courage et sa merveilleuse faculté de travail, un homme comme lui ne devait pas rester sans ressource à Bâle. Mais à peine arrivé, avant d'avoir même assuré le pain quotidien, il a entrepris avec le noble aveuglement d'un croyant et il va poursuivre avec une inconcevable ténacité une œuvre qui demanderait toute une vie et à laquelle il ne peut donner que les heures prises sur son repos. Nous l'avions déjà vu à Genève ébauchant un projet de version française du Nouveau Testament. Qu'eût dit Calvin s'il avait su que le malheureux jeune homme, après avoir réussi à apprendre l'hébreu on ne sait comment, s'attaquait à la Bible entière ! Il tentait — ô présomption ! — de refaire pour la France ce qu'avait fait Luther pour l'Allemagne, et plus encore, car il avait conçu le projet de deux traductions complètes de la Bible, l'une en latin, l'autre en français ! Dans quel esprit, avec quelles espérances, en vue de quelle propagande, c'est ce que nous aurons à étudier plus loin. Ici, bornons-nous à constater cet acte de témérité, pour ne pas dire de folie, comme la cause profonde de la longue et douloureuse crise qu'il va traverser. Il ne s'en est jamais plaint, jamais glorifié non plus.

Dix années durant, il subordonne, il sacrifie tout à cette chère et pieuse occupation. Mais sa famille était là, qu'il fallait nourrir. Voici comment il y parvint.

D'abord il avait sa besogne quotidienne de l'imprimerie : nous avons déjà dit ce qu'en devait être la rémunération. Dès son arrivée, il essaye d'y joindre le produit de quelques travaux personnels qu'il avait en portefeuille et qu'Oporin lui fit imprimer. A en juger par ce qu'il produisit dans ses deux premières années 1545 et 1546, où chacune des deux foires de printemps et d'automne apportait deux ou trois volumes de lui, on pouvait s'attendre à le voir tirer parti de sa plume, si sa Bible ne l'avait absorbé. Nous ferons sommairement connaître dans les chapitres suivants ces petits ouvrages : sa belle édition des œuvres de Xénophon, son poème latin de *Jonas*, son poème grec le *Précurseur*, le recueil que nous avons déjà cité [1], *Bucolicorum auctores*, son opuscule scolaire gréco-latin *Mosis politia* [2], puis bientôt un ouvrage plus important et susceptible d'une certaine vente, les fameux *Oracles sibyllins*. Mais la seule publication qui ait pu lui rapporter à ce moment quelque ressource est celle de ses *Dialogues sacrés* chez Robert Winter (1545), puis chez Oporin (1547 et 1548), plus tard peut-être la réédition à Lyon. Enfin, en août 1546, paraît le premier fragment de la Bible latine, *Moses latinus*, et un an après, son *Psalterium*. A partir de là, il ne se laisse plus distraire de son grand ouvrage : il ne livrera plus rien au public jusqu'à l'achèvement de sa Bible latine (1551).

Il avait cherché à se procurer un autre complément de moyens d'existence par l'enseignement. Dès la première année de son séjour à Bâle, il s'était fait inscrire comme étudiant régulier à l'Université : le recteur Jean Sphyractes (Jeuchdenhammer) l'immatriculait comme ayant versé les droits d'inscription le 13 octobre 1545 [3], ce qui était sans doute indispensable pour occuper un emploi de sous-maître. Et en effet une note manuscrite du *Theatrum honoris et virtutis* [4]

1. Voir p. 22 et 34.
2. Il l'envoie à Curione en mars : « Mitto tibi libellum, viro puerilem magno parvum, latino græculum ex parte ».
3. Le registre matricule de l'Université porte cette mention à la date du 13 octobre 1545 : *Sebastianus Castalio Sabaudus Burgiensis diœcesis* bezahlte 6 solidos (vol. I, p. 176, verso). Le feuillet suivant porte quatre inscriptions faites quelques semaines ou quelques mois plus tard, sous le rectorat de Martin Borrhée (1546) :
Franciscus Dryander, Hispanus ;
Bernardinus Ochinus, Senensis ;
Cœlius Secundus Curio ;
Franciscus Stancarus, Mantuanus.
4. Il est à peine besoin de dire que nous en devons la communication à l'obligeance de M. le D' L. Sieber, qui y reconnaît la main du professeur Lucas Gernler (Bâle, 1625-1675). Voici le texte de la note : « *M. Sebastianus Castellio allobrox succedit* [in Pædagogio] *Sebastiano Lepusculo, ann. 1552.* (Puto jam ab anno 1545 græca professum esse, quia dicitur XVIII annos professus, ut forte alter horum Sebastianorum in Pædagogio, alter in hac secunda classe docuerit.) *Castellio videtur nunquam fuisse in Consilio Facultatis.* » Les mots entre parenthèses et en romain ont été effacés.

permettrait de croire qu'il fut de bonne heure chargé, au Pædagogium, de quelques leçons de grec, que lui procura sans doute son ami Thomas Plater, devenu directeur du nouvel établissement et qui s'était hâté d'introduire dans le plan d'études les *Dialogues sacrés* à peine achevés [1]; mais là encore il ne pouvait trouver, si même il l'y trouva, qu'un très médiocre appoint et très précaire.

Il fallut donc en chercher d'autres. Il le fit avec une extraordinaire énergie. Seul, il n'eût pas pris garde à la misère; mais il avait plusieurs enfants [2].

Rien ne le rebuta, et de nombreux témoignages contemporains attestent — non sans trahir une certaine pudeur — que le pieux et savant humaniste dut pour faire vivre sa famille se plier aux plus durs travaux manuels. La variété des récits qui ont eu cours, de son vivant même, quant au détail de ces travaux, prouve bien qu'il y avait eu là, sous les yeux de tous, une misère héroïquement portée et dont l'impression fut assez vive pour donner naissance à une sorte de légende. Le bruit en est venu jusqu'à Montaigne; on a souvent cité le mot plein de cœur qu'il y consacre : « J'entens avec une grande honte de notre siècle qu'à nostre vue deux très excellents personnages en savoir sont morts en état de n'avoir pas leur saoul à manger, Lilius Gregorius Gyraldus [3] en Italie, Sebastianus Castalio en Allemagne. Et croy qu'il y a mille hommes qui les eussent appelés avec très avantageuses conditions, ou secourus où ils étaient, s'ils l'eussent seu [4]. » Est-ce en « sciant du bois », comme le dit Grotius, qu'il gagna le pain de ses enfants? est-ce en travaillant à la terre, comme Cherler et d'autres l'affirment, est-ce encore en portant de l'eau pour les jardiniers ou en allant pêcher sur le Rhin? Il importe peu.

Il n'y a qu'un détail sur lequel nous soyons fixés, et nous le sommes par le fait d'une absurde et odieuse calomnie qu'il lui fallut plus tard repousser.

Calvin, souvent trop crédule aux rapports que lui prodi-

---

1. Burckhardt-Biedermann, *Gesch. d. Gymn.*, p. 281.
2. Nous n'en savons pas le nombre en 1550. Mais il en eut huit en tout : *Quatuor filiis filiabusque obrutus*, dit Herzog.
3. Voir ci-après, p. 264.
4. *Essais*, liv. I, chap. xxxiv.

guaient des amis trop zélés, trouvait moyen, en 1558, dans une discussion théologique à propos du libre arbitre et de la prédestination, de glisser cet étrange argument : « Est-ce la fatalité ou ta libre volonté qui te poussait, quand, dans ces dernières années, tu avais une gaffe [1] à la main pour enlever le bois dont tu voulais chauffer ta maison? Tu auras beau parler de la fatalité : il est constant — et cela suffit pour ta juste condamnation — que, le sachant et le voulant, tu te fais au détriment d'autrui un gain honteux et criminel. »

Voici, littéralement traduite, la réponse de Castellion :

« J'étais dans ces dernières années, — où tu dis que je volai du bois — dans la pauvreté à laquelle m'avait réduit, tout le monde le sait, la virulence de vos attaques.

« Je m'occupais de ces traductions de la Bible qui m'ont valu la haine et l'envie de ceux-là même qui devaient m'en savoir gré. Mais c'est ainsi que le monde reconnaît d'habitude les bienfaits. J'étais donc tout entier à ce travail, j'aurais mieux aimé mendier que de l'abandonner. Ma maison était sur le bord du Rhin; je m'armais parfois d'une gaffe dans des moments de repos pour saisir au passage les bois flottants que le Rhin charrie quand il déborde. Voilà l'acte que tu interprètes comme un larcin.

« Interprétation peu bienveillante, tout au moins, et peu loyale. Ces bois sont propriété commune, ils appartiennent au premier occupant. Aussi ne m'en emparais-je ni clandestinement (que peut-on faire de clandestin en plein jour dans une ville comme Bâle, sur le bord du Rhin?) ni seul : avec moi travaillaient à les repêcher d'abord presque tous les pêcheurs de profession, et souvent plusieurs de mes voisins.

« Il y a plus. Un jour une crue de la Byrse — cours d'eau qui se jette dans le Rhin en amont de la ville — avait crevé les digues; l'eau emportait avec violence les monceaux de bois qui d'habitude y sont mis en flottaison pour être de là transportés en ville par un canal dérivé de la Byrse [2]. On employa pour les retenir plus de 200 hommes sur divers

---

1. *Harpagonem.* Voir plus loin la lettre de Castellion où il annonce la publication de son *Harpagonem.*
2. Qui s'appelle encore aujourd'hui *Saint-Alban Teich.* (*Teich*, en allemand, *étang*, signifie en bâlois *canal.*)

points de la rive (du Rhin). J'y allai en compagnie de quatre de mes amis, avec des gaffes; et d'un bateau amarré au rivage, bateau que je m'étais procuré pour cet usage, je retirai de l'eau en un seul jour sept brasses [1] de bois, pour lesquelles je reçus ensuite, par décision du Conseil de ville, comme d'ailleurs tous les autres « ravisseurs », outre le bois lui-même, la somme de quatre sols [2]. Salaire non d'un vol (car le magistrat n'a pas coutume chez nous de récompenser le vol), mais d'un rude labeur, dont je ne rougis pas.

« Tels sont les faits dont j'ai pour témoin, d'abord une grande partie de la ville et en particulier plusieurs hommes savants qui m'y ont souvent vu; quelques-uns même m'ont aidé. En lisant ton écrit, ils s'indigneront, ou plutôt ils éclateront de rire : j'en ai déjà vu rire plus d'un, quand je leur ai montré la gaffe et les débris de bateau que j'ai encore à la maison [3].

« Voilà donc pourquoi tu m'accuses de vol, non pas seulement contre toute vérité, mais contre toute vraisemblance. Pour ne relever que ce détail : tu parles d'une gaffe; mais est-il admissible que quelqu'un s'imagine pouvoir voler du bois, en plein Bâle, sans être vu, avec un instrument de cette taille, qui ne peut servir que sur l'eau? »

Et ici il insiste noblement sur une autre invraisemblance, toute morale celle-là : c'est le passage que nous avons cité ailleurs, où il rappelle ses souvenirs d'enfance et l'horreur du vol qu'il avait emportée du village natal [4].

Puis il ajoute, non sans mélancolie :

« J'avais bien entendu dire qu'on devait raconter là-bas l'histoire que tu viens d'écrire à propos de ce bois. Je supposais que cela se bornerait à des commérages comme on a coutume de t'en répéter sans aucun discernement contre ceux qu'on sait te déplaire. Mais que toi — toi qui me connais, — tu pusses les accueillir, je ne le pensais pas. Quant à penser

---

1. Septem ulnas, ut vocant.
2. Quatuor solidos.
3. Rudin, en reproduisant fidèlement cette histoire, y ajoute quelques détails utiles. Il explique de quels bois il s'agit : « Ligna quæ præceps torrentum vis ex Byrsa fluvio, cui stato tempore urbi invehenda committuntur, ruptis objicibus in Rhenum abripuerat ». Il explique aussi comment la calomnie a pu prendre naissance, cet usage bâlois étant inconnu ailleurs : « Cujus tamen facti fama ad exteros, moris hujus qui tum Basileæ vigebat et adhuc viget ignaros, delata, vitio imo furto ipsi est datum ». (*Vitæ prof.*, ms.)
4. Voir ci-dessus, chap. I, p. 3.

que dans un livre destiné au public, tu viendrais à les répandre dans le monde entier et jusque devant la postérité, non, j'en prends Dieu à témoin, quoique je te connaisse, je ne l'aurais pas cru [1] ! »

V

Pendant cette période — qui durera jusqu'au moment où Castellion aura le double bonheur d'achever sa traduction de la Bible et d'entrer comme lecteur de grec à l'Université, — l'ami avec lequel nous le trouvons le plus lié est un autre proscrit, reçu aussi chez Oporin, riche il est vrai et de grande famille, mais qui n'en était pas moins en péril de la vie. C'était un jeune Espagnol arrivé à Bâle en 1546 à l'âge de vingt-six ans, Francisco de Enzinas, plus connu sous le nom de Franciscus *Dryander* [2].

Après avoir étudié à Louvain avec son frère Jaime, il avait passé dix-huit mois à Wittemberg, avait gagné la confiance et l'affection la plus tendre de Mélanchthon, chez qui il habitait. Dans ce chaud foyer de la Réforme, il avait pris la passion commune à toute cette jeunesse avide d'apostolat : lui aussi rêvait de traduire à tout prix la Bible dans la langue de son pays. Il se met à l'œuvre; puis en 1543, confiant dans sa droiture, naïf et habile tout à la fois, il va droit en Flandre pour y faire imprimer le Nouveau Testament qu'il vient d'achever. Il n'entend rien faire clandestinement, il va solliciter l'approbation des théologiens de Louvain, ne l'obtient pas; mais en appelle à l'Empereur, qui le reçoit un jour et paraît disposé à accorder l'autorisation sous cette réserve que le jeune homme devra conférer sur quelques points de détail avec le confesseur du roi, Pedro de Soto. Dryander va le trouver à Bruxelles. Le dominicain lui fait diverses objections et lui conseille de faire autre chose. Comme il mettait le pied dehors,

---

1. *Seb. Cast. defensio,* p. 349-352.
2. Sur la vie et les ouvrages de Fr. Dryander, consulter le savant travail de M. Edw. Bœhmer, *Francisco et Jayme de Enzinas* dans la *Bibliotheca Wiffeniana, Spanish Reformers of two centuries, from 1520,* 1ᵉʳ volume, 1874, in-8. — Voir aussi l'article de M. Bœhmer, *Zeitschrift für die historische Theologie,* 1870, fasc. III.

il est arrêté par ordre de Granvelle (13 décembre 1543).

Dryander passa près de 13 mois en prison, y subit nombre d'interrogatoires et, quoique traité avec certains égards, à cause de ses hautes relations de famille, il bornait tout son espoir à obtenir de ne pas être envoyé en Espagne et déféré à l'Inquisition; il venait de voir tirer de prison deux de ses compagnons d'hérésie pour être menés au supplice, quand enfin il parvint à s'évader (1er février 1545).

Il court embrasser Mélanchthon, qui lui demande d'écrire la relation de ses aventures. Un ordre de l'Empereur lui enjoint sous peine de bannissement et de confiscation de retourner en prison; sa famille, menacée des représailles les plus graves, incline à lui conseiller tout au moins de faire une demi-soumission en allant faire un séjour en Italie. Il se rapproche peu à peu de l'Italie, s'arrête à Lindau chez Seiler, à Constance chez Blaarer, à Saint-Gall chez Vadian, à Strasbourg chez Bucer et enfin à Bâle (octobre 1546). Là il renonce au voyage d'Italie : son ami Juan Diaz avait été assassiné en route, et quelques semaines plus tard il apprend que son propre frère Jaime, jeté en prison à Rome, a été brûlé (janvier ou mars 1547).

Dryander, indigné, fait imprimer par Oporin un récit de la mort de Juan Diaz d'après les notes de son compagnon Claude Senàrclens, puis bientôt après une violente philippique contre la première session du concile de Trente et contre le pape, *istum piratam*. Il envoie au cardinal du Bellay un des premiers exemplaires de son histoire de Diaz et lui offre sur la proposition de Bucer de devenir son correspondant comme l'était Diaz. Mais sa situation devenait critique. Ses aventures avaient fait du bruit, son impunité semblait un défi à l'Empereur et à l'Église. On lui conseilla de s'éloigner des terres impériales. Il songea à la Hongrie, à la Turquie même, dont on lui vantait la liberté de conscience relative. Il venait de se marier. Bullinger et Mélanchthon lui persuadèrent d'aller s'établir en Angleterre, où Cranmer le fit nommer aussitôt professeur de grec à Cambridge (1548).

Il n'y resta pas longtemps. Dès la fin de 1549 il revenait à Bâle, puis à Strasbourg, où il finit par se fixer : le souci de sa grande traduction de la Bible en espagnol le ramenait sur le continent.

C'est évidemment par cette similitude de rêve que s'étaient rencontrés et compris le pauvre correcteur et le noble espagnol. De leur correspondance, qui avait le ton de l'intimité, deux très courtes lettres de Castellion nous ont été conservées. Nous en donnons le texte dans les pièces annexes de ce volume[1], non pour ce qu'elles disent, mais plutôt pour ce qu'elles ne disent pas. Il est difficile de mieux peindre l'homme enfiévré de son œuvre, qui ne s'accorde pas le temps de lever la tête et de causer avec l'ami le plus cher. Dans l'un de ces billets (20 juin 1550[2]) Castellion n'a qu'un mot rapide sur les événements les plus graves de sa vie de famille : sa femme est morte en janvier dernier, en lui donnant un fils; sa dernière fille, Débora, est morte en mai; deux autres enfants ont failli mourir aussi. « Aujourd'hui, dit-il, je me remarie » (20 juin). Et il passe à la grande affaire : sa traduction latine de la Bible est finie, il travaille à la traduction française. Dans l'autre (8 août 1550), c'est lui à son tour qui presse Dryander d'avancer : il s'ingénie à mettre à sa disposition les figures qu'Oporin va faire graver et que Dryander veut reproduire : « Que Dieu te soit en aide ! » Et après la salutation rapide d'une famille à l'autre, il revient à ce qui les intéresse tous deux : « Dans la Bible française j'ai déjà traduit le *Nouveau Testament*, *Job*, les *Psaumes*, *Moïse*, *Josué*, les *Juges* et les *Rois*. Adieu. »

Moins heureux que Castellion, Dryander ne put mener à bonne fin sa grande entreprise : il fut emporté par la peste à Strasbourg (décembre 1552).

VI

Pendant cette longue période de détresse, si Oporin fut un ami constant, si plusieurs autres imprimeurs[3] lui firent bon

---

1. Voir notre Appendice, correspondance inédite, pièces XXVI et XXVII.
2. Ou 1549, d'après le catalogue des archives de Saint-Thomas que suit M. Bœhmer.
3. Un de ces imprimeurs devrait attirer particulièrement notre attention, s'il était exact, comme l'ont dit quelques biographes (Moreri, Mœhly, etc.) qu'il fût Bressan et par consé-

accueil, si Argentier vint en aide à son ancien camarade, si quelques autres relations le soutinrent et l'encouragèrent, la véritable providence de notre pauvre helléniste, ce fut Boniface Amerbach.

Boniface Amerbach était le fils aîné d'un des grands imprimeurs du xve siècle [1], qui avait été pour la Renaissance à Bâle un des ouvriers de la première heure. Au lieu de continuer l'industrie paternelle, Boniface s'était voué à l'étude du droit. Dès l'époque où arriva Castellion, il était un des hommes considérables de la ville : il enseignait à l'Université depuis 1526 comme *professor pandectarum*. Il avait été déjà deux fois *rector magnificus*. Son renom de savoir, d'équité, de sagesse grandissait d'année en année : de l'étranger, princes et villes s'adressaient fréquemment à lui pour lui demander une de ces consultations qui faisaient jurisprudence. On l'appela bientôt le Papinien de Bâle. Ses concitoyens lui confièrent à plusieurs reprises les plus hautes charges de la république.

Érasme n'avait pas attendu la faveur publique pour le distinguer. Il avait pris en une affection toute particulière Boniface encore étudiant; et, parmi tant de lettres du grand humaniste où l'on se prend à regretter que l'esprit parle plus que le cœur, on est heureux de trouver dans celles qu'il adresse à ce jeune homme de vrais accents de tendresse. Il semble y deviner un autre lui-même, aussi délicat, mais plus ferme. Il faut rapprocher ces quelques passages des lettres d'Érasme du beau portrait [2] où Holbein nous représente Boniface Amerbach à vingt-quatre ans, avant son départ pour Avignon, où il allait étudier le droit sous Alciat.

---

quent compatriote de Castellion. C'est le gendre du grand Froben, Episcopius ou Nicolas Bischop. Mais c'est une erreur : il était de Weissembourg. Il fut d'ailleurs certainement un des protecteurs de Castellion. C'était un esprit large, libéral, courageux même; il fut, avec son beau-père Jérôme Froben et avec Boniface Amerbach, un des auteurs de la protestation adressée à Farel et à Bèze, pour défendre la mémoire d'Érasme (1557), dont nous parlons un peu plus loin. — *Opp. Calv.*, XVI, 649, et Baum, *Bèze*, I, 301.

1. Jean Amerbach, reçu bourgeois de Bâle en 1484, « Trucker Hans von Emmerpach » (1444-1515). C'est de sa célèbre édition des œuvres de saint Augustin (1506), que date l'usage du nom de *Saint-Augustin*, pour le caractère d'imprimerie qu'il employa le premier.

2. Au Musée de Bâle. On en trouve une assez bonne reproduction en tête de l'étude de M. Emm. Probst, *Bonifacius Amerbach* (62e Neujahrsblatt der Geschellschaft zur Beforderung des Guten und Gemeinnützigen, Bâle, 1883, in-4). — Ce portrait porte la date du 14 octobre 1519. Voir ce que dit de cette « merveille » M. Paul Mantz, dans son *Hans Holbein*, p. 29. Voir aussi l'ouvrage de Woltmann : *Holbein und seine Zeit*, 2e éd., Leipzig, 1856, in-8.

C'est la même impression qu'éveillent les deux grands artistes : Holbein fait comprendre Érasme ; on sent mieux ce qui lui a inspiré une si vive affection, quand on étudie de près cette fraîche et jeune physionomie qui n'a rien d'allemand, qu'on dirait plutôt vénitienne, tant elle est fine, mais qui exprime un mélange de suavité et d'élégance, de droiture et de distinction, de modestie et d'énergie rare à toutes les époques, plus rare à celle-là. Un commerce de plusieurs années ne changea rien aux sentiments d'Érasme. En vain, Boniface Amerbach prit ouvertement le parti de la Réforme et devint une de ses lumières : Érasme ne l'en fit pas moins son légataire universel, sûr que nul ne saurait comme Amerbach respecter ses intentions et ses réserves, observer la mesure et marquer toujours la nuance de l'opinion qui lui était parfois plus chère que l'opinion elle-même, protéger enfin sa mémoire[1] contre les ennemis qui l'attaqueraient, contre les amis qui la patronneraient trop chaudement.

Un autre grand et non moins touchant exemple de ce genre de sympathie qu'inspirait Amerbach, c'est sa liaison avec Sadolet, qu'il avait beaucoup vu au palais épiscopal de Carpentras pendant son séjour à Avignon. Celui-là aussi avait été gagné par cette beauté de caractère et cette élévation d'esprit. Devenu cardinal, il n'envoyait pas un messager en Allemagne sans le faire passer par Bâle avec une lettre pour Boniface[2]. Et à ceux qui croient que l'étroitesse ou le fanatisme était une nécessité du temps, il faudrait faire lire quelques-unes des lettres qu'un cardinal pouvait écrire à un hérétique célèbre et que son neveu, évêque aussi, n'hésitait pas à publier à Lyon en 1550.

Il faut convenir d'ailleurs — et c'est là l'admirable originalité d'Amerbach — qu'il entretenait dans tous les pays et avec des hommes de toute opinion des relations qui nous

---

1. On en peut voir un exemple dans le précis et rude démenti qu'adresse par écrit Boniface Amerbach aux propos injurieux pour la mémoire d'Érasme tenus par Farel et Bèze à l'hôtel du Sauvage, lors de l'incident de 1557 rappelé dans une des notes précédentes (p. 253, n. 3).

2. Boniface, écrivant à son fils à Bologne, 14 janvier 1556, et lui parlant des recommandations dont il avait besoin, par exemple pour voir Rome, lui disait : « Utinam vero D. Jacobus Sadoletus cardinalis viveret, qui illic agens, te pro singulari sua erga me benevolentia humanissime complecteretur! » Et il lui conseille de chercher à voir l'évêque Paul Sadolet, le neveu du cardinal.

font songer au xviiie siècle plutôt qu'au xvie siècle, tant elles sont largement et simplement humaines, cordiales, libres de toutes les entraves que créent l'esprit de secte ou l'esprit de parti. Son immense correspondance, conservée en grande partie[1], et dont quelques parcelles seulement ont été publiées, est un trésor où l'on ne se lasse pas de fouiller. Mais parmi tant de figures qu'on y voit passer avec intérêt, aucune n'attire, aucune n'attache autant que celle même d'Amerbach. Sa largeur de vue, sa sûreté de jugement, son indépendance et son exquise modération nous confondent.

Aussi ne pouvons-nous être étonnés ni de l'intérêt qu'il prend de bonne heure à Castellion, ni de la confiance que celui-ci lui témoigne en retour. Le grand jurisconsulte donna bientôt une marque publique de l'estime qu'il professait pour le nouveau venu; nous savons par la préface du *Psalterium* que, dès 1546 ou 1547, Amerbach lui avait confié l'éducation de son fils unique Basile[2] et l'avait mis en pension chez lui. C'est à cet enfant, âgé alors de treize ans, que Castellion fait cadeau, dès 1546, de sa *Mosis institutio reipublicæ*, et le jeune Basile se hâta d'écrire sur son exemplaire (aujourd'hui encore conservé à Bâle) : *Sum Basilii Amerbachii Basiliensis, anno 1547*[3]. On sait ce que devint Basile Amerbach; et, s'il est permis de faire honneur d'une partie des qualités de l'élève au maître qui guida ses premières années, jamais choix ne fut mieux justifié que celui qu'avait fait Amerbach.

L'Université de Bâle a eu deux fois l'heureuse pensée d'imprimer pour l'offrir à des universités étrangères, en souvenir de leurs relations séculaires, un cahier des lettres intimes de Boniface Amerbach à son fils Basile, d'abord étu-

---

1. A la bibliothèque de Bâle, trente volumes de manuscrits, avec celle de son fils Basile.
2. « Quum apud me dispicerem cuinam potissimum hoc opus dedicandum esset, tu primus, mi Bonifaci, occurrebas, homo sic de me meritus ut si nihil aliud in te esset, hoc tamen tibi deberem... accedit eo quod tuum unicum carissimumque filium Basilium mihi convictorem dedisti, in quo facile perspici tuus animus valet. Nec enim dubitari potest quin, quem mihi tradideris in disciplinam eum velis iis artibus erudiri in quas ego et totus incumbo et alios adhortari non desino. »
3. Déjà deux ans auparavant, l'imprimeur lui avait donné l'édition abrégée des Dialogues sacrés, avec ces mots sur la première page : « Erasmus Xylotectus D. D. Basilio Amerbachio Basiliensi, anno Dni 1545, mense Martio, 8° ». Le parchemin, qui sert de couverture à ce petit volume, est chargé de barbouillages d'enfant, mêlés d'exemples de grammaire latine et de phrases allemandes : « Christus ist ein guter Herr », etc.

diant à Tubingue, ensuite à Bologne (1552-1553 et 1555-1556)[1]. On ne peut rien souhaiter de plus propre à nous faire pénétrer dans l'intérieur de cette noble famille, et à la faire aimer. Les lettres du père, contrairement à l'idée un peu trop uniforme que nous nous faisons des hommes du xvie siècle, respirent la tendresse, sont pleines de menus et touchants détails qui s'entremêlent avec les recommandations dignes d'un des premiers jurisconsultes du siècle. Il y a telle de ces lettres qui pourrait encore être relue par les étudiants de nos jours, tant elle pose bien les principes, tant elle prémunit la jeunesse contre les divers écueils de la préparation étroite, de l'érudition pure, de la subtilité scolastique, du défaut d'études philosophiques générales [2].

Les lettres du fils n'ont pas moins d'intérêt. Dans celles qu'il écrit à dix-huit ans, on pressent les qualités qui feront de Basile Amerbach la seconde illustration de la famille. Il tient de son père la rectitude d'esprit, l'amour de l'ordre, de la règle, du travail, une curiosité raisonnée et réfléchie, une sorte de probité d'esprit. Plus heureux que son camarade d'enfance, Théodore Zwinger, neveu d'Oporin, et autre élève de Castellion [3], il a pu consacrer aux voyages et aux études tout l'argent nécessaire. Mais il n'a garde de gaspiller ni l'un ni l'autre. Il faut le voir dans la correspondance avec son père, s'informant des livres, des auteurs, des maîtres, des écoles, des examens, insistant avec une respectueuse confiance pour que rien ne manque à son instruction, décidé à ne pas se hâter de prendre ses grades, à ne pas rentrer définitivement à Bâle sans avoir achevé le cycle des études régulières qu'il poursuivra tour à tour à Tubingue, à Padoue, à Bologne, à Bourges enfin [4].

Nous avons plus d'une trace de la bienveillance qu'a trouvée

---

1. *Bonifacii Basiliique Amerbachiorum et Varnbueleri Epistolæ mutuæ* (pour le 4e centenaire de l'université de Tubingue), Basileæ. 1877, in-4, 60 p. « *Amerbachiorum epistolæ mutuæ Bononia et Basilea datæ* » (pour le 8e centenaire de l'université de Bologne. Basileæ, 1888, in-4, vi et 54 p.).
2. Voir par exemple sa lettre du 18 juillet 1553, où il donne à son fils pour critérium des opinions, même en matière de droit, la philosophie morale, l'Évangile et les grands jurisconsultes classiques. « Itaque, Basili, non quid Jason aut alii sentiant sed quid... *rationi humanæ, quæ tantumdem roboris habet*, consentaneum sit, spectabis. »
3. Nous en reparlerons plus loin.
4. Voir par exemple sa très intéressante lettre de Bologne 5 id. Junii 1556, où il discute les conseils de Gribaldi et expose son propre plan de voyage.

de bonne heure Castellion auprès de Boniface Amerbach. La bibliothèque de Bâle possède encore quelques-uns des ouvrages de Castellion avec sa dédicace manuscrite à Boniface Amerbach, notamment sa Bible latine de 1551.

Voici un indice plus significatif encore. C'est un petit billet de nouvel an, dont nous devons la communication à l'aimable et savant bibliothécaire de Bâle, que nous aurons tant de fois à citer dans cet ouvrage, M. le Dr Louis Sieber :

Sebastianus Castalio Bonifacio Amerbachio, Jurisperitorum disertissimo S. P. D.

> Prudentissime iuris atque legum,
> Tu scis, cum veniunt nove calendae
> Jani, dona solere missitari,
> Faustis auspiciis ut annus intret.
> Sed sicut neque carduus racemos
> Emittit, nec amara sorba vitis,
> Sic largum mea non valet crumena
> Munus mittere flaccida atque inanis;
> (Nec tu talia dona poscis a me).
> Sed quod mittere me decet, licetque,
> Et quod fabricat officina nostra,
> Et quod tu capias libenter a me :
> Mitto carmina. Vile munus hoc est,
> Si parvi facies : erit sed ingens
> Si magni facies, meaque pendes
> Ex mente. Hæc etenim una præstat ut sit
> Aurum, si mala, vilius papyro :
> Auro, si bona, charior papyrus [1].

Cette petite pièce d'un ton enjoué et confiant, aisé et digne ne peut guère se rapporter qu'à une des premières années du séjour de Castellion à Bâle, puisqu'il envoie des vers; il s'agit sans doute d'un de ses petits volumes latins et grecs, et par conséquent le billet remonterait au 1er janvier d'une des années 1546 ou 1547 [2].

Quoi qu'il en soit, dans les années suivantes, de nombreuses mentions dans la correspondance établissent l'amitié

---

1. Bibliothèque de Bâle. Kirchen-Archiv. C. V. 1, feuille volante. Autographe.
2. Il est vrai qu'on pourrait admettre à la rigueur qu'il s'applique à un envoi du volume *Pii, graves atque elegantes portæ*, qui est de 1551, mais il n'y a qu'une faible partie du volume qui soit de Castellion.

de Boniface Amerbach pour Castellion et ses bons offices répétés [1].

Enfin nous trouvons dans la correspondance de Basile Amerbach une lettre qui se rapporte à l'époque de son séjour à Padoue. Nous en donnons le texte, encore inédit, parce qu'il va nous faire entrevoir un aspect du caractère de Castellion qui, d'année en année, ira s'accentuant : la prédominance du sentiment religieux.

Sebastianus Castalio Basilio Amerbachio, Bonifacii filio S.

Petiit a me pater tuus, mi Basili, ut te literis ad literarum studia cohortarer. Quod equidem officium homini bene de me merito perlibenter concessi : tametsi credo te ad studia satis jam, tum ipsius patris tui admonitionibus, tum tua sponte, esse incitatum. Sed a pluribus admoneri, præsertim tibi bene volentibus, utile est. Vide igitur, Basili, ut iis literis et scientiis incumbas, quæ et deo et patri tuo placeant et tibi salutares esse possint. Hoc autem facies si rite perpendes te ex anima et corpore constare, cui utrique sic serviendum sit ut excellentiori, hoc est animæ, plus tribuatur. Quare vide ut animæ tuæ imprimis rationem habeas, et pietati sic studeas ut ei serviant humanæ scientiæ. Hoc si facies, nulla erit scientia quæ tibi non sit utilis : piis enim omnia conducunt, impiis omnia officiunt.

Vale, et te deo et patri tuo obsequentem toto pectore præbeto.

Basileæ, 15 aprilis anno 1554 [2]

VII

Nous terminons ce chapitre où se termine la période d'épreuves qui remplit huit ou dix années de cette noble existence. Marquons seulement comment elle prend fin.

La *Bible latine*, si discutée qu'elle pût être, ne pouvait manquer d'attirer l'attention sur un helléniste de premier mérite. La protection éclatante, l'amitié de Boniface Amer-

---

1. Citons par exemple ce billet conservé dans les papiers des Amerbach :

« Ego Sebastianus Castalio confiteor debere me D. Bonifacio Amerbachio quatuordecim taleros qui valent singuli triginta blapardos quos taleros ipse mihi mutuo dedit ea conditione ut eos ei solvam bona fide cum potero. Scripsi mea ipsius manu in ipsius ædibus anno 1559 die 15 Februario. »
　　　　　　　　　　　　　　　Sebastianus CASTALIO.
(Bibl. de Bâle, Kirchen-Archiv, C. IV, 7.)

2. Autogr. Bibl. de Bâle, G², 1, 23, f°. — Il faut remarquer l'analogie de cette comparaison de l'âme et du corps avec un passage de sa préface de la Bible qui tire de cette comparaison de si grandes et si hardies conséquences. (Voir ci-après notre chapitre sur la Bible.)

bach devait achever de le désigner au Sénat de l'Université comme le candidat à la première chaire de grec qui deviendrait vacante. Il fallait pour cela qu'il fût d'abord reçu maître ès arts par l'Université de Bâle, ce qui lui ouvrait la porte à un emploi de professeur.

En effet, à la date du 1ᵉʳ août 1553, le registre matricule, *matricula facultatis artium*, contient (f. 93) les mentions suivantes :

Anno a salute gentis humanæ LIII, Calendis Augusti, Decano ordinis philosophici thigrynœi [1], in liberalium artium et philosophiæ mepistros publice pronoti sunt : Eruditi D. M. Sebastianus Castalio, Gallus, etc., et Johannes Brandmullerus, Bibracensis, et Ludovicus Lopadius Constantiensis. Hæc promotio peracta non sine gravi causa extra ordinem [2].

La bibliothèque de Bâle conserve, sous le titre de *Theatrum honoris virtutis, sive sylloge promotionum academicarum*, une précieuse collection des thèses affichées à la porte de l'Université par les candidats au grade de maître des arts. Nous y trouvons à la date indiquée par la *matricula* les trois thèses soutenues, dont la première est celle de Castellion. C'est une question de morale assez délicate qui en fait l'objet; en voici le texte : *Permultumne referat quo quidque animo fiat possitque eadem actio in aliis vitiosa, in aliis laudabilis esse* [3] ?

Quelque temps après (la date précise nous est inconnue), Castellion est nommé lecteur de grec à l'Université [4], et la situation de sa famille, tout en restant très modeste, cessa de lui être un souci de tous les jours.

---

1. Rudin (*Vitæ professorum*) : « Magisterii axiomate magno suo merito ab Henrico Pantaleone Kal. Aug. anno 1553 ». Il n'y a pas contradiction. Th. Grynée était le doyen de la Faculté des arts; Pantaléon, le rector magnificus au nom duquel se délivraient les diplômes.
2. Cette pièce, ainsi que les thèses, dont nous devons l'indication à l'obligeance de M. Sieber, avait échappé à l'attention de M. Mæhly. Au moment où il écrivait, les documents appartenant aux Archives de l'Université n'avaient pas encore été déposés à la bibliothèque de Bâle.
3. Les deux autres thèses de la même session sont d'un tout autre ordre.
Celle de Jean Brandnuller (le futur professeur d'Ancien Testament à l'Université) roule sur cette question : « Num influentia cœlestis quam *Fatum astrologicum* dicunt imponat voluntati hominis necessitatem ».
Lopadius traite : « Rectene dixerint aliqui terram, præter rectum et elementarem motum circulariter moveri ». Il s'agit sans doute d'une question de cosmographie, cette science mise en honneur à Bâle par Münster, qui venait de mourir (1552), et dont Martin Borrhée suivait les traces.
4. Rudin mentionne en ses termes sa nomination : « Mitior deinde affulsit fortuna virtuti, ut anno 1553 Academia, inclyta ejus eruditione omnigena qua non pollebat tantum sed et jam tum inclarescebat (imprimis autem theologica et linguarum hebraicæ, græcæ, latinæ), impulsa, eodem tempore ipsum Græcæ linguæ professorem rite constituerat, in qua non sine nominis celebritate supra decennium est versatus. » (*Vitæ professorum*, ms.)

A dater de ce moment, on peut croire que Castellion va se consacrer exclusivement aux lettres grecques, à ses cours publics, à l'éducation des jeunes gens qui lui étaient confiés, enfin à la publication des éditions classiques que lui demandaient tour à tour Oporin, Hervage, Perna.

Il avait à peine quarante ans, il jouissait d'une réputation incontestée comme helléniste; il avait de nombreuses et d'excellentes relations avec les lettrés, avec les chefs de la Réforme dans toute la Suisse, en Allemagne, en Angleterre, même en France. Il lui était donc possible encore, malgré les orages du début, de retrouver le repos, de fournir, semble-t-il, une longue et paisible carrière.

Telle n'était pas sa destinée. C'est à ce moment même qu'il va s'engager dans une mêlée bien autrement terrible et nous allons bientôt avoir le spectacle d'un homme scrupuleusement enfermé dans ses modestes fonctions de professeur, qui se cache, qui s'efface, qui se tait, et que la voix publique n'en désigne pas moins, à coup sûr, comme le chef invisible de la résistance, l'âme de tous les complots, comme un danger public.

Mais avant de le suivre dans cette seconde et dernière phase de son existence, arrêtons-nous un instant pour faire connaître les œuvres qui remplissent la première.

CHAPITRE IX

PREMIERS ÉCRITS. POÈMES LATINS ET GRECS
LES ORACLES SIBYLLINS. LES PSAUMES

(1545-1547)

I. La poésie latine dans la première moitié du xvi⁰ siècle n'est pas une production purement artificielle; efforts de Mélanchthon et de son école pour constituer une poésie classique chrétienne tant avec les anciens poèmes qu'avec des œuvres contemporaines. — II. Idée sommaire du *Jonas*, poème latin, et du *Précurseur*, poème grec, de Castellion. — III. *Mosis institutio reipublicæ*, mise à la portée des commençants. — IV. Les *Oracula sibyllina*, deux éditions complétant celle de Xystus Betuleius. — V. Recueils de morceaux choisis (en latin) de poètes chrétiens; part qu'y prend Castellion, ses *Odæ in Psalmos XL*.

Vaut-il la peine d'analyser des poèmes latins du xvi⁰ siècle? Que peut-on bien y découvrir qui mérite d'être relevé?

Très peu de chose assurément; et quelques lignes suffiront pour rendre à chacun de ces petits ouvrages tout ce qui est dû. Mais on nous permettra sur l'ensemble une observation générale.

I

Il ne faudrait pas aller trop vite ni trop loin dans le dédain du vers latin. Ce serait se tromper, véritablement, que de confondre la poésie latine de cette époque avec celle du xviii⁰ ou même du xvii⁰ siècle. Dans toute la première moitié du XVIe, en France comme en Suisse, comme en Allemagne — nous ne parlons pas de l'Italie qui avait un siècle d'avance, — considérez un étudiant quelconque : vous trouvez deux hommes en lui, le paysan et le lettré. Chacun d'eux parle sa langue : le paysan parle français ou allemand, en y mêlant force patois; le lettré parle, écrit et pense en latin. La langue domestique, *vernacula*, faite pour les besoins inférieurs de la vie, en porte la marque : l'écolier avait été tant de fois puni pour l'avoir employée dans ses jeux au collège que l'étudiant ne s'en servait guère que comme on se sert encore aujourd'hui en Allemagne et surtout en Suisse du dialecte local, entre amis, entre compatriotes, comme pour resserrer l'intimité et le ressouvenir commun du village natal.

Revenait-il aux sujets sérieux? Naturellement il reprenait le latin comme une autre langue maternelle, et elle l'était en effet aussi bien que l'autre, mais pour de plus nobles usages.

Ce phénomène était encore plus vrai de la poésie que de la prose. Tout homme a été poète dans sa vie, ne fût-ce qu'un jour ou qu'une heure. Quand ce rayon de poésie printanière venait à luire dans la chambrette d'un de ces braves étudiants que nous avons entrevus à Strasbourg, à Lyon, à Genève, c'est en latin que de très bonne foi ils exhalaient leur jeunesse et leur imagination. La plupart y étaient beaucoup plus à l'aise que dans leur idiome natal, que les poètes nationaux ne leur avaient pas encore appris à manier. Sauf la chanson joyeuse, ils réservaient leurs inspirations pour la muse latine. Les plus sérieux, les plus épris du beau et de l'antique étaient précisément ceux qui s'apercevaient le moins du pastiche : ils ne s'imaginaient pas traduire, et de fait ils ne traduisaient pas : ils imitaient, et toute la Renaissance a cru qu'il n'y avait pas d'autre manière de créer.

A une époque où le latin était la seule langue de la correspondance courante non seulement entre les gens de lettres, mais entre tous les hommes instruits de tous les pays, pourquoi le latin n'aurait-il pas pu se prêter à l'expression des émotions vraies? Luther — Luther lui-même, le plus primesautier des génies et le moins latiniste des hommes,

— au chevet de sa fille chérie morte à quinze ans, écrit en vers latins l'inscription qu'il mettra sur sa tombe. Et, dans un autre ordre de sentiments non moins profonds, Calvin, jouissant d'un instant de repos pendant la conférence de Worms, écrit pour le soulagement de son âme un *Epinicion Christo cantatum*, qu'on l'obligera plus tard à publier.

Tenons note aussi de l'opinion des contemporains, qui a son prix dans une telle question. Il n'y avait pas longtemps que Venise avait payé à Sannazar six cents ducats pour trois distiques en l'honneur de la ville. L'auteur du livre classique *la Civilisation en Italie au temps de la Renaissance*, M. Burckhardt, consacre tout un chapitre à l'influence de ces poètes latins, dont Juste Lipse pourra encore dire longtemps après : « ils sont comme les abeilles, on les trouve par essaims ». Sans y insister, citons encore un témoignage curieux : voici une charmante petite revue critique des poètes du temps qu'écrit pour la princesse Renée de Ferrare un humaniste de renom, Lilio Gregorio Gyraldi, *de Poetis nostrorum temporum dialogi duo*. C'est une vraie suite de feuilletons littéraires, quelque chose qui pour l'époque tient le milieu entre un lundi de Sainte-Beuve et un précis de littérature. Le volume paraît à Florence en 1551 [1], il nomme et apprécie tous les poètes qui depuis trente ans se sont fait un nom en Europe. C'est l'œuvre d'un homme d'esprit, le mieux renseigné d'Italie, qui a été tour à tour l'hôte du Vatican sous Léon X, le protégé, l'ami de Bembo et de Sadolet, l'homme de lettres attitré de la cour de Ferrare et qu'on ne peut soupçonner d'être en retard sur l'opinion publique. Voyez quelle place il fait à la poésie latine, même à cette date et même en Italie! Lorsqu'il écrit son premier dialogue, l'opinion met encore de pair les deux langues : Gyraldi traite de *poeta insignis* Eobanus Hessus aussi bien que l'Arioste, il consacre autant de soin aux odes latines de Salmon Macrin qu'aux poésies de Clément Marot. Dans l'intervalle du premier au second dialogue, le latin a perdu du terrain : on chante maintenant dans les villes et jusque dans

---

[1]. Lilio Gregorio Gyraldi avait publié déjà à Bâle, 1545, chez Isingrin, *Historiæ poetarum tam græcorum quam latinorum Dialogi decem*, gros in-8, 1108 p., plus l'index.

les villages des poésies en langue toscane[1]. C'est que l'Arioste et le Tasse ont achevé de gagner la cause de l'italien. Mais notre auteur n'en tient pas moins pour une « hérésie » l'opinion de « je ne sais quels hommes, pourtant instruits », qui revendiquent non seulement l'égalité, mais la supériorité pour la langue moderne[2].

Si l'on pense encore ainsi à Florence au milieu du XVIe siècle, que sera-ce à Bâle !

A Bâle d'ailleurs et dans toute l'Allemagne on a une bien autre raison de s'intéresser à la poésie latine, à celle du moins que Castellion cultive et qu'Oporin s'applique à répandre. Répondant à l'appel de Mélanchthon, les universités et les imprimeries de la Réforme — avec une confiance que nous ne nous défendons pas d'admirer — entreprenaient de créer, en latin classique, toute une littérature et particulièrement toute une poésie chrétienne. Nous n'essayerons pas de retracer ici le mouvement qui de Wittemberg s'étendait jusqu'aux dernières villes protestantes. Théoriquement le projet n'avait rien d'absurde; il s'appuyait sur une idée juste : la poésie naît des sentiments et des idées, non des mots. Du monde nouveau et presque de l'homme nouveau que crée la Réforme, comment ne jaillirait-il pas des sources nouvelles d'inspiration?

Cette éclosion d'une moderne poésie, aussi classique que l'autre et plus pure, Mélanchthon y crut et il y fit croire. Lui, ce délicat, ce fin et sévère connaisseur des anciens, il se retrouva dans le même état d'âme qu'avaient connu cinquante ans plus tôt les hommes de la Renaissance. Le vieil Alde Manuce, publiant pour la première fois les *Poetæ christiani veteres* (1502), s'écriait dans sa naïve préface : « Enfin nos enfants vont pouvoir apprendre les belles-lettres sans désapprendre les bonnes mœurs! Mais que de peines et que de difficultés pour rendre au monde ces précieux manuscrits : c'est à croire que les démons eux-mêmes sont intervenus pour entraver une entreprise de si grande conséquence[3]! »

---

1. Lilii Gregorii Gyraldi *Dialogi duo de poetis nostr. temp.*, p. 100.
2. *Ibid.*, p. 96.
3. Préface du deuxième volume. Aldus Manutius Danieli Clario Parmensi in urbe Ithacusa bonas literas profitenti.

Heureux et fugitif moment qui sépare comme un beau crépuscule la nuit du moyen âge du plein jour des temps modernes : c'est dans ce rapide intervalle qu'il faut écouter ces voix innocentes qui vont si vite se taire, étouffées par le bruit des armes!

Cette première tentative pour christianiser la poésie ou pour poétiser le christianisme, bien accueillie en Italie, le fut mieux encore dans les autres pays où le goût était moins exercé et les besoins religieux plus vivaces. Mais la résurrection des poètes latins du ive siècle ne suffit pas longtemps à ce besoin de nouveau : on dut s'avouer que ni Prudence, ni saint Paulin de Nole, ni aucun de leurs successeurs ne donnaient au monde chrétien l'impression de la grande poésie. Et bravement une pléiade de jeunes poètes, les uns laïques, les autres ecclésiastiques, tenta de suppléer elle-même à l'insuffisance de cette pseudo-antiquité chrétienne. Parmi la foule des productions oubliées, deux œuvres surgissent qui, l'une et l'autre, font croire à un « Virgile chrétien » : le *de Partu Virginis* de Sannasar (1526), ce poème que signalèrent deux brefs pontificaux, rédigés l'un par Bembo, l'autre par Sadolet; et surtout la grande épopée latine de Vida, la *Christiade* : dans les années qui suivirent son apparition (1535), l'œuvre en somme très remarquable de l'évêque d'Albe faisait beaucoup plus de bruit dans le monde des lettres que l'*Institution chrétienne* de Calvin; elle fut traduite dans toutes les langues et permit d'espérer un instant que l'ère s'ouvrait de la nouvelle poésie.

La Réforme fit bien vite évanouir une partie de ces espérances, mais pour les faire renaître sous une autre forme. Plus mâle et plus austère, impitoyable aux frivolités italiennes, répudiant également toute trace de paganisme et tout souvenir de papisme, la poésie latine chrétienne telle que l'entend Mélanchthon, telle que la lui offrent Camerarius, Eobanus Hessus, Euricius Cordus, a tout au moins le mérite de la sincérité et, disons-le, de l'émotion. Elle coule d'un seul jet, libre et hardie, simple et abondante. On peut lui reprocher de n'être ni très pure de style, ni très neuve de sentiment, ni très originale par la pensée, on ne lui reprochera pas de sentir l'artifice et l'apprêt. Quoi de plus convaincu que le grand ami de Luther, Eobanus Hessus, chantant les muses nouvelles :

> Musæ, noster amor, dulces mea gaudia Musæ
> Pro Jove quæ Christum canitis!..................
> Ite, novos, Musæ, flores legite, ite, Camœnæ!
> Dicite quæ potior, quæ major in orbe voluptas
> Quam Musas colere et Musarum amplexibus uti,
> Vivere apud Musas, doctis se tradere Musis.
> Ite procul, veneres et inanis gaudia formæ,
> Forma, genus, tituli, fastus, laus, gloria, sanguis :
> Me juvat in viridi requietum gramine doctam
> Ducere segnitiem [1], etc.

Et l'apostrophe se continue à pleine bouche et de plein cœur, avec une ingénuité qui devient presque éloquente. Poésie d'écolier, toute mêlée de réminiscences, où se confondent sans choix Horace, Virgile, Ovide, Claudien! Mais on devine pourtant sous ces parures mal assorties quelqu'un de vivant et quelque chose de jeune. « Jeune » n'est peut-être pas le mot juste : ce n'est pas tout à fait la jeunesse, c'est l'adolescence avec son adorable gaucherie. Tout le siècle en est là; on l'a dit : il faisait sa rhétorique. Et il faut pour deviner ces poètes dans leurs œuvres et quelquefois malgré leurs œuvres, les juger à peu près comme fait de nos jours un bon professeur que la redondance, les étourderies, les inégalités de style ou de pensée n'empêchent pas de sentir chez ses rhétoriciens un esprit ou un cœur que d'autres n'y sauraient découvrir.

C'est de cet œil à la fois perspicace et indulgent que Mélanchthon regardait cette jeune génération de poètes que la Réforme faisait éclore autour de sa chaire, les uns ses élèves, les autres ses collègues, tous ses disciples. Y a-t-il rien de plus touchant que tel de ces avis écrits de sa main en manière de causerie paternelle et affichés à la porte de l'Université, celui-ci par exemple (janvier 1545) :

> J'aime le poème de Phocylide, et il mérite d'être lu. Mais il faut mettre bien au-dessus le poème où M. Joachim Camerarius vient d'embrasser dans le style le plus élégant le résumé de l'Évangile, *Capita*

1. Églogue II, *Cantilena Philetæ*.

christianæ doctrinæ commemorata ad pueros. J'ai décidé de prendre ce poème pour texte de mes prochaines leçons. J'en commencerai l'explication dans quelques jours. Il vient d'en arriver quelques exemplaires, j'invite les étudiants à s'en procurer. Je sais le plaisir, le charme même qu'ils trouveront à cette lecture; ils seront reconnaissants à l'auteur d'avoir écrit ce beau poème, et ils approuveront mon dessein de l'expliquer. De tels écrits sont à l'honneur de l'Église, ils attirent les esprits cultivés.

On le voit : cette tentative de Renaissance chrétienne est aussi favorablement accueillie à Wittenberg qu'elle l'était naguère à Rome. Encore une fois, ne nous laissons pas aller à y voir une fantaisie de lettré, une élucubration de cabinet ou de collège. Ouvrons n'importe quelles bibliographies, la grosse compilation par exemple de Draudius, sa *Bibliotheca classica* de 1625 : nous y trouverons cent pages entières remplies de titres des *libri poetici* du siècle, et la liste est loin d'être complète. Sans doute, dans ces deux ou trois mille ouvrages il y a quelques douzaines d'écrits répondant à l'idée que l'on se fait aujourd'hui du vers latin, exercice puéril, consistant en jeux d'esprit sans esprit, anagrammes, acrostiches, centons, *carmina unius literæ initialis* [1], mais ces froids ouvrages datent pour la plupart des dernières années du siècle et des premières de xviie, c'est-à-dire d'une époque où les lettrés eux-mêmes n'avaient plus la foi de la Renaissance. Si au contraire on arrête ce relevé à ce qui était paru avant 1550, il est impossible de ne pas être frappé de l'énorme développement de la poésie sérieuse, morale et surtout religieuse : nulle branche de la littérature n'est alors ni plus riche ni plus fraîche. Il y a là un phénomène qui a peu duré, qui ne pouvait pas durer puisque le latin devait si vite cesser d'être la langue universelle, mais il ne faudrait ni le passer entièrement sous silence ni surtout le dénaturer en le confondant avec ce que sera un siècle plus tard le culte du vers latin, passe-temps de désœuvré. Draud copie des pages entières de titres de poèmes inspirés par la Bible, *Carmina heroica paraphrastice scripta*; il y en a presque sur tous les livres de l'Ancien et du Nou-

---

[1] Comme le fameux *Portii Poetæ Pugna Porcorum*, la *Maximilianis* de Pierius, le *Certamen catholicorum cum calvinistis continuo character C. conscriptum, concordiæque cœlitus concessæ christiana congratulatio* d'Antoine Frisius, 1608.

veau Testament, sur les psaumes, sur les prophètes, sur les livres de Salomon; sur les Évangiles et les Épîtres; il cite, par séries, des recueils de *carmina sacra, pia, christiana, moralia, ethica, catechetica, ecclesiastica*, des hymnes, des silves, des élégies, des sentences, des églogues, des épigrammes, des odes suivies de toutes les épithètes religieuses, pédagogiques ou même théologiques; il y a surtout une profusion de tragédies sacrées [1] et un certain nombre de comédies, sacrées aussi, même avant les Jésuites. De toutes ces œuvres rien n'a survécu sans doute, nous ne demandons pas qu'on les relise, mais seulement qu'on sache qu'il y a eu un moment où elles ont pu être lues, comme elles étaient écrites, avec sérieux et avec sympathie. Ces poètes chrétiens d'Italie et d'Allemagne pouvaient dire à bon droit :

> Sur des pensers nouveaux faisons des vers antiques,

et le rapprochement avec André Chénier n'est pas aussi hors de propos qu'on le pourrait croire. Au génie près, ils font en latin ce qu'il voulut faire en français, une imitation inimitable; comme lui ils se défendent de copier, comme lui ils diraient volontiers :

> L'art ne fait que des vers, le cœur seul est poète.

Seulement comme lui aussi c'est à travers l'antiquité qu'ils voient la nature, « par une réminiscence si vive, comme dit Villemain, qu'elle vaut la réalité ». Et de là vient qu'eux et lui ont le droit de penser :

> Notre imitation n'est pas un esclavage.

Personne n'a plus éloquemment protesté que certains de ces grands imitateurs contre la copie servile et superstitieuse. « Toujours marcher sur les pas d'autrui, disait l'un d'eux, ce n'est pas seulement une honte, c'est un danger. Ils sont condamnés à ne jamais grandir, ceux qui ne savent marcher qu'avec les jambes d'un autre, voir que par ses yeux et parler

---

1. Draud, p. 1596-1600 et 1524-1527.

par sa langue. Oublieux d'eux-mêmes, ils vivent du souffle d'autrui. Il faut rivaliser non seulement avec nos contemporains, mais avec ceux qui ont écrit autrefois et que nous appelons nos maîtres muets, autrement nous serons toujours des enfants, *infantes* [1]. »

II

C'est à ce grand mouvement, aussi spontané que naïvement artificiel, que notre Castellion se laissa un moment entraîner avec la même bonne foi que tant d'autres.

Nous ne ferons que mentionner sa première contribution aux Muses chrétiennes : c'est son petit volume de septembre 1545, qui contenait deux ouvrages de sa jeunesse, datant de Genève, peut-être même de Lyon : un poème latin, *Jonas propheta, heroico carmine descriptus*; et un poème grec, Πρόδρομος, *sive Præcursor, id est vita Joannis Baptistæ, græco carmine heroico reddita*.

Le *Jonas* — l'auteur en a eu conscience — peut à peine s'appeler un poème ; le récit suit la Bible pas à pas, il n'y avait donc place pour aucun effort d'invention. Il ne pouvait s'y trouver d'autre mérite que celui d'une bonne amplification, et celui-là s'y trouve. Ces sept cents vers sont l'œuvre d'un humaniste nourri de son Virgile et qui « place » heureusement une tempête, une description du printemps, une autre de la nuit, de l'aurore, etc., assez bien tournées pour servir de modèle à ses élèves. On peut lui savoir gré d'avoir, plus nettement encore que le récit biblique, donné à Jonas l'idée de se dénoncer et aux matelots les plus grands scrupules à accepter son dévouement. C'est de lui aussi et non de la Bible que sont les discours de Jonas dans le sein du monstre marin et en particulier une assez ingénieuse adapta-

---

1. C'est la fin de la très intéressante, judicieuse et spirituelle dissertation de Cœlius Calcagninus, *de Imitatione*, imprimée (p. 232) à la suite des *Cynthii Joannis Baptistæ Gyraldi Poematia*, chez Winter, 1544, in-8. Lilio Gyraldi approuve ces déclarations dans une lettre imprimée à la suite et qui se résume par cette maxime : « Suam quemque jubeto naturam et, ut dicitur, genium sequi ».

tion d'un passage de Cicéron : Jonas s'applique tout ce que dit Cicéron du parricide, cousu dans un sac et jeté à la mer [1].

Citons encore un autre tableau qui n'est qu'à peine indiqué ou plutôt sous-entendu dans la Bible : c'est après la prédication du prophète, après le grand jeûne de tous les êtres vivants dans l'univers, qui inspire au poète ce trait final :

> Omnia lugebant : lapides mœrere putares.

A la suite de cette pénitence toute physique vient la réforme morale, et ici l'on dirait que le poète se souvient de Genève et des lois somptuaires de Calvin :

> Pellitur exemplo mutata fastus ab urbe :
> Pro molli luxu, pro debacchante rapina
> Vita suo contenta subit moresque modesti,
> Desidiam mollem et veneris mala gaudia fœdæ
> Pellit sobrietas et mens intenta labori [2].

C'est surtout à cette conversion morale que Dieu accorde le pardon,

> Et, lacrymis victus, facilis peccata remittit.

Pour exprimer la miséricorde divine, notre poète redevient le doux pédagogue que nous avons déjà entrevu, et il ne recule pas devant la familiarité d'une comparaison avec la mère armée du fouet, que l'enfant tout en pleurs désarme par un : « Je ne le ferai plus [3] ».

---

1. C'est la phrase bien connue du discours *pro Roscio Amerino*, § 72 : « Etenim quid tam est commune quam spiritus vivis, terra mortuis, etc. » Voici en quels termes Jonas se l'approprie :

> Nil tam vulgare est cujus pars ulla relicta
> Sit mihi : nam quid tam totum commune per orbem
> Quam flatus vivis ; quam tellus lumine cassis ?
> Ejectis littus ? rapidum mare fluctibus actis ?
> Ast ego sic vivo, dum possum, ducere ut auras
> De cœlo nequeam ; sic fungar luce suprema
> Ut mea frugiferam non tangant ossa parentem.
> Sic undis agitor, ut nullis abluar undis,
> Sic tandem ejiciar, ut nec dent saxa quietem.

2. P. 22.

3.
> Aut cum sæva parens intentat verbera nato
> Si, genua amplectens, supplex et tristia densis
> Ora rigans lacrimis, per patris amabile nomen
> Oret ut haud posthac facturo talia parcat,
> Non velit in natum procedere longius iras,
> Frangitur, et dulci genitor lenitus amore,
> Exarmatque manum ferulis noxamque remittit :
> Usque adeo blanda tristis prece vincitur ira !

Tel quel, cet exercice de versification fut assez goûté des contemporains, il eut coup sur coup trois éditions et fut encore inséré au xviiᵉ siècle dans divers recueils. Nous n'avons pas besoin de dire qu'il n'est pour rien dans le *Jonas*, *poëme sacré en dix chants*, de Jacques de Coras (1663), et qu'il n'a pas la moindre part à revendiquer dans l'anathème de Boileau, seul titre de notoriété du poème français[1] :

> Le *Jonas* inconnu sèche dans la poussière.

Celui de Castellion était dédié à son ancien camarade, le médecin Barthélemy Argentier. Une courte dédicace, en quelques distiques, révèle bien chez notre auteur, dès cette époque, la préoccupation religieuse et dans la religion même la prédominance de l'idée morale, de la piété pratique.

Le *Précurseur*, sans être beaucoup plus original, est plus intéressant. Les données évangéliques sont distribuées en trois chants : l'enfance de Jean-Baptiste, son œuvre, sa mort. Le récit et les discours calquent le texte des Évangiles, mais dans une langue qui est, qui veut être scrupuleusement celle d'Homère. Au début, on ne laisse pas d'être un peu surpris d'entendre Dieu le Père parler comme Zeus et de voir appliquer à l'archange Gabriel toutes les épithètes d'Achille et d'Hermès.

L'auteur possède si bien par cœur son *Iliade* et son *Odyssée* qu'il semble écrire en centons ; du plus loin que son sujet lui offre une analogie avec un lieu homérique, il se hâte de la saisir et de l'exploiter : descriptions, comparaisons, harangues, messages et répétition littérale des messages par le trop fidèle messager, toutes les recettes de cette poétique enfantine sont consciencieusement mises en œuvre.

Mais par endroits il fait preuve d'un vrai talent, d'autant plus appréciable qu'il est plus sobre. C'est quand il s'attache à traduire le texte sacré ; là en effet il s'interdit les ornements profanes, et il a de beaux mouvements. Pour donner une idée

---

1. On pourrait cependant, si la chose n'était absolument sans intérêt, signaler quelques traits que le poète français semble avoir empruntés au poète latin.

de cet effort, on pourrait citer le cantique de Zacharie ou, mieux encore, le discours de Jean-Baptiste aux Pharisiens [1] : Race de vipères, qui vous a appris à fuir la colère à venir, etc. (Math., III, 7-12.)

A ce mérite, à celui d'une grécité généralement correcte et que Lizel qualifie d'élégante [2], on voudrait pouvoir ajouter quelques traits originaux, piquants ou pittoresques. Ils sont rares dans ces cinquante pages. Cependant on trouverait plus d'un mot heureux ; par exemple, quand Élisabeth, en raison de son âge, doute de la promesse qui lui est faite : elle ne comprenait pas, dit le poète, que l'auteur de la nature est plus fort que la nature :

..... οὐδὲ νόησε κατὰ φρένα καὶ κατὰ θυμὸν
ὡς ὁ φύσιν πρᾶξας φύσιος πολὺ φέρτερός ἐστιν.

Il y a plusieurs bons endroits dans le discours de Jean-Baptiste à Hérode, celui où il le menace de l'œil de Dieu,

πάντα ἰδὼν θεοῦ ὀφθαλμὸς καὶ πάντα νοήσας,

celui où il l'apostrophe au nom de la justice, cet attribut distinctif de la nature humaine :

τὰς δε γὰρ ἀνθρώποισι θεὸς διέταξε θέμιστας ·
ἰχθύσι ῥὰ καὶ θηρσὶ καὶ οἰωνοῖς πετεινοῖς
ἔσθειν ἀλλήλους, ἐπεὶ οὐ δίκη ἐστὶν ἐπ' αὐτοῖς,
ἀνθρώποισι δ'ἔδωκε δίκην (p. 74).

---

1. En voici quelques vers à titre de spécimen (p. 55) :

..... αἷμα ἐχιδνῶν,
τίς θ'ὑμῖν φυγέειν καὶ ἀλέξασθαι κακὸν ἦμαρ
Ἐρχομένου δεινοῖο κότου' ὑπὸ φρεσσὶν ἔθηκεν·
ἀλλὰ καὶ ὡς δενδρῶν καρποὺς φύσατ' ἀγλαοκάρπων,
εἰ ἐτεὸν βούλεσθεν ὀπίσσω ἔμμεν' ἀρείους,
μήτε τι εὐχετόωτε κατὰ φρένα καὶ κατὰ θυμόν,
μήτε τι βούλοισθεν πάντων περὶ ἔμμεναι ἄλλων
οὕνεκα Ἀβραάμου ἔμεναι εὔχεσθε, γενέθλης.
ὧδε γὰρ ἐξερέω, τόδε καὶ τετελεσμένον ἔσται·
ἦ νυ θεὸς δύναται ἀπὸ τῶνδε κραταιῶν λίθων
Ἀβραάμῳ πατρὶ πολυπίστῳ τέκνα ἐγεῖραι.
αὐτὰρ ἐγὼν ἐρέω, ὥς μοι θεὸς ἔμβαλε θυμῷ,
ἤδη δὴ πέλεκυς στελέχῳ ἐπὶ δένδρεος ἐστι,
καββαλέουσα χαμαί, τέκτων γάρ μιν κέλετ' ἀνήρ.

2. George Lizel, *Historiæ poetarum græcorum Germaniæ*, p. 51.

Enfin, dans le troisième chant, on pourrait citer la description assez colorée de la fête chez Hérode où, comme dans l'Odyssée,

ἐμέλπετο θεῖος ἀοιδὸς
φορμίζων καί σφιν ἀνεβάλλετο καλὸν ἀείδειν,

la scène de la danse de Salomé :

Τῆς Ἡρωδιάδος καλλιζώνοιο Σαλώμη
Ἡύκομος θυγατὴρ,

le vœu du roi fasciné par le spectacle :

μαρμαρυγὰς θηεῖτο ποδῶν, θαύμαζε δὲ θυμῷ,

et dans la scène de la prison plusieurs traits heureux, dont nous ne noterons qu'un : la tête du martyr roule à terre et son âme s'en va chez les morts annoncer sa délivrance :

φθεγγομένου δ'ἄρα τοῦ γε κάρη κατάπιπτεν ἔραζε,
ψυχὴ δ'ἐκ ῥεθέων πταμένη ἀϊδόσδε βέβηκε
ὃν πότμον γοόωσα, λιποῦσ' ἀδρότητά τε καὶ ἥβην,
ἀγγελέουσα δ'ἔβη νεκύεσσιν ἐλεύθερον ἦμαρ.

Pour être tout à fait juste envers ce petit ouvrage, il n'en faut pas perdre de vue le sous-titre : il est expressément fait pour la jeunesse, *linguæ græcæ et pietatis ex æquo studiosis*. Or, dans ces limites et pour cet usage, il faut bien y reconnaître un véritable art à ménager dans l'esprit de l'adolescence la fusion intime de deux impressions qui n'ont rien d'incompatible et qui au contraire peuvent se fortifier, celle de l'Évangile et celle d'Homère, deux types immortels de cette simplicité sublime qui naît de la grandeur dans la naïveté.

III

Ces deux petits poèmes étaient, en vers, le pendant des *Dialogues sacrés* : c'est toujours à la même préoccupation pédagogique que revenait Castellion. Nous le voyons employer la fin de la même année 1545 à un autre opuscule qui dans sa pensée faisait suite aux *Dialogues*; une préface, assez précise en sa brièveté pour mériter peut-être d'être traduite ici, nous en explique l'idée première et le plan :

> On a coutume [1] de faire lire aux enfants pour commencer l'étude du grec, Lucien, et celle du latin, Térence : deux auteurs dont l'un n'enseigne que les adultères de Jupiter, les larcins de Mercure et autres traits semblables, l'autre les amours malhonnêtes des jeunes gens, la perversité des courtisanes, l'infamie des entremetteurs. Que ferait-on d'autre, je le demande, si l'on voulait former les enfants à l'immoralité, que de laisser ainsi leurs âmes recueillir d'abord les vices et devenir ensuite incapables de toute vertu? En quoi différons-nous des païens? Que pourraient nous souhaiter de pire les ennemis de la religion que de voir les collèges remplis de ces livres profanes, inspirer le mépris de la piété et des bonnes mœurs [2]?
>
> O Juifs aveugles en tout le reste, en ceci vous avez eu plus de sens que nous : vous voulez que vos enfants dès le bas âge soient nourris dans les saintes lettres! Le poète l'a dit :
>
>> Quo semel est imbuta recens servabit odorem
>> Testa diu [3].
>
> Il faut, à mon avis, que les enfants soient, dès le début, instruits dans les saintes lettres et préservés comme de la peste des ouvrages impurs et malhonnêtes : ceux qui ont appris dans de tels livres, quand ensuite on veut les faire passer aux livres saints, restent comme hébétés, stupéfaits de la nouveauté, ils se trouvent sous un ciel étranger : ils dédaignent la manne et regrettent les oignons d'Égypte.
>
> Quelqu'un pense-t-il qu'il faut aussi de temps à autre goûter à ces œuvres païennes : soit; mais ce qu'on apprend dans la première enfance, on ne le goûte pas, on s'en imprègne pour la vie. On n'approche jamais trop tard du mal, jamais assez tôt du bien [4].
>
> C'est dans cette pensée, pour permettre aux enfants d'étudier en même temps la langue grecque et la religion, que j'ai extrait de Josèphe, qui est un auteur excellent et d'une langue choisie, le tableau de la constitution de Moïse, tel que Josèphe l'a rédigé d'après les textes pris çà et là dans Moïse. Je l'ai mis en latin dans le style le plus familier, mais pourtant sans jamais reproduire servilement les hellénismes.

1. L'usage des extraits ou recueils de morceaux choisis substitués au texte entier des *Comédies* ou des *Dialogues* n'était pas encore très répandu dans la première moitié du siècle; il s'est généralisé pendant la seconde, tant dans les maisons des Jésuites que dans les académies protestantes.
2. Lire dans les *Mémoires de Duplessis Mornay* (t. V, p. 65) l'*Advis sur l'institution d'un enfant qu'on veut nourrir aux lettres*. Duplessis Mornay, énumérant les auteurs latins et grecs que l'enfant devra étudier, ajoute : « Qu'on ne lui lise jamais rien de sale! »
3. Citation que faisait déjà dans le même sens Alde Manuce, dans la préface de ses *Poetæ Christiani veteres*.
4. Luther avait dit de même avec une grande délicatesse : « Il n'y a rien au ciel ni sur la terre qui souffre moins la souillure que l'âme de l'enfant. On dit que l'œil est chose tendre et sensible : combien plus la conscience! » (Kuhn, *Luther*, I, 27.)

Et comme il faut toujours offrir aux enfants les formes les plus faciles, j'ai disposé les mots dans l'ordre naturel, et j'ai simplifié le langage pour le mettre à la portée de tous. J'appelle ordre naturel celui qui correspond à la construction grammaticale. Il se trouve surtout dans le français et l'italien, tandis que le grec et le latin, avec leur plus grande liberté d'inversion, présentent pour des enfants plus de difficulté.

Par exemple :

Ut nec medici, nec imperatores, nec oratores, quamvis præcepta perceperint, quicquam magna laude dignum sine usu et exercitatione consequi possunt, sic officii conservandi præcepta traduntur illa quidem ut faciamus ipsi [1], *sed rei magnitudo usum quoque exercitationemque desiderat* [2].

Cette phrase, ainsi donnée à l'enfant, l'embarrassera beaucoup plus que si on la construit ainsi :

Ut nec medici, nec imperatores, nec oratores possunt consequi quicquam dignum magna laude, quamvis perceperint præcepta artis, sine usu et exercitatione, sic præcepta officii conservandi traduntur illa quidem ut ipsi faciamus, sed magnitudo rei desiderat usum quoque exercitationemque.

C'est ce genre de construction que j'ai suivi dans ce petit livre pour l'une et l'autre langue; elle est moins élégante, mais plus appropriée à l'enseignement; car vouloir apprendre à l'élève à parler élégamment avant de lui apprendre à parler, c'est vouloir que l'enfant sache danser avant de savoir marcher.

Si quelqu'un fait la remarque que ce sont là des procédés que tout maître d'école doit employer avec ses élèves, qu'il se représente que j'ai fait le maître d'école dans cet ouvrage; j'ai voulu descendre à la portée des enfants, et pour eux je ne rougirai de rien, pas même d'aller à cheval sur un bâton.

Ce dernier trait, qui rappelle Mathurin Cordier, ne fait-il pas saisir sur le vif ce zèle pour l'enseignement des tout petits auquel on a toujours reconnu le pédagogue de vocation?

L'opuscule, nous l'avons déjà vu [3], est dédié par Castellion au fils de son ancien compagnon d'études, Barthélemy Argentier. Il l'adresse à l'enfant par une lettre de quelques lignes. « Adieu, mon cher petit Georges; salue en mon nom tes parents et ton professeur [4], aussi affectueusement que tu pourras. Bâle, 4 janvier 1546. »

L'idée de Castellion a été de détacher du livre IV des *Antiquités judaïques* le chapitre 8 : Μουσέως πολιτεία καὶ πῶς

---

1. D'autres lisent *et facimus ipsi.*
2. Cette phrase se trouve dans le *de Officiis*, de Cicéron, liv. I, chap. xviii.
3. Voir notre chap. ii, p. 34.
4. Nous ne savons pas qui était ce maître.

ἐξ ἀνθρώπων ἠφανίσθη; il y a là quelques pages qui forment en effet un tout et qui pouvaient très bien composer un opuscule scolaire, sous ce titre en latin cicéronien : *Mosis respublica* ou *Mosis institutio reipublicæ* (qu'on a souvent abrégé en *Mosis politia*).

La raison de ce choix et l'à-propos de cette petite publication se comprennent aisément. Froben venait de faire paraître, l'année précédente et pour la première fois en Suisse, les œuvres de Josèphe en grec [1], réunies et éditées en un magnifique in-folio [2] par Arnold Peraxylus Arlenius [3], grâce au généreux concours de D. Diègue Hurtado Mendoza, ambassadeur de Charles-Quint auprès de la République de Venise. On n'en avait imprimé jusque-là que des versions latines, dont la plus ancienne est celle d'Augsbourg (1470) [4]. C'était donc bien offrir une primeur à la jeunesse que de mettre à la disposition des débutants ce beau fragment d'un texte grec qui venait à peine de paraître.

L'opuscule tient les promesses de la préface : texte grec et texte latin en regard, grec et latin simplifiés, mais non défigurés.

Quant au but principal de l'ouvrage, nous ne saurions dire qu'il soit aussi bien atteint. Sans doute la plus grande partie de la *Mosis politia* forme un thème instructif et quelquefois intéressant. Le préambule et le discours de Moïse au peuple, ainsi que son hymne final et le récit de sa disparition, forment un très beau cadre et familiarisent l'enfant avec les formes de la langue historique et oratoire. Le corps même de l'ouvrage — lois religieuses, lois civiles et militaires, lois agraires, organisation de la justice, du sacerdoce — donne

---

1. La Bibliothèque Nationale possède l'exemplaire de Huet, dont les marges pour la *Mosis politia* portent, de sa main, les titres de chapitres très analogues à ceux que Castellion a fait imprimer en manchettes.

2. « Voluimus eos (les livres qui subsistent de Josèphe) ex officina Frobeniana pulchre comptos ac affabre perpolitos exire. »

3. Le privilège de Charles-Quint est daté : Spiræ, 11 cal. Maias 1544. Et la préface : « ad Diegum Hurtadum Mendozam », est datée : Venetiis, quarto nonas Mart. 1544. Il en avait paru ailleurs diverses éditions, notamment celle de Paris, « per Nicolaum Savetier calchographium in vico Carmelitarum sub intersignio Hominis Silvestris idibus Augusti 1528 », in-folio.

4. Josephi historiographi viri clarissimi libri de Bello judaico septem finiunt feliciter per Johannem Schussler civem Augustensem impressi, Kalendis septembris decimo; anno vero, a partu virginis salutifero, millesimo quadringentesimo septuagesimo.

matière à d'excellents exercices et, chemin faisant, inculque à l'enfant d'excellents préceptes de morale.

Mais aujourd'hui du moins il semblerait convenable ou, pour mieux dire, absolument nécessaire de supprimer plusieurs articles du chapitre du mariage et de quelques autres [1]. Au XVIe siècle, ni les catholiques ni les protestants ne s'effarouchaient de cette rudesse de langage, de cette crudité du terme propre qui nous semble instruire l'enfant de ce qu'il a le moins besoin de savoir. C'est même ce qui explique qu'il n'y ait pas eu alors plus d'objections contre la lecture de la Bible par le peuple, par les femmes, par la jeunesse : elle ne dépassait évidemment pas ce que permettaient les convenances du temps.

Ce tout petit écrit scolaire ne paraît pas avoir eu grand succès. Ce n'est que longtemps après, en 1616, qu'un théologien allemand, Joannes à Fuchte, professeur à Helmstadt, en publia une seconde édition [2] dédiée à son ami Jean Koneken, ministre de l'église Saint-Pierre à Magdebourg, et précédée d'une préface toute bourrée de citations pour établir qu'il est « permis à un prince chrétien de revenir à quelques-unes des lois de Moïse, je ne dis pas toutes [3] ».

IV

L'année 1546 vit paraître deux ouvrages plus importants, deux traductions : l'une est celle du Pentateuque sous le nom de *Moses latinus*, que nous réservons pour en parler avec

---

1. Celui par exemple *de castratis*, et malgré la parfaite honnêteté, la délicatesse même de l'intention, ceux qui traitent : « Ne fiat connubium prostitutæ cujus sacrificia Deus non sit admissurus propter probrum corporis.... Ille qui persuaserit puellæ ultro subire rem turpissimam et eam anteponere conjugio... Ne fiant sacrificia ex mercede mulieris prostitutæ.... Qui calce pulsaverit mulierem prægnantem mulctetur, ut qui minuerit populum corrupto fœtu in ventre. »

2. Bibl. Nationale, A, 2599. Respublica judaïca a Josepho breviter concinnata a Sebastiano Castellione iterum edita. Helmæstadii typis hæredum Jacobi Lucii, Anno cIɔ Iɔ cxvi; petit in-8.

3. Cette idée, on le voit, se perpétue dans toute la littérature protestante et catholique bien au delà de l'époque de Castellion et en dépit de tout ce qu'il avait fait lui-même pour la combattre. On peut lire à la Bibliothèque Nationale, dans le même volume, le livre classique sur la matière pour les protestants, le fameux traité de François Du Jon : *de Politiæ Mosis observatione, quid in populo Dei observari, quid non observari ex ea oporteat postquam gratia et veritas per Christum facta est et Evangelio promulgata, libellus nunc primum ad communem ædificationem perscriptus atque in luce editus a Francisco Junio*, Lugduni Batavorum ex officina Plantiniana, in-8, 1593, 140 p.

la Bible dont elle forme le premier volume; l'autre est la traduction en vers latins des *Oracles Sibyllins*. Et par allusion au vers célèbre du *Dies iræ* : « Je vous envoie, écrivait Castellion [1], non pas *David cum Sibylla*, mais *Mosem cum Sibylla* ».

Les *Oracula Sibyllina* sont un des titres incontestés de Castellion comme humaniste et comme helléniste. Nous ne pouvons songer à en entreprendre l'étude, qui supposerait des développements techniques et tout un travail de critique philologique qu'on serait inexcusable de refaire après l'ouvrage définitif de M. Charles Alexandre [2]. Bornons-nous à résumer les faits indispensables pour notre biographie.

Un lettré allemand, Sixt Birken — plus connu, comme ils le sont tous, par son nom latinisé, Xystus Betuleius, — principal du collège d'Augsbourg, faisait expliquer à ses élèves Lactance. En y trouvant cités tant de fragments des oracles sibyllins, il se prenait à déplorer la perte de ce document précieux entre tous, auquel plusieurs Pères de l'Église se réfèrent constamment, quand il eut une de ces bonnes fortunes qui n'étaient pas encore très rares à cette époque (1544). Dans un lot de livres que le Magistrat d'Augsbourg avait fait acheter à Venise chez un Grec pour la Bibliothèque de la ville, Betuleius mit la main sur un magnifique manuscrit Σιβυλλιακῶν χρησμῶν λόγοι οκτώ. Presque toutes les citations de Lactance et des Pères s'y trouvaient, avec des variantes qui ne faisaient que confirmer l'authenticité du manuscrit. Il y avait çà et là des fautes de copiste évidentes, mais Betuleius n'hésita pas : en attendant qu'on trouvât un texte plus correct, il se hâta de publier sa merveilleuse trouvaille.

Betuleius était déjà en relations avec Oporin [3], qui venait

---

1. A Georges Cassander et Corneille Gwalther à Zurich, 23 août 1546, dans le recueil de Bertius, *Illustrium virorum Epistolæ selectiores*, centuria prima, p. 49, Leyde, 1617.
2. Nous le citerons surtout d'après son édition de 1869. *Oracula Sibyllina*, editio altera ex priore ampliore contracta, integra tamen et passim aucta multisque locis retractata, curante C. Alexandre (Paris, Firmin-Didot, in-8).
Au cours de l'impression de ce chapitre, vient de paraître une nouvelle édition savante : Χρησμοὶ σιβυλλιακοί, recensuit Aloisius Rzach, Leipzig, 1891, in-8, 321 et xvi p. La préface donne le dernier état des connaissances sur les manuscrits des *Oracles*; un index et un recueil des *loci similes* d'Homère et d'Hésiode et une collection complète des variantes complètent un texte grec admirablement imprimé.
3. Betuleius avait été lui-même professeur à Bâle, à l'École latine de Saint-Théodore. Il faisait déjà à cette époque jouer ses pièces latines par ses élèves. (Voir les mémoires de Thomas Plater. Cf. Thommen, p. 351, et Burckhardt-Biedermann, p. 15).

de publier ses commentaires sur trois ouvrages de Cicéron [1]; c'est à l'imprimeur bâlois qu'il confia sa copie. Oporin l'imprima de ses plus beaux caractères; le petit volume in-4 parut à la fin de mars 1545, dédié par l'auteur aux deux frères Thomas et Ambroise Blaarer, de Constance.

Castellion, qui comme correcteur y avait aussi probablement donné ses soins, conçut aussitôt l'idée d'en publier une traduction en vers latins. Il la fit très vite [2], trop vite de son propre aveu; c'est que l'on ne voulait pas perdre six mois en manquant la prochaine foire; on la manqua pourtant : le livre ne parut qu'en août 1546. Mais ce qui ne devait être qu'une traduction doubla de valeur, grâce à une communication inattendue qui fit connaître un second manuscrit. Elle venait d'un des vétérans de la Renaissance italienne, Marco-Antonio Antimaco, alors professeur de grec à Ferrare, une des illustrations du groupe que nous voyions tout à l'heure [3] réuni autour de Lilio Gyraldi [4], lui aussi en relations suivies avec Bâle (où il avait récemment fait imprimer quelques traductions latines d'auteurs grecs [5] et un éloge de la langue grecque). Dès qu'il eut vu le petit volume de Betuleius, Antimaco se hâta d'écrire à Oporin qu'il avait lui-même un manuscrit ancien des Oracles sibyllins, offrant avec le *codex Betuleianus*, comme on le nomme encore, de notables variantes. Apprenant que Castellion allait en publier une version latine, il collationna obligeamment le texte imprimé de Betuleius avec son propre manuscrit et envoya les corrections à Oporin. Elles arrivèrent à temps pour que Castel-

---

1. *In M. Tullii Ciceronis libros De Officiis, De Amicitia, De Senectute Commentaria longe eruditissima nuncque primum in lucem edita, Xysto Betuleio Augustano autore.* Basileæ, Oporin, mars 1544, in-4.

2. L'ouvrage est « fini depuis longtemps », écrivait-il à Curione en mars 1546 (*Olympiæ Moratæ opera*, 1580, p. 318).

3. Voir ci-dessus, p. 264. M. Alexandre dit qu'il était médecin : peut-être l'a-t-il confondu avec son fils Fabio dont parle Lilio Giraldi (p. 108).

4. Gyraldi fait d'Antimaco un des principaux interlocuteurs de ses *Dialogues*. Il a écrit son épitaphe (p. 136), où Antimaco par allusion à sa qualité de Mantouan est désigné en ces termes :

        Qui patriæ ac testudinis
        Consors Maronis exstitit.

5. *Gemisti Plethonis de gestis Græcorum post Mantineam... M.-Ant. Antimacho interprete... ad hæc Dionysii Halicarnasei et Demetrii Phalerei præcepta... item M.-Ant. Antimachi. De literarum græcarum laudibus oratio in Ferrariensi gymnasio publice habita*, Basileæ, Rob. Winter, mars 1540, in-4.

lion pût amender dans sa traduction quelques passages.

Les deux éditions, la grecque et la latine, s'écoulèrent assez vite pour que Betuleius songeât à en publier une nouvelle, cette fois de concert avec Castellion, à qui il avait voué une estime singulière [1]. Il annonçait dès la fin de mai 1550 le volume en préparation comme sur le point de paraître [2]; il en avait même écrit la préface et les principales annotations [3]. Mais il mourut en 1554 sans avoir réalisé son projet. Castellion le reprit donc seul. Malheureusement il n'eut pas sous les yeux le *codex Antimachi* [4], mais seulement la copie des variantes et des additions communiquées par Antimaco. En tête de cette copie se trouvait une préface en grec, sorte d'étude sommaire sur les livres des Sibylles : Castellion la publia comme étant l'œuvre d'Antimaco, et depuis lors tous les éditeurs la reproduisirent sous le même titre, *Marci Antimachi præfatio*, jusqu'au jour où M. Alexandre s'aperçut que ce fragment anonyme faisait partie du manuscrit primitif et n'était autre chose que la préface même du moine inconnu qui fit vers le vi[e] siècle la codification des oracles sibyllins jusqu'alors épars. C'est là que le savant critique devait trouver la clef de l'ouvrage tout entier.

M. Alexandre est le premier à reconnaître que cette fâcheuse inadvertance s'explique aisément. Les copies sur feuilles volantes, faites ou surveillées par un vieillard (Antimaco avait alors près de 75 ans) n'avaient pas été accompagnées des indications nécessaires; la préface grecque était sans doute écrite de sa main; le texte d'ailleurs en était trop vague pour que l'erreur éclatât à la lecture; enfin, lorsque Castellion publia sa seconde édition, Antimaco, qui l'aurait avisé de sa méprise, était mort depuis trois ans (1552).

---

1. Il dit de lui : « Vir singulari judicio et eruditione rara præditus…. Accedit incomparabilis quam apud animum meum excitarunt luculentissimæ ipsius lucubrationes, quas utraque lingua utroque dicendi genere non sine magna rei literariæ sacræ potissimum utilitate in lucem edidit. Accedunt liquidissima bonorum virorum testimonia qui de ipsius eruditione, integritate, candore, pietate testantur : in quibus præcipuè commemorandi sunt ipsius hospites *Bernardinus Ochinus Senensis*, purioris theologiæ professor, et *Joh. Oporinus*, Basiliensis typographus, uterque vir fide dignissimus. Accedit *Fr. Stancari* Mantuani commendatio et præconium. » (*Commentaria in Lactantium*, p. 476.)

2. Rzach. præfat., p. ix.

3. Reproduites par Castellion, p. 300 de son édition de 1555.

4. Ce manuscrit se trouve aujourd'hui à la Bibliothèque de Vienne.

En dépit de ce contretemps, ce qui distingue le travail de Castellion comme éditeur des *Oracles*, c'est précisément le soin scrupuleux dont il fait preuve. Sa préface de 1545 adressée à l'ambassadeur de France auprès des Ligues Suisses Morellet du Museau, nous le montre à l'affût des renseignements et des documents. Il y transcrit la réponse de Betuleius sur la provenance du premier *codex*; il dit tout ce qu'il sait du second par Antimaco, et il supplie l'ambassadeur de l'aider à avoir connaissance d'un troisième, qu'un ami lui signale : « Celui-là se trouve en France, dit-il, il appartient à un certain Ranconet qui vous est bien connu. Je voudrais que Ranconet suivît l'exemple d'Antimaco et, après avoir collationné, envoyât lui aussi ses corrections à Oporin. »

L'information était exacte : le Ranconet dont il s'agit n'est autre que le savant et intègre conseiller au parlement de Bordeaux, Aimar de Ranconet, celui-là même que Voulté nous a fait entrevoir dans le dîner des humanistes chez Mellin de Saint-Gelais [1], celui à qui Pierre Bunel écrivait ses lettres « cicéroniennes » en se plaignant qu'il lui répondît modestement en français [2], celui qu'Étienne Dolet cite parmi les premiers noms de la Renaissance française [3], celui enfin, qui, victime de l'envie, coupable de s'être opposé aux supplices des hérétiques, mourut à la Bastille en 1559. A l'époque où Castellion écrivait, il traversait une première disgrâce et travaillait comme correcteur chez les Estienne. Le manuscrit des Sibylles qu'il possédait et qu'il avait annoté suivant le désir de Castellion, passa aux mains du fils de Turnèbe, qui le prêta dans la suite au nouvel éditeur des oracles sibyllins, Jean Opsopœus [4].

---

1. Voir ci-dessus, p. 38. Voici les vers enthousiastes qui le concernent (*Vulteii Epigr.* p. 103) :

>Ranconetus, homo omnium virorum
>Perfectissimus, omniumque, quotquot
>Nutrit Gallia, maxime absolutus
>Cura, judicio, labore, sensu,
>Arte denique diligentiaque
>(Budæum excipio tamen, virum illum
>Summum, Gallia quo triplex alumno
>Ampullatur et ipsa jure turget).

2. *Petri Bunelli et Pauli Manutii epistolæ cicernonianæ*, notamment p. 66 et 87.
3. *Commentariorum linguæ latinæ* tom. I, p. 1155.
4. Jean Koch, de Brette.

Sur les mérites de Castellion comme traducteur, M. Alexandre a tout dit [1]. Il le juge « non seulement très instruit, mais remarquablement sagace »; il lui sait gré d'avoir redressé, parfois deviné des passages corrompus, suggéré nombre de corrections judicieuses. Quant à sa versification, Castellion l'avait dit lui-même, son ferme propos était de subordonner l'élégance à l'exactitude, de faire au besoin de mauvais vers pour faire une bonne version. M. Alexandre lui reproche trop de précipitation, trop de dédain surtout pour les exigences de l'oreille.

Ajoutons que notre auteur avait mis dans sa préface de 1545 une discussion intéressante des arguments pour et contre l'authenticité des livres sibyllins. Nous ne l'y suivrons pas, bien entendu. Nous ne le défendrons même pas d'avoir partagé l'erreur de tous ses contemporains, qui a été celle de tous les siècles presque jusqu'au nôtre. M. Alexandre a démontré avec quelle incroyable crédulité, non pas seulement Lactance et Justin, mais, chose plus extraordinaire, Clément d'Alexandrie, le plus érudit des chrétiens de son temps, admet comme d'une antiquité vénérable des vers qui n'avaient pas un siècle de date. Après cela, comment reprocher à tout le moyen âge d'avoir cru au fameux acrostiche du nom de Jésus-Christ [2], ou à Castellion d'avoir supposé que Cicéron lui-même y avait fait allusion dans le passage où il parle d'un acrostiche à propos des livres sibyllins [3] ?

Signalons seulement, en terminant, la hardiesse et la candeur tout ensemble du passage de cette préface où il donne son critérium pour l'authenticité des écrits sacrés : c'est la valeur interne du document, l'excellence de sa doctrine. Il applique aux textes ce que Moïse avait dit, paraît-il, des hommes : qu'il ne suffit pas pour reconnaître leur inspiration de constater des signes extérieurs; il faut qu'ils enseignent la vérité et que notre conscience leur en rende témoignage. Une pareille doctrine ouvre la porte à bien des nouveautés. Nous verrons plus tard où elle mènera Castellion.

---

1. Édition de 1841. *Novi editoris admonitio*, p. 64.
2. Castellion l'a reproduit en latin, p. 98 de l'édition de 1546, p. 238 de celle de 1555. Il en donne aussi p. 290 une autre traduction faite par Jean Laug.
3. *De divinatione*, lib. II, 111-112.

V

Il nous reste à parler du dernier ordre de productions poétiques de notre auteur : c'est, prise en soi, la moins importante, mais elle fait partie d'un plan d'ensemble qui mérite quelque attention.

De tous les moyens que tenta la presse protestante pour encourager la nouvelle poésie latine, le plus efficace aux yeux de Mélanchthon devait être l'introduction dans les écoles de recueils de morceaux choisis. A défaut de grand poète ou de grand poème, on avait nombre de beaux fragments, les uns dus à l'antiquité chrétienne [1], les autres à la Renaissance catholique d'Italie, les derniers aux poètes protestants d'Allemagne : il ne s'agissait que de les réunir. Ce fut un des mérites d'Oporin de provoquer des *Excerpta* de ce genre. Pendant les premières années surtout, il semble répondre ou aux pressantes invitations de Wittemberg ou à un besoin généralement senti, et tant par lui-même que par son beau-frère Winter, il fait paraître coup sur coup ces petits volumes de poètes chrétiens, lyriques, didactiques, dramatiques surtout [2], destinés à former la nouvelle littérature scolaire. Il faudrait toute une monographie pour en faire la revue. Nous n'y insistons ici que pour faire remarquer la part certaine qui revient dans cette entreprise à Castellion : pour plusieurs de ces recueils il a été le principal rédacteur et le metteur en œuvre. Il n'y entre pas seulement par les poésies dont il est l'auteur, il en signale d'autres de toute provenance à Oporin, et il contribue à lui faire améliorer d'année en année la composition de ces anthologies, au début singulièrement touffues et mêlées. Sous son influence on sent peu à peu s'y introduire

---

1. On reprit encore à Bâle à diverses reprises la tentative d'Alde Manuce. Un certain Théodore Poelmann, Cranenburgensis, y publiait (avec la préface de Reinhardus Lorichius, datée de Marbourg, 1537) un volume intitulé *Juvenci hispani, Cœlii Sedulii, Aratoris et Venantii H. Fortunati... opera*, Basileæ, in-8, 305 p., plus un recueil non paginé de variæ lectiones.

2. On ne peut guère douter de la faveur qui accueillit les *Dramata sacra*, à en juger par le nombre des éditions, à Bâle seulement. En septembre 1540, Nicolas Brylinger publiait *Comœdiæ ac tragœdiæ aliquot ex novo et vetere Testamento desumptæ*, avec une préface commençant par ces mots : « En, adolescens ingeniose, novum Terentium Romæ non natum

un choix plus sévère et pour la forme et pour la pensée, pour la pensée religieuse surtout. On peut s'en convaincre en examinant l'un des premiers en date de ces recueils, celui de 1539 : *Scholæ christianæ Epigrammatum libri duo ex variis christianis poetis decerpti ad usum adolescentulorum*, et en le comparant à tous ceux qui suivront, jusqu'aux volumes de Georges Fabricius de Chemnitz[1] qui finissent par se résumer dans l'*Enchiridion pietatis puerilis* d'Adam Siber[2], 1564, où l'on trouve classés définitivement les extraits des poètes italiens, allemands, français même, dignes de trouver place dans la bibliothèque de l'étudiant chrétien. (Notre Castellion y figure p. 232 pour sa belle prière *Omnipotens genitor*.) « Je sais bien, dit Fabricius, que Vivès parle avec mépris de ces auteurs : Prudence, Prosper, Paulin; ce sont, dit-il, des eaux troubles comme celles d'un torrent. — Troubles, c'est possible; mais en sont-elles moins fraîches et moins salutaires? Ce sont souvent des eaux troubles et chargées de fer ou de soufre qui nous sauvent la vie. » Et un peu plus loin : « Le but des

---

sed in christiana schola ». Ce sont dix pièces de Gnapheus, X. Betuleius et Neogeorgus. Ce qui n'empêche pas Oporin de rééditer, sans parler des pièces isolées, un nouveau recueil, *Dramata sacra, comœdiæ ac tragœdiæ* (même titre que ci-dessus), seize pièces en deux volumes in-8 (mars 1547). La plupart sont de X. Betuleius, quelques-unes traduites en latin par ses élèves d'Augsbourg.

1. Parmi ces recueils de Fabricius, publiés chez Oporin, deux méritent une mention particulière.
Le premier, tout entier composé d'œuvres de Fabricius, a pour titre *Poematum sacrorum libri XVI*, Oporin, in-8, 655 p. (1560). Il contient des pièces religieuses de tout genre, entre autres un assez curieux choix de prières, de chants, de chœurs, de Noëls, de paraphrases de la Bible sous le titre *Pietatis puerilis libri duo*. Le Musée pédagogique possède un exemplaire contenant des notes manuscrites de Jacques Fabricius, frère de l'auteur, dont une nous prouve que ces livres se lisaient plus que nous ne pensons; Flinner atteste à Fabricius avoir entendu le roi de Danemark récitant dans sa chambre ce distique qui est dans le volume :

Sint unum, doceant unum, fateantur et unum
Qui bene de Christi nomine nomen habent.

Le second est de 1563; il a pour titre *Poetarum veterum ecclesiasticorum opera christiana*. C'est un véritable *thesaurus antiquitatis religiosæ*, comme l'appelle l'auteur, dédié au jeune duc de Saxe, précédé d'une introduction qui est un plaidoyer plein d'animation en faveur de cette révolution pédagogique et suivi d'une naïve pièce de vers d'Oporin alors déjà bien vieux, mais tout heureux de penser aux petits écoliers qui un jour béniront sa mémoire :

Parvuli dicent sibi tunc scholares
Invicem : « Vere fuit eruditus! »
Sic dabunt Musæ tibi sempiternæ
Præmia laudis.

2. Voir *Adam Siber und das Chemnitzer Lyceum in der 1ter Hælfte des 16ten Jahrh.*, par M. K. Kirchner dans les *Mittheilungen des Vereins für Chemnitzer Geschichte*, vol. V. Chemnitz, 1887, in-8.

études n'est pas de nous délier la langue, mais de nous former l'esprit, *informetur mens ipsa* ».

De ces nombreuses *anthologies*, deux en particulier se recommandent à nous pour la place qu'y occupent les poésies de Castellion.

La première est celle que nous avons déjà eu occasion de citer [1], *Bucolicorum autores XXXVIII,... farrago eclogarum CLVI* [2]. C'est Oporin lui-même qui s'est amusé — il avoue que depuis longtemps il n'avait pas eu d'aussi grand plaisir — à composer cette gerbe poétique [3]. D'abord il n'avait trouvé que seize auteurs; en cherchant bien et en acceptant sans trop de rigueur ce qu'on lui offrait, le nombre a plus que doublé. Au cours même de l'impression il est arrivé des morceaux qui n'ont pas pu être mis à leur place chronologique.

Pour parrain de son livre, Oporin a choisi Laurent de Blankenheym, gentilhomme de Marbourg qui, l'année précédente, pendant un séjour à Bâle, s'était lié d'une vive amitié avec Oporin et son entourage [4].

Le volume justifie les confidences de la préface : on y sent un abandon qui n'est pas sans charme. Ce n'est pas l'édi-

---

1. Voir ci-dessus, p. 34-35.
2. Voici le titre complet de ce curieux volume dont la Bibliothèque Nationale possède un exemplaire. « En habes, lector, Bucolicorum autores XXXVIII, quotquot videlicet a Vergilii ætate ad nostra usque tempora eo poematis genere usos sedulo inquirentes nancisci in præsentia licuit, farrago quidem eclogarum CLVI mira cum elegantia tum varietate referta nuncque primum in studiosorum juvenum gratiam atqueu sum collecta. Basileæ (1546), in-8, 800 p.
3. Robert Winter avait publié dès 1544 un recueil du même genre que l'on confond souvent avec celui d'Oporin. En voici le titre : *Poematia aliquot insignia illustrium poetarum recentiorum hactenus a nullis fere cognita aut visa*. Nous y remarquons en effet parmi les pièces inconnues ou à peine connues des contemporains la *Faustina* de Claude Budin (voir ci-dessus, p. 133), les églogues de Jean Arnoullet (voir ci-après, p. 288) et diverses autres pièces que nous n'avons trouvées nulle part ailleurs. Plus remarquable encore et plus riche en documents précieux pour l'histoire contemporaine, est le recueil que possède la Bibliothèque Mazarine et qui est du même Robert Winter, mais de 1539 (400 p. in-8). *Scholæ christianæ epigrammatum libri duo, ex variis christianis poetis decepti, in usum adolescentulorum*. A la suite du titre se lit le mot CHRISTUS, suivi de ce distique, qui est significatif et qui prouve une fois de plus la persistance du projet :

Discite me primum, pueri, atque effingite puris
Moribus; inde pias addite litterulas.

4. Sur ce personnage, consulter l'*Allgemeine deutsche Biographie*, VI, 510.
C'est à ce même seigneur qu'est dédié avec force éloges dans le goût du temps un autre ouvrage imprimé chez Oporin en juin 1551. C'est une paraphrase, en vers héroïques, des épîtres des dimanches et jours de fête, pour faire suite, dit l'auteur, aux Évangiles qu'il avait déjà ainsi traités. L'auteur est un professeur de Sigena (Siegen), Georgius Æmilius. (Oemler), qui déclare avoir été incité à émulation par la traduction analogue en vers élégiaques qu'avait faite quatorze ans auparavant François Bonade.

teur soucieux d'un but précis, c'est l'humaniste qui a tenu la plume d'une main indulgente. La tendance chrétienne s'accuse, mais n'est pas encore exclusive.

Le recueil, après les extraits de Calpurnius, d'Ausone et de Némésien, contient les douze églogues de Pétrarque et les seize de Boccace, ces petits ouvrages auxquels les deux poètes avaient cru attacher une partie de leur gloire en y enfermant si ingénieusement tant d'allusions contemporaines en des vers virgiliens. Puis viennent des « pastorales » empruntées à tous les « poètes » célèbres de la fin du xve et du commencement du xvie siècle. Ainsi défilent devant les lecteurs la plupart de ceux que Lilio Gyraldi vers la même époque passait en revue. Ce sont surtout ou avant tout les Italiens, depuis le « grand » Pontano jusqu'à Baptiste Mantouan, ce Virgile de l'improvisation dont les dix églogues avaient été traduites dans toutes les langues; depuis Sannazar et Vida jusqu'à ces *poetæ minores* que Gyraldi avait si bien notés d'un mot : Codrus de Modène « ce grammairien auteur de poésies *citra labem sed absque venere* »; Janus Anysius, « *poeta facilis* »; Baptiste Fiera ou Fera, aux vers durs comme son nom : « *omnino hujus feræ catuli parum tractabiles* »; le Florentin Petrus Crinitus : « Quel dommage que sa muse n'emplisse pas l'esprit autant que les oreilles! » enfin cet autre Italien devenu le « *poeta regius et regineus* » de la cour de France et l'un des propagateurs de la Renaissance, le maître de Claude Budin[1], celui qui vivant fut jugé par Érasme avec tant de faveur et mort avec tant de sévérité, Fausto Andrelini[2]. Nous retrouvons même dans le recueil d'Oporin deux noms d'Italiens oubliés ou ignorés de Gyraldi : l'un est celui d'André Ammonio de Lucques, cet ami d'Érasme, qui avait été le secrétaire de Henri VIII pour le latin; l'éditeur bâlois nous a conservé la seule pièce qu'on puisse citer à l'appui de sa renommée. L'autre, qui occupe une place d'honneur dans le recueil, avait probablement échappé à Gyraldi parce qu'il a passé toute sa vie

---

1. Voir ci-dessus, p. 126, 133-135.
2. Voir, dans le premier numéro de la *Vierteljahrsschrift für Kultur und Litteratur der Renaissance*, une belle étude de M. L. Geiger sur P. Fausto Andrelini, 1885.

dans les cours étrangères, c'est Antoine Geraldini (le frère d'Alexandre, de ce théologien diplomate qui, après avoir fait l'éducation de quatre princesses devenues reines, fut le premier évêque de Saint-Domingue). Les douze églogues d'Antoine avaient attiré l'attention des éditeurs de Bâle (Winter, à la recommandation de Gilbert Cousin, les avait publiées à part avant Oporin [1]) : c'était l'idéal de la poésie bucolique appliquée à la théologie. Après les Italiens, ce sont les poètes allemands qui tiennent le plus de place : les deux princes du genre sont Eobanus Hessus et Euricius Cordus.

Une jolie pièce représentait l'auteur des *Baisers*, le seul peut-être de toute cette génération qui ait réussi devant la postérité à prouver qu'on peut être poète en latin, et il était mort à vingt-cinq ans : Jean Second.

Quant aux Français, convenons-en, ils ne brillent même pas par le nombre; et il est trop manifeste qu'Oporin n'a guère eu que ceux que Castellion lui a fournis, les versificateurs lyonnais dont nous avons déjà parlé [2], Gilbert Ducher, Jean Rainier, Philibert Girinet, enfin un poète nivernais, Jean Arnoullet, auteur de trois églogues, la Foi, l'Espérance et la Charité, et d'une élégie allégorique sur la mort du prince de Clèves.

Enfin la dernière pièce du recueil était inédite. C'est une églogue intitulée *Sirillus* [3]. Un berger de ce nom raconte à un de ses compagnons la nuit de la Nativité, l'étoile de Bethléem, les chants des anges, la visite à la crèche et la beauté divine de l'enfant,

> Qui tenebras noctis vultu radiante fugabat
> Vultu quo posset depellere nubila cœlo
> Et crudos animi subito sanare dolores!

---

1. Mopsus et Lycidas y conversent longuement de la Nativité de Notre-Seigneur; puis ce sont les Trois Rois; puis Joseph et Marie cherchant Jésus qui enseigne à la synagogue, puis la tentation du Christ, dont le titre donne la clef en ces termes : « Collocutores, *Jesus* et *Diabolus* sub nominibus *Jollæ* et *Charonis* », enfin toutes les autres grandes scènes du récit évangélique, et, pour pousser plus loin l'effort, un dialogue des douze apôtres dont chacun met en vers un article du Symbole qui porte leur nom; voici le premier :

> Principio Cephas surgens hic dicere cœpit :
> « Esse Deum qui cuncta potest, qui cuncta creavit
> Confiteor, summaque orbem ratione regentem,
> Ergo uni trinoque Deo sit fausta potestas! »

2. Voir ci-dessus, p. 30 et suivantes.
3. Nom de berger dont j'ignore l'origine.

Rien d'ailleurs dans cette petite pièce qui dépasse la facture d'un bon élève s'inspirant de l'églogue à Pollion. Pourtant, si on la compare au reste du recueil, on trouve qu'elle repose l'esprit de tant de pages de tirades vides et sonores, de descriptions banales et de centons froidement pénibles : à défaut d'autre mérite, la langue ici est sobre et elle est ferme, qualités rares dans ce volume.

Le second de ces recueils, par lequel nous terminerons cette revue, parut quelques années plus tard. Oporin par exception a omis d'en inscrire la date exacte. Il est intitulé *Pii, graves atque elegantes poetæ aliquot, nunc primum ad piæ juventutis et scholarum utilitatem conjuncti* (in-8, 456 p.). L'auteur du recueil, celui du moins qui en signe la préface adressée à Oporin, est Orgetorix Sphinter, lettré allemand ou hongrois [1], que nous ne connaissons que par ses relations affectueuses avec Aonio Paleario. Une lettre de lui se trouve en tête du poème d'Aonio *De l'immortalité de l'âme* [2]. Une autre figure, avec la réponse, dans la correspondance d'Aonio publiée par Gryphe [3].

Dans la lettre qu'il écrit de Rome à Oporin et dont celui-ci fit la préface de ce nouvel *Enchiridion*, Orgetorix Sphinter nous rend compte d'un entretien qui l'a déterminé à publier cet ouvrage. Il était allé voir le cardinal Sadolet. C'était quelques jours avant sa mort (arrivée en 1547) :

« Ce bon vieillard en parlant de l'état de la religion avait les larmes aux yeux ; il déplorait les dissensions du temps : des esprits d'élite que la communauté des études aurait dû rapprocher, sont si divisés au contraire qu'il faut renoncer non seulement à se voir, mais à se lire. Les livres mêmes passent malaisément la frontière. Un écrit venant de Suisse ou d'Allemagne est suspect aux Italiens, et quel livre italien n'a là-bas des détracteurs tout prêts ? La conversation tomba sur une des raisons de cette suspicion : un des principaux griefs des protestants est que les auteurs italiens mêlent volontiers le sacré au profane, en fait de poésie surtout. — « Ah ! que vous avez raison, reprend vivement Sadolet. « Vous me rappelez un de mes vieux projets [4] : j'avais demandé il y a plu-

---

1. D'après M. Young, *The life and times of Aonio Paleario*.
2. Édition de Gryphe, Lyon, 1553, p. 5 à 9.
3. Aonii Palearii Epistolarum libri IIII...., 1552, p. 204 et 206.
4. Sur un autre plan, un peu plus scolaire et plus éclectique, des libraires de Paris et de Lyon avaient entrepris des publications analogues. Une des plus célèbres paraissait encore à Lyon, par les soins de Jean de Tournes en 1566 : *Illustrium poetarum flores, per Octavium Mirandulam collecti et in locos communes digesti*, petit in-8, 730 p.

« sieurs années aux imprimeurs de nous faire un recueil qui contint la
« fleur de nos poètes les plus remarquables ; on ne prendrait que des
« œuvres irréprochables quant à la doctrine, et ainsi se trouveraient
« réunis des auteurs qui ont en commun le sentiment religieux. Quel
« livre intéressant, quel beau livre on ferait ainsi, et combien profitable
« à la jeunesse, au lieu qu'aujourd'hui on ouvre un livre avec l'intention
« de lire de belles choses et de les méditer, on tombe sur des futilités,
« des jeux d'esprit, quelquefois des obscénités sans nombre. »

Et, comme son interlocuteur entre tout à fait dans ses vues, le cardinal et l'humaniste se mettent à esquisser ensemble le plan du petit livre à faire ; ils passent en revue les poètes contemporains des deux côtés des Alpes :

« Le cardinal n'était pas de ceux qui nous traitent (Orgétorix veut dire : nous autres Allemands) comme des souches, *truncos aut stipites*; il se plaisait à reconnaître chez plusieurs des nôtres de l'érudition, chez quelques-uns de l'éloquence, mais c'est aux Italiens qu'il donnait la palme, en particulier pour cette vivante imitation de la poésie antique appliquée aux sujets chrétiens. Il trouvait du mouvement et de la vie dans Sannazar, une savante harmonie dans Aonio, et dans Vida une connaissance de Virgile comme jamais l'homme ne l'a eue ; il louait dans Flaminio une piété merveilleuse. « Réunissez de tels écrivains — en écar-
« tant leurs petites pièces, les *Piscatoria* [1], les *Epigrammata*, etc. — et
« voilà, disait-il, le volume tout fait, un volume qui sera bientôt dans
« toutes les mains [2]. »

Après la mort de Sadolet, Orgetorix Sphinter crut en quelque sorte remplir un de ses derniers vœux en essayant de composer, sur le programme même du cardinal, cette Anthologie largement, mais sévèrement chrétienne. Et l'on comprend que nous tenions pour un insigne honneur fait à notre Castellion d'avoir été choisi pour y représenter seul, à la suite de Sannazar, de Vida et d'Aonio Paleario, la poésie protestante. L'ouvrage qui lui valut cet honneur [3] était une série de psaumes traduits en vers latins, *Odæ in Psalmos XL*,

---

[1]. Allusion aux *Egloge pescatorie* de Sannazar.
[2]. Ces sentiments n'étaient pas nouveaux chez Sadolet. On les retrouve dans la charmante lettre qu'il écrivait de Carpentras, 29 juin 1536, à l'imprimeur lyonnais Gryphe en lui demandant d'imprimer le poème d'Aonio et d'y joindre ceux de Sannazar et Vida. (*Aonii Palearii De animorum immortalitate*, 1552, Lugduni, apud Gryphium, p. 3.)
[3]. C'est dans ce recueil que se trouvent aussi les deux traductions en mètres alcaïque et saphique des deux *Mosis carmina* (Exode XV et XXXII). Voici la première strophe de cette dernière « Ode » :

    Audite, cœli, quæ loquor! Accipe
    Oris loquelas, terra, mei! Meæ
      Imbris fluent ritu camœnæ,
    Verba fluent mea roris instar.

alternant avec trente autres que le brillant poète italien Marco Antonio Flaminio avait composés pendant son séjour au concile de Trente en 1546 [1]. Ce Flaminio méritait bien les éloges de Sadolet que nous venons de transcrire : c'est, d'après sa correspondance, un esprit délicat et une âme tendre, presque mystique [2].

On ne peut pas demander au lecteur d'aujourd'hui de s'intéresser à la comparaison des psaumes de Flaminio avec ceux de Castellion [3], à leurs essais de métrique qui passaient pour hardis autant qu'ingénieux, à leurs vertueux efforts pour respecter le texte sacré tout en le parant d'ornements classiques.

Nous ne prétendons pas d'ailleurs pour notre poète à une

---

1. Les 30 psaumes de Flaminio dédiés au cardinal Farnèse (depuis, Paul III), qui ont eu, dans la suite, de si nombreuses éditions, avaient déjà paru en Italie et chez Robert Estienne, 1546, in-8. Ils se trouvent aussi dans un de ces recueils dont Sadolet lui-même reconnaissait le caractère singulièrement hybride : *Carmina Quinque illustrium poetarum*, Venetiis, 1548, in-8. (Les quatre autres poètes sont Bembo, André Naugerio, Jean Cotta et Balthazar Castiglione, l'auteur du *Courtisan*. Notons en passant que Flaminio le salue du nom *Castalion* qu'il fait dériver (Diceris invicto Castalione satus) à la fois de *Mars Castalio* (?) et de la fontaine Castalie.)

2. Voir, sur ses lettres : *Erinnerungen an M.-A. Flaminio*, par Aug. Neander, Berlin, 1837, in-4.

3. Pour donner au moins l'idée de la versification des Psaumes de Castellion, voici deux courts fragments, l'un du psaume 39, v. 4-6 :

O Jova, demonstra mihi quis meus exitus sit, ecquæ
    Mensura vitæ sit mihi statuta.
Scire velim quam sim longævus ; et ecce quos mihi das
    Mensura palmæ terminavit annos.
Nil ego sum, nil sunt homines, nisi vanitas inanis,
    Hæc vita non est vita, verum imago.
O mens stulta hominis qui congerit et tumultuatur,
    Ignarus ecquis sit futurus hæres !

l'autre du psaume 74, v. 4 et suiv. ; c'est sur la profanation du lieu saint et le triomphe des impies :

Quin et tropæis turpibus, heu nefas !
Fœdare sanctas numine curias
    Ausi strepunt clamore diro
      Et sacra commaculant prophanis.

Ac, sicut altas agricolæ student
Sylvis in altis eruere arbores
    Urgentque præduras secures,
      Nec mora, dum videant ruinas ;

Infesta sic nunc agmina vectibus
Durisque rumpunt limina malleis
    Postesque convellunt ab ipso
      Cardine, roboribus cavatis.

. . . .
At nos nec ullum prælia jam docet
Sublime signum, nec superest, mala
    Qui leniat tam dura, vates,
      Quive modum videat laborum.

des premières places dans ce genre. Il reste au-dessous de Flaminio pour l'allure aisée et élégante, d'Eobanus Hessus pour l'ampleur, à plus forte raison au-dessous de Buchanan, à qui devait appartenir la palme. Constatons seulement qu'à l'époque où il versifiait il soutenait la comparaison avec les deux seuls Français qui se fussent livrés à cet exercice : — le Saintongeois François Bonade [1], dont le vers dur et pénible est pourtant souvent expressif; — et le chancelier de l'Église de Paris, l'aumônier favori de François Ier, celui dont il fit avec tant de bonheur son « grand inquisiteur des Bibliothèques », le digne Jean de Gagny (*Joannes Ganœus*), qui publiait juste en même temps que Castellion sa trop facile et verbeuse paraphrase, *Davidici psalmi in lyricos diversorum generum versus* (Paris, 1547, in-8).

Qu'il nous suffise d'avoir noté que notre jeune humaniste protestant avait eu, lui aussi, son heure de poésie, qu'une place obscure lui revient parmi les âmes innombrables qu'a fait vibrer la lyre de David et qu'entre des milliers d'autres il a passé des heures bénies à essayer de traduire en sa langue quelques-unes des phrases éternellement intraduisibles de ce « livre de prières de l'humanité ».

---

1. *Eximiis prophetarum antistitis regia Davidis oracula per Franciscum Bonadum Angeriæ presbyterum... exarata.* Parisiis, Ch. Wechel, 1531, in-8, 248 p.

CHAPITRE X

LES DEUX TRADUCTIONS DE LA BIBLE, EN LATIN (1551)
EN FRANÇAIS (1555)

I. Traductions latines du Pentateuque et des Psaumes (*Moses latinus* et *Psalterium*) publiées à part (1546 et 1547); importance de la préface et des notes du *Moses latinus*. — II. Préface de la Bible latine dédiée à Edouard VI (1551) : premier manifeste de la liberté de conscience. — III. Principes généraux, esprit et méthode des deux traductions de la Bible, latine et française : opinion de Castellion sur l'inspiration des Écritures, sur le canon sacré, sur le texte des Livres saints, sur la manière dont ils doivent être traduits. IV —. La Bible latine : quelques exemples. — V. La Bible française : elle est écrite pour les ignorants. — Les deux règles philologiques du traducteur. — Exemples.

Nous réunissons dans ce même chapitre les deux œuvres capitales qui devraient, si nous destinions le présent travail à la Faculté de théologie, en occuper la place centrale.

Mais ce travail n'est rien moins qu'une étude d'herméneutique sacrée. C'est la biographie d'un homme du xvi° siècle, *unus ex multis*, comme il aimait à le dire lui-même, chez qui la question religieuse fut, il est vrai, la grande affaire de la vie. En toutes ses œuvres et même dans ces deux traductions, colossales entreprises d'érudition philologique et théologique, c'est l'homme plus que le document qui nous intéresse. Et, au fond du document même, ce que nous chercherons ce ne sont pas les résultats exégétiques dont l'appréciation exigerait une compétence qui nous fait absolument défaut, c'est seulement l'inspiration générale, l'esprit qui l'anime, la méthode qui s'y affirme, l'exemple donné en plein xvi° siècle à la science protestante.

I

LE « MOSES LATINUS » (1546) ET LE « PSALTERIUM » (1547)

Deux fragments seulement de cette traduction latine des Livres Saints parurent avant la Bible complète de 1551, le Pentateuque sous le titre de *Moses latinus* (1546), les Psaumes suivis d'autres chants et prières bibliques, *Psalterium* (1547) [1].

De ces deux volumes, que nous n'envisagerons naturellement pas à part ici, puisqu'ils trouveront place dans nos observations générales sur la Bible, — le premier cependant mérite quelques instants d'attention comme point de départ de l'entreprise de Castellion.

C'est dans la préface du *Moses latinus*, adressée à Barthélemy Argentier [2] et datée de juillet 1546, qu'il faut recueillir l'idée première d'où il est parti, idée que lui-même dépassera bientôt, mais sur laquelle on continuera de le juger pendant des siècles. Quand l'opinion publique est en possession d'une formule simple et commode pour classer un homme ou une œuvre, on n'obtiendra jamais qu'elle y renonce : la formule peut cesser d'être vraie, on s'y tiendra néanmoins indéfiniment, plutôt que de suivre dans ses évolutions ultérieures une pensée qui se complique. Castellion restera donc pour le grand nombre, j'entends même pour les érudits, le Castalion

---

1. Rassemblons ici les dates qui marquent les principales étapes de la publication, fruit de dix ans de travail. Nous avons vu (p. 183) Castellion travailler à un Nouveau Testament français dès 1544, à Genève. Nous le voyons (p. 247) publier le *Moses latinus* en août 1546. Un an après, paraît son *Psalterium* ou traduction des Psaumes en latin (sept. 1547). En 1550, il vient d'achever la *Bible latine* et, écrit-il à Dryander (p. 253), en attendant qu'Oporin l'imprime, il travaille à la *Bible française*; il y travaille si vite qu'il pourra, dès le printemps de 1553, écrire à son ami George Cassander : « J'ai fini ». Il attendra deux ans l'impression, qui se fera chez Hervage (elle se termine en mars 1555). Dans l'intervalle, Oporin fait une édition séparée de son Nouveau Testament latin (août 1553), réédite son *Psalterium*, 1556, et prépare un autre tirage à part qui s'achève en 1556 : *Les livres de Salomon*. (Voir, à la fin de cet ouvrage, la *Bibliographie*, n°s 5 à 11.)

2. Voir ci-dessus, 33, 272 et 275.

des premières années, et son programme celui qu'expose cette préface de 1546.

Il a remarqué, dit-il, chez beaucoup de lettrés une certaine froideur pour la lecture des livres saints. La cause en est non pas dans ces livres, mais dans la manière dont ils sont traduits. La plupart des versions de la Bible rebutent le lecteur habitué aux lettres classiques par deux défauts : d'une part, leur style inculte et incorrect; de l'autre, l'obscurité du sens, due surtout à l'habitude de transcrire littéralement les hébraïsmes au lieu de les traduire. C'est ce double motif de défaveur qu'il espère dissiper, comme le promet l'épigraphe du livre : *Videbis, lector, Mosem, nunc demum et latine loquentem et aperte*. Il précise très hardiment sa méthode et répond non sans vivacité aux critiques qu'il entend d'avance [1] :

J'ai entrepris de faire parler Moïse en latin comme il aurait parlé s'il s'était exprimé en cette langue, c'est-à-dire avec autant de facilité et d'élégance qu'il en a en hébreu.... Il se trouvera des gens pour blâmer ce travail :

« L'ancienne version, la bonne vieille version me plaisait mieux, dira-t-on.

— Reste-lui fidèle, mais sache qu'il se fait tous les jours des progrès.

— Ce que tu as tenté là, bien d'autres l'ont fait avant toi.

— Compare leurs versions avec la mienne, et tu jugeras de la différence. Soit dit sans offenser personne.

— Après tout, ce n'est pas dans l'élégance du langage que réside la piété.

— Ce n'est pas non plus dans la barbarie.

— Mais cette barbarie même me plaît.

— J'écris pour ceux à qui ne déplait pas l'élégance.

— J'aime la majesté de ces hébraïsmes, leur antiquité vénérable.

— Alors lis l'hébreu.

— Je n'aime pas le fard.

— Moi non plus, mais je n'aime pas davantage le défaut de soin.

— Je suis accoutumé à ces formes un peu incultes.

— Souffre que d'autres s'habituent à des formes plus cultivées.

— Mais Moïse était bègue.

— Oui, de la langue : aussi avait-il recours à l'éloquence de son frère; mais non de la plume, car il n'y a rien de plus éloquent que ses écrits. »

Cette dernière assertion va trouver sa démonstration dans une longue préface qui est une étude approfondie sur Moïse considéré comme écrivain.

---

1. Traduit du texte latin de l'*Epistola nuncupatoria*.

L'auteur s'adresse à la fois à ceux qui déplorent l'absence de qualités littéraires dans les livres saints et à ceux qui l'admirent. Les uns et les autres se trompent. Il prouvera aux rigoristes, qui affichent le dédain des lettres profanes, que Moïse ne les dédaignait pas, et aux lettrés, qui font peu de cas de la littérature biblique, « qu'ils ont tort de reléguer en dehors de la cité des lettres des écrivains d'une si grande valeur »[1]. Moïse en particulier est un maître dans tous les arts libéraux, et ne fît-on que l'envisager à ce point de vue tout humain, il a des titres qui suffiraient à la gloire d'un auteur profane.

Ici nous allons trouver un de ces contrastes qui ne sont pas rares au XVIe siècle entre l'originalité de la pensée et la puérilité de l'exécution. C'était une thèse neuve que de présenter Moïse comme historien, comme orateur, comme poète, comme philosophe. L'annonce de ce programme nous transporte presque en plein XIXe siècle; la façon dont il est rempli nous ramène au XVe siècle. Notre critique suit chapitre par chapitre la table des matières des *Rhétoriques* de son temps[2], et il catalogue les qualités littéraires, les figures et les tropes, les trois genres de style dont on peut trouver les modèles dans le Pentateuque aussi bien que dans les classiques; il procède de même pour les diverses parties de la philosophie, pour la physique[3], pour la morale, où il nous montre les Grecs et les Romains « convaincus de plagiat », mais où lui-même se révèle original dans une théorie qu'il prête à Moïse et qui fait consister le souverain bien non dans la vertu mais dans la vie; il en déduit la vie éternelle, car il ne voit dans la Bible rien au delà de ces deux sanctions suprêmes[4] : la vie, suite naturelle de la vertu, c'est-à-dire de l'obéissance à Dieu; la

---

1. Tam excellentes scriptores extra *humaniorum*, ut vocant, *litterarum* quasi civitatem relegare.
2. Telle que serait par exemple celle de son ami Curione, qui allait paraître (1547).
3. Un seul trait, pour prouver que Moïse a connu et défini les quatre éléments : « Quatuor esse elementa patet ex eo quod ostendit Deum, primo die, creavisse « *terram* », in quâ « *aqua* » intelligitur; secundo, « *liquidum* », id est « *cœlum* », in quo « *ignis* ». *Terra* qualis sit ostendit dum eam « *siccum* » appellat; infimam esse itaque gravissimam, dum dicit « Ægyptios *humo* absorptos ». Quum enim perierint in mari, oportet subesse terram quæ eos absorpserit, etc.
4. « Eum nihil neque morte miserius minari, neque vita beatius posse promittere. » (*Præf.*, p. 3.) Comparer avec la doctrine de M. Guyau et avec celle de M. Petavel-Olliff sur l'immortalité conditionnelle.

mort, châtiment du mal. Doctrine grosse de conséquences, dont la première sera d'écarter l'éternité des peines.

Vient ensuite la revue de tous les arts où Moïse excelle, depuis la médecine jusqu'à l'architecture. Il insiste sur la poésie, met Moïse [1] au-dessus de Pindare et même — mais on sent que le sacrifice lui coûte — au-dessus d'Homère [2]; et il avoue que c'est précisément l'étude de Plutarque sur Homère qui lui a inspiré celle-ci [3].

Nous verrons plus loin, dans ce chapitre même, notre traducteur, en avançant dans son étude de la Bible, s'éloigner rapidement de ce premier point de vue.

Mais, avant de le suivre dans ses travaux d'exégèse et de critique sacrée, il nous reste à signaler les notes étendues dont le *Moses latinus* était accompagné. Outre celles qui ont trait à la traduction et que nous retrouverons tout à l'heure, il en est une d'une importance capitale, que nous détacherons parce qu'elle traite une question de doctrine. C'était une des grandes controverses du temps, dans les églises protestantes surtout : si la loi de Moïse était ou non abrogée par celle du Christ. Castellion, dans sa note sur le chapitre XX de l'Exode, élève le débat à une grande hauteur. Il commence par reproduire *in extenso*, comme digne de figurer à la suite des textes sacrés, cette admirable page de Cicéron dans le second livre des *Lois*, où, de la conception des lois écrites, il remonte à l'idée de la loi éternelle, νόμος ἄγραπτος, qui seule donne à toutes les autres leur autorité. Notre traducteur n'hésite pas à appliquer cette distinction à la loi mosaïque :

Il y a une loi parfaite, qui, même non écrite, ne peut être abrogée, contre laquelle on ne peut légiférer. La meilleure loi, celle que tous les peuples doivent observer, c'est celle qui est bonne par elle-même, par sa nature. Car ce qui est juste est juste pour toutes les nations. C'est cette loi que Moïse a proclamée.... Il l'a proclamée parce qu'elle était juste et

---

1. Pour ses deux *cantiques*, que Castellion avait traduits en vers latins à la suite des XL psaumes.
2. « Desinant vel Plutarchus et Plinius (qui hunc forte non legerant) vel Politianus et Budæus (qui oscitanter legerant) ingeniorum palmam Homero tribuere, — poetæ magno, fateor, sed hoc nostro vate tanto minori quanto terrena cœlestibus..... viliora sunt. » (*Præf.*, p. 8.)
3. On trouve une démonstration toute semblable des mérites littéraires des saintes lettres dans la préface des Commentaires latins de Martinus Borrhaus (Cellarius) sur les livres de Josué et des Juges. Bâle, 1557, in-fol.

conforme à la nature ; elle avait existé de tout temps avant Moïse et elle existera après Moïse aussi longtemps qu'il existera un ciel et une terre.... C'est celle-là qui est vraiment la loi divine, et elle n'a pu être abrogée par le Christ, mais plutôt confirmée, conservée, développée [1].

Quant à la foule des rites, des sacrifices, des préceptes particuliers que contient la loi mosaïque, Castellion affirme nettement qu'ils n'ont de valeur que pour un peuple et pour un temps. Et il reprend :

> La seule loi qui soit éternelle, c'est la loi tirée de la nature et gravée au fond de nos cœurs, c'est celle-là qui oblige tous les peuples. Caïn tuant son frère, avant qu'il fût écrit : « Tu ne tueras point » ; Cham manquant au respect filial avant qu'il fût écrit : « Tu honoreras tes parents », péchaient tout autant que ceux qui plus tard ont enfreint le commandement écrit. Car la loi était inscrite dans leur conscience, comme elle l'est dans celle de tous les hommes.... La connaissance en est naturelle et innée à toute âme humaine, elle appartient en propre à toutes les autres nations aussi bien qu'aux Hébreux [2].

Déclarations hardies, dont nous n'avons pas besoin de faire ressortir la portée. Il y ajoute la discussion d'un point particulier qu'il n'aborde, dit-il, qu'avec inquiétude.

Suivant lui, l'ordre des commandements dans le Décalogue correspond à l'ordre d'importance des devoirs, tel qu'il résulte de la nature même, que la loi a suivie, *ad naturam accommodate* : devoirs envers Dieu d'abord, puis envers les hommes, et parmi les hommes, respect des parents d'abord, puis de la vie humaine, puis des liens sacrés du mariage, puis enfin de la propriété. La justice humaine ne s'est pas conformée à cette échelle des devoirs dans l'échelle des peines qu'elle a établies. Voici l'exemple qu'en donne Castellion et qui a été souvent cité :

> L'adultère n'est-il pas un plus grave délit que le vol ? Le corps et l'âme d'un être humain, n'est-ce pas plus que les biens extérieurs ? Quel est donc l'homme qui ne supporterait plus aisément son argent volé que sa femme séduite ? Aussi la loi de Moïse punissait-elle le voleur d'une amende du quadruple et l'adultère de la peine capitale. Chez nous c'est le contraire : on rit de l'adultère ou, dans les pays très rigides, on condamne les coupables à trois jours de prison, au pain et à l'eau. Et les voleurs, on les pend ; et, pour plus de barbarie, on les laisse au gibet en

---

1. P. 485.
2. P. 486-187.

proie aux corbeaux. Est-ce juste ? Le voleur vous a lésé dans vos biens, non dans votre vie, frappez-le dans ses biens, non dans sa vie. Mais l'empereur Frédéric en a décidé autrement, il a voulu que, pour cinq sols volés, on enlevât la vie à un homme [1]. Ah ! celui-là fut cruel, quel qu'il ait été, oui, cruel et indigne du nom d'homme, qui, d'un trait de plume, a fait périr par cette loi inique tant d'hommes moins mauvais que lui ! Il a été avare, celui qui a estimé cinq sols plus que la vie d'un homme ; il a été présomptueux, celui qui a répudié l'antique législation de ses ancêtres, plus juste et plus conforme aux lois divines [2] ! »

Et Castellion entre à fond dans cette discussion juridique, non plus au nom du texte de Moïse, mais d'abord en recourant aux lois romaines qui contiennent des dispositions tout analogues [3], et finalement en s'élevant aux principes du droit naturel. Il y avait bien, comme sanction de cette amende du double ou du quadruple que loue notre auteur, une conséquence dernière dont il ne se dissimule pas l'odieux : on pouvait, d'après la loi hébraïque [4] et même d'après les lois romaines primitives [5], non seulement mettre en prison le voleur insolvable pour le faire travailler, mais encore le vendre comme esclave :

Eh bien ! va-t-on me dire, verriez-vous volontiers des hommes vendus comme bétail et emmenés en esclavage ? Non certes, mais vaut-il mieux les voir au gibet, servir de pâture aux oiseaux ?
Je ne dis pas cela pour me faire le patron des voleurs [6]. Je vois trop

1. Loi de Frédéric Barberousse.
2. *Moses latinus*, p. 488.
3. « Neque enim furem capite plectunt quum interim adulteros vita privent. » (P. 488.)
Dans son *Précis de droit romain*, n° 668 et n° 672, Accarias distingue le *droit des XII tables* (qui permet de tuer le voleur de nuit, de vendre le voleur pris en flagrant délit et de frapper d'une amende du double l'auteur d'un vol non manifeste) ; — le *droit classique* (qui « à la peine exagérée du *furtum manifestum* substitua, quel que fût le délinquant, une peine pécuniaire du quadruple »), — et le *droit de Justinien* (amende double ou quadruple suivant le cas).
« D'après la loi Julia, la femme convaincue d'adultère perdait la moitié de sa dot et le tiers de ses biens ; elle était de plus reléguée dans une île ; elle ne pouvait contracter une nouvelle union, etc.... Constantin, sous l'influence des idées chrétiennes,... prononça en règle générale la mort par le glaive avec confiscation contre le complice de la femme.... La mort demeura jusqu'à Justinien la peine ordinaire de l'adultère.... Valentinien prononce contre la femme elle-même la peine de mort.... » *Dictionnaire des antiquités grecques et romaines*, art. *adulterium*.
4. Exode, XXII, 3. — « C'était seulement quand le voleur était insolvable que sa propre personne répondait du recouvrement.... Le voleur était alors attribué à titre d'esclave à la victime du vol comme tout débiteur à son créancier. La servitude n'avait pour objet que de faire rentrer celui-ci dans ce qui lui était dû au moyen du travail imposé au nouvel esclave. » — Albert Desjardins, *Traité du vol*, p. 29.
5. Desjardins, même ouvrage, p. 114 et suivantes, et Accarias, *Précis de droit romain*, t. II, p. 821 et 822.
6. L'événement prouva que cette précaution n'était pas superflue, elle n'empêcha même pas cette grossière calomnie de se produire. Voir ci-dessus, p. 248.

bien comme il me revient du moulin moins de farine que je n'y ai envoyé de blé et de la boulangerie moins de pain que de farine. Ah! si l'on nous payait l'amende du quadruple, comme nous serions riches! Mais enfin, j'ai beau être l'ennemi des voleurs, je ne peux pas vouloir qu'on les prive de la vie, parce qu'ils m'ont privé de mon bien [1].....

Raillerie à part, d'où vient cette sévérité de nos lois pour le vol? Précisément de l'horreur qu'a inspirée aux chrétiens cette pensée qu'un chrétien pouvait être vendu comme esclave. Etrange conséquence d'un scrupule respectable : ils se faisaient un cas de conscience de lui ôter la liberté, ils lui ôtent la vie. Et d'où vient au contraire cette indulgence pour l'adultère? Probablement des désordres qui ont suivi le célibat des prêtres : ceux-là même qui avaient mandat de prêcher contre les adultères, se sont peu à peu adoucis parce que c'était prêcher contre eux-mêmes. Les mêmes gens qui font profession d'abhorrer le mariage, que Dieu honore, en sont venus à se faire un jeu de l'adultère, que Dieu réprouve [2].

On ne manquera pas de remarquer que cette double critique des pénalités — peut-être trop indulgentes pour l'adultère, certainement trop cruelles pour le vol — se trouvait déjà dans Érasme [3] et dans l'*Utopie* de Thomas Morus [4]. Est-ce de là que Castellion l'a tirée? Pas plus sans doute que de l'Exode. La Bible lui a fourni le prétexte, un noble mouvement d'humanité a fait le reste. Et c'est pourquoi on ne peut lire sans respect, quand on les trouve perdues parmi des notes de philologie hébraïque, ces protestations toutes modernes contre les férocités de la loi qui prodigue la peine capitale, de l'usage qui renchérit en y ajoutant la privation de sépulture [5] et de l'hypocrisie sociale, qui justifie le tout par la nécessité de l'exemple et de la terreur [6].

1. P. 490.
2. P. 491.
3. Erasme, *Institutio principis christiani*, au chapitre *de Legibus condendis aut emendandis* : « Cur passim simplex furtum capite punitur et adulterium pene impunitum est? idque contra veterum omnium leges? nisi quod apud omnes nimium in pretio est pecunia?... Cur autem hodie minus sæviatur in adulteros in quos olim vehementer sæviebant leges, non est hujus loci rationem reddere. »
4. Thomas Morus (*Utopie*, liv. I) dit de même : « Hæc punitio furum et supra justum est et non ex usu publico.... Est enim nimis atrox, nec tamen ad refrenanda flagitia sufficiens. »
5. « Tantam esse hominis præstantiam et dignitatem ut, quum sit bestiarum dominus, ejus corpus a bestiis dilaniari non debeat. » (P. 492.)
6. *Ibid.*, p. 492.

II

PRÉFACE DE LA BIBLE : DÉDICACE A ÉDOUARD VI

On sait ce qu'étaient les préfaces au xvie siècle. En ce temps d'enthousiasme et de controverses, où rien n'existait qui ressemblât à la presse périodique pour satisfaire à la prodigieuse activité des esprits, on faisait volontiers servir les préfaces à l'office que remplirent plus tard les écrits de circonstance, libelles, pamphlets, brochures, puis les mémoires, et, de nos jours, les articles de revue. L'*epistola nuncupatoria* au temps de la Renaissance tenait un peu de tous ces genres, qui n'étaient pas encore nés. Là s'épanchaient volontiers les passions du moment, là perçait à l'improviste mainte opinion nouvelle. Tantôt naïves comme une suite de confidences, tantôt ardentes comme l'écho de la controverse d'hier, tantôt graves comme une déclaration de principes, ces préfaces sont la page la plus vivante de l'histoire des idées au xvie siècle. Et dans la littérature protestante en particulier, on pourrait presque marquer les étapes de la Réforme par les manifestes lancés sous cette forme, en tête de quelque traité théologique, depuis la préface de Lefebvre d'Étaples jusqu'à celle de l'*Institution chrétienne* de Calvin.

Celle de la Bible de Castellion devait marquer une étape nouvelle.

Un homme qui avait entrepris la traduction de la Bible comme une sorte de tâche sacrée et qui l'avait accomplie au prix des plus cruelles privations, devait avoir besoin, lui aussi, de verser dans une préface le plus pur d'une âme exercée par tant d'années de souffrances, de méditations et de prières! Quelle allait donc être l'idée capitale qu'il jugerait digne de cette place d'honneur, qu'il mettrait en quelque sorte sous le patronage de la Bible elle-même? Ce fut une doctrine qui n'avait pas encore de nom et qui s'appela, beaucoup plus tard, la tolérance.

On était en 1551. Il y avait plus de quinze ans que Calvin, adressant à François Ier l'*Institution chrétienne*, avait fait, de telle sorte qu'elle ne fût plus à refaire, l'apologie de la Réforme contre ses persécuteurs. Jamais plus fière inspiration n'avait mis au service de la vérité opprimée une plus austère éloquence. Et pourtant ni cet appel ni tant d'autres n'avaient été entendus. Et d'un bout à l'autre du monde chrétien, la seule règle commune à tous les gouvernements, le seul mot d'ordre universel, c'est toujours la persécution. Depuis l'apparition de l'*Institution chrétienne*, tous les pays avaient rivalisé d'ardeur dans la poursuite des hérétiques. Après un instant d'hésitation, l'Église s'était décidée à confier sa défense au bras séculier et à l'Inquisition. Et partout où elle avait le pouvoir civil à sa discrétion, elle avait organisé la répression : par les bûchers comme en Espagne, par le massacre comme dans les vallées vaudoises, par les exécutions en masse comme aux Pays-Bas.

Mais, à cette date, une question se posait, qui était encore ou qui devait paraître douteuse aux contemporains. Tous ces exemples de traitements sauvages réservés aux prétendus hérétiques viennent des États catholiques et sont inspirés par l'Inquisition. Que fera la Réforme à son tour, là où elle aura triomphé? Sera-t-elle plus clémente? Va-t-elle accepter ou répudier ce legs du catholicisme, s'arroger ou s'interdire le droit d'user du glaive?

Même en 1551, on pouvait admettre que sur ce point délicat la nouvelle Église ne s'était pas encore officiellement prononcée : elle n'avait pas de procédure arrêtée à l'égard des hérétiques. Sans doute il y avait eu déjà, en dehors de faits isolés et obscurs, deux grands actes collectifs de persécution sanglante auxquels la Réforme avait pris part; mais de ces deux faits, l'un — l'extermination des anabaptistes — pouvait passer pour une guerre sociale plutôt que religieuse, et l'autre — les persécutions de Henri VIII — pour un des actes de démence de ce tyran dont les fantaisies théologiques déguisaient mal les cyniques brutalités.

Il était donc encore possible et il était temps de dégager la responsabilité de la Réforme, de lui faire adopter résolument et proclamer non comme une vérité de circonstance, mais comme le principe même de la religion, cette idée nouvelle : il ne faut plus persécuter; il faut respecter la conscience de tous, tolérer l'opinion adverse et abolir à tous les degrés le régime de la contrainte en matière de foi.

Telle va être la pensée inspiratrice de ce nouveau manifeste; il plaide la même cause que Calvin, mais, la reprenant de plus haut, il lui donne une portée nouvelle.

L'heure semblait propice : il y avait au moins une cour en Europe où en ce moment des idées de conciliation pouvaient être accueillies. L'avènement d'un enfant de dix ans au trône d'Angleterre avait été le signal de cet apaisement. Honteuse enfin des folies sanglantes de Henri VIII, l'aristocratie anglaise, groupée autour du jeune Édouard VI, paraît disposée à ouvrir l'ère des réformes. L'oncle du jeune roi, Edward Seymour, maître du gouvernement sous le titre de Lord Protecteur, s'est déclaré pour le protestantisme, pris cette fois au sérieux. Le conseil de régence appelle en Angleterre les docteurs les plus illustres, Mélanchthon, Bucer, Pierre Martyr et le fameux prédicateur que Genève n'avait pas su retenir, qu'Augsbourg avait failli livrer à l'Empereur, Bernardino Ochino; à leur suite, Londres accueille avec autant, plus de largeur que Genève et que Strasbourg tous les proscrits pour motif de religion. D'accord avec eux, l'archevêque Cranmer met la dernière main au *Prayer Book*, le second livre national du peuple anglais, car la Bible est le premier.

Le jeune prince a pour gouverneur un théologien, qui est en même temps un humaniste d'un caractère aimable et d'un esprit sage, John Cheke. Et le prince lui-même, tout enfant, est un enfant d'élite, appliqué, docile, déjà pénétré de cette piété essentiellement morale que l'éducation protestante doit inculquer.

Est-il étonnant que tant d'heureuses nouvelles aient rempli de joie — hélas! et d'illusions — ces hommes d'école et ces hommes d'Église qui ne savaient rien des affaires publiques anglaises et qui ne voyaient le monde qu'à travers leurs doux rêves?

C'est donc à Édouard VI que Castellion va dédier sa traduction de la Bible. La lettre qui place sous ce royal patronage le fruit de tant de labeurs est courte, simple, presque sèche, tant elle parle peu du traducteur et de ses mérites; elle tranche de la façon la plus rude avec le ton alors universellement admis pour les épîtres dédicatoires, elle saisit par sa franchise, sa netteté, sa hardiesse.

Comme aux premiers initiateurs de la Réforme, la propagation de la Bible bien traduite lui semble encore être le plus grand besoin du temps. Mais il ne se fait plus les illusions que Jean Huss, Luther même ont pu nourrir : la Bible, mieux comprise et plus répandue, à elle seule ne changera pas le monde. Notre siècle, dit-il en substance, est encore plongé dans les ténèbres. L'Évangile ne règne pas encore. Est-ce l'instruction qui manque? Les lettres n'ont jamais été plus cultivées. D'où vient donc notre ignorance en matière religieuse? Uniquement de nos vices, de notre impiété. « Les impies, dit le prophète, ne peuvent comprendre Dieu »; et au contraire « les secrets de Jéhova, dit David, se révèlent à ceux qui le craignent ». L'amour de Dieu, une âme pure, une piété vraie au fond du cœur et surtout dans la vie : il ne faut rien de moins pour nous rendre aptes à comprendre les vérités divines. Voilà la clef qui seule ouvre les arcanes de Dieu.

Au lieu de nous astreindre à cet effort de tous les jours pour devenir « plus pieux, c'est-à-dire meilleurs »; au lieu de hâter par nos incessants progrès dans la vie morale l'avènement du véritable âge d'or prédit par les prophètes, entrevu par les poètes, promis par l'Évangile, que faisons-nous aujourd'hui? — D'éternelles disputes qui n'aboutissent qu'à verser le sang du plus faible!

Si quelqu'un diffère de nous, fût-ce sur un seul point de la religion, nous le condamnons, nous le poursuivons par toute la terre de la langue et de la plume [1] : le fer, le feu, l'eau, tout nous est bon pour supprimer un adversaire sans défense. Nous disons bien comme les Juifs : il ne nous est pas permis de le tuer, mais nous le livrons à Pilate.

---

1. « Nous le condamnons et poursuyvons par tous les anglets de la terre à-tout (avec) le dard de la langue et style de la plume. » (*Traicté des hérétiques*, p. 94.)

Et, ce qu'il y a de plus indigne, nous prétendons faire toutes ces choses pour l'amour de Christ et par son ordre : férocité de loup qui se couvre d'une peau d'agneau. « O en quel temps sommes-nous ! » s'écrie l'auteur, — dont nous reproduirons littéralement quelques passages d'après la traduction française qu'il en a publiée lui-même en 1554, on verra plus loin dans quelles circonstances [1] — :

> Velabon : Nous serons sanguinaires et meurtriers par un zèle que nous avons en Christ, lequel à fin que le sang des autres ne deust estre espandu, il a espandu le sien ! Par zèle de Christ, nous arracherons l'ivraye, lequel à fin que le bled ne fust arraché, a commandé l'ivraye estre laissée jusques à la moisson ! Par zèle de Christ, nous persécuterons les autres, luy qui a commandé, que si on nous frappe sur la joue dextre, nous presentions la senestre ! Par zèle de Christ, nous ferons mal aux autres, luy qui a commandé que rendions bien pour mal [2] !

Que veut prouver l'auteur par ce noir tableau du monde présent, qu'il appelle un monde de ténèbres? C'est qu'il faut nous conduire comme ferait un homme sage au milieu des ténèbres : ne s'appliquerait-il pas d'abord à éviter tout mouvement précipité et dangereux? De même, suspendons notre jugement, craignons d'imposer trop vite notre opinion, de condamner hâtivement nos frères. Imitons la sagesse des Machabées, qui, ne sachant pas exactement en quel point de la montagne ils devaient élever l'autel des holocaustes, déposèrent les pierres avec soin en attendant la venue d'un prophète; imitons la longanimité de Moïse, qui, même après la promulgation de la loi punissant de mort la violation du sabbat, ne voulut pas appliquer la peine au premier coupable qu'on lui amena, avant d'avoir réponse expresse de Dieu; imitons tout au moins la réserve de Gamaliel, qui savait attendre que l'événement vînt l'éclairer.

Aux arguments tirés de la Bible il en ajoute un, emprunté, dit-il, à la loi romaine. Un homme se disant citoyen libre était signalé comme étant en réalité de condition servile. Tant que durait l'instruction, il continuait d'être traité en homme libre. Et c'était raison : car tant qu'il y avait doute sur sa condi-

---
1. Voir chap. XII.
2. *Traicté des hérétiques*, etc., p. 95.

tion, il ne fallait pas s'exposer à faire tort à un homme libre. Combien plus faut-il agir ainsi quand il y va de la vie, et en matière de religion où l'on peut se tromper si lourdement!

> Attendons la sentence du juste juge, et mettons peine non pas de condamner les autres, mais de ne faire chose pour laquelle nous devions craindre damnation. Laissons les zizanies (ivraie) jusqu'à la moisson, afin que, par aventure, nous n'arrachions le bled, quand nous voulons plus scavoir que nostre maistre. Et aussi la dernière fin du monde n'est pas encore venue, et ne sommes point anges auxquels cette charge soit commise [1].

En abordant sous une autre image un autre argument non moins décisif, Castellion répond : « N'est-ce pas une absurdité de vouloir user d'armures terrestres en une bataille spirituelle? » Sur quoi il ajoute ces belles paroles :

> Les ennemis des chrestiens sont les vices, contre lesquels il faut combattre par vertus, et guarir les maux contraires par remèdes contraires, afin que doctrine chasse ignorance, patience vainque injure, modestie résiste à orgueil, diligence soit mise contre paresse, clémence bataille contre cruauté et que la pure conscience et religieuse, se rendant louable devant Dieu et s'efforçant de plaire au seul Dieu, rue simulation par terre. Cestes sont les vrayes armures et vrayment victorieuses de la religion chrestienne. Et non pas que la charge de celuy qui enseigne soit commise à un bourreau [2].

Cette réserve, évidemment, n'est nécessaire que pour les questions de religion. Quant aux crimes de droit commun, « ces cas ne viennent pas en doute ». Personne n'entreprend l'apologie de l'assassinat, pas même un assassin :

> Mais certes l'affaire de la religion et de l'intelligence de la saincte escriture est bien autre : car les choses contenues en icelle nous sont données obscurément et souventes fois par énigmes et questions obscures lesquelles sont en discute, il y a desia plus de mille ans, sans que la chose ait jamais sceu estre accordée ou qu'encore maintenant le puisse estre, si ce n'est par charité, laquelle romp et apaise toutes les controverses et déchasse ignorance [3].
>
> Eh quoi! nous laissons bien vivre parmi nous, je ne dis pas seulement les Turcs qui n'aiment guère Christ, les Juifs qui le haïssent mortellement, mais aussi nous souffrons bien les maldisans ou détracteurs, les orgueilleux, les envieux, les avaricieux, les impudiques, les ivrongnes, et autres pestes des hommes, et vivons avec eux, faisans grand chère, et gaudissans : par plus forte raison devons-nous (au

---

1. *Traité des hérétiques*, etc., p. 96.
2. P. 96-77.
3. P. 97.

moins) laisser vivre ceux qui confessent avec nous ce mesme nom de
Christ, et ne nuisent à personne ; et qui sont de tel courage, qu'ilz aime-
roient mieux mourir, que de dire ou faire autre chose que ce qu'ilz
pensent qui doit estre dict, ou faict.

Il n'y a aucune sorte de gens au monde moins à craindre que ceux-
là. Car celuy qui ayme mieux perdre la vie que de dire quelque chose
autrement qu'il ne sent (car il pécherait en le disant, et qui l'y contraindrait le contraindrait à pécher), je croy qu'il ne faut pas craindre que
cestuy là puisse estre corrompu par argent, ou par autre chose.

Et certes, j'ay prins garde qu'il n'en y a point, qui soyent plus obéis-
sans aux princes et aux magistratz, que ceux-là, qui craignent Dieu simplement, et se monstrent fidèles en ce qu'ilz savent. Au contraire
l'obéissance des autres est feincte, et ne dure point plus longuement,
que ce pendant qu'ils sont contraints par crainte, ou attirez par quelque
profit. Mais celuy qui est poussé par sa propre conscience à obéir, et
qui est enseigné par le Seigneur, qu'il faut obéir aux magistratz et
puissances, mesmes encore aux iniques (combien plus aux justes), son
obéissance est nécessairement vraye et éternelle, d'autant que le Seigneur Dieu, qui est la cause de son obéissance, demeure vray et éternel.

A cette considération qui doit faire réfléchir les princes et
les magistrats, Castellion en ajoute une toute pratique : qui
se hâte de juger se prépare des remords !

Plusieurs se sont repentis d'avoir jugé, mais nul d'avoir différé le
jugement. Etre plus enclin à douceur et clémence qu'à ire et vengeance,
c'est ensuyvre la nature de Dieu, qui attend si longtemps que corrigions
nos vies.... Celuy qui tue incontinent, ne laisse aucun lieu à pénitence,
aucun temps pour s'amender.... Que si ceste voye de douceur, de patience et de bénignité est la plus seure, comme elle est, et l'autre voye
est pleine de périlz et dangers, cestuy là est hors du sens, lequel à son
escient, et de son plein vouloir, se jette au danger.

Et comme si tout à coup il entendait la voix des docteurs
qui ne manquent jamais d'intervenir pour armer le bras du
prince à force d'arguments spécieux, il leur lance ce défi :

Que s'il y a quelcun, qui ose contredire à ces choses, il faut qu'il
confesse nécessairement qu'il bataille contre le sang [1] pour l'espandre;
et nous, le défendons pour le retenir et estancher.

On verra duquel des deux la cause sera plustôt facile à maintenir
devant Dieu, qui est le juste juge.

La préface se termine par un retour sur la personne du
jeune roi. Les réflexions qui précèdent ne sont pas un reproche
à son adresse : il vient de monter sur le trône ; ni une marque

---

[1]. Il cite Proverbes XIV : « impiorum verba insidiantur sanguini, at proborum os eum defendit ».

d'inquiétude pour l'avenir : le règne commence sous les meilleurs auspices. Non, c'est dans une pensée toute générale que cette préface est écrite; c'est un appel, un avertissement à tous les rois : « nos corps sont entre vos mains, ô rois, comme vos âmes à vous sont entre les mains de Dieu : puissiez-vous avoir encore plus de souci de votre âme qui dépend de Dieu, que nous de notre vie qui dépend de vous ! » Et, après avoir cité plusieurs textes qui enjoignent au prince d'être le premier et le plus scrupuleux observateur de la loi : « Tels sont, ô roi », dit-il en terminant, « les avis que je tenais à vous soumettre ; je vous parle non comme un prophète envoyé de Dieu, mais comme un homme de la foule, qui déteste les querelles et les haines, et qui désire voir la religion s'exercer bien plus par la charité que par les discussions, plus par la piété du cœur que par des pratiques externes. Sans doute, je ne dis rien qui n'ait été déjà dit par d'autres; mais ce qui est vrai, ce qui est juste, il n'est pas inutile de le répéter jusqu'à ce qu'on y obéisse. Accueillez donc, ô roi, ce travail avec bienveillance! Si vous en avez le loisir, et vous devez l'avoir, si vous y prenez goût, et vous devez vous y plaire, lisez les saintes lettres d'un cœur pieux et religieux : préparez-vous ainsi à régner comme un mortel qui devra rendre compte au Dieu immortel. Je vous souhaite la clémence de Moïse, la piété de David, la sagesse de Salomon. — De Bâle, février 1551. »

Il n'est pas sans intérêt de rapprocher ces conseils donnés à Édouard VI de ceux que donnait Calvin à son tuteur, le duc de Somerset, deux ou trois ans auparavant. Le premier mot de Calvin dans sa lettre, d'ailleurs si belle, à Édouard Seymour, c'était : « à ce que j'entends, Monseigneur, vous avez deux espèces de mutins qui se sont eslevés contre le roy et l'estat du royaume. Les uns sont gens fantastiques qui, soubs couleur de l'Évangile, vouldroient mettre tout en confusion. Les autres sont gens obstinés aux superstitions de l'antéchrist de Rome. *Tous ensemble méritent bien d'estre réprimés par le glayve qui vous est commis*, veu qu'ils s'attaquent non seulement au roy, mais à Dieu.... »

Et « pour obvier à la légèreté des esprits fantastiques qui

se permettent trop de licence », Calvin n'hésitait pas : il recommandait un « moyen bon et propre, tel que Dieu nous l'a monstré. C'est premièrement qu'il y ait une *Somme* résolue de la doctrine que tous doivent prescher, laquelle tous prélats et curés jurent de suyvre, et nul ne soit receu à charge ecclésiastique qui ne promette de garder telle union.... Après, qu'il y ait ung formulaire commun d'instruction pour les petits enfants et les rudes du peuple.... Croyez, Monseigneur, que jamais l'Église de Dieu ne se conservera sans catéchisme. Si vous désirez de bastir ung édifice de longue durée, faites que les enfants soient introduicts en ung bon catéchisme qui leur montre brièvement et selon leur petitesse où gist la vraie chrétienté. Ce catéchisme servira à deux usages, assavoir d'introduction à tout le peuple... et aussi pour discerner si quelque présomptueux avançoit doctrine étrange. » Il y ajoute d'ailleurs une « certaine forme escripte » à laquelle on devra « astreindre pasteurs et curés », ne fût-ce que « pour couper la broche à toute curiosité et invention nouvelle de ceux qui ne demandent qu'à extravaguer [1] ».

Ainsi se retrouve, accentué avec la dernière netteté, aux débuts de la Réforme — en Angleterre comme nous l'avons déjà vu à Genève, — l'antagonisme des deux conceptions de l'Église entre lesquelles le protestantisme aurait eu à choisir, si les événements n'avaient marché plus vite que les doctrines [2].

III

PRINCIPES GÉNÉRAUX, ESPRIT ET MÉTHODE DES DEUX TRADUCTIONS DE LA BIBLE

A un homme qui entreprenait de traduire la Bible, une première question se posait d'où devait dépendre la solution de toutes les autres.

---

[1]. 22 octobre 1548. Jules Bonnet, *Lettres françaises de Calvin*, I, 267-273 ; *Opp. Calv.*, XIII, 64 et suiv.

[2]. Le jour même de la condamnation de Michel Servet, le Consistoire présidé par Calvin fait comparaître un ami de Castellion, Jean Collinet, qui avait fait lire à des amis cette préface à Édouard VI. (Reg. du Consist., 26 oct. 1553.)

Quelle était l'opinion du traducteur sur l'inspiration des livres saints? Qu'il y crût, cela ne faisait nul doute. Mais comment l'entend-il? La croyance commune admettait, plus strictement encore chez les protestants que dans l'Église catholique, l'inspiration plénière et littérale. Si le traducteur l'acceptait, son rôle était tout tracé : le texte sacré étant à ses yeux l'œuvre même de Dieu, il n'avait qu'à le reproduire avec un minutieux scrupule, non pas seulement à la lettre, mais pour ainsi dire mot par mot. Tel avait été en général le point de vue des interprètes protestants de la Bible, du moins en France, car il faut faire exception pour Luther, qui avait eu des hardiesses de génie.

C'est d'une tout autre manière que Castellion comprend l'inspiration des Écritures; il s'en explique en différents endroits avec un calme qui trahit encore plus de candeur que de courage. Voici, par exemple, ce qu'il écrit en tête de sa Bible française, sous ce titre : *Le moyen pour entendre la Sainte Écriture* [1].

> Ainsi que l'homme êt fait du cors e de l'âme, tellement que le cors êt le logis de l'âme : ainsi les saintes écrittures sont faites de la letre et de l'esperit, tellement que la letre êt comme une boîte, gosse ou coquille de l'esperit.

De cette simple distinction il va tirer les plus grandes conséquences. Celle-ci d'abord : qu'y a-t-il d'inspiré dans la Bible? est-ce la lettre? non, mais l'esprit et seulement l'esprit.

Dès 1546, Castellion le dit expressément dans la préface et dans les notes de son *Moses latinus*. Ici il va plus loin. Et aussitôt après la phrase que nous avons citée, qui assimile la lettre et l'esprit du livre au corps et à l'âme de l'homme, il ajoute celle-ci :

> E comme les bêtes peuvent bien voir le cors d'un homme, e ouir sa voix : mais elles ne peuvent voir son âme, ni entendre son parler, sinon quelque peu de mots, voire à grand peine : ... ainsi les méchans peuvent bien voir la letre, e ouir les mots des saintes écrittures, que c'êt qui

---

1. Dans toutes les citations de la *Bible française* nous reproduisons l'orthographe particulière adoptée par Castellion. (Voir ci-après.)

y êt raconté, commandé ou défendu : mais quant à l'esperit de la letre, e où c'êt que veut aller ferir la pensée de Dieu, les méchans n'y entendent rien, à cause qu'ils n'ont pas l'esperit de Dieu.

Nous avons déjà vu cette hardie prétention indiquée en passant dans la préface à Édouard VI [1]. La voici qui se précise :

« Dieu n'enseigne que les enseignables, c'êt à dire ceux qui par foi viennent à Christ, e sont humbles, e prêts à laisser le jugement de la chair,.... ceux qui assuiettissent leur volonté à celle de Dieu, étans tous prêts de faire tout ce qu'il commandera, doux ou amer, léger ou pesant, sans aucunement y contredire, ou même contrepenser. Car la foi purifie le cueur, e fait l'homme participant de la divine nature, d'iniuste elle le rend iuste ; de désobéissant, obéissant ; de charnel, spirituel ; de terrestre, céleste : e de mauuais, bon.... »

Il ne faut pas nous y tromper — et les contemporains nous en avertissent bien par leurs protestations indignées contre ces paroles qui semblent d'une piété si innocente, — ce qu'on vient de lire n'est rien moins que la revendication de toutes les libertés dans le maniement du texte sacré. Car, quelle autorité opposer au témoignange intérieur du Saint-Esprit, devenu pour le traducteur comme pour le lecteur de la Bible, le suprême, le seul critérium de l'orthodoxie?

Nous allons voir quelle méthode de traduction va sortir de ce programme.

Que devient d'abord le canon sacré?

Le titre même de la Bible, du moins dans l'édition française, surprend un peu : « *La Bible avec la suite de l'histoire depuis le temps d'Esdras jusqu'aux Maccabées et depuis les Maccabées jusqu'à Christ* ». L'auteur explique que « l'histoire de la Bible est imparfaite » en ce qu'elle ne contient rien pour ces deux périodes; cette double lacune, il l'a, dit-il, « remplie d'un écrivain juif nommé Josèphe. Cela n'ai-je pas fait afin que ce que j'y ai ajouté soit tenu pour sainte écritture, mais mon intention a été de contenter ceux qui voudraient savoir les faits du dit temps,... dont la connaissance sert pour entendre l'écritture. » Cette idée de compléter la Bible par des extraits de Josèphe — idée qu'il

---

1. Voir ci-dessus, p. 304.

devait peut-être à des Bibles à concordance antérieurement publiées ¹ — marquait immédiatement l'intention de considérer la Bible comme un recueil de livres historiques.

Une autre hardiesse pour un traducteur protestant est d'avoir admis les livres apocryphes au même rang que les autres.

Même liberté sans qu'il songe même à s'en excuser, pour la critique des textes. Il en prévient lui-même dans son *Avertissement touchant cette translation* : « Si de quelque livre en ébrieu, j'ai trouvé quelque chose en la vieille translation grecque ou latine qui ne fût pas en ébrieu, je l'ai entrelacée »; et il croit avoir fait tout le nécessaire en mettant dans la marge la lettre G ou L pour indiquer la source grecque ou latine de cette addition rétablie dans le texte. Quand l'hébreu présente des lacunes, il n'hésite pas à les suppléer; il avait déjà dit dans son *Moses latinus* :

« Je ne me fais pas un cas de conscience de dire qu'il a disparu ici un ou deux mots, puisque nous savons que des livres entiers ont péri.
— Mais, dit-on, la parole de Dieu demeure à jamais.
— Oui, c'est-à-dire que sa volonté s'accomplit nécessairement. Quant à entendre cela des livres eux-mêmes, c'est vraiment faire trop d'honneur aux parchemins et aux copistes. » (Genèse, ch. IV.)

Citons encore cette note à la dernière page du Pentateuque ² :

« Ce qui suit sur la mort de Moïse n'a pas été écrit par Moïse, puisqu'il est dit que « personne n'a su jusqu'à ce jour où est sa sépulture »; paroles qui sont manifestement d'un écrivain postérieur. C'est pour que l'histoire de Moïse fût complète que cette addition a été faite longtemps après; c'est ainsi que nous voyons le poème de Lucain et l'*Aulularia* de Plaute terminés par une main étrangère. »

Bien plus significatives encore sont ses déclarations sur l'obscurité de certains passages. Son *Avertissement* contient à ce sujet une page qu'il faut transcrire :

Au reste, afin que vous sachiés combien on se peut fier à ma translacion ou s'en défier, il faut entendre qu'il y a en la Bible beaucoup de

---

1. M. Douen signale comme ayant pu lui suggérer cette addition, l'*Historia scolastica* de Pierre Comestor, la *Bible historiée* de Guyars des Moulins, ou encore : *Biblia cum concordantiis Veteris et Novi Testamenti... Additæ sunt concordantiæ ex libris Josephi de antiquitatibus et bello judaico excerptæ*. A la fin : Impressa Lugduni : per M. Jac. Sacon. Expensis Ant. Koberger Nuremburgensis, 1521, in-f°.
2. Traduit du *Moses latinus*, p. 455 et 531.

difficultés les unes ès mots, les autres au sens, e les autres en tous deux.

Quant à la difficulté qui gît ès mots, elle êt ou en un mot tout seul, ou en une sentence composée de plusieurs mots. Quant aux mots a part, la difficulté êt le plus souvent en ceux qui signifient choses, dêquelles il êt peu souuent fait mention, ou dêquelles il êt seulement fait mencion en telle sorte que par la sentence on ne peut sauoir que c'êt : comme sont la plupart des noms des arbres, herbes, e bêtes : item ès mots des ouvrages des hommes, dêquels ouvrages la façon se change par succession de tems, ou êt diverse en diverses nacions : comme sont les habillemens, e vaisseaux, e outils. De tels mots maintefois nous ne sauons bonnement qu'en dire, non plus que d'ici à mill' ans on ne saura que veut dire *palletot, casaquin, vertugalle, martingalle, madoce, pistolet*, e tels autres, si la façon en change, e qu'on ne les treuue sinon en écrit : beaucoup moins si la langue françoise se perd comme l'Ebraïque e autres.... Quand en quelques lieux ie translate *cormoran, héron, chauue-souris, iavelot, houx*, e tels autres, ie ne veux pas qu'on se fie touttallement en ma translacion : tant seulement ie sui ce qui me semble vraisemblable, priant qu'on m'ait à pardonner, mêmement veu qu'en telles choses le faillir n'êt pas dangereux.

Il passe ensuite aux difficultés venant non des mots isolés mais de la phrase, et il en donne des exemples. Il prévient qu'il notera en marge les endroits « qu'il n'entend pas » :

Quand i'écri que ie n'entend pas un tel passage ou un tel, ie ne veux pas pourtant donner à entendre que i'entende bien sous les autres : ains veux dire que ès autres i'y voi quelque peu, e en ceux là ie n'y voi goutte : e le fai aussi afin qu'en quelques tels passages on ne se fie pas trop en ma translacion. Toutefois ie ne montre pas partout ce que ie n'entend pas : car ce seroit une chose infinie....

On sait avec quelle indignation Calvin, Bèze et leurs disciples accueillirent ces déclarations, qui étaient si loin d'être exagérées qu'après trois siècles de progrès, sur bien des points, la critique moderne les renouvelle encore [1]. Combien plus la suite devait-elle les exaspérer.

Indépendamment des difficultés du texte, le sens même de la pensée est parfois obscur, dit Castellion, quand il s'agit non plus des choses charnelles, telles que le récit des faits, la description des lieux, le compte rendu des discours, etc., mais des « choses spirituelles couvertes sous la lettre ». Là

---

1. M. Reuss dans sa *Bible*, Genèse, VI, 3 : « Ce verset fait le désespoir des exégètes et nous commençons par avouer que notre traduction n'êt qu'un essai après beaucoup d'autres, d'y loger un sens quelconque sans la moindre prétention d'avoir trouvé le véritable ».

il revient à sa thèse favorite, qui rappelle celle de tous les mystiques, bien qu'elle s'en sépare sur un point. Comme eux il ne croit qu'à l'illumination de l'Esprit-Saint pour nous révéler le sens profond de ce qu'il a jadis dicté aux écrivains sacrés. Comme eux et d'après les apôtres il croit et affirme que les plus ignorants, les plus infirmes, les plus dédaignés sont souvent ceux qui entendent le mieux la Parole de Dieu. Mais cette inspiration du Saint-Esprit se confond pour lui avec celle de la conscience ; ces révélations faites aux humbles ne sont pas autre chose que les intuitions d'un sens moral et religieux que la méditation fortifie, que la piété retrempe, que la vie instruit, que la piété pratique prémunit contre ses propres illusions. Et pour étayer la pensée d'un texte apostolique, il cite un passage (1 Cor., XIV, 6) où saint Paul semble distinguer quatre formes du don des langues ou quatre manières de prêcher la parole de Dieu, dont la dernière — la moindre et, dit Castellion, la plus périlleuse — est le savoir au sens propre du mot, *doctrina*. Combien mieux vaudrait la révélation directe et en quelque sorte instinctive par « l'esprit prophétique » !

« Pourquoi, moi qui n'ai pas l'esperit prophétique (car aussi n'ai-je pas tant étudié en humilité qu'es lettres et sciences humaines) je ne touche guaire en mes annotations les choses spirituelles sinon en tant qu'il ét besoin pour entendre le train et suite du propos... e si ne veux pas encore qu'on croie follement à mes raisons... »

Voilà des traits de cette bonne foi qui plus tard désarmeront même un évêque : Daniel Huet ne peut pas terminer sa critique de la Bible de Castellion sans rendre hommage à tant de modestie et de loyauté [1].

Abordons enfin la traduction en elle-même.

Ici le fond même de la question nous échappe. Il faudrait, pour la résoudre, apprécier ces deux traductions le texte hébreu à la main, et déterminer le rang qui leur revient

---

1. Après avoir fait à cette traduction les reproches ordinaires : « fastidiosam venustatem, nimiam curaturam », il ajoute : « Homo cœteroquin simplex et ab omni fastu alienus, ut de eo vere scripsit Sammarthanus, et *eximiam in operis sui præfatione ingenuitatem et candorem præ se ferens, proptereaque a nobis sine contumelia dimittendus* ». (Huet, *De claris interpretibus*, p. 190.

dans l'histoire critique des versions du livre saint. A défaut de notre propre jugement, qui serait destitué de toute autorité, nous avons la bonne fortune de pouvoir insérer à la fin de ce volume une étude inédite due à une plume experte entre toutes. M. le pasteur Douen, secrétaire général de la Société biblique de France, après avoir publié dans la *Revue de théologie et de philosophie* de Lausanne un *Coup d'œil sur l'histoire du texte de la Bible d'Olivétan, 1535-1560*, a voulu étudier enfin, d'après les procédés modernes et d'une manière approfondie, cette « Bible de Castalion », livre aussi célèbre que peu connu. C'est un travail dont s'étaient dispensés jusqu'ici les nombreuses générations de critiques qui se sont bornés à se recopier indéfiniment. M. Douen s'y est appliqué avec la patience du véritable savant, qui entend ne juger que sur pièces, et c'est le résumé de ce travail tout technique qu'il a bien voulu nous autoriser à reproduire [1].

A cette savante monographie, qu'il me soit permis d'ajouter sur Castellion hébraïsant, un jugement en quelques lignes, mais elles sont de M. Renan :

Paris, 5 janvier 1867.

. . . .

..... Une étude sur Castalion est un très beau sujet de thèse et je ne doute pas que vous n'y répandiez beaucoup d'intérêt. Ce n'est pas précisément comme hébraïsant que Castalion est éminent. C'est comme helléniste, comme critique, comme protestant libéral. Il savait l'hébreu, et même très bien. Quelques-unes de ses observations, par exemple sur Ruth, I, 14, sont très justes et montrent que parfois il dépassait les rabbins. On ne peut cependant le comparer à Sébastien Munster, à Paul Fage, à Vatable. Le premier, depuis Théodore de Mopsueste, il vit la vraie nature du *Cantique des Cantiques* et son caractère purement profane. Ses travaux sur le Nouveau Testament sont, du reste, à plusieurs égards, supérieurs à ses travaux sur l'Ancien. On sent un esprit vif, qui soulevait des questions et des solutions que son siècle entrevoyait à peine. Mais, en ce qui concerne la philologie hébraïque, on ne peut pas dire qu'il lui ait fait faire de progrès. Son but principal, vous le savez, est de faire une version cicéronienne, idée assez fausse et qui souvent le force à altérer complètement la couleur de l'original. On peut dire que l'humaniste chez lui a fait tort au philosophe. Je n'insiste pas sur les côtés respectables de son caractère et de son rôle ; vous les connaissez mieux que moi et d'après

---

1. Voir, à la fin du présent volume, la dernière pièce de l'Appendice : *Fragments d'une étude inédite sur la Bible française de Castellion.*

ce que vous me dites, c'est nous qui aurons là-dessus tout à apprendre de vous, puisque vous avez entre les mains des documents nouveaux.

. . . .

E. RENAN.

Nous avons essayé de montrer que Castellion traite la Bible non comme un livre humain, mais comme un livre dont la lettre est humaine et la pensée divine. La pensée lui est sacrée, il la recueille à genoux. Quant à la lettre, il ne se reconnaît qu'un seul devoir : la reproduire aussi fidèlement que le permettront l'état des documents, la clarté plus ou moins grande du texte et les propres lumières du traducteur.

Seulement, qu'est-ce que la fidélité d'une traduction? Pour Castellion ce n'est pas la transcription littérale des mots et des phrases, le calque interlinéaire et servile. Traduire n'est pas une opération de marqueterie consistant à décomposer une phrase en tous ses éléments et à la reconstituer terme pour terme sans souci de l'effet général. Ce qu'il faut transporter d'une langue dans l'autre, ce ne sont pas les matériaux de la parole, c'est la parole vivante, avec son mouvement, son accent, sa chaleur. La même idée, fût-elle énoncée au moyen des mêmes mots, n'est pas du tout la même suivant qu'elle est dite en vers ou en prose, en style familier ou en style relevé, au propre ou au figuré, sincèrement ou ironiquement, avec calme ou avec passion.

Rendre ce son propre de la voix qui parle, de telle sorte qu'on croie l'entendre; faire distinguer, dans la traduction même, la nuance et le ton de la pensée originale; produire, à l'aide du latin ou de français, l'impression même que produit le texte grec ou hébreu à qui le lit couramment : telle est, pense Castellion, la vertu que doit avoir une véritable traduction, celle surtout des livres saints.

A chacun de ces livres de la Bible, il va donc essayer, avant tout, de conserver sa physionomie distincte : il traduira poétiquement les poètes, en style d'historien les livres historiques, en forme d'adages et de sentences les livres de Salomon. Il regrette même de ne pouvoir, comme il le faudrait, traduire en vers lyriques tout le livre des Psaumes [1].

---

1. Préface du *Psalterium*.

Et en même temps qu'il veut conserver la vivacité d'allure de l'original, il y veut aussi la plus rigoureuse exactitude. De ses deux traductions qui ont encouru tant de critiques, on ne citera pas un seul passage où il ait sciemment tiré à soi les textes, cherché à leur faire dire ce qu'ils ne disent pas, ajouté ou retranché un mot pour appuyer une de ses opinions. Il est à cet égard plus de notre siècle que du sien. Il a horreur de la paraphrase, des à-peu-près, de l'expression enveloppée qui masque l'indécision du sens. Sa traduction peut être fautive, mais elle est partout la netteté et la précision mêmes. Elle poursuit toujours le mot propre et le trouve plus fréquemment qu'aucune autre. C'est ce qui a fait dire très judicieusement à un bon juge en matière d'exégèse, le théologien J.-F. Buddæus, que cette traduction ne traduit pas seulement, mais explique et éclaircit, souvent d'un mot : « en certains endroits le texte seul de Castellion vaut un commentaire [1] ».

Ces principes posés — et ils s'appliquent également aux deux versions de la Bible, latine et française, — en quoi diffère l'exécution, d'une langue à l'autre? Le but est le même : les moyens seuls varient. Ils varient d'abord en raison de la différence des deux langues et de leur usage au XVIᵉ siècle; ils varient aussi parce que de la *Bible latine* à la *Bible française*, la pensée de Castellion a mûri : l'expérience et la réflexion l'ont peu à peu modifiée.

Essayons de rendre sensible au moins en quelques traits ce mouvement intérieur d'un esprit qui n'a cessé de travailler et de grandir, et comparons-le à lui-même en comparant ses deux grands ouvrages.

IV

LA BIBLE LATINE

Examinons-en la langue d'abord, puis le style.

Au début de son travail et lorsqu'il écrivit son *Moses latinus*, Castellion était encore sous l'empire d'un reste de cicéronia-

---

1. J.-Fr. Buddæus, *Historia ecclesiastica Veteris Testamenti*, 1709, in-4.

nisme, non plus celui des Longueil et des Bembo : on avait depuis longtemps renoncé à désigner la Sainte Cène par *sanctificum crustulum*, l'Homme-Dieu par *heroa* et le baptême par *aquæ lustrales*. Mais comme en ces matières tout est question de mesure et que la mesure elle-même varie au gré d'une impression fugitive, il restait alors à Castellion des scrupules de latiniste que d'autres ne partageaient pas et dont luimême se défit plus tard : il préférait encore *genius* à *angelus*, *lavare*, *lavacrum* à *baptizare*, *baptismus*, *Orcus* à *Infernum*, *collegium* à *synagoga*, *respublica* à *ecclesia*. Bèze lui-même reconnaît [1] que Castellion a graduellement, mais spontanément abandonné la plupart de ces locutions. A ne parler que de la langue, il y a progrès du *Moses latinus* à la Bible de 1551, comme de celle-ci aux éditions postérieures.

Mais regardons-y de plus près : humanisme et latinité ne sont ici qu'à la surface. Au fond — les adversaires ne s'y méprennent pas, — cette « laïcisation » de certains mots de la langue ecclésiastique entraîne celle de plus d'une notion correspondante. Et Bèze n'a pas tout à fait tort de penser que quand on n'aura plus de mot distinct pour dire *baptême*, on sera bien près de n'y plus voir une chose distincte. Il est déjà grave de mêler le profane au sacré, combien plus de les confondre jusque dans la langue [2] !

Là même où cette intention ne peut être supposée, il reste à ce changement de vocabulaire, même sur des points insignifiants, une raison qui doit inquiéter la théologie traditionnelle : il a pour but de rompre avec la superstition de la lettre, avec le culte aveugle des hébraïsmes. C'est ce que remarque à bon droit un contemporain, admirateur enthousiaste de sa traduction [3]. Le ton même dont Castellion réclame

---

1. *Responsio ad defensiones... Castellionis*, p. 31.
2. Étienne Pasquier commentant le proverbe : « *Il faut laisser le moustier où il est* », ajoute : « Il ne faut rien eschanger de ce qu'une longue ancienneté a approuvé en une religion, jusqu'aux paroles mêmes. De notre temps Sebastien Castalion, pensant mieux parler latin que les autres en sa traduction, voulut mettre en usage le mot de *Genius* au lieu d'*Angelus*. Et son œuvre en fut condamnée par tous. » (*Recherches*, liv. VIII, cb .xii.)
3. Fredericus Furius Ceriolanus Valentinus, auteur d'un curieux ouvrage intitulé *Bononia, sive de Libris sacris in vernaculam linguam convertendis libri duo* et dédié à un cardinal. C'est à la suite d'un passage où il félicite Castellion de nous avoir « montré le premier des livres saints qui ne sont plus semi-barbares, semi-grecs, semi-hébraïques » (p. 320), que se trouvent les distiques à répétition ou à refrain (p. 326) reproduits depuis

ce droit en plusieurs passages fait sentir cette arrière-pensée. Il touche presque à l'ironie : « le lecteur équitable souffrira que, comme Moïse, écrivant en hébreu, s'est plié aux façons de parler hébraïques, le traducteur latin ménage les oreilles latines »[1]. Et à propos des noms propres :

> Pourquoi ne pas imiter les Romains qui de *Heraclès* ont fait *Hercule* et d'*Asclepios Esculape*? Saint Jérôme s'est bien permis de modifier certains noms hébreux pour en adoucir la prononciation. Les Hébreux eux-mêmes voulant dire *Romanos* disent *Romiim*. Pourquoi ne traduirions-nous pas à notre tour *Philistim* par *Palestinos*?... Bref, pourquoi ne pas respecter les règles de la langue que nous employons? Nous ne blâmons pas ceux qui font autrement : nous leur permettons de ne pas parler latin, mais qu'ils nous permettent de le parler. Nous donnons aux mots des désinences déclinables; quelqu'un s'en est offensé : « Je ne souffrirai jamais qu'on dise *Rabaa* au lieu de *Raab*, j'aime mieux parler barbare que changer le texte sacré. » — Eh! tous les chrétiens déclinent bien *Maria* et *Jesus*. Le nom de Raab n'est pas plus sacré que ceux-là sans doute[2] !

Notons seulement, pour caractériser cette intention de dissiper le mystère de certains hébraïsmes, l'interprétation qu'il donne à plusieurs reprises aux mots : « *fils de Dieu* ». Ainsi, (Genèse, IV), il traduit *Hominum potentissimi*, et il explique en note que « *fils* » signifie « *homme* » en hébreu (à peu près, ajoute-t-il, comme on dit en français : un « enfant de Lyon », un « enfant perdu ») et « *de Dieu* » signifie *divin*, dans le sens où les Latins disaient le *divin* Platon[3].

Pour le style, le progrès est plus marqué encore, et il vient du dédain même du style. Le même homme qui avait énuméré en trente pages les qualités littéraires de Moïse est déjà beaucoup plus réservé quand il arrive à David, et, malgré son admiration pour ce « prince des poètes, supérieur aux Pindare et aux Orphée », il y insiste à peine; au lieu des éloges de convention que tout bon humaniste eût entassés, il se borne à

---

lors dans presque toutes les éditions de la Bible de Castellion : la Vulgate, Eusèbe, Sanctes Pagnini essaient tour à tour de faire parler la Bible en latin, mais Castalion

Frustra opera est : fantur Biblia barbarice.

arrive enfin, et

... Ponunt Biblia barbariem.

1. *Moses latinus, Annotationes*, p. 442.
2. *Mos. lat.*, p. 443 et 444.
3. *Mos. lat.*, p. 457.

une remarque qui atteste le nouveau cours de ses réflexions : « ceux qui n'ont pas souffert ne peuvent pas apprécier les Psaumes : ils se lassent d'entendre tant de fois demander secours à Dieu, tant de fois lui rendre grâces. Mais ceux que des fléaux accablent, ou simplement ceux que poursuivent les traits de la jalousie, ceux-là ne se rassasient pas de prier ou de remercier Celui par qui seul ils se sentent défendus [1]. » Dans la même préface du *Psalterium*, il est beaucoup plus affirmatif qu'un an auparavant sur la place à faire aux saintes lettres : « après qu'elles nous ont révélé la vraie discipline morale, aller encore chercher cette discipline dans les fables des poètes, dans les doctrines incertaines et contradictoires des philosophes, ce serait comme si après l'invention des mousquets et des canons on ramenait l'art de la guerre à se battre à coups de poing » [2].

Quand nous passons à la Bible latine, l'évolution est plus avancée. De l'élégance, de la beauté du style, du « respect des oreilles latines », il n'est plus question. Notre exégète n'admet plus que la recherche de deux mérites pour une traduction : la « fidélité et la clarté »; il a tellement rabattu de la superstition cicéronienne qu'il arrive à cette formule que Fénelon reprendra plus tard presque littéralement : « la parole n'est que le vêtement de la pensée » et, pour achever sa métaphore, il ne voit dans les traducteurs, les exégètes, les commentateurs, qu'autant d'ouvriers qui travaillent à réparer en quelque sorte ce vêtement [3].

Deux fois encore, Castellion reviendra sur la question : d'abord dans un texte écrit en même temps que sa Bible française, mais qui ne vit le jour qu'après sa mort et où d'ailleurs il comptait garder l'anonyme. Calvin avait dit d'Esaïe : « Son langage noble et pur, paré même avec art atteste que l'éloquence peut être parfois la servante de la foi ».

Non, s'écrie vivement Castellion : ce n'est pas l'art, ce n'est pas un effort humain, c'est l'Esprit Saint qui l'a fait parler. Il y avait en lui une

---

1. P. 9 de la préface à Boniface Amerbach.
2. *Ibid.*, p. 7.
3. Première page de la préface à Édouard VI : Nam quod ad latinitatem attinet, est oratio nihil aliud quam rei quædam quasi vestis, et nos sartores sumus. Res quidem manet eadem, nec orationis elegantia fit melior nec vilitate deterior.

éloquence non pas apprise, mais native, et celle-là diffère de celle que vous aimez autant que diffère des artifices d'une courtisane la beauté d'une honnête femme. Mais ces gens-là mêlent toujours le sacré à profane. C'est aussi ce qu'avait fait antérieurement Sébastien Castalion, qui, dans la préface de son *Moses latinus*, attribuait à Moïse tous les arts, comme Plutarque l'avait fait pour Homère. Et cela avec un grand appareil, croyant faire une magnifique démonstration. Comme si Moïse n'avait pas écrit sous une impulsion divine, sans la moindre préoccupation d'un art quelconque [1]!

L'autre passage n'est pas moins piquant. C'est une réponse à Théodore de Bèze, qui à son tour attribuait à saint Paul l'éloquence de Démosthène, le génie de Platon, etc. :

> Cela me rappelle, dit Castellion, les peintres qui, pour honorer la mère du Christ, nous la représentent avec des habits de reine; et pourtant, forcés par l'histoire, ils peignent à côté d'elle une crèche qui sert de berceau à l'enfant Jésus. Ils ne comprennent pas que la gloire de Marie c'est sa pauvreté, et ils la chargent de richesses. De même la gloire de Paul, c'est son ignorance du beau langage, et ceux-ci veulent qu'il en ait un art consommé! Je dirais plutôt, moi, du style de saint Paul qu'il n'y a rien de plus dépourvu de mérite littéraire, si l'on fait abstraction du souffle qui l'inspire; mais qu'il n'y a rien de plus excellent que cet esprit qui l'anime [2].

Il nous reste à montrer, par un exemple ou deux pris au hasard, ce qu'est, à tout prendre, cette version prétendue cicéronienne et qui n'est que latine.

Voici d'abord une page de la Genèse :

> His rebus ita peractis, Deus Abrahamum tentavit ad hunc modum : « Abrahame », inquit. Cui ille : « quid est? » — « Adhibe », inquit, « filium tuum unicum, quem deamas, Isaacum, et, in terram Moriam profectus, eum mihi illic immolato super quodam monte quem ego tibi ostendam. » Mane surgit Abrahamus et, clitellato asino, adhibitis duobus famulis et Isaaco filio, scissisque sacrificalibus lignis, in eum locum ire contendit quem ei dixerat Deus. Die tertio, locum procul animadvertens, famulis jubet [3] ut ibi cum asino præstolentur, dum ipse et puer illo eant

---

[1]. *Contra Calvini libellum*, article 74. — « Sic fecit antea. Seb. Castalio qui in præfatione in *Mosem* suum *latinum* Mosi tribuit omnes artes », etc. — Il faut remarquer ce mot *antea* qui indique bien une manière antérieure, une première manière abandonnée depuis par l'auteur. Quelques critiques se sont fondés sur ce passage pour soutenir que le *Contra Calvini libellum* n'était pas de Castellion. (Voir plus loin, chapitre xiv.) Mais nous avons déjà vu plusieurs fois avec quel noble empressement Castellion confessait publiquement ou ses erreurs, ou ses torts, ou ses changements d'opinion.

[2]. *Seb. Castellionis Defensio suarum translationum*, 1562, p. 203.

[3]. Notons comme une singularité que Castellion, latiniste consommé — personne ne l'a jamais contesté, — a cependant conservé, jusque dans les dernières éditions de sa *Bible*, un certain nombre de négligences ou de fautes de latinité d'autant plus étonnantes que ce sont toujours les mêmes. Il semble s'y être habitué jusqu'à ne plus les remarquer : *jubere alicui; evadere in virum; hactenus* pour *adhuc; repedare*, etc.

adoraturi et inde ad eos redituri. Deinde, sacrificalibus lignis Isaaco filio suo impositis, ipse secum ignem fert et cultrum adque ita ambo simul eunt. Et Isaacus : « mi pater », inquit Abrahamo. Cui ille : « quid vis, mi fili? » — « Hic quidem est ignis et ligna, inquit ille, sed ubi est agnus immolandus? » Et Abrahamus : « Deus providebit ipse sibi agnum ad immolandum, fili », inquit. Ita pergunt ire simul. Ubi in locum a Deo ei significatum perventum est, ibi Abrahamus aram extruit, dispositisque lignis Isaacum filium suum constringit et lignis in ara superponit; deinde cultro manum admovet ad filium suum immolandum. Sed eum Jovæ genius [1] de cœlo revocans : « Abrahame, Abrahame », inquit. Cui ille : « quid est? » — « Noli », inquit ille, « puero manum afferre aut in eum quicquam committere. Nam satis jam mihi explorata tua religio est, qui mea causa ne a filio quidem eoque unico abstineas. » Tum Abrahamus, erectis oculis, pone conspexit arietem cornibus in dumo hærentem, ad quem accessit, et comprehensum pro filio suo immolavit; eumque locum *Jovaream* a « Jova vidente » denominavit....

On voit à quoi se réduisent ces ornements frivoles, ce style pompeux et périodique, tous ces atours profanes que les lexicographes continuent de reprocher à la Bible de Castellion.

Si, au lieu d'une page de l'histoire patriarcale, nous en prenons une des livres poétiques, nous n'y trouverons pas davantage ces « témérités insolentes [2] », ce « langage ampoulé », ce « style efféminé chargé de faux ornements [3] » qu'il est de règle de lui imputer [4]. Voici par exemple sa traduction du Psaume XIX :

Cœli enarrant Dei gloriam, et opus ejus manuum ostendit æther. Cujus rei cognitionem parit dierum noctiumque vicissitudo, quasi fundens orationem : idque ita, ut nullus sermo, nulla lingua sit ubi non audiatur eorum vox. Quorum regula ad omnes terras, quorum oratio ad ultimum pertingat orbem : in illis quidem tabernaculum posuit solis, qui quasi sponsus prodit ex suo lecto geniali, exsultans ut athleta ad decurrendum curriculum; atque, ab ultimis cœli carceribus profectus, ad alterum pergit extremum, nec quidquam est quod ejus lateat ardorem.

Jovæ lex integra animum recreat, Jovæ fidum oraculum ex infante reddit sapientem, Jovæ mandata recta mentem exhilarant, Jovæ pura disciplina illustrat oculos, Jovæ castus metus perpetuo manet, Jovæ sententiæ veræ simul et æquæ sunt, longe et auro obrizoque jucundiores et favorum dulciores nectare.

Et quidem, ego tuus, eis instructus sum in quibus sane obeundis am-

---

1. Dans les éditions postérieures on lit *Angelus*.
2. De Thou, l. XXXVI, anno 1563.
3. Dupin, *Biblioth. des auteurs séparés*, II, 568; Moreri, II, 612.
4. Versio Castalionis est affectata, plus habens pompæ et phalerarum quam rei et firmitatis, plus ostentationis quam substantiæ, plus fuci quam succi, plus hominis quam spiritus, plus fumi quam flammæ, plus humanarum cogitationum quam divinorum sensuum. (Gilbert Genebrard, præfatio in *Opera Origenis*.)

plum quæritur præmium. Sed errores quis perspiciat? Ab occultis expia me, tum etiam ab eis quæ volens commisi, vindica tuum me, ne dominentur in me : tum integer ero, et à tot peccatis innocens.

Macte esto hac et oris mei oratione et mentis cogitatione, Jova meum numen atque vindex!

Si l'on cherchait une devise qui convienne à cette traduction latine de la Bible, c'est à Erasme que nous la demanderions, tant Castellion semble s'en être inspiré : « *fidelis et erudita simplicitas* ».

V

LA BIBLE FRANÇAISE

Au début du protestantisme, en France comme en Allemagne, il fallait deux traductions de la Bible, l'une en latin, l'autre en langue vulgaire, parce qu'il y avait deux publics, les lettrés et le simple peuple.

Comme il avait tout fait pour attirer à la Bible le premier de ces deux publics, Castellion ne négligera rien pour le second. Et d'abord s'il a banni du latin les mots hébreux, il bannira du français les mots latins. Il écrit très expressément pour ceux qui n'ont à aucun degré la culture classique, les ignorants (qu'il nomme comme Calvin les « idiots » : le terme était courant au XVIe siècle) [1]. « Ayant eu, dit-il, principalement égard aux idiots, j'ai usé d'un langage commun et simple et le plus *entendible* qu'il m'a été possible. » Il s'explique aussitôt :

E pour cête cause, au lieu d'user de mots grecs ou latins qui ne sont pas entendus du simple peuple, i'ai quelque fois usé des mots françois, quand i'en ai peu trouver : sinon, i'en ai forgé sur les François par nécessité, e les ai forgés tels qu'on les pourra aisément entendre, quand on aura une fois ouï que c'êt : comme serait, ès sacrifices, ce mot *brulage*, lequel mot i'ai mis au lieu de *holocauste*, sachant qu'un idiot n'entend, ni ne peut de long tems entendre que veut dire *holocauste* : mais si on lui dit que *brulage* êt un sacrifice auquel on brûle ce qu'on sacrifie, il retiendra bientôt ce mot, par la vertu du mot *brûler*, lequel il entend déia.

Autant en dirai-ie de *flammage*, *déforfaire*, *volageur*, e autres, dêquels vous trouuerés vn petit recueil à la fin de la Bible [2].

---

1. Littré cite ce sens, avec un exemple de Calvin : « I n'y a rien en quoy tant les *scauants* que les *idiots* soyent plus discordans ».
2. C'est la *déclaration de certains mots*, etc., que M. Douen a reproduit en grande partie dans son étude (Voir notre Appendice, 3e partie).

> Ceci (pense-ie bien) ne plaira pas à tous, principalement à gens de lettres, qui sont tant accoutumés au grec et latin, qu'il leur semble que quand ils entendent un mot, chacun le doive entendre. Mais il faut supporter e soulager les idiots, principalement en ce qui êt écrit pour eux en leur langage. Quand on dit *circoncir* ou *catechiser*, un homme de lettres entend bien que c'êt : mais il ne l'entend pas comme Français, mais bien comme Latin ou Grec, par la vertu du mot latin *circuncidere*, e du Grec *catechizein*. Mais un idiot travaillera long tems auant qu'il le puisse entendre : là où si vous lui dites *rongner* e *enseigner*, il entendra du premier coup : e quand il orra qu'il faut « rongner les cueurs », il comprendra incontinant qu'il faut ôter e trancher du cueur ce qui est mauuais, laquelle chose il ne peut aisément comprendre par le mot *circoncir*. Item si vous lui dites la *cène* du Seigneur, il ne sait que c'êt, sinon qu'il pense que ce mot « cène » signifie ce qu'il voit faire en la cène, quoi que ce soit. Mais si vous lui dites : le « *soupper* » du Seigneur, il entend bien que c'êt, e peut plus aisément comprendre que veut dire Christ, quand il dit (Apoc., iii) : « ie frappe à la porte : qui m'ouvrira, i'entrerai chés lui e soupperai « auec lui, e lui auec moi... ».

Ainsi là encore, comme dans la Bible latine, mais par d'autres moyens, faire entendre, faire comprendre, faire voir et toucher, voilà l'ambition du traducteur et la raison avouée de ses audaces philologiques; c'est en même temps l'explication du véritable effet de « réalisme » qu'il produit.

Castellion a le sens de la réalité, qui n'est pas le sens du pittoresque, mais qui le fait naître. En lisant la Bible, il s'est transporté, autant que la chose était possible à un homme du xvie siècle, dans l'antique Orient; il a vu ces patriarches, ces caravanes en marche dans le désert avec leurs troupeaux, ces campements de nomades qui tremblent au pied du Sinaï ou veillent autour de l'arche sainte, et plus tard ces bandes de guerriers farouches qu'animent au combat les terribles chants de guerre de la prophétesse. Et dans sa traduction il s'est efforcé de rendre à tout ce monde sémitique la vie et la couleur. Seulement, n'ayant pas plus de critique que ses contemporains, il fait en histoire ce qu'ils font en peinture, même dans leurs plus merveilleuses peintures, qui sont aussi les plus naïves : il habille de costumes contemporains tous ces personnages de la légende. Avant tout, il faut qu'ils vivent, que ce ne soient plus des figures sur fond d'or, des images hiératiques, mais des êtres que nous nous représentions au moins par analogie. Et comme plus tard Berruyer taillera sur un patron plus noble des Israélites qui sentiront leur Versailles, ceux de Castellion auront l'allure des Savoyards ou des Suisses, mais ils vivront. Restitution naïve sans doute et pleine d'anachronismes. Qu'importe? Laissez venir la critique moderne, et reprenant l'œuvre de Castellion avec des moyens dont il ne disposait pas, elle replacera dans leur cadre historique les Beni-Israël.

Au temps de Castellion le plus grand effort de vision rétrospective que l'imagination pût faire consistait à rapprocher la Bible du lecteur protestant par la traduction, à peu près comme les mystères, un siècle ou deux auparavant, la mettaient à la portée des foules.

De là un effort constant, dans cette traduction, pour donner du relief aux choses. De là les deux grandes règles auxquelles on peut ramener la méthode philologique de Castellion. Il les suit toutes deux avec une grande logique.

La première pourrait s'énoncer ainsi : entre deux mots qui peuvent traduire l'original, choisir le plus « entendible », comme il l'appelle, c'est-à-dire le terme populaire usuel, celui qu'emploient non les lettrés, mais les gens du commun. En général c'est à la fois le plus clair et le plus expressif, c'est le mot propre. De même pour les locutions : autant il cherchait en latin la construction latine, autant il affectera ici l'allure du français tel qu'il se parle.

La seconde règle s'applique à tous les cas où la traduction proprement dite fait défaut, soit que le mot manque, soit que la chose même ou n'existe plus ou ne soit plus intelligible. Dans ces circonstances, notre traducteur cherche un équivalent : loin de s'asservir à la lettre, il ne s'occupera que de produire une impression correspondante; il ne traduit plus, il transpose.

Essayons de montrer comment il l'applique l'un et l'autre procédé.

Pour le premier — l'emploi d'une langue toute populaire — il n'y aurait vraiment rien à objecter, si Castellion avait été dans des conditions normales pour réaliser ce programme si légitime. Malheureusement il n'avait jamais parlé que le français du Bugey; à Lyon même il s'était trop plongé dans le grec et le latin pour avoir le loisir de s'exercer au français de la bonne société; à Genève il avait retrouvé d'autres variantes du « dialecte allobroge », comme on désignait tous ces patois romands, savoisiens, bressans; à Bâle enfin il n'entendait presque plus le français depuis dix ans. Il en est résulté qu'il emploie souvent avec une parfaite bonne foi des mots qu'il croit ceux de tout le monde et qui sont ceux de son village, des tours qu'il croit français et qui avaient cessé de l'être. Si l'on n'avait à lui reprocher que ses néologismes voulus ou inconscients [1], le mal ne serait pas grand et souvent même on lui devrait plus d'éloge que de blâme. Qu'il écrive à la française le *détruiseur*, le *contempleur*, le *délivreur*, le *saintuaire* (sanctuaire), l'*entièreté* (intégrité), ou qu'il forge des mots parfois bien faits dont quelques-uns ont vécu ou pouvaient vivre, qu'il dérive *sauveté* de *sauf*, *sauvageté* de *sauvage*, *chanteresse* de *chantre* par analogie avec *enchanteresse*, qu'à *valable* il oppose *invalable*, à *coupable* *incoupable*, qu'il crée des diminutifs comme *boveau* de *bœuf*; qu'il pousse la réaction contre la langue savante jusqu'à ne plus vouloir dire *métropole* mais *mère-ville*, et à appeler les colonies des *filloles*; qu'enfin même, devançant Ronsard, il fabrique des mots composés mais composés avec les seules ressources de notre fonds national : comme le bœuf *mâche-foin*, le devin *songe-malice*, la *rocheforce* du seigneur, et toute la suite dont il a donné lui-même la curieuse nomenclature [2], rien de tout cela ne compromettrait gravement sa cause. Ce qui l'a gâtée, et il n'en pouvait mais, c'est d'avoir mêlé le patois au français, le trivial au populaire, les mots hors d'usage à ceux de la langue courante.

Sans doute on a indignement exagéré ses torts à cet égard. Le Père Garasse l'a calomnié avec l'impudence de ses pareils en imputant à l'auteur protestant des mots dont le jésuite lui-même était le seul auteur : « les petits morveux à la mamelle » et Dieu nommé « M. de Rochefort », de manière à faire croire à une Bible travestie à la façon de Scarron. Henri

---

1. *S'embâtonner* (s'armer de bâtons), *déprisonner* par opposition à *emprisonner*.
2. Voir l'étude de M. Douen, dans notre Appendice.

Estienne lui-même exagère, quand il lui reproche d'avoir écrit « dans le jargon des gueux ». Mais il est bien vrai qu'il a écrit pour « les gueux » : sans adopter leur jargon, il a cherché à leur parler la langue la plus accessible. Et c'est en y travaillant qu'il lui est arrivé beaucoup trop fréquemment de tomber dans une de ces trois sortes de fautes : — ou bien d'employer des termes du dialecte local [1]; — ou bien de ressusciter de vieux mots français tombés en désuétude et devenus inintelligibles en dehors de quelques patois où ils ont été conservés [2]; — ou enfin de rechercher tellement la forme populaire qu'il descend jusqu'au style le plus familier, et parfois plus bas encore. Il dira : « l'homme *sale* a *embu* méchanceté à *grosses goulées* [3] ». L'Eternel répond à Abraham : *Nenni*. Divers personnages y ajoutent même couramment cette particule enfantine : *dà*, et disent « oui-dà, non-dà; et dà je l'ai vu. Ma foi dà! [4] »

A cet égard on trouvera les détails les plus précis dans la note finale de M. Douen, à laquelle nous sommes heureux de joindre l'appréciation autorisée d'un philologue particulièrement compétent en matière de vieux français et de patois bourguignons, M. Clédat. Cet érudit explique l'origine de nombre de mots qui à première vue semblent des barbarismes et qui ne sont pour la plupart que des archaïsmes : Castellion avait conservé à Bâle la forme correcte, laquelle en ce moment même faisait place en France à l'écriture ou à la prononciation moderne.

Nous aurions également à signaler sa réforme orthographique qui, sans être radicale, était hardie autant que logique et devançait celle de Ramus, notamment pour la suppression de l's étymologique (jusque dans le mot *est*, qu'il écrit *ét*). Mais il est trop évident que ce n'était pas de Bâle qu'un pareil projet avait chance d'être mené à bonne fin ni même

---

1. Le *lodier* pour la couverture de lit (Juges, IV, 18). Les vases de terre dont les soldats de Gédéon firent un si martial usage (Juges, VII, 16), sont des « toupins ». La Bible de Genève dit : « des bouteilles ». Adam et Eve après la chute cousent des feuilles et s'en font des « *braies* », etc..

2. Il ne te chaut de nulli, — des gens avenaires, — avoir l'*audivi* sur quelqu'un (l'autorité). — Les faux dieux, ce tas de triqueniques.

3. Job, XV, 16.

4. Genèse, XII, 13; 2, Rois, II, 20.

de fixer l'attention, et il ne paraît pas que lui-même y ait attaché d'importance, puisque tous ses autres écrits français se conforment à l'orthographe du temps.

Si nous passons à ce que nous avons appelé sa seconde règle de traduction — l'emploi des équivalents, pour traduire par un système d'approximations et d'analogies, — nous trouverons aussi nombre de traits qui surprennent, mais peu qui choquent absolument. Là en effet tout se tient.

S'agit-il d'un usage ancien, il cherche l'usage moderne qui s'en rapproche le plus. Au lieu d'un terme vague pour désigner les cérémonies cananéennes, tantôt « on fait crier les *vogues* de Baal », tantôt c'est « la fête des Loges » (lisez : des tabernacles) [1]. Jacob veut élever un monument à l'Éternel, ce sera « une montjoye » [2]. — S'agit-il de mesures antiques, on comptera par « cent *moissines* de raisin, cent *cabats* de figues ». — Achan a dérobé dans le pillage des objets précieux qu'il a soustraits à l'interdit : le traducteur veut que nous sachions que c'était « une langue d'or » (lingot) et « une jolie manteline à la Babylonique » [3].

Ailleurs nous retrouverons des toilettes qui reproduisent, avec plus de fidélité encore que les costumes grecs et romains d'Amyot, les modes du XVIe siècle. Voyez par exemple les *grosses nopces* d'Esther et la scène où « dépouillant ses accoutrements de servage, elle se vêtit en reine, et étant ainsi *brave*, elle print deux *damoyselles*, sur l'une desquelles elle s'appuyait comme par *mignardise*, et l'autre lui allait après, lui portant la queue [4] ». Ou bien voyez Judith « *encheveler* ses cheveux, prendre ses bracelets, ses *mancherons*, et se parer le plus *gorriement* [5] qu'elle peut. Or écoutez, dit-elle, Messieurs de Béthulie », etc. [6]. Voulez-vous une parure plus complète et non moins « Renaissance »? Notre traducteur fait dire au prophète Esaïe [7] : « Le Seigneur ôtera aux Sionnoises (filles de

---

1. 4, Rois, X.
2. Gen., XXVIII.
3. Josué, VII.
4. Esther, V, 1.
5. *Gorrièrement* (coquettement).
6. Judith, VIII, 10.
7. Esaïe, V.

Sion) les jolis accoutrements, les passefilons, les lunelettes, le musc, les devantiers, les couvrechefs, les chaperons, les bracelets, les rubans, les carquans, les oreillettes, les aneaux, les templettes, les rocquets, les guimples, les popées, les bourses, les miroirs, les mouchoirs, les toilettes et le tafetas ».

Le même mode de traduction par analogies populaires et contemporaines se retrouve dans tous les passages relatifs à l'état social des peuples anciens. Qu'il s'agisse d'un patriarche antédiluvien, d'un Pharaon d'Egypte ou d'un roi d'Israël, c'est dans le vocabulaire de la féodalité que Castellion va chercher l'équivalent dont il a besoin pour rendre la vie à ce passé lointain. Les Philistins sont répartis en cinq « bailliages »[1], les « Ebrieux » en douze « lignées » (tribus). Ils ont dès l'origine des « ducs » et « barons », de qui relèvent sans doute « messieurs de la justice »[2]. Après l'établissement de la royauté, nous voyons apparaître une cour tout entière, un « trésorier des chartres », un « maître des présidents », des « prélats » à qui un roi défendra de recevoir de l'argent de leurs « diocèses »[3], des « sénéchaux », un « prévôt de la ville », toute la hiérarchie enfin, depuis les « grands seigneurs » jusqu'au « marguillier »! Il faut voir aussi le « coronal »[4] et les « capitaines de brigade »[5] passer en revue « toute la gendarmerie d'Israël »[6]. Il faut voir le roi de Syrie faisant payer des gabelles[7], un autre des tailles[8], le grand Artaxerce « envoyant *en poste* ses lettres aux baillifs et gouverneurs des provinces »[9] et Darius réunissant autour de lui non plus des « satrapes », mais « tous les généraux, prévôts, maréchaux, conseillers et baillifs du royaume »[10].

C'est dans le même esprit et non pas par superstition classique que les noms cananéens trop peu familiers aux lecteurs ignorants sont remplacés par des équivalents plus connus.

---

1. Jos., XIII.
2. Jos., II; — 2, Rois, VIII; 2, Esdras, II.
3. 2, Rois, IV, VIII, IX, XI, XII, etc.
4. 2, Rois, VIII.
5. 3, Rois, XII.
6. Nomb., 31.
7. 3, Rois, XX.
8. Ibid.
9. Esther, VIII.
10. Daniel, VI, 7.

Les Baalphégor, Beelzebuth seraient moins bien compris que Pan, les Titans, et « Apollon qui a pour prophètes les nigromanciens »[1]. Les bois de la Judée se peuplent de « satyres, de faunes et de sylvains »[2]. Le Hadès s'appelle Pluton. Les astres eux-mêmes reprennent leurs noms populaires : « Dieu fait paraître les Vergiles et le Cabinet du midi »[3].

Il n'est pas jusqu'aux noms propres qu'il ne cherche à traduire. Le lieu du sacrifice d'Isaac s'appelle *Jovairée* (Jova verra)[4]. « Que ceux de *La Roche* crient triomphamment (c'est la mère-ville d'Arabie) »[5]. Le « Silo » prophétisé par Jacob devient *Porte-Bonheur*[6]. Moïse doit dire aux enfants d'Israël : « *Serai* m'envoie vers vous »[7]. Ailleurs Dieu s'appelle « le *Rochefort* d'Israël »[8].

Avec ce parti pris de vérité il faut bien s'attendre à rencontrer dans certains passages de la Bible une fidélité de traduction qui blessera les oreilles modernes. Rien n'est plus mobile d'ailleurs que la ligne de démarcation que trace l'usage. En 1550 le départ entre les mots nobles et les autres, même au point de vue des mœurs, n'était pas fait, surtout dans le français savoisien et romand. Tout ce qu'on peut dire, c'est que la version de Castellion n'est pas à cet égard plus libre ni plus grossière que celle de Genève; que d'ailleurs les Églises protestantes, par une sorte de superstition qu'il faut leur pardonner, puisque c'est presque la seule qui leur reste, avaient dès lors ce penchant, qu'elles ont tant montré depuis, à garder avec un soin jaloux les termes de leur vieille Bible, alors même qu'ils étaient démodés ou écartés par les progrès de la bienséance[9].

On a de même reproché à Castellion son exactitude dans

---

1. 3, Rois, XV; 1, Chron., X; Esaïe, XLV.
2. Ps. LXXII; Job, IX, etc.
3. Job, IX.
4. Gen., XXII.
5. Es., XLII.
6. Gen., XLIX.
7. Ex., III.
8. 2, Rois, XXII; Gen., XLIX.
9. Avant de reprocher à Castellion d'avoir nommé Raab du nom populaire qui désignait les femmes de sa sorte et de n'avoir pas consenti à la travestir comme firent plus tard d'autres traducteurs en « l'hospitalière Raab », il faut se rappeler qu'il n'y a pas trente ans on lisait encore tous les dimanches dans beaucoup d'églises protestantes, en Suisse, en France et à Paris même, le 7ᵉ commandement en ces termes, qui sont ceux de la traduction de Martin : « Tu ne paillarderas point ».

la reproduction des métaphores hébraïques relatives à Dieu. Naturellement l'effort des exégètes chrétiens, des protestants en particulier, a toujours été de chercher à atténuer ce qu'ils trouvaient de trop grossier dans l'anthropomorphisme des textes sacrés. Si désireux que fût Castellion de tirer de la Bible un aliment digne de la piété la plus éclairée, il a compris son devoir de traducteur comme on le comprend de nos jours. C'est toujours le même homme que nous avons vu renoncer au pastorat plutôt que d'accepter une traduction excellemment, mais indûment spiritualisée des mots : « il est descendu aux enfers » [1]. Il ne se croit pas le droit de spiritualiser ainsi l'Ancien Testament, et il traduit en plein XVIᵉ siècle avec la même « objectivité » que Reuss ou Renan. Il nous dira, sans essayer de glisser sous le texte un sens mystique, à l'occasion du sacrifice de Noé : « Le Seigneur sentit une soève odeur, dont il dit en son cueur : Je ne malsacrerai plus la terre pour l'homme qui brasse mauvaitié » [2]. Et de même pour les innombrables allusions au « courroux », à « l'ire », à « l'agacement » [3], à la « vengeance » ou au « repentir » de Dieu : « Le Seigneur est enflambé d'une grande colère », etc. [4].

Si la langue, chez Castellion, avait valu le style, sa traduction compterait au rang des œuvres maîtresses du XVIᵉ siècle. C'était peut-être une hérésie aux yeux de certains, mais ce n'était pas une erreur littéraire que d'entreprendre, comme il le fait, de traduire chaque livre dans le style qui lui convient.

Rencontre-t-il un proverbe? Il lui donne l'allure de proverbe. Ainsi dès la Genèse :

— Qui sang d'homme épandra, son sang par homme épandu sera.

Et tout le livre des Proverbes de Salomon est traduit en cette forme des vieux adages populaires, comme :

Biens mal acquis rien ne profitent,

ou celui-ci :

Au Seigneur prête qui a pitié du pauvre ;

---

1. Voir ci-dessus, p. 198.
2. Ex., 33, 22.
3. Ps. LXXVIII.
4. 4, Rois, XXII.

souvent en forme de dictons rimés :

> Qui rondement ira
> Sauvé sera ;
> Qui mauvais train ménera
> Une fois tombera ;

toujours avec le tour elliptique, ayant je ne sais quoi d'imprévu ou de piquant, qui doit se graver dans la mémoire :

> Bouche de juste, fontaine de vie ;
> Bouche de méchant couvre félonie.
>
> D'homme de bien heureuse renommée,
> De méchant homme puant renom.
>
> Qui blé retient on le maudit,
> Et qui blé vend on le bénit.

Rencontre-t-il un sujet familier, une aventure prêtant à la raillerie, il ne se refuse point à laisser percer un sourire moqueur. Sa traduction s'anime autant que pourrait faire l'original : quand l'adroit berger Jacob use du stratagème que l'on sait pour s'approprier « toutes les brebis gaillardes et laisser à son maître tant seulement les malotrues », le traducteur sans rien ajouter au texte y met une légère intention satirique : « Par ce moyen mon homme fit très bien ses besoignes et acquit force bétail ». Même usage de nuances familières mais de bon aloi quand il raconte l'histoire de Sichem se faisant circoncire pour obtenir la main de Dinah : « Et ne fut point lâche, le compagnon, à dépêcher l'affaire, car il avait affection à la fille ».[1] ; ou ailleurs quand il décrit, d'après le Sage, les manèges et le babil de la « femme rioteuse » qu'il appelle « une fine pièce »[2].

Au contraire le ton devient grave et l'accent poignant dans l'Ecclésiaste. La traduction, tout en francisant et en popularisant, ne déprécie ni ne dégrade l'idée. Le *Vanitas vanitatum* est rendu par : « Tout ne vaut rien, dit le Prêcheur, tout ne vaut du tout rien ». Il y a même à travers les néologismes, des traits pleins d'énergie, celui-ci par exemple :

> Passe le temps avec ta bien aimée
> Tant que durera ta néante vie,
> Qui t'êt ottroyée sous le soleil,
> Tant que durera ton néant !

---

[1]. Genèse, XXXIV.
[2]. Prov., VII.

Tournez la page, la langue et le style vont encore changer. Voici le Cantique des Cantiques, « ce qui veut dire, ajoute en sous-titre le traducteur, la chanson des chansons ». Et c'est en effet d'une chanson d'amour qu'il essaie de nous donner la fraîche impression, dans ses deux traductions. Mais il y réussit moins en français qu'en latin.

Veut-on voir enfin notre interprète se mesurer avec la grande poésie, avec le sublime même, dans les prophètes, dans les Psaumes, dans le livre de Job ? En voici une page au hasard :

> Le Seigneur parla ainsi à Job d'un tourbillon : Or t'équippe comme un vaillant homme, e me répond à ce que ie te demanderay. M'ôteras-tu mon droit ? me bailleras-tu le tort afin que tu ayes le droit ? Que si tu as tels bras que Dieu, et tonnes de la voix comme luy, accoûtretoy de hautesse e excellence, e te vêt d'honneur e de maiesté. Epar ton ardent courroux, e regarde tous les hautains e les abbaisse. Regarde tous les hautains e les rue ius, e broye les méchans tout à coup. Cache-les tous en terre, e plonge leurs faces en lieu qu'on ne les voye plus. Parainsi ie confesseray que tu te pourras défendre par ta dextre. Vela l'éléphant que i'ay fait avec toi, qui mange du foin comme les bœufs. Il a sa force e vertu en ses flancs et nombril. Il démeine sa queue comme un cèdre, e a les nerfs du plus haut de sa queue branchus. Ses membres sont tuyaux d'érain, ses os barres de fer, brief c'êt le chef-d'œuvre de Dieu, e n'y a nul qui osât mettre la main a l'épée contre luy, sinon celui qui l'a fait [1]. Car les montagnes lui portent pasture, là où toutes les bêtes des chams s'ébattent. Il se couche sous les arbres ombrageux, e se retire parmi les cannes e marès, à l'ombre des arbres ombrageux, enuironné des saux de riuiere : e si boit vne riuiere sans s'étonner, tellement qu'il cuide bien engloutir le Jordain à tout [avec] sa gueule, tant s'en faut qu'il se laisse prendre a percer les narines à tout des lanières. Saurois-tu bien tirer la baleine à tout un hameçon ? ou lui serrer la langue d'vne corde ? Lui mettrois-tu bien un crochet au museau, e lui perserois la mâchoire a tout vn poinson ? Oy-dà, elle te priera bien fort, e te parlera doucement, etc. (Job, XL.)

Si l'on néglige l'étourderie qui fait manger du « foin » à l'hippopotame, l'insupportable *à-tout* pour *avec*, et l'archaïsme *ruer jus* (que Marot employait encore), quel relief dans cette page et, ajoute M. Douen, « quel bonheur d'expression dans ce mot retrouvé par M. Reuss : « C'est le chef-d'œuvre de Dieu », au lieu de la traduction de Budé et de Calvin : « C'est le commencement des voies de Dieu » !

---

1. Olivetan traduit : « Celuy qui l'a faict en approchera son glaive ». Les modernes leur donnent tort à tous deux et disent : « Son créateur l'arma d'un glaive », c'est-à-dire de défenses (note de M. Douen).

Telle qu'elle est, avec toutes ses lacunes, ses inégalités, ses hardiesses malheureuses, la Bible française est une œuvre capitale : c'est bien, comme le dit le critique qui l'a étudiée le plus à fond, le premier essai d'une traduction de la Bible vraiment française et vraiment moderne, et l'on comprend que celui qui s'y était voué ait cru pouvoir se rendre le témoignage d'avoir fait une « chose agréable à Dieu et utile aux hommes » [1].

---

[1]. « Licuit mihi et uberiore lucro et leviore labore et minore invidia et breviore tempore alia tractare... sed omne vitæ meæ tempus in Dei laudes consumendum judico qui me meamque familiam in alieno solo, sine ullis fortunis, sine stipendio aut reditu, adeo mirifice pro sua benignitate fovet alitque, et eum ad hoc studium ardorem mentis injicit ut facile intelligam meos ei labores cordi esse. » (Préface du *Psalterium*, p. 12.)

CHAPITRE XI

LE SUPPLICE DE MICHEL SERVET ET L'OPINION PROTESTANTE CONTEMPORAINE

Le bûcher de Servet (27 octobre 1553). — Opinion des Églises suisses. — Philibert Berthelier. — Servet pose la question de principe : peut-on punir de mort l'hérétique? — Preuves diverses de l'hésitation de l'opinion protestante à cet égard. — Gribaldi. — Calvin obligé d'écrire son apologie un mois après le supplice de Servet. — Bullinger, ses conseils, son *distinguo* entre l'hérésie et le blasphème, son jugement sur le livre de Calvin. — Opinion à Berne (W. Muslin), à Zurich, à Bâle, en Allemagne (W. Waydner). — Première lettre reçue par Calvin en réponse à sa *Defensio orthodoxæ fidei* : le chancelier Nicolas Zurkinden de Berne. — Apparition du *De hæreticis an sint persequendi* (mars 1554). — Th. de Bèze s'apprête à y répondre.

Le vendredi 27 octobre 1553, un bûcher était dressé à la porte de Genève sur le plateau de Champel, lieu des exécutions capitales. Un homme d'une quarantaine d'années qu'escortaient des hallebardiers, s'acheminait vers le bûcher. Auprès de lui marchaient plusieurs ministres de Genève et à leur tête l'ancien pasteur de la ville, Guillaume Farel. Ce grand vieillard semblait s'attacher à lui avec l'âpre sollicitude d'un aumônier qui dispute une âme à Satan. De la prison à l'hôtel de ville où l'on avait donné lecture de la sentence, et de là au lieu du supplice, Farel n'avait cessé de le presser d'exhortations. Il le sommait tour à tour et le suppliait de rétracter ses erreurs. Le prisonnier protestait de son innocence, et il priait Dieu à haute voix de pardonner à ses accusateurs. — « Eh quoi, s'écrie le vieux ministre, tu songes encore à te justifier! Si tu continues de la sorte, je t'abandonne au jugement de Dieu, et je ne vais pas plus loin avec toi. Et pourtant, j'avais résolu de t'assister, de demander au peuple de prier pour toi, espérant que tu l'édifierais. Je voulais rester près de toi jusqu'à ton dernier soupir. » L'infortuné se tut. Il ne pensa plus qu'à se préparer à la mort en demandant pardon à Dieu de tous ses péchés et des erreurs même qu'il avait pu commettre par ignorance. Farel insista en vain, il ne fit pas d'autre rétractation. Un peu après midi, au moment de monter sur l'échafaud, il se tourna vers la foule et lui demanda de prier pour lui; lui-même à plusieurs reprises se joignit avec ferveur aux prières prononcées par un des pasteurs [1]. Enfin le bourreau l'attacha au fatal poteau, lui mit sur la tête la couronne enduite de soufre et lui passa autour du corps une chaîne de fer où il suspendit deux ou trois volumes qui devaient être brûlés avec leur auteur. On alluma quelques branches; le bois, trop peu sec, prenait mal; les assistants par pitié apportèrent des fagots et, quelques minutes après, du sein des flammes et de la fumée, on entendit monter une voix qui s'écriait douloureusement : « Seigneur Jésus, fils du Dieu éternel, aie pitié de mon âme! » La voix cessa avec la vie du malheureux.

Celui qui venait d'expirer n'était pas un malfaiteur, c'était un hérétique, un des premiers savants, mais aussi un des plus hardis du siècle, c'était le médecin Michel Servet.

Ainsi s'accomplissaient enfin dans leur sinistre énergie ces paroles prophétiques que Calvin avait écrites à Farel plus de sept années auparavant : « Si Servet vient à Genève, pour peu que j'y aie d'influence, jamais je ne souffrirai qu'il en sorte vivant » [2].

Nous n'avons pas à écrire l'histoire de ce procès : elle est aujourd'hui définitivement connue [3]. Ce qui l'est moins, c'est

---

1. Tous ces détails sont littéralement extraits de la célèbre lettre de Farel à Blaarer, du 10 décembre 1553, dont l'original se trouve à la bibliothèque de Saint-Gall. (Voir *Opp. Calv.*, XIV, p. 692-695.)

2. « Si venerit, modo valeat mea authoritas, vivum exire nunquam patiar. » (Lettre de Calvin à Farel, 13 février 1546. — L'original autographe se trouve, comme on sait, à Paris, Bibliothèque nationale, coll. Dupuy, 102, fol. 3.)

3. M. Tollin, *Michel Servet, portrait-caractère*, p. 52, donne la bibliographie complète du

l'état réel de l'opinion dans le monde protestant contemporain sur cette tragique affaire et sur les questions de principe qu'elle soulevait.

Sans doute, au premier aspect, il semble — et c'est la légende qui naturellement devait prévaloir, — il semble qu'il y ait eu la plus parfaite unanimité pour approuver la conduite de Calvin. Tous les théologiens, tout le clergé des Églises suisses, puis tous les gouvernements des cantons protestants, à Genève même tous les partis, y compris le parti hostile à Calvin, et peu à peu les plus illustres représentants de la Réforme en Allemagne, en France, dans tous les pays luthériens ou calvinistes, semblent avoir donné à Calvin leur pleine adhésion depuis Mélanchthon jusqu'à Pierre Martyr, depuis Bullinger jusqu'à Sleidan. Si bien que l'on en est arrivé à écrire : « ce n'est pas Calvin qui est coupable de cette action, c'est le protestantisme de son temps »[1].

Combien l'impression change, si de la légende on prend la peine de passer à l'histoire. Les documents abondent aujourd'hui[2], et il ne faut aucun effort d'imagination pour découvrir une réalité fort différente de l'apparence première. Sans embrasser l'étude de cette question dans son ensemble, relevons-en seulement ce qui est indispensable pour la suite de ce récit.

Ce n'est pas un adversaire de Calvin, c'est Théodore de Bèze lui-même (dans sa première édition latine de la *Vie de Calvin*) qui, aussitôt après le récit du supplice de Servet, ajoute : « Les cendres de ce malheureux étaient à peine refroidies que l'on se mit à discuter la question du châtiment des hérétiques. Les uns accordaient qu'il faut les réprimer, mais non pas leur infliger la peine capitale; les autres, sous prétexte que l'hérésie ne peut jamais être bien démontrée par la parole de Dieu et qu'il est permis d'avoir sur tous les points

---

sujet, que nous ne jugeons pas nécessaire de reproduire. On sait que M. Tollin lui-même s'est voué à l'étude de Servet et a publié de nombreux ouvrages soit sur la vie et la mort, soit sur les écrits et les doctrines du martyr espagnol qui est à ses yeux un des plus grands génies religieux du siècle de la Réforme.
1. Tollin, *ibid.*, p. 10.
2. Surtout grâce à la publication de l'*Histoire du peuple de Genève* d'Amédée Roget et des *Opera Calvini*.

de la foi l'une ou l'autre opinion, à la façon des académiques (pyrrhoniens), pensaient qu'on devait les abandonner au jugement de Dieu. Cette opinion était même soutenue par un certain nombre d'hommes de bien, qui craignaient de paraître, par l'opinion contraire, encourager la cruauté des tyrans contre les vrais fidèles [1]. »

Est-ce qu'un tel aveu dans la bouche d'un tel panégyriste ne devrait pas suffire à faire naître un premier doute sur ce prétendu consentement universel du protestantisme à la répression sanglante de l'hérésie? Mais cet aveu lui-même n'est pas complet : Théodore de Bèze n'a pas tout dit, et il n'a pas tout su.

Relisons d'abord ces trop fameuses réponses officielles des Églises suisses qui ont été, cela n'est que trop vrai, l'arrêt de mort de Servet. Relisons-les comme auraient pu les lire les magistrats genevois si Calvin n'eût pas été là.

Nous y trouvons sans doute la plus expresse condamnation des erreurs de Servet. Et comment tous les théologiens de la chrétienté ne l'eussent-ils pas prononcée? Il ne s'agissait plus, comme dans l'affaire récente de Bolsec, du dogme particulier de la prédestination, mais de tous les dogmes du christianisme orthodoxe. Ils avaient à se prononcer sur une hérésie qui était, comme ils le redisent sans cesse, le composé de toutes les hérésies connues.

Et pourtant, que l'on pèse les termes de leurs réponses. La consultation théologique achevée, toutes ces lettres, sans exception, reculent devant l'odieux d'une proposition expresse de sentence capitale. Bullinger lui-même, qui, dans cette circonstance comme en d'autres, était le plus décidé à suivre Calvin jusqu'aux dernières conséquences de son absolutisme théologique, Bullinger indique formellement, dans la réponse qu'il écrit au nom du clergé de Zurich, le point de vue où il faut se placer pour punir Servet. Il y revient à quatre ou cinq reprises : ce n'est pas Servet hérétique, c'est Servet blasphémateur qu'il y a lieu de frapper.

Encore ne va-t-il pas dire de quelle peine. Il fallait être

---

[1]. *Vita Calvini*, anno 1553.

bien décidé à entendre à demi-mot pour entendre sans hésiter « la peine de mort » dans la phrase enveloppée où il résume sa conclusion : « Dieu vous donne une occasion de nous laver tous du soupçon d'être hérétiques ou de favoriser l'hérésie si vous vous montrez vigilants et diligents à empêcher ce poison de se répandre plus loin »[1]. Toutes les autres Églises, reproduisant en substance l'avis de celle de Zurich, sont encore moins formelles. Celle de Berne écrit par la main du pasteur Jean Haller : « Nous prions Dieu de vous donner l'esprit de prudence, de sagesse et de courage pour que tout ensemble vous éloigniez de votre Église et des autres cette peste, et que vous ne fassiez rien qui puisse passer pour ne pas convenir à un magistrat chrétien »[2].

Les autorités civiles elles-mêmes, avec de moins savants euphémismes, ne sont pas plus explicites. L'avoyer du conseil de Berne, c'est-à-dire celui des gouvernements confédérés dont l'avis devait avoir le plus de poids pour Genève, dans sa réponse en français se borne à dire : « Vous prions — comme ne doubtons point à ce estre enclins — de tousiours tenir main que les erreurs et sectes, comme les dicts sont ou semblables, ne soyent semées en l'Esglise de Jésus-Christ et par ce [vous] garder de trouble et adversité, et sa gloire avancer et augmenter »[3].

La culpabilité de Servet, la nécessité de prévenir la diffusion de ses hérésies; voilà bien tout ce qui ressort de ces diverses réponses, soit laïques, soit ecclésiasques.

En d'autres circonstances, ces lettres — que la minorité anticalviniste du conseil de Genève avait demandées, au dire de Calvin, en vue de lui résister[4] — auraient pu permettre sinon d'absoudre Servet, du moins d'atténuer la peine ou de la commuer.

Pourquoi n'en fut-il rien?

---

1. Si videlicet vigilantes fueritis diligentesque caveritis ne veneni hujus contagio per hunc serpat latius, id quod facturos vos nihil dubitamus. (*Opp. Calv.*, VIII, 558.)
2. « Et simul nihil admittatis quod magistratui christiano inconveniens censeri possit. » (*Opp. Calv.*, VIII, 819.)
3. *Opp. Calv.*, VIII, 818.
4. « C'est malgré nous, écrit-il à Bullinger le 7 septembre, que notre magistrat vous cause cet ennui, mais ils en sont venus à tenir pour suspect tout ce que nous leur disons. Si j'affirmais qu'il fait jour en plein midi, ils commenceraient par en douter » (*Opp. Calv.*, XIV, 611.)

Pour le comprendre, il faut se rappeler ce qui venait de se passer et par quel acte d'énergie suprême Calvin venait de ressaisir son autorité au moment où elle menaçait de lui échapper. C'est au milieu même du procès de Servet qu'avait eu lieu cet incident qui, dans un cadre moins étroit et sur une scène moins obscure, aurait autant de grandeur que n'importe quel épisode de la lutte séculaire du pouvoir spirituel contre le temporel. Il s'agissait en apparence du droit pour le Consistoire d'exclure de la cène les membres indignes, il y allait au fond de l'autorité absolue du clergé en matière ecclésiastique. Calvin refusait l'accès de la table sainte à un des hommes les plus considérables du parti adverse, Philibert Berthelier, le fils du premier martyr de la liberté à Genève.

Deux jours avant la communion du 3 septembre, Berthelier obtient du Conseil [1] l'autorisation de passer outre à l'opposition de Calvin et de se présenter à la cène. Calvin l'apprend, se rend le samedi au Conseil et déclare « qu'il mourroit plus tôt que d'endurer cella contre sa conscience » [2]. Son inébranlable résolution arrêta le Conseil. Le lendemain il prêcha en pasteur prêt à tout souffrir pour sa foi et dont c'était peut-être, il l'annonçait lui-même, le dernier sermon. « Et maintenant, — terminait-il au moment de descendre de la chaire, — si quelqu'un se vouloit ingérer à cette sainte table à qui il seroit défendu du Consistoire, il est certain que je me montrerai, pour ma vie, tel que je dois. » Berthelier ne se présenta pas, et une fois de plus la dictature spirituelle de Calvin fut consacrée. La force morale avait tenu tête à la démocratie comme elle l'avait fait en d'autres temps aux rois et aux empereurs.

Mais le véritable vaincu de cette journée ce n'était pas Berthelier, c'était Servet. Il était facile de prévoir qu'au lendemain de cet affront public, Berthelier n'aurait plus le crédit nécessaire pour balancer celui de Calvin dans le Conseil. Au début de la procédure, il était intervenu en faveur de Servet;

---

1. « Data opera cum mihi opposuerant ut vel sua protervia me vinceret vel tumultum concitaret. » (Lettre de Calvin à Bullinger, 27 octobre 1553, *Opp. Calv.*, VIII, 655.)
2. Reg. du Conseil. Voir Am. Roget, IV, 65.

notamment un jour (16 août) qu'il remplaçait, comme suppléant, le lieutenant (procureur de l'Etat) Pierre Tissot. Et cette intervention avait été assez vive pour faire suspendre l'interrogatoire, pour déconcerter un moment l'attaque et pour déterminer Calvin, qui jusqu'alors n'avait pas paru, à se présenter lui-même, à prendre en main la direction de l'affaire et à requérir tout d'abord contre Berthelier « qui se mesle de parler en excuse de l'accusé »[1] (17 août).

Après la scène du 3 septembre, après la demande d'avis adressée aux Églises suisses, après leur réponse unanime quant à la gravité des hérésies de Servet, défendre encore Servet, c'était engager un duel à mort avec Calvin. Il venait de se montrer prêt à quitter Genève une seconde fois plutôt que d'y laisser violer la discipline ecclésiastique, que serait-ce si l'on semblait mettre en question la doctrine tout entière? Supporterait-il un instant d'hésitation dans une affaire où « l'honneur de Dieu » était bien autrement engagé que dans celle de la cène? Lui résister sur ce terrain et tout ensemble résister à l'unanimité des Églises réformées, il n'y fallait pas songer.

On y songea pourtant une fois encore, c'est Calvin lui-même qui nous l'apprend. Le grand adversaire, l'ami de Berthelier, celui qu'il appelle d'ordinaire « notre César comique », le syndic Perrin, « après avoir feint d'être malade pendant trois jours, est venu au Conseil pour tirer d'affaire ce scélérat. Il n'a pas rougi de demander que sa cause fût portée du Petit Conseil au Conseil des Deux-Cents. Malgré cette tentative, la condamnation a été prononcée sans débat[2]. »

Cet appel au peuple ou du moins à une assemblée plus populaire, c'était ce que Servet lui-même avait sollicité[3]. Et il avait raison d'y attacher quelque espérance. Les registres du Consistoire et ceux du Conseil nous montrent à plusieurs reprises, à cette époque même[4] et dans les années qui suivirent immédiatement, qu'on vient « rapporter » que des

---

1. A partir de cette séance, le lieutenant ne s'absente plus, et Berthelier n'a plus à intervenir comme suppléant; il ne reparaît plus qu'à une séance à laquelle assistait le lieutenant.
2. Lettre à Farel, 26 octobre 1553. (*Opp. Calv.*, XIV, p. 657.)
3. Requête de Servet à la Seigneurie, 15 sept. 1553. (*Opp. Calv.*, VIII, p. 797.)
4. La veille du supplice de Servet, le magister Jean Colinet comparaît devant le Consistoire pour avoir répandu la Préface à Édouard VI de Castellion. (Reg. du Consistoire, 26 octobre 1553.)

femmes du peuple, des artisans, des marchands, des ouvriers ont mal parlé de Calvin et prétendu, entre autres griefs ordinaires, « que cela estoit fort estrange de faire morir en ceste cité gens pour la religion »[1].

Il est même à noter que Servet, soit d'instinct, soit sur de bons avis, avait essayé de porter la discussion sur cette question de principe. D'abord tout plein d'ardeur pour ses thèses théologiques, il n'avait qu'un but : démontrer le bien fondé de ses opinions; qu'un souci : suivre à perte de vue son adversaire, surtout quand ce fut Calvin en personne, dans tous les dédales de la théorie des hypostases et dans les profondeurs de la « distinction personnale et non pas réale » (comme dit le greffier, qui dissimule mal son embarras à prendre des notes [2]).

Mais, ce tournoi théologique à peine terminé, Servet adressait à la Seigneurie (22 août) une requête qui ne paraît pas avoir passé inaperçue. Il « met en faict que c'est une novelle invention ignorée des apostres et de l'Église ancienne de faire partie criminelle pour la doctrine de l'escripture ou pour question procédante d'icelle ». Il développe des arguments tirés des Actes des apôtres et des édits de Constantin, et offre de prouver « par mille autres histoires et authorités des docteurs », que le simple bannissement a toujours été la seule punition admise par l'Église contre les hérétiques, « voire quand on seroyt un hérétique comme estoit Arrius ».

Dans une seconde partie de sa lettre, pour mieux appuyer son argumentation, il supplie la Seigneurie de considérer « qu'il n'a point esté séditieux ni perturbateur, car les questions que luy tracte sont difficiles et seulement dirigées à

---

1. Reg. du Consistoire, 30 août 1558 (Interrog. d'un certain Jean Jaquemet, portier, qui allègue l'opinion d'un « conseiller de Bordeaux, lequel se scandalisait fort de la mort de Servet »). — Voir encore : (Reg. du Pet. Conseil, 4 août 1556) — « Sur la détention, réponces et confessions de Math. Antoine détenu d'avoir mal parlé de l'exécution contre Michel Servet et de la *translation* de Castalion, — arrêté qu'on lui fasse remonstrances et qu'il vuyde la ville attendu qu'il n'est qu'un fantastique, à peyne du fuet et mettre les genoux à terre et crier mercy à Dieu et à la justice »; (21 févr. 1559) Catherine Cop bannie pour avoir soutenu que « Servet estoit mortir de Jésus »; enfin (4 juin 1562). Benjamin, imprimeur, poursuivi pour « certains propos tendans à la louange de Servet et mesme a dict que iceluy Servet estoit homme de bien et que MM. l'avoient faict mourir à l'appétit d'un homme. » Il prend les devants et se retire à Lyon avec Guillaume Guéroult, l'ancien imprimeur de Servet : « un extrait des informations fait par M. le lieutenant sera envoyé à Lyon *affin de les faire punir là* ».

2. « Pour ce que ce seroit trop long d'ouyr ycy le discours et que seroit chose trop confuse. » Interrogatoire du 1er septembre. (*Opp. Calv.*, VIII, 793.)

gens scavants ». Il distingue soigneusement son cas de celui « des anabaptistes sédicieux contre les magistrats » et conclut qu'il n'a fait que « mettre en avant, sans sédition aucune, certaines questions des anciens docteurs », et que « pour cela ne doyt aulcunement estre detenu en accusation criminelle »[1].

La meilleure preuve que ce moyen de défense n'était pas à dédaigner, et que le droit de mettre à mort l'hérétique n'était pas si incontesté, c'est que dès le lendemain de cette déclaration, Calvin et les siens dressent un second acte d'accusation qui, sans supprimer le premier, vient utilement le compléter sinon le remplacer et donner à la poursuite un tout autre tour. Les nouveaux « articles du procureur général » ne roulent plus sur l'hérésie. Sous des formes habilement diversifiées, ils tendent à lui faire avouer : ou bien qu'il poursuivait un plan de campagne pour répandre ses idées, bouleverser les Églises, miner les institutions ecclésiastiques de Genève[2], ébranler l'autorité de Calvin[3], ou bien tout au moins qu'il prêchait indirectement et favorisait l'immoralité[4], que peut-être il y était lui-même adonné[5], ou bien encore qu'il semait des erreurs empruntées aux Juifs ou à l'Alcoran[6].

Servet s'appliqua à dissiper tous ces griefs, et le lecteur impartial de nos jours dira qu'il y réussit. C'est précisément ce qui fait la grande portée de l'affaire de Servet; on n'a pas pu, cette fois, donner le change à l'opinion : Servet n'a été brûlé, en somme, que comme hérétique et pour ses hérésies[7]. De là, la grande perplexité que fait naître son supplice dans le monde protestant. La correspondance des réformateurs, en commençant par les calvinistes eux-mêmes, en fait foi.

Servet est à peine en prison, que Farel — qui le juge « digne de mille morts » et qui tremble que Calvin ne soit trop doux — s'évertue à réfuter les objections qu'il entend

1. *Opp. Calv.*, VIII, 763-766.
2. Articles 6-10, 12, 14-16, 25-29.
3. Art. 13.
4. Art. 20.
5. Art. 18-19.
6. Art. 2 et 3; — Art. 21 et 22.
8. On pourrait ajouter : et pour sa fière attitude. Calvin lui-même ne dit-il pas, parole singulièrement franche : « Arrogantia non minus quam impietas perdidit hominem »? (*Resp. ad Balduinum*, p. 29.) Il est à noter en outre qu'à cette date (1562) Calvin n'allègue plus le crime d'hérésie, mais le blasphème : « execrabiles blasphemias ultus est ».

faire, et il les réfute avec sa logique ordinaire : « J'ai toujours été prêt, dit-il, à subir tous les supplices, s'il était démontré que je détourne les âmes de la vraie foi : comment refuserai-je pour autrui ce que j'accepte pour moi [1]? »

Tous les calvinistes ne sont pas aussi fougueux, mais presque tous, comme Farel, aussitôt après avoir protesté de leur attachement à la saine doctrine, celle de la répression sanglante, constatent qu'autour d'eux nombre de gens la combattent plus ou moins haut.

Au cours même du procès, les renseignements de ce genre ne sont pas rares dans la correspondance.

Le pasteur bâlois Sulzer ne dissimule pas à Bullinger qu'il faudra du courage aux Genevois, pour prononcer cette sentence, « car il ne manquera pas de gens qui blâmeront violemment Calvin de l'avoir provoquée et le sénat de la lui avoir accordée » [2].

Pierre Toussaint, le réformateur de Montbéliard, en apprenant l'arrestation d'un Espagnol accusé d'hérésie, écrit nettement à Farel lui-même : « J'estime que nous n'avons pas le droit d'intenter une poursuite criminelle pour cause de religion [3]. »

Un homme d'une certaine autorité, qui passa précisément à Genève au moment de l'emprisonnement de Servet, contribua à faire naître le doute dans plus d'un esprit. C'était le célèbre jurisconsulte Gribaldi, alors établi à Padoue, où il allait être appelé à la chaire de droit à l'Université. Il venait chaque année en Suisse, où il avait acheté la petite propriété de Farges, près de Gex, alors en territoire bernois. Gribaldi — c'est Calvin qui nous l'apprend [4], — sans prendre expressément la défense des opinions théologiques de Servet, « semait des propos qui se ramenaient à ceci : qu'il n'y a pas de pénalité à exercer contre des doctrines erronées, parce que la foi de chacun est libre » [5]. La formule, on le voit, était nette et

---

1. 8 sept. 1553. *Opp. Calv.*, XIV, p. 613.
2. Lettre à Bullinger, 28 sept. 1553 : « Quando scio non defuturos qui Calvini instigationem et senatûs ea in re obsequentiam sint vehementer improbaturi ». (*Opp. Calv.*, XIV, 627.)
3. Voir plus loin, pour la suite de l'évolution de Toussaint à partir de ce moment, le commencement de notre chapitre XXI.
4. Lettre au comte de Wurtemberg, 2 mai 1557. (*Opp. Calv.*, XVI, 464.)
5. « Tantum obliquos sermones serebat non esse de falsis dogmatibus exigendas pœnas, quia libera cuique esset fides. »

bien d'un jurisconsulte. Calvin, après avoir d'abord refusé à Gribaldi un entretien, consent à l'entendre, mais à la séance de la compagnie des ministres. Gribaldi s'y présente, il s'avance tendant la main à Calvin, qui la lui refuse « jusqu'à ce que, dit-il, nous soyons d'accord en la doctrine. Sur quoy, sans autre chose, le dit jurisconsulte s'en alla en disant : adieu, Messieurs [1]. » Calvin le fit citer devant le Conseil. Gribaldi, refusant de se prêter à un interrogatoire dogmatique, soutint simplement que c'était un excès de rigueur et une injustice de ne pouvoir tolérer dans cette ville quelqu'un qui ne fût pas d'accord sur la doctrine. Calvin se vante bien de l'avoir réfuté, mais il convient que le Conseil jugea à propos de laisser tomber l'affaire et partir le jurisconsulte.

Gribaldi à cette époque était de ces savants italiens qui appartenaient déjà à la Réforme sans avoir rompu avec Rome. Ce ne fut que deux ans plus tard que, menacé par la nouvelle Inquisition romaine, il quitta définitivement l'Italie et vint s'établir en pays protestant.

Quoi qu'il en soit, nous avons la trace de l'influence qu'exercèrent les propos dont se plaignait Calvin. Gribaldi emmenant avec lui le jeune Basile Amerbach, qui allait étudier le droit à Padoue, passe à Coire, cause avec le pasteur Vergerio de l'affaire de Servet, reprend la discussion ; et il faut bien qu'il ait à demi persuadé Vergerio, puisque celui-ci, dans une lettre à Bullinger, en témoignant la plus profonde horreur pour « les Servet et autres monstres semblables », ajoute aussitôt : « je ne serais pourtant pas d'avis qu'on usât contre eux du fer et du feu : je vous le dis parce que je sais que les Genevois vous demandent votre avis » [2]. Et quelques jours après, quand il a lu la réponse de l'Église de Zurich, il l'approuve en termes ambigus « parce qu'elle ne conclut pas expressément à la peine de mort, tout en laissant entendre que c'est bien la pensée » [3]. S'il n'a pas le courage de combattre ouvertement cette « pensée », il se permet cependant de maintenir qu'il aurait préféré la prison, si dure qu'on la

---

[1]. Colladon, *Vie de Calvin*, p. 67.
[2]. Lettre du 3 oct. 1553. (*Opp. Calv.*, VIII, 633.)
[3]. *Ibid.*, XIV, 635.

voudra, plutôt que le fer ou le feu. Et tout en s'en désolant, il répète, en insistant sur la sûreté parfaite de ses informations, que ce malheureux a de nombreux défenseurs parmi les hommes marquants du parti évangélique [1].

Un autre pasteur de Coire, Philippe Gallitius, écrivant au même Bullinger, encore avant la mort de Servet, décèle le même état d'esprit. Il fait allusion aux récits de Gribaldi qui, dit-il, défendant Servet, nous avait exposé les choses trop en sa faveur. Il approuve la lettre des Zurichois, et il éprouve le besoin d'ajouter, comme pour répondre à des arguments qu'il n'a pas oubliés : « Ce n'est pas là punir l'incrédulité, c'est empêcher le poison de se répandre dans le peuple » [2].

Le 28 octobre, le médecin italien Gulielmo Grataroli écrivait de Bâle à Bullinger [3], ne sachant pas encore le supplice de Servet : « plût à Dieu qu'il n'eût pas de partisans, ici et ailleurs, surtout parmi ceux qui veulent passer pour les plus lettrés et les plus distingués. J'en ai entendu quelques-uns traitant notre excellent Calvin comme un bourreau. J'ai pris sa défense, et je la prendrai toujours, me confiant en Dieu, quoique je sois un moucheron contre des éléphants. » Et il ajoute ce mot qui peut bien avoir été vrai : « Ah! si l'on n'avait rien à craindre pour ses intérêts, quelles opinions monstrueuses nous entendrions ! »

A Zurich enfin, on a tenu les mêmes propos, non pas dans quelque conciliabule, mais chez le bourgmestre Jean Hab, celui qui avait été, à deux reprises, envoyé à la cour de France pour sauver de malheureux luthériens. Un Français, attaché comme précepteur à des jeunes gens de Genève, n'a pas craint de soulever la question et de la résoudre contre Calvin. Et le professeur Rodolph Gwalther, qui donne ce détail à Haller, ajoute : « la cause de Servet a déjà trouvé des partisans parmi nos compatriotes (je veux dire les Français et les Italiens), en plus grand nombre que vous ne croyez ».

---

1. « Non deesse illi nebuloni fautores ex ordine doctorum et eorum qui non solum dederunt nomen Evangelio, sed qui volunt columnæ videri. Loquor quæ scio, non suspicor. Audivi ab ipsismet, non ab aliis. » (8 oct. 1553.)
2. *Opp. Calv.*, XIV, 649, 19 oct. 1553.
3. *Ibid.*, XIV, 658. Lui-même hésite un moment ! Il demande à Bullinger de lui marquer son avis en deux lignes : « *an omnino recte actum esse cum Serveto sentias dum eo mortis genere illum e vivis sustulerunt* ». (*Ibid.*, 666.)

Il espère que la part prise par toutes les autorités suisses à la décision, les obligera, ne fût-ce que par prudence, à « philosopher moins audacieusement sur un tel sujet »¹ (26 nov.).

Il ne faut pas s'étonner que pendant cette première période, nous n'entendions parler que de protestations isolées se produisant exclusivement dans la société lettrée et dans le clergé. Pour le grand public, Servet était absolument un inconnu; il n'avait aucune relation personnelle en Suisse; on y avait à peine connu ses premiers ouvrages théologiques, vieux déjà de vingt ans, on ne connut pas du tout le nouveau, qui avait été presque aussitôt saisi qu'imprimé.

Mais dès le lendemain de sa mort, quand on apprend la question qui s'est trouvée posée à Genève et la manière dont elle a été tranchée, l'agitation grandit, les murmures s'accentuent. Il ne s'agit plus de l'homme qui est mort seul, ignoré, incompris peut-être, il s'agit du principe. Et l'on s'en inquiète tellement que, dès le 22 novembre, Calvin annonce spontanément à Bullinger un projet qu'il lui tarde d'exécuter. Bullinger, qui sentait déjà le besoin de pièces justificatives, lui avait demandé une copie des articles de Servet et des réfutations du clergé genevois. Calvin lui envoie le livre, mais il ajoute : « dès que j'aurai un instant de relâche, je montrerai dans un court traité quel monstre il a été ». Le but de cette publication, il l'explique en deux mots : ce sera d'une part, de couper court à des attaques venant des adversaires (*improbi*) qui disent du mal de nous, « comme j'apprends, ajoute-t-il, qu'ils le font à Bâle », et de l'autre, d'arrêter les murmures de protestation d'un certain nombre de fidèles peu instruits (*imperiti*).

Bullinger ne dut pas être étonné de cette lettre. Lui-même venait d'écrire au ministre de Bienne, Ambroise Blaarer, de manière à lui montrer que tout n'était pas fini avec le bûcher, et Blaarer lui répondait le même jour que Calvin : « Je frémis de ce que vous m'apprenez de l'affaire de Servet. J'espérais qu'avec l'auteur, ses dogmes impies auraient péri dans le feu. Mais ainsi va le monde depuis son origine : il

---

1. *Opp. Calv.*, XIV, 683.

n'y a rien de si absurde, de si impie, qui ne trouve des admirateurs et de zélés partisans [1] ! »

Aussi le chef de l'Église de Zurich n'hésite-t-il pas à remercier Calvin, à l'encourager. « Vous ferez — lui dit-il avec une candeur qui eût pu lui donner à réfléchir — une chose très utile, et à peu près indispensable en publiant un abrégé de cette histoire. » Il lui recommande de ne pas mentionner nommément Bâle comme foyer de l'opposition, pour ne pas envelopper dans le blâme que méritent quelques esprits curieux et pervers, tant d'hommes savants et pieux qui sont dévoués à l'Évangile et à Calvin. Sa lettre finie, il ajoute en post-scriptum : « Vous n'oublierez pas de démontrer qu'il est légitime de punir du dernier supplice les *blasphémateurs* comme Servet et ceux qui lui ressemblent » [2].

Nous avions déjà vu ce souci d'insister sur le caractère *blasphématoire*, c'est-à-dire attentatoire aux lois de l'État, au respect de l'Église ou à la dignité du culte. « Ce sont là, disait-il déjà dans une première lettre, les véritables hérétiques endurcis [3]. » Et ce n'est pas sans motif qu'il y insiste dans sa correspondance avec les théologiens d'Allemagne. L'un d'eux, et des principaux, André Hypérius, le savant et très orthodoxe professeur de théologie de Marbourg, lui écrit qu'il n'avait rien su de l'affaire de Servet avant de venir à Francfort, mais que dans cette ville il a constaté de divers côtés qu'un très grand nombre de gens (*permultos*) s'étonnaient fort qu'on eût prononcé à Genève la peine capitale contre un homme *accusé seulement, disait-on, d'hérésie*. Pour moi, ajoute-t-il, je ne me prononce pas encore [4]. C'est pour les

1. *Opp. Calv.*, XIV, 672.
2. Lettre du 28 nov. (*Ibid.*, XIV, 684.)
3. Lettre du 14 sept. 1553. (*Ibid.*, XIV, 121.)
4. « Ubi sane animadverti passim permultos vehementer admiratos cum audirent eum extremo supplicio affectum Genevæ, quem fama erat tantum hæreseos fuisse arcessitum. Ego vero nondum habeo quod pronunciem, cum J. Calvini liber, mihi nondum perlectus, dubium planeque suspensum me detineat. » Ainsi c'est après avoir lu ou commencé de lire le traité de Calvin qu'un homme comme Hypérius se déclare encore tout à fait hésitant ! Cette lettre est datée 11 cal. Aprilis 1554 (original aux Archives de Zurich, anc. B. 23, n° 2, vol. 167). Une lettre postérieure d'Hypérius (17 sept. 1554) a été imprimée en partie. (*Opp. Calv.*, XV, 234.) On y voit qu'Hypérius a été amené à approuver le supplice des hérétiques par Mélanchthon, qui lui a fait lire le traité de Calvin. Dans une lettre de l'année suivante (11 sept. 1555), non imprimée, il raconte sur la foi d'autres, que Mélanchthon va enfin faire plus et traiter cette matière « brevi quæstiuncula scolastica expositam ». Notons néanmoins que, dans son gros traité *De theologo* (Strasbourg, 1562), Hypérius ne recommande contre l'hérétique que les moyens de douceur.

aider à se prononcer que Bullinger, adressant à ses correspondants d'Allemagne un bref récit de ce qui s'est passé, ne leur parle de Servet que comme d'un blasphémateur forcené, qui vomissait dans ses discours et dans ses écrits les plus horribles outrages à la divinité. Bullinger se sert habituellement pour le désigner de l'expression : « ce monstre » (*bestia*). Ce n'est pas dans sa bouche une injure, c'est simplement l'idée exacte qu'il veut donner, et c'est bien celle que devaient avoir, à la lecture de ses lettres, les étrangers qui ne savaient rien de Servet : ils ne pouvaient se le représenter que comme une sorte de fou furieux en révolte contre toutes les lois [1].

Si l'on veut une autre preuve de l'importance qu'attachaient les contemporains à cette distinction, comme moyen d'apologie — tant il est vrai que les esprits modérés en étaient déjà à chercher une apologie! — il faut lire les lettres du pasteur de Berne, le pieux Wolfgang Muslin (Musculus), très attaché à Calvin, mais esprit sage et, nous l'avons déjà dit [2], noble caractère. Blaarer lui avait communiqué la lettre de Farel; Musculus n'en est pas content. Il sent si bien le besoin de fixer l'opinion, et même l'opinion populaire sur ce point, qu'il essaie d'écrire un résumé de la « *tragœdia Servetana* » dans une sorte de complainte commémorative en vers latins où se lit ce passage tout à fait significatif :

> Hic *triplicem* nos *bestiam*
> Et Satanæ phantasmata
> Deumque imaginarium
> Habere dixit pro Deo;
> *Et propter hanc blasphemiam,*
> *Non propter errores graves*
> Quibus scatebat plurimis,
> Flammis Genevæ absumptus est [3].

---

1. Voir à cet égard la lettre de Bullinger à Erbius, 29 déc. 1553. (*Opp. Calv.*, XIV, 721.) C'est aussi le sens de la dernière phrase souvent citée de sa lettre à Calvin du 13 décembre : ce serait un trait odieux de cruauté froide si ce n'était une recommandation réitérée d'insister moins sur le fond théologique que sur l'attentat à la piété publique : « Vide, mi Calvine, ut diligenter et pie omnibus piis describas Servetum cum suo exitu, *ut omnes abhorreant a bestia* ».
2. Voir plus haut, p. 245.
3. 22 décembre 1553. *Opp. Calv.*, XIV, 709. Voir, plus loin p. 354, sa lettre du 27 février 1554 à Blaarer.

Calvin se met donc à l'œuvre. Le 8 décembre, Viret espère que cette « *historia Serveti* » va bientôt paraître, il l'attend avec impatience « pour donner satisfaction à tous les gens de bien ». Le 10, Farel exprime le même espoir à Blaarer et la même impatience : « C'eût été sans doute le comble de l'iniquité que le crime de Servet fût resté impuni. Et pourtant ils ne sont pas rares ceux qui l'auraient voulu. » Et il s'applique une fois de plus à réfuter « l'erreur grave de ceux qui ont écrit *de non plectendis hæreticis* : l'abus (des supplices) n'en interdit pas l'usage légitime ».

Le 19 décembre, Grataroli informe Bullinger de la bonne nouvelle que le livre va bientôt paraître. C'est Budé qui l'a dit. « Ce livre est décidément nécessaire, ajoute le médecin, tant est grande la divergence entre les savants sur ce point. » Autre bonne nouvelle : un homme considérable qui ne veut pas se nommer pour le moment, prépare un ouvrage contre Servet. « Il va réfuter le traité *de Trinitatis erroribus*. Il écrirait aussi, je pense, contre les autres livres de Servet, s'il les avait. Il faudra que Calvin les lui envoie. » Il s'agissait de Pierre Martyr Vermigli. Mais quelques jours après, l'illustre Florentin était nommé professeur de théologie à Strasbourg. Et aussitôt Grataroli, prévoyant l'influence de ce milieu, ajoutait : « Puisse-t-il persister dans son projet et tenir bientôt sa promesse ! »[1] Il ne la tint pas.

Enfin — après avoir traversé deux ou trois nouveaux orages, notamment à l'occasion du fameux droit d'excommunication, c'est-à-dire de privation de la cène[2], — Calvin a pu terminer son travail[3]. Il l'a écrit trop hâtivement, « *libel-*

---

1. *Opp. Calv.*, XV, 3. — Dans cette même lettre, dont les éditeurs de Calvin n'ont reproduit qu'une phrase, Grataroli ajoutait : « Isthic (à Zurich) apud D. Gesnerum medicum erit, arbitror. per aliquot menses Italus novus medicus, nomine Hieronymus Mass.» (lisez : Massarius) : velim ut semel, sed incidenter illum interrogares quid de Serveto sentiat. Sed cave ne cuiquam dicas me hoc monuisse. Est alioqui non malus. » Grataroli ne se trompait pas. Son collègue et compatriote Massario, de Vicence, était de la même opinion que les Gribaldi, les Curione et la plupart des lettrés italiens. Il devait à cette heure précise répugner d'autant plus à l'introduction du régime inquisitorial qu'il venait d'en décrire les horreurs dans un livre publié chez Oporin (la dédicace est du 5 nov. 1553). C'est son fameux manuel de la procédure romaine contre les luthériens : *Eusebius captivus, sive modus procedendi in Curia Romana contra Lutheranos, per Hieronymum Marium*. Gerdes (*Spec. Ital. Reform.*, p. 296) croit même pouvoir affirmer que c'est lui qui écrivait à Servet, de Bâle, le 9 avril 1552, sous le nom de « Marrinus tuus ». (*Opp. Calv.*, VIII, 835.) Grataroli lui envoya le 26 février l'ouvrage de Calvin, qui sûrement ne l'ébranla pas.

2. Voir Am. Roget, tome IV, chap. II et III.

3. Le 11 décembre, il expose au Conseil que « à la requeste des Villes d'Allemagne (de la Suisse allemande) il vouldroit faire ung livre d'aulcunes choses des opinions de Michel

lus brevis est et tumultariè scriptus »[1], mais le peu qu'il contient, dit-il modestement, vaudra mieux que rien.

L'ouvrage parut en deux éditions, l'une latine, l'autre française, à quelques jours de distance. L'édition latine, sortie des presses de Robert Estienne, a pour titre : *Defensio orthodoxæ fidei de Sacra Trinitate contra prodigiosos errores Michaelis Serveti Hispani ; ubi ostenditur hæreticos jure gladii coercendos esse, et nominatim de homine hoc tam impio juste et merito sumptum Genevæ fuisse supplicium* (petit in-4, 261 p.). L'édition française est intitulée : *Déclaration pour maintenir la vraye foy que tiennent tous Chrétiens de la Trinité des personnes en un seul Dieu, par Jean Calvin. Contre les erreurs détestables de Michel Servet Espagnol. Où il est aussi montré qu'il est licite de punir les hérétiques et qu'à bon droit ce meschant a esté exécuté par justice en la ville de Genève* (de l'imprimerie de Jean Crespin, le 24ᵉ jour de febvrier l'an MDLIIII), in-8, 356 p.

Les premiers exemplaires de l'opuscule sont expédiés de Genève au commencement de février [2].

Le hasard nous a conservé la première lettre qu'ait reçue Calvin en réponse à cet envoi (10 février 1554). On voudrait se représenter Calvin la lisant. Elle venait de Berne, d'un homme pour qui il avait beaucoup d'estime et qui lui resta toujours cordialement, respectueusement attaché, le chancelier Nicolas Zurkinden (Zerchintes). Cette lettre a souvent été citée [3]. Il faut cependant en relire quelques lignes.

Après l'avoir remercié de l'envoi de son livre et lui avoir témoigné, en accents émus, son horreur pour les impiétés de Servet, sa douleur en voyant tomber dans de tels éga-

---

Servet » et il obtient la permission d'imprimer, sans soumettre son manuscrit, en « prenant sur son honneur qu'il n'y mestra chose qui ne soit selon Dieu et selon l'honneur de la Cité. » Le 31 décembre, il écrit à Bullinger qu'il a fini : « Prodibit libellus his nundinis Francofordianis ». Il l'informe que, suivant son avis, il a évité de parler nominativement de Bâle et des adversaires qu'on sait, « de Curione et similibus qui Basileæ obstrepunt ».

1. Lettre à Bullinger, 22 févr. 1554, *Opp. Calv.*, XV, 40.
2. Zerchintes l'a déjà reçu et lu à Berne le 10 février; Sulzer à Bâle le 26.
3. Voir Jules Bonnet, *Nouveaux Récits du XVIᵉ siècle : Un magistrat bernois du XVIᵉ siècle*, étude qui avait déjà paru dans le *Bulletin de la Société d'histoire du protestantisme*, mars 1874. Voir aussi l'étude de M. le Dʳ A. de Gonzenbach, *Nicolaus Zurkinden*, dans le *Berner Taschenbuch*, 1877.

rements un homme qui pourtant avait aimé l'Évangile, il ajoute :

> Après cela, je vous avouerai librement que je suis, moi aussi, de ceux qui, par ignorance ou par timidité, voudraient restreindre le plus possible l'usage du glaive pour la répression des adversaires de la foi, même de ceux dont l'erreur est volontaire. Ce qui m'y détermine surtout, ce ne sont pas les passages de l'Ecriture que l'on invoque contre l'emploi de la violence, c'est l'exemple de ce qui a été fait de nos jours contre les anabaptistes. J'ai vu ici même mener au supplice une femme de quatre-vingts ans, avec sa fille, mère de six enfants, sans autre crime que d'avoir nié le baptême des enfants, entraînées par la doctrine, d'ailleurs plausible et populaire, de l'anabaptisme.
> Sous l'impression de pareils exemples, j'en viens à craindre que les magistrats ne s'enferment pas dans les bornes étroites où vous-même voulez les enfermer quand vous leur recommandez de n'envoyer au supplice que des hommes convaincus des plus atroces attaques contre la religion. Si vous êtes sûr de faire respecter cette règle, soit. Mais j'ai peur que de légères erreurs ne passent pour capitales, que le magistrat ne distingue pas toujours bien entre ceux que pousse un zèle mal éclairé et ceux qui ont pour seule ambition de jeter le trouble dans les églises. Et j'aime mieux que nous péchions, le magistrat et moi, par excès de clémence et de timidité que d'incliner trop vite à la rigueur du glaive....
> J'aimerais mieux verser mon sang que d'être souillé de celui d'un homme qui n'aurait pas, de la manière la plus absolue, mérité le supplice.
> Un sénateur me demandait un jour pourquoi je ne souscrivais pas à la peine de mort contre les anabaptistes. Je lui répondis qu'il n'avait qu'à prendre parmi eux, s'il y en avait, un homme qui aurait violé les lois du mariage, qui aurait ouvertement appelé le peuple à la révolte, ou commis d'autres crimes sous couleur de religion et à requérir contre celui-là la peine capitale ; mais non pas contre ceux qui ne sont coupables que d'ignorance et de crédulité, qui ont plus mérité le pardon que la mort : il est injuste d'envoyer ces hommes au supplice [1].

Zurkinden présente ensuite une objection de juriste : cette rigueur, à qui l'applique-t-on? A des individus isolés. Mais, que tout un peuple, que toute une ville embrasse une erreur grave, va-t-on l'exterminer? « Je n'aime pas les lois dont le tranchant s'aiguise pour quelques coupables isolés et s'émousse dès qu'ils sont nombreux. » D'ailleurs le supplice n'a d'autre effet, le plus souvent, que d'exaspérer ceux qu'on en menace et de les ancrer dans leur opinion.

Il loue encore la sagesse du sénat de Bâle, « qui n'a pas voulu, que je sache, prononcer une seule peine capitale pour

---

1. Trad. du latin. (*Opp. Calv.*, XV, 19-22.)

cause de religion. On s'est borné à enfermer les délinquants, sans dureté, dans un lieu où les ministres et les gens de bien allaient les voir et tâchaient de les ramener avec humanité. Nous-mêmes à Berne, frappés de tant d'exemples de cruauté, nous commençons à nous adoucir ». Et il rappelle à Calvin la violence effrénée des anciennes querelles théologiques qui ont failli faire éclater la guerre, et cela, ajoute-t-il en homme sensé, pour des questions « qui étaient non pas le cœur de la religion, mais à peine son écorce ».

La lettre, avec l'abandon d'une véritable causerie, se termine par quelques anecdotes qu'il laisse Calvin commenter tout bas : « Musculus — (le même pasteur dont nous venons de lire un fragment) — m'a raconté qu'à Augsbourg, on avait mis en prison deux anabaptistes très obstinés qui d'abord accueillirent les pasteurs par les plus grossières injures; puis, peu à peu touchés par la mansuétude des ministres qui supportaient patiemment ce torrent d'outrages, au bout de deux ans, ils revinrent si bien à de meilleurs sentiments que l'un d'eux devint diacre de l'Église et l'autre un des meilleurs citoyens de la ville [1]. — Moi-même, après une sentence contre des anabaptistes j'ai entendu un des juges revenant du lieu du supplice dire : « Ce malheureux a tendu sa « tête au bourreau avec plus de sérénité que je n'en aurai « peut-être sur mon lit de mort, moi qui l'ai condamné » [2].

Il ne conclut pas. Il n'a voulu que confier à Calvin ses appréhensions, lui confirmer qu'il y a nombre de gens de bien que cette doctrine effraye, autant qu'elle va réjouir les papistes : « Nous avons maudit leurs cruautés et nous rétablissons chez nous les exécutions sanglantes [3] ! »

Il ne se dissimule pas la portée de ces reproches indirects : il se gardera bien de les livrer au public. Et il clôt l'entretien sur ce mot dont la calme fermeté n'était pas sans doute pour rassurer Calvin : « Je ne descendrai dans l'arène que si ma conscience m'y force. J'aime mieux rester muet, aussi

---

[1]. Musculus lui-même confirme ces détails et en ajoute d'autres pleins d'intérêt dans le post-scriptum de sa lettre à Blaarer du 27 fév. 1554. (*Opp. Calv.*, XV, 47, 48.)

[2]. Ce mot ne rappelle-t-il pas celui de Sadolet disant des malheureux Vaudois qu'il voyait massacrer : « Ces gens-là sont meilleurs chrétiens que nous » ?

[3]. « Novam ipsi patiamur et domesticam repullurare carnificinam. »

longtemps du moins que ma conscience me le permettra, que de provoquer des querelles et d'offenser quelqu'un. »

Sa lettre signée, il y revient pour ajouter ce post-scriptum d'une candeur accablante :

> J'aurais voulu que la première partie de votre livre, au sujet du droit du glaive que les magistrats réclament pour la répression des hérétiques, parût non pas en votre nom mais au nom du sénat, qui pouvait bien défendre lui-même ce qu'il a fait. Je ne vois pas que vous puissiez obtenir aucune faveur auprès des hommes d'esprit rassis en entreprenant le premier de tous de défendre *ex professo* cette thèse odieuse à presque tous, autant que je puis le reconnaître par les premiers jugements que je recueille [1].

Calvin lui répondit, ne lui dissimula pas le chagrin que lui causait cette divergence, s'appliqua d'ailleurs à le rassurer, mais il n'y parvint qu'à demi ; car, dans sa réplique, quelques mois après (7 avril 1554), Zerchintes revient à peu près à son point de départ et, tout en protestant de son amitié et de son respect inaltérables, répète que si même Servet a mérité le supplice, il est bien regrettable que sa mort, donnant lieu à une si redoutable déclaration de principes, risque d'entraîner celle de beaucoup d'hommes qu'on aurait pu épargner.

Nous ne passerons pas en revue les lettres que reçoit Calvin à la suite de celle-là. Même dans celles de ses meilleurs amis, de ses plus zélés disciples, on chercherait en vain une approbation franche et sans réserve. Sauf celle de Farel [2] qui pour Calvin lui-même devait être de peu de poids, on y trouve au contraire, à chaque instant, des doléances sur l'obstination de beaucoup de gens à le blâmer [3].

---

1. « Quod primus omnium *ex professo* fere hoc argumentum tractandum susceperis, omnibus ferme invisum, quantum ex præludio judiciorum elicio. »
2. 8 mars 1554. Il traite naturellement d'effrontés, « plus quam ferreæ frontis homines » ceux qui ne se rendront pas à l'avis de Calvin. (*Opp. Calv.*, XV, 71.)
3. Voici quelques-uns de ces textes : « Mirum est quod adhuc sint qui factum illud, nempe mortem illius abyssi et sentinæ hæresium omnium, — improbent, etc. (Grataroli à Bullinger 26 févr. 1554; *Opp. Calv.*, XV 45)..., — perniciosum errorem, eumque multis persuasum de hæreticis non puniendis... (Sulzer à Bullinger, 26 févr. 1554 ; *Opp. Calv.*, XV, 44).
« Urges ut quid de Calvini sententia (quod attinet ignem hæreticorum) sentiam, edicam : et tu interea pulchre sententiam tuam dissimulas.... De Serveto quod flammis est absumptus, non improbo factum senatus Genevensis. Existimo autem potuisse illud rectius et convenientius defendi titulo *blasphemiæ* quam *hæreseos* ; et minus fuissent offensi viri boni qui de hæreticis comburendis diversum sentiunt et scripserunt ; denique non fuisset furori et crudelitati papistarum objecta occasio.... Quam solide tueatur suam sententiam Calvinus tu melius

Calvin, s'il y prit garde, put juger de l'impression des autres par celle de Musculus, que nous voyions quelques semaines auparavant s'ingénier à prévenir des interprétations fâcheuses. Tout ce qu'il peut faire après avoir lu Calvin, c'est d'écrire : « je ne veux pas désapprouver l'acte du sénat ». Mais il ne peut s'abstenir d'opposer à cette procédure celle que, sur ses conseils, on avait suivie à Augsbourg à l'égard des anabaptistes et même de l'hérétique Claude de Savoie. On avait résolument renoncé non seulement à la violence, mais même aux injures et aux reproches; on voulait les gagner à force de douceur et de charité. Et il ajoute cette belle parole : « C'est qu'en effet l'âme de l'homme est de race noble, et elle se laisse plus aisément conduire que traîner.[1] » — « Grâce à Dieu, ajoute-t-il avec un vrai soulagement de conscience, nous aimions mieux sauver les âmes rachetées par le sang du Christ que de les livrer au licteur[2] ! »

Ceux même qui se déclarent satisfaits le disent en termes qui prouvent qu'il n'a pas fallu moins que l'autorité de Calvin pour les ramener. Le doyen de la cathédrale de Bâle, Simon Sulzer, l'écrit naïvement : « L'écrit de Calvin m'a rendu courage, *admodum me refecit*[3] ! »

Mais le jugement le plus important pour Calvin devait être celui de Bullinger, le Calvin de Zurich. Il nous a été heureusement conservé.

Bullinger, donc, lui écrit, après une rapide lecture, le 26 mars : « Je ne doute pas que vous n'ayez traité le sujet tout entier avec une parfaite bonne foi. Je ne crains qu'une chose, c'est que le livre ne soit mal accueilli par beaucoup d'esprits simples très attachés pourtant à vous et à la

---

excutere poteris quam ego.... Mihi magis placet sic agi cum hæreticis patienter et moderate ut, secundum admonitionem Apostoli, locus permittatur resipiscentiæ. (Musculus Blaurero, 27 févr. 1554. *Opp. Calv.*, XV, 47.)

1. « Est enim hominis animus generosus ac magis faciliusque ducitur quam trahitur. » (Même lettre du 27 févr. 1554.)

2. Même lettre. Nous voyons par la lettre qui suit (6 mars 1554) qu'Ambroise Blaarer n'a pu s'empêcher de lui donner raison, tout en plaidant la cause de Calvin. C'était cause gagnée auprès du pasteur de Berne, et pourtant il revient à la charge : il voudrait au moins que le livre eût paru sous un autre titre, « ne lector a crudelitate abhorrens, *statim inspecto illo, a lectione libri absterreatur*, vel si legat, legat tamen mente gravi suspicione præoccupata ». (*Opp. Calv.*, XV, 68.) Ne dirait-on pas que Musculus prévoit l'anecdote que va raconter quelques mois après la lettre de Waydner. (Voir ci-après, p. 357.)

3. Lettre à Blaarer, 9 mars 1554. (*Opp. Calv.*, XV, 74.)

vérité : à cause d'abord de la brièveté de l'ouvrage, ensuite de l'obscurité qui en résulte et de la difficulté de la matière. Et de fait, votre style dans ce livre semble être plus ardu. Nous n'en sommes pas moins convaincus que tous les gens de bien doivent vous en savoir gré, surtout ceux d'une certaine instruction [1]. »

La réponse de Calvin est intéressante. Il explique sa concision : il n'a pas voulu entrer dans trop de détails de peur précisément de compromettre l'impression même que Bullinger lui avait tant recommandé de produire, à savoir qu'il ne s'agit pas de divergences théologiques, mais d'impiétés grossières. Il ne s'aperçoit pas que son style soit moins vif ou moins aisé qu'ailleurs. « Enfin », — ajoute-t-il avec une mélancolie qu'il faut noter, — « vous au moins, même dans vos critiques, vous me jugez avec équité. D'autres m'attaquent durement, me reprochent d'être un professeur de cruauté, de poursuivre de ma plume un homme qui est mort de ma main. Il y a même des gens qui ne sont nullement malintentionnés et qui auraient voulu que je n'abordasse point cette question de la punition des hérétiques. Ils disent que tous les autres, pour éviter l'odieux, ont prudemment gardé le silence. Ce qu'il y a de bon, c'est que je vous ai pour complice de ma faute, si faute il y a, puisque vous avez été l'inspirateur et l'instigateur de la publication. Tenez-vous donc prêt, s'il le faut, au combat [2]. »

Nous voilà bien loin du concert d'éloges enthousiastes qui, d'après la légende calviniste, aurait salué ce trop fameux traité.

Sur l'accueil réel qu'il reçut en Suisse et chez les protestants des pays voisins [3] nous ne multiplierons pas les témoignages.

---

1. *Opp. Calv.*, XV, p. 90.
2. Lettre en latin du 27 février 1554. (*Opp. Calv.*, XV, 124.)
3. La plupart des renseignements que nous offre la correspondance ont trait naturellement à la Suisse et à l'Allemagne. On peut lire cependant (*Opp. Calv.*, XV, p. 103-111) une lettre importante qui concerne une Église française. C'est une longue apologie de Calvin adressée à un ancien prêtre converti à la Réforme et devenu prédicateur, qui, entre autres griefs, reprochait très vivement à Calvin l'exécution de Servet : « Quem tu capite plectendum non fuisse et privatim, et *publice, multis audientibus, asseruisti* ». L'auteur (inconnu) de la lettre consacre deux ou trois pages à la réfutation de cette thèse manichéenne et donatiste, « neminem religionis causa nec urgendum esse nec credendum », à force de citations de l'Ancien Testament, des Pères de l'Église et des lois théodosiennes.

En voici un dernier pourtant qu'il est difficile d'omettre, tant il est caractéristique. C'est une lettre d'un pasteur de Worms, Wolfgang Waydner, autre théologien très orthodoxe, en relations très suivies avec Bullinger. Il a lu le livre de Calvin et il confesse à Bullinger que, sans doute par sa faute, il l'a trouvé difficile à suivre : il ne voit pas bien clair dans ces citations d'Irénée et de Tertullien, qui demanderaient à être rapprochées du contexte. Il est d'ailleurs absolument attaché à la saine doctrine, dont il donne un résumé parfaitement correct, en concluant qu'il subirait mille morts plutôt que d'y renoncer, tant il est loin de se laisser effleurer par les « délires blasphématoires de Servet » !

Puis il répond à un passage de la lettre de Bullinger, qui lui avait raconté, à lui aussi, que le livre de Calvin était très attaqué par certains esprits malintentionnés :

> Ces esprits doivent être ou bien du troupeau des anabaptistes (car l'anabaptisme a toujours soutenu cette doctrine de l'impunité absolue), ou bien de détestables papistes, qui saisissent ce prétexte pour exciter la haine contre Genève et contre Calvin.
> A ce sujet, il faut que je vous dise ce qui m'est arrivé avec ces gens-là. Je recevais la visite d'un de mes paroissiens, homme que ses opinions orthodoxes sur l'Eucharistie m'ont fait prendre en affection. En causant de différentes choses je lui ai présenté le livre de Calvin, l'engageant à l'emporter à la maison pour le lire. Il le prit, mais aussitôt qu'il eut lu le titre, il le rejeta au loin avec indignation en me disant : « Christ n'a pas commandé de brûler les hérétiques, mais de les éviter ; et Paul de même ». Moi, stupéfait en entendant cet homme que j'avais considéré jusque-là comme irrépréhensible, je lui répondis : « Eh ! mon cher frère, as-tu donc oublié que Jésus était venu pour sauver et non pour juger, lors de son premier avènement ; que sa douceur ne prouve pas qu'il ait voulu abolir les peines légales, etc. »

Ici Waydner s'engage dans une longue et habile dissertation où nous ne le suivrons pas ; il établit, avec force textes des deux Testaments, la légitimité de la peine de mort pour hérésie. Et il reprend :

> Ce n'est qu'après l'avoir ainsi admonesté que je l'ai laissé partir ; mais désormais il me sera suspect de relations avec les anabaptistes. Je vous écris tout cela avec grand détail pour que vous sachiez bien qu'il y a parmi les Allemands *beaucoup* de gens qui jugent mal ce livre de Calvin.
> Ce qui me fait le plus de peine, c'est qu'il y en a même parmi ceux qui se donnent et qui veulent passer pour de bons paroissiens et pour

de fidèles prédicateurs de l'Évangile. Aussi est-ce de tout mon cœur que j'applaudis à l'entreprise de Théodore de Bèze de prendre la défense de Calvin par un écrit apologétique [1].

Cette nécessité d'une seconde apologie, sitôt après la première, s'explique par un incident aussi grave qu'imprévu qui venait de se produire. Calvin en avait eu connaissance dès le milieu de mars [2].

Un mois après l'apparition du traité de Calvin, on apprenait à Genève qu'il venait de paraître, en deux langues aussi — en latin certainement à Bâle, en français probablement à Lyon, — un petit livre destiné à prouver précisément le contraire. L'ouvrage latin avait pour titre : *De hæreticis, an sint persequendi, et omnino quomodo sit cum eis agendum multorum tum veterum tum recentiorum sententiæ....* Magdeburgi, per Georgium Rausch, anno Domini 1554, mense Martio (in-8, 173 p.). L'édition française sans date, mais qui parut quelques semaines après l'autre, était intitulée : *Traicté des hérétiques, à savoir si on les doit persécuter, et comme on se doit conduire avec eux, selon l'advis, opinion et sentence de plusieurs auteurs tant anciens que modernes : grandement nécessaire en ce temps plein de troubles, et très utile à tous, et principalement aux Princes et Magistrats, pour cognoistre quel est leur office en une chose tant difficile et périlleuse.* Rouen, Pierre Freneau, 1554 (in-8, 139 p.). La préface portait le nom de « *Martinus Bellius* », en français « Martin Bellie », où la sagacité des contemporains déchiffra ce sens : « Guerre à la guerre, guerre à ceux qui usent du glaive ».

D'où partait cette attaque inattendue? Quelle main cachée osait lancer un pareil manifeste? — Calvin et Théodore de Bèze n'eurent pas de peine à le découvrir.

Dès le 28 mars 1554, Calvin écrit à Bullinger :

On vient d'imprimer clandestinement à Bâle sous de faux noms un livre dans lequel Castalion et Cœlius (Curion) prétendent démontrer

---

1. *Opp. Calvini*, XV, 126, 127. — C'est le même Waydner qui, après la publication de ce *Traité* de Bèze, s'étonne que Mélanchthon n'ait pas jugé à propos de l'imiter et se soit borné à approuver Calvin dans une lettre au lieu de donner au monde un témoignage public de son sentiment, comme Luther après la guerre des paysans (30 mars 1555. *Opp. Calv.*, XV, 534).
2. Lettre à Bullinger, 18 mars 1554. (*Opp. Calv.*, XV, 95.)

qu'il ne faut pas réprimer par le glaive les hérétiques. Plaise à Dieu que les pasteurs de cette Église se réveillent, même tardivement, pour que le mal ne s'étende pas plus loin [1] !

Le lendemain, Th. de Bèze écrivait au même Bullinger :

Je pense que vous avez vu un petit livre publié ce mois-ci : *de Hæreticis non puniendis*, avec une préface d'un certain Martinus Bellius et une réfutation (des objections) par Basile Montfort. On y a mis le nom de Magdebourg, mais ce Magdebourg-là, si je ne me trompe, est sur le Rhin ; il y avait longtemps que je savais que là couvaient des horreurs. Je vous prie, cher père, s'il faut supporter ce que cet impie a vomi dans sa préface, que nous reste-t-il d'intact dans la religion chrétienne? A ses yeux, la doctrine sur la mission du Christ, sur la Trinité, sur la cène, sur le baptême, sur la justification, le libre arbitre ou l'état des âmes après la mort est inutile ; ou, tout au moins, elle n'est pas indispensable au salut : les Juifs et les Turcs même croient en Dieu. L'Écriture est quelque chose comme l'*Éthique* d'Aristote, pas beaucoup plus riche en doctrine, mais beaucoup plus incertaine pour nous. Il faut attendre une autre révélation. Personne ne doit être condamné comme hérétique, sous prétexte que le maître juge seul ses serviteurs, etc.

Vous voyez, cher père, à quoi cela tend : une fois l'Écriture dépouillée de toute autorité, nous n'aurions plus qu'à passer au pharisaïsme, nous serions le jouet des papistes et même des Turcs.

Rapprochez, je vous prie, de cette préface blasphématoire, l'épitre de Castalion en tête de sa Bible : vous y saisirez un seul et même esprit. J'ai donc résolu d'y répondre, mais je m'appliquerai, d'une part, à ne pas du tout blesser, je l'espère, ceux dont ils ont emprunté quelques écrits pour tâcher de nous mettre aux prises avec eux, et, d'autre part, à réfuter leurs blasphèmes non par des injures, mais par la vérité [2].

Mais avant de suivre la polémique qui va s'engager autour de ce pamphlet, les conjectures des contemporains sur son origine, étudions l'ouvrage lui-même, et voyons s'il justifiait l'extraordinaire émotion qu'il causa.

---

1. *Opp. Calv.*, XV, 96.
2. Trad. du latin *Opp. Calv.*, XV, 97. — Il ne paraît pas que Bullinger ait accueilli avec empressement cette annonce d'un nouvel écrit. S'il en faut croire Farel, il aurait dit du livre de Bellius : « C'est l'ouvrage d'un Allemand ivre, d'un insensé : il ne vient pas de *Magdebourg*, mais de *Maydebourg* (ville des fous). Il s'évanouira tout seul, il ne mérite pas qu'on y réponde. » Farel n'est pas de cet avis. Aussitôt après une phrase où il a déploré les persécutions sanglantes déchaînées sur l'Angleterre, il ajoute sans transition et sans soupçonner son inconséquence : « Je voudrais bien que Bèze pressât son ouvrage contre les impies hérétiques ». (Lettre à Viret, 26 avril 1554, *Opp. Calv.*, XV, 121.) Le jeu de mots de Bullinger peut bien n'être pas authentique. Dans tous les cas, le 22 avril (*Ibid.*, XV, 119), Bullinger écrit lui-même à Calvin qu'il n'a pas encore vu le livre (il suppose qu'il s'agit d'une pièce de vers latins sur la mort de Servet que le libraire Perna a rapportée d'Italie et que l'on avait attribuée d'abord à Curione.)

CHAPITRE XII

LE « TRAICTÉ DES HÉRÉTIQUES » DE MARTIN BELLIE
ANALYSE ET EXTRAITS

(1554)

Les deux Préfaces de Martinus Bellius (en latin au duc de Wurtemberg, en français au comte de Hesse). — Analyse des morceaux du recueil : I. Luther. — II. Jean Brenz. — III. Erasme. — IV. Sébastien Frank. — V. Pères de l'Église. — VI. Théologiens luthériens et Calvin. — VII. Georges Kleinberg. — VIII. Épilogue par Basile Montfort.

Martin Bellie à Très illustre Prince et Seigneur, Monseigneur Christofle, Duc de Wirtemberg, salut.

Si toy, ô Prince très illustre, avais predit à tes subjetz que tu viendrais à eux en quelque temps incertain et leurs eusses commandé que tous se préparassent vestemens blans, et qu'ainsi vestuz de blanc, ils vinssent au devant de toy, en quelconque temps que tu viendrais : que ferais-tu, si apres cela, venant a eux, tu trouvais qu'ils n'eussent tenu compte de s'appester robes blanches, mais que cependant ils fussent en débat seulement de ta personne, en sorte que les uns dissent que tu es en France, les autres que tu es allé en Espaigne ; les autres que tu viendras à cheval, les autres en chariot ; les autres en grand pompe, les autres sans suyte ou train ? Cela te plairait-il ?

Mais encores que dirais-tu, s'ilz se débataient entre eux, non seulement de parolles, mais aussi à grands coups de poing et de glaives, et que les uns vinssent à navrer ou occir les autres, qui ne s'accorderaient avec eux ? — « Il viendra à cheval », dirait l'un. — « Non, mais sur un chariot », dirait l'autre. — « Tu as menty. » — « Mais toy. » — « Tiens, tu auras ce coup de poing. » — « Et toy, ce coup de poignard au travers du corps. » O Prince, aurais-tu en estime telz citoyens ?

Que serait-ce, si ce pendant quelques-uns d'entre eux faisaient leur devoir, suyvant ton commandement de s'apprester robbes blanches : et que les autres pour cela vinssent à les affliger, ou mettre à mort ? Ne destruirais-tu pas malheureusement ces méchants-là ?

Mais que serait-ce encores, si ces homicides-là disaient qu'ils auraient fait cela en ton nom, et par ton commandement? Combien que tu l'eusses auparavant estroitement défendu : ne jugerais-tu pas que ce faict serait trop grief et énorme, outrageux et digne d'estre puny sans miséricorde?

Or je te prie, Très illustre Prince, d'entendre benignement pourquoi je dy ces choses.

Christ est Prince de ce monde, lequel se départant de la terre, a prédit aux hommes, qu'il viendrait à un jour et heure incertaine; il a commandé qu'ils se préparassent robes blanches pour sa venue, c'est-à-dire qu'ils vesquissent ensemble chrestiennement, amiablement, et sans aucuns débats, ne contentions, s'entreaimant l'un l'autre. Or maintenant, considérons, je te prie, comment nous faisons bien notre office.

Combien y en a-t-il, qui soyent curieux de se préparer ceste robe blanche? Qui est celuy qui s'efforce avec toute solicitude de vivre en ce monde sainctement, justement, et religieusement, attendant la venue du bienheureux Dieu? On ne se soucie de rien moins. La vraye crainte de Dieu, et la charité est mise au bas, et du tout refroidie : nostre vie se passe en noises, en contentions, et toute sorte de péchez. On dispute, non pas de la voye par laquelle on puisse aller à Christ (qui est de corriger nostre vie,) mais de l'estat et office de Christ, à savoir, où il est maintenant, que c'est qu'il fait, comment il est assis à la dextre du Père, comment il est un avec le Père. Item de la Trinité, de la prédestination, du franc arbitre, de Dieu, des anges, de l'estat des ames après ceste vie, et autres semblables choses : lesquelles ne sont grandement nécessaires d'estre cogneües, pour acquérir salut par foy (car sans la cognoissance d'icelle, les publicains et les paillardes ont esté sauvez) et ne peuvent aussi estre cogneües, si premièrement nous n'avons le cœur net, en tant que voir ces choses, c'est voir Dieu, lequel ne peut estre veu, sinon d'un cœur pur et net (suyvant ce qui est escrit : « Bienheureux sont ceux qui ont le cœur net, car ils voirront Dieu »). Lesquelles choses aussi, encore qu'elles fussent entendues, ne rendent point l'homme meilleur (comme ainsi soit que sainct Paul a dict : « Si j'entendais tous mystères et secretz, et je n'aye charité, je ne suis rien). »

Ceste solicitude des hommes (laquelle va tout à rebours) comme elle est d'elle-même vicieuse, vient à engendrer d'autres plus grands maux. Car les hommes estans enflez de ceste science, ou plus tost de ceste fausse opinion de science, desprisent hautainement les autres, au pris d'eux ; et s'ensuyt, tantost après, cest orgueil, cruauté et persécution ; en sorte que nul ne veut plus endurer l'autre, s'il est discordant en quelque chose avec luy, comme s'il n'y avait pas aujourd'huy quasy autant d'opinions que d'hommes.

Toutesfois il n'y a aucune secte, laquelle ne condamne toutes les autres, et ne veuille regner toute seule. De là viennent bannissemens, exilz, liens, emprisonnemens, bruslemens, gibetz, et ceste misérable rage de supplices et tourmens qu'on exerce journellement, à cause de quelques opinions desplaisantes aux grands, et mesmement de choses incogneües, et déjà disputées entre les hommes, par si longue espace de temps, et sans aucune certaine conclusion.

Et s'il y a aucun cependant qui s'esforce de s'apprester ceste robe blanche, c'est-à-dire de vivre sainctement et justement, tous les autres s'eslevent d'un consentement contre luy, mesmement s'il est discordant avec eux en quelque chose : ils l'accusent, et prononcent hérétique, sans en faire aucun doute, comme s'il se voulait justifier par ses œuvres, et luy mettent sus faussement crimes horribles, et esquelz il ne pensa jamais, puis le charbonnent et defigurent tellement par leurs calomnies envers le commun peuple, que les hommes estiment grand péché de l'ouyr seulement parler. De là vient ceste rage cruelle et brutale, à exercer cruauté, en sorte qu'on en voit d'aucuns estre tellement enflambez par telles calomnies, qu'ils sont comme enragez et forcenez, s'ilz voyent quelcun de ceux qu'on fait mourir, estre premièrement estranglé, et non pas rosti tout vif à petit feu.

Et combien que ces choses soient tres cruelles, toutesfois ils commettent encore un autre péché plus horrible, c'est qu'ils couvrent toutes ces choses soubz la robe de Christ, et protestent qu'en ces choses ils servent à sa volonté, comme ainsi soit que Satan ne pourrait excogiter ne penser chose plus repugnante à la nature et volonté de Christ [1] !

Nous avons transcrit textuellement ce début plein de vie, parce qu'il donne bien la note de la préface. Il nous fait comprendre l'impression de surprise des contemporains. C'était bien un pamphlet s'adressant au public laïque, aux profanes, au peuple; mais un pamphlet dont le ton n'est ni celui d'Erasme ni celui de Luther. On n'y trouvera ni la verve satirique et le scepticisme railleur du grand humaniste flagellant la barbarie monacale, ni la fougue de parole, l'intempérance de passion qui bouillonne ardente, impétueuse, tour à tour grossière et sublime, dans les appels du Réformateur à la noblesse et à la bourgeoisie allemandes.

C'est un genre nouveau, le pamphlet protestant, clair, vif, populaire aussi, mais essentiellement sérieux et grave.

Par la forme, ce sont les qualités de l'esprit français; par le fond, c'est l'austérité huguenote, la chaleur à force de raison, l'ardeur contenue, la démonstration en règle, ayant d'autant plus d'intensité qu'elle a moins d'exubérance. Cet homme, on le sent, n'a qu'une passion : le désir de con-

---

[1]. Nous demandons l'indulgence du lecteur pour la reproduction des passages que nous emprunterons dans ce chapitre au *Traicté des hérétiques*. Ce petit volume a été imprimé clandestinement, suivant toute apparence par des typographes allemands, et sans que l'auteur ait relu le texte définitif. Outre de nombreuses fautes matérielles, il présente des contradictions soit d'orthographe, soit d'accentuation, soit de ponctuations dont la transcription n'offrirait aucun intérêt. Il y a des mots qui répétés trois fois dans la même page sont écrits trois fois d'une manière différente.

vaincre. Il n'a garde de faire rire des abus, des préjugés, des folies sanglantes du siècle ; il ne lui suffit même pas d'y répondre par un éclat d'indignation ; il veut de sang-froid prendre l'adversaire corps à corps, discuter point après point les arguments séculaires de l'intolérance, arguments théologiques, historiques, politiques, et faire voir clair au peuple dans une question que nul n'a osé encore aborder de front.

Cette question complexe, extraordinairement périlleuse, puisqu'elle touche tout ensemble aux prérogatives les plus chères de l'Église et de l'Etat, il va non pas la trancher, mais la résoudre par voie de controverse régulière. Ce n'est pas de la polémique, c'est de la dialectique. L'allégorie qui a servi d'entrée en matière n'est pas un artifice littéraire, une boutade piquante. On va y revenir, l'approfondir et en faire jaillir hardiment des clartés inattendues. Sous cette métaphore qui est plus qu'ingénieuse, se cache toute une argumentation populaire qui va se déployer, lourde, lente, minutieuse, nous semble-t-il peut-être aujourd'hui, mais vraiment nécessaire alors, pour faire entrer de force dans des esprits si prévenus, non pas une vague et passagère impression, mais une conviction réfléchie :

Je te prie, Tres illustre Prince, que penses-tu que fera Christ, quand il viendra? louera il ces choses? les approuvera il?
Considère un peu ceste affaire, je te prie, en la manière que s'ensuyt :
Prends le cas que quelcun soit accusé en la ville de Tubinge par quelque autre, lequel vienne à parler ainsi de toy : « je croy que Christofle « est mon Prince, et veux obéir à lui en toutes choses : mais ce que vous « dictes, qu'il viendra sur un chariot, je ne le croy point : mais je croy « qu'il viendra à cheval. Item ce que vous dictes, qu'il est vestu de rouge, « je ne le croy pas, mais je croy qu'il est vestu de blanc. Et ce qu'il a « commandé, que nous nous lavions en ce fleuve, je croy qu'il faut faire « cela après midy, et vous devant midy. Si je pensoye qu'il voulust que je « me lavasse devant midy, je le feroye, mais je crain de l'offenser, et « pourtant veux je faire selon ma conscience ».
Je te demande, ô Prince, voudrois tu condamner un tel tien citoyen ! Je ne le pense point. Et si tu estois present, tu louerois plus tost la simplicité et obéissance de cest homme là, que tu ne condamnerois l'ignorance. Et si les autres le mettoient à mort, certainement tu les punirois.
Or prens ce cas ainsi. Il y a quelque citoyen de Christ, lequel parle de lui en ceste maniere : « Je croy en Dieu le pere, et en Jesuchrist son « filz, et veux vivre selon ses commandemens, qui sont contenus en la « saincte Ecriture : mais ce qu'il a commandé que soyons baptisez, je croy

« que celà se doit faire le huitième jour après la nativité de l'enfant,
« d'autant qu'on faisoit ainsi en la circoncision. » Estimes-tu, qu'un tel
home doive estre mis a mort pour celà ? Je ne le pense point.

Et s'il dit ainsi : « Je croy qu'un homme ne doit point estre baptisé, que
« premierement il ne sache rendre raison de sa foy, et si je croioye qu'il
« fust autrement, je voudroye faire autrement : car celà ne me serait point
« plus difficile de baptiser un petit enfant, qu'un adolescent. Mais je n'ose
« violer ma conscience, de peur que je n'offense Christ, lequel a défendu
« par S. Paul son serviteur, que je ne face rien de quoy je soye en doute
« s'il est bien faict ou non. Car il me faut estre sauvé par ma propre foy,
« et non pas par celle d'autruy. »

Je te demande, si Christ, qui est le juge de tous, estoit présent, s'il
commanderoit qu'un tel homme fust mis à mort ?

Parler ainsi du baptême en plein XVIᵉ siècle, c'était prendre position sur un terrain singulièrement neuf, à égale distance de Rabelais et de Calvin ; c'était déplaire à la foule des croyants, tous également intraitables sur l'importance de leurs dogmes, sans plaire au petit nombre des gens d'esprit qui se cachaient pour en rire. L'auteur pourtant n'hésite pas, il pousse son argument jusqu'au bout :

Et ce que j'ay dit du baptesme, je veux qu'il soit entendu des autres
passages de la religion qui sont en dispute, là où quelcun, croyant en
Dieu et en Jésu-Christ son filz et luy servant selon sa conscience, erre
en quelque chose ignoramment ou mesme nous semble qu'il erre. Car
certainement, quand je considère les meurs de Christ et sa doctrine,
lequel, ja soit qu'il fust juste et innocent, néantmoins il a tousjours pardonné aux iniques et méchans et a commandé qu'on leurs pardonne
mesmes jusques à septante fois sept fois.

Ces derniers mots, ce nom de Jésus-Christ, ce souvenir de tant de sainteté unie à tant de miséricorde, l'amènent à exprimer sa vraie pensée avec son accent natif et original. Elle s'échappe, comme par un élan involontaire, du fond de l'âme :

Je ne voy point comment nous pourrons retenir le nom de Chrestiens
si nous n'ensuyvons sa clémence et douceur. Que si mesmes nous estions
innocens, si le devrions-nous ensuyvre : combien plus tost donc, quand
nous sommes hommes couverts de tant de pechez ! Certes quand j'examine
ma vie, je voy que mes pechez sont si grans, et en si grand nombre, que
je ne pense point que je puisse jamais obtenir pardon du Seigneur Dieu,
si je suis prest à condamner ainsi les autres. Il faut donc que chacun
s'examine soy mesme, espluche et sonde diligemment sa conscience, et
poyse à bon escient toutes ses pensées, ses parolles et ses faits, puis il
verra, et se cognoistra facilement estre tel, qu'il ne peut tirer hors le

festu de l'œil de son frère, qu'il n'ait premièrement tiré la poultre de son œil. Parquoy sera beaucoup le plus seur, qu'en une si grande multitude de pechez, desquelz nous sommes tous chargez, un chacun retourne à soy mesme, et soit soigneux de corriger sa vie, et non pas de condamner les autres.

Voilà la véritable inspiration de l'auteur : ni pamphlétaire ni théologien; c'est un homme pieux, d'une piété toute morale. C'est la conscience seule qui le fait parler, et c'est à la conscience qu'il s'adresse. Sa tolérance lui vient de l'Evangile. Elle n'a rien de commun avec l'indifférence ou le scepticisme : chez lui, c'est la religion dans ce qu'elle a de plus intime qui proteste contre le faux zèle pour la religion.

L'objet de ce petit recueil — Martin Bellie nous le dit — est de répondre à ces deux questions : Qu'est-ce qu'un hérétique? — Et comment faut-il le traiter?

A la seconde question, Bellie laissera répondre « les docteurs anciens et modernes dont il a recueilly et amassé les sentences, afin que, après avoir considéré diligemment leurs raisons, on ne pèche plus doresnavant si grièvement en cet endroit ».

Nous allons tout à l'heure entendre parler ces docteurs. L'éditeur nous prévient que c'est aux modernes qu'il fera ses emprunts les plus larges : ils ont dû traiter la question plus à fond que les Pères de l'Église, qui n'ont guère connu en fait de persécution que celle des gentils contre les chrétiens. Mais parmi les modernes que l'on va citer, il en est peut-être qui, après avoir écrit ce qu'on va lire, ont changé d'avis :

> Car il advient souventefois que ceux-là qui viennent à l'Evangile, sentent et jugent très bien des affaires de la religion, pendant qu'ils sont povres et affligez, mais que, par après, estant eslevez en richesses et constituez en authorité, ils s'abbatardissent et alienent tellement qu'eux qui paravant défendaient Christ et la vérité défendent maintenant et approuvent les meurtres et colloquent la vraye piété en force et violence.

« Ce nonobstant, dit-il, nous nous en tiendrons à leur première sentence, à celle qui a été écrite au temps de la tribulation : car on ne saurait croire à personne du monde plus seurement qu'aux calamiteux et affligez. »

Mais avant de les écouter sur la seconde question, essayons de répondre nous-même à la première : qu'est-ce qu'un hérétique ? Cette définition, qui est le point capital du débat, en est précisément le point le plus obscur, le seul qu'on n'ait jamais sérieusement fixé.

D'abord, Martin Bellie proteste et nous met en garde contre notre premier mouvement qui sera de juger « par l'opinion du commun peuple » :

> Je n'estime pas tous ceux là être hérétiques qui sont appelés hérétiques..., lequel nom est aujourd'huy rendu si infâme, si détestable et horrible, que si quelcun désire que son ennemy soit incontinent mis à mort, il n'a point de voye plus commode, que de l'accuser d'hérésie. Car tout incontinent que les hommes auront entendu celà, ils l'auront en si grande horreur pour ce seul nom d'hérétique qu'en bouchant leurs oreilles, afin qu'ils n'oyent sa défense, ils persécuteront furieusement, et à bride avallée, non seulement celuy-là, mais tous ceux qui oseront seulement ouvrir la bouche pour l'excuser. Par laquelle rage il advient que plusieurs sont mis à mort, avant que leur cause soit vrayement cogneüe.
>
> Et ne dy point cecy pour favoriser aux hérétiques (car je hay les hérétiques), mais je voy icy deux grands dangiers. Le premier, c'est qu'aucun ne soit réputé pour hérétique, qui n'est pas hérétique, comme il est advenu jusques à présent, et comme mesmes nous voyons, que Christ, et les siens ont estez occis pour hérétiques....
>
> L'autre dangier est que celuy qui est vrayement hérétique ne soit plus grièvement et autrement puny que la discipline chrestienne ne requiert....
>
> Certainement après avoir souvent cerché que c'est d'un heretique, je n'en trouve autre chose, sinon que nous estimons heretiques tous ceux qui ne s'accordent avec nous en notre opinion.
>
> Laquelle chose est manifeste en ce que nous voyons qu'il n'y a presque aucune de toutes les sectes (qui sont aujourd'huy sans nombre) laquelle n'ait les autres pour heretiques : en sorte, que si en ceste cité ou région, tu es estimé vray fidèle, en la prochaine tu seras estimé heretique. Tellement, que si quelcun aujourd'huy veut vivre, il luy est nécessaire d'avoir autant de foys et religions, qu'il est de citez, ou de sectes : tout ainsi que celuy qui va par païs a besoing de changer sa monnoye de jour en jour : car celle qui est icy bonne, autre part n'aura aucun cours, sinon que la monnoye soit d'or, car en tous lieux celle-là est bonne, de quelque marque qu'elle soit. Or croire en Dieu le père tout puissant, au Filz, et au Sainct Esprit, et approuver les commandemens de vraye piété, qui sont contenuz en la saincte Escriture, c'est une monnoye d'or plus approuvée et examinée que l'or mesme. Mais ceste monnoye jusques à present a diverses marques et figures, ce pendant que les hommes sont en discord entre eux, de la Cène, du Baptesme, et d'autres telles choses. Mais supportons-nous l'un l'autre, et ne condamnons incontinent la foy d'un autre, laquelle est fondée sur Jesu-Christ.

Martin Bellie entre ensuite dans la discussion du seul texte sacré où se trouve le mot *hérétique* : « Evite l'homme hérétique après une ou deux admonestations » (Epître de saint Paul à Tite, ch. III), et rapprochant ce conseil de celui que donne Jésus (Math., XVIII) au sujet du pécheur obstiné : « S'il ne se rend aux avis de l'Église, qu'il te soit comme un païen », l'auteur n'a pas de peine à en conclure qu'il ne s'agit là que d'une excommunication de l'Église.

D'où il tire diverses considérations, qui peuvent se résumer en quelques lignes.

On devrait distinguer deux sortes d'hérétiques ou d'hommes à l'état de révolte contre l'Église : ceux qui le sont en matière de conduite et ceux qui le sont en matière d'opinion. Tous ceux qui font le mal, les avares, les orgueilleux, les persécuteurs par exemple : voilà la première classe d'hérétiques, et ce sont précisément ceux à qui l'on n'attribue plus ce nom, le réservant à ceux qui sont en opposition avec l'Église sur des questions de doctrine.

Or, il faut remarquer qu'il est bien plus facile de juger des mœurs que des doctrines. Parlez d'un assassin, d'un voleur, d'un traître : Juifs, Turcs et chrétiens tombent d'accord qu'il mérite d'être frappé par les lois. Mais s'agit-il de religion, aussitôt apparaissent des divergences : Juifs, Turcs et chrétiens sont encore unanimes à reconnaître un seul Dieu et à considérer avec horreur l'athée ou le polythéiste. Mais déjà, sur la personne de Jésus-Christ le dissentiment devient profond, les deux premiers groupes se séparent des chrétiens. A leur tour, les chrétiens, unis jusqu'ici sur deux points : « un seul Dieu et Jésus-Christ son fils », se séparent aussitôt qu'on veut entrer plus avant dans la question : « baptême, âme, invocation des saints, institutions, libre arbitre et autres questions obscures engendrent de violentes querelles ; catholiques, luthériens, zvingliens, anabaptistes, moines et autres se condamnent et se persécutent mutuellement bien plus que ne font les Turcs aux chrétiens ».

Que prouvent ces persécutions, sinon l'ignorance où nous sommes de la vérité ; car enfin, si tous ces dogmes étaient aussi clairs qu'il est clair qu'il y a un seul Dieu, on s'accorderait sur ces dogmes comme on s'accorde sur l'unité de Dieu.

En cet état d'obscurité indéniable des questions controversées, que faire? Faire, entre chrétiens, ce que nous faisons avec les Juifs et les Turcs : nous supporter les uns les autres. Les Juifs et les Turcs ne nous exterminent pas, nous ne pouvons pas non plus les exterminer. De même entre chrétiens au lieu de nous condamner, si nous sommes plus savants, prouvons-le en étant meilleurs et plus miséricordieux : plus on connaît la vérité, moins on est enclin à condamner. Celui qui condamne les autres ne prouve qu'une chose, c'est qu'il manque de patience : il ne sait rien encore, puisqu'il ne sait même pas supporter autrui.

Voici comment conclut l'auteur de cette préface.

Nous transcrivons encore *in extenso* sa péroraison, qui, à force de bon sens, d'élévation morale et d'esprit évangélique atteint, on va le voir, la véritable éloquence :

> Si nous nous gouvernions ainsi, nous pourrions vivre ensemble paisiblement : ja soit que ce pendant fussions en discord en autre chose, au moins nous consentirions ensemble, et nous accorderions en amour mutuelle, laquelle est le lien de paix, jusques à ce que fussions parvenuz à unité de foy. Car ce pendant que nous combatons les uns contre les autres par haines et persécutions, il advient qu'en ce faisant nous allons tous les jours de pis en pis, et ne sommes aucunement soutenans de notre office. Ce pendant que nous sommes occupez à condamner les autres, l'Evangile est blasmé entre les Gentils, par nostre faute. Car quand ils nous voient courir les uns sur les autres furieusement à la manière des bestes, et les plus faibles estre oppressez par les plus forts, ils ont l'Evangile en horreur et detestation, comme si l'Evangile faisoit les hommes telz ; et ont Christ en detestation, comme s'il avoit commandé de faire telles choses : tellement qu'en ce faisant nous deviendrions plus tost Turcs ou Juifz, qu'eux ne deviendroient Chrestiens.
>
> Car, qui est-ce qui voudroit devenir chrestien, quand il voit que ceux qui confessent le nom de Christ, sont meurtris des Chrestiens, par feu, par eaue, par glaive, sans aucune miséricorde, et traictez plus cruellement, que des brigands ou meurtriers? Qui est-ce qui ne penseroit, que Christ fust quelque Moloch, ou quelque tel Dieu, s'il veut que les hommes luy soyent immolez, et bruslez tout vifz? Qui est-ce qui voudroit servir à Christ à telle condition, que si maintenant entre tant de controversies, il est trouvé discordant en quelque chose avec ceux qui ont puissance et domination sur les autres, il soit bruslé tout vif, par le commandement de Christ, mesme plus cruellement que dedans le taureau de Phalaris? Voire quand il réclameroit Christ à haute voix au milieu de la flamme et crieroit à pleine gorge qu'il croit en luy.

Prens le cas que Christ, qui est le juge de tous, soit présent et prononce luy mesme la sentence, et mette le feu : qui est-ce qui n'aura Christ pour un Satan! Car que sauroit faire autre chose Satan, que de brusler ceux qui invoquent le nom de Christ?

O Christ, créateur et Roy du monde, vois tu ces choses? es tu totalement devenu autre que tu n'estois, si cruel et contraire à toy mesme Quand tu estois sur la terre, il n'estoit rien plus doux, plus clément, plus souffrant les injures : estant comme une brebis devant celuy qui la tond, tu n'as point sonné un mot : toy estant tout découpé de batures [1], décraché, moqué, couronné d'espines, crucifié entre les brigans, en grande ignominie, tu as prié pour ceux qui te faisoient toutes ces injures et contumelies. Es-tu maintenant ainsi changé? Je te prie par le tres sainct nom de ton Père, si tu commandes que ceux qui n'entendent point tes ordonnances et commandemens ainsi que nos maistres requièrent, soyent susffoquez en l'eaue, et detranchez par batures, jusques aux entrailles, et apres poudroyez de sel, dolez par glaives, rostiz à petit feu, et tourmentez de toute sorte de supplices, si longuement que possible sera! O Christ, commandes-tu, et approues-tu ces choses? Ceux qui font ces sacrifices, sont-ils les vicaires à cest escorchement et d'membrement? Te trouves-tu, quand on t'y appelle, à ceste cruelle boucherie, et manges-tu chair humaine? Si toy, Christ, fais ces choses, ou commandes estre faictes, qu'as-tu reservé au diable qu'il puisse faire? Fais-tu les mesmes choses, que fait Satan? — Oh blasphemes horribles! O meschante audace des hommes, qui osent attribuer à Christ les choses qui sont faictes par le commandement et instigation de Satan!

Ainsi se termine cette émouvante préface, premier plaidoyer que l'Europe ait entendu en faveur de la tolérance.

Cette préface, dans l'édition latine, s'adressait au duc Christophe de Wurtemberg.

Les motifs de cette dédicace seraient faciles à découvrir quand bien même l'éditeur n'aurait pas pris le soin de les expliquer.

Le duc Christophe qui venait de succéder (nov. 1550) à son

---

1. Nous retrouvons ici de nouvelles traces de la langue familière et populaire dont Castellion se servait. *Batures* par exemple, se trouve sans doute dans Marot et dans Montaigne (voir l'art. *Bateure* dans le dictionnaire de Godefroy), mais c'était déjà un mot vieilli; et Nic. Colladon traduisant tout ce passage, que cite Bèze pour le réfuter, lui donne une allure beaucoup plus vive en le mettant en meilleur français : « O Christ, créateur et roy du monde, vois-tu ces choses? Es-tu si changé et devenu si sauvage et contraire à toy-mesme? Quand tu estois en terre, il n'y avoit rien plus bénin ne plus doux que toy, ne plus patient à souffrir injures. Non plus que la brebis devant celuy qui la tond, tu n'as pas ouvert la bouche, estant de tous costez batu de verges, mocqué, coronné d'espine : tu as prié pour ceux qui t'ont fait tous ces outrages.... Commandes-tu que ceux qui n'entendent pas tes ordonnances et enseignemens ainsi que requièrent nos maistres soyent noyez, batus de verges, transpercez jusque aux entrailles et puis salez, qu'on leur coupe la teste, qu'ils soyent bruslez a petit feu et tourmentez si longtemps qu'il sera possible de toutes sortes de tormens? » (P. 152 du *Traitté de l'authorité du magistrat*.)

père Ulrich était un des plus fermes soutiens de la Réforme. Assez durement traité par son père, il s'était préparé au gouvernement par plusieurs années de retraite, pour ne pas dire d'exil, dans le pays de Montbéliard, années sévères mais fécondes qu'il avait su employer à l'étude et à la réflexion. Aussitôt après son avènement, il avait pris une attitude nette, s'était déclaré pour l'Évangile, et avait, seul de tous les princes allemands, envoyé au concile de Trente sa confession de foi, que ses théologiens avaient mission de défendre : « en quoy, lui dit Bellius, tu as montré que tu n'es pas tel qui fuys la lumière, mais veux que ta foy et religion soit cogneüe de tout le monde ».

Un motif plus particulier encore expliquait cet appel confiant au patronage du duc Christophe.

Dans son séjour à Montbéliard, le duc s'était lié avec un proscrit que son père avait protégé non sans courage et dont lui-même devait faire son conseiller, son ami et, comme dit Bellius, son « docteur ». C'était le célèbre Jean Brenz[1] (Brentius), le coopérateur de Luther, qui après avoir longtemps dirigé l'Eglise de Halle en Souabe, puis l'université naissante de Tubingen, refusa de signer l'*Intérim* (qu'il appelait l'*Interitum*), et fut poursuivi par les troupes espagnoles de Charles-Quint. Il échappa sous un déguisement, se cacha dans les bois, traînant après lui femme et enfants et fut enfin sauvé par le duc Ulrich. Le duc le fit enfermer dans un château dont il ne voulut pas savoir le nom, afin de pouvoir mieux le taire à l'empereur.

Mais, menacé de plus près, Ulrich ne crut plus son protégé en sûreté même en prison : il lui fit gagner successivement Strasbourg, Montbéliard et Bâle. C'est dans cette dernière ville, chez la veuve de son ami Grynée, que Brenz trouva enfin un peu de sécurité, du loisir et des amis, au nombre desquels nous pouvons inscrire sans témérité Castellion, Curione, Oporin, Ochino. La mort de sa femme, qu'il avait dû laisser avec ses enfants en Wurtemberg, l'obligea à sortir

---

1. Voir le grand ouvrage de MM. J. Hartmann et Krœger, *Johann Brenz nach gedruckten und ungedruckten Quellen* (2 vol. in-8, Hamburg, 1840), ou la *Biographie de Brenz*, par M. Hartmann, dans le IIIe vol. des *Väter und Begründer der Lutheranischen Kirche*.

de sa retraite, et ce fut au prix des plus grands dangers qu'il se rendit à Stuttgart : il ne dut cette fois encore son salut qu'à un nouvel artifice du duc, qui, en le faisant changer de nom, le plaça comme bailli dans un château isolé de la Forêt Noire.

Un homme qui avait ainsi connu la persécution, devait être le patron naturel des persécutés; il l'avait été en effet, et depuis longtemps. Non seulement, comme il ne craignait pas de l'écrire à Calvin lui-même (6 oct. 1548), il avait encouragé son prince à résoudre le problème religieux par voie d'accord amiable, il se félicitait de voir chaque dimanche dans beaucoup de paroisses la messe et le prêche se succéder dans le même temple, d'avoir obtenu pour les pasteurs et pour les prêtres le droit de garder ou de modifier les anciens rites, « de telle sorte, disait-il, que ce pays au lieu de chasser les ministres pieux, recueille ceux que les autres chassent »; mais il avait fait plus, et la préface de Bellius lui consacre une mention particulière. Un des premiers écrits contre la persécution que va citer Bellius est « *la sentence de Jean Brence* » :

> Tantôt après qu'il l'eust mise en lumière incontinent fut diminué beaucoup de la cruauté des persécutions, comme j'entends, et beaucoup moins de gens depuis furent persecutez et mis à mort, tant de force a eu la sentence d'un seul homme de bon advis, encore en un temps si corrompu!
> Or sus donc, Brence, poursuis outre et persévère de plus en plus en ceste bénignité chrestienne comme tu as commencé. Certe tu as retenu et estanché beaucoup de sang, par ce tien petit livre, dont tu n'eusses sceu faire chose plus agréable à Christ, ne plus désagréable à Satan. Et pleust à Dieu, que les autres eussent fait comme toy et n'eussent point tant travaillé à espandre le sang innocent, que tu as travaillé à le retenir!

Cette touchante apostrophe n'est pas une forme de rhétorique; elle fait allusion à un épisode oublié des premières années de la Réforme. On peut voir à la Bibliothèque Nationale, dans un vieux recueil de brochures allemandes, à la suite d'une instruction de Mélanchthon contre les anabaptistes [1], cet écrit de Jean Brentz imprimé en vieux caractères

---

1. Dans le recueil factice intitulé *Libelli anabaptistici decem germanice* (inv. D² 816). Voici le texte de la brochure : « Underricht Philips Melanchthon wider die leere der Widertouffer. Ob eyn weltliche Oberkeyt mit gœtlichem vund billichem Rechten mœg die Widertouffer

gothiques vers 1529 [1]; et les notes manuscrites dont les marges sont couvertes semblent prouver que, comme l'affirme notre auteur, les contemporains en avaient fait une lecture attentive.

Un ami de Brenz, le secrétaire du conseil de Nuremberg, Lazare Spengler [2], l'avait consulté sur la question encore toute neuve de la conduite à tenir envers les anabaptistes. Les uns voulaient qu'on les traitât avec la dernière rigueur, les autres qu'on leur laissât une liberté entière. Entre ces deux opinions extrêmes, Spengler cherchait une solution moyenne [3], qu'il demanda à son ami. C'est la réponse de Jean Brenz publiée d'abord en allemand, traduite peut-être par lui-même en latin [4], que Bellius réédite pour la première fois en français.

Nous allons rencontrer tout à l'heure cet intéressant document, placé à son rang dans le petit volume que nous avons à analyser. Mais pour mieux laisser à ce recueil sa physionomie, nous passerons en revue les morceaux dont il se compose en suivant l'ordre même où ils se présentent.

Les autorités sous lesquelles s'abrite la thèse de Bellius sont représentées par une suite d'extraits traduits du latin, chacun représentant l'opinion (*sententia*) d'un docteur ancien ou moderne.

Voici, d'un coup d'œil, la liste des noms :

1 Opinion de Luther (Arétius Catharus).
2 — Jean Brenz (Joannes Wittlingius).
3 — Erasme.
4 — Sébastien Frank (Augustin Eleuthère).

---

durch fewer oder schwert vom leben zum tod richten lassen. — Johannes Brentz », in-4, non paginé, s.l.n.d. — 8 feuilles, dont 4 pour chacun des deux opuscules.
La Bibliothèque Nationale possède en outre dans une autre collection factice (Lutheranorum opuscula, inv. D² 3892), une édition latine de la même brochure : *Adversus anabaptistas Philippi Melanchthonis judicium, an magistratus jure possit occidere anabaptistas Joannis Brentii sententia*. Francofurti excudebat Petrus Brubachius, MDLXII, in-8 non paginé, 8 feuilles 1/2. C'est la reproduction exacte du texte de Martinus Bellius.
1. Cette date est indiquée par M. J. Hartmann, t. I, p. 299.
2. Ce Spengler est encore une de ces intéressantes figures du second plan de l'histoire qui nous font entrevoir derrière le monde encore à demi scolastique des théologiens âpres à la polémique une société laïque inclinant à des solutions beaucoup moins absolues : les fidèles semblent avoir été bien moins réfractaires que les pasteurs à des sentiments de tolérance. Lire l'étude biographique de M. le Dr Théod. Pressel, *Lazarus Spengler*, Elberfeld, 1862, in-8, 100 p.
3. J. Hartmann, II, p. 293.
4. Nous n'avons pas trouvé trace d'une édition latine antérieure à celle de 1562.

5 Opinion de Lactance.
6 — Gaspar Hédion.
7 — Jean Agricola Isleben.
8 — Dr Jacques Schenk.
9 — Christophe Hofman.
10 — Jean Calvin.
11 — Otto Brunfels.
12 — Conrad Pellican.
13 — Urbanus Regius.
14 — Saint Augustin.
15 — Chrysostome.
16 — Saint Jérôme.
17 — Cœlius Secundus Curio.
18 — Sébastien Castellion.
19 — Georges Kleinberg.
20 — Basile Montfort.

Tous ces noms, sauf les deux derniers, étaient choisis de manière à forcer l'attention. A une opinion qui prétendait se présenter avec un tel cortège de garants, il était difficile, surtout au xvi° siècle, de refuser un moment d'examen. Essayons donc de nous mettre à la place des contemporains et de parcourir, avec un peu de la curiosité qu'ils ont dû y porter, cette série de jugements autorisés qu'on leur promettait.

Avant d'entamer cet examen, mentionnons seulement, en tête de l'édition française publiée quelques semaines après l'édition latine, une seconde préface attribuée « au traducteur » : on n'hésitera point à y reconnaître Martin Bellie lui-même. Cette seconde préface est adressée à un autre prince protestant, Guillaume, comte de Hesse. Nous n'en citerons que deux passages, qui méritaient d'être recueillis, ne fût-ce que pour leur fermeté de rédaction. Or on ne peut les lire que dans cette édition française, dont nous ne connaissons pas aujourd'hui d'autre exemplaire que celui de Bâle et celui de Genève :

> A la mienne volonté que les bons roys et princes considerassent diligemment cette histoire (de Daniel)... afin qu'ilz se gardassent de croyre à ceux qui les poussent à tuer et brusler aucun pour la foy et religion, — laquelle sur toute chose doit estre libre, car elle gist non au corps, mais bien au cœur, auquel ne peut atteindre le glaive des roys et princes, — mais bien se contenter de défendre que les mauvais ne nuysent aux bons tant en leurs biens qu'en leurs corps. Quant aux péchés du cœur comme

infidélité, hérésie, envie, haine, c'est à faire au glaive de l'Esprit, qui est la parolle de Dieu.

Que si quelqu'un trouble la République en batant ou frappant aucun soubz couleur de religion, le bon magistrat le peut punir comme faisant mal aux corps et biens, comme les autres malfaiteurs, mais non pour sa religion.

Puis, entrant dans les détails, il expose avec la dernière précision que le pouvoir de l'Église se borne à excommunier l'impie, et celui du magistrat à l'empêcher de faire « trouble et commotion dans la république » :

> Il vaudroit mieux laisser vivre cent, voire mille hérétiques que de faire mourir un homme de bien soubz ombre d'hérésie....
>
> La foy et religion ne gist point en quelque cérémonie et chose indifférente, n'en quelque enseignement qui soit ambigu et douteux (car celui qui persécuteroit pourroit aussi bien faillir que le persécuté) comme scavoir comment c'est que l'on prent le corps et le sang de J.-C. en la cène, savoir si on la doit bailler aux petits enfants, attendu qu'on les baptise estant petits, ou s'il ne vaudroit pas mieux attendre qu'ils fussent grands et entendus, etc.
>
> Elle ne gist aussi pas en quelque poinct qui surmonte l'entendement de l'homme et duquel nous n'avons exprès passages de l'Ecriture, duquel on ne puisse douter, comme scavoir comment c'est que se doivent entendre ces trois personnes, le Père, le Fils et le Saint-Esprit. Ce nous doit estre assez de croyre qu'il y a une seule essence divine et trois personnes, sans beaucoup nous tourmenter comment c'est qu'ils sont l'un avec l'autre.

I

OPINION DE LUTHER

Le passage emprunté à Luther est intitulé dans l'édition latine « *Aretii Cathari*[1] *de magistratu seculari secunda pars, in qua ostenditur quam longe lateque pateat magistratus secularis* », et dans l'édition française : « *Du magistrat séculier, la seconde partie du livre de Martin Luther en laquelle est démonstré combien et jusques où s'estend le magistrat séculier* ».

---

1. Cette traduction grecque du nom de Luther a induit en erreur M. Jules Bonnet qui dit (p. 111) : « Cet Arétius Catharus, ce pur zélateur de la vérité n'est évidemment qu'un second pseudonyme sous lequel se cache l'auteur du livre ». Aucun des contemporains ne paraît avoir commis cette erreur, quoique le nom d'Arétius Catharus ne fût pas un de ceux dont Luther ait usé souvent

C'est un extrait fidèlement reproduit de l'écrit que Luther avait publié en allemand au commencement de 1523 sous ce titre : « *De l'autorité séculière, jusqu'à quel point on lui doit obéissance* [1] ».

Luther avait appris que dans quelques parties de l'Allemagne les autorités civiles, prêtant main-forte au clergé, exigeaient qu'on livrât les livres défendus, c'est-à-dire sa traduction du Nouveau Testament, sous peine d'encourir, non plus seulement les châtiments de l'Église mais ceux des lois. C'est à cette occasion qu'il prit la plume, et, développant un sermon qu'il avait prêché à Weimar, adressa au duc Jean de Saxe, sur sa demande, tout un traité de l'autorité civile en trois parties : la première démontre que l'autorité civile est d'institution divine ; la seconde — celle qui est ici reproduite — traite des limites de cette autorité ; et la troisième trace le tableau animé de ce que doit être le gouvernement d'un prince vraiment chrétien : il a pour base le respect de cette loi non écrite qui a sa source dans la « libre raison » [2] et que le prince doit lire au fond de sa conscience.

Le réformateur, alors au début de sa carrière, dans la liberté première de sa pensée et de sa conscience, abordait franchement et en quelque sorte naïvement la difficulté. Et d'un bond, il atteignait à la vraie solution : il y a deux domaines, disait-il, « le royaume de Dieu sous Jésus-Christ, le royaume de ce monde sous le magistrat », chacun d'eux a ses lois et ses autorités qu'il ne faut pas confondre.

Le royaume mondain a ses lois esquelles sont subjects les corps et les biens terriens des hommes mortels. Outre cela, il n'a aucun droict ne puissance. Quant à l'âme, le seigneur Dieu ne veut point qu'elle soit liée par aucunes lois mondaines et ne le peut aussi souffrir, luy qui seul a droict et empire sur icelle.

---

[1]. Les plus anciennes éditions (citées dans le vol. XXII des œuvres complètes de Luther, d'Erlangen, p. 59) sont : « Von weltlicher oberkeyt, wie weyt man yhr gehorsam schuldig sey Marti Luther, Wittemberg MDXXIII. » durch Nickel Schyrlenz ». Wittemberg 6 1/2 feuilles in-4. — Cinq autres éditions de 1523 et une de 1524, toutes en allemand (titres identiques chez divers imprimeurs). Une des éditions porte à la suite de la dédicace au prince Jean de Saxe, le sous-titre : « ein Sermon von den Wetlichen Recht und Schwerdt ». Comme le rappelle ce sous-titre, l'origine de ce petit livre avait été un sermon prêché à Weimar, 1522, que le duc Jean lui demanda d'imprimer et qu'il développa (Köstlin, *Martin Luther*, 2ᵉ éd., 1, p. 618).

[2]. Es ist am freier Vernunst über alles Bücher-Recht gesprungen, so fein dass es Jedermann billigen muss und bei sich selbst im Herzen geschrieben findet, dass es also recht sey.

Fort de cette distinction, il va, dit-il, « déclarer plus cler que lumière » combien agissent « follement et meschamment nos evesques et princes quand par leurs lois et édits, ils contraignent les mortels à croire ainsi ou ainsi ».

Ni l'autorité de l'Église, ni celle de l'État ne l'arrête un instant; il faut l'entendre :

> C'est folie manifeste si quelcun vient dire : « Les roys et les princes croient ainsi et la multitude ainsi; il faut donc croire ainsi ». Oste toi d'icy et te retire avec ta multitude, car nous ne sommes pas baptisez au nom des roys ou de la multitude, mais au nom de Christ, duquel nous portons ce nom de chrestiens.... L'âme est exempte de la puissance humaine et du magistrat séculier, et est soubmise à la puissance de Dieu seul.
> Je te prie donc, dy moy maintenant, combien de raison ou de prudence il y a en cestuy là, qui fait des loix à ceux sur lesquelz il n'a aucun droict? Qui est-ce qui ne jugeroit cestuy là plus fol que Tribolet [1], qui commanderoit à la Lune qu'elle donnast lumière à son appetit? Pensez que celà seroit beau, si les Genevois [2] vouloyent imposer lois aux Venitiens, ou leurs commander quelque chose : auroyent-ils pas besoing d'hellebore ou de veratre pour purger leurs cerveaux? Et toutesfois les Rois et les Princes tombent encor si lourdement en cest endroit (se laissans mener comme aveugles par les aveugles, par le Pape, par les Evesques, et sophistes) qu'ils commandent à leurs subjects de croire ce que bon leur semble, sans la parolle de Dieu. Et veulent ce pendant estre appellez Princes Chrétiens!

Tout le monde convient, reprend Luther, que pour juger il faut voir clair et très clair dans la cause. Comment donc s'imaginent-ils de « juger le dedans des cœurs et de l'âme, secrets qui sont manifestes à Dieu seul? Certes, je ne me puis assez émerveiller de leur folle arrogance; ils s'efforcent de juger et ordonner de choses tant secrètes et divines comme est la foy.... »

> Or la difficulté et peril de l'ame d'un chacun, git en cecy : de savoir comment il doit croire; car chacun doit regarder de croire droictement. Et tout ainsi que nul ne peut aller pour toy, ou au ciel, ou en enfer, ainsi nul ne peut croire, ou non croire pour toy. La foy ne peut estre contraincte, et tout ainsi qu'il n'est dans la puissance d'aucun de te clorre, ou ouvrir le ciel ou enfer, ainsi nul ne te peut contraindre à la foy, ou à infidelité. Parquoy, puisque chacun a celà en sa conscience, comment il doit croire, ou non croire, la puissance humaine doit estre

---

1. Texte latin : *Qui hunc non Melitide vaniorem judicaret qui imperaret lunæ.* — L'allemand (édition de Gerlach) dit simplement : *Wer wollte den nicht für unsinnig halten.*

2. Lisez : Génois. Le texte allemand prend un exemple plus rapproché : « die zu Leipzig » et « uns zu Wittemberg ».

appaisée, et se contenter (veu mesmement qu'on ne luy oste rien) et cependant se soucier de ses affaires, permettant à un chacun de croire comment il voudra, ou pourra, sans contraindre personne à la foy.

Davantage rien ne doit estre plus libre que la foy et religion, à laquelle nul ne peut estre contraint par force, d'autant que c'est une œuvre divine du sainct Esprit, tant s'en faut qu'aucune force humaine la puisse faire ou exprimer. De là vient ce commun dicton, duquel sainct Augustin aussi a usé : A la foy nul ne doit, ne peut estre contrainct. Mais ces miserables et aveugles ne voyent point combien vains et infirmes sont leurs efforts; car qu'ils commandent fort et enragent tant qu'ils voudront, si ne sauroyent ils contraindre les hommes plus outre en les persecutant, que de tirer quelques parolles de leurs bouches, ou leurs faire faire quelque chose corporellement. Mais quant au cœur, ils ne le sauroyent contraindre, mesme quand ils enrageroient, et creveroient de despit, comme ce proverbe dicton commun est bien vray : *Que les cogitations des hommes sont exemptes de gabelles* [1]. Mais pourquoy contraignent-ils donc les hommes à croire de cœur, quand ils voyent bien que celà ne se peut faire? Pourquoy contraignent-ils les consciences imbecilles à mentir, à renier Christ, et parler autrement qu'ils n'ont en leurs cœurs, se chargeans ainsi des faits et pechez d'autrui? Car quelconque menterie, ou fausse confession qu'ils font, tombera sur les testes de ceux qui les ont contraincts. Et eust esté chose beaucoup plus seure, de laisser leurs subjects s'esgarer simplement du vray but, que de les contraindre à mentir, et faire telles confessions forcées.

C'était bien là, comme le dit un des biographes modernes de Luther [2], poser les principes mêmes de la liberté de conscience en établissant entre les deux domaines une ligne de démarcation dont les catholiques n'avaient jamais entendu parler. Il explique ensuite comment a pu se faire cette étrange confusion de domaines et de pouvoirs : les évêques ont voulu se faire princes, et les princes évêques : « Ceux qui devaient repaître les povres âmes de la parolle de Dieu ont occupé par domination externe les châteaux, villes, provinces et peuples. Ceux qui devaient régir leurs subjects par lois justes et équitables veulent tout au rebours dominer sur les cœurs et consciences. » Voilà comment les choses saintes sont mêlées aux profanes, au détriment des unes et des autres.

La conclusion est un appel non déguisé à la résistance :

Si ton Prince donc, ou Magistrat seculier commande que tu croyes ainsi ou ainsi, ou que tu rejectes les livres de la saincte Escriture, il

---

1. Gedanken sind zollfrei.
2. Köstlin, I, 621.

faut ainsi respondre : « Il n'est point licite à Lucifer de colloquer son
« throne auprès de celuy de Dieu. O homme tres illustre, je suis tenu et
« obligé de t'obéir es choses qui appartiennent aux corps, et aux biens.
« Commande-moy donc, selon la mesure de la puissance que tu as sur la
« terre, et tu me trouveras prompt à obéir à tes commandemens. Mais si
« tu me commandes que je croye selon la fantaisie des autres, et que
« j'oste mes livres, je n'obeiray point à ton commandement. Car en cecy
« tu fais comme un tyran, et excèdes les bornes de ta juridiction, com-
« mandant ce en quoy tu n'as aucun droict ne puissance. » Et si à ceste
heure là, pour punir ta desobeissance, il te ravit tes biens, comme un
pillard ou larron, tu es bien heureux, rend grâces à Dieu, lequel t'estime
digne que tu sois affligé pour avoir obey à luy, et le laisse enrager, et se
courroucer tant qu'il voudra, car je t'asseure qu'il trouvera son juge. Si
au contraire tu ne luy contredis, mais consens qu'il t'oste la foy et les
livres, certainement tu auras renié Dieu.

Luther pouvait s'arrêter là : la cause est entendue. Mais il veut réfuter une dernière objection : soit, dira-t-on, le magistrat ne peut contraindre à la foi, mais il peut au moins empêcher qu'on n'en détourne les hommes, et son devoir est de protéger les âmes faibles contre les séductions de l'hérésie. Luther n'hésite pas :

Je respons, qu'il n'appartient pas aux Princes de veiller, ou d'avoir
soing sus ceste affaire, mais aux Evesques, ausquelz ceste charge a esté
commise de Dieu. Car les heretiques ne peuvent estre reprimez, n'em-
peschez par aucune force exterieure. Parquoy il faut agir, et besongner
avec eux par autre moyen, que par severité de glaive : il y faut pro-
ceder par la parolle de Dieu. Par laquelle parolle si tu ne profites de rien,
en vain tu y adjouteras la force ou violence humaine, mesme quand tu
remplirois tout de sang.
L'heresie est une chose spirituelle, laquelle ne peut estre consumée
par aucun feu, n'estre noyée, ou lavée par aucune eau mondaine, mais
par la seule parolle de Dieu elle peut estre coupée, bruslée et noyée.
Comme tesmoigne sainct Paul, quand il dit : « Les armures de nostre
bataille ne sont point charnelles ».... Si tu veux arracher l'heresie,
il faut que tu ayes ceste astuce et prudence, que devant toutes autres
choses, tu l'arraches du cœur, et qu'après avoir allegué les causes, tu
l'ostes de son plein vouloir : autrement tant s'en faut que tu la puisses
oster par force, que tu la fortifieras plus tost.
Que profite il donc, si en confermant l'heresie au cœur, tu la debilites
en la langue, et contraignes à mentir. Mais si tu la viens assaillir par la
parolle de Dieu, le cœur sera illuminé par icelle, tellement que tout ce
qu'il y a d'heresie ou d'erreur en iceluy, s'esvanouyra de soy mesme.

Que nous retrouvons bien là le principe même qui faisait la force de Luther et qui fit la grandeur de son œuvre : ce n'est pas par le dehors, c'est du dedans que la réforme se fait. Si vous n'avez changé le cœur, vous n'avez rien changé.

« Les princes et tyrans de ce monde ignorent que batailler contre hérésie n'est autre chose que batailler contre Satan, et ce pendant que Satan n'est point arraché ne debouté hors du cœur, ce luy est tout un, si je romps ses vaisseaux par glaive ou par feu. C'est comme si je batailloye contre la foudre avec un fétu. » La seule victoire décisive, c'est celle qui s'obtient par la vertu de la parole de Dieu. « Car ja soit que tous les juifs et hérétiques fussent mis à mort, nul toutefois par cela ne serait vaincu ni converty à Christ. »

Les derniers mots de Luther sont un exemple de ces beaux emportements qui le font aimer : ce n'est plus le raisonnement, c'est la menace, la menace fière et comme prophétique :

> Or sus donc, hommes princes, éveillez-vous enfin et ruminez ces choses que j'ai dictes, en vos cœurs. Et en premier lieu amendez vos vies, car le décret du Seigneur Dieu est ferme, que vostre meschanceté ne sera longuement en durée. Le monde d'aujourd'hui n'est pas comme du passé, alors que vous agitiez et chassiez les hommes comme bestes sauvages.... Le menu peuple commence finalement à devenir sage, et la punition des princes marche déjà en grande puissance entre le peuple, et y a danger qu'on ne la puisse empescher !...

L'édition française de Martin Bellie contient une page de plus ; c'est un extrait de la *Postille* [1] « sur l'Évangile de la zizanie (ivraie) qui vient le cinquième dimanche après les Roys ». (Saint Mathieu, ch. XIII.) Ce n'est qu'une page, mais bien choisie pour la netteté et l'étendue de l'affirmation :

> Nous apprenons par ce texte comment il nous faut gouverner envers les hérétiques et les faux-docteurs, c'est de ne les extirper et de ne les mettre pas à mort, car Christ a dit : laissez croistre l'un et l'autre. Il faut procéder à l'encontre d'eux par la seule parolle de Dieu.... Quel est celui qui peut cognoistre quand la parole de Dieu doit atteindre le cœur d'un chacun ? Si vous le bruslez, tout puissance lui est ostée de retourner au bon chemin....

---

[1]. *Kirchen Postille* dans la 2ᵉ édition d'Erlangen, vol. XI. Bellius a soin de ne prendre qu'une partie de ce commentaire (p. 80-83), laissant tous les développements qu'en tirait Luther contre le libre arbitre, par exemple et sur d'autres questions théologiques. Bèze répondant à Bellius, mais n'ayant sous les yeux que l'édition latine, invoque précisément une autre partie de la même Postille, où Luther reconnaît le droit de punir les blasphémateurs et perturbateurs (p. 316-317 du *Traité de l'authorité du magistrat*).

Nous voyons donc par ce passage la grande et énorme folie que nous avons faite par cy devant, en contraignant les Turcz à la foy par le moyen de la guerre, en bruslant les hérétiques et voulant réduire les juifz par crainte de mort et autres injures. En ce faisant, nous voulons de toute notre puissance arracher la zizanie comme si nous étions ceux qui ont puissance sur les cœurs et esprits d'autruy de faire retourner les hommes à justice et à bonté!... Ce passage devrait bien espoventer les inquisiteurs des hérétiques et ces meurtriers qui, pour la moindre erreur que leur semble un homme avoir, mettent une personne à mort, je dis qu'ils devraient trembler s'ils n'ont un front de fer, voire combien qu'ils fussent asseurez d'avoir les vrais hérétiques entre les mains. Mais maintenant, ils bruslent les vrays saincts, et eux-mêmes sont hérétiques.

Reproduite à trente ans de distance, cette déclaration de la première heure de la Réforme prenait un singulier relief. Depuis l'époque où il avait écrit ces mémorables pages, Luther lui-même était-il toujours resté fidèle à cette doctrine si pure et si simple? Les contemporains savaient bien que non [1]!

On ne manquera pas de répondre à Bellius par le changement de Luther après la guerre des paysans. Mais ni Théodose de Bèze ni Calvin ne parviendront à effacer l'impression de ces pages si vivantes : elles sont trop claires pour ne pas les embarrasser. Leurs plus habiles distinctions [2] n'en atténueront pas sérieusement la portée.

II

OPINION DE JEAN BRENZ

Aussitôt après l'opinion de Luther, les contemporains devaient s'attendre à trouver ici celle de Mélanchthon. Aujourd'hui encore ce n'est pas sans un premier moment de surprise qu'on remarque l'absence de ce grand nom dans un tel débat. Et pourtant il faut convenir que les auteurs du recueil avaient raison de renoncer à l'invoquer pour leur cause.

---

1. Sans doute, Luther écrivait encore en 1530 à Mélanchthon qu'il fallait à tout prix maintenir la distinction du spirituel et du temporel : « non debemus obedire, sed potius mori pro distinctione servandâ istarum administrationum » (de Wette, IV, 107), mais, de concession en concession, il avait fini par reconnaître qu'il faut non pas tuer, en aucun cas, *nullo modo*, mais exiler les faux docteurs (de Wette, III, 347) ou au moins leur imposer silence : dass sie das Maul halten (*ibid.*, III, 498).

2. Voir *Traitté de l'authorité du magistrat*, p. 46-47, 316-317.

Sans doute ils auraient pu citer, comme on l'avait fait avant eux[1], de belles pages où Mélanchthon faisait appel à la charité, voulait que la foi fût libre et volontaire, interdisait d'imposer la vérité par le glaive, réclamait pour le royaume de l'Évangile le régime de la liberté spirituelle.

Mais ils faisaient acte de bonne foi en ne tirant pas argument de ces généralités évangéliques contre le gré de l'auteur. Il y avait quelques années que Mélanchthon avait publié son célèbre petit traité *De officio principum* (1540) : sans s'y prononcer bien entendu pour le supplice des hérétiques, il approuvait Augustin requérant le bras séculier contre les Donatistes, et il soutenait, par des syllogismes en forme, le droit et le devoir pour le magistrat de mettre tous ses pouvoirs au service de ce qui est la fin essentielle de la société, c'est-à-dire le triomphe de la vraie religion. Tant il est vrai que là aussi la douceur et l'esprit de conciliation ne suffisaient pas à faire triompher l'idée de la liberté de conscience. Il fallait être du parti des violents pour oser se dresser entre le persécuteur et le persécuté ; Luther lui-même n'avait pu tenir le langage que nous avons admiré que dans le premier élan de la Réforme. Mélanchthon étendait sa tolérance jusqu'aux intolérants ; incapable de partager leur passion, il l'était aussi de la combattre ; et à l'heure où ce petit livre paraissait, toute la Suisse, toute l'Allemagne savait déjà qu'il n'avait pas eu le courage de refuser son assentiment à l'acte collectif des théologiens de Weimar approuvant, en somme, le supplice de Michel Servet[2].

Ce n'est donc pas Mélanchthon, c'est Jean Brenz dont le témoignage va faire suite à celui de Luther. Nous avons déjà dit quelle en était la valeur pour les contemporains : il représentait en quelque sorte tout un pays où la tolérance avait officiellement triomphé.

Brenz commence par condamner les diverses hérésies dont les anabaptistes sont convaincus. La seule question qu'il va traiter est celle-ci : l'Écriture d'une part, les lois impériales

---

1. Sébastien Frank (voir plus loin, p. 391) avait cité quelques-uns de ces passages à la suite de ceux de Jean Odenbach.
2. Voir au chapitre précédent, p. 348 et 358. Th. de Bèze, dans sa réponse à Bellius, se réclame de l'approbation de Mélanchthon, qu'il affecte de tenir pour acquise (p. 317).

de l'autre ordonnent-elles, permettent-elles de « destruire telles hérésies par feu et par glaive »?

Dès la première page, il pose ce principe lumineux : « il y a deux sortes de péchés dignes de punition : les *péchés spirituels* (comme incrédulité, désespoir, pusillanimité, hérésie, rancune, envie, convoitise coupable), lesquels mesmes quand ils sont commis ne nuisent rien à la tranquillité commune et civile; et les *péchés séculiers* (trahison, homicide, briganderie, larrecin, adultère) ».

> Pour punir ces deux sortes de péchés Dieu aussi a ordonné deux sortes de glaives et de punitions, a savoir le glaive spirituel qui est la parole de Dieu pour punir les péchés spirituels, et le glaive séculier qui est le glaive de César pour punir les péchés séculiers et externes. Car chacun péché doit estre puny par le mesme instrument par lequel il peut estre restraint et empesché.
> Or le péché spirituel est subtil. Et au contraire, le glaive du magistrat est tellement espais et charnel que par iceluy ce péché est beaucoup plustôt renforcé que debilité.

De plus l'hérésie n'est pas comme les crimes de droit commun, « elle a toujours quelque honnête excuse et bonne apparence. Le glaive mondain n'a pas cette puissance et vertu de dissiper l'erreur, de montrer clairement l'iniquité secrète : au contraire il ne fait qu'accroître la confusion » en attachant davantage l'hérétique à la doctrine pour laquelle il a souffert.

Donc « la plus brève et meilleure voie pour batailler contre les hérétiques est que ce combat soit fait tant seulement par l'Évangile et par la sainte Ecriture » :

> Le magistrat n'a aucun droit contre eux moyennant qu'ils ne fassent force ni violence à aucun, mais vivent paisiblement en ordonnances civiles et externes. Les homicides, brigands, et tous les malfaiteurs doivent être punis par les supplices des magistrats. Mais les incrédules et hérétiques qui vivent honnestement et sans reproches devant le monde sont destinés et remis au supplice de l'Évangile et du Seigneur Dieu après cette vie.

Et cette heureuse distinction reparaît sous toutes les formes et en une foule de formules plus nettes les unes que les autres :

> L'incrédulité et l'hérésie, aussi longtemps qu'elles demeurent nues et sans adjoutement d'autres péchés, doivent être punies par la seule parole de Dieu.

Incrédulité et hérésie ne sont point subjets aux peines du glaive civil, mais du spirituel.

De quoy appartient au magistrat l'incrédulité ou l'hérésie? Que le magistrat soit plus tost soliciteux de conserver et maintenir la paix au monde et l'honnesteté externe des meurs et ne se mesle point de cette affaire, lequel ne lui appartient de rien.

Saint Paul dit : « Évite l'homme hérétique », il ne dit pas qu'il faille le jeter au feu ou le tuer par glaive.

Les prescriptions de la loi mosaïque ne l'arrêtent pas, il ose y opposer la réponse suivante :

Au judaïsme il y avait promesses externes et corporelles, benedictions corporelles, royaume et prestrise corporelle, il y avait aussi occision corporelle des adversaires, lesquelles choses estaient signes et figures de la droicte vertu qui devait estre manifestée au christianisme. Or, tout ainsy que la benediction corporelle des Juifs a été figure aux chrestiens de la benediction spirituelle et ce royaume corporel figure du royaume spirituel, ainsi ce meurtre externe et corporel et cette horrible tuerie des Cananiens et Jebusiens et des faux docteurs montre et signifie que les chrestiens par une manière spirituelle ruinent leurs ennemis, a savoir les péchés, les faux docteurs et seducteurs, c'est-à-dire qu'ils oppriment et mortifient peché en leur corps par l'Esprit de Dieu et n'adherent point aux seducteurs en leur foy.....

Quand Christ parle ainsi : « Si ta main ou ton pied te scandalise, coupe le et jette le arriere »,... il n'a point parlé du coupement externe des membres, mais du coupement spirituel,... c'est-à-dire tu éviteras sa compagnie et te separeras de lui....

Appliquant ces principes aux anabaptistes, Brenz est très hardi : il sait qu'on leur reproche des doctrines communistes. Eh quoi! répond-il, poursuit-on pour fait de communisme « les moines et moinesses », qui l'ont enseigné et pratiqué bien plus largement que les anabaptistes?

On craint qu'ils ne provoquent des séditions :

Response : D'où vient qu'en ce temps ci nous sommes devenus si subtils et ingénieux que pour la doctrine des anabaptistes nous craignons la sédition, et ne l'avons pas craint par cy devant pour la doctrine des moines.... Et certes les moines, sans sédition, mais seulement par le levain de leur doctrine et hypocrisie de leur vie, ont attrapé les richesses presque de tout le monde, par lesquelles tels séducteurs nous ont exposé en vente le ciel et la vie éternelle. Tellement que s'il fallait que par ceste doctrine l'une des parties ou l'autre fust mise à mort, tous les evesques et les moines devraient plus tost estre occis que ces povres miserables anabaptistes, qui n'ont jamais vendu aucun ciel ou immortalité aux hommes par fraude.

Brenz dissipe d'un mot juste chaque sophisme. Et il revient par toutes les voies à cette ferme conclusion : « Si les anabaptistes refusent d'obéir à la police civile, qu'ils soient privés aussi de la liberté civile », qu'on les traite comme les étrangers qui n'ont droit de cité que s'ils prêtent serment aux lois de la ville. Mais quant à ceux qui errent, si grossièrement que ce soit, même jusqu'à prêcher la communauté des biens, « il n'appartient aucunement au magistrat, mesme en ce cas, de mettre la main sur aucun d'eux, jusques a ce qu'ils auront erré non seulement en la foy, mais aussi qu'ils auront commis cas criminels extérieurement ».

La dernière partie de l'avis de Brenz est consacrée à la discussion d'une loi de Théodose édictant la peine de mort contre quiconque aura rebaptisé un prêtre catholique. L'embarras de Brenz est intéressant; plus intéressantes encore ses ingénieuses hypothèses pour contester l'authenticité ou restreindre le sens de cet édit, pour y opposer d'autres textes. Et quand il a tout épuisé : enfin, s'écrie-t-il, si cette loi existe et a bien ce sens, si des empereurs « ont été d'une tyrannie si débridée que pour un simple rebaptisement ils condamnassent le povre peuple a estre mis à mort », qu'en faudrait-il conclure? C'est qu'une telle loi aurait « esté faicte à l'instigation des evesques sanguinaires et meurtriers », qui ont séduit Théodose; un d'eux ne lui disait-il pas : « O César, donne-moi une terre sans hérétiques, et je te donnerai le ciel »?

Que le magistrat chrétien n'écoute pas de tels conseillers : « la vraie manière de sauver les âmes n'est pas d'agir par cruauté comme ces tyrans. Que le magistrat assure la paix publique; et si quelqu'un la trouble — qu'il soit baptisé ou rebaptisé, — celui-là a mérité la punition [1]. »

---

[1]. La réponse que fera plus tard Théodore de Bèze à ces citations de Brenz laisse percer son embarras. Il est bien obligé de convenir qu'elles sont concluantes : mais, « tu n'obtiendras point cela de moy, dit-il à Bellie, que j'entre en combat avec celuy-là »…. Il donne d'ailleurs à entendre que Brenz est trop « fidèle », trop « modeste » pour vouloir « opposer au consentement de tant d'Églises son opinion touchant la punition des anabaptistes ». Et il essaie de tout concilier en supposant que Brenz n'avait en vue que le cas d'erreur simple plutôt que d'*hérésie* proprement dite. (P. 48-50.)

III

OPINION D'ÉRASME

Citer Érasme à l'appui de la thèse de la tolérance était chose plus délicate encore que de citer Mélanchthon. Les sentiments intimes du philosophe à ce sujet ne faisaient doute pour personne, et il n'était pas difficile de trouver dans ses écrits des appels à la mansuétude, des apostrophes tour à tour indignées et sarcastiques contre la cruauté des moines et les horreurs de la persécution. Mais, comme l'a très bien expliqué Richard Simon [1], en ne voulant rompre avec aucun parti, Érasme s'était nui auprès de tous; et sur ce point particulier comme sur les plus graves questions de doctrine, à force de réserves, de distinctions et de ménagements, il avait fini par n'avoir plus d'autorité, ne paraissant plus avoir d'opinion.

Martin Bellie ne renonce pas cependant à lui emprunter un témoignage décisif; et pour cela, laissant de côté les citations plus piquantes qu'il eût pu cueillir çà et là [2], il se borne à deux morceaux d'un ton grave, dont il était difficile de méconnaître la portée.

Le premier est un extrait du livre, publié en 1526 par Érasme, contre le syndic de la Sorbonne, *Supputatio errorum Bedæ* (proposition 32). C'est un commentaire de la parabole de l'ivraie concluant aussi formellement que celui de Luther, à la distinction entre les fautes et les peines ecclésiastiques d'une part, les fautes et les peines civiles de l'autre. « Est-ce là, se demande-t-il comme on l'en accusait, désarmer l'Église? » Il répond : « Osté-je aux evesques leur authorité d'enseigner, corriger, excommunier? Ou si, outre cela, ils

---

1. *Histoire critique des principaux commentaires du Nouveau Testament.* Rotterdam, 1693, p. 521 (ch. XXXVI, Des apologies qu'Erasme a écrites pour défendre sa version).
2. On connaît ce passage de *l'Éloge de la folie* où il fait allusion à une boutade de théologien en belle humeur : « Saint Paul n'a-t-il pas dit : *Hæreticum, post unam et alteram correptionem, devita.* Quoi de plus clair : *de vita tollendum.* » Érasme y revient et l'attribue à un théologien anglais (qui aurait lâché ce gros jeu de mots en pleine assemblée) dans une lettre de septembre 1528 à Martinus Lipsius (Ed. Leclerc, 1703, t. III, lettre 179).

ont quelque droit? Quelles loix d'Eglise sont celles qu'il me raconte icy? qu'est-ce qu'un évesque qui ne sait faire autre chose sinon de lier, garrotter, tourmenter, jeter au feu? »

Malheureusement ce passage que cite Bellie était de ceux qui avaient attiré l'attention de la Sorbonne, et dont Beda réclamait avec son opiniâtreté passionnée l'expresse condamnation. Quelque temps arrêtée par la diversion téméraire de Louis de Berquin, qui défendait Érasme en accusant Beda lui-même d'hérésie, la sentence de la Sorbonne intervint enfin (le 17 déc. 1527) [1]. L'article 23 du jugement portait censure de cinq propositions *de pœna hæreticorum* extraites des livres d'Érasme et qui, au dire de la Sorbonne, reproduisaient l'erreur de Luther et des Vaudois [2].

Et, quelques mois après, la Sorbonne donnait à sa doctrine une sinistre consécration en faisant monter sur le bûcher « à grande diligence de peur qu'il ne fût secouru du roi » à défaut d'Érasme, son traducteur, le noble et malheureux Louis de Berquin (17 avril 1529).

Il semble que l'indignation eût dû, à ce moment décisif, jeter Érasme d'un seul bond du côté de la tolérance absolue, dont il était si près. Mais tel n'était pas son tempérament. C'était le moment où, effrayé du succès de la Réforme à Bâle, il quittait cet asile pour en chercher un en terre catholique, à Fribourg-en-Brisgau. Vers la même époque, on ne sait trop qui s'imagina de réunir divers passages de ses écrits et d'en faire, sous forme de lettre à la diète de Spire, un plaidoyer dont la conclusion était qu'il n'est en aucun cas permis de mettre à mort l'hérétique.

---

1. Determinatio Facultatis super quam plurimis assertionibus D. Erasmi Roterodami
2. Voici le texte de ces cinq propositions et de trois autres, subsidiaires :

I. Servi qui volunt ante tempus colligere zizanias sunt ii qui pseudapostolos et hæresia chas gladiis et mortibus existimant e medio tollendos, cum paterfamilias nolit eos extingui, sed tolerari... quod si non resipiscant serventur suo judici, cui dabunt pœnas aliquando (extrait des *Commentaires* (d'Erasme) *sur l'Ev. de St Mathieu*, ch. XIII).

II. Ego principes ad trucidandos hæreticos nec hortor nec dehortor : quid sacerdotalis sit officii demonstro (tiré de la *Supp. err. Bedæ*).

III. Quis unquam audivit orthodoxos episcopos concitasse reges ad trucidandos hæreticos qui nihil aliud essent quam hæretici? (ibidem).

IV. Docet Augustinus ferendos hæreticos donec citra gravem Ecclesiæ concussionem possint tolli, sed *tolli* Augustinus intelligit *a communione separari* (ibidem).

V. Per Evangelium vitari jubentur hæretici, non exuri (ibidem).

VI. An leges Ecclesiæ sunt quempiam ultricibus tradere flammis? (ibidem).

VII. Veteribus episcopis ultima pœna erat anathema (ibidem).

VIII. Quæruntur articuli partim falsi, partim depravati (ibidem).

Érasme recula comme toujours devant trop de netteté. Il publia d'abord (4 nov. 1529) une *Lettre aux prétendus Évangéliques*, où il proteste qu'il n'a pas l'intention d'enlever aux princes le droit du glaive, que le Christ et les apôtres leur ont reconnu; il peut y avoir lieu de sévir contre deux sortes d'hérésies graves, celles qui auraient un caractère blasphématoire, et celles qui aboutiraient à des séditions et à des troubles [1] : les Évangéliques ne sont-ils pas les premiers à user de ce droit sans merci contre les anabaptistes?

Même ainsi restreinte, l'opinion d'Érasme méritait encore d'être citée. D'ailleurs dans sa réponse définitive à la Sorbonne, *Declarationes ad censuras Lutetiæ vulgatas sub nomine Facultatis theologiæ parisiensis* [2], il avait maintenu avec beaucoup de dignité les cinq propositions condamnées, justifié son interprétation de la parabole de l'ivraie, et renouvelé ses protestations contre l'emploi de la force en matière religieuse.

Martin Bellie eût pu reproduire cette réplique tout entière à l'appui de sa thèse; il se borne à un autre morceau [3] publié aussi après la censure de la Sorbonne et qui se termine par ce vif parallèle entre l'Église primitive et celle des temps modernes :

St Augustin estimait que les évêques ne devaient user d'autres armes que de la parole de Dieu et de prières, et, si le mal était incurable, de l'excommunication, c'est-à-dire de la séparation de la communion. C'était alors l'extrême supplice de l'Eglise. Et, comme les juristes appellent l'exil la mort civile, pour les apôtres et leurs successeurs la peine capitale était de séparer de la compagnie de l'Eglise.

Aujourd'hui, les choses vont autrement.... Les moines commencent par semer faussement le bruit d'hérésie contre quelqu'un. Quant et quant, ils le jettent en prison, et puis ils disputent à leur mode : les articles sont notés, et les fagots apportés.

1. C'est bien ce qu'Erasme écrivait de Bâle (12 décembre 1524), à Georges de Saxe, un des chefs les plus ardents du parti catholique : « Æquum non est ut quivis error igni puniatur nisi accedat seditio aut aliud crimen quod leges capite puniunt ». Il y ajoutait cette considération de fait et de bon sens : « ... Magnopere vereor ne vulgaribus istis remediis hoc est palinodiis, carceribus et incendiis malum nihil aliud quam exasperetur ».
2. Ce titre s'explique par le fait que les censures n'avaient pas été publiées.
3. C'est une belle page extraite de l'*Apologia adversus articulos aliquot per monachos quosdam in Hispania exhibitos*. Elle fait partie du titre IV *Contra Sanctam Hæreticorum Inquisitionem* et se compose de trois morceaux, col. 1054 D, 1057 D, 1058 A, dans l'édition de Leclerc, t. IX.

Si probantes que fussent ces citations, Bellius ne devait pas en attendre grand effet devant le public protestant; on peut même conjecturer qu'il les a faites surtout en vue d'Amerbach et du petit groupe d'amis restés fidèles à Érasme. Il était trop facile de prévoir avec quelle hauteur les calvinistes récuseraient cette autorité. Bèze répondra dédaigneusement : « Je ne scay sur quoy m'arrester en lui, veu qu'il est si variable qu'il a mieux aimé dissimuler ce qu'il croyait que le dire »[1]. Pour la plupart des protestants, Érasme était toujours l'homme qu'un pamphlet comique avait fait voir suspendu entre ciel et terre ou plutôt « entre le ciel papistique et le vrai ciel », affublé à la façon d'Icare, d'une ample voile de navire que le vent gonfle et qui semble devoir l'emporter bien loin, mais les jambes emprisonnées dans un sac et en cette posture piteuse tournoyant indéfiniment sur lui-même[2].

C'est sans doute pour un motif analogue que notre compilateur se prive d'un autre témoignage qui devrait prendre place ici, celui de Thomas Morus. Il eût eu plaisir sans doute à transcrire cette belle page de l'*Utopie*, où semble décrit d'avance le régime moderne de l'absolue liberté de conscience[3]. Mais est-il besoin de le dire, il ne pouvait sans compromettre sa cause ni citer un ouvrage où les contemporains n'avaient su voir qu'une débauche d'esprit, ni invoquer le souvenir d'un ennemi acharné de la Réforme qui avait lui-même écrit pour démontrer qu'il faut sévir contre les hérétiques[4] et que son martyre même n'avait pas réhabilité dans l'esprit des protestants.

IV

OPINION DE SÉBASTIEN FRANK

Il avait paru en 1531 à Strasbourg, en un gros in-folio allemand sous le titre « *Chroniques, Annales de l'Histoire de*

---

1. Tr. de l'authorité du magistrat., p. 50.
2. *Pasquillus ecstaticus*, p. 166 de l'édition s. l. n. d. de la Bibliothèque Nationale.
3. Livre II, *de religionibus utopiensium*.
4. M. Nisard, dans sa belle étude sur Thomas Morus (*Renaissance et Réforme*, 1877, I, p. 108-128), a élucidé ce point à l'aide surtout d'un passage de l'*Apologie*.

la Bible », une vaste et assez étrange compilation, œuvre d'un de ces autodidactes comme le xvie siècle en a tant connu. Il s'appelait Sébastien Frank. C'était un pauvre bavarois qui, s'étant instruit seul, à force de lectures faites au hasard, s'était mis à écrire une monumentale « encyclopédie ecclésiastique » avec cette confiance des hommes qui n'ont la mesure ni de leur savoir, ni de leur ignorance.

Dans cette masse indigeste de faits et de textes on trouve çà et là des échappées hardies, peut-être même des pressentiments de génie sous les rêves du visionnaire [1]. Quoi qu'il en soit, la *Chronique* de Sébastien Frank eut, de son vivant, plusieurs éditions, et l'ouvrage, sans faire autorité auprès des savants, était connu, presque populaire en Allemagne.

D'un des huit livres [2] dont il se compose — (le 3e, sorte de dictionnaire des hérétiques et des sectes) — Martin Bellie détache quelques passages dont il fait la « *Sententia Augustini Eleutherii* ». C'est d'abord l'*avertissement* de l'auteur, qui nous met en garde contre nos premiers jugements en fait d'hérésie :

Si le choix m'était donné, j'aimerais mieux être de la condition de plusieurs que le monde a condamnés pour hérétiques que de ceux qu'il a canonisés [3]. Si nous ne connaissions Jésus-Christ que par les Juifs et les Romains, nous verrions toutes ses paroles perverties, — il serait appelé séditieux, séducteur, langard, diabolique, parfait hérétique, ennemi de la loi de Moïse.

Et pourquoi ne penseray-je pas qu'ainsi a été fait avec Wessel, avec Wiklef, avec Jean Huss, et qu'ils n'ayent esté opprimés desloyaument par fraude occulte en détournant et pervertissant malicieusement leurs paroles, veu qu'aujourd'hui nous voyons la mesme chose estre faite. Le monde n'est point meilleur aujourd'hui ne plus simple que du passé [4].

---

1. On peut lire sur cet intéressant sujet : *Sebastian Franck und deutsche Geschichtschreibung*, von H. Bischof. — Eine von der philosophischen Facultat zu Tübingen gekrönte Preisschrift. — Tub., 1857. Ce mémoire était l'ouvrage d'un jeune homme de vingt ans, ce n'en est pas moins un travail très approfondi et plein de renseignements bien digérés. — L'auteur est devenu depuis lors professeur à l'Université de Gratz.
2. Voici la liste de ces huit livres : 1° Les papes par ordre de dates ; 2° les Conciles dans le même ordre ; 3° les Hérétiques classés par ordre alphabétique ; 4° les Ordres monastiques suivant la date de leur fondation ; 5° les Images ou le culte des saints depuis l'antiquité ; 6° les Abus de la papauté ; 7° Revenus et Gestion des biens ecclésiastiques ; 8° sur l'Antéchrist et Signes de la venue du Seigneur.
3. P. 72. On retrouve dans les pages suivantes l'idée, très fréquente chez les mystiques du temps, que la parole de Dieu ne peut être entendue que des seuls enfants de Dieu.
4. P. 71 et 72.

Et Frank insiste avec autant de justesse que de vigueur et d'esprit sur cette facilité que nous avons malgré nous à noircir notre adversaire, à lui prêter des opinions extrêmes et absurdes, à ne retenir que ce qu'il y avait dans son dire de plus risqué :

« En notre temps mesme s'il y a dix hommes qui ayent ouy un mesme sermon, ils voient presque toujours qu'en débatant du sermon, ils auront autant d'opinions que de testes et que les uns affirmeront que le prédicateur aura dit une chose, les autres une autre. Comment donc n'en serait-il pas advenu autant aux paroles ou escrits des hérétiques, veu que tout le monde leurs estait adversaire? »

N'y a-t-il pas plaisir à entendre raisonner si juste? Est-ce une boutade de Rabelais ou l'éternel bon sens du peuple qui s'échappe en cette phrase par où conclut Frank : « Prends donc dans chaque secte ce qu'elle a de bon, et laisse le reste aller au diable » [1]?

Un autre passage sur la parabole de l'ivraie explique pourquoi le Christ n'ordonne pas au monde d'arracher l'ivraie, mais de la laisser croître : c'est que le monde, étant lui-même l'ivraie, n'aurait arraché que le froment.

Enfin d'autres extraits étudient la question au point de vue de l'histoire ecclésiastique, opposent la doctrine de l'Église primitive à celle de l'audacieux « décret du pape ou plustôt tyran Pélage », discutent ou expliquent les lois impériales depuis Théodose jusqu'au concile de Constance. « L'Église qui a les promesses du Christ, ce n'est pas l'Église persécutante, c'est l'Église persécutée ; c'est celle qui a des martyrs et non celle qui en fait [2]. » Des canons et des bulles qu'on invoque, il tire un argument de bon aloi sous sa forme de plaisanterie. Il énumère tous ceux qui rentrent dans la catégorie des hérétiques, blasphémateurs, idolâtres et quand il arrive aux Simoniaques, qu'une bulle appelle « les premiers des hérétiques », il s'arrête : « Eh! je vous prie, que ferait-on à une telle et si grande troupe d'héré-

---

1. « Nim was gut ist auss einer jeden sect, und lass das ander dem Teufel fahren. »
2. « Les sages du monde ont esté confus par quelque petit nombre de povres tripelus, tous nuds, ignares et affligez. »

tiques ? Où trouverait-on des bourreaux et du bois assez pour les brusler tous ? »

A ne lire que ces extraits, on pourrait croire que Martin Bellie s'est tout simplement emparé de quelques phrases favorables à sa thèse. Mais si l'on y regarde de plus près, on s'aperçoit que cette revendication de la tolérance chez Frank n'était pas accidentelle. Son chapitre ou « Paradoxe des hérétiques » se terminait par une dissertation en 16 pages in-folio, dont voici le titre littéralement traduit de l'allemand : « Qu'est-ce qu'un hérétique, et qui l'est? Peut-on légitimement mettre à mort un hérétique, le torturer et, en général, le frapper de peines corporelles? Jugement et sentence de l'Ecriture, des anciens et des nouveaux docteurs. En outre, quand a-t-on commencé à punir criminellement l'hérétique? »

On le voit, c'est déjà, vingt ans d'avance, le plan même de la *farrago Bellii*.

On y trouve d'abord la définition du mot *hæreticus*[1], puis une argumentation très serrée partant de cette définition même : l'hérétique combat la parole de Dieu par elle-même, l'esprit par la lettre, le sens vrai et profond par un sens apparent, qui y ressemble et qui peut séduire. Rien ne ressemble au bon grain en herbe comme l'ivraie en herbe.

De là l'impossibilité de se débarrasser sommairement de l'ivraie en l'arrachant, de l'hérétique en le brûlant. C'est une lutte spirituelle à soutenir par des armes spirituelles :

Les chrestiens sont nommez libres et francs, pour ce que leur affaire ne procède de la violence ou contrainte, mais d'un franc instinct de l'Esprit qui ouvre en eux la foy, leur enseigne, et enflamme leurs cœurs a charité.

Comment donc l'Église doit-elle procéder à l'égard des hérétiques? Pour toute réponse, Frank énumère, comme s'il traçait le plan d'un livre à écrire, les témoignages qu'il suffira, pense-t-il, d'enregistrer : il indique d'abord les passages de

---

[1]. « Hæreticus, den man ein Ketzer verteuscht, laut griechisch ein sonderling, Eygensinner, oder Ausserwehler, der ihm ein eygnen sinn der Schrifft erwehlt und darauff alz auff Gottes Sinn fusst und beharrt, der in der Kirchen von der Gemeyn Gottes mit Glauben und Lehr sich absündert und ein eygne sondere Sect anricht. »

l'Évangile à citer, puis ceux des Pères; et ce sont en grande partie ceux-là même que va réunir l'opuscule de Bellius[1]; puis il traduit *in extenso*, en allemand, quelques morceaux d'auteurs contemporains, ceux de Luther[2], ceux d'Érasme que nous venons de reproduire d'après Bellius[3], avec quelques autres que Bellius n'a pas traduits; un jugement de Jean Odenbach[4], qui défend les anabaptistes en les comparant avec les papistes et en concluant : « Il ne faut mettre à mort ni les anabaptistes ni même les papistes »; enfin plusieurs pages du traité de Brentz qu'il résume quand il ne le traduit pas littéralement.

La phrase par laquelle il introduit ce nouveau champion de la liberté religieuse confirme bien ce que nous avons vu plus haut sur la popularité de Brentz dans ce rôle : « C'est lui, dit-il, qui, avec Erasme et quelques autres, s'est ému de ces égorgements et s'est mis presque seul à crier comme un chien qui hurle à tant de sang versé »[5].

V

OPINION DES PÈRES DE L'ÉGLISE

Nous groupons sous ce titre les morceaux qu'à dessein sans doute Martin Bellie a placés çà et là au milieu des modernes, comme pour mieux faire ressortir la continuité de la doctrine à travers les siècles.

---

1. Notamment saint Jérôme sur Mathieu XIII (p. 76-77 de l'édition française de Martin Bellie).
2. Après avoir rappelé et loué le livre où Luther a montré jusqu'où doit s'étendre l'Ancien Testament et comment a pris fin ce qui n'était qu'ombres et figures, Séb. Frank ajoutait mention expresse du petit livre dont nous venons de voir un extrait plus haut : « Item in Büchlein von *der Weltlichen Oberkeit*, sonderlich im andern theil (wie weit sich diese streckt), ist Luther hefftig wider allen Gewalt in Glaubenssachen, wiewol etlich Sagen er sey jetzt anderssgesinnet. »
3. Frank cite *in extenso*, en allemand, le passage d'Érasme dans l'*Apologia adv. art. in Hisp. exhib.*
4. Nous n'avons pu trouver l'opuscule signalé par Frank. Le seul écrit d'Odenbach qui nous soit connu nous a été communiqué par M. le baron F. de Schickler. C'est une plaquette en caractères gothiques de deux feuilles d'impression non paginées : *Eyn Trostbüchlin für die Sterbenden, ..., durch Johann Odenbach, Predicanten zu Moscheln und Landsberg, aus heiliger Göttlicher Schrifft auffs kürtzst und tröstlichst zugericht.* Getruckt zu Strassburg bey Hans Preyssen, anno MDXXVIII.
5. P. cccc, l. xxxix.

Ces citations comprennent, pour les relever dans l'ordre du volume :

1° Deux extraits de Lactance (liv. V, chap. xx et xxiv)[1]. C'est le beau passage où il fait parler les chrétiens persécutés qui réclament que les païens les convainquent au lieu de les violenter. C'est là que se trouvent ces mots bien connus : « *Non est opus vi et injuria, quia religio cogi non potest : verbis potius quam verberibus res agenda est.... Defendenda est religio non occidendo, sed moriendo....* » Bellie, dans sa version française un peu rude, rend parfois très bien la vigueur nerveuse du texte latin : « Ce sont choses fort contraires que la bourrellerie et la piété, il ne peut estre conjoint la vérité avec la force.... Si tu veux défendre la religion par sang et par torments, icelle ne sera pas défendue, mais polluée et violée. Rien n'est plus volontaire que la religion, laquelle, si le cœur n'y est pas, est nulle. »

2° Trois courts morceaux de saint Jean Chrysostome[2] comparant les hérétiques à des aveugles qu'il faut prendre par la main et guider doucement, à des malades qui ont besoin de notre secours pour ne pas périr, que nous devons encourager et relever peu à peu. « Anathématisons les hérésies, soit, mais épargnons les hérétiques. »

3° Un mot de « sainct Hierosme sur sainct Mathieu comme Barthélemy Uvesthemer le cite »[3].

4° Enfin — et c'est à vrai dire la seule source où l'auteur ait un peu largement puisé — plusieurs extraits de saint Augustin. Les fragments qu'il transcrit ou plutôt qu'il indique abréviativement en renvoyant au texte par un simple *etc.*, ne sont pas tous également probants ou, du moins, ils ne le sont

---

1. xix et xxiii de l'édition *Variorum*, 1660.
2. Le premier appartient à l'homélie 47 (alias 46) sur le chap. xiii de saint Mathieu (Migne, *Patres græc.-lat.*, t. LVII-LVIII, p. 477) et développe cette pensée : οὐ γὰρ δεῖ ἀναιρεῖν αἱρετικόν. Le second est tiré de l'homélie du chap. ɪᵉʳ de la Genèse, § 3. (Migne, *Patr.*, t. LIII-LIV, p. 72.) Le troisième est une simple phrase citée comme étant « en l'homélie du nom d'Abraham » et qui se trouve dans le *de Anathemate* (Migne, t. XLVIII, p. 952).
3. Il ne cite pas saint Jérôme, mais un texte de Barthélemy Westhemer. Nous connaissons de Barth. Westhemer un recueil imprimé à Paris, chez Jean Roigny en 1544 : *Phrases seu modi loquendi divinæ scripturæ ex sanctis et orthodoxis scriptoribus per eruditissimum Bartholomæum Vesthemerum in studiosorum usum diligenter [in ordinem alphabeticum] congestæ*. Le titre ajoute : *Omnia catholicæ fidei consonantia*. Il n'y a rien au mot *Hæresis* qui se rapporte à cette citation.

que par leur inspiration générale. Les uns montrent Augustin blâmant l'emploi de la violence contre les Donatistes et cependant n'admettant pas que ce soit une raison suffisante pour quitter l'Église catholique [1]. D'autres nous le font voir intercédant pour des Donatistes même accusés de crimes de droit commun et recommandant, même au magistrat, la plus grande modération [2].

Les derniers sont le commentaire de la parabole de l'ivraie [3] et le début bien connu du traité contre les Manichéens où saint Augustin, rappelant qu'il a été lui-même manichéen, en conclut qu'il faut donner le temps aux hommes de bonne foi de revenir de leurs erreurs [4] : *emendandos potius quam perdendos*.

VI

OPINION DES THÉOLOGIENS LUTHÉRIENS ET DE CALVIN LUI-MÊME

Pour les contemporains comme pour les Pères, l'auteur ne procède pas par une étude d'ensemble. Il se borne à des citations de quelques lignes. C'est l'argument d'autorité réduit à sa plus simple, nous dirions aujourd'hui à sa plus sèche expression. Les lecteurs protestants du xvie siècle en jugeaient autrement que nous : citer un passage textuel et formel d'un des réformateurs encore vivants, encore à la tête de l'Église, c'était de beaucoup le plus redoutable moyen d'attaque et celui, nous l'avons vu [5], qui inquiétait le plus sérieusement Calvin et Bèze.

L'édition latine n'apportait que trois témoignages, mais de la plus haute gravité; elle citait trois des plus grands noms de la Réforme en Allemagne et en Suisse : Othon Brunsfeld, Urbanus Rhegius et Conrad Pellican.

Le grand médecin Othon Brunsfeld (Otto Brunfelsius), qui n'est plus célèbre que comme un des premiers fondateurs de

---

1. « Contra Cresconium grammaticum », liv. III, chap. L (Migne, t. XLIII, p. 536, 527).
2. « Ep. 158 et 159, ad Marcellinum et ad Apringium » (Migne, t. XXXIII, p. 535, 509 et 511).
3. Migne, t. XXXIV-XXXV, p. 1369 et suiv.
4. Migne, t. XLII, p. 173.
5. Voir la fin du chapitre précédent, p. 359.

la botanique au xvɪᵉ siècle¹, avait été tout ensemble médecin, jurisconsulte, pédagogue² et avant tout théologien. Il était mort à Berne en 1534, laissant une grande réputation de science.

Un de ses ouvrages était devenu presque classique chez les protestants, il servait de manuel pour les recherches bibliques. C'était un recueil de passages des Écritures groupés méthodiquement par ordre des matières en une vingtaine de livres subdivisés. Il avait intitulé cet ouvrage *Pandectæ scripturarum veteris et novi testamenti*, et le pasteur Jean Gast (de Brisach) en avait publié à Bâle une nouvelle édition en 1543, chez Barthélemy Westheimer. L'aspect du volume justifie assez bien ce titre de *Pandectes* : ces citations, à peine accompagnées d'un mot, d'une interprétation, d'une référence, ont quelque chose de la précision lapidaire des formules juridiques. Bellius avait parfaitement le droit de relever, comme venant à l'appui de la thèse, le paragraphe qu'il détache (liv. IV, p. 128) et qui avait pour titre :

« DE BRULER LES HÉRÉTIQUES C'EST CONTRE LA VOLONTÉ DE L'ESPRIT »

Sous cette rubrique très expressive, se lisaient les passages de l'Évangile et les brefs, mais clairs commentaires que voici :

« *Vous ne savez de quel esprit vous estes* (Luc, IX).
« *Le Fils de l'Homme n'est point venu pour perdre, mais sauver les âmes* » (Luc, IX).
« *Gardez-vous du levain des Pharisiens* » (Luc, XVI). Il ne dit pas : « *Tuez les hérétiques, les Pharisiens,* etc. »
Christ a supporté les Pharisiens, disant : « *Gardez-vous des faux prophètes* » (Math., VII). Il ne dit pas : « *Tuez les faux prophètes* ».
Davantage Christ n'a nul contrainct à la foy par glaive ou par feu.
Icy appartient la parabole des zizanies et du froment.
Paul estoit blasphémateur et toutefois il a obtenu miséricorde (1 Cor., IV).
« *Evite l'homme hérétique* » (Tite, III); il ne dit point : « *tue-le* »³.

Urbanus Rhegius, l'ancien prédicateur du duc de Brunswick, l'organisateur de la Réforme à Lunebourg (mort en 1541),

---

1. Voir l'art. Brunfels du Dʳ Engler dans l'*Allg. deutsche Biographie*.
2. On peut voir dans le *Répertoire des ouvrages pédagogiques du* xvɪᵉ *siècle*, art. BRUNFELSIUS, de quelle popularité avaient joui même en France ses écrits pédagogiques.
3. P. 87 de Martin Bellie.

avait été un des maîtres de la théologie luthérienne; on avait publié ses *Loci theologici ex patribus et scholasticis neotericisque collecti*. D'un des derniers chapitres de cet ouvrage Bellius [1] tire ces quelques mots aussi décisifs que brefs :

« L'esprit des chrestiens est doux et clement, il brusle, mais c'est seulement du feu de charité (Luc, 9)...

« Le seigneur Dieu n'enseigne point de brusler les povres brebiettes errantes et esparses, mais de guarir celles qui sont infirmes et malades, et repaistre et engresser celles qui sont maigres » [2], etc.

Le troisième auteur invoqué était encore vivant, mais semblait déjà appartenir à la postérité. L'illustre hébraïsant Conrad Pellican était encore, à cette époque, malgré ses soixante-quinze ans, une des gloires de l'Église et de l'école de Zurich, et son nom, aussi populaire que vénéré à Bâle, y rappelait les luttes ardentes du début de la Réforme. Le passage qu'on lui emprunte [3] est extrait de ses *Commentaires sur le Nouveau Testament* (Mathieu, chap. XIII) :

....Les serviteurs qui veulent cueillir les zizanies devant le temps sont ceux qui estiment que les faux apostres et maistres heretiques doivent estre puniz par glaive et par mort. Le père de famille ne veut point qu'ils soyent occis, mais souffers si d'aventure ils s'amenderont et soyent convertis de zizanies à froments. Que s'ils ne s'amendent ils soyent reservez à leur juge lequel quelque fois les punira....

A ces trois noms qui appartiennent aux premières années de la Réforme, l'édition française de Bellius en ajoute quatre autres moins éminents, mais non sans autorité.

Le principal est celui de Gaspar Hédion, le réformateur de Strasbourg, qui venait de mourir (17 octobre 1552) et que Zanchi allait remplacer. En commentant le passage (Math., VII, 15) : « Gardez-vous des faux prophètes », Hédion ajoutait :

Ici devons observer la douceur du Christ. Il ne dit pas « punissez ceux qui sont tels », ne aussi « tuez-les »; mais, dit-il, « gardez-vous d'iceux que ne soyez bleçez ou deceuz et que mal advisez et immuniz tombiez aux embusches d'iceux ».

---

1. P. 88 de l'édition française.
2. Bèze répond très vaguement qu'il a entendu parler d'un livre en faveur de sa doctrine publié par Urbanus Rhegius, « homme de grande diligence », mais qu'il ne l'a pas en main (p. 317).
3. P. 88 de l'édition française.

Ailleurs, Hédion tirait ingénieusement un appel à la mansuétude chrétienne de la parole du Christ à Pierre : « Tu seras un pêcheur d'hommes *vivants* » (Luc, V, 10) :

Prends garde diligemment que Christ luy dit : « Tu prendras les hommes vifz ». Et ce, contre la cruauté par laquelle aucuns aiment mieux occir les Juifz, Turcs et autres infidèles et les envoyer en enfer que les gaigner vifz à Dieu.

Cet emprunt fait à l'un des Réformateurs de Strasbourg avait d'autant plus d'intérêt que le public protestant attachait un grand prix à l'opinion de cette école de théologiens réputée pour sa modération. Aussi les adversaires de Bellius essaieront-ils d'opposer à Gaspar Hédion[1] deux autres noms illustres : Martin Bucer et Capiton. L'un et l'autre, sans se prononcer en faveur des conséquences, avaient admis le principe que le magistrat doit intervenir sinon dans les questions de doctrine et de conférence du moins dans les « choses externes de la religion » : restait à savoir où commence, où finit la « chose externe »[2].

Les trois derniers fragments de Bellius sont empruntés à trois commentateurs allemands du passage de l'Épître à Tite : *Devita hæreticum.*

L'un est le fameux auteur de l'antinomisme, Jean Agricola d'Eisleben, depuis lors réconcilié pour un temps avec la doctrine luthérienne et, à cette époque, prédicateur à la cour de l'électeur de Brandebourg à Berlin. Le passage cité reproduit simplement le jeu de mots énergique rapporté par Érasme. « Il paraît, dit Agricola, qu'ils lisent : *De vita ad ignem.* »

L'autre est Jacques Schenk « en l'*Enarration* de la même Epître ». C'est en effet sous le titre d'*Enarratio* que le Père

---

1. *Traitté de l'authorité du magistrat*, p. 320-324.
2. Même équivoque jusque dans la déclaration du successeur de Calvin à la tête de l'Église française de Strasbourg. Jean Garnier se bornait à dire (dans sa *Briefve et claire confession de la foy chrestienne faicte et déclarée l'an 1549* de Strasbourg, 24 juillet 1549, art. LXXIX : « Je crois que au magistrat appartient non seulement d'avoir regard sur la politique, mais aussi sur les choses ecclésiastiques pour oster et ruiner toutes idolastries et tous faux services de Dieu : pour destruire le royaume de l'Antechrist et toute faulse doctrine, chastier aussi et punir les faux prophètes qui mènent le povre populaire après les idoles et au lieu de l'Évangile preschent et enseignent les fables et traditions des hommes au déshonneur de Dieu ».

Lelong [1] cite l'ouvrage d'où Bellius extrait le passage suivant :

> Les hérétiques ne doivent estre fuiz ou évitez quand ils nous assaillent : mais par la parolle de Dieu avec tres grande douceur et benignité sans courroux, sans injures, sans malédictions ou parolles outrageuses, doivent estre instruits, reprins et convaincus, et pour iceux faut prier Dieu. Car certes par ceste seule raison ils sont ou convertis ou convaincus et chassés. Certainement Christ au désert, à la sommité du Temple et en la haute montagne ne surmonta pas Satan en se courrouçant, murmurant ou injuriant, mais par la parolle et vertu de Dieu le vainquit et mit en fuite [2].

Le dernier, Christophe Hoffmann, prédicateur luthérien à Iéna, avait expressément dit dans un commentaire publié en 1541 à Francfort [3] :

> Toutefois telz heretiques ne doivent estre bruslez ; et certes ne doivent estre tenuz pour heretiques sinon que premièrement estans admonestés et convaincus d'ereur et impiété... refusent de faire rétractation ;... alors certes peuvent estre puniz selon le jugement des magistrats.... Mais alors aussi ne les pourront punir de supplice de mort, sinon que par leurs meschantes doctrines ils excitassent mouvemens séditieux en la république. Car le jugement de punir les hérétiques est spirituel et appartient au jugement de Christ, etc. Si aucuns hérétiques deussent ou doivent estre bruslez, certes des papistes et moines deust et devroit estre prins tel supplice [4].

Il était d'un piquant effet de placer au milieu du recueil une page de Calvin lui-même. C'eût été un grave argument contre Calvin qu'un changement d'opinion de sa part sur un point si grave. Mais avait-il changé ? Il ne semble pas que les deux passages allégués le prouvent rigoureusement. L'un est une allusion que faisait Calvin au mot d'Ennius :

> Pellitur e medio sapientia : vi geritur res,

et une comparaison entre l'influence de la musique pour adoucir les mœurs des Lacédémoniens et celle qu'aura sur

---

1. (II, p. 1151) : *In Epistolam Divi Pauli ad Titum enarratio in Academia Lipsiensi publice prælecta a Doctore Jacobo Schenck. — Lipsiæ Nicolaus Vuobras excudebat anno* MDXLII — (petit in-8 en italiques non pag., sign. A-N). Le passage cité se trouve aux derniers feuillets N 5 et 6. Il insiste sur le devoir des ministres d'employer à l'égard des hérétiques les seules armes de la persuasion : *siquidem hac una ratione vel convertuntur vel fugantur*.

2. P. 85.

3. *Commentarius in Epistolam ad Titum et in posteriorem ad Thessalonicenses*. Francofurti, 1541, in-8. Le Père Lelong le mentionne comme mort en 1576.

4. P. 85.

tous les hommes « la mélodie céleste du Saint-Esprit ». On peut trouver que cette mélodie céleste ne l'a guère attendri lui-même dans le procès de Servet, mais il n'y a pas d'argument à tirer de ce rapprochement.

L'autre serre d'un peu plus près la question : c'est une phrase de la première édition de l'*Institution chrétienne* où Calvin insiste sur le devoir de « tascher par toutes manières, par exhortations, ou par doctrine, ou par clémence et douleur », de ramener « les incrédules et même les Juifs, Turcs et Sarrasins; tant s'en faut, ajoutait-il, que ces raisons doivent estre approuvées par lesquelles plusieurs jusques à présent se sont efforcés de les contraindre à nostre foy, quand ils leur défendent l'eau et le feu et leur refusent tous devoirs d'humanité, quand ils les persécutent avec ferrement et armes, etc. »[1].

La revue des opinions de contemporains connus se terminait par deux extraits, l'un de Curione[2], l'autre de Castellion.

Les phrases empruntées au discours de Curione *in Antonium Florebellum* n'ont d'intérêt que parce qu'elles rappellent incidemment la distinction sur laquelle nos auteurs sont tant de fois revenus : on doit réprimer les hérétiques « non pas pour la religion s'ils en ont quelque enclose dans leur cœur, mais pour la sédition »; d'où suit la distinction entre « le glaive de la bouche » et le « glaive de la main ».

L'extrait de Castalion n'est autre que la reproduction de la plus grande partie de sa *Préface à Édouard VI* dont nous avons donné le texte ailleurs[3].

Cet extrait clôt la liste des auteurs mentionnés sous leur nom véritable. Mais l'opuscule contient encore deux derniers et importants morceaux dont l'auteur se cache sous un nom d'emprunt.

---

1. Le passage cité se trouve dans le développement de la 4° phrase du *Credo*, p. 147 de l'édition de Bâle 1536, in-8° Bâle, per Thom. Platterum et Balth. Lasium (on en trouve un exemplaire à la Bibl. de l'Hist. du Protest. avec les mots ms. à la 1re page : *D. Matthiæ Limpergio summo amico Joan. Oporinus D. D.*), — reproduit dans les *Opp. Calv.*, I, p. 77.
2. P. 94 de l'éd. franç.
3. Voir notre chapitre IX.

VII

OPINION DE GEORGES KLEINBERG

« Georges Kleinberg » est un pseudonyme. Mais les deux morceaux qu'on lui attribue étaient-ils réellement la reproduction d'un texte publié déjà quelque part? Nous inclinons à le croire. Donnons-en d'abord, par quelques extraits, les parties essentielles.

L'un est intitulé : « Combien nuisent au monde les persécutions ».

Il contient un tableau vraiment pathétique des ravages qu'ont faits particulièrement «·dans la basse Allemagne » (aux Pays-Bas), les persécutions, puis les guerres religieuses. C'est surtout l'extermination des anabaptistes qui arrache à l'auteur des cris de douleur et d'indignation. Il a coulé, dit-il, de tels flots de sang humain pour la religion « que si on en eust tant espandu des bêtes, les hommes certes en devroient gémir.... Plus de trente mille hommes en trente ans ou environ par le commandement d'un seul homme [1] ont esté occis pour la religion. » Il s'indigne surtout contre ceux qui, « après avoir mis tant de gens à mort par le glaive, les poursuivent puis après, par livres, par tout le monde. Certes ceste chose est telle que celuy qui ne la depleure pas je n'estime point qu'il ait un cœur d'homme. » Suit une allusion à la mort de Zwingle, auquel il impute la responsabilité d'une partie de ces cruautés, et une protestation qui paraît bien s'adresser spécialement à Calvin, sans le nommer :

> Ceux mesmes qui du commencement ont parlé contre la persécution,... iceux mesmes, estans devenus forts, ensuyvent maintenant leurs adversaires. Après qu'ils ont eu rostis à petit feu ceux qui les reprenoient, et bruslez leurs livres, ils envahissent et persécutent leurs cendres, et escrivent à l'encontre. Vela grande prouesse!... Voici un beau jugement de faire mourir un homme avant qu'il soit cogneu s'il doit estre occy ou non ; et n'est point permis à ses livres de dire sa cause, au moins après sa mort !...

---

1. Sans doute de l'Empereur.

Oh cœur de sang! oh cruauté incomparable! Qui est-ce qui a jamais esté si diligent à sauver la vie de l'homme que ceux-cy sont à la perdre! O Christ, ô Dieu fort, ô Père du siècle advenir, ô Prince de paix, ô Lumière du monde, illumine les yeux des Princes...!

Pour aider les « princes et tous gens de justice à ouvrir les yeux », il les adjure avec une vibrante éloquence de résister aux conseils sanguinaires; il y a là encore une page qui méritait, on va le voir, d'échapper à l'oubli :

O Princes, ne croyez point à ceux qui vous conseillent que espandiez le sang pour la Religion : ne soyez pas leurs bourreaux....
Contentez-vous de ce glaive que le Seigneur vous a donné. Punissez les brigans, punissez les traistres, les faux tesmoings et autres semblables. Mais quant à ce qui appartient à la Religion, defendez les bons à l'encontre des injures des autres. Cestuy est vostre office. La doctrine de la théologie ne doit point estre defendue par glaive; car si les théologiens obtiennent cela de vous, que vous defendiez leur doctrine par armes, le médecin pourra à bon droit postuler la mesme chose, à savoir que vous le défendiez contre les opinions des autres médecins, et ainsi semblablement le dialecticien, l'orateur et les autres ars. Que si vous ne pouvez maintenir ces ars par glaive, aussi ne faites-vous la théologie, veu mesmement qu'elle consiste en parolles et en esprit, non pas moins que ceste là. Et si un bon medecin peut assez defendre sa doctrine sans l'aide du magistrat, pourquoy ne pourrait faire cela le théologien? Christ l'a bien peu faire, les Apostres l'ont peu faire : aussi certes leurs imitateurs le pourront faire. Defendez les corps des bons par vostre glaive corporel, mais ce glaive ne sauroit attaindre l'ame.
Soyez sages, et ensuyvez le conseil de Christ, et non pas celuy de l'Antechrist. Autrement je veux que vous sachiez, qu'il n'y aura jamais aucune fin de séditions et guerres, jusques à ce que tous ceux là perissent misérablement, qui ont temerairement espandu le sang. Ne pensez pas que les séditions puissent estre ostees en exerçant cruauté. Car si par cruauté et felonnie on estoit venu jusques-là que deux hommes seulement fussent demourez en tout le monde, si seroient ces deux en discord entre eux, et se tueroient par playes mutuelles, comme autrefois est advenu aux Madianites, et y a dangier aujourd'huy qu'il ne nous advienne, si nous ne cessons d'exercer nostre rage. S'il y avoit quelque remède contre ces maulx en cruauté et felonnie, iceux fussent pieça tous abolis, veu qu'il y a desja plus de cinq mille ans qu'on l'exerce. Mais c'est chose certaine, que jamais mal ne sera vaincu par mal. Et n'y a aucun remède contre les meurtriers, sinon qu'on cesse de faire meurtres.

Le second morceau, fort énergique aussi, est d'un accent un peu différent. Il semble s'adresser à des lecteurs assidus de la Bible, familiers avec les interprétations allégoriques.

Il est tiré, s'il en faut croire le titre, « du même [auteur], au livre *de la Religion* » :

> Tous ceux qui persécutent les autres en la cause de la Religion font cela — ou par envie, comme Caïn, qui tua Abel, à cause qu'Abel le surmontoit en piété et crainte de Dieu : semblablement les Scribes et Pharisiens, qui estoient envieux sur Christ : — ou ils le font par ambition, comme les mesmes Scribes et Pharisiens, qui haïssoient Christ, pour ce qu'il descouvroit leur hypocrisie : — ou par avarice, comme Demetrius orfèvre, lequel persecutoit Paul à cause qu'il ostoit les dieux faitz de mains..., — ou ils le font par un zèle de Dieu conjoint avec ignorance, comme sainct Paul, lequel avant qu'il fust chrestien, estimoit faire service à Dieu, quand il ostoit les Chretiens de ce monde. Pour ces derniers Christ a demandé pardon. Pardonne-leur (dit-il) car ils ne savent ce qu'ils font.
>
> Les autres pèchent par malice, et qui pis est, ils couvrent leur envie, ambition, avarice, et luxure, soubs ce nom de zele, et esblouissent les yeux des peuples, et paraventure aussi les leurs par telles illusions et enchanteries. Et pourtant d'autant plus que ces vices regneront, tant plus grandes seront les persecutions. Or regneront ils grandement es derniers temps : car charité refroidira, et abonderont les iniquitez. Parquoy il y aura tres grandes persecutions es derniers temps à cause de telles meschancetez.
>
> Si ceux qui souffrent persecution pour le nom de Christ, ne sont fidèles, il n'y a nulz fidèles. Car saint Paul dit : « Tous ceux qui voudront vivre fidèlement en Christ, souffriront persecution ».
>
> Si ceux qui sont mis à mort, comme heretiques, ne sont martyrs (ou au moins aucuns d'eux) l'Eglise n'a nulz martyrs : car nulz ne furent jamais occis pour Christ, sinon sous tiltres d'heretiques.
>
> « Quiconque croit que Jesus est le Christ et qu'il est venu en chair, iceluy est nay de Dieu. » — Quiconque donc occit un homme qui croit que Jesus est le Christ, il occit un homme nay de Dieu.
>
> Si les chrestiens persécutoient en ce monde les mauvais pour la foy, les chrestiens regneroient en ce monde, et ainsi le royaume de Christ seroit de ce monde.
>
> « Ne craignez point, petit troupeau : je vous envoye comme brebis au milieu des loups. » — Le petit troupeau peut-il persécuter le grand troupeau, ou la brebis le loup ?
>
> « Le monde s'esjouyra, et vous plourerez. » — Lesquelz sont ce, qui s'esjouyssent ? sont ce pas les persécuteurs ? Lesquelz sont ce qui plourent ? sont ce pas ceux qui souffrent persecution ?
>
> « Vous êtes bien heureux, quand les hommes vous persecuteront » : — comment donc serons nous bienheureux, si nous persecutons les autres ?
>
> « Celuy qui veut venir après moy, qu'il prenne sa croix » : — comment irons nous après Christ, si nous chargeons la croix sur les autres ? Ne serons nous pas semblables aux Juifz, qui alloient après Christ, non pas pour estre crucifiez, mais pour le crucifier.
>
> Christ a esté crucifié entre deux brigans. Parquoy les Chrestiens seront estimez brigans. Car comme les brigans ostent la vie aux hommes (ce qui les rend odieux et haïs) ainsi les Chrestiens ostent la vie aux méchans, c'est-à-dire leurs plaisirs et voluptez (sans lesquelles ils n'estiment point

leur vie estre vie) quand les Chrestiens viennent à les reprendre ou par parolles, ou par mœurs, ou par innocence [1].

La lionnesse poursuyt le loup et la brebis, le loup poursuyt la brebis, et non pas la lionnesse. La brebis est la dernière : Elle endure seulement : elle ne sait que profiter, et non pas nuyr. Car elle n'a rien plus bas qu'elle. Ainsi entre les hommes, les plus grans tyrans persecutent les moindres tyrans, et les Chrestiens. Les moindres tyrans persecutent les Chrestiens. Le vray Chrestien est le dernier, il ne sait sinon profiter, et ne nuyre à personne : il n'a rien plus bas que soy. Car il n'est rien plus humble qu'un homme chrestien, rien plus clement, rien plus povre, rien plus foible. Bref, c'est un ver, et non pas un homme, comme David a escrit de Jesu-Christ.

Quiconque souffre persecution pour la foy, ou il sent droitement, ou il erre ; s'il sent droitement, il ne doit estre blecé ; s'il erre, on luy doit pardonner. Car si Christ a demandé pardon pour ceux qui le crucifioient, d'autant qu'ils erroient : combien plus pour ceux qui endurent d'estre crucifiez pour luy ? Et si la Loy de Moyse pardonne à ceux qui ont occy quelcun par ignorance : combien plus à ceux qui souffrent d'estre mis à mort par ignorance. Si quelcun ayant trouvé une brebis esgarée, l'amenoit en ta maison, pensant qu'elle fust tienne, ne l'aimerois tu pas pour sa bonne volonté, ja soit que la brebis ne fust point tienne ? Que si toy, qui es mauvais, fais bien cela, que fera Dieu ? n'aimera il pas ceux qui defendront, par une bonne affection, ce qu'ils estiment estre vray ? Et si d'aventure ils errent, ne leurs pardonnera il pas ?

Finablement pour opprimer la vérité, ils employent tous les arts des Aristotes et Cicerons, à fin qu'ils esblouissent les yeux des Juges, comme leur maistre Cicero se vante quelque part avoir fait. Qu'ils ne s'abusent point : car la tres clere lumière dechassera ces tenebres par sa venue, et combien qu'ils en facent mourir plusieurs, néantmoins quand il n'en demoureroit que trois, et qu'encore ces trois fussent transpercez de glaives, si assailliront ils leurs forteresses et chasteaux, et les brusleront et descouvriront en lumière tous leurs ars et finesses. L'hypocrisie enyvrée du sang des saincts, a assez longuement regné, son heure viendra en bref [2].

D'une chose veux je admonester tous les Princes et peuples : qu'ils se gardent des séditions et tumultes, qui ont accoustumé de venir par les persecutions. Au contraire là où il n'y a point de persecutions, toutes choses sont plus paisibles, encore que leurs religions soyent diverses. Je cognoy quelques villes esquelles il y a presque autant d'opinions que de testes : toutesfois pour ce que là ne se fait persecution, il n'y a point de sedition, et si seroient confuses de troubles, si on y faisoit persecution.

Il y a à Constantinoble des Turcs, il y a des Chrestiens, il y a aussi des Juifz, trois nations grandement différentes entre elles, touchant la Religion : lesquelles toutesfois vivent ensemble en paix [3]. Ce que certainement ne se pourroit faire, s'il y avoit des persecutions. Qu'on considère diligemment cecy, et on trouvera qu'il est ainsi, que les persecutions ont toujours esté cause de grans maulx.

---

1. Nous donnons cet argument précisément à cause de sa bizarrerie caractéristique qui rappelle si bien la langue de certains mystiques de l'anabaptisme.
2. Encore un passage qui semble trahir la même origine.
3. C'est déjà, sauf le ton, la célèbre boutade de Voltaire : « Voyez le Grand Turc : il gouverne des guèbres, des banians, des chrétiens grecs, des nestoriens, des romains. Le premier qui veut exciter du tumulte est empalé, et tout le monde est tranquille. »

Parquoy, ô Princes et Magistrats, si vous voulez avoir paix et tranquillité, n'obtemperez point à ceux qui vous incitent à persécution : car ils sont séditieux, combien qu'ils accusent les autres de séditions (comme les Juifz accusoient Christ, lesquelz mesmes mouvoient la sédition). Que si vous ne vous gardez d'eux, croyez moy, qu'ils effaceront et raseront pour jamais voz Royaumes, Republiques, citez, âmes et corps, et vous reduiront en une telle ruine et infélicité, que les Scribes et Pharisiens redigèrent la gent judaïque par leurs persecutions et sanglans conseilz [1].

Qui était ce Georges Kleinberg? Les contemporains n'ont pas déchiffré l'énigme. « Dans tous les cas, c'est un homme sans instruction [2] », dit Théodore de Bèze, qui a reconnu même à travers la traduction latine les allures d'un esprit libre, ardent et inculte. La suite de ce récit nous amènera plus loin [3] à présenter une hypothèse à ce sujet et à indiquer le nom, suivant nous probable, de l'auteur ou de l'inspirateur de ces pages véhémentes.

VIII

ÉPILOGUE PAR BASILE MONTFORT
« RÉFUTATION DES RAISONS QU'ON A COUTUME D'AMENER POUR MAINTENIR ET DÉFENDRE LA PERSÉCUTION »

Le dernier pseudonyme du livre en est aussi le plus transparent. *Basile* est un équivalent très plausible de *Sébastien*, et *Montfort* [4] éveille une idée toute voisine de celle de *castellum* ou de *Chatillon*.

Deux traits d'ailleurs feraient reconnaître notre auteur : d'abord le ton de modération qui lui est propre et qui se trahit comme dans la plupart de ses écrits, dès les premières lignes, par une sorte de pressant appel aux sentiments chrétiens de ses adversaires [5], ensuite ses procédés dialectiques

---

1. Éd. fr., p. 101.
2. « Insigniter indoctum. » Lettre à Bullinger, nonis Maii 1554. *Opp. Calv.*, XV, 135.
3. A la fin de notre chapitre XVIII.
4. Il n'y a, pensons-nous, aucun rapport à établir entre ce prétendu Basile Montfort et le jeune comte français Pierre de Montfort qui étudiait à cette époque à Bâle et à Zurich (1552-1553), et dont parle la correspondance de Basile Amerbach avec son père.
5. « Je les prie qu'ils reçoivent ce mien labeur bénignement, comme vrays chrestiens doi-

très particuliers : beaucoup d'ordre dans la discussion, de netteté dans l'analyse, un très grand soin de diviser le sujet article par article et de diviser l'argumentation par une succession de dilemmes qui doivent épuiser la matière et fermer l'une après l'autre toutes les issues. Ce dernier travail n'est pas intitulé *Sententia* comme les autres morceaux réellement extraits d'auteurs anciens ou modernes [1], c'est manifestement un épilogue qui répond à la préface et qui vient de la même main; plus exactement encore, c'est un appendice ajouté dans la pensée de revoir une dernière fois tous les textes bibliques et patrologiques qu'on peut alléguer en faveur de la persécution et d'enlever par une réfutation, point par point, tous les doutes qui pourraient subsister.

Nous ne suivrons pas le prétendu Montfort dans cette dernière et consciencieuse revue. Pour le public protestant d'alors, c'était peut-être la partie la plus probante de l'ouvrage; car c'était là que l'auteur, abordant de front la difficulté, prenait chaque passage allégué en faveur de la persécution et redressait avec un merveilleux bon sens l'exégèse calviniste.

S'agit-il de l'Ancien Testament? Il oblige l'adversaire à choisir : ou il faut prendre les mots « faux prophètes, violateurs du Sabbat », etc., au sens étroit sans prétendre les appliquer aux hérétiques; ou bien il faut avoir le courage de réclamer l'extermination universelle, si l'on se croit tenu d'imiter Jéhu, Joad, Élie :

> Car on pourroit par ceste mesme raison alléguer Achan, lequel pour son sacrilège, fut lapidé ensemble avec toute sa famille et son bestial. Mettons à mort toute la famille des hérétiques, ou plus tost retournons à Moyse, et soyons circoncis et en rejettans Christ attendons à un autre avec les Juifs soubz l'umbre de la loi [2].

---

vent faire; et souffrent qu'on leur résiste quelquefois pour la vérité.... Certes je fusse volontiers allé vers eux et conféré amiablement et chrestiennement avec eux, mais... ils discutent par glaive, par flamme et par eau, et nous ne sommes armez d'aucun fer.... C'est la bataille de Christ, il la faut démener par les armures de Christ. Que Christ donc soit juge et défende ceux qui en souffrent persécution,... et veuille ouvrir les yeux aux persécuteurs, afin qu'ils voyent que ces sacrifices qu'ils font ne plaisent point à Dieu... » (p. 110). On peut rapprocher ce début, soit du début de la *Seb. Castellionis Defensio*, soit de celui de son *Apologie* contre Théodore de Bèze.

1. On peut remarquer que dans le *Contra libellum Calvini*, en dressant la liste des auteurs allégués par le pamphlet de Martinus Bellius, Castellion n'y nomme ni Martinus Bellius, ni Basile Monfort, et il nomme au contraire Georges Kleinberg (art. 22).

2. P. 112.

Même vive réplique à l'argument spécieux de la répression des blasphémateurs, qui touchait, nous l'avons vu, tant de bons esprits :

> Ils amènent l'exemple du blasphemateur, qui est au Lévitique. Et nous aurons les villes pleines d'yvrognes, desquels on ne sauroit dire auquel ils sont plus accoustumez, ou à blasphemer, ou à yvrongner, et n'a aucune doute que leurs blasphèmes ne soyent vrays blasphemes, et néantmoins nous ne les tuons point : et ils veulent que les heretiques (comme ils appellent) soyent mis à mort ; lesquelz ne sont convaincus de blaspheme [1]!... Que si nous voulons imiter les anciens, délaissant le Nouveau Testament, retournons au vieil, et tuons tous ceux lesquelz Dieu commande là estre tuez, à savoir les adultères, et ceux qui sont rebelles à leurs pères et mères, les incirconcis, et ceux qui ne font point la Pasque, et autres semblables.
>
> Mais ils amènent aussi quelque chose du Nouveau Testament. Qu'est-ce qu'ils amènent? Est-ce cecy : « *Je vous envoye comme brebis au milieu des loups* »? Non. Est-ce cecy : « *Vous estes bienheureux quand les hommes vous persecuteront* »? Est-ce cecy : « *Le monde s'esjouyra, et vous plorerez* »? Non. Ils n'amènent rien de telle chose, mais c'est cecy : Pierre occit Anania et Sapphira pour leur hypocrisie et mensonge, ou pour leur fause Religion. O aveugles, ils ne voyent point qu'ils se couppent la gorge de leur propre glaive : car tout premierement Pierre tue cestuy là lequel avoit menty au sainct Esprit (si toutesfois Pierre fit celà, et non pas plus tost le Seigneur Dieu). Ceux cy au contraire ne mettent à mort que ceux qui ne veulent mentir : car si quelcun consent à leur religion par parolles et par faict externe, il n'est point occy, ja soit que de cœur il soit du tout contraire [2].
>
> Oultre ce, d'attribuer au glaive ce que Pierre a fait par parolle, c'est chose trop mal convenable. — « Mais occir est occir, dis-tu, par quelque manière ou instrument que cela se face. » — Je le croy. Et certe, guarir aussi c'est guarir, par quelque manière que se face. Si vous voulez occir Ananias, resuscitez aussi Dorcas. Si le Magistrat occit par glaive, comme Pierre fait par parolles, pour quoy ne peut-il par ce même glaive resusciter, comme Pierre l'a bien pu faire par la parolle? D'occir par glaive, un brigand mesme le peut bien faire, mais par parolles, il ne peut. Monstrez que vous pouvez plus faire que les brigands, ou que n'ont peu les Scribes et Pharisiens, lesquelz ont occy Jesus par glaive. Tuez ceux là par parolle, usez du glaive de sainct Pierre, et adonc nous confesserons que vous estes disciples de Pierre.
>
> — Mais il appartient au Magistrat de punir les malfaicteurs. — Tu dis bien : mais quelz malfaicteurs? Anania estoit-il malfaicteur? ou si tu estois Magistrat, punirois-tu Anania pour malfaicteur? par quelle Loy? qu'a il commis? — Il a menty au sainct Esprit. — Et combien en y a il aujourd'huy qui ne mentent au sainct Esprit! Quand vostre peuple dit ces parolles, après vous : *Notre pere qui es ès cieux*, etc., combien en y a il là qui se gouvernent comme il appartient aux enfants de Dieu, qui veuillent que son

---

1. P. 112.
2. P. 115.

ÉPILOGUE PAR BASILE MONTFORT.   407

nom soit sanctifié, que son royaume advienne? tous ne prennent-ils pas peine nuict et jour d'acquerir grandes richesses? Voudrois tu pourtant que le Magistrat les mît tous à mort?

Vien çà : si tu estois Magistrat, voudrois tu occir ces enfants là qui se moquoient d'Elisée? Tu ne le devrois faire : car tu n'as nulle Loy, qui commande d'occir les moqueurs : et le Magistrat ne peut nul occir sinon par le commandement de la Loy [1].

Quelle est ceste raison : « on punit justement les adultères, les homicides, les imposteurs et blasphemateurs; on occira donc justement les faux prophètes et hérétiques »? qu'est tout ainsi comme si tu disois, celui qui hait son frère, est homicide : parquoy il doit estre mis à mort. Il est vray, il doit estre mis à mort, mais c'est du glaive spirituel : car il a commis un péché spirituel. Et en dy tout autant d'un hérétique [2].

Quelcun que vous cognoissez bien l'a déclaré par ces parolles : « *l'Église n'usurpe rien à elle de ce qui est propre au Magistrat, ne aussi le Magistrat ne peut faire ce qui est fait par l'Église* » [3]. Lesquelles parolles si tu confesses estre vrayes, le Magistrat n'eut sceu tuer Ananias, n'aucun certes des heretiques, ou de ceux qui doivent estre punis pour la parolle : et ne peut pas le Magistrat faire mieux l'office de pasteur, que le pasteur l'office de Magistrat.

Le magistrat doit défendre les bons contre la force, mais de faire des bons par force ou de donner la religion par le glaive, il ne le peut [4].

Pourquoy brouillons nous tout : si vous avez la parolle, contentez vous d'icelle, et punissez par icelle les heretiques, les hypocrites, avaricieux, etc., et laissez le Magistrat punir les criminelz par glaive, et redemander œil pour œil, dent pour dent, et vie pour vie, et argent pour argent. Que si vostre parolle est foible, laissez vivre ceux lesquelz vous ne pourrez vaincre par vostre glaive, à fin que vous ne soyez semblables aux enfants disputans aux escholles, lesquelz si quelques fois ne peuvent estre maistres de leurs compagnons par raisons, ils se jettent à leurs cheveux [5].

Ce dernier trait de satire familière n'est pas le seul de cet épilogue. Il y règne comme une nuance de fine ironie où Théodore de Bèze reconnaîtra un esprit profane. Il se demandera s'il faut prendre pour un argument ou pour une raillerie perfide des mots comme celui-ci :

Je vois en l'Église des sectes innumerables desquelles n'en y a pas une qui s'accorde avec l'autre de l'interpretation des escritures : il les faudroit donc mettre toutes à mort, excepté une et icelle la plus petite, comme ainsi soit que le troupeau de Christ est petit [6].

1. P. 117.
2. P. 119.
3. Calvin, *Inst. Christ.*, édit. de 1559, lib. VI, cap. xi, § 3.
4. P. 128.
5. P. 118.
6. P. 111.

ou encore le passage où Montfort réclame le « droit de douter » comme le seul remède à la tyrannie du pape, « à laquelle tyrannie il n'eust jamais sceu parvenir s'il eust laissé la religion libre »[1].

Parfois ce double caractère de la dialectique de Montfort, une argumentation serrée que relève une pointe de sarcasme, engendre une sorte d'éloquence mordante. On en trouve un exemple à la fin de sa discussion des opinions de l'Église :

> Je me fasche de refuter choses tant frivoles, qu'on amène pour esmouvoir persecutions. On recueille soigneusement tout ce qui a esté dict et faict dès la création du monde, qui peut induire à espandre sang. Lequel il falloit estancher par tous moyens.
>
> On rejette le dict de Sainct Paul, par lequel il admonestoit Tite, qu'il evitast l'homme hérétique. — « Paul escrivoit à un Apostre, disent-ils; s'il eust escrit à Sergius Paul, ou à quelque président, sans doute il luy eust prescript son office. » — Je le croy ainsi; il eust prescript à Sergius qu'il eust à faire pendre tous les Juifz, hommes hérétiques, et grans ennemis de Christ.
>
> O Paul, entens tu ces choses?... Cessons, je vous prie, de faindre et controuver telles absurditez de Paul, et n'estimons pas qu'il fust semblable à nous[2].

Ceci était une réponse directe à Bullinger, qui dans ses *Décades*[3] avait trouvé cette triomphante distinction entre Paul écrivant à Tite et Paul écrivant à un gouverneur.

Après la Bible, Montfort étudie les Pères. Il ne dissimule pas un instant que les deux avis ont été soutenus, quelquefois par deux empereurs qui se succédaient[4], quelquefois par le même homme : c'est le cas de saint Augustin. Tout ce qu'il demande, c'est le droit de recueillir les « exemples de l'équité et clémence des anciens » pour les opposer aux exemples contraires. Car, dit-il, « si vous rejettez leur clémence, qu'il nous soit licite aussi de rejeter leur violence, laquelle n'est pas de Jésus-Christ »[5]. Quant à saint Augustin, la déplorable faiblesse qu'il eut d'acquiescer à la persécution après l'avoir combattue, a porté avec elle-même sa prompte condamnation;

---

1. P. 129.
2. P. 122.
3. 8ᵉ sermon de la 2ᵉ décade.
4. On regrette de ne pas voir cité le nom de Tertullien et sa belle maxime : *Non est religionis cogere religionem*. Dans les discussions des lois impériales, on est frappé aussi qu'il n'accorde pas une mention plus spéciale à Constantin et à l'édit de Milan.
5. P. 122.

et le polémiste protestant du xvi⁶ siècle, rappelant l'arrivée de l'arianisme avec les Vandales, conclut à peu près, comme le fait de nos jours l'auteur de la plus récente étude sur la même histoire : « Les lions se retournèrent contre ceux qui les avaient déchaînés »[1]. Commentant le mot d'Augustin (« la « persécution engendre, au lieu d'hérétiques manifestes, des « chrétiens hypocrites »), il ajoute : « Si le Roy de Turquie le commandoit, toute la Turquie recevroit incontinent l'Évangile. Seroient-ils pourtant Évangéliques[2] ? » Et il cite un grand exemple tout récent de ce que valent ces conversions en masse par ordre du prince. Il n'avait qu'à nommer l'Angleterre, où des flots de sang coulaient encore et d'où fuyaient les vainqueurs d'hier, Cranmer, Cheke et tant d'autres qui en ce moment même cherchaient asile en Suisse. Voilà tout ce qui restait des espérances attachées au jeune Édouard VI[3].

L'épilogue de Basile Montfort se termine par une sorte de tableau allégorique[4] où l'auteur se représente à travers les siècles la lutte des deux principes et des deux esprits, l'un qui attend tout de la force, l'autre tout de la liberté et de la charité. Et il laisse au lecteur de dire laquelle des deux armées est celle de Jésus-Christ.

Enfin[5], vient comme pour remplir une place restée vide

---

1. Gaston Boissier, *l'Édit de Milan et les premiers essais de tolérance.* (Revue des Deux Mondes, t. LXXXII, p. 547.)
2. P. 124. Mino Celsi a reproduit tout ce passage dans sa *Dissertatio*, p. 72.
3. P. 126.
4. Bèze raille cette métaphore prolongée où « ce gentil Montfort aussi maladroit à peindre que téméraire à escrire, pour montrer qu'il est possédé d'un esprit fantastique et forcené, nous dépeint enseignes, harnois, boucliers, hallecrets, glaives, contrefaisant le Roland, comme on dit; il y a de quoi s'émerveiller comment un advocat de clémence et de paix peut ainsi jetter à pleine bouche les mots de guerre » (p. 132).
5. La nouvelle édition du *de Hæreticis* faite à Strasbourg en 1610 par Joachim Cluten, Mecklembourgeois, ajoute aux divers morceaux de l'édition latine de 1554 quelques lettres de Gérard de Nimègue (Geldenhaur), l'ancien précepteur de Charles-Quint, devenu professeur à Marbourg et mort en 1542.
La première (p. 209-220), datée de 1527 et adressée à Charles-Quint, lui représente le tort qu'il ferait à sa réputation en autorisant la persécution contre les hérétiques, lui expose quel abus on ferait de la loi de Moïse en l'appliquant à des chrétiens, combat l'interprétation qui tord les textes bibliques sur les faux prophètes ou les idolâtres pour les étendre aux prétendus hérétiques, discute les lois impériales dont les plus vénérées paraissent être restées à l'état de menace (*ad terrendum magis quam exequendum latæ*) et prétend qu'il y a un cri public dans l'Empire (*querela publica*) pour réprouver la persécution religieuse.
La seconde (sans date, p. 220-226) est un appel collectif aux princes d'Allemagne : ils feraient mieux d'épargner leurs sujets fidèles et dévoués qu'on leur dénonce comme héré-

dans les dernières pages, une autre longue allégorie biblique, fondée sur l'antagonisme de Sara et d'Agar, d'Ismaël et d'Isaac, de la Loi ancienne et de la Foi évangélique. C'est un parallèle intitulé « *Des enfans de la chair et des enfans de l'esprit* »[1]. Les premiers « sont nobles, riches, savants, puissants, moqueurs, cruels, orgueilleux et persécuteurs ». Au contraire, « les bons sont gens de basse condition et de nulle estime, povres et malostrus, ignorants, débiles, infirmes, moquez et mesprisez, harcelez et affligez, pacifiques, débonnaires », et dès lors incapables de persécuter. J'admoneste donc tous — dit en terminant l'auteur (inconnu) du morceau — « qu'ils considèrent sept fois que c'est qu'ils doivent faire à l'égard des hérétiques. Et de rechef j'escrirai icy en grosses lettres cette sentence (de sainct Paul) : « Ne veuillez juger « aucune chose devant le temps, jusques à ce que vienne le « Seigneur qui illuminera les choses secrètes des ténèbres et « manifestera les conseils des cœurs. »

Tel est dans toute son horreur ce « livre impie[2] ».
On en avait souvent cité avant nous quelques passages

---

tiques et de s'en prendre aux véritables ennemis de l'État, aux moines qui sous divers costumes et divers prétextes ne rêvent que de se soustraire à l'autorité légitime.

Les deux dernières n'ont qu'un rapport plus éloigné avec la question. L'une (p. 227-240) est une supplique (sans date) au prince Charles, duc de Gueldre et Juliers, pour qu'il établisse le culte du pur Évangile, moyen bien plus sûr que toutes les violences pour éteindre l'hérésie. L'autre (p. 238-242), datée de 1526, encourage Philippe de Hesse à persister dans la foi et, autant qu'on peut l'inférer, dans l'emploi exclusif des armes spirituelles.

1. Morceau que nous inclinons à rattacher à ceux de Georges Kleinberg : même inspiration, même style, même incohérence d'images avec une grande énergie de pensée qui perce à travers des exubérances d'expression que le traducteur latin semble avoir voulu tempérer et ordonner. Ce morceau a été reproduit à la fin du *Contra libellum Calvini* (voir plus loin, chap. XIV) et dans les traductions néerlandaises (voir notre Bibliographie n° 35).

2. Nous citerons plus loin (chapitre XXII) quelques-uns des écrits inspirés par celui que nous venons d'analyser. Notons ici seulement à titre de simple rapprochement une publication calviniste qui, sans relever à aucun degré de Martinus Bellius, est cependant conçue à peu près sur le même plan. C'est une toute petite brochure imprimée en 1558 pour la première fois, rééditée en 1564 (3 feuilles petit in-8 non pag.). Le titre était : *Apologie, ou defence des bons chrestiens contre les ennemis de l'Église* [catholique, 1558] *chrestienne*, (1564). Cet écrit est inspiré par l'affaire de la rue Saint-Jacques (nuit du 4 sept. 1557; voir plus loin, chap. XVII) où « les gens du populaire, esmeus de fureur, ont jetté outrageusement les mains sur les Dames et Damoyselles d'estat et de renom sans authorité de justice, les dechevelans, les souillans de fanges et ordures », le tout en leur imputant mille crimes imaginaires. Pour toute réponse, l'auteur offre, comme le dit la préface, « un brief recueil des passages des anciens docteurs de l'Eglise par lesquels il appert que tels détestables crimes ont autrefois esté imposez aux chrestiens, afin que les mesmes propos nous servent aujourd'hui de defence contre tous ceux qui nous calomnient.... Il nous a semblé bon qu'il valloit mieux coucher leurs mesmes sentences, parlans plutôt par leur bouche que par la nostre. » Ce sont quelques passages de Tertullien, de Justin Martyr, de saint Cyprien, d'Arnobe, de saint Hilaire contre Auxence, etc., suivis d'un parallèle vivement tracé entre la situation des premiers chrétiens et celle des premiers protestants. La conclusion est

choisis parmi les plus éloquents ou les plus vifs [1]. Mais ces traits pris isolément semblent toujours, malgré tout, des anachronismes de génie, des rencontres heureuses et passagères. Tout autre a été notre but dans ce chapitre, au risque peut-être de l'étendre outre mesure.

Nous avons voulu que, dépouillant avec nous ce recueil si substantiel, le lecteur fût obligé de se convaincre par lui-même et malgré lui qu'il y avait eu en plein xvi° siècle et en plein protestantisme non pas quelque pressentiment de la tolérance, mais une revendication rationnelle et méthodique de la pleine liberté religieuse. Pour nous excuser de l'avoir retenu si longtemps sur cette démonstration, nous ne lui demandons, en fermant ce volume, que de se souvenir des dispositions où il était peut-être en l'ouvrant. N'est-il pas vrai que de prime abord, il était porté à admettre, avec l'opinion régnante, qu'il a bien pu se produire çà et là quelques élans d'humanité, de bon sens ou de compassion, que des voix isolées ont pu ébaucher, sans réussir à se faire entendre, un timide et mélancolique appel à la charité? Mais c'était tout. Ne nous avait-il pas répondu d'avance avec Littré : « On ne tirerait pas de tout le xvi° siècle une étincelle de tolérance » ?

A notre tour nous demandons maintenant à ce lecteur impartial s'il ne vient pas de la voir et de l'entendre, cette tolérance ou plutôt cette liberté de conscience, absolument la même que Bayle et Voltaire réclameront plus tard, déjà réclamée, déjà affirmée, exposée dans son principe, justifiée

---

encore à cette date exclusivement celle du premier âge de la Réforme française : « *Nous surmonterons vostre cruauté par nostre patience* ».

C'est à ce petit écrit que répondit un des premiers juges du nouveau tribunal de l'Inquisition, Antoine de Mouchy, surnommé Démocharès : « *Responsé à quelque apologie que les hérétiques ces jours passés ont mis en avant sous ce titre* : Apologie ou defence des bons chrestiens », 1558 (privilège du roi daté du 27 janvier). On pourrait faire plus d'un rapprochement entre les arguments de Démocharès et ceux de Calvin contre Servet. Un des plus simples qui revient sans cesse est celui-ci : On punit bien les homicides; or l'hérétique est plus qu'homicide, il l'est comme l'était le Diable, que la Bible appelle homicide, quoiqu'il n'ait pas tué à la lettre nos premiers parents. Aussi, concluait Démocharès, « c'est une grande honte (à mon grand regret, je le dis) qu'en France où il n'y eut jamais si grand nombre de juges, où le roi est très chrestien, *il n'y a jamais eu autant d'hérétiques et moindre punition d'iceulx.... Il semble que n'est point péché qu'hérésie....* »

[1]. *France protestante*, 2° édition, IV, col. 30; M. Jules Bonnet, *Nouveaux récits du seizième siècle*, p. 101-113; M. Ad. Schæffer, *Essai sur l'avenir de la tolérance* (Paris, 1859, in-8), p. 129-144; M. Broussoux, Thèse de Strasbourg, *Séb. Castellion, sa vie, ses œuvres et sa théologie*.

dans toutes ses applications, poussée jusqu'à ses plus modernes conséquences, défendue enfin contre tous les sophismes théologiques, politiques, historiques.

Et par qui? Et au nom de qui? — Par la Réforme et au nom de l'Évangile.

Le premier en date de tous les manifestes en faveur de la liberté de conscience, qui se trouve en être du même coup l'exposé complet et le code définitif, ce n'est pas seulement une œuvre protestante, c'est l'œuvre même du protestantisme.

Un siècle et demi plus tard, l'auteur de l'*Histoire des variations*, résumant avec force la suite d'arguments que nous venons de reproduire, s'écrie : « *Il faut en convenir, ces raisonnements sont tirés du fond et pour ainsi dire des entrailles du protestantisme* [1] ». Bossuet en prend avantage contre les Églises de la Réforme, qui n'auront jamais l'unité toute-puissante du catholicisme. C'est son droit. Mais sur la question de fait et sur la liaison logique des doctrines, il jugeait bien en associant indissolublement l'idée de la tolérance à l'idée même de la Réforme. C'est un acte d'accusation contre lequel nous n'avons garde de nous inscrire en faux.

Luther lui-même l'eût-il reniée aussi hautement que l'a fait plus tard Calvin, Luther n'en resterait pas moins le grand introducteur de la liberté religieuse dans le monde moderne. Il avait coupé par la racine le principe même de toutes les intolérances : il avait fait de la religion, chose sociale jusqu'alors, une chose personnelle ou plutôt la seule chose essentiellement personnelle. Toutes les libertés sont nées de là.

Le jour où l'homme a compris qu'être chrétien, ce n'est pas prendre part à un acte collectif et extérieur, quel qu'il soit, mais c'est croire soi-même, aimer soi-même, prier et agir soi-même, s'amender enfin soi-même et se sanctifier sous la seule autorité de Dieu, sous la seule inspiration de son Esprit, ce jour-là l'homme est protestant, et sur l'heure il est libre, qu'il le sache ou non, qu'il le veuille ou non.

Il est libre, car si la foi est l'acte le plus intime de la

---

[1]. Bossuet, 6ᵉ avertissement sur les lettres de M. de Jurieu, article CVII.

pensée et de la volonté de l'homme, la foi n'a plus rien à craindre ni rien à attendre du dehors : il n'y a plus ombre de religion, là où il y a l'ombre d'une contrainte. Entre Dieu et la conscience nul ne peut plus intervenir. La religion s'est envolée bien loin au-dessus du domaine où atteint la force. Tout ce que le commandement d'autrui peut imposer ou interdire, c'est un acte extérieur, c'est un mouvement du corps. L'âme lui échappe. Or l'âme est tout pour cette religion nouvelle. Et du moment que la sincérité de l'âme est devenue le premier de tous les devoirs, sa liberté devient du même coup le premier de tous les droits.

Où avons-nous trouvé ces principes énoncés, exposés, répétés à satiété? Est-ce sous la plume d'un grand penseur devançant son siècle? C'est dans une humble compilation qui ne prétend aucunement à l'originalité. La *farrago Bellii* n'en est que plus précieuse, et la démonstration qu'elle apporte plus éclatante. Elle prouve qu'en matière morale et religieuse la vérité n'est pas l'apanage des grands esprits et que la Réforme a eu raison de confier l'avenir de ses destinées à la conscience de tous plutôt qu'au génie de quelques-uns.

Une heure peut venir où le génie s'égare, où les pasteurs des peuples pris de vertige s'arrêtent et tournent un regard d'envie vers la grande Unité catholique : ils sentent le peu qu'ils sont pour lutter contre elle dans leur dispersion et leur instabilité; désespérant de la vaincre sans lui emprunter le secret de sa force, ils décident de l'imiter pour la mieux combattre; reniant leur principe sous prétexte de l'amender, ils rebroussent chemin vers l'autorité : à cette heure-là même, la foule des fidèles — qui est mieux qu'une foule, précisément parce qu'elle se compose d'unités indépendantes et souveraines — se redresse et résiste; elle répond à cet ordre de retour en arrière par un *non possumus* d'un caractère tout nouveau, et les simples, les humbles, relevant leur drapeau à demi déchiré, lui jurent fidélité quand même et, sous le feu de leurs propres chefs, poursuivent, sans hésitation, la marche en avant de la Réforme et de l'humanité.

APPENDICE DU TOME I

FRAGMENT D'UNE ÉTUDE INÉDITE

SUR

LA BIBLE FRANÇAISE DE CASTALION

Par M. le pasteur O. Douen [1].

Après avoir fait ressortir ce qu'il y a d'original dans le titre même de cette Bible, qui annonce l'intention de combler la lacune entre l'Ancien et Nouveau Testament par des extraits de Josèphe, M. Douen examine la version de Castellion (qu'il préfère appeler Castalion) à différents points de vue. Nous reproduisons ci-dessous la partie non théologique de cette savante étude.

I

DU CANON DES LIVRES SAINTS

En ce qui concerne le *canon des livres sacrés*, les difficultés que Castalion avait reconnues et dont l'aveu le faisait accuser tout à la fois de scepticisme et de catholicisme, n'avaient point affaibli sa foi en l'inspiration des Saintes Écritures; mais elles l'avaient élargie, rendue prudente et circonspecte. On sait qu'il rejetait le *Cantique des cantiques* [2]. On sait moins qu'il a parlé de la Bible comme tel de nos contemporains auquel l'orthodoxie n'a pu pardonner sa théorie de l'inspiration. « La parole de Dieu, dit-il, n'est ni hébraïque, ni grecque, ni latine, mais spirituelle. » Suivant lui, l'Esprit Saint « n'a dicté que les choses, non les mots », et n'est nullement responsable des fautes de langage des écrivains sacrés. Tandis que Bèze, imbu de la scolastique, soutient l'inspiration littérale et attribue un caractère divin aux hébraïsmes du Nouveau Testament, Castalion admet que les apôtres ont hébraïsé en grec par ignorance, comme d'autres germanisent ou gallicisent en latin.

Contrairement à l'usage protestant, il ne fait point de distinction entre

---

1. Voir notre chapitre x, p. 315.
2. Voir ci-dessus, p. 199.

les livres canoniques et les apocryphes; il les met implicitement sur le même rang, laissant à chacun sa liberté d'appréciation.

Il écrit, en outre, des préfaces comme celle-ci, placée en tête du 4ᵉ livre d'Esdras : « Ce livre ne se trouve qu'en latin mais c'êt en telle sorte que ie pense qu'il fut premièrement écrit en grec par quelqu'un qui ebraïsoit, comme nous voyons au Nouveau Testament. *Nous l'avons ici mis avec les autres prophètes pour autant qu'il estoit aussi prophète, afin qu'on les ait tous ensemble.* Or l'auteur même appelle ce livre le second. Mais... à cause qu'on a accoutumé de l'appeler le quatrième, nous sommes contens que ce nom lui demeure. » L'introduction au livre de Tobie est du même genre : « Ce livre se trouve en Ebrieu, en grec et en latin. L'Ebrieu fut imprimé n'a guère. Quant au latin, Hiérôme dit qu'il le translata de Chaldée. L'histoire s'accorde en somme en ces trois langues, mais en plusieurs endroits il y a différence. Nous l'avons traduit d'Ebrieu *pourtant qu'il nous a semblé que c'étoit le plus vrai.* » Il dit à propos d'un fragment du livre d'Esther : « Pourtant qu'il semble qu'il ne vient pas bien au commencement, nous l'avons mis à la fin ». Voici l'annotation relative à Genèse, VIII, 7. *Noé lâcha le corbeau, lequel sortit et retourna* : « Au grec et au latin et en la Sibylle, il êt écrit qu'il ne retourna pas; ie ne sai lequel est vrai. Tant y a que le proverbe françois qui êt « le message du corbeau » veut dire qu'il ne retourna pas. »

On le voit, Castalion fait de la critique sacrée bien avant Cappel, qu'on considère à tort comme le premier qui s'en soit occupé. En outre, il ne croit pas au miracle perpétuel que Dieu eût été obligé de faire pour préserver les textes originaux de toute altération. « Pourquoi, dit-il, ne se trouverait-il pas dans le texte hébreu des leçons fausses que l'on pourrait redresser par des conjectures? Ce n'est qu'une superstition judaïque qui fait juger la chose impossible. Il n'y a aucune raison de croire que Dieu ait veillé avec plus de soin sur les mots et les syllabes, que sur les livres eux-mêmes, dont plusieurs sont entièrement perdus : ainsi le livre des guerres de Jéhovah, le livre de Nathan et d'autres. » En conséquence Castalion « ne fait, d'après R. Simon [1], aucune difficulté de corriger quelquefois le texte hébreu selon les règles de la critique, qu'il observe assez judicieusement en plusieurs endroits ». Ces restitutions dénotent nécessairement une connaissance approfondie de l'hébreu. « On peut dire, ajoute le P. Simon [2], que Castalion était beaucoup plus habile dans les trois langues, hébraïque, grecque et latine, qu'aucun docteur de Genève »; et il répète encore ailleurs [3] qu'il y a peu de traducteurs de la Bible qui aient possédé ces trois langues aussi parfaitement que Castalion.

II

DU TEXTE ORIGINAL, DES VARIANTES ET DES NOTES, DES TRADUCTIONS ANTÉRIEURES QU'IL A CONSULTÉES

Sans recourir aux manuscrits, Castalion s'est fait un texte grec du N. T., en choisissant dans les éditions imprimées les leçons qui lui parais-

---

1. *Hist. crit. du N. T.*, p. 324.
Ibid.
Hist. critiq. des versions du N. T., p. 275.

saient préférables. Il a eu entre les mains notamment l'édition imprimée par Bryling en 1546, celle d'Estienne (1550), et a surtout fait usage de celle de Simon de Colines. D'après M. Reuss [1], les éditions de Brylinger renferment sept leçons qui ne se trouvent pas ailleurs. Si l'on en retranche deux qui sont imperceptibles dans une traduction, il en reste cinq (Luc, I, 35; Marc, XVI, 8, VI, 33; Actes, XVII, 5; I Cor., VII, 35), qui, sauf la quatrième, figurent dans la traduction latine et dans la traduction française de Castalion. L'édition de Brylinger contient en outre six leçons particulières, dont deux seulement (Apoc., XVIII, 14; I Tim., V, 21) se retrouvent chez Castalion. Il a aussi emprunté trois leçons à Estienne [2] (Actes, XII, 13; Apoc., VII, 14, X, 4). Des cinquante-deux variantes qui caractérisent le texte de Simon de Colines [3], onze sont de nature à ne laisser que des traces incertaines dans une traduction; Castalion en adopte vingt-sept et repousse les quatorze autres....

Le P. Richard Simon place Castalion en tête des plus habiles critiques du N. T. et regrette qu'il n'ait pas fait un plus grand nombre de notes sur les endroits difficiles [4].

La plupart des notes de la Bible latine offrent un haut intérêt [5]. Celles de la Bible française sont moins nombreuses et moins savantes. Cependant celle qui précède le livre de Job doit être signalée comme un modèle d'analyse claire et profonde.

Richard Simon s'est trompé en affirmant [6] que la version française de Castalion n'est qu'une simple traduction de la latine. Castalion considérait sa version française comme plus exacte que l'autre. Il n'est pas douteux qu'elle ait été faite directement sur l'hébreu et le grec. En effet, les deux versions diffèrent entre elles dans un certain nombre de passages. La version française substitue fréquemment au discours indirect le discours direct, que, suivant Castalion (Matth., XVI, 18), le latin ne comporte pas. Elle omet, en divers passages (Genèse, XXXII, 5; Esaïe, XV, 1), des mots qui ne manquent pas dans la version latine. Dans Luc, VII, 30, la version française (anéantirent l'entreprise de Dieu quant à eux) s'écarte notablement de la phrase latine correspondante : *Dei consilium (quantum in se fuit) resciderunt*. Dans Jean, IX, 10 et 11, c'est le grec, et non le latin, qui est reproduit littéralement. Au v. 24 du chapitre I de la seconde aux Corinthiens, les deux versions sont fort différentes. D'un côté : *Non quod vobis fiduciam derogemus*; de l'autre : « Non pas que nous nous facions maîtres de votre foi... ».

Des passages nombreux, dont nous ne pouvons donner le détail, permettent d'assurer que, tout en traduisant directement et en s'inquiétant

---

1. *Bibliotheca Novi Testamenti graeci*, Brunswick, 1872, in-8, p. 40.
2. *Ibid.*, p. 54.
3. *Ibid.*, p. 47. Colines ayant supprimé le fameux passage, 1 Jean, V, 7, on s'étonne que Castalion l'ait conservé, même en mettant en note, comme Olivetan : « Ceci n'est pas en tous les exemplaires ».
4. *Hist. crit. des comment. du N. T.*, p. 774.
5. Citons par ex. celles sur la Genèse, II, 3 (emploi du *lamed* joint à un verbe et lui donnant la valeur du gérondif); — sur Genèse, XXVII, 28 et 39, où Castalion, pour éviter la contradiction résultant du mot *michemené* employé dans deux sens opposés, traduit la première fois : « Dieu te donne la graisse de la terre », et la seconde : « Ta demeure sera privée de la graisse de la terre ». C'est le sens adopté par tous les modernes; — celle sur Genèse, II, 4, où il se justifie d'avoir traduit par *Jova* l'hébreu *iahveh*; etc.
6. *Hist. crit. du V. T.*, p. 349.

peu de ses devanciers, Castalion avait sous les yeux la version d'Olivetan [1], nous disons l'Olivetan de 1535. Il a rarement, mais certainement, mis à profit [2] la revision de 1553, achevée d'imprimer le 9 juin.

III

DE LA TRADUCTION : 1° VALEUR DE LA LANGUE

Il est temps de faire connaître la traduction elle-même. Castalion a lui-même expliqué qu'il la destinait « aux idiots », c'est-à-dire au simple peuple, et que, pour ce public non érudit, il avait jugé absolument nécessaire « d'user des mots françois quand il en a pu trouver » et, dans le cas contraire, « d'en forger par nécessité », comme *brulage* pour *holocauste*, *rogner* pour *circoncire*, etc. C'est donc d'abord la question de la langue adoptée par lui qui nous occupera.

Dans ce grand siècle fécond et créateur, on ne doute de rien, on va au-devant des obstacles que la sagesse ordonnerait d'éviter. Ronsard essaie de soumettre la langue à ses caprices. C'est dans le même travers qu'était tombé Castalion; une pointe de bon sens manquant à ce grand cœur, à ce libre et mystique esprit, il se crut permis de violenter la langue française, dont il ne possédait qu'imparfaitement le vocabulaire, n'ayant jamais guère parlé que le patois de la Bresse, et n'entendant plus que l'allemand depuis dix ans qu'il était à Bâle. Les néologismes et le patois ont donné à sa Bible française une nuance de ridicule.

Voici presque en entier la *Déclaracion de certains mots*, qui se trouve à la fin de cette Bible :

Appaisoir, c'étoit le couvercle de l'arche des oracles, et êt dit appaisoir à cause que Dieu y étoit appaisé.

Arrièrefemme. Les Ebrieux avoint plusieurs femmes, comm'ont encor auiourdhui les Juifs e les Turcs, dont les unes étoient principalles e maitresses, les autres étoint servantes e suiettes, lèquelles on nomme concubines. Mais pour ce que concubines en François se prend en la mauvaise part, i'ai mieux aimé forger ce mot arrièrefemme, de peur qu'on ne pensat qu'Abraham e Jacob e autres eussent eu femmes qui ne fussent legitimes.

Auantpeau, ie le mets pour ce qu'on appelle en latin *preputium*, cêt a dire la peau qui couvre le bout du membre de l'homme, laquelle les cirurgiens appellent le chapeau : mais ie ne l'ai pas voulu ainsi nommer, de peur qu'on ne le print pour autre, ains ai forgé vn mot sur le mot aleman *vorhaut*.

Brulage, une maniere de sacrifice en laquelle on bruloit toute la chair, en grec on l'appelle holocauste, de là vient brulager.

Brulard, un serpent duquel la morsure fait une cuison brulante.

Companage, certaine offrande qui se fait soit de farine e autres choses sans sang.

Deâtre, faux dieu.

Deforfaite, sacrifice pour le forfait. De là vient deforfaire.

Dessacrer, mettre en vsage vne chose qui étoit sacrée.

Entrailleurs, gens qui deuinoint par les entrailles des bêtes, en latin *aruspices*.

Empellé, qui a l'avantpeau; s'*empeller*, la se faire revenir.

---

1. C'est là qu'il a pris « les yeux éblouis » de Gen., XXXVII, 1 (mauvaise traduction de *tikehéna*); le « nerf de fer » d'Esaïe, XLVIII, 4; le Ps. II, 7, etc.
2. Ps. V, 7 : « Tu n'es pas un Dieu qui *aime* méchanceté (au lieu de *veult*); I Cor., II, 10, « Dieu *le* nous a révélé »; toutes les versions antérieures portent le pluriel *les*, etc.

Enuoyagière, lieu auquel on a enuoyé gens pour habiter, en latin *Colonia.* Enuoyagers, *coloni.*

Fillole, petite ville, suiette ou dependante d'vne autre, comm' vn'enuoagiere (sic).

Flammage, sacrifice qui se faisoit a tout le feu.

Imagedieux, c'étoint certaines images que les idolâtres auoint en leurs maisons, qu'on appelle en latin *lares.*

Lauer, ce qu'on dit *battiser,* c *lauement, battême.*

Poissonar, grand poisson, comme sont baleines e autres.

Rongner, copper l'auantpeau, qu'on appelle circoncir : de là vient rongnement, rongné.

Rochefort, Dieu tout puissant : en latin *numen.*

Volageurs, gens qui deuinoint par les oiseaux, en latin *augures,* de là vient volagerie.

La grave erreur commise par Castalion eut pour résultat des phrases comme les suivantes, dont les unes n'offraient aucun sens à l'oreille des non initiés : « Voici le flamage que vous offrirés au Seigneur : deux agneaux entiers, pour brulage ordinaire.... E le second agneau, vous le sacrifierés avec tel companage et vin d'offrande qu'au matin, qui sera un flamage pour faire sentir bon au Seigneur. Vous sacrifierés un chevreau de forfaitif pour vous appaiser Dieu, outre le brulage du mois et son companage »; et dont les autres provoquent le sourire : « J'en veux à toi, Pharaon roi d'Égypte, grand poissonard couché au milieu de ton fleuve ».

Le langage de Castalion offre d'autres particularités non moins étranges. Non seulement il prononce à sa façon ou à la façon de son village : *à droit* pour *à droite, fener, glener,* ou inversement *allever* pour *élever, pale* pour *pelle, guari, sarpe; bolevart, rosseau, soloit* et inversement *boucage, toutalement, rabouteux, ouyez* pour *oyez, plouvoir, bouis* pour *buis, boucheron; fritillante, luitter; absouvent* pour *absolvent, tasser* pour *taxer, ottroyer, aspis* pour *aspic, épeaute* pour *épeautre;* mais il s'est fait une orthographe particulière, fondée sur le mépris de l'étymologie, dont il ne tient aucun compte parce qu'il n'y a pour lui qu'une langue savante, le latin. Quant au français, langue populaire réservée au populaire, il ne cherche qu'à l'écrire comme il se prononce. De là une orthographe presque purement phonétique, qui transcrit les sons sans souci de rappeler l'origine des mots. Il faut bien dire que de ces innovations l'usage a consacré quelques-unes; par exemple Castalion supprime généralement l's devant une consonne, et la remplace tantôt par un accent aigu : *éclandre, épée, épiés, épouante, étouper, élire, épitre,* tantôt par un accent circonflexe, de récente invention : *être, même, conquêter, forêt, forêtière, châtrer, empâter;* mais l'analogie l'entraîne à écrire de même : il *êt, trêbien, lêquels.* Il devance l'usage en écrivant : *montrer* au lieu de *monstrer, soudain* au lieu de *soubdain, montagne* au lieu de *montaigne, avint* pour *advint, jusqu'au, lui, auiourdui,* les *chams,* le *tems,* les *doits,* les *puis,* les *mors (morts),* etc. Par principe il écrit *e* pour *et, quelcun* pour *quelqu'un, prophécie, aversité, suiexion, nacion, devocion, detteur* pour *debteur, sustance* pour *substance.* Par négligence ou par indifférence : *hyvoire,* sep de vigne, *singler, guaire* (guères), *creignez, gibbet, per* pour *pair.*

Il termine en *oint* la troisième personne du pluriel de l'indicatif et du conditionnel présent : *avoint, faisoint, fairoint,* et en *isse* les imparfaits du subjonctif de la première conjugaison : *mangissions, menissions,* retournissions, touchissions. Il écrit : *ie m'assirai, ie me pense, ie me délibère, ie me craignoi, un grand affaire, le soleil leva et coucha, tu t'as fait, rebeller contre, se colérer, maisonner une ville.* Ces formes étaient sans doute particulières au patois bressan, aussi bien que le vocabulaire suivant, au moins pour une grande partie :

accaillonné comme fromage,
accoiser (apaiser),
accomparer pour *comparer*,
accraser pour *écraser*,
adduire pour *induire*,
afflotter (venir en foule),
affoler (blesser),
affollir (rendre fou),
ainage pour *droit d'aînesse*,
aisement (sac),
ambotes (deux mains jointes),
applommé de somme pour *accablé de sommeil*,
affiert (*il*) (il appartient),
assoifi (altéré),
assottir ses oreilles,
a tout pour *avec*, expression fréquemment usitée dans les Bibles du xv° siècle,
attainerai (provoquerai),
atteinés (irrités),
atterrer pour *jeter à terre*,
audivi (avoir l') pour *avoir autorité*,
bailler la gueule pour *ouvrir la gueule*,
barricave (vallée profonde),
batture (meurtrissure),
benisson pour *bénédiction*,
berrotte pour *brouette*,
la boverie pour *les bœufs*,
brame (le) des bœufs,
buyer (nettoyer),
chaplis (massacre),
cloché (être) pour *clocher*,
comparaiger pour *comparer*,

conchier (se), (déshonorer),
coronal pour *colonel*,
cré (crêt, colline),
cressiner (grincer),
crier quelqu'un pour *appeler*,
criquer (résonner),
décaler pour *défaillir*,
définement (destruction),
délayer (tarder),
dentier, pour *instrument dentu*,
dépiteusement (impitoyablement),
dérandonné (furieux),
détruiseur,
ébouffement (menace),
ébouffer (chasser),
écoursés (ceignez),
emparer qq'un (le protéger),
empour (à la place de),
enfarouché,
ensellonné (menaçant),
ensuiveur (imitateur),
entreseigne pour *signe*,
éperroyer pour *épierrer*,
éterni (desternerc), (couvert),
fiacre (hémorroïdes),
fimier pour *fumier*,
flairement (odorat),
floquet pour *flocon*,
fomarder (herser),
fouceau pour *fosse*,
fourrage (pillage),
gaignage pour *gain*,
gibacière pour *gibecière*,
glettres (mottes),
grappage pour *grappillage*,
gringoter (psalmodier),
grivolé (tacheté),
grumeler pour *grommeler*,
guementer (se), (lamenter),
guerdonner (payer),

guet à pensée pour *guet-à-pens*,
guin d'œil pour *clin d'œil*,
hermi pour *désert* (hermitage),
heure (*haute*) pour *grand jour*,
horée pour *ondée*,
invaluable,
jetton pour *rejeton*,
jougle (courroie),
langouste pour *sauterelle*,
léans pour *céans*,
leche (prairie, marécage),
lunelettes (boucles d'oreille),
macaut pour *mallette*,
maille, maladie d'yeux,
maisonner pour faire son nid,
maitrier pour *maitriser*,
mal sacrer pour *maudire*,
manchet pour *manchot*,
manottes pour *menottes*,
mauprofit,
mécroire, *mécroyance*,
ménie pour *mesgnie* (compagnie),
mineau pour *crochet*,
murgiers desers (monceaux de ruines),
méfirent (se) contre leur maître (l'offensèrent),
néante,
nieble pour *nuée*,
niquenaque pour *néant*,
non fait pour *nenni*,
odorement (parfum),
oire pour *outre de vin*,
ouvre-ventre, *ouvre-matrice* (premier-né),
pan pour *masse*,
pardonance,
parer (présenter),
pelu pour *poilu*,

APPENDICE. 421

perforcer (s'empresser),
ploutroir, pour plou-
tre,
plouvine (ondée),
raclée de pluie,
ragaz (tempête),
rancoter (gémir),
randon (effort),
riffe ne raffe (ne laisser
ne),
rocheforce,
rosillante pour *qui ré-
pand la rosée,*
saffreté (insolence),

saquer l'épée pour dé-
gainer,
sauprie de sel (frottée
de sel),
semoindre (inviter),
serrer une porte (la fer-
mer),
siler pour sonner, re-
tentir,
soubrer (avoir en abon-
dance),
touiller (mêler),
toutage (du) pour tota-
lement,

treper (fouler),
truppelu (malotru),
tupin pour *pot de terre,*
velopon (nuage),
venteleurs du ciel (phy-
siciens, *ventilatores
cœli*),
ventroiller (se), pour se
vautrer,
versée (aspersion),
vilenner pour rendre
vilain,
vinage (boisson),
volataille pour volaille.

A ce singulier vocabulaire il faut ajouter un assez grand nombre de mots qui s'employaient encore en 1550, même en France, et qui ont tout à fait disparu, comme :

anuit pour aujourd'hui,
arche pour coffre,
arroy pour équipage,
barat pour fraude,
bedon pour tambour,
berrot pour chariot,
braconnier pour garde-
chasse,
chevestre pour licol,
coupeau pour sommet,
détourbier pour obs-
tacle,
drugeonner pour pous-
ser des scions,
écaché pour écrasé,
écharsement pour chi-
chement,
élocher pour ébranler,
encharger pour con-
fier,

faitard pour fatigué,
paresseux,
feurre pour paille,
gaber pour plaisanter,
gorgiaser pour orner,
guerpir pour délaisser,
guilée pour giboulée,
havi pour desséché,
heudri pour flétri,
hucher pour appeler,
laidenger pour inju-
rier,
malentalenté pour ir-
rité,
maltalent pour cour-
roux,
marmonner pour mur-
murer,
méchoir pour arriver
malheur, d'où méchef,

mignotte pour délicate,
ollée pour potée,
pache pour alliance
(pacte),
parcreu pour venir à
maturité,
perrier pour tailleur de
pierres,
vache preigne (*præ-
gnans*),
premeroges (prémices),
planté pour abondance,
rière pour derrière,
vers,
seigneurier pour domi-
ner,
tabutter pour querel-
ler,
triquenique pour baga-
telle.

Et l'on comprendra que ce mélange du vieux français, des patois savoyard et bressan et des néologismes, rende difficile de trouver une page de cette Bible qui n'offense pas les oreilles modernes [1].

---

1. Nous avons promis (voir ci-dessus, p. 327) de joindre à cette liste les remarques de M. Clédat sur la provenance de la plupart de ces mots. On les trouvera résumées ci-dessous par ordre alphabétique. Nous exprimons de nouveau au savant professeur de Lyon toute notre gratitude pour cette bienveillante communication :

Acoiser, vieux français, formé régulièrement sur coi,
Acomparer se trouve au XVIᵉ siècle dans Desportes ; Malherbe le blâme (comme archaïque ?).
Acraser se trouve encore dans les patois de Genève et du Berry.

Aduire est correctement formé sur duire (ducere) ; subsiste dans le patois d'Albert-ville (Savoie).
Affolir est aussi correctement formé sur fol qu'affaiblir sur faible.
Ainage n'est pas un barbarisme. On trouve la vieille forme ainsneage parallèle à ains-

On peut même accuser notre traducteur sinon d'affectionner les termes familiers, communs et bas, du moins de les employer concurremment avec des termes plus nobles, comme s'il ne faisait pas de différence entre

neesse. L'un est devenu très régulièrement *aînage* pendant que l'autre devenait *ainesse.*

Aisement se trouve en vieux français avec le sens de *ustensile quelconque* : aujourd'hui encore, en Franche-Comté et en Bourgogne : *vaisselle.*

Alever, fréquent dans les anciens textes.

Applomé. Le vieux français *plommer* (formé sur *plomb* comme *plafonner* sur *platfond*), a été refait en *plomber* sous l'influence de l'orthographe de *plomb.* L'Espagnol dit encore *plomar.*

Arrouser qu'emploie Montaigne est plus français qu'*arroser.*

Ataimer (par *ai* ou par *ei*) est un verbe du vieux français. Aujourd'hui encore, en Bourgogne, et particulièrement à Châtillon, on dit « tu m'étaines » au sens de de *tu me casses la tête.* Ce verbe se retrouve encore dans les Côtes-du-Nord.

La préposition *à-tout,* au sens de *avec,* n'est pas particulière à Castellion : elle était courante au xv° siècle et encore au xvi°. Littré en fait venir sans hésitation notre *atout,* terme de jeu.

Bénisson est la forme populaire correcte de *benedictionem.* Il y a une abbaye du département de la Loire qui s'appelle encore la *Bénisson-Dieu.* Par fausse étymologie le Dictionnaire des Postes écrit La Bénissons-Dieu.

Berrotte. Comparez la forme française primitive *berouette* et la forme genevoise actuelle *barotte.*

Brame. Marot dit aussi *bramer* en parlant des bœufs. Ce mot avait à l'origine un sens très général.

Buyer. A Coligny (Ain), *buya* = lessive. Comparez *buandière.*

Coronal. En Bourgogne et en Berry on dit encore *coronel* pour *colonel.*

Creindre était une orthographe.

Crêt est la forme masculine de *crête.* Le genevois le dit encore, le patois d'Albertville dit *cré,* au sens de « petite colline ».

Cressiner se trouve dans une traduction de Pline de 1577. Comparez *crissin* ou *grissin,* en patois d'Albertville, nom d'une petite flûte de pain croquante.

On écrivait généralement *débteur* et on prononçait *detteur,* jusqu'au moment où la réforme étymologique fit rétablir *débiteur.*

Décaler se rattache probablement à *caler* au sens de *céder* (conservé dans le langage populaire), qui s'employait couramment au xvi° siècle.

Demourer alors correct comme *plouvoir,* comme l'est resté *mouvoir.*

Ébouffer pour *rejaillir, écourser,* pour *raccourcir, ensuivre, entreseing* : autant de vieux mots qui étaient bons et corrects.

Empron. Il y a dans Godefroy un exemple de *empront* (in promptu) au sens de « qui est à la disposition ».

Je ne connais pas *éperroyer,* mais le mot est de bonne facture.

Escourre (excutere), vieux mot qui était très correct.

Le vieux verbe *esternir* (qui existait encore au commencement du xvii° siècle) a le sens de *étendre, joncher,* d'où *couvrir.*

« Le *flairement* corrompu, dit Olivier de Serres, se remet par le souvent manier et flairer de la mente. »

Gaignage est aussi régulièrement formé sur *gaigner* que *aunage* sur *auner,* etc. Très fréquent dans les anciens textes.

La forme *gibacière* se trouve, bien qu'elle soit moins fréquente que *gibecière.*

Grivolé est dans Remi Belleau.

Guarir est la vieille forme française : c'est *guérir* qui est extraordinaire.

Guaire pour *guères,* était l'orthographe primitive.

Grumeler est dans Eustache Deschamps, dans la *Farce de Pathelin.* C'est encore la forme picarde du mot.

Se Guémenter est un beau mot de l'ancienne langue qu'on trouve encore dans Rabelais.

Guerdonner, vieux mot employé par Villon. Il est qualifié de « vieux » par Malherbe.

Guet apensé est la forme primitive très courante au xv° siècle.

Guin d'œil se rattache à *guigner,* qui se dit encore dans la Suisse romande.

Herme et *hermi* sont de vieux adjectifs qui signifient « inculte, désert ». Ils ne semblent pas être de la même famille qu'*hermitage.*

Horée, ou mieux *orée* est de la même famille qu'*orage.* Le mot est dans la Chanson de Roland.

Jet a encore le sens de « nouvelle pousse », et a eu celui de « marque pour le jeu ». Le dérivé *jeton* a hérité des deux sens, mais le second seul a persisté. Christine de Pisan emploie *jeton* au sens de « rejeton ».

Langouste a constamment au moyen âge le sens de *sauterelle.*

Léans est à *là* ce que *céans* est à *ça.*

Le mot *maille* (latin *macula*) est encore français avec le sens de « tache ronde qui vient sur la prunelle ».

Maitrie et *maitrier* sont les formes françaises les plus employées au moyen âge. *Maitrise* et *maitriser* en dérivent, par confusion de suffixes.

les uns et les autres. Cela tient à son éducation; en fait de langage il est resté rustre : il écrit : « *un tas de gens, un tas de faux frères, la marmaille, vêtu douillettement, les gens d'étoffe.* Quand vous priés, ne *iasés* pas beaucoup, comme font les païens, qui cuident être exaucés par leur caquet (Matth., VI, 7). Votre ouvrage êt de niquenaque (Esaïe, XLI, 24). Je vous brasse un malencontre, et me délibere de vous iouer d'un tour (Jér., XVII, 11). Et auront les Égyptiens le cueur accouardi au ventre... (Esaïe, XIX, 1). A cause des prophetes le cueur me rompt au ventre, e tous mes membres me lochent (Jér., XXIII, 9). Je t'en convaincrai en barbe (Ps. L, 21). Je lui contredi en barbe (Gal., II, 11). Les Moabites brairont (Esaïe, XVI, 7); David et ses gens se tenaient au cul de la caverne [1]. »

Ces constatations faites, il faut se hâter de dire que défauts et qualités sont ici d'une appréciation difficile. A une telle distance et après tant de révolutions du langage, il faut, sous peine de se tromper, non céder à la première impression, mais juger comparativement. C'est ce que nous allons essayer de faire, en rapprochant, au point de vue de la langue, la Bible de Castalion de celle de 1553, qui contient la revision de Budé sur Job, les psaumes, les livres de Salomon, celle de Bèze sur les Apocryphes, et celle de Calvin sur le reste de l'Ancien Testament et sur le Nouveau.

La Bible de 1553 a aussi ses singularités de langage, de prononciation et d'orthographe. Quelques-unes lui sont communes avec Castalion [2]. D'au-

Manchet et *manchot* sont aussi naturels l'un que l'autre. Au moyen âge on trouve surtout *manchet*.

Mauprofit est très régulier.

Nieble, dérivé régulièrement de *nebula*, existe encore dans plusieurs patois.

Non fait, juste l'inverse de *si fait*.

Odorement, fréquent au moyen âge, se retrouve dans Octavien de Saint-Gelais.

Oire pour *outre* (Rabelais).

Ottroyer était plus correct qu'*octroyer* : c a été introduit à la fin du XVIe siècle.

Pardonnance (Brantôme, Rabelais).

« *Parer* beau jeu » (d'Aubigné).

Pelu, régulier, a été remplacé par *poilu*.

Se perforcer ou *parforcer* (Rabelais), s'efforcer.

Ménage regrette qu'on ait abandonné la locution : *à grand randon*, à toute force.

Rifle ni *rafle*, très vieille locution populaire. « En Provence, *riflo* et *raflo* désignent deux tablettes, l'une sur laquelle on met les verres, l'autre qui porte la lampe. Quand une maison est dépourvue de tout, on dit qu'elle n'a ni *riflo* ni *raflo*. Il y a à Aix une rue *Riflo-Raflo* » (Azaïs).

Saffreté, sans doute de *safre*, glouton, qui est dans Littré.

Saquer, tirer, a laissé un héritier : *saccade*.

Serrer dans le sens de *fermer* est encore très fréquent dans divers patois.

Siler pour *sonner* est peut-être à rapprocher du patois d'Albertville *siclia*, pousser des cris perçants.

Singler était l'orthographe véritable, nous écrivons à tort *cingler*.

Soubrer, d'origine provençale : *soubra* signifie encore surabonder.

Touiller figure encore dans Littré.

Treper, vieux mot dont le dérivé *trépigner* subsiste encore.

Tupin se comprend encore à Lyon. A Coligny, à Albertville on dit *tepin*.

Velopon se rattache à envelopper.

Vilenner, vieux mot très correct.

Volataille paraît être une fusion du mot populaire *volaille* et du latin *volatilis*.

1. Quant aux mots grossiers et indécents devant lesquels le XVIe siècle ne reculait point, Castalion ne les emploie ni plus ni moins couramment que tous ses contemporains.
2. *Achet* pour achat, *coleuvre*, *croller*, *doleur*, *arrouser*, *demourer*, *plouvoir*, *cueur*; quelques verbes de la première conjugaison terminés en *isse* à l'imparfait du subjonctif; et des mots comme : *anglet* (angle), *appointement* (alliance), *assavoir-mon*, *coupeau* (sommet), *engarder* (préserver), *escourre* (secouer), *espic* pour épi, *éventeler* (vanner), *pleureresse* pour pleureuse, *surseuil* pour seuil, *guigner* de l'œil, *lionesse* pour lionne, *huiton* (satyre), *maigreté* pour maigreur (Cast. maigresse), *maudisson* pour malédiction, *mors* pour mordu, *voisent* pour aillent, *affin* (parent), *caver* pour creuser, *chevance* (richesse), *doin*

tres, que nous n'avons pas trouvées chez Castalion, lui viennent du dialecte picard qu'Olivetan et Calvin, tous deux nés à Noyon, avaient parlé dans leur enfance : par exemple *animau* pour animal, *agu* pour aigu, *amati* (sans force), *cousurent* pour cousirent, *eschiffler* (déchirer), *flotte* pour foule, *omail* (espèce bovine), *poignie* pour poignée, *raine* (grenouille), *roule* pour rouleau, *rudayer* pour rudoyer, *tigne* pour teigne, *vantailles* pour vantaux, sans compter nombre de termes vieillis, de locutions incorrectes : *acconsuivre* pour atteindre, *linceul* pour manteau, *opiniâtrerie*, *s'estranger de* quelqu'un (ne pas le reconnaître), *se tonder* pour se raser, etc., *estrif* (querelle), *viaire* pour visage, *convenir* pour venir devant, *enserrer* pour livrer, *finer* pour finir, etc.

Les fautes de goût et les trivialités n'y sont pas beaucoup plus rares que chez Castalion; les crudités que nous venons de relever chez celui-ci se trouvent aussi dans la Bible de Calvin, avec quelques autres en plus et avec deux néologismes : *homace* et *prépucié*, qui ne vaut guère mieux qu'*empellé*.

Voilà pour le langage proprement dit, qui n'est qu'un instrument. Il reste à voir comment les deux traducteurs le manient.

IV

DE LA TRADUCTION : 2° VALEUR DU STYLE

A ce point de vue la comparaison ne sera pas à l'avantage de la Bible de 1553, dont les défauts de style peuvent être rangés sous quatre chefs : 1° les hébraïsmes et les hellénismes, dont la Bible de Castalion est exempte [1]; 2° les obscurités et les non-sens; 3° une multitude de tournures enchevêtrées qui défient toutes les règles de la syntaxe, et dont Castalion n'offre que bien moins d'exemples; 4° les tournures déjà vieillies et dépassées au moment de l'impression, ainsi que le montrent les passages correspondants de Castalion.

1° Les *hébraïsmes*. — Les plus fréquemment usités dans la Bible de 1553 sont : *mourir de mort*, *plaire aux yeux* de quelqu'un, *parler aux oreilles* de quelqu'un, *mettre* ou *tourner sa face contre* quelqu'un. Il y en a une foule d'autres, plus graves parce qu'ils rendent la phrase inintelligible. Castalion les corrige. Par exemple : « Ma main ne soit point sur lui, mais la main des Philistins soit sur lui » (I Sam., XVIII, 17). Castalion : « Or cela disoit Saul à celle fin que lui-même ne mit pas la main sur David, mais que ce fussent les Palestins ». — « Retire-toy de mal et fay bien : et tu habiteras éternellement » (Ps. XXXVII, 27). Castalion : « Fui le mal e fai bien, e tu dureras a iamais ». Il remplace heureusement « visiter sur » (Esaïe, X, 12, XXIV, 21, et Jérémie, VI, 10) par « punir »; — « la parole du Seigneur leur est faicte en opprobre » par : « Ils tiennent la parole du Seigneur pour un deshonneur », et ce logogriphe : « Il y aura pelure en tous ses chefs » [2] (Esaïe, XV, 2), par « tous ayant les têtes ton-

---

pour donne, *enfondrer* pour enfoncer, *musser* (cacher), *fonde* pour fronde, *issit* (sortit), *langard* (bavard), *peneux* pour penaud, *ruer jus* (jeter à terre), *templette* (bandelette), *virevouste*, etc.

1. Nous n'y avons rencontré qu'une seule faute de ce genre : Je mettrai mon œil sur eux pour leur bien (Jér., XXIV, 6).

2. Calvin, *Commentaires sur Esaïe*, Gen., 1558, in-4 : sur tous ses chefs sera pellure.

dues ». — Les corrections analogues sont fréquentes dans le livre de Job : « Le Seigneur receut la face de Job, le Seigneur se convertit à la repentance de Job » (XLII, 9 et 10). Ici nous avons de l'hébreu tout pur. Castalion, suivi par les modernes, traduit excellemment : « Le Seigneur l'ôta de ce méchef (malheur) e lui rendit le double de ce qu'il avoit eu ». — « Je requerray Dieu et mettray ma parolle vers Dieu¹ » (Job, V, 8). Castalion : « Je chercherai Dieu e lui proposerai mon affaire ». (Segond : « C'est à Dieu que j'exposerai ma cause ».) — « Qui fera que ma demande vienne²? » (Job, VI, 8). Castalion : « Plût à Dieu que ce que ie demande avînt ». — « O Dieu, tes vœux sont sur moy » (Ps. LVI, 13). Qui pourrait imaginer que ceci veut dire : « Je m'acquitterai des vœux que je t'ai faits »? Castalion essaie d'éclaircir le passage sans y réussir pleinement : « O Dieu, ie te dois des vœus ». — « L'enfer a eslargi son âme » (Esaïe, V, 14). L'âme de l'enfer ne signifie rien en français. Castalion remplace âme par soupirail, il devine que nephech est ici synonyme de gueule, qui vient dans la phrase suivante; il a donc eu une fugitive intuition du parallélisme.

Les *hellénismes* du N. T. ne sont guère moins obscurs, et, circonstance aggravante, les oreilles protestantes y sont si bien habituées, qu'il en est beaucoup que ces barbarismes ne choquent plus : « L'Évangile du Christ est la vertu de Dieu *en salut* à tous croyans³ » (Rom., I, 16). Castalion met : *pour le salut*. Cette amélioration, repoussée par les reviseurs de 1560 et de 1588, mais admise par Ostervald, est restée⁴. — « Si en Tyr et en Sidon eussent este faictes les *vertus* qui ont este faictes en vous, etc. » (Matth., XI, 21). A la place de *vertus*, Castalion met : les *miracles*, et sa traduction repoussée par les reviseurs de 1560 et par ceux de 1588, mais acceptée par Martin et Ostervald, a également triomphé. — « Or en vous denonceant ceci, ie ne vous loue point de ce que vous ne vous assemblez point en mieux, mais en pis » (I Cor., XI, 27). La traduction de Castalion n'est pas encore excellente, mais au moins donne-t-elle un sens : « D'une chose vous veux-ie bien avertir, c'èt que vous vous assemblés non pas a vôtre profit, mais dommage ». Il fallait : « non pour devenir meilleurs, mais pour devenir pires ». — « Quiconque mangera ce pain, et beuuera la coupe du Seigneur indignement, il sera coupable du corps et du sang du Seigneur » (I Cor., XI, 27). Cette étrange locution « coupable *du* corps », figure encore dans notre liturgie, bien que Castalion ait traduit autrement : « car il sera puni *pour* le cors e le sang du Seigneur ». On traduit aujourd'hui : « coupable *envers* le corps et le sang ».

2º Venons aux *phrases dénuées de sens* : « Remplir l'assemblée des lionceaux » (Job, XXXIX, 1). Castalion, imité par la revision de 1588 : « rassasier l'appétit des lionceaux ». — « Sichem appliqua son courage à Dinah » (Gen., XXXIV, 3). Qui devinerait que cela veut dire : « s'éprit de Dinah »? « A fin que ie luy face grâce de Dieu » (Sam., IX, 3). Castalion : « E ie lui ferai du bien de part Dieu ». (Reuss : « pour l'amour de Dieu »). —

---

1. Calvin, *Sermons sur Job*, Gen., 1552, in-fº : Mais ie m'arraisonnerai avec Dieu, et tournerai mon propos à Dieu.
2. Calvin, *ibid.* : Que ce que ie demande m'advienne.
3. Calvin reproduit cet hébraïsme et tous les suivants dans son *Comment. sur les Épistres*, Badius, 1562 in-fº.
4. De même (Rom., X, 4) : « en justice à tout croyant », C. explique : « Pour faire avoir iustice à tout croyant ».

« Mon âme est retranchée de ma vie » (Job, X, 1). Castalion n'est pas bon, mais il vaut mieux : « Mon esperit se fâche de vivre ». Revision de 1588 : « Mon âme est ennuyée de ma vie ». Reuss : « dégoûtée de la vie ». — « Dont Dieu lui courra au col, au plus espez de son escu » (Job, XV, 26). Avec Castalion, on sort de ce galimatias : « Il le saisit au collet, e n'y a rondelles qui l'en gardent, quelque épaisses qu'elles soient ». La revision de 1588 imite Castalion, mais inintelligemment. Les modernes ont un sens différent [1]. Il n'est point jusqu'à la phrase trop familière et tant reprochée à Castalion : « Miséricorde fait la figue au iugement » (Jacq., II, 13), qui n'ait un sens infiniment supérieur à celui de Calvin : « Miséricorde se glorifie a l'encontre de iugement ». Si cette phrase a un sens, il est bien vague. Quant à celui de Castalion, non seulement il est clair, mais c'est celui de Rilliet et d'Oltramare : « La miséricorde brave le jugement », et celui de Reuss : « affronte ».

Dans les cinquante premiers chapitres d'Esaïe, les deux traducteurs ont en commun trente contresens [2], chiffre qui montre que l'exégèse n'a pas surmonté du premier coup les difficultés qu'offre la lecture de ce prophète. Castalion a, en outre, sept fautes qui lui sont propres [3]; mais en revanche il en corrige vingt-sept commises par la Bible de 1553. Nous ne citerons qu'une de ces corrections. Au lieu de : « La vierge concevra et enfantera un fils » (VII, 14), et bien qu'il crût à la naissance virginale de Jésus, Castalion traduit hardiment, comme on fait aujourd'hui : « Il y a une fille enceinte, laquelle enfantera un fils » [4].

1. Citons encore : « La flamme séchera ses branches, et sera oste en l'esprit de sa bouche » (Job, XV, 30). Castalion : « Ses branches sécheront par flamme e les emportera le vent de la bouche de Dieu ». Il faudrait : « l'emportera ». — « Je n'ay pas addonné ma gorge a péché, pour demander vne dilection sur mon âme » (Job, XXXI, 30). Avec Castalion le logographe s'évanouit : « E n'ai point addonné tellement mon palais à malfaire, que i'aye maudit la vie de mon ennemie ». La revision de 1588 a suivi Castalion. — « Le meschant se loue pour le souhait de son âme » (Ps. X, 3). Castalion : « Le méchant se complaît en son appétit désordonné ». Reuss : « S'applaudit de ses mauvais désirs ». Revision de 1588 : « Se glorifie du souhait de son âme ».
2. Savoir : VIII, 14; IX, 4, 5; X, 15; XI, 2; XIV, 9; XV, 1; XVI, 3; XVIII, 2; XXI, 2, 8; XXIV, 15; XXVI, 11, 18; XXVII, 4, 7, 8; XXX, 6, 21, 31; XXXII, 11, 19; XXXIII, 3; XXXVIII, 9, 16, 10, 11, 17, 22; XLVI, 1.
3. Savoir : I, 17; II, 6; VIII, 20; XXIII, 20; XXV, 8; XXVIII, 15; XLIX, 6.
4. Un des plus curieux exemples de mauvaise traduction que la longue série des reviseurs n'a pu améliorer, est assurément le verset 13 du chapitre XXX d'Esaïe. Olivetan : « Pour ce vous sera ceste iniquité, comme vne ruine qui chiet et comme le lieu soy boutant hors en la haute muraille, duquel le trébuchement vient soubdain et a coup ». — Revision de 1540 : « Comme une ruine qui chet et comme une rompure soy iettant et pendant hors en quelque haulte muraille, de laquelle le trébuchement ». Revision de 1546, c'est-à-dire de Calvin en personne : « Pour ce vous sera ceste iniquité, comme une ruine qui va bas et comme le ventre qui se iecte d'une haulte muraille de laquelle », etc. — Les revisions de 1553 et 1560 suivent 1546. — Les reviseurs de 1588 écrivent : « Pourtant cette iniquité-cy vous sera comme une crevasse d'une muraille qui s'en va tomber, laquelle fait ventre iusqu'au haut de la muraille, de laquelle le débris vient soudain et en un moment ». — Martin : « A cause de cela cette iniquité vous sera comme la fente d'une muraille qui s'en va tomber, faisant ventre jusques au haut, de laquelle la ruine vient soudainement, et en un moment ». — Segond, dans l'Esaïe publié en 1866 :

> Ce crime sera pour vous
> Comme une crevasse qui menace ruine
> Et fait saillie dans un mur élevé,
> Dont l'écroulement arrive tout à coup en un instant.

Le texte de l'Ostervald revisé est pire encore : « A cause de cela cette iniquité sera pour vous comme une crevasse menaçant ruine, qui fait saillie dans un mur élevé, et qui

3° Les *tournures incorrectes, obscures et peu françaises* abondent dans la Bible de 1553 : « Le Seigneur bruira *sur* son habitation » (Jér., XXV, 30). Castalion : « Le Seigneur bramera *contre* son repaire ». — « Ma playe s'est aggravée *sur* mon gémissement » (Job, XXXIII, 1). Castalion : « *par* ». « Vous serez consumez a l'espée » (Esaïe, I, 20). Castalion : « Vous passerés au fil de l'épée ». — « Sion sera rachetée *en* équité, et ses captifs *en* iustice » (Esaïe, I, 27). Castalion : « *par* droitture, *par* iustice ». — « Que tu vives ainsi [1] et qu'il te soit bien » (I Sam., XVIII, 17). La traduction de Castalion est ici trop libre : « Recommandés-moi bien affectueusement a Nabal ». — « Preste l'oreille a mon oraison, qui est sans lèvres de fraude » (Ps. XVII, 1). Une oraison sans lèvres, et sans lèvres de fraude ! Castalion, suivi par la revision de 1588 : « Écoute la prière que ie te fai par lèvres non cauteleuses ». — « Le pleur hebergera au soir, mais la liesse reuiendra au matin » (XXX, 6). Hébergera où ? Construction vicieuse venue jusqu'à nous et qu'on retrouve même dans l'Ostervald revisé : « Les pleurs logent le soir, et le chant de triomphe revient le matin ». Castalion avait pourtant dit excellemment : « Là où au soir loge pleur, au matin êt liesse ». — « Et n'adviendra plus que les eaues soyent en deluge pour exterminer toute chair » (Gen., IX, 15). Castalion : « Il ne se fera plus de deluge d'eau pour gâter toute chair ». — « La iouvencelle revint, et annonça en la maison de sa mère selon ces propos » (Gen., XXXIV, 28). Castalion, plus bref et tout moderne : « courut raconter l'affaire ». Les revisions de 1560 et 1588 suivent 1553. — « Ce peuple yci approche de moy de *sa* bouche et m'honore de *ses* lèvres, mais *son* cueur est loing de moy » (Esaïe, XXIX, 13). Castalion est plus français : « Ce peuple s'approche de moi de bouche, et m'honore des lèvres, e a le cueur loin de moi ».

Il y a dans le Nouveau Testament moins de phrases enchevêtrées et de construction vicieuse que dans l'Ancien; mais elles y sont encore beaucoup trop nombreuses, et Castalion en a bien moins que la Bible de 1553.

Bible de 1553.	Bible de Castalion.
Lesquels monstrent l'œuvre de la loy estre escripte en leurs cueurs, avec ce que leur conscience en rend tesmoignage, et que leurs pensées entre elles s'accusent, ou aussi s'excusent (Rom., II, 15).	Ils montrent qu'ils ont l'œuvre de la loi écrite en leurs cueurs, laquelle chose leur conscience témoignera, e les pensees e des vns e des autres les accuseront ou défendront.
Jesus Christ, lequel Dieu a ordonné de tout temps propitiatoire par la foy au sang d'iceluy, pour demonstrer	Jesus Christ, lequel Dieu a mis en auant pour être appaisé par lui, par la foi qui git en son sang, pour

---

s'écroule tout à coup en un moment ». — Une crevasse qui fait saillie et qui s'écroule ! en plein XIXᵉ siècle, et après que la Bible de Paris a traduit ainsi :

Ce crime vous rendra semblables à une haute muraille,
Qui, lézardée et menaçant ruine, tombe en un instant.

Nous ne donnons pas la traduction de Castalion comme excellente, mais comme bien supérieure au gâchis traditionnel : « Pour cela, il vous prendra en cête faute comme d'une panse d'une haute muraille, fendue, caduque e pansue, laquelle se vient à rompre soudainement e au dépourveu .

1. Selon M. Reuss, le texte hébreu de cette première phrase doit être corrompu.

BIBLE DE 1533.

sa iustice, pour la remission des pechez precedents (Rom., III, 25).

Et n'est pas ainsi du don comme de la mort qui est venue par un qui a péché : car le iugement est d'un forfaict en condemnation : mais le don est de plusieurs forfaicts à iustification (Rom., V, 16).

Il n'y a que diminuer ni qu'ajouter, et n'est possible de trouuer quelles sont les merueilles du Seigneur. Quand l'homme aura acheué, alors il commencera, et quand il se reposera ne saura où il en sera (Ecclésiastiq., XVIII, 4).

Toute iniquité est comme une espée tranchante a deux costez, et n'y a point de garison à sa playe (Ecclésiastiq., XXI, 2).

Tu n'es pas la plus petite entre les princes de Iuda (Matth., II, 6).

La mort est paruenue sur tous les hommes (Rom., V, 12). — 1588, *idem*.

Si aucuns n'ont point cru, leur incredulité abolira-t-elle la foy de Dieu? (Rom., III, 3.)

On dit mal de nous et nous disons bien (I Cor., IV, 12). Revision de 1560 adopte : nous bénissons.

Frères, que chacun demeure envers Dieu en ce en quoy il est appelé (II Cor., VII, 24). Revision de 1560, *idem*; 1588 : se tienne, etc.

Ne soyez point séduicts (I Cor., XV, 33), 1560 et 1588, *id*.

Cestuy ici ne iecte les diables, sinon de par Beelzebub (Matth., XII, 24). — Revisions de 1560 et 1588, *id*.

Car ce qui est fol de Dieu, est plus sage que les hommes, et ce qui est foible de Dieu, est plus fort que les hommes (I Cor., I, 25).

Je suis charnel, vendu soubs péché (Rom., VII, 14).

Ce n'est point du veuillant, ne du courant, mais de Dieu qui fait misericorde (Rom., IX, 16). Revision de 1588 : du voulant, etc.

Soyez hayssans le mal : vous adioingnans au bien, enclins par charité fraternelle a aimer l'vn l'autre... Parlez bien de ceux qui vous persecutent (Rom., XII, 6, 10, 14). Revision de 1560 : bénissez.

BIBLE DE CASTALION.

montrer la iustice de Dieu en ce qu'il ét si bening qu'il a pardonné les pechés passés.

E n'ét pas ainsi du don comme de ce qui ét auenu par un qui pécha. Car un fut cause qu'il s'ensuivit iugement, e par consequent condemnacion : mais la grace a amené assolucion de beaucoup de forfaits.

On ne sauroit amoindrir ni accroitre, non pas même sonder les merveilles du Seigneur. Que si un homme se met après, quand il aura acheué, ce sera lors qu'il lui faudra commencer, e quand il aura cessé, ce sera lors qu'il doutera.

Toute méchanceté ét comme un' épée à deux taillans qui fait une playe irrémédiable.

Tu n'es pas la moindre des bailliages de Iudée. (Resté.)

La mort a saisi tous les hommes.

Si aucuns ont mecreu, leur mecroyance abolira-t-elle la féauté de Dieu?

On nous outrage et nous benissons. (Resté.)

Que chacun demeure, quant a Dieu, freres, en l'état où il a été appellé. (Resté.)

Ne vous abusés point. (Resté.)

Les Pharisiens dirent qu'il ne chassoit les diables que de part Beelzebub. (Resté.)

Car la folie de Dieu ét plus sage que les hommes, e la faiblesse de Dieu ét plus forte que les hommes. — 1560 et 1588, *idem*. (Resté.)

Asserui d'essous péché.

Parquoi cela ne gît point au vouloir ni au courir, mais en Dieu qui fait grace.

Hayssés le mal : tenés vous au bien, enclins par amour fraternelle a vous aimer l'un l'autre.... Benissés ceux qui vous persecutent.

BIBLE DE 1553.	BIBLE DE CASTALION.
Nous qui sommes forts, deuons supporter les infirmitez des foibles, et non point plaire à nous-mesmes : mais que chascun de nous plaise a son prochain en bien pour edification (Rom., XV, 1).	Or nous deuons, nous qui sommes forts, supporter les infirmités des foibles et ne complaire pas a nous mêmes, ains que châcun de vous complaise a son prochain pour le bien e profit d'autrui. — Imité par 1588.
Commentqu'il soit, chascun comme Dieu luy a departi, chascun comme le Seigneur l'a appelé, qu'il chemine ainsi : c'est comme i'en ordonne en toutes les Eglises (I Cor., VII, 17).	Que chacun chemine selon que Dieu lui en fait la grace, selon que le Seigneur l'a appellé : c ainsi ie l'ordonne en toutes églises. — Les revisions de 1560 et 1588 imitent Castalion.
Mesmes en ce en quoy quelqu'vn est hardi (ie le dis par imprudence) ie suis hardi aussi (II Cor., XI, 22).	Si êt-ce que s'il y a homme qui ait de quoi être audacieux, ie le puis être, s'il faut parler follement.
J'ay receu des Juifs cinq fois quarante playes, vne moins (II Cor., XI, 24).	J'ai eu des Juifs par cinq fois quarante coups moins un. — La revision de 1588 imite Castalion.
Que l'homme estime de nous comme de ministres de Christ (I Cor., IV, 1). — Revision de 1560, idem.	Qu'on nous tienne pour scruiteurs de Christ. (Resté.)

4° Enfin comme *tournures vieillies* que contient encore la Bible de 1553 et que celle de Castalion amende, nous citerons les exemples suivants qu'il serait facile de multiplier, et nous nous bornerons à faire remarquer qu'il arrive fréquemment à Castalion dans sa correction de rencontrer le mot propre et le terme moderne; aussi plusieurs de ses traductions sont-elles restées.

BIBLE DE 1553.	BIBLE DE CASTALION.
Quand ils furent en Hébron, le iour leur luisit (II Sam., II, 32).	Ils arrivèrent à Hébron au point du jour.
Le soleil ne *s'avança point* de se coucher (Jos., X, 13).	ne se hâta pas.
L'homme est nay à l'affliction (Job, V, 7).	L'homme nait pour avoir peine.
Saul pensoit de le *faire venir* entre les mains des Philistins (I Sam., XVIII, 25).	le faire tomber.
Pour cacher le conseil arrière du Seigneur (Es., XXIX, 15).	Pour celer leur entreprine au Seigneur.
Qui a dit à la mer : Tu viendras jusques ycy et ne passeras point plus oultre et mettras ycy l'elevation de tes ondes? (Job, XXVIII, 11.)	Te viendras iusqu'ici e non plus oultre, e ici s'arrêteront tes hautes vagues [1].
Je te supplie que ie face arrester avec toy du peuple qui est avec moy.	Au moins que ie te laisse des gens de ma compagnie.

[1]. Cette phrase ne vaut pas celle de Renan : « Ici expirera l'orgueil de tes flots »; mais elle est pourtant bien supérieure à celle de la Bible de Calvin, et elle a été imitée par la revision de 1588 : Tu viendras jusque-là et ne passeras point plus oultre, et ici s'arrestera l'éléuation de tes ondes.

Bible de 1553.	Bible de Castalion.
Ta portion est auec les adulteres.	Tu as affaire auec les adulteres.
Si vostre iustice n'abonde plus que celle des scribes.	Si vous ne surpassez en iustice les scribes.
Deux demoniaques luy vinrent au deuant... qui estoyent sortis des monumens, moult terribles, tellement que nul, etc.	Il rencontra deux demoniacles... qui sortoint des tombeaux e etoint si terribles que nul, etc.
Esueillez-vous a bon escient, et ne pechez point (I Cor., XV, 34).	Soyés bien avisés comme il êt raison, e ne péchés point.
Les souffrances du temps present ne sont point dignes de la gloire a venir (Rom., VIII, 18).	Or ie tien que les souffrances du tems present ne sont point a comparer a la gloire a laquelle nous parviendrons.
En verite ie vous di qu'ils recoyuent leur salaire (Matth., VI, 2).	Je vous dis pour certain qu'ils ont dèia leur salaire. (Resté.)
Es-tu venu icy deuant le temps pour nous tourmenter? (Matth., VIII, 29.)	Nous es-tu ici venu tourmenter deuant le tems? (Resté.)

Signalons en passant quelques mots pris isolément que nous recueillons au hasard dans les deux traductions : le plus moderne des deux est presque toujours celui de Castalion.

Bible de 1553.	Castalion.	Bible de 1553.	Castalion.
absconser	cacher	chef	tête
à ce que	pour	diviser d'avec	séparer de
aguetter	guetter	estrif	noise
arbre fructifiant	arbre fruitier	avoir la face vergongneuse	rougir
assavoir mon	oui-dà		
assemblée des eaux	amas des eaux	paction	alliance
		parfin	fin
boire à la chantrerie	boire en chantant	pommier de grenade	grenadier
estre caché du fléau	échapper au fléau	de rechef	puis
		recordation	souvenance
cautelle	finesse	selon nostre semblance	semblable à nous
cesser de son œuvre	se reposer de son ouvrage	tabernacle	tente
c'est il	c'êt lui.	à la mienne volonté que	je me contenterai bien que
ne t'en chaille	ne t'en soucie		

V

QUELQUES COMPARAISONS AVEC LES VERSIONS DE 1553 ET DE 1588

Ne pouvant faire ici les longues citations qui seraient nécessaires pour apprécier ce que nous appelons le tour moderne de la version de Castalion, nous nous bornerons à comparer les deux versions dans quelques passages empruntés aux pages les plus connues de la Bible.

Voici d'abord la vocation d'Abraham (Gen., XVII, 1-7).

Bible de 1553.	Bible de Castalion.
Abraham estant aagé de nonanteneuf ans le Seigneur se apparut a	E quand Abram fut en aage de nonant'e neuf ans, le Seigneur lui

BIBLE DE 1553.	BIBLE DE CASTALION.
luy, si lui dist : Je suis le Dieu tout puissant. Fais que tu chemines deuant moy, et sois entier (integer) et ie mettrai mon alliance entre moy et toy, si te multipliray tres amplement. Lors Abram se prosterna sur sa face : puis Dieu parla en luy disant : Me voicy et mon alliance sera auec toy, et tu seras pere de maintes gens. Et ton nom ne sera plus appelé Abram, mais ton nom sera appelé Abraham : car ie t'ay constitué pere de maintes gens : si te feray fructifier tres abondamment et te feray *croistre* en peuples : et des rois procederont de toy : ie establiray donc mon alliance entre moy et toy, et entre ta semence apres toy, en leurs generations par alliance perpetuelle : afin que ie soye le Dieu de toy et de ta lignee apres toy.	apparut, e lui dit : Je suis Dieu tout puissant : chemine deuant moi, e sois entier, e ic ferai alliance auec toi, et l'augmenterai tant e plus. E Abram se ietta sur son visage : e Dieu parla a lui en cette manière : Sache que ic fai tell' alliance auec toi, que tu seras pere de maintes gens, e si n'auras plus nom Abram, ains auras nom Abraham, pource que ic te ferai pere de maintes gens, e te ferai croitre de telle sorte que de toi descendront gens, voire de toi sortiront rois. Or ic fai tell' alliance entre moi e toi, e ceux qui au tems auenir descendront de ta race (laquelle sera alliance pardurable) ie serai ton dieu et de ta semence apres toi.

Dans le Nouveau Testament, nous prendrons le passage I Cor., II, 1-8 :

BIBLE DE 1553.	BIBLE DE CASTALION.
Et moy freres, quand ie suis venu a vous, ie n'y suis point venu auec haultesse de parolle ou de sapience, en vous annonçant le tesmoignage de Dieu. Car ie n'ay point eu en estime de sauoir aucune chose entre vous, sinon Jesus Christ, et iceluy crucifié. Et ay esté auec vous en infirmité, et crainte et grand tremblement. Et ma parole et predication n'a point esté en parolles attrayantes de sapience humaine : mais en euidence d'esprit et de puissance. Afin que vostre foy ne soit point en la sapience des hommes, mais en la puissance de Dieu. Or nous proferons sapience entre les parfaicts, non point la sapience de ce monde, ne des princes de ce monde qui perissent. Mais nous proferons la sapience de Dieu en mystère, laquelle est cachee : que Dieu auoit ia destinee deuant tous temps a nostre gloire. Laquelle nul des princes de ce monde n'a cogneue.	E aussi quand ie vins a vous, ie ne vous vin pas annoncer le diuin oracle auec vn excellent [1] parler ou sagesse. Car ie auoi deliberé de ne sauoir rien entre vous [2], sinon Jesus Christ, voire crucifié. Si conuersai entre vous en grande foiblesse e creinte e tremblement [3], e vsai d'vn parler e prêcher qui gisoit, non pas en parolles bien colorées, comme sont celles de la sagesse humaine, mais en spirituelle e vertueuse demontrance, afin que vôtre foi ne gît point en sagesse d'homme, mais en vertu de Dieu. Or nous parlons de sagesse entre les parfaicts, non pas de ce monde, ne des seigneurs de ce monde qui viennent a neant [4] : ains parlons secrettement de la sagesse de Dieu cachée, laquelle Dieu ordonna deuant que le monde fût en être, a nôtre gloire, laquelle nul des seigneurs de ce monde n'a sceue.

1. La revision de 1560 imite Castalion : Avec excellence d'éloquence ou de sapience.
2. 1560 : Car ie n'ay rien deliberé de savoir entre vous, sinon, etc. Castalion est meilleur.
3. 1560 : Et ay esté avec vous en foiblesse, et crainte et grand tremblement.
4. 1560 : Qui viennent à néant.

Mais ne nous bornons pas à la Bible de 1553, que celle de Castalion dépasse incontestablement au point de vue de la forme et de la correction grammaticale. Recherchons si la Bible de 1555 peut soutenir aussi bien la comparaison avec la revision de 1588, qui naturellement l'a mise à profit sur bon nombre de points [1]. Prenons pour matière de ce dernier parallèle le chapitre si cher à Castalion (I Cor., XIII) :

Revision de 1588.

Quand bien ie parleroy les langages des hommes, voire des anges, et que ie n'aye point charité, ie suis comme l'airain qui resonne, ou comme le cymbale qui tinte. Et quand bien i'auroy le don de prophetie, et cognoistroy tous secrets et toute science : et quand i'auroy toute la foy, tellement que ie transportasse les montagnes, et que ie n'aye point charité, ie ne suis rien. Et quand bien ie distribueroy tout mon auoir a la nourriture des poures, et quand bien ie liureroy mon corps pour estre bruslé, et que ie n'aye point charité, cela ne me profite en rien. Charité est d'vn esprit patient : elle se montre benigne : charité n'est point enuieuse : charité n'vse point d'insolence : elle ne s'enfle point. Elle ne se porte point deshonnestement : elle ne cerche point son propre profit : elle n'est point despiteuse : elle ne pense point à mal. Elle ne s'esiouit point de l'iniustice : mais elle s'esiouit de la verité. Elle endure tout, elle croit tout, elle espere tout, elle supporte tout. Charité ne déchet iamais, au lieu que quant aux propheties, elles seront abolies : et quant aux langages ils cesseront : quant à la cognoissance elle sera abolie. Car nous cognoissons en partie, et prophétizons en partie. Mais quand la perfection sera venue, lors ce qui est en partie sera aboli. Quand i'estoy enfant, ie parloy comme enfant, ie iugeoy comme enfant, ie pensoy comme enfant : mais quand ie suis deuenu homme, ce qui estoit d'enfance s'en est allé. Car nous voyons maintenant par vn

Bible de Castalion.

Si ie parloi langages e d'hommes e d'anges, e que ie n'eusse amour, ie ne seroi qu'erain qui sonne, ou vne cloche qui tinte. E si i'étoi si grand prophete, que ie sceusse tous les secrets e sciences, e si i'auoi toute la foi qui peut être, iusqu'à transmuer les montagnes, e que ie n'eusse amour, ie ne seroi rien. E si ie dependoi tous mes biens en aumônes, e liuroi mon cors pour être brulé, e que ie n'eusse amour, ie ne profiteroi rien. Amour ét patiente et debonaire : amour n'a point enuie : elle n'ét point legere : elle ne s'enfle point : elle ne se porte point vilainement : elle ne cerche point son profit : elle ne pense point à mal : elle ne prent point plaisir a iniustice, ains prent plaisir a la verité : elle souffre tout, croit tout, espere tout, endure tout : amour iamais ne deffaut. E les propheties seront anéanties : e les langues cesseront : e la science sera aneantie [2]. Car nous sauons en partie, e prophetisons en partie : mais quand ce qui ét parfait sera venu, ce qui ét en partie, sera anéanti. Quand i'étoi enfant, ie parloi en enfant, i'auoi sens d'enfant, ie pensoi en enfant. Mais quand i'ai été homme, i'ai aneanti les choses enfantines. Car nous voyons maintenant par vn miroir obscurement : mais alors nous verrons fac' à face. Maintenant ie connoi en partie : mais adonc ie connoitroi ainsi que i'ai été reconneu. Maintenant foi, esperance e amour durent : mais de ces trois, la plus grande ét amour.

---

1. Voir par ex. Jérémie, XXIV, où la Bible de 1553 est par endroits grotesque et incompréhensible; tandis que celle de Castalion est élégante et d'un tour presque moderne. La revision de 1588 emprunte plusieurs traits heureux à Castalion et cependant lui est inférieure.

2. A sauoir la nôtre, qui ét imparfaite e peut croitre, à laquelle la parfaite succedera.

RÉVISION DE 1588.

miroir obscurement, mais alors nous verrons face à face : maintenant ie cognoy en partie : mais adonc ie recognoistroi selon qu'aussi i'ai esté recognu. Or maintenant ces trois choses demeurent, foy, esperance, charité : mais la plus grande d'icelles, est charité.

Sauf trois expressions préférables à celle de Castalion : « la charité n'est point envieuse », « la perfection » et « trois choses demeurent », le texte de 1588 pourrait passer pour antérieur d'un quart de siècle à Castalion. « Amour est patiente et débonnaire », « dépendre son bien en aumônes » et « anéantir les choses enfantines », sont des tournures d'aujourd'hui et l'emportent de beaucoup sur celles de 1588. Quant à l'énorme faute de syntaxe trois fois répétée par les reviseurs genevois : « Quand je parlerais,... et que je n'aye... je suis », elle a été, jusqu'en 1669, l'un des ornements de la Bible huguenote, qui en possédait une multitude de ce genre. C'est la revision parisienne du N. T. qui l'a fait disparaître [1]. En somme donc, il est permis de le dire, le style de Castalion est tout ensemble plus bref, plus élégant et plus français. Le fondateur de la tolérance est si bien un moderne, que sa traduction ressemble parfois singulièrement à celle de M. Reuss, qui ne l'a pourtant pas lue [2].

1. Imprimée à Charenton par Ant. Cellier, en 1669, in-16. Le P. Le Long qui la croyait de 1671 dit à tort qu'elle fut entièrement supprimée. Elle avait pour auteurs Conrart et Daillé fils, qui avaient notablement amélioré le texte usuel en s'aidant de deux versions récentes : le N. T. du P. Amelotte (1666) et celui de Mons (1667). Ils eurent pour récompense la censure, que leur infligea le synode provincial tenu à Charenton, sous la présidence de Lesueur, au mois de mai 1669. Le rapport du commissaire Du Candal s'exprime ainsi (Arch., nat., TT., 321) : « Ayant été fait plainte à la compagnie que quelques ministres de son corps s'étoient ingérés, et sans aucun ordre, de corriger les vieux mots et quelques paroles peu usitées de leur version française, et d'en faire une nouvelle édition, la compagnie les jugea très dignes de censure et ordonna des commissaires de chaque colloque pour examiner cet ouvrage, et défendit cependant à ceux de son corps de s'en servir, et à l'imprimeur de le débiter au lieu de ses exercices, et pour empêcher toute surprise, ordonna qu'au lieu de la préface ordinaire à ces livres sacrés, on mettroit un avis au lecteur pour l'avertir que c'étoit un ouvrage d'un particulier sans approbation. »
2. A l'appui de cette assertion qui pourra surprendre, copions au hasard une demi-page de ces deux traductions écrites à trois siècles d'intervalle :

ECCLÉSIASTIQUE, XIII.

Bible de M. Reuss.	Bible de Castalion.
Qui touche à la poix se souille.	Qui touche la poix, se souille :
Qui fraie avec l'insolent lui devient semblable.	e qui a accointance auec vn orgueilleux lui devient semblable.
Ne te charge pas d'un fardeau trop lourd pour toi,	Ne charge point vn fardeau trop pesant pour toi,
et ne fraie pas avec un plus fort et plus riche.	e ne t'accointe point d'un plus puissant ou plus riche que toi.
Comment le pot de terre s'associerait-il avec le chaudron ?	Quelle accointance doit avoir un pot de terre avec vn chaudron ?
Celui-ci heurtera et l'autre sera brisé.	Que s'il se heurte contre il se brisera.
Si le riche fait mal il jette encore les hauts cris.	Vn riche quand il a tort, encore menace-il :
Si le pauvre est maltraité, il fait ses excuses.	vn pauvre quand on lui a fait tort, encore faut-il qu'il crie merci.

Comment expliquer que la Bible de 1555 paraisse plus jeune que celle de 1553 de près d'un demi-siècle, et plus récente même que celle de 1588? — Par le fait qu'elle est une traduction nouvelle.

Toute revision, n'étant qu'un compromis entre deux exigences contraires, celle du progrès et celle de la routine, aura toujours quelque chose de bizarre et d'hybride, qui ne satisfera pas les esprits plus soucieux de vérité que de conservation. — Le traducteur, au contraire, entièrement libre de ses mouvements, s'efforce de se pénétrer du texte, et d'en exprimer la pensée dans le langage de son temps : il écrit comme on écrit et comme on parle autour de lui. Sans doute les revisions de 1560, 1588, 1652, 1669, etc., ont amélioré l'œuvre d'Olivetan; mais au fond c'était toujours la traduction d'Olivetan, dont, selon Calvin lui-même, « le langage estoit rude et aucunement eslongné de la façon commune et reçue ». Au milieu du XVIIe siècle, il y restait je ne sais quoi de gothique, qui excitait la raillerie des lettrés et obligea Claude et ses collègues d'entreprendre une version nouvelle de la Bible, travail dont la Révocation empêcha l'achèvement [1]. On a pu dire avec raison que nos perpétuelles « revisions de revisions » [2] ont été l'une des causes de l'infériorité littéraire de nos meilleurs prédicateurs. C'est cette version servile, conservée plus servilement encore, qui a donné naissance au style terne, incorrect et sans grâce, qu'on nomme *style réfugié*, un peu à tort, car il date d'avant la Révocation [3]. Il suffit d'ouvrir la dernière revision du texte d'Ostervald pour y retrouver la plupart des fautes de traduction et de langage évitées par Castalion, et qui, tant la routine est forte, sont venues jusqu'à nous à travers la vingtaine de revisions qu'a subies la Bible d'Olivetan.

VI

CONCLUSION

La Bible de 1553 et celle de 1555 représentent deux systèmes de traduction : l'une est une version littérale; l'autre une traduction véritable, s'attachant plus au sens qu'aux mots. De là leurs qualités et leurs défauts respectifs. Olivetan et ses reviseurs ont cru conserver la couleur de l'original en conservant des tours opposés au génie de notre langue, et se sont trop souvent bornés à calquer le texte, c'est-à-dire à mettre des mots français à la place des mots hébreux, s'inquiétant peu que leur version fût aussi

Bible de M. Reuss.	*Bible de Castalion.*
Si tu peux lui être utile il t'exploite.	Si tu lui es profitable il te servira :
Si tu es dans le besoin il te laisse là.	e si tu as faute, il te laissera.
Si tu as de quoi, il vivra à tes dépens, il videra ton escarcelle sans scrupule (autre version : sans travailler lui-même).	Si tu as de quoi, il vivra avec toi, e te mettra en blanc et si ne travaillera point.
S'il a besoin de toi il te trompera, il te sourira, il te donnera des espérances, il te prodiguera de belles paroles et dira : de quoi as-tu besoin ?	Quand il aura faute de toi, il t'abusera : il te rira e te mettra en esperance, e te dira de belles paroles. As-tu de rien faute ? ce dira-il.

1. Voir le soixante-deuxième rapport de la *Soc. bibliq. prot. de Paris*, 1883, in-8, p. 14.
2. Préface du *N. T. de Beausobre et Lenfant*, Amst., 1736, in-4, I, 182.
3. Voir *la Version d'Ostervald et les Soc. bibl.*, Paris, 1862, in-8, p. 36, et Sayous, *Hist. de la littérat. fr. à l'étr.*, II, 82, 105.

obscure que l'original, et laissant au lecteur le soin d'y trouver un sens....
Olivetan n'a fait qu'une version rudimentaire [1]. Castalion admettait, au
contraire, que « le devoir du traducteur n'est rempli que quand il a ramené
la pensée de son original à une phrase française parfaitement correcte [2] ».
Malheureusement des deux conditions imposées de nos jours au traducteur, l'obligation d'être aussi littéral qu'il se peut, et l'obligation d'être
français, il a sacrifié l'une à l'autre, en sens inverse d'Olivetan. Il ne s'est
pas astreint à reproduire l'allure de la phrase hébraïque qui lui paraissait
incompatible avec la langue française. Il a cru pouvoir suppléer ce qui
manquait à l'original, dans lequel les propositions se succèdent, sans autre
artifice que la copule *et*, qui, dans les langues sémitiques, tient lieu de
presque toutes nos conjonctions [3]. En d'autres termes, il a lié les membres
de phrase qui dans le texte sont isolés.

C'est là le principal défaut des deux Bibles de Castalion. Par l'emploi
du style périodique, imité des classiques latins et en parfaite contradiction
avec le génie des langues sémitiques, il s'expose à altérer sinon le sens, au
moins la physionomie de l'original, à faire disparaître des prophètes le
parallélisme inconnu au XVIe siècle et indispensable pour les comprendre.
De plus, il a, nous l'avons montré, des inégalités de langue et de style qui
font comprendre que le P. Simon ait pu l'accuser d'une élégance affectée, tandis que Henri Estienne lui reprochait de « parler le jargon des
gueux ». Ces défauts sont le résultat de la rusticité et d'un manque de
goût, auquel il faut, pensons-nous, joindre l'excessive rapidité du travail,
peut-être aussi le parti pris de ne jamais jurer *in verba magistri* et de ne
reculer devant aucune hardiesse.

Nous ne pensons pas avoir amoindri les défauts de la Bible de Castalion;
mais fussent-ils infiniment plus nombreux et plus considérables, il n'en
faudrait pas moins reconnaître que cette Bible l'emporte sur la revision
de Calvin [4], soit quant au fond, soit quant à la forme, dans une multitude
de passages dont nous avons mis quelques-uns sous les yeux du lecteur,
et qu'elle a exercé une heureuse influence dont on trouve la trace dans
les revisions postérieures; encore auraient-elles gagné à s'en inspirer
davantage. Dans une lecture qui n'est pas absolument complète, nous
avons relevé quatre-vingt-quinze passages qu'on peut citer avec certitude
comme des améliorations introduites par Castalion et qui, en dépit de
toutes les préventions qu'on avait contre lui et contre son œuvre, ont
définitivement pris place dans nos Bibles protestantes. Sa version française marque un progrès considérable sur celle de 1553, au point de

---

1. M. Reuss l'a appelée « un chef-d'œuvre pour l'époque », et nous n'y contredisons pas;
mais il parlait au point de vue de la science hébraïque, et nous parlons au point de vue
de la langue française.
2. Renan, Préf. de Job, p. 3.
3. Renan, *Hist. des langues sémit.*, p. 19.
4. Nous sommes heureux de signaler l'article de l'*Encyclop. des sciences relig.* (II, 676),
dans lequel M. Lutteroth a rendu justice à Castalion : « Castalion, trop hardi à forger des
mots, n'a assurément pas réussi par sa version comme Luther par la sienne, à fixer pour
longtemps la langue de son pays; mais il la savait aussi bien que personne.... Il est rare,
il est vrai, quand on lit de suite quelques pages de sa version française, qu'on ne rencontre
pas des termes bizarres qui ne pouvaient pas se faire accepter; mais l'impression d'ensemble qu'on en reçoit n'est pas ce qu'on pourrait supposer.... Rien n'est moins fondé que
le reproche que Henri Estienne lui a adressé, d'avoir manqué de sérieux dans l'accomplissement de la tâche qu'il s'était donnée. »

vue de l'intelligence du texte, et un progrès plus considérable encore au point de vue du langage, qui reste barbare, gaulois, obscur, incorrect dans la revision de Calvin, tandis qu'il est clair et vif chez Castalion. Dans les bons endroits, la Bible de celui-ci ne sent pas la traduction : on dirait d'un livre pensé et écrit en français. Il égale la concision de l'original dans le fameux passage : « Dieu dit : Lumiere soit. E lumiere fut. » Bèze se trompe singulièrement quand il accuse Castalion de ne pas savoir le français ; Castalion en possède parfaitement la syntaxe et le génie : il ne lui manque qu'un vocabulaire plus complet, moins mêlé de patois. Il s'est fait une langue à soi, brève, précise, nerveuse, vibrante, si bien qu'à l'entendre on croit parfois entendre un de nos contemporains. La Bible de Castalion est en réalité la première traduction vraiment française de l'Écriture sainte.

FIN DU TOME PREMIER

TABLE DES MATIÈRES

DU TOME PREMIER

CHAPITRE I

ENFANCE ET ADOLESCENCE. LE BUGEY
(1515-1535.)

Le village natal. — Les serfs de Saint-Martin, les bourgeois et le couvent de Nantua. — L'hérésie dans les montagnes du Bugey au moyen âge. — Situation politique et religieuse du Bugey, de la Bresse et de la Savoie au xve et au début du xvie siècle. — Conquête de la Bresse par François Ier et du pays de Gex par les Bernois (1536)...... 1

CHAPITRE II

PREMIÈRES ANNÉES DE JEUNESSE. LYON
(1535-1540.)

Lyon sous François Ier. — Le collège de la Trinité : le principal et les professeurs. — Jean Raynier, Barthélemy Aneau. — Sébastien Chatillon (*Castellio*) au collège de la Trinité : comment il devient *Castalio*. — Groupe d'étudiants et d'humanistes auquel il appartient : Gilbert Ducher, Jean Voulté, Nicolas Bourbon. — Ses premiers vers latins et grecs. — Ses amis : les frères Argentier, Fl. Wilson. — Pas de relations avec Étienne Dolet.... 14

CHAPITRE III

DE L'HUMANISME A LA RÉFORME

I. État des esprits dans la petite société des lettrés lyonnais et du collège de la Trinité que fréquente Castellion : ils ne distinguent pas encore entre la Renaissance et la Réforme, appellent de tous leurs vœux une réforme religieuse, modérée, sans schisme. — Exemples tirés de Nicolas Bourbon, Voulté, etc. — Sympathies générales dans la société éclairée et surtout dans le clergé pour ce plan de réforme et pour les idées de tolérance. — II. Revirement décisif de la part de l'Église : triomphe des idées de Caraffa, établissement de l'Inquisition, adoption de la politique de répression à outrance, les Jésuites, l'*Index*, etc. — III. Revirement analogue en France, longtemps retardé ou remis en question par la résistance personnelle de François Ier : trois périodes successives aboutissant à sa soumission définitive (1538). — Triomphe du parti de Montmorency et des cardinaux de Tournon et de Lorraine. — IV. Contre-coup de ces événements sur l'attitude des humanistes, à Lyon en particulier; l'humanisme scindé en deux tronçons : ceux qui se soumettent (abjuration de Marot, palinodie de Bourbon, réserve de Ducher, etc.), et ceux qui se révoltent (exemples des martyrs, leur influence décisive sur les caractères fermes, surtout alors qu'il n'y a pas encore de confession de foi protestante et que la mort est le prix d'un simple acte d'honnêteté, le refus de participer à des pratiques que l'on juge abusives). — V. Castellion passe à la Réforme, à la suite d'exemples semblables vus à Lyon (1540)........ 48

CHAPITRE IV

STRASBOURG. CHEZ CALVIN
(1540-1541.)

Influence de l'*Institution chrétienne* (1536) et de la personne de Calvin. — Calvin à Strasbourg. — État religieux, politique et scolaire de Strasbourg (1540). — La maison de Calvin, premier séminaire protestant. — Castellion y est reçu. — Ses compagnons d'études : Michel Mulot, Gaspar Carmel, Jacques Sorel, Nicolas Parent, Eynard Pichon, Claude Feray. — Arrivée de Mme du Verger. Calvin à la conférence de Ratisbonne. — La peste de Strasbourg. — Mort de Claude Feray. — Dévouement de Castellion. — Gratitude et inquiétude de Calvin... 96

CHAPITRE V

LE COLLÈGE DE GENÈVE
(1541-1544.)

Établissement des écoles à Genève : le collège de Rive remplace le collège Versonnex. — I. Antoine Saunier et Mathurin Cordier pendant le premier ministère de Calvin. — II. Recherche d'un directeur pour le nouveau collège (1541) : Charles de Sainte-Marthe; Claude Budin; Mathurin Cordier. — Nomination provisoire, puis définitive de Sébastien Castellion. — III. Le collège sous le principalat de Castellion : esprit de la maison; méthodes nouvelles, rapports et différences avec celles de Sturm.. 121

CHAPITRE VI

LES « DIALOGUES SACRÉS »
(1542-1562.)

Première forme de ce petit livre scolaire et ses tranformations successives. — I. Il se rattache à la littérature des *Colloques scolaires* mise en honneur par la Réforme. — II. But de l'auteur d'après sa préface. — III. Exemples de sa méthode et de son style. — IV. Valeur du livre pour l'enseignement du latin. — V. Son caractère original et son influence comme livre d'éducation protestante. — VI. Les *Dialogues sacrés* restent pendant plus de deux siècles le premier livre de latinité de tous les pays allemands : indication des principales éditions jusqu'en 1780.. 152

CHAPITRE VII

PREMIÈRES DIFFICULTÉS. LA PESTE DE GENÈVE. RUPTURE AVEC CALVIN.
LIAISON AVEC OCHINO
(1541.)

I. Castellion marie sa sœur et se marie. Premiers froissements avec Calvin. — II. La peste à Genève (1542). Dévouement du ministre Pierre Blanchet. Hésitation des autres ministres à faire leur devoir : Castellion s'offre à les remplacer. Le Conseil insiste pour que les ministres remplissent leur office. Transformation des faits, dans la suite, en une légende à l'honneur de Calvin et à la honte de Castellion. — III. Famine de 1543-1544. Castellion ne peut vivre de son traitement, demande à se retirer. Le Conseil veut l'appeler au ministère. Calvin s'y oppose, en raison d'une dissidence d'opinion théologique. Certificat délivré par tout le corps pastoral expliquant cette dissidence. — IV. Ribit et Viret intercèdent pour Castellion auprès de Calvin. L'autorité de Calvin devient de plus en plus absolue. — V. Dernier incident : sortie virulente de Castellion contre les pasteurs de Genève. Plainte portée au Conseil par les pasteurs, qui étaient eux-mêmes poursuivis pour propos irrévérencieux. Décision du Conseil, plus tard présentée comme une sentence d'expulsion. — VI. Relations de Castellion avec Bernardino Ochino.. 180

CHAPITRE VIII

BALE. ANNÉES DE SOUFFRANCE. CASTELLION CORRECTEUR CHEZ OPORIN
(1545-1552.)

I. Castellion cherche en vain un emploi scolaire dans les États de Berne: toutes les places étaient prises à Lausanne. — II. Les relations s'enveniment entre Calvin et lui. Ses visites à Cordier et à Zébédée. — III. Il entre chez l'imprimeur Oporin, il publie quelques ouvrages latins et grecs, il commence sa traduction de la Bible. — IV. Années de misère; travaux manuels. Allusion calomnieuse de Calvin : la gaffe pour repêcher les épaves du Rhin. — V. Ses relations avec François Dryander. — VI. Protection et amitié de Boniface Amerbach. — VII. Fin de la période de misère : Castellion maître ès arts (1553) et bientôt lecteur de grec à l'Université de Bâle..................... 230

CHAPITRE IX

PREMIERS ÉCRITS. POÈMES LATINS ET GRECS. LES ORACLES SIBYLLINS.
LES PSAUMES
(1545-1547).

I. La poésie latine dans la première moitié du xvi° siècle n'est pas une production purement artificielle; efforts de Mélanchthon et de son école pour constituer une poésie classique chrétienne tant avec les anciens poèmes qu'avec des œuvres contemporaines. — II. Idée sommaire du *Jonas*, poème latin, et du *Précurseur*, poème grec, de Castellion. — III. *Mosis institutio reipublicæ*, mise à la portée des commençants. — IV. Les *Oracula sibyllina*, deux éditions complétant celle de Xystus Betuleius. — V. Recueils de morceaux choisis (en latin) de poètes chrétiens; part qu'y prend Castellion, ses *Odæ in Psalmos XL*....... 262

CHAPITRE X

LES DEUX TRADUCTIONS DE LA BIBLE, EN LATIN (1551), EN FRANÇAIS (1555)

I. Traductions latines du Pentateuque et des Psaumes (*Moses latinus* et *Psalterium*) publiées à part (1546 et 1547) ; importance de la préface et des notes du *Moses latinus*. — II. Préface de la Bible latine dédiée à Édouard VI (1551) : premier manifeste de la liberté de conscience. — III. Principes généraux, esprit et méthode des deux traductions de la Bible, latine et française : opinion de Castellion sur l'inspiration des Écritures, sur le canon sacré, sur le texte des Livres saints, sur la manière dont ils doivent être traduits. — IV. La Bible latine : quelques exemples. — V. La Bible française : elle est écrite pour les ignorants. — Les deux règles philologiques du traducteur. — Exemples.. 293

CHAPITRE XI

LE SUPPLICE DE MICHEL SERVET ET L'OPINION PROTESTANTE CONTEMPORAINE (1553-1554.)

Le bûcher de Servet (27 octobre 1553). — Opinion des Églises suisses. — Philibert Berthelier. — Servet pose la question de principe : peut-on punir de mort l'hérétique ? — Preuves diverses de l'hésitation de l'opinion protestante à cet égard. — Gribaldi. — Calvin obligé d'écrire son apologie un mois après le supplice de Servet. — Bullinger, ses conseils, son *distinguo* entre l'hérésie et le blasphème, son jugement sur le livre de Calvin. — Opinion à Berne (W. Muslin), à Zurich, à Bâle, en Allemagne (W. Waydner). — Première lettre reçue par Calvin en réponse à sa *Defensio orthodoxæ fidei* : le chancelier Nicolas Zurkinden de Berne. — Apparition du *De hæreticis an sint persequendi* (mars 1554). — Th. de Bèze s'apprête à y répondre...... 335

CHAPITRE XII

LE « TRAICTÉ DES HÉRÉTIQUES » DE MARTIN BELLIE : ANALYSE ET EXTRAITS (1554.)

Les deux Préfaces de Martinus Bellius (en latin au duc de Wurtemberg, en français au comte de Hesse). — Analyse des morceaux du recueil : I. Luther. — II. Jean Brenz. — III. Érasme. — IV. Sébastien Frank. — V. Pères de l'Église. — VI. Théologiens luthériens et Calvin. — VII. Georges Kleinberg. — VIII. Épilogue par Basile Montfort.... 360

APPENDICE

Fragment d'une étude inédite de M. le pasteur Douen, sur la Bible française de Castalion.. 415

www.ingramcontent.com/pod-product-compliance
Lightning Source LLC
Chambersburg PA
CBHW051817230426
43671CB00008B/739